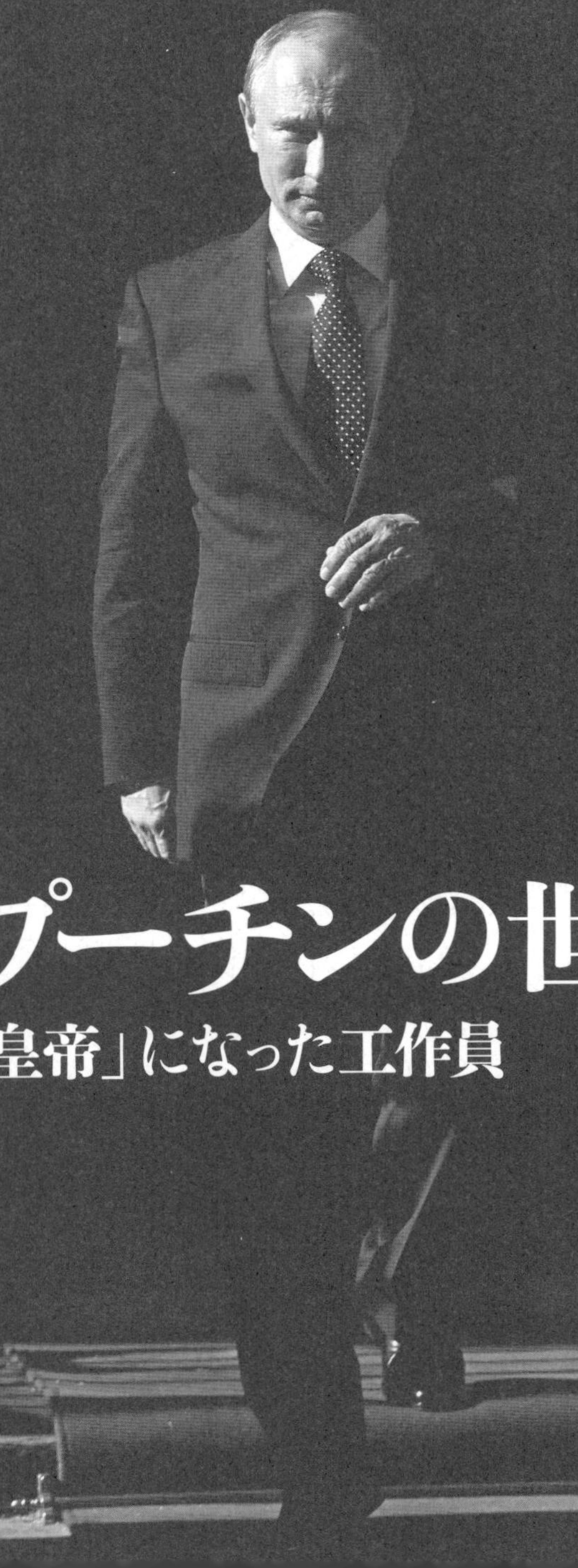

Mr. Putin

Operative in the Kremlin

Fiona Hill　Clifford G. Gaddy

フィオナ・ヒル　クリフォード・G・ガディ
濱野大道　千葉敏生［訳］
畔蒜泰助［監修］

プーチンの世界

「皇帝」になった工作員

新潮社

日本語版に寄せて

今、あなたが手にしているのは、アメリカを拠点に活動する二人の研究者が、ロシア大統領ウラジーミル・プーチンについて長年にわたり調べ、執筆した本である。その本の筆者として、こうして日本語版が出版されるということは、たいへん名誉なことであり、感謝の念に堪えない。

本来なら〝真の日本語版〟、つまりは日本の読者向きに内容をアレンジした本を提供できればよかったのかもしれないが、残念ながら私たちは日本のエキスパートではない。しかし、ひとこと書き添えておきたいのは、アメリカで出版されたオリジナルもまた〝アメリカ人〟に向けて書かれたものではないということだ。この本はあくまでも〝プーチン〟のみを論じたものであり、したがって本書がアメリカやヨーロッパの読者だけでなく、日本のみなさんにも大いに価値あるものであると確信している。なぜなら本書がこれまで発表されてきた、どのプーチン研究とも一線を画すものだからである。

その理由としてあげたいのは、本書がプーチンという人間や彼の政策、あるいは行動について何らかの評価を下すことを目的とした書籍ではないことである。そういった評価は各国の人々が自分たちで下すべきであり、私たちの目的はそこにはない。私たちが目指したのは、プーチンの考え方や世界観を調べることである。彼の価値観を共有したり、彼の見方に賛同したりする必要はない。しかし、プーチンの動機や目標、それを達成するために用いられる手段についてはは理解しておく必要がある。

なぜか？　その理由は明らかである。

近年、ロシアの外の世界にいる私たちは、ロシアにたびたび驚かされ、さらには衝撃を受けてきた。再三再四、アナリストや政策立案者たちは〝予測不可能な〟指導者に惑わされてきた。プーチンをより予測可能にすること、それが私たちアナリストの務めだと考えている。プーチンにたびたび驚かされ、その結果として危険な政策ミスを犯すような事態を避けたいなら、今まで以上に彼の世界観を理解するよう努める必要があるだろう。

しかし、それは容易いことではない。現代の著名人のなかで、プーチンはもっとも謎多き人物だと言っても過言ではない。彼に関するあらゆることがミステリアスであり、謎に包まれている。プーチンという人間を単純な言葉で説明したり、たった一つのレッテルを貼りつけたりできると考える人は間違っている。彼は非常に複雑な人間なのだ。そこで私たちは、六つの異なる「ペルソナ」の複合物としてプーチンを描くことによって、その複雑さを解明しようとした。これが本書の最大の特徴である。この六つのペルソナは、プーチンの戦略的目標や世界的展望、彼が目標達成のために用いる独特な手段を理解する助けになるという点で大きな意義を持っている。

もちろん、本書の主人公はウラジーミル・プーチンである。しかし同時に、今日のロシアの政治システムがプーチンが築いたシステムそのものであるという事実に鑑《かんが》みれば、ロシアの政治システムについての本だともいえる。彼が作り上げた政治機構は、現代においてもっとも個人的なシステムの一つにほかならない。だとしても、ロシアがプーチンそのものだというわけではない。

プーチンが舞台から去るときは必ずやってくる。では、プーチンが去ったあと、私たちが本書で説明することはどれほどの意味を持つのか？　プーチンの遺産《レガシー》とは？　多くの人々が予想するよりも、彼のレガシーは大きなものになると私たちは予想している。

プーチンが世界のほかの指導者ともっとも異なる点は、おそらく彼の個人的な経歴にある。本書のタイトルでも強調したとおり、プーチンは諜報機関で訓練を受けたプロの工作員である。プーチンの次にロシアの指導者となる人物もまた、おそらく〝工作員〟だろう。たとえそうではないとしても、KGBの経験をもとに築かれた国家運営におけるプーチンの個人的な手法には、今や常套手段となった要素がいくつもあり、ロシア国内の統治に対してはもちろん、対外的に国家レベルでも用いられることがある。従来とは異なる非軍事的な戦争（ハイブリッド戦争）がその好例であり、この方策がプーチン後の政権に引き継がれることは間違いないだろう。

プーチンのレガシーのもう一つの側面は、彼がロシアの政治風土や国際関係に与えた影響である。ウラジーミル・プーチンは伝統的かつ保守的な信念を持つロシア人政治家であり、世界秩序のなかでロシアが特別な役割を果たしてしかるべきだと信じている。ロシアは唯一無二の歴史、文化、言語を持つ、世界でも類まれな文明大国の一つなのだ、と。

プーチンは、ソ連崩壊後に形成された現在の世界の政治および安全保障秩序は、ロシアの〝特別な役割〟を否定するだけでなく、主権国家としての存続を脅かすほどロシアを不利な立場に置くものと考えている。そのため、プーチンは現在の秩序を変えることを自らの責務としているのだ。

ロシアが世界的に高い地位を誇るべきであるという考えは、決してプーチンが発明したものではない。しかし、過去数十年、歴代のどの指導者よりも、プーチンがより声高に訴え、より強力に実現を推進してきたことは間違いない。経済的・外交的に大きな代償を払ってでも、この考えを追求する価値があることをプーチンは示してきた。そして彼は、ロシアの国益を定義し、それを守るための指針を打ち立ててきた。この指針は、彼が大統領の座を降りたあとも引き継がれるだろう。後継者が誰であれ、その人物はプーチンと同じように、ロシアの国益を頑なに擁護しようとするだろう——いや、そうせざるをえないのかもしれない。

ロシアという強力な隣国を持つ日本にとって、このようなことすべてが深くかかわってくることは言うまでもない。

ロシアを支配する男がどんな人物なのか、彼がどう行動し、なぜそう行動するのか、彼がロシアをどう変えてきたのか——本書がそれを理解する一助になることを願っている。その理解が日本という国にどのような影響を与えるのか、その判断は日本の読者のみなさんにゆだねたい。

二〇一六年一〇月

フィオナ・ヒル
クリフォード・G・ガディ

プーチンの世界　「皇帝」になった工作員◇目次

日本語版に寄せて——1
フィオナ・ヒル／クリフォード・G・ガディ

第I部　工作員、現わる

第1章　プーチンとは何者なのか？——20
何をもって事実とするのか？／プーチンの経歴／プーチンの個人資産／「危険を察知する感覚が鈍い」／大統領を演出する特殊小道具部門／プーチンの真面目な一面——敬意の表明／プーチンの素顔／状況からプーチン像を描く

第2章　ボリス・エリツィンと動乱時代——43
大統領と議会の対立／大統領の新憲法／国家院選挙での大敗／エリツィン、オリガルヒ、そして一九九六年六月の大統領選挙／チェチェン紛争——ロシア地域との二重取引／国外での挫折／旧ソ連諸国からの拒絶／西から東への方向転換／高まる国家復興の機運——プーチン、モスクワに現わる

第3章　国家主義者——60
「ミレニアム・メッセージ」／「国家の人間」とKGB／「社会」とロシアのエリート／ロシアの名のもとでの合意／新しいロシア思想を模索するエリツィン／イーゴリ・チュバイスと「新しいロシア」という思想／ロシアの美徳の称賛／エリツィンの教書演説と国家権力の復活／アナトリー・サプチャークと法治国家／プーチニズムと憲法／ソ連の崩壊——一からの国家再建／復讐の機会をうかがうロシア／統一国家

第4章　歴史家――87
好都合な歴史を探して／官製国民性の復活／ロシア史との融和／歴史の操作――プーチンとストルイピン／変幻自在の男

第5章　サバイバリスト――102
プーチンの政治生命――サンクトペテルブルクの食糧スキャンダルをめぐる物語／戦略的計画――外貨準備高の増加／ロシアの財政備蓄／「〝砂場〟の街」とチェチェンでの勝利／備蓄と犠牲／統一に生き残りを託して――チェチェンとの和解／もっとも理性的な男／統一、融和、そして白系ロシア人生存者たちの残した遺産／コマロフ夫妻に見るプーチニズム

第6章　アウトサイダー――136
アンドロポフのKGB／アウトサイダーとしてのドレスデン駐在／ドレスデンの教訓／プーチンと「無知の谷」／レニングラードの若者集団からの孤立／「ワル」というアウトサイダーのペルソナ／掌握者、そして善き皇帝として／プーチンの庶民的な言葉遣い／ソ連時代のジョークの芸術

第7章　自由経済主義者――166
プーチン率いるロシアの経済発展／プーチンの経済をめぐる謎／プーチンの経済思想の起源――ソ連からKGBまで／KGBと経済の関係／技術機密の窃盗と無駄遣い／赤旗大学時代のプーチン（八四年秋～八五年七月）／改革の実験室としての東ドイツ／ドレスデンからサンクトペテルブルクのビジネスの仕掛け人へ／資本主義の到来と政治的駆け引き／サンクトペテルブルクの財政

第8章　ケース・オフィサー――190
食糧スキャンダルの再燃／サンクトペテルブルクの政治とビジネス／ズブコフの計画／原点回帰――「もっとも複雑な仕事」／アンドロポフの新生ＫＧＢ――特定の個人に対処する／ＫＧＢ出身は「政治家にとってプラスの経歴」／『ホットライン』を通じた人心掌握術／激怒した群集への対処／ドレスデン時代――敵意剝き出しの暴徒との直面／プーチンのモスクワ異動／オリガルヒたちのジレンマ――プーチンの出した解決策

第9章　システム――233
抑制的なシステム／彼は最高経営責任者《CEO》か、それとも皇帝か？／システムの青写真／石油と輸送の重要性／国家機構／大統領兼ＣＥＯに代案を提示する／無責任な役人と垂直権力構造の教訓／不信を根底としたシステム／システムの私物化――「ワンマン・ネットワーク」／プーチンに情報を伝達できるのは誰か？

補記　プーチンと博士号――273

第Ⅱ部　工作員、始動

第10章　ステークホルダーたちの反乱――276
忍び寄るプーチン疲れ／都市部の新たな中流階級／岐路に立つロシアとプーチン／狭い視野／硬直したシステム／皇帝、復活す／プーチン疲れ、再び／経済の難問／外柔内剛／民族主義のカードを切るプーチン／正教の力を利用するプーチン／ソチ――プ

ーチンの意志の勝利

第11章　プーチンの世界――315
冷戦後の物語を書き直す／「彼は別の世界に住んでいる」／ロシアの世界／国を守るための近代化／一極支配の指導者／西側諸国への入口、ドイツ／メルケルはプーチンの映し鏡か？／プーチンが敬愛するドイツの長老たち

第12章　プーチンの「アメリカ教育」――343
一九八三年の教訓／サンクトペテルブルク――プーチンの敬愛するアメリカ人／イスラエルへの歩み寄り／アメリカ的な視点に欠けるプーチン／NATOと「冷たい平和」／NATOの戦争／プリシュティナへの突進／チェチェンで「われわれが行動しなければならない理由」／アメリカへの不信／脅威と化したアメリカ／色の革命の恐怖／プーチン、ぶちギレる／グルジア、そして終わりの始まり

第13章　ロシア、復活――374
プーチンの前進とロシアの復活／鎖を解かれたロシア／外交政策の多角化／共産主義中国への接近／日本に保険をかけるプーチン／BRICSを足がかりに／ドイツへの賭け／ロシアのリノベーション／適応という生き残り術／グルジア作戦／軍事改革の弾み／表向きのレベルでの軍事改革／密かな変化――攻撃は最大の防御／軍事演習としてのウクライナ

第14章　国外の工作員――409
国内の防衛強化／スノーデンがもたらした勝利／第五列作戦／政治将校／保守的な国際組織／経済戦争への防御策／プーチンが用意した対抗手段／経済的な威圧／ユーラシア連合VS欧州連合／ケース・オフィサー流のウクライナ対応／緩衝地域を失っ

たロシア／ウクライナ作戦／歴史という兵器――第二次世界大戦の再来／「クリミアはわれわれのもの！」／民族主義者の抑制――再び統一へ／ユダヤ人というカードを慎重に切るプーチン／暗黒郷ウクライナ／使命を背負って――プーチンの新ヤルタ協定／新たな正常？

エピローグ　工作員の活動は続く――455

謝辞――470

解説――475

『戦略家プーチンとどう向きあうか』

畔蒜泰助　東京財団研究員／ヴァルダイ会議メンバー

ウラジーミル・プーチン関連年表――484

注釈（抜粋）――493

参考文献・写真提供――508

索引――522

なお、本書の詳細な注釈および参考文献につきましては、新潮社の特設ウェブサイト

http://www.shinchosha.co.jp/book/507011/

をご覧下さい。

カラ海
オビ湾
ヌイダ
ヤマロ=ネネツ自治管区
タス川
エニセイ川
アンガラ川
ブラーツク
サレハルド
ロシア連邦
カンスク
オビ川
クラスノヤルスク
東サヤン山脈
アチンスク
スルグト
ハントゥイ=マンシ自治管区
ハントゥイマンシースク
キントゥス
オビ川
トムスク
ケメロヴォ
アバカン
ミヌシンスク
ハカシヤ共和国
クィズィル
トゥヴァ共和国
ウラル山脈
レニンスククズネツキー
ノヴォクズネツク
ノヴォシビルスク
アカデムゴロドク
イルトゥイシ川
セロフ
バルナウル
ゴルノアルタイスク
モンゴル
イシム川
ニジニ・タギル
チュメニ
アルタイ共和国
ペルミ
エカテリンブルク
オムスク
カメンスクウラリスキー
ルブツォフスク
アルタイ
チェリャビンスク
セメイ
ザイサン湖
ウファ
バシコルトスタン共和国
アスタナ
オレンブルク
バルハシ湖
天山山脈
バイコヌール
カザフスタン
イシク湖
ビシュケク
アラル海
シルダリヤ川
キルギス
カシガル
タシケント
ウズベキスタン
中華人民共和国
アムダリヤ川
タジキスタン
サマルカンド
ドゥシャンベ
カラコルム山脈
カシミール
トルクメニスタン
アフガニスタン
パキスタン
インド

ロシア全図（西部）
印は本書に登場する主な都市および町村
バレンツ海
ヴァイガチ
コルグエフ島
ムルマンスク
ネネツ自治管区
カニン半島
ナリヤンマル
北極圏
コラ半島
ペチョラ川
メゼニ川
白海
ノルウェー
スウェーデン
ボスニア湾
コミ共和国
オスロ
フィンランド
カレリヤ共和国
デンマーク
ドイツ
北ドヴィナ川
ラドガ湖
オネガ湖
ヘルシンキ
パタレイナヤ
ストックホルム
カレリア地峡
コトラス
スイクティフカル
バルト海
タリン
サンクトペテルブルク
スホナ川
エストニア
キリシ
ピカリョヴォ
ウドムルト共和国
コペンハーゲン
タタルスタン共和国
マリ=エル共和国
ノルド・ストリーム
リガ
ラトビア
ルイビンスク湖
ヴォルガ川
ロシア連邦（飛地）
リトアニア
トヴェリ
イジェフスク
ベルリン
カリーニングラード
ヴィリニュス
西ドヴィナ川
ニジニ・ノヴゴロド
モスクワ
ヴェルフニャヤ・ヴェレヤ
カザニ
ドレスデン
ポーランド
スモレンスク
チュヴァシ共和国
グロドノ
ミンスク
ワルシャワ
トゥーラ
リャザニ
クイビシェフ湖
プラハ
ブレスト
ベラルーシ
モルドヴァ共和国
チェコ
サマーラ
クズネツク
ウィーン
チェルノブイリ
クルスク
ドン川
ブラチスラバ
スロバキア
リヴィフ
キエフ
サラトフ
ブダペスト
ウクライナ
ハンガリー
ドネストル川
ドネプル川
ハルキウ
ヴォルガ川
ドニプロペトロウシク
沿ドニエストル共和国
モルドバ
クリヴォイログ
ドネツィク
ヴォルゴグラード
キシナウ
ムイコラーイウ
ザポリージャ
ドン川
ベオグラード
サラエボ
ルーマニア
オデッサ
ロストフ
カルムイク共和国
セルビア
アブハジア共和国
アゾフ海
ブカレスト
クリミア半島
エリスタ
コソボ
アルバニア
セヴァストポリ
ヤルタ
ソフィア
スコピエ
マケドニア
ブルガリア
黒海
アドゥイゲ共和国
フォルトシェフチェンコ
カラチャイ=チェルケス共和国
ソチ
ベスラン
グロズヌイ
ダゲスタン共和国
カスピ海
ボスポラス海峡
カバルダ=バルカル共和国
北オセチア共和国
イスタンブール
イングシェティヤ共和国
ジョージア
ギリシャ
トルコ
チェチェン共和国
トビリシ
南オセチア共和国
アルメニア
アゼルバイジャン
アテネ
0 200 400 600 800km
ナゴルノ・カラバフ共和国
バクー
10° 20° 30° 40° 50° 60° 70° 50° 40°

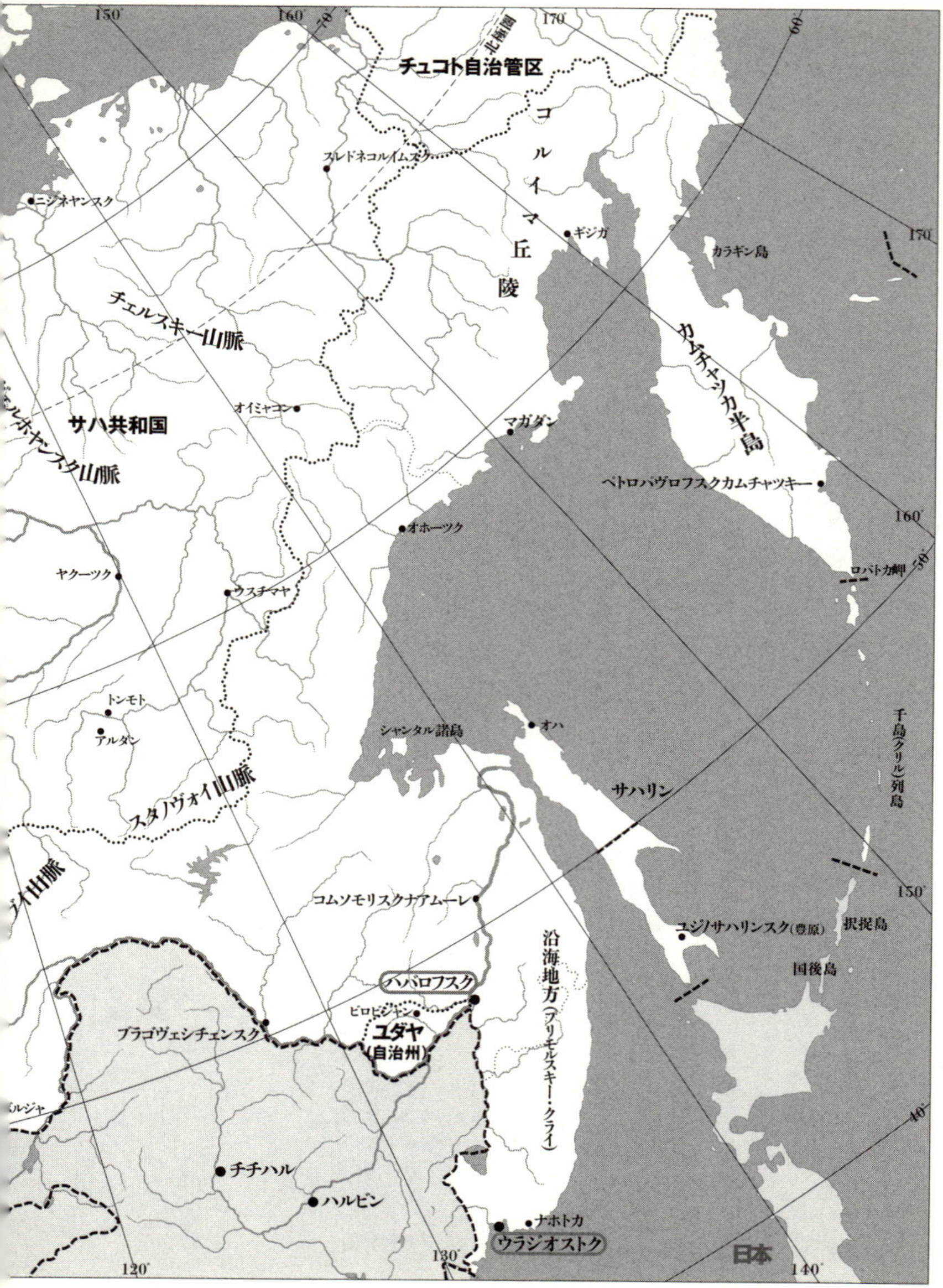
150°
160°
70°
北極圏
170°
60°
チュコト自治管区
コルイマ丘陵
スレドネコルイムスク
ニジネヤンスク
ギジガ
カラギン島
170°
チェルスキー山脈
カムチャツカ半島
サハ共和国
オイミャコン
マガダン
ペトロパヴロフスクカムチャツキー
160°
オホーツク
ヤクーツク
ウスチマヤ
ロパトカ岬
50°
トンモト
アルダン
シャンタル諸島
オハ
千島(クリル)列島
スタノヴォイ山脈
サハリン
150°
コムソモリスクナアムーレ
ユジノサハリンスク(豊原)
択捉島
沿海地方(プリモルスキー・クライ)
国後島
ハバロフスク
ビロビジャン
ブラゴヴェシチェンスク
ユダヤ(自治州)
40°
チチハル
ハルビン
ナホトカ
ウラジオストク
130°
日本
120°
140°

ロシア全図（東部）

ロシア全図（東部）
印は本書に登場する主な都市、
および町村
ノヴァヤゼムリャ
ノヴォシビルスク諸島
タイムイル半島
アムデルマ
ネネツ
自治管区
ヤマル半島
グイダン半島
ヴォルクタ
サレハルド
北極圏
ノリリスク
ヤマロ=ネネツ自治管区
中央シベリア高原
ヴィリュイスク
ニュルバ
ミールヌイ
オリョクミンスク
レンスク
スルグト
ハントゥイ=マンシ自治管区
ニジネヴァルトフスク
トムスク
ノヴォシビルスク
ケメロヴォ
アチンスク
カンスク
クラスノヤルスク
ジェレズノゴルスクイリムスキー
ブリャート共和国
レニンスククズネツキー
ノヴォクズネツク
バルナウル
アバカン
ミヌシンスク
ハカシヤ
共和国
ルブツォフスク
ゴルノアルタイスク
アンガルスク
イルクーツク
バイカル
チタ
ウランウデ
トゥラン
クイズイル
アルタイ
共和国
トゥヴァ共和国
カザフスタン
ハブチェランガ
モンゴル
ウランバートル
0 200 400 600 800km
60° 70° 80° 90° 100° 110° 120° 130° 140°
50° 60° 70° 80° 90° 100° 110°

装幀／新潮社装幀室
地図作成／ジェイ・マップ

プーチンの世界　「皇帝」になった工作員

第Ⅰ部　工作員、現わる

第1章 プーチンとは何者なのか？

二〇一四年三月一八日、ロシア大統領のウラジーミル・プーチンは、黒海に面するリゾート地・ソチで自ら開催した冬季オリンピックの余韻に浸りながら、大統領演説のためクレムリンの演壇へと上がった。ロシアの政府当局者や国会議員たちが見守るなか、プーチンはロシアの黒海艦隊の本拠地であるクリミア半島をロシア連邦へと正式に編入する書類に署名した。クリミアはその二日前の三月一六日にウクライナから分離したばかりだった。新時代の幕開けを告げるそのスピーチのなかで、プーチンは数世紀前からのロシアの歴史をたびたび引き合いに出した。

プーチンはロシアにおける正教の起源や、ロシア帝国建国の礎《いしずえ》となった陸や海での軍事的勝利の話を挙げながら、一九九〇年代以降、ロシア国内で高まった不安について指摘した。ソ連の崩壊後、ロシアは自国の利益を守ることに失敗した。彼の話の中心にあったのが、ほかでもないクリミア半島だった。クリミアは「昔も今もロシアから切り離すことのできない一部だ」とプーチンは宣言した。ロシア政府がクリミア半島の編入を決めた背景には、「理不尽な歴史的不正」を正したいという思惑があった。その「不正」の先頭に立ったのがボルシェビキだ。彼らはロシアが征服した土地を、ソ連の新たな構成国であるウクライナ共和国とした。すると一九五四年、ソ連の最高指導者のニキータ・フルシチョフは、クリミア半島をロシア連邦からウクライナに移管するという運命の決断を下した。そして、一九九一年にソ連が崩壊すると、ロシア語を母語とするクリミア半島は、プーチンいわく「一袋のジャガイモのように」ウクライナに引き渡された(1)。かくしてロシア国家が国境によって分断されてしまった、というのがプーチンの考えだった。

プーチンのスピーチ、そしてロシアと「失われた領土」との再併合を記念する式典が行なわれる数カ月前、ウクライナで政治的な変動が起きた。二〇一三年一一月下旬、ウクライナ大統領のヴィクトル・ヤヌコーヴィチが、予定されていた欧州連合（EU）との協定調印を見送ると、抗議デモが勃発し、たちまち政府に対する大規模な抗議運動へと発展した。一四年二月になると、抗議デモの参加者とウクライナ警察のあいだで衝突が起こり、双方合わせて一〇〇人以上が死亡[2]。一四年二月二一日、ロシアを含む第三者があいだに入り、ヤヌコーヴィチと野党勢力との話し合いが行なわれた。暴動を沈静化し、一四年末に新たな大統領選挙を行なう方向で仮協定が結ばれたが、突然ヤヌコーヴィチが国外逃亡したことで約束は無効となった。数日間の混乱ののち、ヤヌコーヴィチはロシアに再びひょっこりと姿を現わした。そのあいだ、野党勢力はウクライナで暫定政権を樹立し、一四年五月二五日に大統領選挙を行なうことを決定した。

ヤヌコーヴィチのウクライナ脱出とほぼ時を同じくして、正体不明の武装勢力がクリミア半島の戦略的インフラを掌握しはじめた。そして三月六日、クリミア議会は、独立およびロシア編入の是非を問う住民投票を即座に行なうことを議決した。三月一六日の住民投票では、投票者の九七パーセントがロシア編入に賛成。プーチンはこの住民投票の結果を理由に、クリミア半島の併合を正当化した。彼はスピーチで開口一番、この住民投票の結果について切り出し、有権者の八二パーセント以上がロシア編入という画期的な選択を下したと話した。クリミア半島の人々は、どの国も持つ当然の権利である自決権を行使し、ロシア世界とロシア史との統一を取り戻すことを選んだのだ、と。ところが、住民投票の直後のロシアによるクリミア半島併合は、ヨーロッパの安全保障に対して冷戦が終わって以来最大の打撃を与えることになった。プーチン率いるロシアは間違いなく歴史修正主義的な大国に生まれ変わった、というのが外部の大半の観測筋の見方だった――二月二一日から三月一八日までのわずかな期間で、ロシアは平和の仲介者からウクライナへの侵略国に変貌した。

西側諸国の指導者たちは、クリミア半島を強奪したプーチンに制裁を与え、残りのウクライナやほかの地域での類似行動を防ぐ手立てについて思案した。するとすると湧いてくるのがこんな疑問だった。なぜプーチンはあんなことをしたのか？　彼の望みは？　多くの評論家が一五年近く前、つまりウラジーミル・プーチンがどこからともなく現われてロシアのリーダーになったときと同じ疑問に立ち返った。「プーチンとはいったい何者なのか？」。一部の評論家たちにとって、答えは明白だった。ずる賢く、強欲で、権力に飢えた、独裁的な指導者。プーチンがウクライナに対して取った行動は、彼が二〇〇〇年代以降ロシアで試みてきたことの自然な延長だった――権力の掌握。クリミア半島の併合、そして併合を正当化するためにプーチンが用いた民族主義的な言い回しは、低下する自身の支持率を回復し、国民の目を国内の問題から逸らすための単なる策略にすぎない。それが大方の意見だった。また、彼の民族主義的な言い回しやクリミア併合の決断を、新たな「帝国主義」思想の正真正銘の証だととらえる評論家もいた。要するに、プーチンの目標はソ連や旧ロシア帝国を復活させることだというのだ。しかし、もしそうだとすれば、プーチンの過去の行動のどこに帝国主義的な歴史修正主義思想のパターンや兆候が潜んでいたのだろう？　世界のリーダーや専門家の多くが、自分たちが何を見落としたのかと考えあぐねた。なかには、従来のプーチンのイメージと今回のウクライナでの行動との折り合いを付けられず、「プーチン自身が変わった」と結論づける者もいた。クレムリンに「新しいプーチン」が現われたに違いない、と。

ウクライナ危機におけるプーチンの行動が過去のパターンからかけ離れているとすれば、それは彼をより深く理解するチャンスともいえる。ザカリー・ショアは、二〇一四年の著書『敵の感覚――ライバルの心を読む賭け（*A Sense of the Enemy: The High-Stakes History of Reading Your Rival's Mind*）』で、過去の行動パターンから逸脱したときこそ、その人の本当の性格を理解するチャンスだと主張する。過去の行動パターンから、その人物の将来の行動を予測するのは難しい。変化する状況によって、人間の行動も変わるからだ。むしろ、個人の行動を分析するうえでは、パターンの変化に注目したほうがいい。変化したときにこそ、その人物の自我のなかで「不変の要素」が際立つようになり、隠れた原動力、根底にある動機、（リーダーとしての）もっとも重要な価値観が明らかになるのだ[3]。

このアプローチこそが本書の根幹にあるといっていい。プーチンとはいったい何者なのか？　本書ではそれを彼の動機、つまり現在の行動へと駆り立てる要因という視点から解き明かしてみたいと思う。プーチンが一定の役割を果たした出来事をまとめるのではなく、プーチンという人格を形成した出来事や過去の経験に着目してみたい。彼の行動を分析するにあたっては、その行動を取った状況に特に注目したい。なぜなら、二〇一四年のウクライナ危機におけるプーチンの言動が、過去から予想されるものと食い違っていたとすれば、状況が変化した可能性が高いからだ。実際、本書で二つのパートに分けて説明していくように、ウラジーミル・プーチンの行動は、変化する想定外の状況に適応・対応するという責任感に後押しされていることが多い。

本書はウラジーミル・プーチンの伝記の決定版でも徹底的な研究論文でもない。個人の思想や世界観を形作るのは私的で親密な人生経験であることは間違いないとしても、プーチンの家庭生活や親しい友人関係に深く立ち入るつもりはない。また、さまざまなプーチン論を批判して回るつもりもないし、ほかの分析や伝記で精査された内容の単なる焼き直しもできるかぎり避けたい。本書の目的は、ウラジーミル・プーチンに関するあらゆる情報のなかから、私たちなりの新しい洞察を導き出すことだ。

何をもって事実とするのか？

この一五年間、プーチン大統領についての本格的な伝記がロシア人によってロシア語で書かれたことはいちどもなく、それは驚きであり、ほとんど信じがたいことでもある。確かに、大統領就任後の数カ月間で、偏った内容の不完全なプーチン本が何冊か出版されたのは事実だし、二〇〇〇年初めにはプーチン自身の言葉をまとめた自伝『プーチン、自らを語る』も出版された[4]。そのほかにロシアでもっとも多く出回っている唯一の真の伝記といえば、アレクサンダー・ラールの『ウラジーミル・プーチン――クレムリンのなかの〝ドイツ人〟（*Wladimir Putin:*

Der "Deutsche" im Kreml)』の翻訳版だろう。(5) 対照的に、英語で書かれたプーチンの本格的な伝記は数多く存在する。欧米、特にアメリカでは、国家のリーダーの元側近による回顧録や暴露本が山のように出版されるが、ロシアでは皆無だ。一五年以上ロシアを率いてきた男に関する情報の流れは増えるどころか、むしろどんどん減っている。何より、たまに出てくる情報も、ますますコントロールされ、操作されつつある。確かな情報筋から個々に実証できる新事実が出てくることはまずない。プーチンに関する新情報が出てくるとしても、未確認の情報筋、それも「クレムリンに近い」と自称するような人物から「物語」が発信される程度。また、古い話がびっくりするほど形を変えて生まれ変わることもある。

さまざまな理由により、ウラジーミル・プーチンについて記事や本を書くのは容易なことではない。その理由の一つは、プーチンに関する本を執筆するという冒険に深入りするまで、私たちがまったく想像だにしていなかったことだった——過去であれ現在であれ、隠れた顔を探り出そうとすると、必ずプーチンとある種のゲームをさせられるはめになるのだ。事実や「物語」はすべてコントロールされたものであり、主導権は常に向こうが握っている。だからこそ、一見すると事実に思える内容や話でも必ず疑い、元の情報源までさかのぼる必要がある。それが不可能なとき、あるいは情報源が信頼できなさそうなときはどうするか？　本書を読み進めればわかるように、われわれ著者もプーチンが発信する「物語」を参考にしている。ただし、念には念を入れて精査し、情報源もきっちりと検証した。それが十分にできなかった場合は、必ずその旨を明記するようにした。その過程で、私たちは「なぜこの物語が出回っているのか？」と問う重要性を学んだ。

ウラジーミル・プーチンのことに関しては、どのような話や〝事実〟も額面どおりに受け取るのは禁物だ。その最大の理由は、プーチンという人物が、情報の操作や隠蔽、偽情報づくりの名人だからだ。プーチンやプーチン率いるロシアを研究する過程で、われわれもそれを痛感させられた。ソーシャル・メディアが普及する現代世界では、誰に関するどんな情報もお見通しで、簡単に手に入ると思いがちだ。もはやプライベートや秘密など一つもない、と。しかし、世界でもっとも権力を握る個人であり、大国のリーダーでもある一人の男については、一五年以上にわたって基本的な事実もあやふやなまま。正真正銘の確実な情報がない状況では、ほんの小さな情報が大きな意味を持つことになる。

プーチンの経歴

では、どこから話を始めるべきか？　ごく基本的な経歴ははっきりとしている。ウラジーミル・プーチンは一九五二年一〇月、旧ソ連のレニングラード（現在のサンクトペテルブルク）で生まれ、兄弟のなかで唯一生き残った子どもだった。レニングラードでの少年時代、まずはサンボ（柔道とレスリングを組み合わせたようなソ連発祥の格闘技）、次に柔道の訓練を積んだ。高校卒業後はレニングラード大学（ＬＧＵ）で法律を専攻し、七五年に大学を卒業するとすぐにソ連の情報機関ＫＧＢに就職した。途中、一年間モスクワのＫＧＢ赤旗大学で学んだあと、八五年に東ドイツのドレスデンに派遣される。そして、ソ連が崩壊の間際にあった九〇年、ドレスデンからレニングラードへと呼び戻された。

若き日のウラジーミル・プーチン

ＫＧＢ時代、プーチンはケース・オフィサー（本書のタイトルにもある「工作員」）として勤務し、中佐の階級を得る。一九九〇～九一年、彼はＫＧＢの「現役予備役」となり、レニングラード大学に戻って学長補佐官を務めた。その後、法学部時代の教授だったアナトリー・サプチャークが大学を辞めてレニングラード市ソビエト議長に就任すると、プーチンは彼の顧問になる。プーチンの尽力によってサプチャークは市長選を見事に乗り切り、初めて民主的に選出されたサンクトペテルブルク市長となった。九一年六月、プーチンはサンクトペテルブルク副市長および市の対外関係委員会議長に就任。九一年八月をもってＫＧＢを正式に辞職した。

一九九六年、サプチャーク市長が再選に失敗すると、プーチンは大統領の資産を管理するクレムリン内の部署で働くため、モスクワへと異動した。九七年三月、ロシア大統領府副長官に昇格。クレムリン内で数々の役職を担ったあと、九八年七月にKGBの後身であるロシア連邦保安庁（FSB）の長官に就任する。一年後の九九年八月には、ボリス・エリツィン大統領によって第一副首相、そしてすぐさま首相に任命された。エリツィンはプーチンを後継者とする意向も表明。ついに九九年一二月三一日、エリツィンが辞職するとプーチンが大統領代行に就任し、二〇〇〇年三月には選挙を経て正式に大統領となった。二〇〇〇～〇四年、〇四～〇八年と二期連続で大統領を務めたのち、ロシア憲法で大統領の連続三選が禁じられていることから、大統領の座を降りて首相の地位に収まった。一二年三月、プーチンは大統領選で三選を果たし――前大統領ドミートリー・メドヴェージェフが〇八年一二月に推し進めた憲法改正により、大統領の任期が四年から六年に延長されたため――一八年まで再び大統領を務めることになった。

　こうした基本的な事実は、さまざまな書籍や新聞記事ですでに明らかになっている。それでも、ウラジーミル・プーチンのキャリアの軌跡の具体的な日付や順序に関しては、情報源にあいまいなところがある。KGBやサンクトペテルブルクの副市長時代は特に厚いベールに覆われており、厳密にどれくらいの期間、彼がKGBの「現役予備役」だったのかもよくわからない。それに、これだけの有名人にしては公になっている個人的な情報が驚くほど少ない――少年時代の大きな出来事、一九八三年のリュドミラとの結婚（二〇一四年に離婚）、八五年と八六年の二人の娘（マリアとカテリーナ）の誕生、レニングラードの政治家や実業家との友人関係などについても、その多くは闇に包まれたままだ。たとえば、プーチンの妻、娘、ほかの近親者は極端なほど公の場に姿を見せない。大統領の就任当初は存在していた情報も、噂や暗示が渦巻く別の情報、時には矛盾する情報の山に紛れ、隠蔽され、歪められ、消失した。プーチンの政治生命を奪いかけた九〇年代のサンクトペテルブルクの有名な食糧スキャンダルに関しても、一部の資料が関係者と一緒に葬り去られた。ことプーチンに関していえば、決定的で、確定的で、信頼できる情報などほとんどないのが実情だ。

その結果、プーチンの重大な謎の多くはいまだ解明されておらず、本書でも詳しく扱うことはしない。たとえば、彼はどうやって最初にロシア大統領の地位までのぼり詰めたのか？　一九九七～九九年にかけての二年半足らずで、ウラジーミル・プーチンはロシア大統領府副長官からＦＳＢ長官、首相、そして大統領代行へと異例の大出世を遂げた。どうしてそんなことができたのか？　出世を手引きした人物は？　プーチン自身、自伝のインタビューでも詳しくは語らず、人々の想像に任せている。「誰が一九九九年にプーチンをボリス・エリツィンの後継者に選んだのか？」という基本的な疑問にさえ、何通りもの答えが存在する。私たちが独自の方法論でこの本を書こうと決心した一つの理由がそこにある。ボリス・エリツィン自身の回顧録『ボリス・エリツィン最後の証言』を含め、後継者選びという重大な決定を誰が下したのかという諸説は、すべて回顧に基づいたものでしかないのだ。リアルタイムの証言や信頼できる報告に基づいたものはほぼ皆無。仮にその種の情報が手に入ったとしても、舞台裏の実際の出来事まで知る手立てはないだろう。事後の証言はたいてい都合のいい話ばかりで、完全に信頼できそうなものなど一つも存在しない。そういう証言をするのは、決まってロシア史に残る決断の功績を自分の手柄にしようと企んだり、批判を避けようとしたりする人々なのだ。

そのため、この期間に起きた出来事を読み解いたり、ボリス・エリツィンの後継者指名に影響を及ぼした可能性のある人物を分析したりするのはやめて、本書ではプーチンという人間自身を読み解き、分析してみたいと思う。そこで、プーチンの基本的な経歴のなかの一連のエピソード——彼という人間や人生の一貫した全体像を作り上げる出来事の数々——にスポットライトを当てていく。また、彼が今の地位を得るために、自分自身で演じてきた役割にも着目する。一つだけ確かなのは、プーチン自身が自分の運命を形作ったということだ。彼が究極の権力を手に入れるまで、偶然や運の要素が一つもなかったとは言わないし、彼が独力で何もかも成し遂げたと言うつもりもない。特定の時期に、プーチンのことを自分たちの利益になりそうな〝同胞〟だと考え、彼のために一肌脱いだ人間も確かにいただろう。しかし私たちは、プーチンの取った行動こそが、彼の経歴をひもとくなかでもっとも重要な要素だと考えている。

優秀なKGBの工作員として、ウラジーミル・プーチンはじっと自分自身の野望を胸に秘めていた。多くの野心家の例に違《たが》わず、彼も目の前に現われたチャンスを存分に利用した。プーチンは自分のキャリアを前進させてくれそうな人間に狙いを定め、じっくりと研究し、個人的かつ仕事上の絆を強め、相手の望みを聞き入れ、心を操った。彼はあえて相手に自分を見くびらせ、その隙に影響力のある地位を手に入れつつ、密かに絶大な権力を蓄えていった。私たちはウラジーミル・プーチンの側近たちの「人名録」を作るのではなく、さまざまな局面でプーチンにとって重要な役割を果たした人々にスポットライトを当ててみようと思う。そのなかには、ロシアの歴史上の人物もいるし、何人かの側近たちもいる。プーチンは個人的な話をするとき、よく歴史上の人物の経歴や思想を持ち出し、自分の話に都合よく当てはめた。また、プーチンと一部の側近たちとの関係性とその役割は、彼がロシアの大統領になるために――自分の野望を実現する権力を持った大統領になるために――築いた人間関係を物語るものである。しかしながら、その個人的な人間関係が大統領の地位を手にする決め手になったわけでもなかった。

私たちの執筆の方針を理解してもらうには、一般的によく知られ、一部の記者やジャーナリストたちが額面どおりに受け取ってきた「もっともらしい逸話」を例に挙げるのが手っ取り早い。一つは、プーチンのいわゆる個人資産について。もう一つは、プーチンは一か八かの賭けが好きな危険人物であるというKGBの評価に関する話だ。

プーチンの個人資産

二〇一四年春、プーチンのウクライナでの行動を受けて、西側諸国の政治家たちは「プーチン制裁」の効果的な手段を探した。そこで着目したのが、プーチン大統領の個人資産だった。長年、プーチンは、本書でいう〈株式会社ロシア〉の権力中枢にはびこる巨大な腐敗を利用して、巨万の富を築いたと繰り返し報じられてきた[6]。当初、プーチンの純資産は二

○○億ドルと噂されていた。しかし話が出るたびに三○○億ドル、四○○億ドル、七○○億ドルと額は上がり、最後には一○○○億ドルにまで跳ね上がった。こうした話はロシアや西側のメディアでたびたび取り上げられ、時にサンクトペテルブルク副市長時代にまでさかのぼり、時に彼の家族や友人関係を引き合いに出しながら、あらゆる報道が繰り返されてきた。しかし、もっとも信憑性の高そうな報道でも、それを裏づける確かな証拠はほぼゼロ。たとえば、『ニューヨーク・タイムズ』紙の二〇一四年四月二七日付の記事にはこうある。「長年、プーチンが隠し財産を持つという疑惑は、学者、業界アナリスト、野党勢力、ジャーナリスト、情報機関の興味の対象になってきたが、彼の隠し財産を暴こうという試みは成功しなかった。プーチンの持つ資産は四○○億ドル、さらには七○○億ドルともささやかれており、この説に従えば彼は史上もっとも裕福な国家元首ということになる。しかし、こうした噂や憶測とは裏腹に、具体的な証拠は皆無に等しい……」[7]

この件については、世界有数の金融機関も、人々が汚い金をどう隠しているのか本格的な調査を実施してきた。[8] あいにく私たちは、プーチンが不正に入手したとされる利益について、細かく丹念に調査する手段を持ち合わせていない。そのため、この件についてこれ以上の憶測を働かせても大して意味はないだろう。本書で示すように、プーチンが大統領の地位には似つかわしくないような贅沢な生活を送っているという決定的な状況証拠はいくつもある。高級な時計やスーツなどだ。もちろん、こうした贅沢だけでは、彼が数百億ドル単位の資産を貯め込んでいるとは言い切れない。それどころか、プーチンの日々の暮らしは贅沢というよりもむしろ質素だという別の説もある。ただ間違いなく言えるのは、長年ウラジーミル・プーチンと親しくしてきた人々が、現在ロシア経済のなかで重要な地位を占めており、ロシア（そして世界）でも有数の富豪であるということだ。彼らはインタビューのなかで、自身の政治的人脈、ロシア経済のなかの役割、所有資産が互いに密接に関係することを驚くほど赤裸々に語っている。

また、プーチンが個人資産を蓄え、それを誇示するのには、政治的な理由もあるのかもしれない。ロシアのメディア報道やロシア人の仲間から伝え聞いた話によると、プーチンはロシアの億万長者の財閥、いわゆるオリガルヒたちが政治的な野心を抱かないよう、あえて自分が富豪中の富豪だという噂を流している可能性もあるらしい。個人資産でウラジーミル・プーチンに太刀打ちできる者などいない、彼こそがロシアの最高権力者なのだ、と。しかし、すべて憶測の域を出ない話であり、今のところ証明はされていない。

プーチンが巨万の個人資産を持つからといって、金銭欲が彼の最大の動機に違いないと結論づけるのは危険だ。自分や仲間の資産を失う恐怖があれば国際社会で無茶な行動はしなくなるだろう、などと早合点してはいけない。たとえウラジーミル・プーチンやその周辺の人々が富を築いたのが事実だとしても、私たちは金銭欲が彼の動機だとは思わない。では、プーチンがロシアの国家元首として取る行動の裏側には、ほかにどんな動機が潜んでいるのか？それを理解する必要がある。

「危険を察知する感覚が鈍い」

ウクライナ危機の最中、プーチンが危険なリスクを冒す無謀なギャンブラーだという説が一般的に認められるようになった。[9] この主張は、プーチンがKGB時代の教官たちに「危険を察知する感覚が鈍い」と指摘されたという真偽不明な話に基づいたものだ。近年の関連本でさも新事実であるかのように紹介されることがあるが、プーチンの二〇〇〇年の自伝『プーチン、自らを語る』の読者にはすでにおなじみのエピソードである。[10] プーチン自身の説明によると、KGB赤旗大学で学んでいたころ、「危険を察知する感覚が鈍い」ことが非常に「重大な欠点」であると指摘されたという。[11]

とはいえ、この本が唯一の情報源なので、盲信は禁物だ。もともと『プーチン、自らを語る』は選挙活動用の伝記であり、半自伝的な作品だった。厳選された三人のロシア人記者による一対一のインタビューを中心にまとめられたこの本は、プーチンのチーム・スタッフの手によって二〇〇〇年春に刊行された。当時のプーチンは次期大統領候補ではあったものの、その人となりはあまり一般には知られていなかった。プーチンのチームの目的は、全ロシア国民に対する最初のアピールの舞台を整えることだった。この本はプーチン本人、彼の妻、少年時代や青年時代の知人へのインタビューで構成されており、紹介されるエピソードや新事実はどれも一定の政治的目的のために選ばれたものである。また、プーチンにインタビューした記者たちは、話の内容の一部を自身の新聞や雑誌の記事として発表した。

とすれば、プーチンがそんな性格上の欠点を明かした目的とは何なのか？　その答えは、この本の興味深い終わり方を読むとわかる。『プーチン、自らを語る』の最後では、それまで彼の人生のエピソードをずっと聞いてきたインタビュアーが、プーチンのことを「単純で平凡な人間」だと指摘する。今まで、気まぐれで自由に行動したことなどないのでは？　するとプーチンはある事件のことを話しはじめる。彼は大学生のころ、レニングラード郊外の道路で車を運転中、自分自身と同乗者である格闘技のコーチの命を危険にさらしたことがあった。プーチンは車の窓を開け、すれ違う農業用トラックに積まれた干し草をつかもうとして、危うく車のコントロールを失いかけたのだ。九死に一生を得ると、真っ青な顔をしたコーチが（たぶん内心怒って）プーチンのほうを向き、「ずいぶんと無茶をするね」と言った。プーチンはなぜそんなことをしたのか？「干し草のいい匂いがしたからだろうな」とプーチンは言った。[12]それが伝記本の最後の一文だ。読者は間違いなくプーチンのコーチに感情移入し、こう思うに違いない。「ちょっと待った。どういう意味だ？　いったいこの男はどういう人間なんだ？」

プーチン、そして彼のチームは、何通りにでも解釈できるような紛らわしい方法で情報を提示し、人々を操ろうとする。この話はその典型例である。同じ本のなかでプーチンは、矛盾するような話もいくつか披露している。たとえば、KGB時代に危険を察知する感覚が鈍いことを指摘されたという話の直後、大学時代（つまりKGBに入るずっと前）から彼自身も友人もそんなことはわかっていたと話している。[13]そのようにして、プーチンは一定の自己像を作りつつも、同時に相手を惑わせようとする。「危険を顧みない男」というイメージと、「リスクは冒しながらも、いつも代替策を用意した計算高い人間」というイメージの両方を植えつけようとする。どちらが本当の彼の姿なのか？　どちらのイメージにも一定の影響力と効果がある。プーチンの偽情報や矛盾する情報は、彼が理解不能で予測できない男、さらには危険な男というイメージを人々に与える。彼にとっては、それこそが国内政治や国際政治における「遊び」の一部なのだ。プーチンはいったいどう反応するだろうか――いつも相手にそう勘ぐらせ、時には恐れさせるのである。

こうした意識的なイメージ操作、合理性や正気さえも疑わせる行動は、世界のリーダーの常套手段ともいえる。ベトナム戦争におけるリチャード・ニクソンの悪名高い「狂人理論（Madman Theory）」はその代表例だ。一九七二年、北ベトナムに脅しをかけて戦争終結の交渉のテーブルにつかせるチャンスと見ると、ニクソンは国家安全保障問題担当大統領補佐官のヘンリー・キッシンジャーに指示を出し、ソ連を介して「ニクソンは核兵器を使用する覚悟がある」というメッセージを北ベトナムに伝えた。ジャーナリストのジェームズ・ローゼンとルーク・ニクターは最近発表した記事のなかで、「ニクソンは、アメリカ大統領がまさに狂人だという印象をソ連に植えつけようとした。情緒不安定で、意思決定に一貫性がなく、何をしでかすかわからない男だ、と」とその作戦について解説した[14]。当時首席補佐官だったH・R・ハルデマンは回顧録のなかで、ニクソンがすべての台本を入念に練っていたことを明かしている。ハルデマンによると、ニクソンは彼にこう言ったという。「これを狂人理論と呼ぼうと思う。戦争を終わらせるためなら何でもしかねない――私がそんな精神状態に達した、と北ベトナムに信じ込ませるんだ。〝ニクソンは共産主義を根こそぎにしようとしている。いったん怒り出したらもう抑えられないぞ。しかも彼は核のボタンを握っている〟というメッセージをこっそり伝えるのだ。そうすれば、ホー・チ・ミン自身も和平を求めてすぐにパリを訪れることになる[15]」

実際のところ、プーチンが自分自身に関する種々の物語によって人々を誘導するのには、ニクソンより複雑な目的がある。彼の目的は、単に特定のイメージを植えつけ、〝本当〟のプーチンについて混乱を引き起こそうとするだけのものではない。そういうメッセージの最初の種《たね》が、誰によってどう運ばれていくのかを追跡することも目的の一つなのだ。もともとの物語がどう脚色され、巡り巡って自分のところにどんな形で戻ってくるのかを確かめたいわけだ。つまり、プーチン版の伝言ゲームである。不可思議な物語の種を蒔くことで、プーチンは相手が自分の言葉をどう解釈し、どう反応するかを確かめようとする。彼が注目するのは現実よりもむしろ人々の認識だ。プーチンの人間性や行動基準について知識を持たない人々がどう考え、行動するかを探ることは、彼の政治戦術にとって大きな利点になるのである。

本書の執筆を通してわかったのは、ウラジーミル・プーチンにとって大事なのは、情報が真実かどうかではなく、彼の言動を相手がどうとらえるかである、ということだ。プーチンにとって興味があるのは、特定の現実を伝えることよりも、その情報に対する周りの反応を確かめることなのだ。彼にとって、周りの人間は自分がコントロールするゲームの参加者にすぎない。彼が情報を選び、周りが反応を返し、それを評価する。情報に対する反応を見れば、相手が自分を何者だと考えているかだけでなく、相手の人間性、望み、関心までわかる。一方で、ウラジーミル・プーチン自身はほとんど情報を明かさない。むしろ、あらゆる手を尽くして、ほかのゲームの参加者を混乱させようとする。大統領や首相として、彼は実にさまざまなペルソナを見せてきた。二〇〇〇年以降、プーチンは国際政治の場で究極のパフォーマンス・アーティストを演じてきたのである。

大統領を演出する特殊小道具部門

この数年間で、ウラジーミル・プーチンの専属PRチームはいくつものイメージを押し出してきた。猛獣ハンター、自然保護活動家、スキューバ・ダイバー、バイク乗り、時にはナイトクラブの歌手。国家のリーダーたちのなかには、国民へのアピールと一致団結を求めて、派手な格好や愛国的な服装をすることで有名な人々もいる。軍服姿のフィデル・カストロやウゴ・チャベス。パレスチナ伝統のクーフィーヤ・スカーフをまとったヤセル・アラファト。

ローブ姿（と外遊先で張るテント）で有名なムアンマル・カダフィ。アフガニスタンの伝統的な民族衣装を巧妙に織り交ぜるハーミド・カルザイ。ウクライナ農民の伝統にならった美しいブロンドの三つ編みがトレードマークのユリヤ・ティモシェンコ。しかし、ウラジーミル・プーチンの服装はその誰をも上回る。彼は実にバリエーション豊かな格好で報道機関や利益団体の前、そして危機の現場に現われる。たとえば二〇一〇年のモスクワ周辺の大規模な泥炭火災の際には、消火飛行機のパイロットに変身した。どうやら、こうした芝居がかったアピールは、クレムリンの無限の衣装ストックと特殊小道具部門の助けを借りて行なわれているようだ。

　プーチンの道化師ばりの行動は、イギリスで愛される絵本およびアニメ・シリーズ「ミスター・ベン」を思い出させる。ミスター・ベンは地味な山高帽とスーツを身に着けたごくふつうのイギリス人男性で、通りを散歩するのが毎朝の日課だ。ある日、トルコ帽をかぶった口ひげの店主がミスター・ベンを不思議な衣装屋へと手招きし、着替え部屋に彼をさっと押し込む。ミスター・ベンは店主が用意した衣装に着替え、秘密の扉を開ける。すると、まるで魔法のように衣装にぴったりのアイデンティティが手に入る。毎回、ミスター・ベンは冒険中に出会った人々の問題を解決したあと、店主に現実へと引き戻される。[16] ミスター・プーチンもミスター・ベンと同じように、大統領報道官のドミートリー・ペスコフ（口ひげはあるがトルコ帽はなし）やPRチームの助けを受けて、まるで魔法のように数々の冒険に繰り出す（なかには、ミスター・ベンの冒険と不思議なほど似通ったものもある）。どの冒険でも、彼はばっちり衣装を着こなし、すまし顔で冷静に行動し、卓越したスキルを発揮してのけるのだ。

　ウラジーミル・プーチンとPRチームは、こうしたパフォーマンスへの人々の反応を注意深くモニターしている。彼のパフォーマンスが万人受けしないことや、見え見えの過度な演出のせいで国内外の嗤《わら》いの種になっていることも重々承知している。結果、多くの人々はプーチンのことを幼稚でマンガじみた人物だと考え、プライドも中味も魂もない男としてイメージするようになった。また、「どこからともなく現われる男」「相手によって変幻自在に自分を変える男」と見られることも多くなった[17]。

しかし、彼のパフォーマンスのターゲットは、ロシアの知的エリートたちでも、政敵でも、海外の評論家でもない。プーチンの各エピソードには必ず具体的な目的がある。すべては世論調査の結果に基づいた行動であり、クレムリンはロシア国民のなかの特定の集団に訴えかけ、親密で良好な関係を築こうとしているのだ。二〇一一年八月——プーチンが黒海の海底に沈む遺跡まで潜り、怪しいほど保存状態の良い壺を発見したあと——ペスコフ報道官はメディアの前でこの点をはっきりと認めた[18]。プーチン自身も伝記のインタビューのなかで、本当の自分ではなく、相手（この場合はロシア国民）の理想の人間になりきることが自身の最大のスキルの一つだと述べている。プーチンは数々のパフォーマンスを通じて、どんな緊急事態にも対処できるロシア最高の行動家というイメージを打ち出そうとしているのだ。

逞しい肉体でロシア国民を魅了する（2007年撮影）

プーチンの真面目な一面——敬意の表明

こうしたプーチンのパフォーマンスの陰には、表から見ただけでは理解しがたい、もっと深く複雑な意味が隠されている。プーチンはパフォーマンスをするたび、何か行動を取るたびに、特定の集団に一定の敬意を表明し、ロシア社会のなかにその集団の居場所を認めようとしているのだ。ロシアの大統領が革ジャケットを着て〈ヘルズ・エンジェルス〉のごとき暴走集団と一緒にバイクを走らせたり、白い衣装を着て自ら超軽量飛行機を操縦し、絶滅の危機に瀕する渡り鳥を先導したりすることで、ロシアのバイク乗りと自然保護活動家たちがスポットライトを浴びる。すると、「大統領はどちらも平等に注目してくれる」「自分たちの活動が大統領を動かした」「われわれにもロシア社会のなかで果たす役割がある」と彼らは自信を持てるようになる。つまりプーチンのパフォーマンスは、一種の一体感や連帯感を生み出すのである。
欧米の政治家たちは、普段なら行かないようなバーやレストランに行き、普段なら飲まないビールを飲み、普段なら食べない食事を摂り、有権者に親近感を抱かせようとする。一方、プーチンは安易な票集めには走らない。彼は国家の運営者なのだ。その意味では、欧米ではなく、より伝統的な社会のリーダーの行動と共通点が多いといえる。たとえば、二〇〇四年から一四年までアフガニスタンの大統領を務めたハーミド・カルザイは、欧米のジャーナリストによくこんなことを語った。西洋社会での民主主義の解釈とは逆に、多数決ではなくコンセンサスによる統治を民主主義だと理解している、と。コンセンサスがなければ、アフガニスタン社会はたちまちバラバラになり、対立が生まれ、暴力による争いが起こってしまう。アフガニスタンを改革するには大枠のコンセンサスが必要であり、コンセンサスが結束を生み出す。また、アフガニスタンの伝統的な手段のほうが、欧米のような議会的な手段よりも、コンセンサスに達するには効果的だとカルザイは言う。たとえば、地域の指導者や長老による伝統的な集会「シューラ」がその一つだ。シューラのもっとも重要な要素は、何らかの決定を得ることではなく、信頼できる形でみんなに敬意を払い、他者の意見を認めることなのだという。
カルザイが伝統的な衣装を着るのも、信頼を築く一つの手段だった。自ら何時間もシューラに参加し、アフガニスタンの部族指導者を自宅に招いて話し合い、議論に耳を傾けることこそ、敬意を示す重要な方法だった。アフガニスタンの地域の指導者たちは、大統領の決めたことをあとから既成事実として知らされるのではなく、事前に大統領にしっかりと意見を聞いてもらうことを望んだ。アフガニスタン担当の国連事務総長特別代表のカイ・エイデは、ワシントンDCにあるブルッキングス研究所で二〇一四年七月一〇日に行なったプレゼンテーションのなかで、「一〇年間におよぶアフガニスタン訪問、そして二年間におよぶ国連特別代表在任の最中、カルザイほど自らの社会にしっかりと寄り添ったアフガニスタン人政治家には出会ったことがない」と指摘した。[19]
プーチンもまた、ロシア国民の意見に自ら耳を傾けるのが国家元首としての責務だと何度か述べている[20]。大統領および首相在任中、彼はロシアの隅々まで足を運び、たびたびフォーラムを開いて一般大衆との対話の機会を設けた。二〇一二年、プーチンはロシアとアメリカの国籍を持つジャーナリスト兼作家のマーシャ・ゲッセンと急遽面会した際、衣装によるパフォーマンスの大半が、スタッフではなく自身の発案であることを明かした。その目的は、社会から無視され、十分な敬意を払われていない人々、場所、問題に注目を集めることだという[21]。たとえ一つ一つは小さくても、国民に敬意を示すための活動を入念に準備し、大々的に宣伝していけば、やがて大きな効果となって現われる。一五年以上ものあいだ、ウラジーミル・プーチンがロシアでもっとも人気の高い政治家として常に支持を集めてきた理由の一つはそこにある。

プーチンの派手なパフォーマンスには、国内での人気を保つという利点だけでなく、彼の本性を暴こうとする外国人専門家たちをはぐらかすという利点もある。パフォーマンスを通して見せるさまざまな側面は、彼の本当のペルソナをどこまで正確に表わしているのか？　人々にそう勘ぐらせることこそが、プーチンにとってメリットになるのだ。しかし、このパフォーマンスが彼のペルソナをまったく反映していないとすると、例の疑問がまた頭をもたげてくる――プーチンとはいったい何者なのか？　この疑問に対してプーチン自身は、フョードル・チュッチェフの有名な詩に描かれる「ロシア像」と自己像が重なると示唆したことがある。

頭だけでロシアを理解することはできない
並の尺度では計りようがない
ロシアには唯一無二の特別な姿があるのだから
この国でできるのは、信じることだけ[22]

プーチンの素顔

本書では、ＰＲ活動から生み出されるプーチンの人格の多面性に焦点を当て、彼の人物像をあぶり出しながら、「プーチンとはいったい何者なのか？」という疑問の答えを探りたいと思う。いくつもの〝プーチンの素顔〟を暴き出すには、演出されたパフォーマンスや、プーチンの政治的ブランドを構成する入念な見せかけの部分ではなく、その奥を見なければならない。二〇〇〇年代の大半の時期、プーチンは政治家としてロシアで絶大な権力を誇示してきた。その力は、演出されたパフォーマンスではなく、本書で論じるプーチンの六つのペルソナの組み合わせがもたらしたものだ。私たちはその六つのペルソナを「国家主義者」「歴史家」「サバイバリスト」「アウトサイダー」「自由経済主義者」「ケース・オフィサー（工作員）」と名づけた。第I部では二〇一二年までの期間に注目し、各ペルソナの中心的な要素と進化、ロシアの歴史・文化・政治におけるその起源について論じる。ロシアの現在の政治システムは、プーチンの六つのペルソナと、彼が数十年間にわたってサンクトペテルブルクやモスクワで築いてきた個人および仕事上の人脈から自然に生じたものだと考えていいだろう。その点についても詳しく解説したい。

第I部の前半では、「国家主義者」「歴史家」「サバイバリスト」の三つのペルソナを紹介する。この三つは、プーチン以外の多くのロシア人にも当てはまるという意味では、六つのなかでもっとも一般的なペルソナだ。特にプーチンと同年代で、ソ連時代にキャリアをスタートさせ、一九九〇年代に国政へと進出したロシア人政治家の多くがこれらのペルソナを持っているといえる。この最初の三つのペルソナは、プーチンのロシア国家観、政治哲学、そして二〇〇〇年代の一期目の大統領時代の彼の考えの土台となるものだ。一九九〇年代、つまりソ連崩壊後、独立国家として歩き出したロシア連邦の最初の一〇年間の中心的構成要素こそが、「国家主義者」「歴史家」「サバイバリスト」だった。この一〇年間は、ロシアが経済と政治の危機に陥り、ロシア政府がソ連の旧構成国やロシア帝国の旧領土に対して、実効的な支配力を失っていった時代だ。さらにこの時期は、プーチンのペルソナや個人的な政治思想や談話に対して、重要な下地が形成された期間でもあった。一九九九年一二月、プーチンはロシア大統領代行に就任するにあたり、ある論文を発表した。本書ではそれを「ミレニアム・メッセージ」と呼ぶ。このなかで、彼は一九九〇年代にロシアが体験した出来事からの教訓とその活かし方を語っている。二〇一二年の大統領選挙でプーチンは再びこの論文のテーマに立ち返り、一九九〇年代のボリス・エリツィン政権下のロシアの混乱をあえて何度も引き合いに出した。そして、一九九九年に政権に就いたあとの一〇年間におけるロシアの政治的・経済的安定が自分の政治手腕の賜物だと自負し、エリツィン時代と二〇〇〇年代の一〇年間とを明確に対比させた。事実上、プーチンの二〇一二年の大統領選挙は、別の候補者とではなく過去との戦い、とりわけ一九九〇年代との戦いだった。プーチンは、自分が大統領の座に就いたのは一九九〇年代のロシアの産物でもあり、九〇年代のロシアに対する答えでもあると考えているのである。

最初の三つのペルソナがプーチンの目標を説明しうるものだとしたら、次の三つの「アウトサイダー」「自由経済主義者」「ケース・オフィサー」はより個人的なペルソナであり、彼が目的を達するために使ってきた手段と深く関連するものだろう。レニングラードの労働者階級が集まる地域で過ごした幼少期。ロシア国内外でのKGBの任務。ソ連崩壊後のサンクトペテルブルク市での政治活動。そして、一九九〇年代のクレムリンでの一連の目立たない職務。そのすべてが彼に独自のスキルと経験を与え、一九九九年から二〇〇〇年にかけて大統領職にのし上がるきっかけを作る基礎となった。それ以来、彼は新たなロシアの政治経済システムを築き、それを維持しつづけてきたのだ。

近年、その政治経済システムもプーチン自身も、国内外で大きな難問に直面している。第Ⅱ部では、第Ⅰ部で構築した枠組みを用いながら、プーチンがそうした難問にどう対応したかを説明したい。ロシア国内においては、二〇一一年から一二年の政治危機に端を発して、プーチンの中心的なペルソナが強みから弱点へと変わってしまったかに見えた。彼がクレムリン内部に作ったワンマン統治システムにも、根本的な弱点が露呈したようだった。後章で説明するように、ロシアの一一年の議会選挙と一二年の大統領選挙のあと、数万人規模の反政府デモが発生したとき、プーチンのペルソナが市民との共感を妨げる足枷《あしかせ》になったが、それでも最後には、プーチンが勝利することになった。あとで詳しく述べるとおり、その勝利の要因になったのは、自分自身の中心的なペルソナへの回帰だった。

第Ⅱ部の最後の数章では、外の世界への視点やかかわり方——最終的に二〇一三年から一四年のウクライナ危機へとつながった考え方——という観点からプーチンを考察したい。ここでの目的は、第Ⅰ部の理解を頼りに、彼の動機や行動の謎をさらにひもとくことだ。まず、ロシアと外の世界との関係に対する考え方がどう進化したのかを追い、次に「クレムリンのなかの工作員」たるプーチンが、「国外の工作員」として培った考え方をどう行動に移したのかを説明したいと思う。

状況からプーチン像を描く

私たちが最終的に明らかにしたいのは、プーチンの思考回路、世界観、その世界観を作り上げる一つ一つの側面（＝ペルソナ）の全体像だ。ほかのすべての人と同じように、プーチンもまた自分自身の人生経験の合成物であることは間違いない。プーチンのペルソナは数珠つなぎにつながっているわけではなく、並行して存在する。それぞれが分離しているのではなく、お互いが混じり合って存在する。視点を少し変えれば、彼のペルソナは本書とは別のまとめ方もできるだろう。たとえば、もっとも一般的なペルソナである「国家主義者」「歴史家」「サバイバリスト」を一つのものだと考えることもできる。明らかに重複する部分もあれば、共通するテーマもある。それでも、一つ一つにはっきりとした区別があるのも確かで、本書ではそれを探り出してみようと思う。言うまでもなく、プーチンの世界観はさまざまな影響を受けて形成されてきた。彼が育ち、暮らし、働いたソ連やロシアの環境。ロシアの歴史や文学への個人的な興味。レニングラード大学で専攻した法学。ＫＧＢの訓練、東ドイツのドレスデンへの転勤。一九九〇年代のサンクトペテルブルクでの体験。一九九六年から九九年までのモスクワでの初期のキャリア。そして二〇〇〇年以降の国家運営。本書の目的は、そうした経験にまつわるあらゆるエピソードを突き止めることではない。むしろ、プーチンの経歴の明らかな部分、一〇年以上にわたる公式発言の綿密な調査、そして何よりプーチン本人との個人的な接触をもとに、その状況や文脈に沿ったストーリーを築くことが目的である。実際、私たち著者は二〇〇四年から一四年まで、いわゆるヴァルダイ会議の一環としてプーチンとたびたび面会した。ヴァルダイ会議とはロシア政府の後援のもと、ロシア国内で開催される有識者会議で、招待された外国人の専門家やジャーナリストが、ロシアの政策立案者やシンクタンク関係者とグループ対話形式で議論するものだ。[23]

一九九九年に誰がプーチンをボリス・エリツィンの後継者に選んだのかがわからないように、プーチンが一六年間のKGB時代に具体的にどんな活動に従事していたのかもよくわかっていない。ただ、ウラジーミル・プーチンがKGBに勤めていた時代のKGBそのものの状況ならわかるはずだ。そこで私たちは、ユーリ・アンドロポフやフィリップ・ボブコフなどのKGB高官たちのキャリア、出版物、回顧録を徹底的に調べてみた。彼らこそが、KGBという組織を築き上げ、その内部におけるプーチンの役割を形作った人たちだ。

プーチンは自分が大統領や首相を務めた時期とは対照的な負の時代として、決まって一九九〇年代ロシアの「動乱時代」を挙げる。その一九九〇年代にプーチンが実際に何を考えていたかは知る由もないが、彼の周囲の人々が深くかかわった当時の出来事や論争については多くが明らかになっている。また、一九九九年から二〇一四年までのプーチン自身による文章やスピーチのなかにも、彼が一九九〇年代の政治的・法律的な思想の中心概念や言葉遣いをそのまま利用している証拠が十分にある。要するに、本人が何を考えていたのかは必ずしも立証できないとしても、ある時期のプーチン周辺の人々の発言や行動ならわかるというわけだ。私たちは、ある文脈のなかでもっとも信頼できそうな証拠に着目し、プーチンの具体的なペルソナに関連する情報を引き出すよう努めた。

六つのペルソナの話に入る前に、まずはプーチンが政界に現われたときの状況、つまり一九九〇年代のロシアについて振り返ってみよう。一九九六年にプーチンがロシア大統領府の役職に就くためモスクワに異動してきたとき、彼は不意に〝どこからともなく〟現われたわけではない。直前までサンクトペテルブルクに住み、アナトリー・サプチャーク市長の周辺にいたことは間違いない。レニングラード大学法学部の学生だった一九七〇年代、プーチンは講師だったサプチャークの魅力に惹きつけられた。一九九〇年、ＫＧＢからレニングラード大学での勤務を命じられると、再びアナトリー・サプチャークと懇意になった。プーチンはその人間性を認められ、サプチャークがサンクトペテルブルク市長選に出馬すると、彼の市政チームの中心メンバーへと引き入れられた。プーチンのさまざまなペルソナ、そしてＫＧＢの元ケース・オフィサーとしての辣腕は、彼にとって大きな武器となった。サンクトペテルブルク市長となったサプチャークや彼の側近たちは、一九九〇年代の無法時代に暗黙の規則を定め、企業の腐敗を正せるのはプーチンしかいないと判断した。「サプチャークのフィクサー」として名を馳せたプーチンのサンクトペテルブルクでの活動こそが、国政進出の道を切り拓いたのだ。

第2章 ボリス・エリツィンと動乱時代

一九九〇年代のソ連崩壊後のロシアは、より多元的な民主主義・市場経済国家としての発展の道をおおむね前進しているように見えた。ところが一部の評論家たちは、プーチンが首相を経て大統領の座に就いた顚末を、九〇年代から続く政治・経済の前進を崩壊させた一種の悲劇だとみなした。しかし、九〇年代の軌跡に対するウラジーミル・プーチンの見方は違う。彼にしてみれば、当時のロシア国家は下方スパイラルに陥っていた。プーチンが一九九九年末に大統領の座までのぼり詰めたのは、その激動の一〇年のあいだにロシア人政治家たちが犯した一連の致命的なミスによる合理的な帰結であり、それに対する答えだった。大統領としての彼の任務は、九〇年代に真正面から向き合うことだった。自らたびたび宣言しているとおり、プーチンの目標は過去の過ちに対処し、ロシアを再び成長軌道へと戻すことだった。

九〇年代初頭を形作ったのは、ソ連崩壊の大混乱、抜本的な経済改革への取り組み、野心的な連邦議会と弱い大統領という対立構造だった。プーチンが国政に進出する前の数年間、政府内では派閥争いが激化し、メンバーや構成が絶えず変化した。その結果、ボリス・エリツィン大統領が混乱の元凶であるとする風潮が広まった。一九九三年、エリツィン大統領は議会の反対勢力が立てこもる建物を包囲し、武力で制圧した。こうして、大統領の独裁的な統治が数年間続くこととなった。さらに九四年には、チェチェン共和国の独立運動を阻止するためにエリツィンが軍を投入し、紛争が泥沼化。その後、北コーカサス地方では、二〇年間にわたって残酷な紛争や暴動が続いた。九六年、健康状態にも人気にも陰りが見えつつあったエリツィンは、大統領再選を果たすため、なりふりかまわぬ選挙活動に打って出た。彼はオリガルヒと呼ばれるロシアの新興財閥の有力者たちと手を結び、支持票を集めた。その結果、ロシア市場経済の先駆者と謳われる人物たちが政治を操り、国有財産の激しい争奪戦を繰り広げるようになった。同じころ、バルカン半島や旧ソ連圏におけるロシアの外交政策は破綻を繰り返すばかりで、もはやカオス状態にあるというのが大方の意見だった。

当時の政府内外の政治家や知的エリートたちのなかには、ロシアという国が再び新たな「動乱時代」に陥ったと考える者もいた。大統領になったばかりの一九九九年から二〇〇〇年にかけて、プーチンはこの説に同調して政策を進めた。ロシアの動乱時代といえば、一六世紀末から一七世紀初めの不名誉な歴史的期間だ。リューリク朝の最後の皇帝フョードル一世が死去すると、暴動、侵略、大飢饉が発生し、一六一三年のロマノフ朝創設まで社会の混乱は続いた。ボリス・エリツィンの批判者たちは、彼をボリス・ゴドゥノフ――動乱時代にロシアの事実上の摂政となった悪名高い人物――にたとえた。ほかにも、似たような暴動や社会不安が渦巻いた時代が引き合いに出された。たとえば、ピョートル一世やエカテリーナ二世が統治した一八世紀。一八二〇年代から三〇年代にかけて発生したデカブリストの乱の直後の時代。そして、一九一七年のロシア革命へとつながった一八六〇年代から第一次世界大戦までの長い革命期[1]。

一九九二年一月一日、エリツィン大統領は、ソ連時代から停滞が続くロシア経済を現代的な市場経済に変えるべく、大胆な経済改革を始めた。「ショック療法」と称されたその方策は、ポーランドなどの旧共産主義国が経験した経済移行をモデルにしたものだった。改革の重要なステップと位置づけられたのは、中央集権的な製造や生産の廃止、国営企業の民営化、価格の速やかな自由化、財政バランスを回復するための大胆な予算削減などだ。それまで固定価格、終身雇用制度、生涯福祉制度しか知らなかったロシア国民にとっては、まさに青天の霹靂だった。価格が自由化されると同時に、物価は予想どおり空前の水準へと急上昇した。国民がせっせと蓄えた貯金は一瞬で紙切れになった。政府による補償はいっさいなく、企業は政府の指示もなくほったらかしにされた。経営陣は代わりの顧客を見つける時間もスキルも持ち合わせておらず、生産停止を余儀なくさ

ボリス・エリツィン
(1931-2007)

れた。ロシアの巨大な製造部門の屋台骨である軍需産業への影響はとりわけ大きく、政府からの戦闘用機器の調達注文が一九九二年には三分の二に減った。[2] 当然、失業率は跳ね上がった。

　こうした緊縮政策を行なっても、政府の財政はすぐには改善しなかった。赤字は膨らみ、行政サービスは崩壊した。エゴール・ガイダルら学者出身者が中心となるエリツィンの政策立案チームは、大統領や国民の説得に当たった。すべては想定の範囲内であり、苦しい期間はもう少しで終わる。回復は目と鼻の先まで来ており、ソ連体制時代よりもずっと大きな繁栄が待っている、と。しかし、「ショック療法」の「療法」の部分であるはずの「回復」は訪れなかった。訪れたのは急激なインフレだった。一九九三年の一年間、物価は月平均二〇パーセントずつ上昇しつづけた。年間インフレ率は、九二年に二五〇〇パーセント、九三年に八四〇パーセント、九四年に二一五パーセント、九五年に一三一パーセントにおよんだ。[3] 失業率も上昇する一方だった。成長や発展を目指すことなどとうてい無理な話で、ロシア経済全体が「生き残り」へと目を向けることになった。国民も同じように生き残ろうと躍起になったが、そこには政府への大きな怒りが渦巻いていた。

　改革政策が招いた経済と政治の混乱について、ガイダルを含めた若い経済学者たちは大きな批判を浴びた。彼らを徹底的に批判したのは、ロシア議会や産業界の保守派勢力、つまり旧ソ連式のビジネスに既得権益を持つ人々だった。結局、ガイダルらは一九九二年末までに辞任を余儀なくされた。するとボリス・エリツィンは、ロシアのガス業界のトップであり、業界ロビー団体のメンバーでもあるヴィクトル・チェルノムイルジンを後任の首相に任命した。チェルノムイルジンは穏健な経済改革の支持者と見られていたものの、議会の保守派はエリツィン大統領への批判の手を緩めることはなかった。ガイダルによる急進的な経済改革が中止されると、ロシア議会は新ロシア憲法の議決プロセスなど、ほかの政治的問題でエリツィンを追及しはじめた。そして議会と大統領府はともに、もはや機能していないソ連時代の憲法に代わる、新たな憲法の草案を独自に作りはじめた。

大統領と議会の対立

ロシアの立法府と行政府とのあいだの政治的な溝は、効果的な統治がほぼ不可能なレベルまで深まっていった。一九九三年九月にエリツィンは既存の議会を解散し、一二月に新しい下院の選挙を行なうことを宣言。また、帝政ロシア時代の議会にならって、新たな下院を「国家院《ドゥーマ》」と名づけることも発表した。議会はこれに反発し、副大統領のアレクサンドル・ルツコイを急遽、大統領代行に任命。ルツコイは反エリツィンの姿勢を表明し、ロシア版〝ホワイトハウス〟である最高会議ビルに独自の内閣を設置した。そして一九九三年一〇月三日から四日にかけて、対立は流血沙汰へと変わる。まず、モスクワのオスタンキノ・テレビ塔に集まった議会派勢力に内務省の部隊が発砲し、大勢が死亡。一〇月四日午前、エリツィンの命令によって軍の戦車がホワイトハウスの襲撃を始め、副大統領らを降伏に追い込んだ。公式声明によれば、この攻撃と一連の市街戦で一四五人が死亡、八〇〇人が負傷したとされる。

この一九九三年一〇月の事件は、一九一七年のロシア革命以来、首都モスクワで起きた(当時としては)最大の政治紛争だった(4)。この事件は、プーチンを含めた当時のロシアの政治家に多大な影響を与えた。戦いが終わって新たな選挙が行なわれると、エリツィンは新しい国家院から立法府としての監視機能の多くを奪った。さらに議会の場所自体を、焼け焦げたホワイトハウスから――何とも意味深げに――クレムリンの陰にたたずむソ連時代の古びたビルに移転した。その後、ホワイトハウスは焦げ跡を落とし、清掃、改修したのち、ロシア政府の行政庁舎に姿を変えた。クレムリンの元顧問であり、二〇一一年に解雇されるまでプーチンと密接な協力関係にあった政治ストラテジストのグレブ・パヴロフスキーが、イギリスの『ガーディアン』紙のインタビューで語ったところによると、一九九三年のエリツィンと議会の対立はウラジーミル・プーチンに深い影響を及ぼしたという。ロシアでいったん権力のバランスが崩れると何が起こるのか？　ホワイトハウスへの攻撃は、この疑問に対するプーチンの見方を決定づけた――政治的対立に敗れた者は、壁際に追いやられて抹殺される。「プーチンはいつもこう言っていました。われわれは自分たちの立場を十分に承知している……本流から逸れた瞬間、相手に首根っこをつかまれて壁際に追い込まれ、殺されてしまう。だから、壁際には行きたくない、と……この深い信念は、エリツィンが最高会議（議会）に砲撃し、大勢の人間を殺した一九九三年の激しい対立から生まれたものです。正式発表よりずっと多くの死者が出たことを、プーチンは知っていたのです[5]」

大統領の新憲法

幸いなことに、プーチンは一九九三年当時、クレムリンからもホワイトハウスからもずっと離れた場所にいた。そのころの彼はサンクトペテルブルクの副市長として、エリツィンと議会との対決をただ傍観しているだけだった。しかし、プーチンの当時の上司であるアナトリー・サプチャークは、ロシア新憲法の主要な起草者の一人だった[6]。この草稿こそが、大統領としてのプーチンの未来の任務を決定づける重要な文書の一つになる。議会を力ずくで屈服させたエリツィンは、国内および外交政策に関する幅広い権限をロシア大統領と行政府に与える憲法を議決させた。事実上、エリツィンの新憲法は、議会の権力を抑制するために自身が取った行動の多くを、時代をさかのぼって合法化するものだった。この憲法は、ロシア政治の最高権力者としての地位を確保しようとするプーチンにとっては、強力な武器になりえるものだった。

一九九三年のロシア憲法の制定プロセスは、それまでの憲法制定の歴史に深く根差したものだった。諸外国の概念や憲法モデルについても盛んに議論されたとはいえ、起草された文書は旧帝政時代の考え方に大きく依拠していた。九三年の憲法起草者の一人であるセルゲイ・シャフライは、ロシア新憲法が欧米の憲法モデルから（少しでも）インスピレーションを受けたというのは「神話」でしかないと語った。共通点があるとすれば、おそらくロシア大統領がイギリス女王と同等の立場とみなされている点だけだ、と[7]（もちろん、イギリスには単一法典化された成文憲法はないし、イギリス女王は実質的な政治的権力を握っていない。ロシア憲法に定められたロシア大統領の権力は、アメリカやフランスの大統領の権力をはるかに上回るものだった。

国家院選挙での大敗

流血事件の末に国家君主に匹敵するほどの権力を手に入れたにもかかわらず、エリツィン大統領にとって、新たなロシア国家院はそれまでの議会と同じくらい厄介な存在だった。一九九三年一二月の選挙の結果、反改革派と改革派がほぼ半分ずつ議席を分け合うことになった。反改革派には民族主義を掲げる〈ロシア自由民主党〉や〈ロシア連邦共産党〉、改革派には〈ロシアの選択〉やロシア統一民主党〈ヤブロコ〉（「りんご」の意）などが含まれていた。右派の〈ロシア自由民主党〉は四分の一近く（二二・九パーセント）の票を獲得し、それに続く二位が一五パーセントを獲得した〈ロシアの選択〉だった。[8]すると国家院では、党派間や個人どうしの争いが次々と起こるようになった。目まぐるしい頻度で政党や連合が結成と再結成を繰り返し、殴り合いの喧嘩で議会が中断することもあった。たとえば九五年九月には、右派の〈国民共和党〉の党首ニコライ・リセンコが、〈民主党〉のグレブ・ヤクーニンと取っ組み合いの喧嘩をした。[9]同じような光景は、サンクトペテルブルクなどの地方議会でも見られた。その一〇年後、プーチンは当時の議会の混乱状態について、吐き捨てるようにこう言った。乱闘騒ぎの繰り返しで政治に嫌気が差した、と。[10]

一九九五年春、長い議論の末に新たな選挙法が制定され、議会選挙が九五年一二月、大統領選挙が九六年六月に行なわれることになった。九五年の選挙では、クレムリンは望みもしなかった「一二月の驚き」を経験することになった（同じことが二〇一一年に再び起きる）。野党だった共産党が、当時の与党〈我が家ロシア〉を破って圧倒的勝利を収めたのだ。〈我が家ロシア〉は、〝民主主義〟を掲げる幅広い改革派政党を統一するべく、ヴィクトル・チェルノムイルジン首相を中心に結成された政党だった[11]。
また、あとで論じるように、プーチン自身もサンクトペテルブルクで〈我が家ロシア〉の選挙運動に参加し、一定の役割を果たした。この大敗の経験は、彼をますます「選挙政治」嫌いにさせたのだった。

エリツィン、オリガルヒ、そして一九九六年六月の大統領選挙

ロシアの大統領選挙は二回投票制で、一回目の投票で過半数を獲得する候補者が出なかった場合にかぎって、上位二名による決選投票が行なわれる。一九九六年の大統領選挙は、共産党党首のゲンナジー・ジュガーノフとエリツィンによる決選投票にもつれ込んだ。ジュガーノフの公約は、エリツィンの経済改革を中止し、改良した旧ソ連式のシステムに戻すというものだった。この運命の時期に、エリツィンは個人的な動乱時代を経験していた。健康状態の悪化である。実際、彼は第一回投票と決選投票のあいだに深刻な心臓発作を起こし、しばらく公の場から姿を消していた。こうしたトラブルはエリツィンの政権運営に深刻な影響を与え、結果としてプーチンの国政進出をお膳立てすることになった。大統領選挙の直前、エリツィンの支持率は過去最低の三パーセントまで落ち込み、ジュガーノフに勝つにはもう奇跡を起こすしか道はなかった。そのうえエリツィン陣営には大規模で全国的な選挙運動を展開するだけの財源がなかった。クレムリンの金庫は空《から》。メディアを利用しようにも、新しい独立系メディアの台頭によって、国営テレビ、新聞、ラジオにはもはや昔のような影響力は残っていなかった[12]。

そこでエリツィン陣営が目を付けたのが、政府の改革政策から直接の利益を得た実業家たちだった。彼らは新しい金融機関に莫大な財産を蓄え、新たなメディアの株式を買い占めていた。そのなかの一人が、ロシア最大の持ち株会社の一つ〈ロゴヴァズ〉の代表者ボリス・ベレゾフスキーだ。〈ロゴヴァズ〉は、ロシア公共テレビ〈ＯＲＴ〉、新聞社〈ネザヴィシマヤ・ガゼータ〉、週刊誌〈アガニョーク〉など、さまざまなメディアに対する支配株式や経営権を有していた。ほかにも、エリツィン陣営は多くの実業

家たちに触手を伸ばした——ロシア第三位の総資産を誇るオネクシム銀行のウラジーミル・ポターニン頭取、金融グループ〈メナテップ＝ロスプロム〉の設立者ミハイル・ホドルコフスキー、モスト銀行およびメディア・グループの創設者ウラジーミル・グシンスキー、ロシアの元大臣で銀行家に転身したピョートル・アーヴェン、アルファ銀行のミハイル・フリードマン頭取、首都貯蓄銀行のアレクサンドル・スモレンスキー頭取[13]。選挙戦への大規模な協力とメディアへの優先的なアクセスを手に入れる見返りとして、エリツィンは石油、ガス、冶金などの工業分野におけるロシア有数の国営企業を民営化する際、先ほどの七人のオリガルヒが支配株式を独占的に手にできる特権を与えることを約束した。これこそ、悪名高い「ローンズ・フォー・シェアーズ（loans - for - shares）」（株式と引き換えの融資）合意だった[14]。こうして、選挙戦に資金を提供したビジネス界の有力者オリガルヒたちは、ロシアの大統領を自分たちで決められるほどの権力を手に入れた。さらに、〝エリツィン・ファミリー〟（エリツィンの家族や側近）とオリガルヒの利害が食い違ってくるにつれて両者の衝突は避けられないものとなり、一九九九年までロシア政治に深刻な影を落としつづけた[15]。

一九九六年のロシア大統領選挙は、二〇〇〇年代のプーチン政権時代の政治の手段、構成要素、主役たちを予示するものだった。欧米流のPRの多用、相手候補を中傷するネガティブ・キャンペーン、独立系の改革派共産主義者と民族主義運動の台頭、そして民間企業の既得権者による大規模な選挙資金の投入——それらが、九六年から一〇年間の政治の下地となった。そのあいだに、共産党党首ゲンナジー・ジュガーノフは大統領の座をうかがうほどの有力政治家になった。二〇一二年三月の大統領選挙ではプーチンの最大のライバルと目されたが、結果は一九九六年の大統領選の再現となった。

ほかにも、さまざまな政治家がその地位を確固たるものにしていった。たとえば、アフガニスタン紛争の英雄であるアレクサンドル・レベジ将軍。彼は一九九六年大統領選で民族主義を掲げた強力な候補者として三位に食い込んだが、二〇〇二年四月にヘリコプターの墜落事故で死亡。彼の活動は、民族主義運動〈ロシア人共同体会議〉をともに設立した仲間であるドミートリー・ロゴージンによって国政レベルで引き継がれた。[16] ほかにも、〈ロシア自由民主党〉党首のウラジーミル・ジリノフスキーもまたロシア政界の常連となった（九六年の大統領選時、エリツィン陣営は国内外のメディアのなかでロシア自由民主党をファシズムの隠れ蓑かのように描いた）。また、選挙後に「七人のオリガルヒ」の数人が政府内で役職を得た——ボリス・ベレゾフスキーがロシア安全保障会議副書記に、ウラジーミル・ポターニンが第一副首相に任命された。その後ベレゾフスキーは、ウラジーミル・グシンスキーやミハイル・ホドルコフスキーとともに、二〇〇〇年代初頭のプーチンとオリガルヒとの衝突の登場人物となった。最終的にベレゾフスキーとグシンスキーは国外に逃亡し、ホドルコフスキーはシベリアの刑務所送りになった。[17]

チェチェン紛争——ロシア地域との二重取引

議会や大統領職をめぐる政治的陰謀が渦巻くなか、エリツィンには新たな課題が突きつけられた——ロシア連邦の各地域とモスクワ政府との新たな政治的関係をどう築くか？　そんななかで始まった北コーカサス地方での紛争もまた、一九九九年にプーチンが大統領の座にのし上がるうえで重要な役割を果たすことになる。こうした地域へのエリツィン政権の対応は、議会への対応と同じように、その場しのぎで矛盾に満ちたものだった。法的措置、治安維持、軍事介入、抑圧、和解的で譲歩的な相互条約……政府の政策には一貫性のかけらさえなかった。エリツィンが始めた政策は中央政府と各地域の関係に軋轢を生み、その影はウラジーミル・プーチンの大統領在任中もずっと付きまといつづけた。

国内の行政区分の変更やトップダウンによる知事の人選などに対して、一九五〇年代後半からソ連の周縁地域では中央政府の政策への批判が強まっていた。[18] その後にソ連が崩壊してロシア連邦が成立すると、ロシア内の各地域は、領土や政治制度の変更を求めつづけた。まだソ連崩壊前だった一九九一年一一月、ロシアの北コーカサス地方にあるチェチェン共和国はソ連からの離脱と独立を一方的に宣言した。ロシア連邦成立後の九二年二月、エリツィンはすべての争点を解決するため、各地域と新連邦条約を締結しようとした。ところが、チェチェン共和国とヴォルガ川沿岸のタタルスタン共和国が署名を拒否。かくして、ソ連と同じように、こんどはロシア崩壊の懸念も浮上することになった。さらに追い打ちをかけるように、タタルスタンを含むいくつかの地域が、彼らの権限について定める九三年の新ロシア憲法の規定を拒否。その場しのぎの策として、エリツィン政権は九四年二月にタタルスタンと相互条約を締結。チェチェンに関していえば、エリツィンは交渉のテーブルにつくこと自体に初めから乗り気でなく、チェチェンの独立政府に反対する勢力を陰で支援した。しかし九四年夏、ロシアによるチェチェン政府打倒の試みが失敗に終わる。直後、チェチェン政府軍はロシア政府とエリツィンに屈辱を与えるため、捕えたロシア人工作員をメディアの前で行進させて見世物にした。

一九九四年一二月、ロシア政府はチェチェンに大規模な軍事攻撃をしかけた。その軍事攻撃は、第二次世界大戦以降ロシア本土で行なわれた最大の軍事活動にまで拡大。民間人を含めた多くの犠牲者を出しながら、チェチェンの主要都市グロズヌイをほぼ壊滅状態に追い込んだ。しかし、大統領選挙直後の九六年八月（プーチンのモスクワ入りと同時期）になると、チェチェンで大規模展開しすぎたロシア軍の戦闘部隊としての機能はほぼ失われていた。死者数が増えるにつれて、軍人たちの士気は下がる一方だった。軍需品が不足すると、第二次世界大戦のお下がりを使わざるをえなくなった。厳寒の過酷な山岳地帯で戦う徴集兵たちのための備品さえも不足し、厚手の靴下を編むようロシア国民に訴えかける冬のキャンペーンが行なわれるほどだった。チェチェン紛争は、八〇年代のアフガニスタン紛争以来、ロシア軍にとって最大の敗北となった。しかし、今回は自国の領土内での話だ[19]。六月の大統領選挙での大躍進以降、ロシアの政治世界で一定の権力を持つようになったレベジ将軍の強い示唆もあり、エリツィン政権はチェチェン政府と停戦協定を結ばざるをえない状況に陥った。その後の和平合意でロシア政府は軍事介入を休止し、チェチェンとの将来的な相互関係を築くための条約を結ぶことに同意した。ロシアの政界や軍の有力者の多くはこの屈辱的な結果に腹を立て、一九九六〜九七年のチェチェンとの取り決めは暫定的なものだと訴えた[20]。

ロシア政府とチェチェンとの紛争をきっかけに、ほかの地域も相互条約の締結を要求しはじめた。条約はその場しのぎの策から、ロシア政府と周縁地域との関係を規定する主要な手段に成り代わった[21]。それから二年間にわたり、エリツィン政権はさまざまな地域との合意の交渉を余儀なくされた。たとえば、タタルスタンに隣接する一大産油地域であるバシコルトスタン共和国、北コーカサス地方のチェチェンに接する共和国の数々。ロシアの中心部からウラル山脈、シベリアのバイカル湖地域まで広がり、ロシア民族が圧倒的多数を占めるニジニ・ノヴゴロド、エカテリンブルク、ペルミ、イルクーツクなどの地域。ロシアのダイヤモンド産業の中心地であるシベリアのサハ共和国、バルト海に臨む飛び地領のカリーニングラード。さらには、サンクトペテルブルクとその周囲のレニングラード州までもが交渉の対象となった[22]。結果的に、条約はさらなる破滅的な紛争を避ける便利なツールになった。しかし同時に、バラバラで非対称的な地方分権化へとつながり、厄介な二重行政を生み出すことになった。

この相互条約は中央政府や議会周辺ではきわめて不人気で、モスクワの政治家たちは条約の撤回を求めた。一九九〇年代末期、プーチンがロシア政府のトップへの階段を駆け上がるころになると、この条約はロシア国家の行政の複雑さや弱点を示す強烈なシンボルとなっていた。そんななか、中央政府と条約を結んだ共和国のリーダーたちは、地方の一役人から国家の元首レベルの政治家へと一気に躍進した。地方の政治家たちは、ロシア政府の法令を地元の利害に合わせて解釈し直した。彼らはロシア連邦の法律に従うことを拒絶し、独自の経済を作り上げ、税金の支払いを拒否し、中央政府の政策を堂々と批判した[23]。チェチェン以外でこの弱点がもっとも露呈したのは、極東の沿海地方（プリモルスキー・クライ）に違いない。ロシア最東端の日本海沿いに位置する沿海地方では、強情な知事であるエフゲニー・ナズドラチェンコとロシア政府とのあいだで、果てしない政治闘争が続いた。自らの政治の拠点であるウラジオストクの知事室からナズドラチェンコは、中国と国境協定を結ぼうとするエリツィン政権を猛批判し、沿海地方の太平洋へのアクセスを遮断されたことを非難した。彼はコサック軍の自警団を地域の境界線に配置し、連邦政府の資金を個人的なプロジェクトへと流用し、エリツィンに沿海地方の慢性的な経済問題の解決を迫った。[24] のちにプーチンは、ナズドラチェンコ知事に対処するための画期的な方法を見つける。二〇〇〇年代、それは厄介な人物に対処するときのプーチンの常套手段になった。

国外での挫折

エリツィン政権がチェチェンと交戦し、沿海地方との綱引きを繰り広げるあいだに、ロシアの外交政策は行き詰まりを見せていた。たび重なる内紛と弱体化した経済のせいで、ロシアは国外の重要な出来事に対する影響力を失っていた。一九八〇年代末、ソ連の指導者ミハイル・ゴルバチョフと外務大臣エドゥアルド・シェワルナゼは、国内政策と外交政策を直接結びつけようとした。ソ連経済を再建・活性化する国際的な金融支援を確保するため、西側諸国に対する従来からの対立的な姿勢を改め、国際的な緊張緩和へと舵を切ったのだ。[25] この姿勢は、その後のボリス・エリツィン大統領と外務大臣アンドレイ・コズイレフにも引き継がれた。ショック療法の初期段階では、国際的な金融・政治機関、さらにアメリカとの良好な関係形成が最重要課題とされた。一九九二年二月一日、エリツィン大統領はアメリカ大統領ジョージ・H・W・ブッシュとともに、ロシアとアメリカはもはや敵国どうしではないという旨の共同声明を発表した。両国の大統領が、新しい戦略的パートナーシップの時代の到来を宣したのである。

しかし、このパートナーシップが生んだ明るい希望も、一連の国際的危機によってロシアと西側諸国の関係が泥沼化すると、たちまち薄れてしまった。ユーゴスラビア崩壊後、新たに誕生したボスニア・ヘルツェゴビナの首都サラエボで大規模な紛争が勃発。その後、隣国のセルビア——旧ユーゴスラビアから派生した主たる継承国であり、ロシア帝国の同盟地域——が、セルビア人勢力を公然と支援すると、内戦へと発展。国連はすぐさまセルビアに制裁を加えた。一九九二年七月、国際連合をはじめとする国際平和維持軍が介入すると、こんどはロシア政府がそれに反発。ロシア議会の保守政党や民族主義政党は、歴史的にバルカン半島諸国とのつながりが深いロシアに対して、事前に国連からきちんと相談がなかったことは侮辱的だと訴えた。結果、ロシアと近隣諸国との関係はみるみる悪化することになった。

「近い外国（near abroad）」――コズイレフ外務大臣などのロシア当局者たちが使いはじめたこの言葉は、ロシアと国境を接する旧ソ連諸国を指すものだった。当時、こうした国々に対するロシアの国益を守る方法について、数多くの政府報告書が作られた。[26]一九九二年一二月にストックホルムで開催された欧州安全保障協力機構（ＯＳＣＥ）の会議では、他国の代表者たちに向けたスピーチのなかで、コズイレフはロシア政府の新たな方針を明確にした。彼は断固たるロシアの外交政策の骨子を述べ、従来どおりのセルビアへの支援をあらためて強調した。また、旧ソ連諸国全体に対するロシアの権利がまだ失われていないことを示し、軍事的・経済的な手段でロシアが影響力を行使する権限があることを主張した。[27]

このころになると、ショック療法に対するロシア議会の反発は最高潮に達していた。エリツィン政権内や議会では、ロシアが西側諸国から発展途上国または二流国扱いされているという認識が広まった。たび重なる大規模な金融支援の約束とは裏腹に、アメリカや国際金融機関は、ロシアの経済改革の厳しい副作用を和らげるほどの支援をできていなかった。事実、一九九二年には西側諸国からロシアへの合計二四〇億ドルの支援が約束されていたが、実際に支払われたのはその一部にすぎなかった。[28]幻滅したエリツィン政権は、外交政策の焦点を西側諸国から少しずつ違う場所へとシフトしていった。かつてのロシア政府の権威を少しでも取り戻すため、ソ連から独立した新しい国々に目を向けたのだ。

旧ソ連諸国からの拒絶

親密な関係を求めるエリツィンの提案は、旧ソ連諸国からすげなく拒絶されてしまった。ソ連崩壊後、エリツィンのチームは独立国家共同体（ＣＩＳ）を設立し、ロシアのリーダーシップのもとで旧ソ連地域を再び統合する枠組みを作ったつもりだった。しかし、何一つ計画どおりには進まなかった。加盟国のほとんどはCISのことを、ユーゴスラビアで起きたような厄介な紛争を抑止する手段、あるいは円満離婚の足がかり程度にしか考えていなかった。また、バルト三国のエストニア、ラトビア、リトアニア――ソ連が第二次世界大戦中に併合し、国連による違法勧告後もソ連支配が続いた地域――はCIS加盟を拒否し、代わりに欧州連合（EU）と北大西洋条約機構（NATO）への加盟を目指した。グルジア（現ジョージア）も当初は加盟を拒否。モルドバとアゼルバイジャンは準加盟国になることは同意した。旧ソ連諸国のなかでもっとも重要な存在であるウクライナはCISに加盟したが、クリミア半島のセヴァストポリに拠点を置く旧ソ連の黒海艦隊の分割をめぐって、ロシアと対立した(29)。

その後、新国家だけでなく、分離派の多い領土でも紛争が勃発し、そのたびにロシア政府は対応を迫られることになった。まず、ナゴルノ・カラバフ共和国に住むアルメニア人とアゼルバイジャンのあいだで武力衝突が発生。アゼルバイジャンと国境を接するグルジア政府は、南オセチアおよびアブハジア共和国と衝突。モルドバでは、新政府に忠実な軍と沿ドニエストル地域の分離派による衝突が発生し、同地域に駐屯中のロシア陸軍第一四軍の部隊が介入。第一四軍司令官のアレクサンドル・レベジ将軍は双方を引き離し、ロシアの軍事施設や備蓄兵器を守ったとして一躍ロシアの英雄となった。そのころ、遠く離れた中央アジアでは、タジキスタンが内戦状態に陥った(30)。

旧ソ連の継承国での民族的・政治的紛争は悪化の一途をたどった。とりわけ問題を大きくしたのが、ロシア語を母語とする移民の地位をめぐるロシア政府とエストニアやラトビアとの攻防だった。エストニアとラトビア両政府は、居住要件と語学要件を満たさないかぎり移民の市民権を認めないとする法律を制定。さらに一九九二年一一月には、バルト三国併合の違法性を根拠として、国連が旧ソ連の軍隊を全面撤退するようロシア政府に求める決議を採択した。するとエリツィン政権は、国連の求める軍の撤退を、バルト三国とのあいだに抱える問題と結びつけようと企んだ。ロシア系移民に市民権を与えるなら軍を撤退させる、移民問題が解決するまでは絶対に動かない、と条件を付けたのだ。九三年九月の国連総会でも、コズイレフ外務大臣はロシア政府の主張をいっそう強く訴えた。ロシアには（沿ドニエストルとバルト三国の住人を含む）ロシア語の話者を守る「特別な責務」がある。そのため、将来的に旧ソ連諸国に平和維持部隊を派遣するときは、ロシア軍の配置を最優先するようにしてほしい。それがコズイレフ外務大臣の要求だった。コズイレフのスピーチ直後の九三年一一月、ロシア政府は新たな軍事ドクトリンを発表し、近隣での紛争を自国の安全保障に対する主要な脅威だと断定した[31]。しかし無駄だった。ロシアの経済改革にとって不可欠な「融資」を差し控えるという、西側諸国からのあからさまな脅しと執拗な圧力によって、とうとうロシア政府の切り札は尽きてしまった。そして九四年八月三一日までに、旧ソ連軍はバルト三国から完全撤退した[32]。

そのほかの旧ソ連諸国でも、ロシア政府は影響力をなんとか維持しようと躍起になった。たとえばコーカサスでは、反ロシア派のリーダーたちに対抗したクーデターや紛争において、ロシアの工作員や兵器が利用された。数々の紛争が巻き起こるなか、ウクライナや中央アジアの国々には経済的圧力がかけられた。また、ロシア政府が後押ししたクリミア独立運動は、ウクライナによる黒海艦隊の分割要求に大きな影響を及ぼした。一九九五年九月ごろになると、CISや旧ソ連諸国との関係はロシア外交政策における最優先事項となり、ロシアの国益を左右するほどの重要な問題に発展していた。経済的・政治的・軍事的な絆を強めることを目標として、エリツィンはCISのさらなる統合に関する法令に署名した[33]。二〇〇〇年に正式に大統領に就任したプーチンは、ロシアと旧ソ連諸国の良好な関係構築の大切さを強調し、ロシア側がさまざまな影響力を維持することの重要性を引きつづき訴えた。また、ロシアは一九九四年八月にバルト三国から〝追放〟されたというのがプーチン流の見方であり、彼はこの屈辱的な体験から大きな教訓を学んだのだった。

西から東への方向転換

当時のモスクワの有力政治家や軍上層部は、エリツィン政権の行動がロシアの国際的な地位を大きく改善したとは見ていなかった。そのころ、旧ソ連諸国との紛争がロシアの国内・外交政策の課題の大部分を占め、欧米との関係は悪化するばかりだった。一九九四年にはボスニア・ヘルツェゴビナの内戦が激化し、セルビアはEUとアメリカから制裁措置を科され、そしてNATOから空爆を受けた。しかし、ロシア外務省とエリツィン大統領が空爆の知らせを受けたのは、NATO加盟国が空爆を決定したあとだった。のちにNATOと協定が結ばれ、ロシア軍は独自の指揮のもとでボスニアのNATO平和維持部隊に参加することになったが、ロシア議会は再び紛糾した。バルカン半島での紛争と時を同じくして、NATOは東欧の新しい民主主義国家、さらにはバルト三国などの旧ソ連諸国へと提携関係を広げることを決定。すると、ロシアの全ての政治派閥が抗議した。九四年から九七年にかけてのロシアと西側諸国との話し合いの中身は、NATOの拡大問題が大半を占めた。

前ソ連大統領ミハイル・ゴルバチョフは、一九九五年九月の『モスクワ・ニュース』紙のインタビューで、ロシア政府上層部の総意を代弁するように次のように述べた[34]。西側諸国はロシアの弱点を利用した。ヨーロッパ、バルカン半島、旧ソ連諸国における西側諸国の政策は、「ロシアに対する明らかな侮辱だ」と彼は主張した。「それは（ユーゴスラビアでの）NATOの空爆問題について、ロシア側に何の相談もなかったことが如実に物語っている……つまり、西の政治家たちの一部が、ロシアを国際政治の脇役に押しやりたかったということだろう……国内問題がどうであれ、ロシアが二度とそういう侮辱的な地位に甘んじることはない[35]」

ゴルバチョフはさらに続けた。「ロシアに欠けているのは国際舞台での有意義な政策だ。つまり、ヨーロッパの安全保障システムを回復させ、国際政治における世界のトッププレイヤーとしての立場を取り戻すための政策が必要なのだ」。また、ロシアのかつての勢力圏に対する政策を見直すよう西側諸国に促し、こう警告した。「ロシアやその国益に対して傲慢な態度を保ち、ロシアの人々を深く侮辱しつづければ、重大な結果が伴うことになる[36]」

ゴルバチョフ前大統領のこのインタビューから数カ月後の一九九六年一月、エリツィン大統領はコズイレフ外務大臣を解任し、元ロシア対外情報庁長官で中東問題の専門家であるエフゲニー・プリマコフを後任に抜擢した。西側諸国に面目を潰されたロシア政府は、再び議会や政府内の派閥から強い要請を受けて、アジアや中東におけるかつてのソ連同盟国に新たな外交政策を提案した。プリマコフが外務大臣になったその日から、中国、インド、イラク、イランなどの旧ソ連と蜜月関係にあった国々との関係を再建する取り組みが始まった。一方で、アメリカとの協力強化の話はぱったりと聞かれなくなった。

高まる国家復興の機運
――プーチン、モスクワに現わる

一九九一年から九六年にかけて、ロシアの国内・外交政策は屈辱的な失敗を繰り返すばかりだった。するとロシアの政治家たちのあいだでは非難合戦が繰り広げられた。エリツィンはロシア議会に砲弾を浴びせたが、完全に支配下に置いたわけではなかった。新たな野党勢力やオリガルヒたちは、九六年六月の大統領選挙で果たした役割によってみるみる力をつけつつあった。政府の段階的な経済改革計画はすっかり頓挫し、経済改革チームは袋小路に迷い込んでいた。経済はいよいよ未曾有の不況に陥り、何万人もの市民が街頭に繰り出しては、未払いの賃金や年金の支払いを求め、物価の高騰に抗議した。チェチェンは紛争で崩壊し、ロシア政府との距離はますます広がった。地域のリーダーたちと新たな条約が結ばれるたび、ロシア連邦はさらにバラバラになった。NATOは、バルカン半島の紛争においてロシアが果たすべき伝統的な役割を否定した。西側諸国はバルト三国からロシアを追い出した。同盟国だったはずのウクライナや旧ソ連諸国は、利権をめぐってロシア政府と戦った――時に、旧ソ連諸国内で争奪戦が繰り広げられることもあった。アメリカとの関係は後退する一方だった。プーチンがモスクワへと異動し、大統領府に加わったのは、まさにそんな波乱の時だった。

第3章　国家主義者

一九九六年八月、プーチンはモスクワに現われた。当時のロシアのエリートたちのなかには、ロシア国内の危機の深刻さや国際的な地位の低下に甘い幻想を抱く者などほとんどいなかった。国内の観測筋の多くは、ロシアが完全な崩壊の危機にあると考えていた。彼らにとっては腹立たしいことに、西側諸国の専門家は、末期のソ連を揶揄するときに使われた「ミサイル製造だけに長けた極貧国」という表現をひたすら繰り返した[1]。ロシアの政治の焦点は、残された領土を守り、さらなる屈辱を避けることだけに絞られた。右派から左派まであらゆる政治団体・政党が、ソ連解体後の凋落ぶりに危機感を覚え、ロシアの〝国権〟回復を唱えた。エゴール・ガイダルを中心とする一部のリベラル系の経済学者たち、つまり一九九二〜九三年にかけて旧ソ連経済の解体を推し進めた人々さえもが、国権回復への道を歩みはじめていた[2]。

ロシアを混沌から救い出し、秩序を取り戻すことが重要であるという点においては、大統領就任以来のプーチンの発言は、一九九〇年代末のエリートたちの総意とまったく同じものだった。プーチンがロシアの国内・外交政策の最優先課題としてまっさきに位置づけた事項は、当時のロシア政界のエリートたちがすでに目を付けていたものばかりだった。二〇〇〇年代に彼が取り組んだのは、ごく単純なことだ——新聞のコラムや政党のマニフェストに日々登場するさまざまな国内危機の解決案を精査して取りまとめ、のちに「プーチニズム」と呼ばれることになる指針を確立する。たとえば、「垂直権力構造（ヴェルティカリ・ヴラスチ）」と呼ばれる、より中央集権化した国家機構の再構築がその一つ。また、外交におけるより積極的な政策もプーチンは重要だと考えた。特に、ボリス・エリツィン政権下でロシアの影響力が著しく低下した、旧ソ連諸国などの地域への対応は急務だった[3]。大統領就任当初、プーチンは具体的な行動指針を明言しなかった。しかし結局のところ、一九九〇年代の保守的な派閥による政治的議論から行動のヒントを導き出していたのだった。

「ミレニアム・メッセージ」

ウラジーミル・プーチンの人間性を解き明かす最初の鍵は、「国家主義者」としての顔だ。プーチンは自分自身のことを、ロシア国家の復活を望む多数派の一人だととらえている。大統領代行就任直前のある声明のなかで、彼は堂々と国家主義者を名乗り、ロシア国家の復活に向けたビジョンを述べた。この声明はプーチンの大統領および首相時代の両方の重要な下地となるものだった。だとすれば、国家主義者であることが具体的にどんな意味を持つのか、一九九〇年代ロシアの文脈で考察する必要があるだろう。

一九九九年一二月二九日、ロシア政府のウェブサイトに、ウラジーミル・プーチン首相の署名が入った五〇〇〇語の論文が掲載された。題して「新千年紀を迎えるロシア」。二日後、ロシア大統領のボリス・エリツィンが国営テレビの番組に出演し、大統領職を辞して権限をプーチンに引き継ぐと宣言した。そのインターネット論文は「ミレニアム・メッセージ」として知られるようになった。このメッセージは、ウラジーミル・プーチンが大統領職に就くにあたっての政治的使命の声明（あるいはマニフェスト）であり、彼がこれまで周囲に築いてきた統治システムを理解する鍵となるものだった。

このマニフェストにおけるプーチンの趣旨の一つは、歴史全体を通じて国家がその地歩を失ったのは、ロシア国民がバラバラになったとき——ロシアの人々を結びつける固有の価値観を見失ったとき——であるという点だ。共産主義の崩壊によって、ロシアの市民たちは個人の権利・自由、表現の自由、外国旅行の自由を獲得した。こうした普遍的な価値観は悪くないものだとしても、〝ロシアの価値観〟とは異なるし、ロシアという国が存続するのに十分な概念でもない。プーチンが大切にする「ロシアの思想」の中心には、これとはまったく違うロシア固有の価値観があった。その価値観とは、愛国心、集団主義、結束、大国性（derzhavnost'）《デルジャヴノスチ》（ロシアは常に外国に影響を及ぼす〈大国／derzhava〉《デルジャヴァ》であるという信念）、そして翻訳不能な gosudarstvennichestvo《ゴスダルストヴェンニチェストヴォ》だった。ロシアはアメリカやイギリスのような歴史的に自由が根づく国ではない、とプーチンは強調する。

> 国家とその制度や構造は、この国や国民の生活において常にきわめて重要な役割を果たしてきた。ロシアの人々にとって、強力な国家とは立ち向かうべき敵ではない。その逆に、強力な国家は秩序を保障する源であり、あらゆる変革を開始する主な原動力でもある……社会は国家の指導力や統率力の回復を望んでいるのだ。[4]

　プーチンはその力を取り戻すと約束した。彼は自分自身のことを、国家の建設者（gosudarstvennik）《ゴスダルストヴェンニク》、つまり国家の公僕だと宣言した。ゴスダルストヴェンニクは、ロシアが常に強力な国家であらねばならないという信念を持つ人間のことを意味し、ロシアでは特別な響きを持つ言葉でもある。単に政治に携わる者を指すわけではないし、ある信念を持って特定の集団や有権者を代表して政界に飛び込むような政治家を意味する言葉でもない。そうではなく、ゴスダルストヴェンニクは国家そのものだけを信じ、自薦か他薦かを問わずに永久に国家に仕える約束をした人間なのである。

　同じように、国家を意味する gosudarstvo《ゴスダルストヴォ》にも非常に特別な意味がある。ロシアにおける国家（母なる《マーチ・》ロシア《ローシーヤ》、祖国《ローディナ》）と個人との関係は、西側諸国における一般的な関係とは異なるものだ。アメリカでは、国家は個人の権利を守るために存在する。ロシアの不思議なところは、国民は母なるロシアを守る必要はあるが、母なるロシアは必ずしも国民を守らないという点だ。ロシアでは国家は独立した実体であり、国家こそが第一なのである。当然、個人や社会は国家や国益よりも重要性は低い。これがミレニアム・メッセージのなかでプーチンが思い描いた gosudar《ゴスダル》-stvennichestvo《ストヴェンニチェストヴォ》の本質だった。

「国家の人間」とKGB

プーチンがＫＧＢ出身であることを考えれば、彼が自らを国家主義者と宣言したのはなんら驚くことではないだろう。ロシア国家の安全保障を守り、国家の力を他国に誇示することに尽力するＫＧＢ（現ＦＳＢ）、内務省、国防省などの機関は、ロシアでは国家機構や官僚機構の中心的要素だと考えられている。ロシアでは、これらの機関は「力」や「権力構造」を指すシロヴィーエ・ストルクトゥーリと総称されており、「武力省庁」と訳されることもある。ウラジーミル・プーチンを含め、こうした機関出身のロシア人は一般的に「シロヴィキ」と呼ばれる。ＫＧＢやＦＳＢの職員の多くは、自分自身や組織についての神話を自ら作り上げてきた――自分たちこそがロシアの究極の愛国者であり、強い国家の守り手なのだ、と。(5)

この神話は、特殊任務部隊《スペツナズ》と関係の深い『スペツナズ・ロシイ』紙の二〇〇一年五月に掲載された元ＫＧＢ将軍ニコライ・レオノフのインタビューに見事に要約されている。一九七〇年代から八〇年代にかけ、彼はＫＧＢ第一総局の高官として、北米および南米における作戦を指揮した。(6) レオノフは、最近になって続々と政府上層部に姿を現わしはじめた「一九七〇年代にＫＧＢに加わった若い世代」について尋ねられた。その代表格がウラジーミル・プーチンで、ほかにもセルゲイ・イワノフ（一九九九年にロシア連邦安全保障会議書記、のちに国防大臣、副首相、大統領府長官）、ヴィクトル・チェルケソフ（ＫＧＢサンクトペテルブルク支部長、その後ＦＳＢ第一副長官、二〇〇〇年にサンクトペテルブルクを含む北西連邦管区大統領全権代表）、ニコライ・パトルシェフ（一九九九年から二〇〇八年までＦＳＢ長官、その後に連邦安全保障会議書記）らがいた。レオノフはこう答えた。

現在では何より、そういう現実的な思考を持つタフな政治家が求められている。彼らは複雑な機密情報を扱う仕事を指揮するのだ……しかしそれと同時に、彼らは愛国者であり、数世紀の伝統に根差した強い国家の守り手でもある。歴史こそが、大国（デルジャヴァ）を復活させるという特殊任務の遂行にふさわしい人材を選び抜いたわけだ。なぜなら、世界にはバランスが必要だからだ。強いロシアが存在しなければ、地政学的な混乱が始まる……ＫＧＢ職員とは何者なのか？　何よりまず、彼らは国家の公僕である……経験、国家への忠誠心……鉄の意志。ほかのどこにそんな優秀な人材がいる？　……国家に秩序をもたらせるのは、「国家の人間」(gosudarstvennyye lyudi)《ゴスダルストヴェンヌィエ・リューディ》だけなのだ。[7]

「社会」とロシアのエリート

したがって、ウラジーミル・プーチンが自身を国家の公僕のように描くのは、ＫＧＢ職員としては珍しいことではない。国家とそこに従属する社会に対するプーチンの考えは、昔から脈々と続くロシアの保守的な政治思想そのものである。こうした考えは、国家の復活というコンセプトに取り憑かれるようになった一九九〇年代、一部のエリートたちのあいだに広まった。プーチンは大統領就任当初から、ミレニアム・メッセージなどを通して、直接そういう人々の心に訴えかけようとしたのだ。

プーチンはミレニアム・メッセージで、「社会は国家の指導力や統率力の回復を望んでいる」と述べたが、それはロシア社会全体、ロシア国民全体を意味するわけではない。プーチンが指すのは、社会のなかで政治的・社会的な活動をする集団、つまり国家の構造や機能に既得権益を持つ人々のことだ。言い換えれば、旧ソ連の武力省庁で働いた人々を含め、ウラジーミル・プーチンがキャリアのなかで関係を築いてきたロシア社会のエリート集団のことである。クレムリンの元顧問で政治ストラテジストのグレブ・パヴロフスキーは、二〇一二年一月の『ガーディアン』紙のインタビューでこの考えを次のように要約した。

一九八〇年代末ごろから、ソ連崩壊に関して復讐を求める人々が現われた。そんな人たちが大勢いたが、彼らは政治的には不透明で、存在感も特徴もない人々だった。プーチンや私もその一人だった……私の同僚や友人たちは、ロシアに起きた出来事が受け入れられなかった……そういう人々がエリート層のなかに何百、何千人といたが、彼らは（必ずしも）共産主義者ではなかった。実際、私自身も共産党に所属したことはない。つまり、一九九一年の出来事にどうしても納得できない人々が現にたくさんいたのだ。そのなかには、多種多様な自由の概念を持つ多種多様な人間がいた。プーチンも、一九九〇年代末までじっと復讐の瞬間を待っていた一人だった……私のいう復讐というのは、私たちが暮らし、当たり前のように思っていた大国の復活という意味だ。もちろん、全体主義国家というわけではなく、尊敬できる国家という意味のね。一九九〇年代のロシアは、とうてい尊敬できる国ではなかった。[8]

「国家」と同じように、ロシアと欧米では「エリート」の意味も異なる。ロシアの政治において具体的な役割や機能を果たす「エリート」という概念は一九世紀から存在するもので、次第に「インテリゲンチャ（知識階級）」という概念と同じ意味を持つようになった。インテリゲンチャとは、一八九〇年代の初期の革命運動のなかで、教養あるロシア人が自分自身を指し示すために使った言葉だった。[9]一九世紀ロシアのそんな〝知識人〟たちは、自分たちを公共福祉の向上に貢献する唯一の集団だととらえた。彼らは、自分たちが帝政時代の政治経済システムではなく、ロシア社会そのものを代表するのだと自負していた。[10]自分たちを国家主義者だと考える側面もあったが、むしろトップダウンではなくボトムアップで国家やその制度を改革しようとした。[11]

ソ連時代、インテリゲンチャという言葉は、マルクス主義的な社会階級の定義にそぐわない専門家またはホワイトカラー集団を集合的に指すために広く使われていた。この集団に含まれたのは、医師、技術者、教師、科学者、研究者、作家、芸術家などだ。[12]一九六〇年代から七〇年代にかけて、社会や政府に不満を持つソ連のインテリゲンチャのあいだで人権運動が起こると、この言葉は反体制的な意味合いを持つようになった。九〇年代になってもこの概念は廃れることなく、ロシアの教養人——誰かの指示ではなく自分の意志で社会のために行動し、世論を導こうとする人々——を指し示す言葉として使われた。このようにして、ロシアのエリート層であるインテリゲンチャは、既存の政治経済システムに常に批判的な姿勢を向けるようになったのである。

ロシアの名のもとでの合意

プーチンがミレニアム・メッセージのなかで吐露したエリートたちの感情は、一九九四年初めに発表されたある文書のなかにも端的に表われていた。議会が解体され、ロシア新憲法が議決された直後、ロシアの保守政治家の数名が〈ロシアの名のもとでの合意〉(Soglasiye vo imya Rossii《ソグラーシエ・ヴォ・イーミャ・ロシイ》) または単に〈合意〉(Soglasiye《ソグラーシエ》) と呼ばれる政治組織を作った。この運動の主宰者たちは「ロシア市民への声明」のなかで、「ロシアの国家的地位を取り戻し、国内市場や国家の富を守り、ロシアが脱工業化後の未来へと突き進むための条件を整え、犯罪と戦い、失業や飢餓を乗り越え、全市民がまともな水準で生活できる社会を実現する」ことを約束した[13]。

〈合意〉を設立した政治家たちの全員が、プーチンが大統領に就いたあともしばらく活動を続けた。その主要メンバーには次のような人々がいた。一九九三年に下院に初当選し、二〇〇三年に民族主義政党〈祖国《ローディナ》〉を設立した元対外経済関係大臣のセルゲイ・グラジエフ。共産党指導者のゲンナジー・ジュガーノフ。ロシア連邦憲法裁判所の長官で、エリツィンのロシア議会襲撃を公然と批判したために長官職を辞したワレリー・ゾリキン[14]。ほかにも、ロシアの有力なエリートたちが運動を支持した。たとえば、ロシアの著名な映画監督で、のちにプーチン大統領の強力な支援者となるニキータ・ミハルコフ。議会襲撃を生き延びた、元副大統領のアレクサンドル・ルツコイ。ソ連の政治哲学者で、ミハイル・ゴルバチョフの顧問、さらにはゴルバチョフ基金の各種プログラムを先導したアレクサンドル・ツィプコ。旧ソ連の映画監督で、のちにロシア下院の著名な保守政治家となったスタニスラフ・ゴヴォルーヒン[15]。

〈合意〉は幅広い政治団体や個人で構成され、政策に対する考え方もさまざまだったため、たちまち結束や勢いを失った。それでも、強いロシア国家を取り戻すというテーマは途絶えることなく、〈合意〉の中心的な思想——国家の復活という大義のもとに、エリートたちを一致団結させる包括的な運動を進める——とともに生き残った[16]。多くの点において、プーチンの一九九九年一二月二九日のミレニアム・メッセージは、この運動の中心的な思想を反映したものだと考えていいだろう。
それからの数年のあいだに、国家をいかにして危機から救い出すかというエリートたちの議論は、ロシアのあらゆる政治派閥を一つに束ねる「国家思想」を見つけ出すという考え方に収束した。プーチンがミレニアム・メッセージで取り上げる前から、「ロシアの思想（Russian Idea）」というコンセプトを支持する著名人は大勢いた。その一人に、一九九二年から九七年まで第一国防次官を務めた軍備管理問題の学術研究における第一人者、アンドレイ・ココーシンがいた。一九九五年、彼はロシアの安全保障や軍事力に関する論文を発表し、新しい国家思想を見つけ出さないかぎり、ロシア復活の道はないと主張した。[17] ココーシンはこの論文やその後の刊行物のなかで、こうした国家思想を作り出すことの重要性は、「私たちの社会のもっとも活発な担い手にすでに広く認められている。たとえば、政治家、学者、ジャーナリスト、公務員、党首、組合活動家、起業家。そして何より重要なことに、産業界のリーダーや一般労働者にもすでに認められている」と述べた。[18]
これとまったく同じことを、プーチンは九九年一二月のミレニアム・メッセージで述べた。「社会は国家の指導力や統率力の回復を望んでいる」と。
アレクサンドル・レベジ将軍も、一九九六年のロシア大統領選挙期間やその後、同じテーマを自身の政策の焦点に据えた。一連のスピーチ、インタビュー、記事のなかで、彼はロシアで統一的な国家思想を策定し、「強力な権威」を築くことが重要だと訴えた。[19] 一方、ロシア共産党は九五年の議会選挙で「ロシアの大国としての地位を取り戻す政党」というスローガンを打ち出し、復活を主な政治目標として掲げつづけた。[20] たとえば、ゲンナジー・ジュガーノフは、九七年に開かれたロシア連邦共産党大会で、「国民の力の復活と壊滅した国家の再生は……真の国民的合意の基礎となるものである」と宣言した。「二〇〇〇年におよぶロシアの歴史のなかで、国民たちは精神性と国力、公正と集団主義という理想を見いだしてきた。ロシアの歴史が証明するとおり、こうした資質を無視すれば、とんでもない大混乱を引き起こす恐れがある……われわれは確信している——ロシアは社会主義の大国になることができる」。[21]

「社会主義」という部分を除けば、この九七年のジュガーノフの報告の内容は、ミレニアム・メッセージを発表した九九年一二月二九日以降のプーチンの発言や考え方とほぼ重複するものだった。

新しいロシア思想を模索するエリツィン

一九九六年七月、たび重なる危機で弱体化したボリス・エリツィン政権は、政権の支持派・反対派の多くが国家思想を強く求めていることに鑑《かんが》み、この議論に積極的にかかわることを決めた。エリツィンは、大統領補佐官で著名な政治思想家であるゲオルギー・サタロフを議長に任命し、この問題に関するあらゆる情報を精査する学者やアナリストからなるグループを作らせた。さらに、二〇〇〇年と新千年紀を迎える前に、新たなロシア思想を定める規定を作るようにグループに指示した。[22] エリツィンは自らのこの決断についてスピーチでこう指摘した。「二〇世紀のロシアの歴史のなかにはさまざまな時代があった。君主主義、全体主義、ペレストロイカ、そして民主主義的な発展。どの段階にも独自のイデオロギーがある……ところが、今は何もない」[23]

残念ながら、このグループが大きな成果を出すことはなかった。一九九六年末、議長のゲオルギー・サタロフはいくつかのあいまいな要素を引き合いに出し、新たな国家思想について注意喚起した。彼は国家思想が知的な意味で抽象的ではないこと、政治・民族・宗教に関して排他的ではないことを求めた。[24] ロシア連邦は多様性のある多民族国家であり、共産主義者と自由主義者、ロシア民族と非ロシア諸民族、ロシア正教徒、イスラム教徒、ユダヤ教徒など、あらゆる人々を包括する国家思想が必要だとサタロフは考えた。その後、彼のグループは表舞台から姿を消し、一九九七年八月に事実上のプロジェクトの失敗を認めた。結局、彼らは新たなロシア思想の規定を提案することはできず、この話題全般に関する記事をまとめた概要を作っただけだった。[25]

イーゴリ・チュバイスと「新しいロシア」という思想

一九九六年から九七年にかけて、サタロフのグループは国家思想をまとめることに失敗したが、同じころ、一冊の本がこの議論に大きな影響を与えることになった――イーゴリ・チュバイスが著した『ロシア思想から新しいロシアの思想へ（*Ot russkoy idei――k ideye novoy Rossii*）』だ。[26]イーゴリ・チュバイスは、当時の大統領府長官だった自由主義経済改革者アナトリー・チュバイスの兄であり、彼の本がロシアのメディアで大きく注目されたのはそのためでもあった。イーゴリ・チュバイスは、ロシアの歴史や哲学的思想に関する定番の書だけでなく、九二年から九六年にかけて国家思想をテーマに書かれたすべての出版物を読み直して内容をまとめ、ロシア思想の「決定版」ともいえる本を書き上げた。そのなかで彼は、新しいロシア思想は「過去、現在、未来のベクトル」を束ね、[27]ロシアの文化や歴史に根差した価値観に基づく思考体系でなければならないと強調した。チュバイスは歴史の連続性にとりわけ着目し、ソ連崩壊後のロシアが実は同じ領土内に作られた三番目のロシア国家であることを指摘した。ほかの二つは、革命前のロシアとソ連だ。新しいロシア国家はロシア帝国やソ連の二番煎じであってはならないが、その両方の要素を組み込む必要があった。[28]チュバイスはまた、ソ連式の新しい国家イデオロギーを作るという考え方を否定した。彼はその代わりに、「健全な思想を持つ社会のすべての勢力」をまとめ、統一できるような共通のロシア思想を作り上げることが重要だと説いた。[29]

この本がプーチンのミレニアム・メッセージに見られる国家観やロシア思想の下敷きになったという直接の証拠はないが、考え方や内容はかなり重なるところがある。サタロフの報告とチュバイスの本が発表されたのは一九九六年、つまりプーチンがモスクワに異動して一年目のことだった。ロシア思想や新しいロシア国家を創造するために重要な要素として、チュバイスはロシア史、ロシア語、宗教の三つを挙げたが、これらはプーチンが二〇〇〇年代に繰り返し唱えてきたテーマと同じだった。一九九〇年代と二〇〇〇年代の両方を通して、歴史、言語、宗教はロシアの保守的な政治思想の中心的な要素を占めていたのだ。

ロシアの美徳の称賛

　一九九六年一〇月、チュバイスの本が刊行されて間もなく、ロシア議会の地政学委員会が、ロシア思想（Russkaya ideya《ルスカヤ・イデヤ》）の法制化に関する公聴会を開いた[30]。委員会がルスカヤ・イデヤという用語を使ったことは、国家思想の議論において特別な意味を持っていた。この用語はロシア民族的な要素を強調するもので、より中立性のあるRossiyskaya ideya《ロシイスカヤ・イデヤ》とは一線を画すものだった。前者のルスカヤは「民族としてのロシア人」の意味を持つ形容詞で、後者のロシイスカヤはロシアという国家の名前に由来する単語だ。多くの欧米人にとっては取るに足らない些細な差に思えるかもしれないが、ロシアの文脈ではこれは重要な意味を持つポイントである。ウラジーミル・プーチンは一九九九〜二〇〇〇年に大統領に就任して以来、この差を明確化することに努めており、二〇一二年の大統領選のなかでもはっきりと区別した。

　一九九六年の国会の公聴会において、ロシア人共同体会議の当時の代表であるドミートリー・ロゴージンやウラジーミル・ジリノフスキーのような民族主義的な思想を持つ政治家たちは、法律によって「ロシア民族性（russkost'《ルスコスチ》）」を保護し、それを積極的に活用することを求めた。この公聴会のあとも長年にわたり、ロゴージンとジリノフスキーはロシアの民族性をロシア思想に大々的に採り入れることを主張し、ロシア語、ロシア文化、ロシアの教育、ロシアの学校、ロシアの精神的価値観に関する法律の制定を要求しつづけた。一九九七年一月、ロシア正教会の代表者と内務省とのあいだでロシア思想について議論する同様の会議が開かれ、ロシア正教を再び国家政策の正式なイデオロギーや手段として復活させるべきだという公的な要望がなされた。ロシア正教会の代表者たちは、正教こそがロシア思想の本質であり、ロシア社会にぽっかりと空いた精神性やイデオロギーの空白を埋めることができると語った。内務省の当局者も、アルコール中毒や犯罪の歯止めとして正教が果たしうる役割について議論した。唯一異を唱えたのが、映画監督のニキータ・ミハルコフだった（一九九〇年代や二〇〇〇年代にこの種の会議に頻繁に参加したことで有名）。彼は、ロシア正教を国家の原理や政策に置き換えれば、たちまちその精神性が根こそぎにされてしまうと指摘した[31]。

当然ながら、内務省だけでなくKGBもロシア思想に関する議論や解釈に深くかかわっていた。一九九〇年代のKGBでは、多くの職員がロシア正教会の教義に傾倒していた。その代表例がニコライ・レオノフ将軍だ。KGBを引退してから数年後の一九九五年、レオノフは人気テレビ番組『ロシアの家』の政治コメンテーターになった[32]。この番組は同名の雑誌も刊行しており、一般的には「ロシア正教を前面に押し出した民族主義的な番組」と見られていた。そのためレオノフは、ジリノフスキーやロゴージンが擁護するロシア民族寄りで排他的なロシア思想の熱烈な支持者と目されていた。さらにレオノフは九九年、ロシア国家会議副議長セルゲイ・バブーリン率いる民族主義政党〈全ロシア国民同盟〉から議会の選挙に立候補。二〇〇一年五月、『スペツナズ・ロシイ』紙のインタビューに答えたレオノフは、「ウラジーミル・プーチンは広い意味で〝ロシアの家〟の教え子だった」と述べた。また、自分のようなロシアの〝プロ〟愛国者にとって、プーチン大統領は「希望の星」だと表現した[33]。

しかし、当のプーチンはといえば、レオノフ将軍のようなロシアの民族主義グループに属するプロ愛国者たちよりも、民族的な問題にはずっと慎重だった。愛国者たちの強い思いがミレニアム・メッセージの大枠を作ったことは確かだとしても、プーチンがマニフェストのなかで明言したのは、ロシア民族の思想（ルスカヤ・イデヤ）ではなくロシアの思想（ロシイスカヤ・イデヤ）についてだった。あとでより詳しく述べるとおり、プーチンがロシア大統領として重視したのは、ロシア思想のなかに「一体感」を生み出すことだった。つまり、ゲオルギー・サタロフが勧めたのと同じ、排他的でなく、分裂を招くことのない、全員を包括する思想だ。プーチンはミレニアム・メッセージのなかで、新しい国家イデオロギーを築き、新たな分裂を生み出すことの危険性について警鐘を鳴らした。加えて、それを望む政治家、評論家、学者たちに対し、「私はいかなる形であれ、ロシア国家の公式なイデオロギーを制定することには反対だ」と真っ向から反論した[34]。社会の統一は強制ではなく自発的な行動によってのみ実現可能で、ロシア民族だけでなく、大多数のロシア市民が国家の根底にある思想をしかと受け止めなければいけない。それがプーチンの訴えだった。ミレニアム・メッセージのこの箇所は、エリツィン大統領が一九九六年七月に策定を指示した、ロシアの新たな国家思想を定める規定をそっくりそのまま発表したようなものだった。実のところ、この規定はエリツィンの要求どおり二〇〇〇年の大統領選挙の前に作られていたのだ。しかし、それを発表したのはサタロフのグループでもエリツィン政権でもなく、もうすぐ大統領になるウラジーミル・プーチンだった。

エリツィンの教書演説と国家権力の復活

エリツィン政権は新しいロシア思想を作り上げることはできなかったが、国家権力という問題について重要な声明——一九九七年三月の議会での年次教書演説——を発表した。エリツィンは教書演説のなかで、ロシア国家に秩序を取り戻し、国力を強化することの重要性とその手段について説いた。前述のイーゴリ・チュバイスの九六年の著書と同様に、この教書演説はプーチンの二〇〇〇年代の政策や声明に大きな影響を与えることになる（とはいえ、法と秩序が強い国家づくりに果たす役割に関していえば、プーチンの見方はエリツィンよりもずっと保守的だった）。さらに、エリツィンの教書演説とそれに関連する一連の公式文書は、一九九七年から九九年までのあいだ、プーチンを権力の座へと導くうえで重要な役割を果たしてきた。

この教書演説の台本を書いたのは、もう一人のチュバイス、つまりイーゴリの弟のアナトリー・チュバイスだった。当時の彼は陰でロシア国家の舵取りを担い、国家の安定化に貢献していた[35]。一九九六年の大統領選挙の一回目と二回目の投票のあいだに心臓発作を起こしたあと、エリツィンの健康状態はしばらく不安定な状態が続いた。一九九六年秋、彼は心臓バイパス手術を受け、回復までの数カ月のあいだ安静を余儀なくされた[36]。九七年三月に健康が回復したあと、エリツィンがまっさきに行なったのが教書演説だった。異例ずくめの内容だった。政権の成果については言及なし。サタロフ・グループを設立するなど、さまざまな策略を講じているにもかかわらず、国家の大きなビジョンを語ることもない。外交・国防政策の話もわずかで、最後の数段落でお茶を濁す程度にNATOの拡大を非難。スピーチの要点はただ一つ——ロシア政治の無秩序に対して、政府のコントロールを取り戻す重要性。九七年のロシアが直面する最大の危険は、国家権力（vlast'《ヴラスチ》）の過度な弱体化である、というのがその主旨だった。

「一つだけ明らかな教訓がある」とエリツィンは述べた。「ロシアには秩序が必要だ。しかしそれを実現するためには、二つの単純ではない疑問に答えなければいけない。どのような秩序が必要なのか？ その秩序をいかにしてもたらすのか？ 現状に至った一つの理由は、政策をめぐる意見の食い違いが多すぎて、衝突を避けるために妥協が必要だったからだ。しかし状況が変わった今、私たちは再び改革を推し進めることができるはずだ……建設現場に秩序をもたらす最善の方法は、とにもかくにも建設を終わらせることなのだ」

大統領は演説をこう締めくくった。

新しい経済秩序と政治体制を作るうえでの最大のハードルとなるのは、政府当局が有効に機能しない状態だ……国に秩序をもたらすためには、まず国家組織そのものに秩序をもたらさなければいけない……合理的な意思決定を行ない、実行能力のある強い政府当局（ヴラスチ）だけが、その責務を果たすことができる——強者の活動を保護すると同時に、弱者への支援活動をしっかり保護することができるのだ。(37)

ここで、「国家（ゴスダルストヴォ）」の代わりに「政府当局（ヴラスチ）」という言葉が使われていることに注目してほしい。一九九〇年代初め、アナトリー・チュバイスやエゴール・ガイダルなどの自由主義経済改革者たちは、機能不全に陥ったソ連の国家の経済を解体・自由化することに焦点を当て、自由市場の力を最大限に活かそうとした。彼らは「独立した権力」や「国家」の永続性を謳う国家主義者の神話に懐疑的だった。しかし、ロシアの制度が混沌をきわめ、利害にまみれたオリガルヒや地域の長《おさ》たちが寄ってたかってロシア国家のかけらを奪おうとしてくると、もはや改革を推し進めることはできなくなった。さすがの自由主義改革者たちも、弱体化しすぎた国家の現状を認めざるをえなくなったのだ。するとこんどは、国家機構（＝政府当局）の権力を復活させる必要に迫られた。改革が軌道に乗るまで、国家は一時的に世話役のような役割を務める必要があった。こうした強い国家のイメージを取り戻すための重要な鍵は、まず国家機構を管理するチーム、つまりロシアの指導者と政府を強化することだった。これこそ、エリツィンの教書演説でとりわけ強調された点だった。

プーチンがのちにミレニアム・メッセージで述べるように、エリツィンの教書演説ではロシア社会が秩序を切望している点にも言及された。秩序を回復する最善の方法は、政府が始めた改革を完遂させることだった。政府の秩序を取り戻し、改革を推し進めることこそが、国の秩序の回復につながる。さらに教書演説では、経済における国家の役割についても詳説されている。「市場経済の効果を高めるには、単に民間主導の自由だけではなく、経済活動における均一で安定した普遍的な規則に沿った厳格な法的秩序が必要だ。国家の仕事はその規則を作り、遵守させることなのだ」。教書演説の終盤では、規則を遵守させるための監督機関が歯抜け状態になっている現状が批判された。「法（pravo《プラヴォ》）の抑制を受けない権力（ヴラスチ）は危険だ。一方で、権力の支えがない法は無力だ。前者の状況は、歴史のなかで何度も繰り返されてきた。しかし、今日では後者の真実が明らかになりつつある[38]」

アナトリー・サプチャークと法治国家

教書演説が「法（プラヴォ）」について触れているのも、注目すべき重要な要素だ。アナトリー・チュバイスのチームは、法律が市場経済のための新しい規則を定め、その規則を促進する手段が自ずと導き出されることを望んだ。そうやって、すべてを再び改革の軌道（彼らが望む軌道）に乗せようとしたのだ。二〇〇〇年に大統領代行になったプーチンも、法の重要性を訴えた。彼は法を一つの道具ととらえ、政治経済の改革をコントロールあるいは抑制する手段だと考えた。コントロール手段として法をとらえるという彼の考え方は、アナトリー・サプチャークとの長い付き合いのあいだに——最初はサプチャークの教え子時代、次に彼の顧問および副市長時代に——少しずつ磨かれていったものといえる。一九九〇年代、サプチャークは先進的な民主主義者と見られていたが、そんな評判とは裏腹に、彼の法律観はリベラルとは程遠いものだった。[39] ソ連時代と一九九〇年代の法的文書のなかでサプチャークは、共産党に対する一種の保守的な反抗として「法治国家(pravovoye gosudarstvo)《プラヴォヴォーエ・ゴスダルストヴォ》」の確立を提唱した。法治国家は「あらゆる政府機関の代わりとなる」ものだと彼は訴えた。[40] 法治国家はどんな政党や機関をも超越した存在であり、国家自体がその権利を保障する——大統領に就任したプーチンは、この概念にたびたび立ち返ることになる。

アナトリー・サプチャーク
(1937-2000)

たとえば、二〇〇〇年一月一三日、プーチンがサンクトペテルブルク大学から名誉学位を与えられた際のスピーチがその一例だ。名前がまだレニングラード大学だった当時に、彼はそこでサプチャークから法律のイロハを学んだ。サプチャークから大きな影響を受けたことを引き合いに出し、プーチンは授与式で次のように語った。「私のように、新生ロシア国家の建造に携わる人間にとって大切なことは何か？ それは、サンクトペテルブルク大学法学部の内側で何十年も前からはぐくまれてきた原理をもとに、国家の建造を進めることだ[41]」。同じ二〇〇〇年一月、政権の座に就いて間もないプーチンは、サプチャークが起草に大きく貢献した一九九三年の憲法の教義を実践することの重要性をしきりに訴えた。数々のテロ攻撃やチェチェンとの新たな戦争が勃発したその時期、プーチンは一連のスピーチにおいて、ロシア憲法をテロとの戦いの中心に据えた。彼にとって憲法は、国家を再び中央集権化し、ロシア経済を発展させる中心的な手段でもあった。司法省に向けたあるスピーチのなかで、プーチンは法治国家を築く方法はただ一つだと述べた——「ロシア国家を強化する」ことだ、と。[42]

二〇〇〇年二月二〇日、アナトリー・サプチャークが急死。ロシア大統領選挙に立候補するプーチンの支援活動のために訪れたカリーニングラード州で、彼は深刻な心臓発作を起こして亡くなった。[43] プーチンはサプチャークの死にショックを受けた。まさに衝撃だった。プーチンがサプチャークと出会ったのは、KGBに命じられてサンクトペテルブルク大学の彼のもとで働くようになるずっと前のことだった。サプチャークはプーチンの人生においてかけがえのない存在だった。親友であり相談相手だった。恩師であり上司だった。[44] サプチャークの死の数日後、プーチンは有権者に向けて公開書簡を発表し、「法治国家」の重要性について、サプチャークの（そして自身の）考えを詳しく述べた。さらに法や民主主義に対する自身の考えを語り、ロシア国民の概念――国民は国家の法律を遵守し、法律によって統治されるべきであるという思想――を説明した。「民主主義とは、法による独裁であり、法を守ることを仕事とする人々による独裁ではない……警察や検察は法律にただ仕えるべきで、与えられた権力を〝私物化〟したり、自分自身の利益のために使ったりしてはいけない」[45]。この書簡を発表した直後から、プーチンは国家を強化する手段として法を整備しはじめた。そうすることによって、ロシア法曹界の有力な国家主義者たちを味方に引き入れた。彼らは、アナトリー・サプチャークのように、強力な法治国家がロシアの将来の発展にとって欠かせないと考える人々だった。その重要人物の一人が、ワレリー・ゾリキンだ。彼は連邦憲法裁判所の長官であり、セルゲイ・グラジエフやゲンナジー・ジュガーノフとともに、ロシア国家の復活を目指す一九九四年の「合意運動」の中心的人物だった。

プーチニズムと憲法

ワレリー・ゾリキンは、帝政時代の「自由保守」運動の「国家主義者派」の影響を大きく受けたロシアの法学者グループの一人だった。[46] この運動の生みの親が、一九世紀のロシアの法律学者で政治哲学者のボリス・チチェーリンだった。彼は「法治国家」という考え方を、帝政ロシアの政治制度の段階的な改革の錨《いかり》にするべきだと主張した。チチェーリンを一躍有名にしたのは、皇帝アレクサンドル二世が一八六〇~七〇年代のロシア大改革時代に農奴制を廃止したとき、「自由主義施策と強い国家」を指針とするように提言したという出来事だった。[47] 帝政時代のこの運動の支持者たちは、ロシア社会主義運動の革命的な思想に抗する自由主義的な防御策として、立憲君主国の創造を推し進めた。当時、立憲主義は典型的な第三の道だった。[48] その支持者たちは、専制的な皇帝の独裁に歯止めをかけられるのは立憲主義しかないと考えていた。ところがこの運動は成功せず、完全なる法に基づく立憲君主国家がロシアに誕生することはなかった。結局、この立憲運動は、最後の皇帝ニコライ二世とともに一九一七年のロシア革命で一掃され、支持者たちも追放された。

ソ連時代の末期、ワレリー・ゾリキンは自由保守主義の思想を復活させた。ソ連の法律系学術誌でたびたび論文を発表してきたゾリキンは、ソ連内務省アカデミーで憲法を教えるという名誉ある仕事に就き、その名を馳せるようになった。[49] 一九九一年、ゾリキンは圧倒的な票を得て、新設された憲法裁判所の長官となった。当初こそ強力な大統領共和制を支持したゾリキンだったが、九三年にエリツィンが議会に対して流血事件を起こすと態度を一変。すぐさまエリツィンと対立し、長官職を更迭される。そういった諍《いさか》いに加え、合意運動の一環で政治の世界に申しわけ程度に顔を出すことはあったものの、ゾリキンは一九九〇年代を通じて憲法裁判所に判事として残り、二〇〇三年には長官に再び選出された。[50] 以来、ゾリキンは帝政末期の自由保守思想を現代に合うよう適応させてきた。いわば、彼はロシアに立憲君主国を作り上げるという一九世紀の思想をひたすら磨きつづけてきたのだ(ただしロシア憲法の中心を占める君主は、皇帝ではなく大統領である)[51]。

ゾリキンと同じく、プーチンもロシア大統領とロシア憲法の密接な関係についてたびたび強調してきた。プーチンがミレニアム・メッセージのなかで大々的に提唱したゴスダルストヴェンニチェストヴォの概念を具象化したもの、それがロシア憲法だった。ロシア憲法は、ロシア国家を強化・統一するものであり、法治国家を構築するもっとも重要なブロックだ。その憲法のなかでは、大統領こそが憲法の保証人だと位置づけられている。そして、その大統領は全ロシア国民から選ばれ、三権分立の制度の上位に立つ存在となる。結果、ロシア大統領は国家の統一を象徴する唯一の地位を担うことになる。また、憲法が定めるロシア国民への権利の付与を保障するのも、ロシア大統領その人である[52]。

ミレニアム・メッセージの言葉を借りれば、「憲法が保障する国の安全」を守る義務を負うのがロシア大統領だ。そのため、大統領の連続三選を禁止する憲法の規定に従い、プーチンは二〇〇八年に大統領職を退き、首相の座に収まった。その行動について、「憲法が保障する国の安全」を守るためだと彼は強調した。二期目の任期終了が近づくと、「憲法に従えば、大統領を三期連続で務めることはできない。私は憲法を変えるつもりはない」とプーチンは繰り返し述べた[53]。同じように、一二年五月七日の大統領就任を控えた四月、プーチンは〈統一ロシア〉の党首を辞任し、ドミートリー・メドヴェージェフに党首の座を引き継ぐことを発表した。「大統領は無所属の人物……ロシア国内のすべての政治勢力、すべての市民を統一できる人物でなければいけない」とプーチンはその理由について語った[54]。

こうしたロシア憲法や大統領職に対する考え方、一九九〇年代以降にワレリー・ゾリキンが提唱した概念の多くは、プーチンの公式声明にも色濃く反映されている。たとえば、大統領選挙中の二〇一二年一月一六日に『イズヴェスチヤ』紙に掲載されたインタビュー記事のなかで、プーチンはロシアが直面する難問について考察し、増大しつづける不安定要因に国家が呑み込まれないように注意しなければならないと訴えた。積極的に「ゲームのルールを定める」ことによって不安定要因を抑制する必要がある、と。さらに、帝政時代の国家主義者の言葉を引き合いに出して分析を続け、国家の認める手続きや規則を通じて「変化を柔軟に受け入れる」ことによって、国家は「強化されていく」と指摘した[55]。

続く『コメルサント』紙の二〇一二年二月六日付けの記事「民主主義と国家の質」のなかで、プーチンはワレリー・ゾリキンが敬愛する帝政時代の自由保守主義者の言葉を直接引用した。モスクワ大学の法律学教授だったパーヴェル・ノヴゴロドツェフのその言葉には、彼の（そしてプーチン自身の）反革命的で国家主義的な信念が端的に表われていた。「一定の自由や普通選挙権が与えられただけで、奇跡のような力がひとりでに働き、人生が新しい方向へと進むと思っている人が多い。しかし実際のところ、そういう場面では、民主主義へと進まないことが多い。その後の展開によって、寡頭政治か無政府状態へと進むだけだ[56]」

ソ連の崩壊――一からの国家再建

　これまで論じてきたように、一九九〇年代末までにロシアのエリートたちは、国家の在り方についてあらゆる議論を尽くし、法の支配や政府の秩序を取り戻すことが必須だと結論づけた。また、国民を一致団結させ、一貫性のある経済・政治改革を推し進めるためには、ある種の「ロシア思想」を作り上げる必要があると感じていた。ウラジーミル・プーチンの一九九九年のミレニアム・メッセージは、まさにこうしたロシアの社会状況から生まれたものだった。その政治声明は、過去と決別するものでも、新たな概念を切り拓くものでもなかった。ロシアのエリート内部の保守派から生まれた、哲学的・法律的な国家観をそっくりそのまま反映したものだったのだ。

　ミレニアム・メッセージは、プーチン自身による秩序や国家の問題への意見や取り組み方を示すものであり、ロシア特有の価値観や「強い国家（sil'noye gosudarstvo《シリノエ・ゴスダルストヴォ》）」というコンセプトを強調するものだった。また、それは国民の感情に訴えかけようとするものでもあった。プーチンはゴスダルストヴェンニチェストヴォという古くから根づく神秘的な思想を持ち出し、「国家」や「大国」という概念にたびたび触れた。そのなかで、彼は危機克服と国家再生を強く呼びかけた。それを実現するためには、ロシアの根本的な価値観を取り戻し、歴史的な伝統に再び活力を吹き込み、抽象的な西側諸国のモデルをむやみにまねることをやめる必要がある、と。ミレニアム・メッセージ以降、プーチンはロシア史を遠い過去までさかのぼり、安定、統一、段階的な改革や変化の重要性について繰り返し語った。そういった考えは、プーチンや保守派のエリートたちの解釈によって形作られたものだった――混迷の時期がこのまま繰り返されると、ロシア国家の生存にどんな危険があるのか？　なんといっても、そうした社会や政治の混乱のせいで、ロシアは過去数世紀で三回も崩壊と再生を繰り返してきたのだ。

ウラジーミル・プーチンは、二代目ロシアである「ソ連」の崩壊について強い感情を持っている。事実、二〇〇五年四月の年次演説で、彼はソ連の解体を「(二〇世紀) 最大の地政学的惨事である」と断言した。この一節を引用する記事のほとんどは、プーチンが共産主義的な政治経済システムが消滅したことを嘆いたと読み解いた。しかし、そうではない。プーチンは再三にわたって、ロシア国家そのものについての発言だったことを強調した。大統領職への復帰の意志を示した直後の一一年一〇月、彼はゴールデンタイムのテレビ番組のインタビューに応じ、一九九〇年代にロシアが経験した一連の危機に関する議論のなかで、この話題を再び持ち出した。

事実上、われわれは国家の解体を経験した。ソ連の崩壊だ。では、ソ連とは何なのか? ロシアだ。呼び名が違うだけでね。われわれは一九九〇年代にたいへん困難な時期を経験した。二

〇〇〇年代に入ってようやく立ち直りはじめ、国内の平和を築き、状況を安定させることができてきた。言うまでもなく、今後も二〇〇〇年代のような安定した発展が必要になる。[58]

一九九〇年代、ロシアのエリートたちの議論は、国家の崩壊(raspad ラスパド)や解体(razval ラズヴァル)への懸念の話で持ちきりだった。加えて、分裂(raskol ラスコル)も、垂直権力構造の復活を目指すプーチンのスピーチに頻出する単語だ。それ以上にこれらの単語が登場するのは、ロシアの政治家や専門家──政治経済の自由化を目指す自由主義改革者──による著作のなかだろう。たとえば、ショック療法の生みの親であるエゴール・ガイダルは、二〇〇六年にロシア語、二〇〇七年に英語で出版された彼の最後の著書『帝国の崩壊──現代ロシアへの教訓』(Collapse of an Empire: Lessons for Modern Russia)[59]のなかで、ソ連国家の崩壊という問題に着目した。ガイダルはソ連崩壊の経済的な起源について徹底的に考察し、幅広い歴史的文脈のなかでさまざまな結論を導き出した。ガイダル自身は決して自らのことを国家主義者とは

みなしていなかったが、彼は愛国者であり、彼の一家は昔から国家に仕えてきた[60]。ロシアの政治経済の改革に何が必要なのか、ガイダルの見方はプーチンと違った。ガイダルにとって、旧ソ連の国家構造の解体は急務だった。同時に、彼の最終目標はソ連崩壊後のロシアを蘇らせることだった。繁栄した新生ロシア国家を築き、国際舞台の主役というかつての地位を取り戻そうとしたのだ。

復讐の機会をうかがうロシア

ガイダルのショック療法は国民の貯蓄を食いつぶし、民営化プログラムの失敗によって国家の財産が腐敗した新興財閥オリガルヒの手に渡ることになった。こうした政策は国民の大批判を浴びたが、ガイダル自身は国家を破綻や飢餓から救ったという確固たる自負を持っていた。完全に行き詰った状況を好転させるためには、ショック療法は絶対に必要な措置だったのだ、と。ガイダルがさまざまなプレゼンテーションや著書に関するプライベートな会話（私たち著者との会話も含む）で指摘したとおり、極端に中央集権化したソ連時代の政治経済政策の過ちや誤算の多くが、二〇〇〇年代のロシアでも繰り返されようとしていた[61]。ガイダルは自分が導き出した結論や提案を、プーチンや彼の側近たちに知ってもらうことを望んだ。いわば、ガイダルは『帝国の崩壊』をプーチンらのために書いたといってもいい。一九九〇年代の個人的な政治経験、ロシアやソ連の歴史の分析から得た教訓を伝えようとしたのだ。プーチンと同じようにガイダルにとっても、ソ連はロシアという国家の歴史や政治の一つの現われであり、別の国などではなかった。

一九九〇年代初頭、ガイダルは国家に〝ショック〟を与えて生き返らせ、ソ連崩壊がもたらした国内の破滅を巻き戻すことが自分の使命だと考えていた。一九九九年、プーチンはショック療法に終止符を打って安定を築くことで、社会のガイド役や調整役という国家の役割を取り戻そうとした。元大統領顧問グレブ・パヴロフスキーは、二〇一二年一月の英『ガーディアン』紙のインタビューで、二〇〇〇年代にそれを成し遂げたプーチンの功績を次のように称えた。

実際、プーチンは復讐というタスクを立派に成し遂げ、国家崩壊の危機は回避された。腐敗は蔓延しているとはいえ、(北)コーカサス地方の分離の脅威はなくなったし、統一国家を目指すにあたって、一九九〇代にはなかったような合意が形成された。もう分離を望む者もいないし、独立国家を築こうとする者もいない。そんな考えは消滅したのだ。プーチンは大統領の職務を見事にまっとうし、安定を築いた……ソ連の再建を願う者もいなくなった。もちろん、プーチンはもっと偉大な国家を作りたかったと思うし、今でもそれを望んでいるのだろうが[62]。

ここでパヴロフスキーが挙げる「統一国家」は、プーチンにとってとりわけ重要なテーマであり、彼のいくつかのペルソナを結びつける糸でもある。ウラジーミル・プーチンの文書やスピーチをひもとくと、「統一」や「結束(splotit')《スプロティチ》」という概念に強いこだわりがあることがわかる。それは、正反対に位置する「崩壊」や「解体」への最善の防御策でもある。たとえば二〇〇一年二月のアジア訪問の前日、プーチンはベトナムの新聞のインタビューに答え、大統領に就任して挙げた最初の大きな実績は、強い国家という概念のもとに国民を一致団結させたことだと主張した。「政治の分野においては、正常で持続可能な国家を取り戻すという旗印のもと、社会の主な政治勢力を一致団結させることに成功した。それが、われわれの成功の基盤になっていると思う。一九九〇年代を通じてロシアの妨げになってきたのは、まさに国家の分裂だったのだ[63]」

統一国家

一九九四年以降、ロシア政府は各地域と相互条約を結ぶことを余儀なくされ、政治に壊滅的な影響が生じた。そうした影響をなんとか和らげて国家の分裂を乗り越えることは、大統領就任直後のプーチンの最優先事項の一つになった。地域のリーダーたちの決定を覆せるだけの権限を手に入れたプーチンは、この問題に取り組むためのアイデアを再び一九九〇年代に求めた。多くの著名人たち——国防長官パーヴェル・グラチョフ、元副大統領アレクサンドル・ルツコイ、民族主義政党のリーダーであるウラジーミル・ジリノフスキー、エリツィン政権のメンバーや大臣など――が、相互条約と自治共和国の制度の両方を廃止することを支持していた。そんな彼らは、ロシア帝政時代の行政区分である「県（グベルニヤ）」の復活を提案した[64]。

しかし、プーチンは共和国を廃止する代わりに、エゴール・ガイダル、憲法起草者セルゲイ・シャフライ、ヤブロコ党首のグリゴリー・ヤブリンスキーらがかねてから提案していた概念に修正を加えて改革を進めた。単なる歴史的起源ではなく、領土面積と経済原則に基づいて新しいロシアの行政単位を設置し、それぞれに同等の権限を与えたのだ[65]。まずは二〇〇〇年の大統領令を通じて、プーチンはロシアの既存の共和国や地域を七つの広大な連邦管区に分けた[66]。ロシア政府またはクレムリンの権威を示すため、各連邦管区のトップには大統領全権代表が置かれた。これもまた、プーチニズムを促進する土台となるものだった。こうして、分断された連邦国家ではなく、プーチンの理想とする〝統一国家〟にまた一歩近づいたわけだ[67]。

二〇〇七年一〇月、プーチン五五歳の誕生日の前日、映画監督のニキータ・ミハルコフは大統領に捧げるドキュメンタリー番組『55』を制作し、プーチンのロシア統一への奮闘を称賛した[68]。ミハルコフはほかの多くの国家主義者と同じように、古くから文化的な功績を通じてロシア国家に仕えてきた文化人一家の出身だった。父のセルゲイ・ミハルコフは児童文学作家であり、ソ連およびロシアの国歌の作詞家でもあった。曾祖父はロシア帝政時代のヤロスラヴリ県の知事だった。ほかにも、詩人や芸術家（ロシア随一の歴史画家ワシーリー・スリコフもその一人）、ロマノフ朝に近しい貴族などが先祖にいた。

そんな由緒正しい一家の出であるミハルコフのドキュメンタリー『55』では、あたかもプーチン大統領が救世主であるかのように描かれた――プーチンは国家を再統一・復活させるという目標を見事に成し遂げた。それはミハルコフが一九九四年に署名した合意運動のマニフェストに掲げられた目標そのものだった[69]。

ミハルコフが強調したロシアの統一という目標は、

KGBの有力人物の一人、KGB第五局の創設者であるフィリップ・ボブコフ将軍の昔の論文にも登場するテーマだった。KGB議長のユーリ・アンドロポフと並んでボブコフは、プーチンのような若い職員をKGBに雇い入れるなど、「新生KGB」の創設に大きな役割を果たした人物だった。一九九五年、彼は「現代に通じる重要な教訓をKGBの歴史から」引き出すために回顧録『KGBと政権（*KGB i vlast'*）』を上梓した。[70] 回顧録の大部分が刊行日よりずっと前に執筆されていたことは間違いなく、KGBを退職した一九九一年ごろには完成していたとしてもおかしくはない内容だった。しかし、短い最終章は一九九五年近くに——ロシアのエリートたちのあいだで国家の在り方についての議論が最高潮に盛り上がり、プーチンがモスクワに異動してくる直前に——加筆されたようだ。

ボブコフは著書のなかで、国家の将来をきわめて理想化して描き、ロシア社会を統一（スプロティチ）する新しい方法を探ることの必要性について考察した。彼の目標は、ある種の新しい国家思想を概念化することだった。最終章の「未来に向けて」では、「ロシアについて全員の見解が統一することはない」と断じ、それを当然の成り行きだと主張した。「なぜなら〝ロシア〟という言葉は、ロシア帝国とソ連という二つの期間と関連しているからだ。だとすれば、ロシア再生への考え方は、交わることのないまったく異なる二つの道をたどることになる」。続けてボブコフは、一九九〇年代にロシアが経験した危機は「崩壊した国家の危機」だと主張した。当時のロシアは政治経済の秩序だけでなく、領土をも失っていたのだから、と。

ロシアにとって……最重要課題は再生ではなく新国家を建造することだ。新しい国家と経済基盤を建造するという考え方は、この袋小路から抜け出し、社会の分断した勢力を統一する足がかりになるだろう。つまり、建造のための統一、今残っているものを破壊しないための統一ということだ……健全な思想を持つ社会の全勢力を集め、新しい基準のもとに統一するという作業なくして、新国家建造についての概念的基礎や計画を練ることはできない。「新しいロシアのために一致団結しよう！」というスローガンが根底になければ前進は望めない[71]。

ボブコフの回顧録の最後の数ページには、次のような考えが列挙されている。ロシアの国内資源を活用して国家を再建する。各種の計画の共通要素を見つけて統一を実現する。政治経済の問題への妥協点を見いだし、新しい国家の構築という課題を解決する。もういちど大国の市民になることを望むロシア国民の要求に応える……。これらの考えはいずれも、一九九九年以降、プーチンをはじめとする多くのエリートたちが国家について述べてきた内容と重なるものだ[72]。プーチンはミレニアム・メッセージで「ロシア思想（ロシイスカヤ・イデヤ）」について触れ、新しいロシア思想はあらゆるものを今まで以上に固く結びつける「合金（splav《スプラヴ》）」（統一を意味するsplotit'《スプロティチ》と同じ語源）のようなものでなくてはならないと説いた。「全人類に共通する普遍的価値と、時の試練に耐え抜いてきたロシアの根源的価値観を組み合わせることのできる、有機的な結合要素が必要だ」[73]。メッセージの終盤、ロシアは国内の資源を総動員して三流国家に落ちぶれないよう努力するべきだ、とプーチンは訴えた。

> ロシアは（つい最近）、何世紀にもおよぶ歴史のなかでも特に困難な時期を体験した。おそらくこの二～三〇〇年間で初めて、二流どころか三流国家に落ちぶれる真の危機に直面している。その事態を避けるには、国内のあらゆる知的、物的、精神的な力を総動員しなければならない。今こそ一致団結した建設的な取り組みが必要なのだ。それを代わりに行なってくれる者などいない。すべてはわれわれの能力にかかっている。危機の深刻さを見極め、一致団結し、長くつらい努力を覚悟しなくてはならないのだ[74]。

一九九九年一二月以降、大統領府副長官ウラジスラフ・スルコフやクレムリンの面々の助けを借りて、ウラジーミル・プーチンは新しいロシアのスローガン――社会の分断した勢力を結びつける合金（スプラヴ）のようなもの――を作り出そうと試みた[75]。かつて新しいロシア思想を模索したゲオルギー・サタロフのチームを悩ませた矛盾のすべてに対処するため、プーチンとスルコフは臭いものに蓋をする作戦を採った。実際のところ、プーチンが二〇〇〇年代に作り上げたのは、寄せ集めのロシア思想でしかなかった。アイデアのいくつかは、一九九六～九七年のモスクワ異動一年目に交わされた議論から導き出されたものだった。国家や社会の統一の方法についての持論は、一八三〇年代の動乱時代、一八九〇～一九〇〇年代の出来事など、ロシアの歴史に想を得たものだった（詳しくは次章で解説する）。また、一九一七年のロシア革命とロシア帝国崩壊後の期間にも着目し、いわゆる「白系ロシア人」亡命者たちが残した書物からもさまざまなアイデアを得た。プーチンが綴る文章にはあたかもドキュメンタリー作品のような趣があり、強力な支援者の一人である著名な映画監督ニキータ・ミハルコフの作品を彷彿とさせるところがあった。だとしても、それだけでロシア国家を統一・強化するようなロシア思想を生み出すことはどだい無理な話だった。

第4章 歴史家

プーチンがロシア思想をめぐる議論に足を踏み入れたという事実は、彼のペルソナを形作る二つ目の中心的要素――自分自身の運命が、ロシア国家の運命やその過去と密接に結びついているという強い信念――を浮き彫りにするものだ[1]。かねてからプーチンは歴史家を自称してきた。実際、学校時代に好きだった科目は歴史だと公言しているし、大の読書家としても有名だ。また、彼が名乗るのはただの歴史家ではなく、歴史と特別な関係を持つ歴史家だ。大統領就任以来、プーチンと彼のチームは歴史認識を巧みに使って政治的な立場を強化し、重要な出来事の骨格を描いてきた。プーチンは歴史の持つ力を認識している。歴史は彼自身や国家の目標を実現するための手助けになるだけでなく、正当性という名のマントで自身やロシア国家を覆い隠す手段にもなりえるのだ[2]。

プーチンが大統領に就任して間もないころ、さまざまな伝記資料のなかで、彼の歴史に対する個人的な愛着が大きく取り上げられた（当然、プーチン自身がそう促したのだろう）。たとえば、オレグ・ブロツキーによる二〇〇二年の伝記『ウラジーミル・プーチン――人生の歴史（*Vladimir Putin: istoriya zhizni*）』の一巻八章には、ヴィクトル・ボリセンコという人物による個人的なプーチン称賛のエピソードが掲載されている。彼はレニングラードで一年生から九年生までプーチンと同じ学校に通った同級生で、大学時代まで二人の交流は続いていたようだ。ボリセンコはこう語る。

> あるとき、彼にとても驚かされたことがある。たしか七年生か八年生くらいのとき、歴史の授業で教師がある質問をした。すると、それまでおとなしくしていたワロージャ（プーチン）がすっくと立ち上がって、質問に答えたんだ。し

かも理路整然と。「それらはみんな二次的要因です。この歴史的事件の真相はこうです」という具合にね。歴史の教師は口をあんぐりと開けていたよ。その瞬間、教師も私自身も、彼がどういう人間なのかわかったのさ。彼のまったく違う一面を見たんだ(3)。

それから数十年後の二〇一一年一〇月、大統領報道官ドミートリー・ペスコフは、「プーチンは今でもずっと本を読んでいる。ほとんどがロシア史関連で、歴史的偉人の回顧録もよく読むようだ」と話した(4)。プーチンは、ロシアやソ連のこれまでの指導者たちと同じように、政策において「好都合な歴史」が果たす役割を知っていた——過去を巧みに操作すれば、政策を推し進める手段として応用できる。歴史には社会や政治をまとめ上げる力があり、それを利用して集団のアイデンティティ形成や連携を促進することができるのだ(5)。プーチンにとって、歴史やその教訓は、国家に仕えるということの重要性を強めるツールでもあった。個人としての国家主義者(ゴスダルストヴェンニク)が短命であるのに対して、ロシア国家は永遠に続く——歴史はその生き証人なのだ。その一方で、ロシア史のページを飾った過去の国家主義者たちは、国家復活を模索する二〇〇〇年代のプーチンに重要な意味をもたらすことになる(6)。

一九九七年一月、モスクワで行なわれたロシア正教会と内務省の代表者による会談で、ロシア帝国思想の「官製国民性」、いわゆる「ウヴァーロフ・ドクトリン」が俎上に載せられた。「正教(Pravoslavie《プラヴォスラーヴィエ》)」、「専制(Samoderzhaviye《サモデルジャーヴィエ》)」、「国民性(Narodnost'《ナロードノスチ》)」を柱とする三位一体のこの原理は、ニコライ一世時代の教育大臣セルゲイ・ウヴァーロフが一八三三年に提唱したものだ。このドクトリンは当初、帝国の理念のもとにロシア帝国の教師たちを一致団結させるためのシンプルな謳い文句や要請文のようなものだった(7)。前述のKGBの有力者フィリップ・ボブコフ風にいえば、社会を統一するための「スローガン」の原型である。ウヴァーロフはこの要請文のなかで、以来ロシア国家の三本柱とみなされるようになった要素を初めて明確に定義した。一つ目は、宗教としての正教と組織としてのロシア正教会。二つ目は、皇帝の名のもとでの専制制度。三つ目は、皇帝に忠実なロシア国民。一九九七年一月の会談の参加者たちは、このウヴァーロフ・ドクトリンを引き合いに出し、再びロシア正教を正式な国家イデオロギーとして、政府の政策を推進する手段とすることを正当化しようとした。

ウヴァーロフの三本柱の最後の要素「国民性」は、ロシア語のナロードノスチを無理やり翻訳したもので、「ロシア国民全体」を指すナロード（人民）という単語に由来する。一八三〇年代当時、ナロードは「農民」を意味する単語だった。ウヴァーロフはナロードノスチを、ロシア国民の精神、本質、地方の農民の一般的な暮らし方など、あらゆる意味を包括する言葉として使用した。この言葉はロシア固有のスラヴの伝統との結びつきを含意し、人民と皇帝、「土地」と「国家」のあいだの歴史的な絆を想起させる単語でもあった。つまりナロードノスチは、多様な含みを持つロシア固有の考え方なのだ。

ウヴァーロフ・ドクトリンが広まった時代は、ロシア史上でもとりわけ混迷をきわめた時代であり、ロシア帝国は国内外で社会や国家の混乱に遭遇していた。一八二五年、サンクトペテルブルクの街はデカブリストの乱に呑み込まれていた。一〇年前にナポレオン侵略軍の生き残りを追ってヨーロッパへ、そしてパリへと進軍したロシア帝国の将校たちが、ロシアに立憲君主制を導入することを求めて反乱を起こしたのだ。続く一八三〇〜三一年には、帝国西部のポーランド人たちが暴動を起こした。国外でも、ヨーロッパ各地で君主政治が没落しようとしていた。一八三〇年のフランス七月革命、ネーデルラント王国からの独立を求めたベルギーの反乱、オスマン帝国の支配に反対する近東での暴動……。専制支配がますます人気を失うなか、ロシア帝国政府は国民からの支持を固めようと躍起になった。そこで、ウヴァーロフが自身のスローガンを掲げて立ち上がったのだった。彼は専制制度の重要性を強調し、専制制度の主要な構成員であるロシア人正教徒と地方の農民たちに、皇帝のもとで一致団結するよう訴えかけた。

一九世紀を通して、ウヴァーロフ・ドクトリンは繰り返し利用されることになった。さらに一九〇〇年代初めには、ロマノフ朝最後の皇帝ニコライ二世への支持を集めるために再び利用された。そう考えると、一九九〇年代にロシアの民族主義者たちが同じ目的のためにウヴァーロフ・ドクトリンを引き合いに出したのも当然のことかもしれない。というのも、第一次世界大戦が始まる一九一四年までの一〇年間と、ソ連崩壊後の一九九〇年代には、驚くほどの歴史的な共通点があった。政治や経済の進展という面においても、首都（一九〇〇年代初めのサンクトペテルブルクと一九九〇年代のモスクワ）での政治的議論という面においても、きわめて似通った傾向があったのだ。多くのエリートたちにとって、ロシアの現在と未来に関する一九九〇年代のモスクワでの議論は、一九一四〜一七年の戦争と革命によって中断されたサンクトペテルブルクでの議論の延長だった。文学史家コンスタンチン・アザドフスキーは、ロシアの文化的・政治的思想をまとめた一九九五年のアンソロジーのなかで次のように指摘した。

二〇世紀末を迎えた今、今世紀の初頭とまったく同じように、さまざまな学術誌においてロシアの〝永遠〟の疑問が再び盛んに議論されている——国家の進むべき道筋、アイデンティティ、人民、インテリゲンチャ（知識階級）、スラヴ主義者と西洋化主義者……。いちどは運命的な革命によって、次にソ連崩壊によって中断された議論が再開されたのだ。責任は誰にあるのか？　なぜロシアは奈落の底へ落ちてしまったのか？　〝再生〟は可能なのか？[8]

ロシアにとって、一九〇〇年代初頭と一九九〇年代は単なる世紀の始まりと終わりではない。それは、ロシア史における瓜二つの転換期でもあるのだ。どちらの一〇年も、敗戦、帝国と経済の崩壊、劇的な改革の試み、そして懐古主義の台頭に彩られていた。一九〇〇年代と一九九〇年代のロシアは——今という時代の在り方が正しいかどうかを見極めるために——国家と政府の両方が歴史を振り返り、参考になりそうな〝黄金時代〟（少なくとも〝白銀時代〟）を探そうとした。再び、コンスタンチン・アザドフスキーの文章を引用しよう。「われわれは革命前のロシアへの郷愁に浸っている。一九一〇年の世界に身を投じ……この混迷の時代を生き抜くヒントを必死に探す。つまり私たちは、当時の生活の柱となるものを取り戻そうともがいているのだ――気高さ、コサック、正教、専制政治を」[9]

好都合な歴史を探して

二〇〇〇年代、プーチンはいくつかのステップを踏みながら、ロシアの過去（主に帝国時代）との物理的な結びつきを作ろうとした。クレムリンの大統領執務室の控えの間には、ロシアの高名な皇帝の胸像や肖像画が飾られた――偉大な改革者ピョートル一世、エカテリーナ二世、アレクサンドル二世[10]……。当時のロシア連邦議会上院（連邦院）議長セルゲイ・ミロノフは、上院とロシア議会の伝統に歴史的なつながりがあることを訴えるため、帝国国家評議会の時代までさかのぼって歴代議長の肖像画ギャラリーを作ることを提案した[11]。また、ソ連時代にいちど撤去された、過去数世紀にわたる有名な戦士たちの像が台座に戻された。荘厳な救世主ハリストス大聖堂をはじめ、ボルシェビキが破壊したモスクワの教会も一から再建された。一九九〇年代初頭の慌ただしい時期に撤去されたソ連指導者たちの像も密かに台座に戻され、時にはプーチンが式典に参加することもあった[12]。過去に撤去案が持ち上がっていた赤の広場のレーニン廟も、そのままにされた。

こうした文化的復元プロジェクトに大きく貢献したのは、プーチンの主要な側近たちだった。たとえば、旧ソ連の高官ウラジーミル・ヤクーニン。レニングラード州にある別荘《ダーチャ》コミュニティ内のプーチンの隣人で、二〇〇五年から〈ロシア鉄道〉（ロシア最大の国営独占企業の一つ）の社長を務めるヤクーニンは、ロシア正教会の遺産を復元・保存することを目的とした一連の組織の代表となり、歴史的な修道院や教会の改修を自ら監督してきた[13]。また、近年になって国外から戻ってきた正教会の聖像《イコン》を展示するため、ロシアの最果てまで（たいていは鉄道で）わざわざ訪問してまわった。同様に、多くのオリガルヒたちがロシアの芸術品を国家のために買い戻した。石油ガス会社社長ヴィクトル・ヴェクセリベルクは、海外に流出していたインペリアル・イースター・エッグ（通称「ファベルジェの卵」）の多くを買い戻し、ロシアに持ち帰ってきた。さらに〇八年、ヴェクセリベルクは、ロシア正教会総主教の座所であるモスクワのダニーロフ修道院の鐘一式を買い戻すことに成功。革命後に海外に流出し、アメリカ・ハーバード大学に設置されていた鐘は、数十年の時を経て母国ロシアの元の位置に戻された[14]。

官製国民性の復活

物理的というよりは形而上学的な意味で、プーチンは歴史的前例やウヴァーロフの「正教、専制、国民性」というドクトリンに回帰した。ミレニアム・メッセージではいかなるイデオロギーを掲げることも拒否したプーチンだったが、密かに（とはいえ十分あからさまな形で）準備は進めていた。二〇〇〇年代に入ると、彼は一個人として再びロシア正教や正教会を堂々と信仰しはじめた。彼は正教への信仰を取り戻したことの重要性をあちこちで強調し、国際的な対談の場で自分の信念について赤裸々に語った。たとえば、ジョージ・W・ブッシュ大統領との会談では、家族の別荘《ダーチャ》が火災で焼失したあと、母親にもらった十字架が無傷で見つかったというエピソードを披露した[15]。また、礼拝に参加するときには（だいたいヤクーニンが背後に立っている）、その姿を大々的に報道させた。ロシア正教の聖職者との個人的なつながりに関しても、情報を積極的に広めさせた[16]。

プーチンは再びウヴァーロフ・ドクトリンに立ち返るにあたって、専制に代わる「主権民主主義」なるものを採り入れた。これは大統領府副長官ウラジスラフ・スルコフが最初に提唱した言葉だ。主権民主主義は、ロシア国家の並外れた重要性と独立性、ロシア固有の文化と歴史を反映したものだ。ロシアが説明責任を負って対応すべきは国民の多数派の意見であり、それ以外の何者にも（ましてや外部の権力になど）応える必要はない[17]。スルコフの謳う主権民主主義は、帝政時代の専制主義がそうだったように、まさに強力な国家の象徴なのである。また、主権民主主義はプーチンがミレニアム・メッセージで述べた歴史的考察も継承している――民主主義の一般的な価値観はロシアの価値観とは一致せず、むしろロシアの政治の進展を妨げてきた。したがって、歴史に根差したロシア固有の主権的な政治体制に戻らなければならない[18]。それがプーチンの考えだった。

ウヴァーロフ・ドクトリンの三本目の柱である

「国民性（ナロードノスチ）」に関していえば、プーチンはスピーチやプレゼンテーションの場で、ロシア国民全体を指すナロードという言葉をたびたび用いながら、ナロードと寄り添う姿勢を強調してきた[19]。二〇一〇年九月のヴァルダイ会議では、ソチで参加者とプーチンとの晩餐会が行なわれた。その日、プーチンは横断高速道路の最終区間の開通式典に参加するため、シベリアと極東ロシアを訪れていた[20]。車で駆けつけた晩餐会の席で、プーチンはナロードという言葉を何度も使いながら、道中で出会った人々に象徴されるロシア国民のすばらしさを滔々と語った。また一一年五月、〈全ロシア人民戦線〉の設立を支援する際にも、同じ考え方を引き継いだ。〈全ロシア人民戦線〉は、幅広い市民社会団体をまとめ、二〇一一年一二月の議会選挙に先立って、政党〈統一ロシア〉に斬新なアイデアを提供する統括組織として設立されたものだ[21]。

　とはいうものの、二〇一四年のウクライナ危機まで、プーチンはジリノフスキーやロゴージンといった民族主義者たちと一線を画し、自身のミレニアム・メッセージでの訴えに忠実であるために、もともとのウヴァーロフ・ドクトリンの一部に見られる保守的かつ排他的な要素を避けようと注意を払ってきた。一八三〇年代や一九〇〇年代初めの古いロシアではなく、現代ロシアの多様な人民に合わせた何かを作り出そうとしたのだ。そういう点では、プーチンはKGBのフィリップ・ボブコフの思想を受け継いだかに見えた。ボブコフは一九九五年の著書のなかで、新しいロシア国家を築くにあたってロシア民族やロシア語話者だけを擁護するのではなく、より包括的なアプローチを採るよう訴えた[22]。それに呼応するように、ミレニアム・メッセージの「ロシアが学ぶべき教訓」と題するセクションでプーチンはこう指摘した。

> ロシアは、政治や社会経済の激震と大変動、急激な改革の限界に達している。さらなる革命を声高に叫んでいるのは、ロシア国家や国民（ナロード）の運命にまったく無関心な政治勢力か狂信者くらいのものだ。共産主義、民族的な愛国主義、急進的な自由主義など、どのようなスローガンを掲げようとも、ロシア国家や国民は

もういちどすべてを捨ててやり直すという考えを支持したりはしないだろう……責任ある社会的・政治的勢力は、ロシアの再生と復興の戦略を国民に提示するべきである。それは（一九九〇年代の）経済と民主主義の改革中に生まれたあらゆる肯定的要素を軸とし、段階的で漸進的で入念な手法を通してのみ行なわれるべきだ。その戦略は安定した政治的状況のもとで実行されるべきであり、いかなる階層や集団に属するロシア国民の生活水準も悪化させてはならない[23]。

プーチンがこのミレニアム・メッセージで言及する国民〈ナロード〉という概念は、ロシア連邦で暮らすロシア民族や、特定の政治・社会団体だけを指すものではない。のちにプーチンが〈全ロシア人民戦線〉の存在を重要視したことも、その点を明確にするものだ。ウヴァーロフとは異なり、プーチンのいう国民〈ナロード〉はあらゆる人々を網羅するものである。たとえば二〇一一年一一月二七日、議会選挙直前に行なわれた〈統一ロシア〉の会議のスピーチでプーチンはこう宣言した。

われわれは市民の平和と調和を守るために全力を尽くす。われわれが大切にし、守ろうとする国家の未来、市民の幸福がかかっているのだ。社会や民族に対して不寛容なスローガンを唱える者には警告したい。国家の裏切り、ひいては国の崩壊へとつながるポピュリズム的で挑発的な思想を持ち込もうとする者にもこう言いたい。われわれは多民族社会だが、一つのロシア国家である。分かつことのできない統一したロシアなのだ[24]。

ロシア史との融和

二〇一〇年のヴァルダイ会議では、決して分かつことのできない統一したロシア国民との融和というプーチンの主張を前面に押し出したうえで、「ロシアの歴史と未来の発展」というテーマが取り上げられた。ソチでのプーチンとの会談の前には、サンクトペテルブルク近郊のラドガ湖やカレリア地方のいわゆる〝収容所群島〟のグループ視察が行なわれた。

その日の会議には、著名なロシア人歴史家とともに、リチャード・パイプスやドミニク・リーヴェンなどのロシア現代史の国際的な第一人者たちが招かれていた。議論の目的は、ロシアにおける強力な中央権力の歴史的傾向、一九一七年の革命前後の国家の概念、改革や近代化に対するロシアの長年の取り組みについて考察することだった[25]。

二〇一〇年のヴァルダイ会議が特別な場所で行なわれたこと、そして帝政時代とソ連時代の刑罰制度や反体制者の国内追放という悲劇的な歴史がテーマだったこともあり、九月六日のソチでのプーチンとの質疑応答では、鋭い質問がいくつも飛んだ。あるとき、イギリスのジャーナリストがプーチンにこう質問した。政治的な粛清にまみれたソ連時代はもう終わったとロシア国民に知らしめるため、ウラジーミル・レーニンの遺体を赤の広場にある霊廟から撤去しようと思ったことはありませんか？　するとプーチンは、イギリスの議事堂の外には一七世紀の革命指導者オリヴァー・クロムウェルの像が今でも設置してあることを指摘した。歴史の問題は解決するべきだが、それはその時代のなかで解決すべきものである。クロムウェルとレーニン、どちらが多くの人を殺したのか？　スターリンとレーニン、どちらが悪人か？　彼らはみな恐ろしいことをしたが、偉大な国を築く手助けもしたのだ、と。

プーチンが主張したかったのは、善悪も含めてクロムウェルのすべてがイギリスの遺産の一部であることと同じように、レーニンとスターリンもロシア国家・国民が共有する歴史の一部であるという点だ。誰もが歴史とどこかで折り合いをつけなければいけない。恥じることなど何もない。レーニンを霊廟に残しておくことに問題などないし、クロムウェルが今でもロンドンの議事堂の外に立つのと同じように、過去の皇帝やソ連の指導者も台座に戻ってその場に立ちつづけることができる[26]。

二〇一〇年のヴァルダイ会議とほぼ時を同じくして、「啓蒙保守主義のマニフェスト」を独自に発表した映画監督ニキータ・ミハルコフも、そっくりなことを述べている。「ロシア史のどの期間を見ても、輝かしいページと暗黒のページがある。それらを二つに分割して、どちらか一方を否定し、どちらか一方だけを肯定することはできないし、そんなことはしたくない。すべてひっくるめてわれわれの歴史なのだ！　勝利はわれわれの勝利であり、敗北はわれわれの敗北なのだ[27]」

ほかのヴァルダイ会議や公の場のスピーチで、プーチンは何度も自らの生い立ちに触れ、一七世紀初めから先祖がモスクワ南東部のリャザニ州で暮らしてきたことを語っている[28]。革命やソ連の混乱のなかで多くの記録が失われたことを斟酌《しんしゃく》すると、ロシア人が自らの家系のルーツを詳しく把握することは難しく、プーチンの主張を裏づけるための資料もきわめて少ない。だとしても、プーチンは自分の家系がロシアの中核地帯に長く不断の歴史的ルーツを持つと信じ、それがロシア国家・国民との貴重な絆になっていると主張する。そんなルーツにたびたび言及することによって、プーチンはロシアの特別な指導者としての地位をさらに正当化しようとしているのだ。

歴史の操作——プーチンとストルイピン

大統領および首相在任中、ウラジーミル・プーチンはロシア史を頻繁に引き合いに出し、社会の変革や革命を阻止して、国家の統一を保つことこそが最重要課題であることをはっきりさせてきた。プーチンが二〇一一年に引用したお気に入りのフレーズに、「われわれに必要なのは偉大なる変革ではない。偉大なるロシアだ」というものがある[29]。このフレーズは、ニコライ二世時代に首相を務めたピョートル・ストルイピンが、一九〇七年に議員たちを批判した有名な演説——「君たち諸君に必要なのは偉大なる変革だが、われわれに必要なのは偉大なるロシアだ」——を言い換えたものだった。一九一一年九月のストルイピン暗殺からちょうど一〇〇年という抜群の歴史的タイミングも追い風になり、二〇一一年、ストルイピンはプーチンにとって〝頼みの綱〟ともいえる国家主義者となった。近年、ピョートル・ストルイピンが再び高く評価されるようになったのは、プーチンとクレムリンのあからさまな操作によるところが大きい。

二〇〇八年、クレムリンとロシア政府は「国民が選ぶロシア史上最高の偉人」というコンテストを実施した。投票による勝ち抜き戦方式で行なわれたコンテストの結果、一三世紀のウラジーミル大公国の大公アレクサンドル・ネフスキーが堂々の一位に輝いた。ネフスキーは中世ロシアのもっとも偉大な統治者の一人で、ロシア正教会から聖人の称号を与えられた人物である。続く二位がストルイピン。多くの著名な評論家がすぐさま指摘したとおり、すべては出来レースだった。別の世論調査によると、ロシア国民のほとんどはこの二人を上位二五人にさえ挙げなかった。ロシア政府が自らの目的のために票を操ったことは間違いなかった(30)。一九〇四～一四年というロシア史上もっとも複雑な時代の主役だったストルイピンは、ソ連時代にはすこぶる評判が悪かった。彼は失敗した改革者であり、人民を抑圧する残酷な人物として描かれた。しかしプーチンは、革命に頼らずして大変革を成し遂げようとしたストルイピンを、首相や大統領像の模範とみなした。

ピョートル・ストルイピン
(1862-1911)

また、ストルイピンは究極の国家主義者でもあった。彼は自己を犠牲にして国家に仕え、最後には自らが国家の犠牲となったのである。

変幻自在の男

ピョートル・ストルイピンは変幻自在の国家主義者である。その経歴、彼という人間を特徴づける出来事や事件は、どんな状況にも応用が利くものだった。プーチンは、共感を呼びそうな要素をことさら強調する一方で、厄介な問題には蓋をした。一九〇五年、ロシアは日露戦争で敗北。その余波で経済が崩壊して社会不安が高まると、ストルイピンがロシアの中心舞台に姿を現わした。一九〇五～〇六年の冬には、ロシアの農村部で農民による暴動や放火が頻発。政府には、帝政とロシア帝国の崩壊を防ぐための迅速な行動が求められた。一九〇六年に一連の法律が議会を通過すると、ピョートル・ストルイピンを首相とする正式な立憲君主制と、新たな立法機関〈ドゥーマ〉が誕生した。ストルイピンは、ロシアの革命的変動には、「日露戦争の影響」の一言だけでは片づけられない根深い理由があると考えていた。暴力を抑止するためには、包括的な改革計画を通じて暴力の根源に対処する必要があった。[31] 一九〇六〜一〇年、農村部の暴動を鎮圧したストルイピンは、一連の農地改革政策を推し進めた。その目的は、独立した豊かな自作農階級を作り、新たな農業経済のバックボーンを作り出すことだった。[32]

　首相になったストルイピンは——一八六〇年代にボリス・チチェーリンがアレクサンドル二世に助言したように——自由主義施策と強い国家を同時に追い求めた。[33] 彼は「ロシアの君主制」と「帝政の適応能力」の熱烈な信者だった。新生ドゥーマを国家統治の重要な革新ととらえる一方で、「純粋なる反体制派として認めようとはせず、ドゥーマに政府と協力するよう期待した」[34]。この見解は、二〇〇〇年代にウラジーミル・プーチンが現代ロシアのドゥーマ(下院)の役割について表明した見解とほぼ同じだ。二〇〇八年に首相の座に移行する前からプーチンは、国家を統治する大統領を支えるのがドゥーマの役割だと繰り返し述べてきた。行政府との〝分業〟という文脈のなかで立法機能を果たす——それがドゥーマの責務だと考えていたのだ。[35]

　ストルイピンの改革は、一九一一年の暗殺によって道半ばで終わってしまう。しかしそれ以前から、一九九〇年代のショック療法と同じように、ストルイピンの改革の成果には疑問の声が上がっていた。農業の効率化における大きな改善は見られず、ロシアの農業収穫高は相変わらずヨーロッパで最低だった。[36] 一見すると、一九一三年のにわか景気によって工業化が劇的に進んだようにも見えた。しかし経済全体として見ると、拡大する都市のなかで賃金労働者階級《プロレタリアート》も比例するように拡大し、その多くは劣悪な環境下での生活を強いられていた。一九一三年時点の一人当たりの所得は大国のなかで最低であり、ロシアはヨーロッパ最貧国の一つだった。[37] 次々と押し寄せる経済・社会危機を背景に、皇帝ニコライ二世とドゥーマとの関係は、エリツィン大統領と議会の関係と同等に厳しいものになった。

　ストルイピンの話を持ち出すとき、プーチンはこうしたネガティブな点についてはいちいち触れない。代わりに、混迷の時代にありながらも、ストルイピンが国家を復活・改革する遠大な計画を推し進めた点ばかりを強調する。また、ストルイピンは皇帝に仕えながらも、一般選挙の結果のうえに成り立つ議会を取り仕切った初めての首相だった。二〇一二年四月、首相の任期を終えて大統領職に復帰する直前、プーチンは初代ドゥーマとの継続性について言及した。首相としての最後の議会演説において、彼はこう訴えた。「みなさん、来年の一二月で、わが国に憲法と現代的な議会が制定されてから二〇周年を迎える。だが、忘れてはならない。一九〇六年の初代ドゥーマを起点として考えるなら、この下院《ドゥーマ》はすでにわが国で一〇代目の議会なのだ[38]」

　歴史家のプーチンにとって、過去と過去の長さは、短く平凡な現在に正当性を与えてくれるものだった。一九〇〇年代のピョートル・ストルイピンは、ロシア首相として始めた仕事を完遂することはできなかった。首相に就任して六年目を迎えた矢先の一九一一年、彼は暗殺された。そしてストルイピンの功績は、一九一七年の革命によって消滅してしまった。一方、二〇〇〇年代のプーチンは首相や大統領として、自分の始めた仕事を完遂すると明言した。つまり、プーチンと側近たちは、大統領就任当初に立てられた計画――ロシアを数十年かけて回復軌道に乗せるという計画――を今でも達成しようとしているのだ。

　二〇一〇年から一二年にかけて、プーチンはその目標が未達であることを堂々と認めた。また、自身が始動させた改革を確実に完遂できるのはウラジーミル・プーチン一人しかいないと自ら主張した。首相在任中、プーチンは「ロシア２０２０」を策定する一連の特別チームを起《た》ち上げた。「ロシア２０２０」とは、経済成長の促進、生活水準の改善、新テクノロジーの導入、経済の再工業化を実現するための戦略であり、プーチン大統領三期目の任期が満了する二〇一八年までにロシア政府が達成すべき一定の目標を定めたものである[39]。プーチンはいくつかの会議のなかで、この戦略や将来的な計画全般について述べるとき、「ドストロイカ」（建設の完成やプロジェクトの完了の意）という言葉を用いた[40]。しかしこの点においても、彼とストルイピンには明確な違いがあった。一九〇九年、外国人記者のインタビューに答えたピョートル・ストルイピンはこう語った。「国家に二〇年間の国内および国外の平和を与えてくれれば、ロシアは見違える姿に変わるだろう」[41]。一方のプーチンは二〇一一～一二年、スピーチやインタビューでこう示唆した。「私に二〇年間を与えてくれれば、ロシアは見違える姿に変わるだろう」

結局のところ、プーチンが玉石混淆の歴史や思想を利用するのは、計算し尽くされた政策の一部なのだ。彼はロシア史への個人的な興味を活かして、ロシアの未来や国家の復興に関する一九九〇年代の政治議論を比較検討してきた。そのうえで、ロシアの過去をじっくりと掘り起こし、これぞと思う類似例や概念を引っぱり出してくる。一九九九年のミレニアム・メッセージ以来、ウラジーミル・プーチンはそうした類似例や概念をある方向に導き、意図的に操り、最終的には自らの目的のために利用してきた。そして、二〇〇〇年代のあいだに「プーチニズム」と呼ばれる独自の統治システムを作り上げ、正当化してきた。結果、プーチンはピョートル・ストルイピンのような過去数世紀に活躍した国家主義者たちと自分自身を重ね合わせ、自らをロシア史の主役へと変身させたのである。

二〇一二年五月、ウラジーミル・プーチンは大統領三期目を迎えるにあたって、帝国時代から脈々と続く「ロシア国家のための大々的な改革プログラムの現代版の旗手」というイメージを打ち出そうとした。大統領選のあいだ、彼は自分こそが矛盾と対立に満ちた一九九〇年代の悲惨な状況からロシアを救った唯一無二の指導者なのだと繰り返した。二〇一二年四月、首相としての最後の議会演説で、プーチンはこう自画自賛した。「これまで、わが国の国民（ナロード）は世紀の変わり目に激変を経験する運命を背負ってきたが、ようやくこの国は復活した……つまり、われわれはソ連崩壊後の時代に終止符を打ったのだ」。この「われわれ」とは「私」、つまりウラジーミル・プーチン個人という意味であることは言うに及ばない。「この先には、ロシア発展のための新たなステージが待っている。今後数十年にわたって、国民の豊かな暮らしを保障する国家、経済、秩序、持続可能な社会構造を築くためのステージだ」[42]。一九九六年八月にサンクトペテルブルクからモスクワへと舞台を移したとき、プーチンはしがない陰の工作員だった。しかし二〇一二年、国家主義者、歴史家、救世主、復興者、改革者たるプーチンは、当時とはまるきり対照的な人間に生まれ変わっていた。

第5章　サバイバリスト

プーチンにとって歴史は非常に個人的で身近なものであり、政治を進めるための情報供給源でもある。プーチンの家系がリャザニ州に深いルーツを持つことは前述のとおりだが、それより重要なのは、彼が第二次世界大戦中、ロシア史のなかでも指折りの暗黒時代を生き抜いた人間たちの子孫であるという点だ。この個人的な生存の歴史こそが、プーチンの世界観を説明しうる三つ目の要素となる。言うまでもなく、プーチンの世界観には多様な側面があり、その多様性こそが彼の個人的・政策的な態度を形成してきたといえる。

第二次世界大戦中、プーチンの父（名は同じくウラジーミル）は、KGBの前身である内務人民委員部（NKVD）のいわゆる破壊工作部隊に所属していた。敵陣であるナチス占領地へと送られ、焦土作戦を実行しながら主要インフラを破壊するのが主な任務だった。ウラジーミル・プーチン・シニアが所属する部隊は、一時期、現在のエストニアの一地域へと派遣されたことがあった。また、レニングラード郊外で決行されたある作戦では、二八人の隊員のうち二四人が死亡するという最悪の結果を招いたこともあった。プーチンの父は、生還した四人のうちの一人だった。(1) 一九四二年初め、戦場で重傷を負った彼はそのまま除隊。退院後も、プーチンの父は妻と息子とともにレニングラードにとどまった。四一年九月から四四年一月まで続いたナチスによるレニングラード包囲戦のあいだ、砲撃、爆撃、飢餓、病気により少なくとも六七万人、一説によると一五〇万人のレニングラード住民が死亡した。(2) プーチン家の五歳の息子、ウラジーミルの兄も犠牲者の一人だった。

レニングラード包囲戦中の生と死をめぐるプーチンの身の上話は、ロシア国家の歴史物語の大きな文脈にぴったり収まるものだ。ロシア国家の歴史物語は、常に外部の敵国と生存を懸けて戦う物語である。混迷の時代、たび重なる侵略、戦争――そのすべてを通じて、ロシアはいつも神、運命、歴史から試練を与えられる。歴史から読み取ることのできる一つの重要な教訓は、ロシアという国家が形を変えつつも常に何らかの形で生き残ってきたという事実だ。一つの苦難を生き抜くたび、歴史におけるロシアの特別な地位が再確認される。ウラジーミル・プーチンを含めたほとんどのロシア人政治家は、公の場でよくこの点を引き合いに出す。ロシアがたびたび試練を与えられるのと同じように、ロシア国民も個人あるいは集団として試練を与えられる。なかには消滅する個人や家族もいれば、国の保護を受けずに国家のために戦い抜き、逆境に打ち勝って生き残る者もいる。そんな〝サバイバー〟としての共通体験こそが、ロシア国民を〝サバイバリスト〟――常に最悪の状況を予想し、準備を進める人間――に変えてきたのだ。

サバイバリストとしての考え方やメンタリティは、経歴や年齢を問わず、戦争や困窮という体験を持つほとんどのロシア人が共有する心理かもしれない。それを如実に物語るのが、ロシア史上もっとも豊かといっても過言でない現代でさえ、驚くほど多くの家族が別荘《ダーチャ》の畑でジャガイモなどの主食作物を栽培しているという事実だろう。プーチンのようなレニングラード（現サンクトペテルブルク）出身者は、特にその傾向が強い。レニングラードの全住民が、あの恐ろしい時代に深い傷を負ったのだ。戦争の直後に生まれたウラジーミル・プーチンは、家族やほかの市民の苦しみを、そして包囲戦の犠牲になった兄の苦しみを誰よりも痛感していた。市《まち》に十分な食糧さえあれば、ナチスの猛攻を耐え抜き、兄やほかの人々は死なずにすんだかもしれない……。プーチンは幼くして、食糧不足の危険性、そして都市の本質的な脆弱さに気づいたのだ。かくしてプーチン、彼の家族、レニングラードの住民にとって、食糧安全保障は街の機能に欠かせない要素になった。実際、二〇〇三年六月のクレムリンでの記者会見でプーチンは、家族の最低限の安全を守るために自ら食物を栽培した経験について語った。「私の両親は昔、必死で家庭菜園を守ろうとしていた。彼らは朝から晩までせっせと働き、私も作業を手伝わされたものだ。

だから、食糧を確保することの大切さが痛いほどわかるのさ」(3)

プーチンにとって、歴史の主役は政治・社会・経済の勢力ではなく、個人とその活動だ。歴史は、目の前の状況に応用できる教訓の宝庫だと彼は考える。ウラジーミル・プーチンは大きな歴史や国家の歴史だけでなく、小さな歴史や自身の個人史からも教訓を導き出そうとする。プーチンという人間は、これまでさまざまな形で生き残りを繰り返してきた。知恵を働かせて子ども時代を生き抜き、一九九〇年代前半のサンクトペテルブルクでの政治危機を乗り越えた。困窮と食糧不足の最中に起きた大スキャンダルによって、副市長の座を失いかけたこともあった。国政に進出したあとも、一九九〇年代後半の危機を乗り切り、二〇〇八～一〇年の経済危機を生き延びた。そういったすべての体験が、プーチンに貴重な教訓を与えたのだ。

プーチンの政治生命——サンクトペテルブルクの食糧スキャンダルをめぐる物語

レニングラード包囲戦を乗り切った家族史からプーチンが得た生き残るための教訓は、ソ連崩壊後のサンクトペテルブルクで試されることになった。プーチンは、基本的な食糧安全保障の重要性をどれほど理解していたのか？　その実力を試す試練は、ソ連の思いがけない崩壊とともに突然やってきた。一九九一年から九二年にかけての冬は、ロシアの自由市場開放後、初めて迎える冬だった。農村部から徴発した食糧を都市部に供給するというソ連時代の慣例は終わりを告げた。ソ連の計画経済のもとに維持されていた農村部と都市の関係は崩れ、集団農場は自分たちのために食糧を貯め込んだ。すると産業や行政の中心地では、戦後の数十年のあいだお馴染みの光景だった配給が姿を消した。その冬、モスクワやサンクトペテルブルクをはじめとするロシアの大都市は、いつの間にか飢饉の危機に陥っていた。「ソ連」を引き継いだ「ロシア」は弱体化しきっており、問題をさらに大きくするだけだった。エゴール・ガイダルが『帝国の崩壊』で詳述するように、過去三年のあいだにソ連政府は外貨を使い果たしていた。残された選択肢は、わずかな資金で穀物を輸入するか、あるいは消費財の供給を安定させるかのどちらかしかなかった。ソ連崩壊の前から、あらゆるものが慢性的に不足していた——肉、パン類、砂糖、紅茶、小麦粉、穀物、野菜、果物、魚、織物、靴、子ども服、建築資材、マッチ……。[4] 一九九〇年秋になると、国じゅうで食糧や消費財の供給が不安定になった。地域のリーダーたちは、商店の外で「一〇〇人や一〇〇〇人もの住民たちが行列を作る」のを見て、革命がすぐそこまで迫っているのを肌で感じ、「この国は救いようのない状態に陥った」のではないかと恐れた。[5]

一九九一年五月、当時レニングラード市ソビエト議長だったアナトリー・サプチャークは、ソ連首相ヴァレンチン・パヴロフに親書を送り、「レニングラードでの食糧の供給状況が日に日に悪化している」と必死で訴えた。そして、「ロシア連邦共和国とソビエト連邦の中央政府機関に何度も掛け合い、共和国のリーダーたちとも直接接触したが、十分な結果に結びついていない」と嘆いた。[6] 九一年一一月、レニングラードから改称したサンクトペテルブルクの市長となったサプチャークは、方々に手紙を書き、サンクトペテルブルク市民の食糧不足を「危機的」と呼び、「冷蔵施設には三～四日分の肉しか残っていない……一二月と一九九二年初めにかけても、安定した供給は見込めない」と訴えた。また、「この状態が続けば、サンクトペテルブルクの社会と政治は危険な状況に陥りかねない」と予測した。[7]『イズヴェスチヤ』紙のある記事には、九一年のあいだにロシア国民がいっせいに自給自足の生活に戻ったという事実が記録されている。「頼れるのは自分しかいないという考えから、国民は終業後や週末にシャベルや鍬《くわ》を持って菜園づくりに励んでいる。もちろん、これは食糧問題の完璧な解決策というわけではなく、むしろ食糧供給に混乱が起きたときのための備えである」[8]

実際、国内の食糧供給はすぐさま崩壊した。やがてソ連が崩壊すると、続くインフレによってルーブルの購買力は急激に低下した。サンクトペテルブルクやモスクワのような都市に残された唯一の選択肢は——ロシアが提供できる唯一の実質的価値を持つ商品「天然資源」と引き換えに——国外から食糧を物物交換で手に入れることだった。一九九一年初めのレニングラードで資源と食糧との物物交換の交渉に当たったのは、対外関係委員会議長に就任したウラジーミル・プーチンその人だった。当時のレニングラードは物物交換を実行する独自のルートを持ち合わせていなかったので、プーチンはいくつかの民間商社を取引の中間業者に指定した。しかしプーチンの計画は驚くほどの大失敗に終わり、政治的スキャンダルに発展した。商社からサンクトペテルブルクに届けられたのは、最初に同意した量のほんの一部の食糧のみだった。それどころか、市に届くはずだった貴重な食糧が代わりにモスクワに届けられることもあった。

ロシアとアメリカの国籍を持つ記者および作家マーシャ・ゲッセンは著書『そいつを黙らせろ――プーチンの極秘指令』のなかで、レニングラード市議会の食糧供給委員会の女性議長マリーナ・サーリエの話を詳しく伝えている。彼女は肉とジャガイモをレニングラードに輸入する契約の交渉をするため、一九九一年五月にベルリンを訪れた。しかし、交渉は（市議会ではなく）市当局の代表者であるウラジーミル・プーチンとレニングラードの商社〈コンチネント〉間ですでに完了していた。その後、彼女が荷物を追跡すると、ドイツからの品物はレニングラードではなくモスクワに送られていたことが発覚[9]。結局、レニングラードは危機をなんとか乗り切ったが、それは想定外の暖冬のおかげだった。加えて、最悪の食糧不足を乗り切れた最大の要因の一つは、家庭菜園で栽培された食糧の備蓄があったからにほかならない。まさに、プーチンの両親が息子に叩き込んだ伝統的で本能的ともいえる生存メカニズムだった。九一年、市民たちはその本能に従って生き延びたのである。また、プーチンを個人的にこの窮地から救い出したのは、ソ連時代からの農業エリートであるヴィクトル・ズブコフだった。レニングラードの（民間企業ではなく）地元の食糧生産者と太いパイプを持つズブコフは、九二年一月にプーチンのチームに迎え入れられた。あとで論じるとおり、この一件以来ヴィクトル・ズブコフは、プーチンのもっとも重要な側近の一人になる。

振り返るに、政治的キャリアの冒頭で犯したこの失敗によって、ウラジーミル・プーチンは二つの教訓を学んだようだ。その教訓は、経済管理にどう向き合うべきかというモデルに影響を及ぼした。やがてロシア大統領になると、彼はそのモデルを国家全体に適用することになる。教訓の一つ目は、大惨事が起きたときにロシアの生存、富、発展を最終的に担保してくれるのは天然資源だということ。そのため、天然資源の戦略的な備蓄が不可欠となる。二つ目の教訓は、たとえ大きな利益に結びつくとしても（むしろそういう場合はなおのこと）、民間企業は当てにならないということ。不安定で予測不能な状況下においては、民間企業は社会に対する義務など無視し、目先の利益だけを求めようとする。したがって国家とその指導者は、一定のコントロールを行使できる権力を常に留保しておかなければならない。この生存のための二つの〝教訓〟については、のちほど詳しく解説したい。

第二次世界大戦とレニングラード包囲戦は、当時のロシア人にとって生存を脅かす大きな危機だった。この二つの出来事は生き残ることの大切さを浮き彫りにし、最悪のシナリオや〝保険〟という観点で物事を考える習慣を生み出した。そんなレニングラード包囲戦の教訓は、一九九〇年代初めのサンクトペテルブルク市当局にも大きな影響を与えた。戦時中と同じように、内部の計算ミスや外的状況の急変のせいで想定外の出来事が発生した場合に備えて、保険が必要になった。大統領選挙活動中の二〇一二年一月、プーチンは報道機関の代表者たちとの会談のなかで、ロシア国家の統率と発展という話題になったときにこのテーマを取り上げた。

われわれの課題は、生存可能な有機体を作り上げることだと思う。つまり生命力があり、変化しつづける世界に適応できる国家という有機体をロシアに作り上げることだ。しかし現代世界には、この有機体の成長を妨げるあらゆる脅威が潜んでいる。こうした外部からの衝撃に備え、われわれの主権を完全に保障するためには、国家が安定した発展を続け、数十年先に及ぶロシア市民の幸福を確保することが必須となる。[10]

非友好的で競争の激しい世界を生き延びるためには、起こりうる最悪の出来事を予見し、外部から衝撃が襲ってきたときに、自分自身や国家を守る術を用意しておく必要がある。二〇〇〇年以来、プーチンはロシアの卓越した指導者として、こうした考えを軸に置きながら、「最悪のシナリオ」という考え方を国家レベルに引き上げて政策を進めてきた。万が一の場合に足枷となるような不可逆的な約束はいっさいせず、常にプランBを用意しておく。プランBで重要なのは、別荘《ダーチャ》の食糧貯蔵や家庭菜園のジャガイモなど、備蓄を生み出すことだ——それも、大規模なスケールで。大統領や首相として、プーチンはロシアの備蓄を形成・保護するための一貫した政策を実行してきた。その一環として、ロシア政府予算の安定化資金に優先順位を付け、外貨準備高を増やしたのだった。

戦略的計画——外貨準備高の増加

ロシアの備蓄を高めるというプーチンの考えは、戦略的計画に関するアメリカのある本に触発されたものかもしれない。おそらく彼がその本を読んだのは一九八四～八五年のKGB赤旗大学時代で、その後の一九九〇年代半ばに執筆されたプーチンの論文にはその影響が色濃く見られる。[11] 米ピッツバーグ大学教授ウィリアム・キングとデイヴィッド・クレランドによるその本の主題は、「不確実な環境下での計画立案方法」。キングの専門は経営学、クレランドは工学（細かくいえば「システム管理工学」）。二人の著書『戦略的計画と政策（*Strategic Planning and Policy*）』は、もともと一九七八年にビジネス・スクール向けのテキストとして出版された。[12] 実際にプーチンが一九八〇年代にキングとクレランドの著書を読んだという証拠はないし、読んだとしても正確な時期までは不明だ。しかし一九八二年、モスクワの〈アメリカ・カナダ協会〉によってこの本のロシア語版がごく少部数だけ出版されたことは紛れもない事実である。それに、諜報機関のための資料として出版されたことはほぼ間違いない。だとすれば赤旗大学でも使われた可能性は高く、少なくとも生徒たちが手にできる環境にあったことは確かだろう。

キングとクレランドが訴えるポイントは、真の戦略的計画の本質とは長期計画ではなく、不慮の事態や予期せぬ出来事に対する計画であるという点だ。

最悪のシナリオにどう備えるのが最善なのか？　制御不能かつ予測不能な変化が起きた場合、どう適応すればいいのか？　著者たちは、企業経営において戦略的計画が果たす役割に着目した。また、戦略的な企業管理情報について説明する章では、「金融インテリジェンス」を含む「戦略的インテリジェンス」という概念について詳述している。二人が戦略的計画のキーポイントだと結論づけたのは、階層的な目標と目的を定めることだった。企業の戦略的計画を担う者は誰であれ、必達の目標、変更可能な目標、途中で犠牲にできる目標を見極め、定義し、説明する必要がある。計画者はもっとも重要な目標と一時的な目標を区別し、その観点から明確にすべき点とそうではない点を理解しなければならない。最終的な目的は、真に重要な戦略的課題と、それほど重要ではない短期的課題とを分けることである[13]。

ウラジーミル・プーチンはロシア大統領として、キングとクレランドの導き出した結論をロシア国家の計画・経営に活かしてきたようだ（この点については第9章でさらに詳しく取り上げる）。彼は大統領に就任して早々、さまざまな不測の事態に対処するために戦略的な国家備蓄を増やすなど、キングとクレランドの指南に沿った目標を立てはじめた。実際、プーチンの掲げた最初の目標は、ソ連末期の慢性的な物資不足や食糧危機のあいだに使い果たされてしまった、戦略的な物資備蓄の問題に対処することだった。二〇〇一年七月、プーチンはサンクトペテルブルクKGB時代の親しい同僚アレクサンドル・グリゴリエフにこのプロジェクトを任せ、彼を国家備蓄局《ゴスレゼルヴ》の長官に任命した。ロシア語で出版されたプーチンの伝記の一冊には、グリゴリエフの生い立ちやKGBでのキャリア、プーチンとの関係が詳しく描かれており、若いころの二人が別荘《ダーチャ》で一緒に過ごす写真まで掲載されている。また、この本では「エリツィン政権下で、戦略的備蓄のほとんどが盗まれてしまった」と指摘されている[14]。

戦争、壊滅的な非常事態、厳寒の冬を乗り切るために、国家備蓄はソ連時代およびソ連崩壊後に秘密裏に進められ、ますます強化されていった。国家備蓄という概念の起源は非常に古く、一七〇〇年の皇帝ピョートル一世の法令までさかのぼる。ロシア帝国の拡大と改革に着手するにあたって、ピョートル一世は戦地に派遣する軍に十分な物資を供給できる備蓄システムを構築しようと考えた[15]。しかし、プーチンが継承した備蓄システムは、主に一九三〇年代のヨシフ・スターリンに由来するものだった。一九三一年の法令によると、スターリンのシステムの目的は「国家のなかの国家」を作り上げることだった[16]。隣国が共産主義体制への敵意をあらわにする状況下においては、自給自足経済《アウタルキー》――ほぼ自国の物的資源や工業資源だけで自活すること――こそが、ソ連指導部にとって喫緊の課題になった。そんな一九三〇年代以降、ロシアの国家備蓄の構造は「ほぼ原形をとどめたまま現代まで引き継がれて」きた[17]。

二〇〇〇年八月の『イズヴェスチヤ』紙の記事で指摘されたように、備蓄局の活動や規模を詳しく分析することは容易ではない。備蓄局は謎の存在としてとどまることをあえて選ぶかのごとく、「入口に看板もなければ、広報担当部もホームページも存在しない」。しかし実際には、厳重に警備された何百もの関連施設がロシア全土に置かれていた。巨大な倉庫群の一つを訪れた『イズヴェスチヤ』紙の記者は、「世界的な大惨事が発生したとしても、ここの備蓄だけでわれわれロシア国民はしばらく生き延びられるだろう」と評した[18]。倉庫内の備蓄の正確な内容と量、さらには備蓄局の予算も国家機密とされていた。また、この備蓄には国民全員分の食糧のほかに、多種多様な製品が含まれていた。それらは、エゴール・ガイダルが著書『帝国の崩壊』のなかで一九八〇年代後半から九〇年代にかけて慢性的に不足したと指摘したものだった――家畜の飼料、軍の制服や衣類、テント、必要最低限の医薬品、遺体袋、建設機器、重機、発電機、水や空気の濾過装置、消火設備、穀物、ウラン、石油、ガス、石油精製品、その他の一次産品[19]。一九九一～九二年の食糧危機の際、レニングラードやモスクワなどのロシアの都市が物物交換計画のために持ち出したのは、こうした備蓄品だったのだ。

プーチンが戦略的備蓄を積極的に推し進めたのは、レニングラード包囲戦の再来のような出来事を生き延びるためだけではなく、国内市場を安定化させるためでもあった。つまり、（アメリカの戦略的石油備蓄と同じような方法で）緊急時の生活必需品の価格を安定させる目的もあったのだ。二〇〇四年三月、莫大な国の備蓄の全ロシア的性質を強調するため、国家備蓄局《ゴスレゼルヴ》は連邦国家備蓄局《ロスレゼルヴ》と改称された。ロシア国家の戦略的備蓄を回復するプーチンの取り組みがピークに達した二〇〇六年、備蓄局の活動を調査したある記者はこう指摘した。「要するに、連邦国家備蓄局は国の安定を保障する機関である。この機関が存在するかぎり、ロシアを屈服させることなど誰にもできないだろう」[20]。二〇〇六年、連邦国家備蓄局長官アレクサンドル・グリゴリエフは、一連のインタビューのなかで国家備蓄を強化する自身の取り組みについて説明した。彼によれば、連邦国家備蓄局は、ロシア全国民の最大三カ月分の食糧、燃料、衣類、薬品などを蓄えていたという。二〇〇六年の物価に基づけば、当時の戦略的備蓄高は約一〇〇〇億ドルに相当するものだった[21]。

　これほど膨大で幅広い戦略的備蓄を築いた国は世界のどこを見渡してもほかにない、とグリゴリエフは自画自賛し、さらに次のように強調した。ロシア国家の安全保障にとって連邦国家備蓄局の果たす役割は、国防省、内務省、ＦＳＢ（旧ＫＧＢ）、非常事態省と同じくらい重要なものである。ほかの機関ほど国民の知名度は高くないとしても、保安当局のネットワーク（いわゆる武力省庁）の重要な一翼を担っているのだ、と。グリゴリエフの執務室がクレムリンの近く――ウラジーミル・プーチンの執務室の目と鼻の先――にあったことも、この主張を裏づけるものだった[22]。実際、グリゴリエフはインタビューのなかで、このような大がかりで費用のかかる物資備蓄システムが作られる背景となった精神について説明した。それは、この問題に関するプーチン大統領の主張とぴったり重なるものだった。

　世界の状況はめまぐるしく進展しており、人類全体に対してもロシア連邦に対しても、雲一つない明るい未来をはっきりと予測することなど不可能に近い……国のリーダーにとって国家物資備蓄は、さまざまな状況で資源の制約を乗り越えるための普遍的な切り札の一つなのだ。しかし、国家備蓄は単に安全保障システムの重要な要素の一つであるだけではなく、経済発展のための安定化要因でもある。これまで、国家備蓄に対する過小評価は常に深刻な結果を招いてきた。一九一七年にロシア帝国が崩壊した一つの理由は、国家備蓄を使い果たしたことだった。一方、大祖国戦争（第二次世界大戦）の前に（スターリンによって）築かれた国家物資備蓄のおかげで、われわれは戦争にじっと耐え、勝利し、のちに経済を再建することができたのである[23]。

ロシアの財政備蓄

国家備蓄と経済との関係は、プーチンにとって決して切り離すことのできない重要なものである。国家物資備蓄の強化を推し進めた二〇〇〇年から〇六年のあいだに、彼は備蓄の概念を物資から財務分野へと拡大し、別のサンクトペテルブルク時代の盟友にその任務を託した。サプチャーク市長のもとで財政担当の副市長を務めた経済学者、アレクセイ・クドリンだ。クドリンは一九九六年に大統領府副長官としてモスクワ入りし、九七年三月に第一財務次官に就任。九六年、クドリンは大統領府の職にプーチンを推薦し、彼のモスクワ異動を後押しする立役者となった。その後の二〇〇〇年五月、こんどはプーチンがクドリンを財務大臣に指名。クドリンはサンクトペテルブルク時代にサプチャーク市長のもとで果たしたのとまったく同じ役割――マクロレベルで財政を管理するという役割――をプーチン大統領やロシアのために果たした。クドリンとプーチンの共通の目標は、国の債務負担を減らし、世界経済の変動によるロシアへの影響を抑え、重大な経済不況を切り抜けるために十分な財政上の備蓄を築くことだった。そうすれば、ロシアは単に生き残れるだけではなく、自立国家として生き残ることができる。プーチンやクドリンらがソ連崩壊の経験から得た教訓の一つは、国家の財政金融の健全性と主権の維持のあいだに密接な関係があるということだった。

エゴール・ガイダルが著書『帝国の崩壊』で説明するように、ソ連の崩壊によって、軍事力だけでは主権を確保できないことが証明された。国家が経済的な自立を失ってしまえば、主権は奪われてしまうのである[24]。主権のない状態、つまり外部からの圧力や統制を受けずに自国の運命を決めることができない状態で生き残っても、何の意味もない。旧ソ連は一時期、高い資源超過利潤《レント》（石油やガスなどの天然資源の価値）と国富を有していたが、その後は著しくレントの低い時代が続いた。問題はレントの管理にあった。西側政府に対する債務が膨らんだために、財政の主権や自立性、さらには政治の主権や自立性をも犠牲にしてしまったのである。一九九〇年代初めの西側諸国は、ソ連崩壊後のロシアの債務、国際通貨基金（ＩＭＦ）の援助、世界銀行の融資への依存などを巧みに利用した。プーチンやクドリンらはそういう西側諸国のやり口を十分に理解していたのだ。旧ソ連軍が一九九四年にバルト三国から撤退したのは、ロシア政府が外交政策問題で譲歩せざるをえない状況に陥った紛れもない一例だった。[25]

ウラジーミル・プーチンが大統領に就任してからの一〇年間、つまり一九九九年から二〇〇八年まで、ロシアは世界でもっとも急成長を遂げた国の一つになった。それは、ソ連末期とは正反対の状況だった。プーチンの資本主義観に関するセクションで詳しく説明するように、この急成長は主に石油と天然ガスの価格高騰によってもたらされたものだった。そのレント収入によって、ロシアのほかの経済部門がてこ入れされることになった。石油や天然ガスの採掘業者による鋼鉄や機械への需要が高まり、製造業の景気が回復した。個人所得が大幅に成長すると、小売、建設、不動産などの分野にも好影響が及んだ。プーチンはクドリンと手に手を取り、原油価格の高騰で得た予想外の収入で対外債務の完済を進め、将来のために外貨準備を築くことを重要視した。一九九九年八月、プーチンが首相の座に就いたころ、ロシアの外貨準備高は最低水準まで落ち込み、さらに目減りしつづけていた。二〇〇〇年一月、プーチンが首相から大統領代行へと移行したころには、外貨準備高は八五億ドルにまで減少し、対外債務は一三三〇億ドルに膨らんでいた。ＩＭＦへの債務だけでも実に一六六億ドル。しかし二〇〇七年末時点で、政府の対外債務は三七〇億ドルまで減り、債務残高の対ＧＤＰ比率は世界でも最低水準になるほどまでに回復。一方、外貨準備高は二〇〇八年半ばには六〇〇〇億ドルを超え、世界第三位の額に達した。[26]

一〇年間せっせと外貨準備を築き上げたおかげで、ロシア国家とプーチンは二〇〇八〜一〇年の世界金融危機を乗り切った。一九九八年のロシアとはもはや別世界だった。当時、一九九七年のアジア通貨危機の煽りを受けたロシアは債務不履行に陥り、ルーブルの切り下げを実施した。それから一〇年後に起きた二〇〇八年の世界金融危機、とりわけ原油価格の崩壊は、実際にロシアに大きな打撃を与えた。二〇〇八年六月から〇九年一月にかけて株式市場は暴落し、八〇パーセント近くも株価が下落した。〇九年、GDPは前年比で七・九パーセント、工業生産高は一〇・八パーセントも下落。それでも、代替的な救済措置や刺激策のおかげで、一般世帯への影響はおおむね抑制された。実質所得は少しずつではあるものの増加しつづけ、失業率はヨーロッパ随一の低い水準を維持していた。ロシアがうまく危機を切り抜けられたのは、石油ブームの最中や〇九年初頭以降の原油価格の回復中に、プーチンとクドリンが慎重に財政金融管理を行なったおかげだった。一九九〇年代とは対照的に、財政備蓄こそが、ロシアの財政の主権や市民の幸福を守るうえで重要な役割を果たしたのだ。[27]

　二〇〇八～一〇年の世界金融危機を経て、プーチンはこう考えた――一時的なショックへの経済的弾力性を高めるためには、財政上の保守主義政策や極端な自家保険が大切であり、それらの政策をより強化する必要性があるということが証明された。一二年四月、彼は首相としての最後の年次議会演説で、この点を単刀直入に述べた。また、翌月にロシア大統領に再び就任した暁には、同じ方針を貫くという意向も強調した。「この四年間の実績を振り返って間違いなく言えるのは、ロシアが経済危機を乗り越えただけでなく、歴史に残る大きな前進を遂げたということだ。われわれは今までよりも強くなったのだ」とプーチンは主張した。その主なけん引役となったのが備蓄だった。「(危機が起きたら)ロシアはどこに頼れるだろう？　ギリシャはEUに泣きつき、経済支援を得ることができる。だが、どこがロシアに金をくれる？　支援が得られたとしても、どんな条件がくっついてくるだろう？　二〇〇〇年以降、実際にそういう状況の時があった。われわれは借金まみれになり、無理な条件を押しつけられた……ロシアは非常に特殊な状況に置かれており、備蓄なしではきわめて危険なのだ」。一九九〇年代とは大違いだ、とプーチンは畳みかけた。「一九九〇年代初めや一九九八年の経済危機では、何百万という国民に大きな影響が及んだ。しかし二〇〇八年から一〇年の危機においては、政府は試練に立ち向かい、支払い能力があることを証明したのだ[28]」

一九九〇年代、支払い不能に陥ったロシア国家は試練の渦に呑み込まれた。しかし二〇〇〇年代、十分に支払い能力を身に付けたロシアはゆうゆうと試練を乗り越えた。二〇一二年四月、首相退任直前の財務省での演説のなかでも、プーチンは職員たちに惜しみない賛辞を贈り、危機の最中にアレクセイ・クドリンが財務大臣として果たした役割を褒め称えた（すでにクドリンは財務大臣を辞職していた）。財務省の先見の明によって、ロシアは余裕を持って〇八年の経済危機に対処できた、とプーチンは指摘した。ロシア政府と財務省は二つの政府系ファンド〈予備基金〉と〈国民福祉基金〉を設立し、堅実な財務能力を築き上げてきた。プーチンは財務省職員と長年にわたって長官を務めたアレクセイ・クドリンに謝意を表し、「プロフェッショナル精神、揺るぎない姿勢、責任感、国の決定した財務戦略や戦術を忠実に実行する信念」を絶賛した[29]。

アレクセイ・クドリン（1960-　　）

物資備蓄と財政備蓄の両方を築き上げるうえで、「サバイバーであること」と「サバイバリストの視点を持つこと」には大きな違いがある。前者は受動的だが、後者は能動的だ。主に運頼みで大惨事を生き抜くのがサバイバーだとすれば、サバイバリストは生存の確率を高めるための対策を取ろうとする。プーチンは少年時代の貴重な経験を通し、一般市民の必要最低限の生き残り術を草の根レベルでじかに観察することによって実践的知識を身に付けた。さらに、帝国時代初期から一九九〇年代に至るまでのロシアの歴史に関する本を読み漁って教訓を得て、西側諸国の書物などで戦略的計画の重要性や本質について学んだ。こうした経験のすべてが、彼のサバイバリストとしての視点を養い、いっそう深めたといえる。物質的、財政的、政治的に脆弱な体質はロシアにとって危険であるというのが、プーチンの信念だ。そのため、たとえ犠牲が伴うとしても（実際、大きな犠牲が伴うことが多いが）、ロシアは自立を目指すべきだと考える。プーチンにとって、この国家レベルのコンセプトは個人レベルにも当てはまることなのである。

「〝砂場〟の街」とチェチェンでの勝利

プーチンは折に触れて、レニングラードの子ども時代の個人的な体験――自分の力だけを頼りに生き抜く術を学んだエピソード――を披露している。そして、それらの話こそがロシアの首相や大統領という職務に向き合う姿勢を形作ったのだと彼は示唆する。たとえば、インタビューをもとにしたオレグ・ブロッキーによる伝記『ウラジーミル・プーチン――人生の歴史』のなかでは、レニングラードの裏通りや中庭での子ども時代の体験が赤裸々に語られている。「〝砂場〟の街」と題する章に出てくる、プーチンが七歳ごろに経験したという喧嘩の話を紹介しよう。(30)

彼は治安の悪い地区の出身で、学校では問題児だったという。そのせいでソ連の少年団〈ピオネール〉への入団も断られてしまった。すると近所の少年たちと〝付き合う〟ようになり、集団であたりをうろついては、しょっちゅう喧嘩騒ぎを起こすようになった。インタビューのなかで、プーチンは初めて経験した喧嘩から得た教訓を列挙した。

私は初めての喧嘩でボコボコにやられ、恥をかいた……その事件で初めて貴重な〝授業〟を受けたのだ……そこから私は四つの結論を導き出した。その一。私が悪かったということ。喧嘩の詳細については覚えていないが……私のほうから勝手にいちゃもんをつけたことは間違いない。だから、相手はすぐに私を殴ってきた。自業自得だ……結論その二……どんな相手に対してもそういう態度を取ってはいけないし、誰であれ敬意を払わなければならない。それはまさに〝実践的〟な教訓だった。その三。自分が正しくても悪くても、どんな状況でも強くなければならない。そうでないとやり返せない……そして、その四。攻撃や侮辱にはいつでもすぐさま反撃できるようにしておかなければいけない。すぐにだ！　……勝ちたければ、どんな戦いでも最終決戦のつもりで最後まで戦い抜く……引き返すことなどできず、最後まで戦う以外に選択肢はないという覚悟でね。のちに、それが有名な鉄則の一つであることをＫＧＢで教えられた。だけど私はずっと前、子ども時代の喧嘩ですでに学んでいたんだ。[31]

次第に、プーチンの子ども時代の戦いは正式なものへと変化していった。彼は一〇歳か一一歳のころに街の喧嘩を卒業すると、最初にボクシングを学び、次にサンボを習った。そして最後には、柔道そのものを習うことになる。柔道の規律を通じて、「相手に敬意を払う」「精神力を鍛える」「戦いに備える」ことについて、プーチンはより深い教訓を得た。[32]彼はこうした教訓を、ある政治的難問への対応に応用した——一九九九〜二〇〇〇年の大統領就任と時期を同じくして勃発した第二次チェチェン紛争だ。一九九六〜九七年の停戦和平合意のあと、チェチェン共和国の政治は混沌たる状況に陥った。内紛、高官の誘拐、殺人、テロ攻撃はとどまるところを知らなかった。一九九八〜九九年、プーチンがＦＳＢ長官だったころ、事態はついに制御不能なレベルにまで悪化。チェチェン独立派指導者アスラン・マスハドフは何度か暗殺を逃れたのち、グロズヌイに非常事態宣言を発令。これをきっかけに、ロシア中央政府は再び治安当局の介入を決定した。

一九九九年三月、内務省所属のチェチェン特別代表ゲンナジー・シュピグン将軍が誘拐（のちに殺害）された。同年八月、ウラジーミル・プーチンが首相に任命されたころ、暴力はチェチェンの国境を越えてロシアへと流れ込もうとしていた。イスラム教過激派集団の支援を受けたと思われるシャミル・バサエフ率いるチェチェン反乱軍は、隣国ダゲスタン共和国に侵攻。バサエフといえば、第一次チェチェン紛争のとき、チェチェン国外で残忍な人質事件の数々を首謀したことで悪名高い将軍である。反乱軍はダゲスタン当局と激しく交戦。また、バサエフによるダゲスタン侵攻の直後には、モスクワなどで軍人および民間の集合住宅が次々と爆破される連続テロ事件が発生。死傷者が数百人におよんだこの事件は、すぐにチェチェン武装勢力の犯行と断定された。八月下旬から九月にかけて、ボリス・エリツィン大統領はチェチェンに対して大規模な空爆を行ない、続いて地上戦を開始。一二月、プーチンが大統領代行に就任するころ、ロシア軍が完全に掌握したグロズヌイの街は、再び瓦礫の山と化していた。同時に、チェチェン南部の山岳地帯でも激しい戦闘が繰り広げられていた(33)。

残酷で破滅的なチェチェン紛争が再開したことは、プーチン自身による個人的な判断によるところが大きかった。多くの専門家や評論家たちは、チェチェン紛争を「プーチンの戦争」「自身の名のもとにプーチンが率先して開始した唯一の取り組み」と見ていた(34)。観測筋のなかには、ウラジーミル・プーチンやボリス・エリツィンの側近たちが紛争を扇動したと主張する者もいた。その説によると、クレムリンの高官たちはこの戦争を利用して、FSB元長官のプーチンを大統領にすることを正当化しようと企んだという(35)。真偽のほどは不明だが、ロシア大統領に就任したプーチンは(ブロツキーのインタビューの言葉を借りるなら)どんな手を使ってでも「最後まで戦う」という態度を明確にした。ロシア政府が事実上チェチェンに和平を懇願した一九九六~九七年のように、「退却」することなど今回はありえなかった。どれだけの犠牲と時間を費やしたとしても、こんどこそはやってのけるとプーチンは宣したのだ。

一九九九年九月の首相就任直後のスピーチにおいて、プーチンがこう語ったことは有名だ――チェチェンの「攻撃」に「反撃」しなければいけないとしたら、チェチェンの反乱軍やテロリストを便所のなかまで追いかけるつもりだ(彼はあえて汚い言葉を選んだ)(36)。二〇〇〇年に出版された選挙対策用の伝記『プーチン、自らを語る』のインタビューでは、さらに踏み込んだ発言をしている。「私の使命、歴史的な使命は、この北コーカサス地方の状況を解決することである。大げさな言葉に聞こえるかもしれないが、それこそが真実なのだ。当時は、この先どうなるのかまったく確信が持てなかった。ただ一つだけ、私にも、おそらくほかの人たちにも、はっきりとわかっていることがあった。それは、北コーカサスにいるあの若僧が痛い目に遭うということだ。私はそう考え、自分にこう言い聞かせた。かまわんさ。まだ十分に時間はある。二カ月、三カ月、四カ月かかったとしても、悪党どもを打ちのめしてやろう[37]」

備蓄と犠牲

プーチンはサバイバリストのペルソナに従い、国家の戦略的物資備蓄を十二分に活用した。第一次チェチェン紛争で冬に防寒用衣類が不足したことを踏まえ、物資不足でロシア軍の戦力が低下しないよう、備蓄を利用して軍に物資を供給した。さらに、テロ攻撃の被害に政府が対処するための手段も確保した[38]。紛争では多数の犠牲者が出たが、それはロシアやチェチェンの軍人だけではなかった。レニングラード包囲戦と同じく、多くの一般市民が犠牲になった。チェチェン国内はもとより、北コーカサス地方全域やモスクワなどに被害は拡大した。プーチン大統領がやり遂げると宣言した任務が完了するまでに、首都モスクワを中心に各地で大々的かつ破滅的なテロ攻撃がいくつも実行された。その多くは、二〇〇六年七月に殺害されたシャミル・バサエフが首謀したものだった。〇二年にはモスクワの劇場で八五〇人近くが人質に取られ、〇三～〇四年には複数の旅客列車、モスクワの地下鉄、ロシア民間航空機が爆破された。同じく〇四年には、北オセチア共和国ベスラン市の学校で一〇〇〇人以上の子どもたちが人質に取られるという事件が発生。ロシアの評論家リリヤ・シェフツォワは、プーチン時代のロシアについて描いた著書のなかで、チェチェンが「二四時間無休の虐殺現場」になってしまったと指摘した[39]。

少年時代の喧嘩のエピソードを披露した前述のブロツキーとのインタビューは、チェチェン紛争の最中に行なわれたものだ。だとすれば、当時の読者の多くは、そのエピソードとチェチェン紛争とのあいだにつながりがあることに気づいたに違いない。プーチンは『プーチン、自らを語る』で自分自身を「痛い目に遭う北コーカサスの若僧」と同じだったと表現しているが、このような意味深長な示唆はインタビュー全体に散見されるものだ。プーチンは個人的なエピソードと結びつけた強気の発言によって、チェチェンの人々やロシアの残りの地域に明確なメッセージを送っていた。私を過小評価してはならない。私は絶対に後ろへは引かない。この紛争を戦い抜く個人的な蓄えも資源もある。私はタフで自立したサバイバーであり、長い戦いへの備え方を知るサバイバリストでもある。だから勝つのは私だ。二〇〇〇年代を通して、プーチンは戦争に一応の区切りが付くまでひたすら戦い抜いた。そして二〇〇二年四月、プーチンとロシア政府は――物議を醸しながらも――チェチェン紛争でのロシア軍の勝利を宣言。その後、政府は戦争を平和維持活動とゲリラ掃討作戦に転換。その活動は七年後の〇九年四月にようやく終結を迎えた(40)。

二〇一二年、プーチンが再び大統領に就任したころ、数々の勝利宣言とは裏腹に、ロシア政府は北コーカサス地方でイスラム教の過激派組織、武装勢力、テロリストによる攻撃と日々対峙していた。とはいえプーチンにしてみれば、一定の成果もあったことも確かだ。ロシア国家は二度のチェチェン紛争で血まみれになったが、結局は生き残った。二〇〇〇年代末になると、一九九〇年代にチェチェンを率いた独立派は、文字どおり一掃された。一九九一年の独立宣言は覆され、チェチェンはロシア連邦の一部に戻った。それでも、ウラジーミル・プーチンは、一時はチェチェンがロシアを崩壊させかけたことを忘れていなかった。北コーカサスで戦争が続けば、また同じ状況に陥る可能性があることも十分に認識していた。第二次チェチェン紛争が始まって間もなく、『プーチン、自らを語る』のインタビューのなかでプーチンは「(チェチェンの)悪党どもを打ちのめす」と気炎を吐き、チェチェン紛争を終結できなければロシア国家は崩壊するかもしれないと指摘した。

信じてほしい。私は一九九〇～九一年の時点で……ロシアがもうすぐ崩壊の瀬戸際に追い込まれるとはっきり認識していた。そして今向き合わなくてはいけないのは、コーカサス地方の問題だ。北コーカサスとチェチェンの現状の本質とは何か？　これは、ソ連の崩壊の続きなのだ。言うまでもなく、どこかで崩壊を止めなければならない。確かに一時期は、経済成長と民主主義制度の発展によって、崩壊の勢いが弱まるだろうと期待していた。しかし現実の社会では、そううまく行くことはなかった……崩壊を阻止するためにすぐさま手を打たなければ、現在の形のロシア国家は消滅してしまう。問題になるのは、国家の解体をどう食い止めるかだ。そこで私は、政治生命を賭してでもその使命を果たさなければならない、と気づいたのだ。私の政治生命など微々たる代償であり、いつでも犠牲にする覚悟だった……軍、内務省、FSBを一つにまとめ、国民の支持を集めるまでの猶予はわずか数カ月……一刻も早く過激派を止めなければ、たちまちロシア全土が第二のユーゴスラビアと化すに違いない。いわば、ロシアのユーゴスラビア化だ。[41]

この返答には、プーチンの三つの主要なペルソナ「国家主義者」「歴史家」「サバイバリスト」のすべてに共通する典型的な考えやテーマがふんだんに含まれている。「国家崩壊の危険」「どんな犠牲をもいとわずに崩壊を阻止することの重要性」「統一を実現するという責務」――これらはいずれも三つのペルソナに共通するテーマであり、それらを一つに束ねる中心的な要素でもある。サバイバリストというペルソナについて言えば、プーチンの「過激派」という発言は重要な意味を持つものだ。なぜなら、過激派は国家の生存にとって脅威となるからだ。ただし、ここで彼が過激派と呼ぶのはチェチェンのイスラム教原理主義者や分離主義者だけではない。民族主義運動や分離独立運動(あるいはロシアの急進的革命思想)の台頭が、ロシア帝国とソ連の崩壊への大きな引き金となったことをプーチンは痛感していた。これらの運動がチェチェン紛争などを引き起こし、ロシア連邦の結束をひどく弱体化させてきたのだ、と。[42]そして、チェチェン紛争を戦い抜いたプーチンには、次のステップに進むための戦略が必要になった。そこで、「〝砂場〟の街」で得た教訓――「相手が誰であれ敬意を払わなければならない」――が活かされることになる。

統一に生き残りを託して
――チェチェンとの和解

チェチェンの独立運動と、それに対するロシア政府の残忍な報復行為はある危機を生み出した――一九九〇年代以降、ロシア土着のイスラム教徒グループ、非ロシア民族系住民、スラヴ系正教徒とのあいだに象徴的な亀裂が生まれてしまったのだ。そうなると、プーチンが掲げる「分割できない統一されたロシア国民」という概念の確立が危うくなる。彼は、ロシアが統一された多民族国家として生き残るためには、ロシア国民の統一が何より欠かせないと感じていた。[43] チェチェン紛争と一帯でのゲリラ掃討作戦によって、チェチェンや北コーカサス地方の共和国の経済は破綻し、ロシア政府からの援助や補助金にほとんど頼りきりになった。二〇〇八年に経済危機が勃発すると、こうした状況はロシアの民族主義グループから反発を浴びるようになった。

二〇〇〇年代末になると、モスクワなどのロシア都市部に住む北コーカサスの民族集団の代表者たちとロシア民族とのあいだでたびたび衝突が起き、死者が出る事態が発生することも多くなった。なかでも有名なのが、クレムリンの目と鼻の先にあるモスクワ中心部のマネージュ広場で二〇一〇年一二月に発生した暴動だ。その日の広場では、北コーカサス出身者との喧嘩の末に死んだ、ロシア民族系の若いサッカー・ファンのための追悼集会が開かれていた。集会はすぐさま大乱闘へと発展し、数千人が警察と衝突することになった。この事件についてメディアは、ロシア国内で民族間の暴力が増えている証として大々的に報道し、ヨーロッパやアメリカのような人種暴動がロシアでも当たり前の光景になると論じた。[44] 一一年一二月、議会選挙後に頻発した抗議デモでも、ロシア民族主義的なスローガン(「コーカサスを養うのはやめろ」)が掲げられた。ロシア民族を優遇し、ロシア中核地帯からチェチェン人などを締め出す——ウラジーミル・ジリノフスキーら民族主義を標榜する政治家たちは、そんな政策を訴えて民衆を煽った。[45]

二〇一一年一一月の〈統一ロシア〉党大会の演説などの各種スピーチのなかで、プーチンは、あらゆる分離主義や過激主義に抗うことが国民として正しい行為だと訴えた。[46] しかし同時に、強い国家を作ることが大切だという民族主義者たちの考え方を支持し、政府が主導する青少年組織〈ナーシ〉などの民族主義・愛国主義組織の活動には賛同した。[47] 正式名称を「民主主義および反ファシスト青少年運動」という〈ナーシ〉は、いかにも万人受けする反過激主義を掲げているものの、その主たる目的は学生や若い会社員たちに愛国心を植えつけ、クレムリンの政策への支持を集めることだった。

美辞麗句を並べ立てて過激主義に反対するだけでなく、二〇〇〇年代末になるとプーチンは、チェチェン人と和解し、チェチェン共和国をロシア連邦に再統合することの重要性についても言及しはじめた。たとえば、議会選挙直前の二〇一一年一一月にモスクワで開かれたヴァルダイ会議のなかで、北コーカサス地方で続く暴力について問われたプーチンは、チェチェンの人々に相応の敬意を払うことが必要だときっぱり答えた[48]。

チェチェン人やチェチェン共和国と和解するというプーチンの考えは、国家主義者として有名な映画監督ニキータ・ミハルコフの二〇〇七年制作の映画『十二人の怒れる男』のなかで中心的なテーマとして取り上げられた。この映画は、アメリカのシドニー・ルメット監督の伝説的な法廷ドラマ『十二人の怒れる男』のリメイク作品である。俳優としても名高いミハルコフが演じるロシア版陪審員長は、（プーチンへの明らかな称賛を込めて）頑固者ながら情に厚い元KGB将校に変更された。あからさまにプーチン像が反映された陪審員長は、被告を無罪にするよう残りの陪審員を説得する。被告はチェチェン人の紛争孤児の若者で、ロシア軍の将校である養父を殺害した罪に問われていた。その若者は明らかに養父の死を嘆き悲しんでおり、犯罪者集団によって殺人犯に仕立て上げられた可能性が高かった。映画のクライマックスでは何とも〝プーチンらしい〟瞬間が訪れ、陪審員長は真犯人を自分で捜し出すことを宣言するのだった[49]。

ミハルコフの映画の公開と同じころ、プーチンはラムザン・カディロフとこれ見よがしに懇意にしはじめた。彼は悪い噂もささやかれるチェチェンの若き指導者で、のちに父アフマド・カディロフの座を受け継いで大統領になる人物だった。一九九〇年代、父アフマド・カディロフはチェチェン共和国の有力なムフティー（イスラム教指導者）だった。第一次チェチェン紛争後、彼はほかの独立派指導者と袂《たもと》を分かち、ロシア政府へとすり寄った。その際、彼はかつてロシア軍を相手に戦った膨大な数の武装勢力

〈カディロフツィ〉を従えていた。そして、ロシア政府への忠誠を誓った〈カディロフツィ〉の民兵たちは、第一次チェチェン紛争での行為に対する包括的恩赦を与えられることになった。同時に、兵士たちはこんな命令も受けた——ロシア政府への降伏・和解を拒否する過激派集団の残党や国内の政敵を追い詰めろ。その後、アフマド・カディロフは二〇〇三年についに大統領に選出されるものの、就任からわずか一年後の〇四年五月に暗殺された。

第一次チェチェン紛争の際、一〇代にして義勇兵を率いた息子ラムザン・カディロフは、父親が暗殺されたときは二〇代で、大統領の職を引き継ぐにはまだ若すぎた。彼はチェチェン政府内で副首相や首相代行を歴任したあと、二〇〇七年に三〇歳で大統領に就任。その後、ロシア政府から大量の資金提供を受けて首都グロズヌイを再建したことにより、プーチンから絶賛を浴びた。その一方で、暴力も辞さない権力闘争や容赦ない反体制派の弾圧に対しては、ロシア国内外の人権団体から激しい非難を浴びた。(50)ロシアの最高指導者がコーカサス地方の軍事指導者と個人的に関係を持ち、力を合わせて地域に平和をもたらすというこの戦術の起源は、一八〇〇年代の帝政時代のコーカサス戦争にまでさかのぼるものである。これもまた、過去を探って応用可能な教訓や好都合な歴史を見つけ出すというプーチンの得意技の一例といえる。(51)

もっとも理性的な男

チェチェン、北コーカサス、民族性、宗教、民族主義といった諸問題へと足を踏み入れるなかで、大統領のPRチームは、プーチンをもっとも理性的な政治家として——ロシアの生存を確実なものにする唯一の人物として——描き出そうとした。チームが前面に押し出そうとしたのは、争いを俯瞰して見ることのできる人物としてのプーチン像であり、ロシア国家を転覆させかねないジリノフスキーのような反動勢力を抑えつけることができる人物像だった。ロシアの高官やクレムリンに近い評論家たちは、「ウラジーミル・プーチンは九九パーセントのロシア人より理性的だ」と繰り返した。また、あるロシア人フリー・ジャーナリストは、「ウラジーミル・

プーチンが存在しなければ、ロシア国民は〝新たなヒトラー〟をリーダーに選ぶだろう」と指摘したほどだ[52]。こうしたイメージ戦術こそ、プーチンの数ある政治的道具の一つだった。これは、一九九〇年代にも使われた戦術だった。ボリス・エリツィンと側近たちは、ウラジーミル・ジリノフスキーなどの民族主義政治家をたびたび引き合いに出し、「私のあと大洪水あり」というイメージを植えつけようとした。エリツィンが退陣すれば、ロシアはすぐにファシスト体制に変わると暗に訴えたのだ[53]。

二〇一一年一二月一五日、視聴者参加型のテレビ番組で、プーチンは厳選された観覧者や国民からの質問に直接答えた。その討論のなかでプーチンは、チェチェンと北コーカサスの問題がロシアの大きな火種になっているという意見に反駁した。息子が北コーカサス出身の男から暴行を受けたというある母親の質問に答え、彼はこう指摘した。「いいかい、これだけは理解してほしい。コーカサス出身の男にも、すばらしい人間はたくさんいる。悪い人間はコーカサスにもいるし、モスクワにもいる。悲しいことだが、私の故郷のサンクトペテルブルクにもいる。つまり、悪党はどこにでもいるものさ[54]」。さらに一二年一月には、『ネザヴィシマヤ・ガゼータ』紙の民族問題についての特集記事「ロシア――国家的な問題」のなかで、「コーカサスを養うのはやめろ」という一部の声を真っ向から批判した。

〝民族主義的〟なロシア国家、つまり単一民族のロシア国家という考え方を説こうとするのは、われわれの一〇〇〇年の歴史と矛盾する。それどころか、ロシア国民や国家の崩壊、ひいては地球上のすべての主権国家の崩壊に直結する考え方である。いったん「コーカサスを養うのはやめろ」と叫び出せば、「シベリアは養うな、極東は養うな、ウラル地方は養うな、ヴォルガ地域は養うな、はたまたモスクワ地域は養うな」とみるみるエスカレートする。ソ連崩壊を招いた人々が使ったのはこうした手段だった。ウラジーミル・レーニンからウッドロウ・ウィルソンまで、権力や地政学的優位性を追い求めるあらゆる政治家たちが、悪名高い「民族自決」というスローガンのもとに戦ってきた。しかし、ロシアの人々はとっくの昔に進むべき道を決めている。ロシア文化を中心とする多民族社会を築くという道だ。ロシアの人々は一〇〇〇年の歴史のなかで――住民投票や国民投票ではなく、血によって――何度もこの道が正しいことを証明してきたのだ[55]。

このプーチンの記事のなかでとりわけ着目したいのは、ロシア国家の生存を確保することの重要性を強調している点だ。さらに、多くの犠牲のうえに成り立ってきた国家の生存を、ロシアの多民族性を守ることに結びつけている点にも注目したい。ロシア国家に関するウラジーミル・プーチンの記述や声明の多くがそうであるように、この記事は主に一九九〇年代のロシアの思想家たちの考えを反映したものである。なかでも、ロシア科学アカデミー民族学・人類学研究所所長ヴァレリイ・ティシュコフの考えに大きく影響を受けたことは明らかだろう。一九九二年、ロシア連邦の崩壊の脅威に対処し、それを回避しようとするボリス・エリツィンのために、ティシュコフはロシア初となる民族問題を専門に扱う省を設置した。そこで一年だけ大臣を務めたのち、彼は再び科学アカデミーに戻った[56]。この省が特に活躍したのは、ロシア政府がタタルスタンなどの地域と相互条約を締結することを強いられた時期だった。その後に任務は拡大され、移民問題も扱うようになった。しかし二〇〇一年、プーチンがロシア国家の統一の重要性を訴えるようになると、この省は解体された[57]。

ティシュコフは、ロシアの国民性や民族性の問題について執筆した数々の論文のなかで、チェチェン共和国やチェチェン人に対するロシア政府の残酷な扱いを一貫して批判してきた。そして、チェチェンと再び友好関係を築いてロシア連邦に復帰させ、ロシア政府とチェチェン人の和解を促すことが重要だと訴えた[58]。ティシュコフはまた、「ロシア人であるということ」について、より市民的で〝脱民族主義的〟な考え方を浸透させるべきだと唱える知識人の代表格だった。つまり、ロシア民族（russkiy《ルスキー》）ではなく、「ロシア国民（rossiyanin《ロシヤーニン》）としてのロシア市民」という考え方である。彼はすべての著書や論文を通して、公的な場面で「ロシアの」という言葉を指すときには中立的な単語である rossiyskiy《ロシイスキー》を使うべきだと主張し、ロシア国家やロシア人民（ナロード）の概念に根差した民族的排他主義を排除しようとした。[59] 一九九〇年代、エリツィンの公式声明はすべてこのルールに則って制作された。さらにプーチンも、ミレニアム・メッセージでロシア人（rossiyane《ロシヤーネ》）やロシア思想（ロシイスカヤ・イデヤ）について述べる際、同じ考え方に従った。

　プーチンにとって、ロシア国家の生存を脅かす主たる脅威とは何か？　それは革命による分裂であり、備蓄や資源の不足だ。つまり、たとえグロズヌイを焦土化し、数千人のロシア市民を殺したとしても、統一と安定を保つことは国家生存にとって不可欠なのだ。レニングラード包囲戦――息子を失ったプーチン一家にとって大きな分岐点となった出来事――では、街を陥落から守るために一〇〇万人が犠牲になった。第二次世界大戦では、ナチスの侵攻と台頭から生き延びるため、さらに数百万人が死亡した。この暗黒時代のソ連を率いたヨシフ・スターリンは、帝政時代の過去を批判するそれまでの慣習をやめ、ソ連の人々が生き残りを懸けて一致団結できるよう、強烈な統一のシンボルを歴史から探し出したのである。

　そしてすぐに、「母なるロシア」というコンセプトが国じゅうで利用されるようになった。兵士を募集する当時のポスターには、「母なる祖国があなたを必要としている」というスローガンとともに、国家の生存のために戦うよう国民に訴えかけるスカーフ姿の女性が描かれた。いわば、アメリカの「アンクル・サム（アメリカ）があなたを必要としている」というポスターのロシア版だ。[60] ほかにも、一九四二年にナチス・ドイツとの戦いを宣伝するポスターには、アレクサンドル・ネフスキーのような昔のロシアの英雄たちの肖像画が起用された（前述のとおり、二〇〇八年の偉人コンテストで、プーチンのチームは同じようにネフスキーを利用した）。アレクサンドル・ネフスキーといえば、ちょうど七〇〇年前の一二四二年、ロシアの同じ地域に侵攻してきたドイツのチュートン騎士団と戦った人物だった。[61] また、スターリンはソ連で暮らすさまざまな民族の結束を固めるため、中央アジアやコーカサスなどに住むほかの民族集団からも国民的英雄を探した。結果、第二次世界大戦はロシアで「大祖国戦争」と呼ばれるようになり、ウラジーミル・プーチンなどの戦中戦後生まれの政治家にとって、国家生存の究極のシンボルとなったのである。

統一、融和、そして白系ロシア人生存者たちの残した遺産

スターリンはソ連以前の歴史にさかのぼり、一九四〇年代の社会に統一をもたらし、第二次世界大戦を生き残る手助けをしてくれる英雄を探した。二〇〇〇年代になると、プーチンもそれと同じことを続けた。統一への道を築くために彼が参考にしたのが、いわゆる「白系ロシア人」の亡命者たちだった。その多くは、もともと皇帝に仕えた国家主義者や、帝政時代の統治システムを支持する知識人だった。彼らはロシア帝国の崩壊後に国外逃亡し、一九一七年のロシア革命を生き延びた人々だった。ヨーロッパ、そして時にはアメリカに住みながら、彼らはソ連のイデオロギーを拒絶し、ロシア国家の思想を守りつづけようとした。こうした亡命者集団のなかには、ソ連が崩壊する時を待ち、ロシアを復活させるための土台となる新しいイデオロギーを模索しようとする作家たちが大勢いた（そして、一九九一年に実際にソ連は崩壊）。ソ連体制に感化されていない亡命作家たちは、一九三〇年代から四〇年代にかけて、さらには八〇年代に入っても、「ロシアとは何か？」という伝統的な議論の答えを追い求めつづけた。言い換えれば、彼らはロシア思想の戦略的備蓄や貯蔵庫のようなものを築いたということだ。そんな亡命者たちの思想は九〇年代に現代ロシアに逆輸入され、歴史――帝国時代から始まり、途中七〇年間の共産主義体制を経て、ソ連崩壊後のロシアに至るまでの歴史――の架け橋としての役割を果たすことになった。[62]亡命作家のなかでもとりわけ有名なのが、宗教哲学者イワン・イリイン（一八八三－一九五四）と言語学者ニコライ・トルベツコイ（一八九〇－一九三八）の二人だ。ソ連の歴史家、民族誌学者、地理学者レフ・グミリョフ（一九一二－九二）と並び、イリインとトルベツコイの思想は、プーチンが二〇〇〇年代に唱えたロシア復興の考え方に大きな影響を与えた。

大統領および首相在任中、ウラジーミル・プーチンはピョートル・ストルイピンと同じくらいイワ

ン・イリインについて頻繁に言及した。ストルイピン同様、イリインも国家や愛国心の復興について一家言を持つ人物だった。イワン・イリインは自身の書物を通して、危機の時代にうまく適応しながら国家の統治を導くためには、新しいロシア国家のアイデンティティを築くことが重要だと訴えた。また、このアイデンティティを探求するときには、政治的、文化的、精神的に先進的な考えを持つエリートが先頭に立つべきだと考えた。彼がロシアのアイデンティティの土台にするべきだと提案したのは、宗教的信仰と「自国への愛」だった。イリインはロシアのエリートたちに対して、政府の「キリスト教化」と国民の「自由な創造活動」への支援を課題として託した。そして、エリートたちに政府の権力を過大評価しないよう注意を喚起し、強力な中流階級、自由で豊かな農民階級、政府の活動を支える「友好的」な労働者階級からなる社会構造を作るよう訴えた。イリインは、個人生活や企業活動に政府が首を突っ込むことには反対だった。ロシアの漸進的なキリスト教化には賛成だったものの、彼は教会と国家の分離を望み、宗教に寛容な社会を求めた[63]。さらには、イリインは強固な法治国家の重要性を固く信じていた[64]。これらすべてのコンセプトについて、プーチンは賛同の意を表明してきた。

多くの専門家が指摘してきたとおり、プーチンやクレムリンの側近たちが、イリイン本人や彼の書物に大きな関心を抱いていることはもはや疑いようはないだろう。事実、プーチンは二〇〇五年、〇六年、〇七年の大統領演説でイリインについて言及した[65]。〇五年には、映画監督ニキータ・ミハルコフが中心となる運動の後押しを受け、イリインの遺体がスイスからロシアへと送還され、ほかの代表的な白系ロシア人亡命者たちが眠るモスクワの墓地に埋葬された[66]。かつて破壊された像、教会、聖像《イコン》が二〇〇〇年代になって次々と復元されるなか、イリインの遺体が改めて埋葬された理由は明白だった。彼の帰国は、帝政ロシアとソ連のあいだに生じた亀裂を修復するための究極の和解の印だった。イリインの遺体がロシアの土に還ったことで、ロシア史の二つの時代が、象徴的な意味で再び融合したのである。〇九年五月、プーチンはこの点を広くアピールするため、大勢のマスコミが見守るなか、イリインが新たに埋葬されたモスクワのドンスコイ修道院の墓地を訪れた。[67]

一方、トルベツコイとグミリョフのほうは、イリインほどプーチンのスピーチには登場しない。しかし、彼らの作品においてとりわけ強調されたのは、ロシアの遺産の二重構造についてだった――ヨーロッパにおける遺産と、スラヴ文化とテュルク文化が融合したユーラシア・ステップにおける遺産。ユーラシア・ステップとは、西はウクライナ南部から、南ロシア、カザフスタン、中央アジアを経て、はるか東のシベリア南部まで延びる広大な草原地帯である。二人の作家は、ステップ地帯の中心部でロシア独自の遺産がはぐくまれたという事実に注目し、ヨーロッパ諸国とはまったく異なる、ロシアならではのユーラシアに由来する発展の過程があったという考え方を重要視した。[68]

トルベツコイとグミリョフのその思想は、一九九〇年代のソ連崩壊後のロシアで「ユーラシア主義思想」の復活のきっかけを作ることになった。[69] 二〇一一～一四年、新たなユーラシア連合の設立構想をアピールするにあたって、プーチンはユーラシア主義思想を前面に押し出した。彼が設立を提案したユーラシア連合（あるいはユーラシア経済連合）は、ウクライナとカザフスタンを筆頭とした旧ロシア帝国や旧ソ連の国々をつなぐ新たな経済的・政治的組織として提案されたものだった。加えて、有名無実化した独立国家共同体（ＣＩＳ）に代わる組織を設立することも目的の一つだった。[70]

哲学としての「ユーラシア主義」は、ロシア民族が抱く排他的なロシア観と、多民族が暮らすロシアの現実とのギャップを埋める役割を果たしてくれるものだ。この考えは、スラヴ人とロシア正教を中心とする唯一無二のロシアという概念を残しつつも、ステップ地帯に住むロシア民族以外のアジア人（さらにはチェチェンや北コーカサスの住人）との共存を正当化してくれる。ユーラシア主義はまた、多民族、多人種、多国籍、多宗教のロシアという概念の復活のための手助けになるものでもあった。[71]

レフ・グミリョフの両親は、ボルシェビキ政権の蒙昧《もうまい》主義に反対したロシアの著名な詩人、ニコライ・グミリョフとアンナ・アフマートワだった。その家族関係のせいで、グミリョフは政府から迫害を受けることになる。彼はソ連史でも最悪の暗黒時代を生き抜き、長い時間を矯正収容所で過ごした。一九九二年に亡くなるまで、グミリョフは生涯を通して多数の作品を残した。学術的な著書は何十年ものあいだ発禁となっていたものの、ゴルバチョフ時代の末期に復活を遂げ、一九九〇年代のロシアでベストセラーになった[72]。

コマロフ夫妻に見るプーチニズム

プーチンのスピーチや演説からわかるとおり、社会・政治の分裂や破壊は、ウラジーミル・プーチンがもっとも忌み嫌うものであり、ロシア国家への脅威だと考えるものだ。一九九〇年代の矛盾や混沌の時を経て、プーチンは一九九九年のミレニアム・メッセージ、そして国家的な問題に言及した二〇一二年大統領選挙時の声明を通じて、ロシアの人々や国家が今後も生き残るためには、歴史的な対立をいったん脇に置くべきだと呼びかけた。スラヴ主義者と西欧主義者、白と赤、左と右、リベラルとファシスト、KGBと一般市民、粛清や矯正収容所の加害者と被害者、そしてロシア民族とロシア固有の少数民族——そういう対立はもうやめよう、と。そういう点では、プーチンはコマロフ夫妻に似ている。ロシアからアメリカに亡命した有名作家ウラジーミル・ナボコフの小説『プニン』に登場する、個性的な変わり者の夫婦にそっくりかもしれない[73]。

この小説のなかで、アメリカに移住して間もない主人公ティモフェイ・プニン（ナボコフ本人）は、コマロフという名の夫妻と知り合う。プニンはアメリカの小さな大学でロシア語を教える教授で、オレグ・コマロフは同じ大学の美術学部で教鞭を執るロシア人亡命者だ。著者ナボコフは、オレグと妻セラフィーマについてこう描写する。「まやかしの華美を誇るコマロフ夫妻は、どちらも反動主義とソ連崇拝との混合であったが、そのことを理解できるのはロシア人だけだった。二人にとって理想のロシアとは、赤軍、神権帝王、集団農場、人智学《アンスロポソフィ》、ロシア教会、水力発電のダム、などから成り立っていた[74]」。コマロフ夫妻の「反動主義とソ連崇拝の混合」は、ウラジーミル・プーチンはもとより、一九九〇年代の混乱を切り抜けたロシア人であれば誰もが完璧に理解できるコンセプトに違いない。コマロフ夫妻と同様、プーチンの考える「理想のロシア」は、ロシアのこれまでの歴史全体と、帝政およびソ連時代のロシア国家から抜き出した思想との融和である。一九九六〜九七年にかけて、ゲオルギー・サタロフのグループはロシア思想が抱える矛盾に立ち向かおうとして身動きが取れなくなってしまったが、一方のプーチンは単純にすべてを受け入れたのだ。

二〇〇〇年代、プーチンは亡くなった亡命者を埋葬し直し、彼らの名誉を回復させたのに加えて、存命者にも頻繁に接触した。ヨーロッパやアメリカに住む白系ロシア人国家主義者たちの子孫や生き残りはもちろん、さまざまな時代にロシア帝国やソ連から国外に移住した人々と積極的に面会した。実際、二〇〇四年から一一年までのヴァルダイ会議には、ロシアにルーツを持つ著名な学者たちが数多く招待された。たとえば、ドイツにおけるロシア問題の第一人者で、プーチンの伝記を書いたアレクサンダー・ラール（国外追放されたロシア人ジャーナリストで教会史家グレブ・ラールの息子）。フランスを代表するロシア史家で、〈アカデミー・フランセーズ〉の会員であるエレーヌ・カレール゠ダンコース（革命後にロシア帝国から逃れたグルジアの政治家ズラビシュヴィリの娘）。イギリスのジャーナリストで学者のアナトール・リーヴェン（帝政時代のとりわけ有名な政治一家の子孫）。アメリカのジャーナリストであるサージ・シュメーマン（モスクワ周辺の地域に長いルーツを持つロシア貴族の子孫）[75]。

二〇一一年一二月一五日には、全国の視聴者からの質問に答えるテレビの公開討論番組において、ヴァルダイ会議の参加者であるアレクサンダー・ラールとニコライ・ズロービンが観覧席の最前列に座ったこともあった。ズロービンは長年アメリカで過ごしたあとロシアに帰国し、外交政策に関する著名なコメンテーターになった学者だ。プーチンは二人について、海外におけるロシアの〝代理人〟として重要な役割を果たした人物だと述べた[76]。

あるときには、国外のスラヴ人や亡命者組織の代表者がヴァルダイ会議に招待されたこともあった。なかでも注目すべきは、二〇一〇年九月の回だ。プーチンはロシア訪問中のイスラエル国防大臣のエフード・バラックとの会談を終えたあと、ソチでヴァルダイ会議の参加者たちと面会した。その席で彼は、亡命者たちとの交流の重要性を強調しただけでなく、イスラエルに移住した「われわれのユダヤ人」を呼び戻したいという切なる思いを語った。さらに、ロシアとイスラエルの新たな絆のさらなる強化を訴えた。そこで、多くの人々はこう考えた。ロシア帝国やソ連時代のユダヤ系市民――帝政時代の大虐殺、ソ連時代の粛清、絶え間ない差別の被害者たち――はロシアへの帰国を望まないに違いない。しかし、そんな大方の予想をプーチンは頑として拒絶した[77]。それを裏づけるように、彼は二〇〇〇年代のあいだ、亡命したユダヤ人やモスクワ在住のユダヤ人コミュニティと積極的に交流した。また、ロシアのオリガルヒたちに――民族や宗教の壁を越えて――教会や修道院だけでなく、シナゴーグ（ユダヤ教会）やモスクの復元にも資金を提供するよう呼びかけた。プーチンにしてみれば、そのすべてがロシア固有の多民族文化の一部であり、国家生存のために積極的に保護・維持するべき財産だった。ボルシェビキがこうした文化財を破壊したのは、大きな過ちだったとプーチンは感じていた。ボルシェビキは、さまざまな異なる集団を一つにまとめ、共通の遺産を築くための有益な歴史を排除してしまった。教会、シナゴーグ、モスクを破壊することで、ロシア国家の基礎となる土台を破壊し、やがては共産主義体制の正当性まで損ねることになった。結果として民族や国民どうしの対立が生まれ、その内部対立こそがソ連をバラバラに引き裂く要因になった。それがプーチンの考えだった。

二〇一二年四月、プーチンは首相としての最後の議会演説で、分裂から生まれる崩壊の危険についても強く訴えた。彼がそう力説するきっかけになったのは、ある議員からの提案だった。その下院議員は、ロシア憲法の前文の冒頭の一節を「われわれロシア連邦の多民族からなる人民（ナロード）は……」から「われわれロシア民族（ルスキー）およびそれに加わった人々は……」に変更してはどうかと提案した。するとプーチンはこう反論した。

そんなことをすれば、どんな結果になるかわかるかね？　社会は一等級の人民と二等級の人民に分かれてしまう。強力な単一の国家、単一の国民を作り上げたいと思うなら、そんなことをしてはならない。わが国の領土で暮らす一人一人に、ここが自分の母国であり、ここ以外に母国はありえないと感じてほしいなら、全員が平等でなければならない。これこそが大事な問題だ。民族としてのロシア人（ルスキー）が、多民族からなるロシア国民（ロシイスキー）の背骨、基礎、根幹であるという事実は疑いようもない……しかし、人々を一等級、二等級、三等級と分類するのは、非常に危険な道だ。君も私も、そして誰も、そんなことをするべきでない。(78)

プーチンはこの反論で、ロシアの民族問題は道義やイデオロギーの問題ではないという姿勢を明確にした。純粋に現実的な問題として、国家をいくつかの集団に分類したり、分類することを容認したりするのは、国家を弱めるだけなのだ。帝政時代やソ連時代のロシアはその過ちを犯した。プーチンが望むのは、完全な形でロシアという国家を保つためには、同じ過ちを繰り返すことは許されない。この点こそ、サバイバリストたるプーチンの真骨頂なのである。過去の自分の過ちはもちろん、国レベルの失敗から学ばないかぎり、自分自身も国家も前には進めない。生き残るためには、他者の失敗も観察し、教訓を学び取る必要がある。プーチンのサバイバリスト的思考は、こうした大仰ともいえる考え方に基づいているのだ。裏を返せば、この思考は「他者への不信」や「自立の必要性」に基づくものでもある。

他者の失敗を観察し、適切な行動を取るための資源や能力を築き上げ、将来的に同じ過ちを繰り返さないようにするには、「アウトサイダー」になるのがいちばんに違いない。次章で説明するように、「アウトサイダー」はプーチンを形作る重要なペルソナの一つだ。モスクワに異動してきたとき、国政レベルではプーチンはアウトサイダーだった。さらに、彼は若いころから周囲に対して、アウトサイダーとしてのイメージを築きつづけてきた。

「アウトサイダー」とは、既存のシステムの埒外におり、何の既得権益も持たない人物のこと。完全なる第三者であり、特定の失敗に対して責任を負うことはないので、真実から目を背ける必要がない。アウトサイダーは常識を鵜呑みにせず、同じような状況になったときの最善策を見いだすことができる。アウトサイダーとして人々の意思決定を観察すると、影響は及ぶとしても責任が及ぶことはないので、物事をより批判的に見られるようになる。つまり、既成概念にとらわれない考え方ができるのだ。

ここでも、一九〇〇年代初めに活躍した帝政時代の首相ピョートル・ストルイピンが重要な役割を果たすことになった。一九九〇年代、「アウトサイダー」としてロシアの政界に進出しようとするプーチンに、ストルイピンが歴史的な前例を提供してくれたのだ。首都サンクトペテルブルクの政治の中枢へと足を踏み入れる前、ストルイピンは地方の知事を務めていた――初めに現在のベラルーシにあるフロドナ県（グロドノ）、次にロシアのヴォルガ川南部に位置するサラトフ県の知事。それどころか、ストルイピンの出生地はロシア国内ではなく、プーチンが一九八〇年代に派遣されたドレスデンだった。当時、ドレスデンはドイツのザクセン王国に属する都市だった。その後、ストルイピン一家は現在のリトアニアに移住する。一九〇七年、ストルイピンはロシアの統治者としての任務を担ってはいるものの、自分は官僚ではないと主張した。「私はペテルブルクの役人の世界とは縁もゆかりもない。この街に対する想い出も、仕事上のしがらみも、宮廷とのつながりもない」[79]。二〇世紀末になると、ピョートル・ストルイピンにとってロシア政治の中枢だったサンクトペテルブルクは、ウラジーミル・プーチンにとって第二の都市、一地方都市にすぎなくなった。一九九〇年代の権力と政治活動の中心地はモスクワであり、サンクトペテルブルクはそのモスクワをアウトサイダーとして遠巻きに眺める存在になった。

第6章　アウトサイダー

一九九六年、ウラジーミル・プーチンと彼のサンクトペテルブルク時代の友人知人たちは、静かな湖畔に集まることがよくあった。市の中心部から車で北にわずか一時間半。フィンランド湾とラドガ湖に挟まれたカレリア地峡に位置し、八〇分ほど車を走らせればフィンランドとの国境にたどり着く場所だ。この地域一帯はかつてスウェーデン領だったが、ロシア帝国領、フィンランド領、ソ連領を経て、現在はロシア領となっている。歴史家プーチンにとって、そこは過去数世紀にわたる歴史の紆余曲折、ロシア国境の変遷を振り返る絶好の場所だった。また、アウトサイダーとしてのプーチンにとっては、政治の中心であるモスクワから距離を置くことのできる場所でもあった。彼はドレスデンでの転勤生活を終えてレニングラードに戻るとすぐ、この場所に別荘《ダーチャ》を建てた。が、建物は九六年に焼失してしまう(1)。その後、彼が以前と瓜二つの家を建てると、友人七人も近くに別荘を建設した。九六年晩秋、彼らは別荘組合〈オーゼロ〉(湖の意)を正式に登記し、周囲にフェンスを張り巡らして一帯をゲーテッド・コミュニティに変えた。伝えられるところでは、彼らは車に相乗りしてサンクトペテルブルクから別荘まで移動するほど仲が良かったという(2)。

それほど親しい間柄ではあったものの、一九九六年当時、プーチンは集団のアウトサイダーでもあった。〈オーゼロ〉の八人のメンバーのうち、実業家が七人で公務員が一人。物理学や工学の学位を持つのが七人で、法学の学位を持つのが一人。その「一人」がウラジーミル・プーチンだ。八人に共通していたのは、「ロシアの首都に対するアウトサイダーである」というサンクトペテルブルクの住民には典型的な意識だった。彼らはアウトサイダーとして、一九九〇年代のモスクワの政治家たちが犯す数々の過ちを遠巻きに眺めていた。しかし誰一人として、それを変える力を持ち合わせてはいなかった。その夏、〈オーゼロ〉のテラスやサウナでウォッカを飲みながら、彼らがこんな会話を交わしたことは想像に難くない。「オレたちのような人間が舵取りをすれば、この国はどれだけ良くなることか。あいつらは国民を破滅や崩壊の淵に追いやっていることに気づいていないのか？」

当然ながら、サンクトペテルブルク市民は誰もが、モスクワの権力中枢に対してはアウトサイダーだった。〈オーゼロ〉のメンバーについていえば、多くがプーチンと同じように国外で一定の時間を過ごした経験を持ち、国内の出来事と一定の距離を置くことによって、祖国の状況をより冷静に分析できた。また、いわゆる〝地方〟で暮らす一般的な人々とは違い、サンクトペテルブルクの住民たちは二流市民という扱いを受け入れてはいない。ソ連時代に首都から陥落し、ボルシェビキによってレニングラードへと改名させられた過去によって、サンクトペテルブルク住民はモスクワに恨みを抱くようになった。サンクトペテルブルクは偉大な街だった。ピョートル一世が統治する新しいロシア帝国のために、政治とハイカルチャーの中枢として築かれた街だった。しかし、ある日突然、市民たちは二流の烙印を押されてしまったのだ。

庶民の家に生まれ育ったプーチンは、サンクトペテルブルクの〈オーゼロ〉や、ソ連のノーメンクラトゥーラ（政府上層部の特権階級）において、二重や三重の意味でアウトサイダーだった。彼の家族はインテリゲンチャ（知識階級）でもなかった。つまりプーチンは、ソ連共産党の伝統的な枠組みに属する人間ではなかった。KGBのなかでさえ、彼は多くの点においてアウトサイダーだった。同世代のセルゲイ・イワノフのようなKGBの〝星〟でもなかった（彼はプーチンのもとで国防大臣や副首相を務め、のちに大統領府長官に任命される）。イワノフは早い段階からヘルシンキやロンドンに派遣され、養成機関やKGBでも常に出世街道まっしぐらだった。

一方のウラジーミル・プーチンはといえば、一九九八年に何の前触れもなくロシア連邦保安庁（FSB）の長官に任命されるまで、KGBの上層部のメンバーに選ばれることもなかった。また、プーチンはミハイル・ゴルバチョフのペレストロイカ（再構築または改革）のあいだもアウトサイダーだった。ゴルバチョフがソ連の舵を握った変革の時期、プーチンは東ドイツのドレスデンに派遣されていた。八五年三月、ゴルバチョフがソ連共産党書記長に就任すると、プーチンは八月にドレスデンへの異動を命じられた。彼は八九年のベルリンの壁の崩壊後もドレスデンにとどまり、九〇年初めにソ連のレニングラードに戻る。サンクトペテルブルク副市長を務めたあと、プーチンは九六年夏、明確な目的のもとにアウトサイダーとしてモスクワに呼び寄せられた。あとで詳しく説明するとおり、彼は工作員として横暴なオリガルヒたちの情報を収集し、彼らを監視する活動に従事した。プーチンの任務の最終目標は、クレムリンがオリガルヒの行動を掌握できるようにすることだった。

　プーチンは自身だけでなく、サンクトペテルブルク時代の仲間たちもアウトサイダーだととらえている。そういった交友関係を好んできたとすれば、プーチンと似たような人生経験を持つ人の数は必然的に少なくなる。一方、国家の激動の歴史をくぐり抜けてきたという意味では、ロシア人は誰しもサバイバーであり、さらにいえばサバイバリストでもある。多くのロシア人は——必ずしもプーチンのように自分自身をロシア史の主役ととらえてはいないにしろ——ロシアの中核地帯に深い歴史的ルーツを持つ一族出身で、ロシアの歴史にどっぷり漬かっているものだ。ロシアの政治家の多くは自らを国家主義者だと強く認識し、少なくとも表向きには、強力で有能なロシア国家や組織の復活を目指している。しかし、システムや組織にアウトサイダーとして入り、舵取りを担うことになるロシア人はめったにいない。ましてや政治家となると、とたんにその数は少なくなる。事実、まったくのアウトサイダーが組織の一員に加わると、組織外の人間ではなく、むしろ組織内のメンバーたちとの関係が悪化することが多い。

　一九九九年、プーチンが首相に就任した直後のインタビューのなかで、ロシア人政治学者リリヤ・シエフツォワは、彼のことを「もともとサンクトペテルブルクで公務に就いていたアウトサイダー」と表現した。「プーチンが保安当局の官僚制度のトップに立ったのはごく短い期間であり、首相として確固たる地位を確立するのに必要な人間関係やネットワークを築くだけの時間はなかった」。九九年当時、シェフツォワをはじめ多くの人々が、ＦＳＢの長官から首相に大抜擢されたからといって、プーチンを「スーパーマンか何かだと思ってはいけない」と警告した。専門家たちは――一世紀前、ピョートル・ストルイピンの首相就任時に観測筋たちが結論づけたのと同じように――「プーチンにできることはきわめて限定的だろう」と結論づけたのだった。(3)

アンドロポフのＫＧＢ

政権内部の面々を観察し、その行ないを批判し、おそらく傲慢さや無能ぶりに憤りを感じてきたアウトサイダー――それが、プーチンが親近感を持つ〝仲間〟の定義である。実際、彼の側近たちのほぼ全員が、何らかの形でこのアウトサイダーという分類に当てはまるといっていい。特に、プーチンはいわゆるシロヴィキと交流することが多く、彼らと非常にあいまいな関係を保ってきた。シロヴィキとは、ＫＧＢ（ＦＳＢ）、国防省、内務省、警察や準軍事組織のような治安当局や武力省庁の内部関係者のことだ。彼らはプーチンにとって仲間ではない。プーチンは政府から任命を受けてＦＳＢ長官をごく短期間だけ務めたものの、それ以外は同様の機関の中枢メンバーになったこともなければ、ＫＧＢ時代も上層部の一員に選ばれたことはなかった。ＫＧＢでの彼の任務は、レニングラードやドレスデンといった、中枢部ではない場所でのものばかりだった。

プーチンは、ＫＧＢ議長のユーリ・アンドロポフが一九七〇年代に採用した若い世代の職員、つまりアウトサイダー集団のうちの一人だった。アンドロポフ自身、ＫＧＢにやってきたときはアウトサイダーだった。彼がそれまでキャリアを積み上げてきたのは、保安当局ではなくソ連共産党だった。長年、アンドロポフはカレリア地方の共産党青年組織〈コムソモール〉の第一書記を務めた。五六年にハンガリー動乱が勃発したときには、彼はソ連の駐ブダペスト大使を務めていた（この点は、東ドイツ崩壊時にドレスデンにいたウラジーミル・プーチンの体験と重なるところがある）。その後モスクワに戻ったアンドロポフは、社会主義諸国の共産党代表者たち

ユーリ・アンドロポフ
（1914–1984）

との連絡役を担当し、のちにソ連共産党中央委員会・国際部長に就任。そして、共産主義社会でさらなる暴動が起こる直前の六七年――プラハの春が起こる前年――にKGB議長に任命された。議長を務めた六七年から八二年にわたってこうした政情不安をじかに観察したことこそが、アンドロポフのKGBの運営方針を形作る下地となった（任期終盤の七九～八一年には、アフガニスタンやポーランドでも反乱が起きた）。六〇年代末、彼はKGBの先頭に立って反体制派を弾圧し、とりわけ目立った活動家を「治療のため」と称して次々と精神病院送りにした[4]。

その一方でアンドロポフは、急速に弱体化する旧態依然としたソ連の体制に、喫緊の改革が必要であることにも気づいていた。そこで、KGBに新風を吹き込み、国家の諸問題に対処する斬新なアイデアが生まれやすい環境を作るため、〈コムソモール〉などの別の社会集団から若い職員を積極的に採用する方針を採った。その目的は、客観的な見方ができる職員を雇い入れ、組織内に変革をもたらすことだった。その後の一九八二年、アンドロポフはついにソ連の最高指導者へとのぼり詰める。しかし八四年二月に急死すると、彼が招集した若いKGB職員とベテラン職員とのあいだに亀裂が生じてしまう。そうした若手職員の一人として七五年にKGBに採用されたウラジーミル・プーチンは、アウトサイダーという自己像をいっそう強めることになったのだった。

モスクワのKGB赤旗大学での訓練を終え、ドレスデンに派遣されると、プーチンは体制や国家の本流からますます離れたところに追いやられた。それどころか、ソ連自体からも追いやられてしまった。一九八五～八九年までの運命的なペレストロイカ時代を、プーチンは遠い場所からただ眺めることしかできなかった。のちにプーチンの側近となるドミートリー・メドヴェージェフ元大統領のように、この時期にソ連（特にモスクワ）にいた人々は、政治、社会、文化の劇的な変化を肌で実感していた。今日、プーチンは一九九〇年代のロシアが大統領としての基盤を作ったと説明し、当時について滔々と語り、その一〇年間の議論や思想をたびたび引き合いに出す。しかし、八〇年代について言及することは驚くほど少ない。八〇年代末期の出来事について、周囲の仲間たちとは異なり、プーチンは概して悪いイメージを抱いているに違いない。

アウトサイダーとしてのドレスデン駐在

一九八五年から八九年までのドレスデン駐在中、外国人であるプーチンは、東ドイツのシステムや出来事に対してもアウトサイダーだった。明らかに微妙なこの立場によって、他者の失敗から学ぶ客観的なアウトサイダーという自己像がいっそう強まったことは間違いない。プーチンがドレスデンに派遣された当時、東ドイツはソ連の同盟国という位置付けではあったものの、エーリッヒ・ホーネッカー政権は西側諸国に対するのと同じようにモスクワ政府を敵対視することがあった。

ホーネッカー政権は、強硬で、融通が利かず、非現実的で、東ドイツの市民レベルの考え方とはかけ離れた思想を持っていた。そのうえ、ソ連で進む政治改革に歩調を合わせるわけでもなかった。一九八五年から八九年のあいだ、ソ連と同じように、東ドイツの経済もほぼ破綻状態にあった。プーチンはドレスデン駐在時代、東ドイツと西ドイツの相反する二つの経済体制による究極の対照実験をその目で目撃してきた。それから二〇年以上がたった二〇一二年四月、首相としての最後の議会演説で、彼はそのときの体験について語ることになる。当時のホーネッカーは、東ドイツは独自の政治・経済政策を追求するべきだと言って譲らなかった。そんな彼は、ゴルバチョフの「ペレストロイカ」(改革)や「グラスノスチ」(情報公開)、「新思考」(ノーヴォエ・ムィシュレニエ)といった政策について公の場で言及することを避けた[5]。ソ連首脳部にもそのメッセージははっきりと伝わった。当然ながら、エーリッヒ・ホーネッカーとミハイル・ゴルバチョフの仲はすっかり冷め切っていた。それでもゴルバチョフは、一九八八年九月にモスクワで開催された東ドイツの見本市の開会式の席も含め、あらゆる機会を利用してホーネッカーに政治の変革が必要だと粘り強く訴えかけた[6]。

当時のKGBの業務において、人口五〇万人の東ドイツ第三の都市ドレスデンは大して重要な拠点ではなく、プーチンの仕事も大して重要なものではなかったようだ。さらに、大きな成果を挙げることさえできなかったという話も聞こえてくる[7]。プーチンが実際にドレスデンでどんな業務に携わっていたのかという正式な記録はないし、彼自身も詳細を明かしていない。それどころか、プーチンがKGB内のどの局の所属だったのかという具体的な情報もない。一説によると、彼は技術的な機密を盗み出す「ルーチ（光線）作戦」に従事していたといわれている。また、「ルーチ作戦」に就いていたのは事実だが、その任務は機密情報を盗み出すことではなく、東ドイツの共産党や国家公安局《シュタージ》の高官を密かに勧誘することだったという説もある。その目的は、ペレストロイカ路線を貫くソ連上層部への支援を確保し、ホーネッカーを中心とする東ドイツの強硬派勢力を抑え込むことだった[8]。さらに、三つ目の説もある――KGBのドレスデンでの任務は、留学や仕事でドレスデンに住む西洋人に接触し、罠にかけ、弱みを握り、協力者に仕立て上げることだった、というものだ。加えて、西側に親戚がいる東ドイツ人の協力者を獲得するのが任務だったという説もあれば、プーチン自身がときどき極秘で西ドイツを訪れていたという話もある[9]。

では、プーチンの実際の任務は？　「前述のすべて」というのがいちばん可能性の高い答えだろう。彼がこれらの活動の一部またはすべてに従事していた可能性はきわめて高いし、まったく従事していなかった可能性はきわめて低い。当時のKGBは、チャンスさえあればどこででも技術的な機密を盗んでいた。ドレスデンで盗めるものがあれば、プーチンや彼の同僚がその任務に当たっていたに違いない。西欧人または西側と関係を持つ人々を罠にかけ、弱みを握り、協力者に仕立て上げるという任務についても、KGBの職員にとっては日常的な任務の一つでしかなかった。プーチンのドレスデンでの実際の業務については後章でも再び取り上げるが、一つだけ確かなことがある――ドレスデンは東ドイツで政治と無縁な一地方都市などではなかった。一九八〇年代後半、プーチンはソ連の政治的な出来事とは距離を置いていたものの、ドレスデンの政治的・社会的出来事には通じていた。体制の崩壊が近づきつつある東ドイツのなかで、ドレスデンは時代に逆行するホーネッカー政権に対する、ドイツ社会主義統一党内の反対派が集まる中心地の一つだった。とりわけ、ハンス・モドロウはドレスデン地区のリーダーとして、精力的に反対活動を展開した。

本国の混乱に鑑みれば、ソ連国内のKGB職員が東ドイツの情勢をつぶさに注視していたとは考えづらい。しかし、プーチンが東ドイツの政治の動向に少しでも注目していたとすれば、一九八五～八九年のドレスデンほど打ってつけの場所はなかった。一九五〇年代半ばのブダペスト駐在中にユーリ・アンドロポフがハンガリーの反政府勢力を間近で観察したのと同じように(といってもソ連大使館からの高みの見物だったが)、プーチンは東ドイツの反政府勢力の活動を間近で観察することができた。さらに、彼はドレスデンのKGBのピラミッドの下層部にいたため、一兵卒として反政府勢力の動機、強み、弱点を監視・分析することができたのだった。(10)

ドレスデンの教訓

これまでの議論に従えば、プーチンはロシア史や個人的な歴史からさまざまな教訓を得てきた。だとすれば、子ども時代に「〝砂場〟の街」という学校で人生の教訓を得たのち、ドレスデンが彼にとって政治的な教訓を得るための最初の実験室になったことは間違いない。そして、一九九〇年代のサンクトペテルブルクの市庁舎が第二の実験室だった。実際、伝記『プーチン、自らを語る』のなかで、ドレスデンの体験が自身の考え方に及ぼした全般的な影響について、プーチンは次のように語った。

海外勤務のあいだに九カ月ほど祖国に戻ったことがあったが、すぐさま生活に馴染むことなどできなかった。海外勤務から祖国に戻ると、自分がいなかったあいだの空白をすぐに埋めることはできず、最初は現実に慣れるのに苦労するものだ……われわれ若い世代はよく先輩の同僚と話をした。先輩といっても、スターリン時代を経験したような老人ではなく、経験豊富なベテランの先輩だ。彼らはわれわれとまったく世代が異なり、意見、価値観、考え方もまるで違った……そういう人々と会話を交わすと、物事を何度も考え直すようになる……当時の諜報機関では、人とは異なる考え方をしたり、ほかの人々があえて口にしないような意見を言ったりすることが許されていたのだ[11]。

東ドイツにいたプーチンは独特の緊張を肌で感じる機会を得た——統制を保ったまま、複雑なシステムを改革しようとする際には付きものの緊張感だ。これはソ連が抱える最大のテーマでもあった。この期間、プーチンはそんな改革の現場をすぐ目の前で観察することができた。ソ連にいたとしたら、それほど間近で観察することはできなかっただろう。『プーチン、自らを語る』で、彼はドレスデンとレニングラード（現サンクトペテルブルク）を「地方都市」と認めつつ、「私は地方都市で常に良い結果を残してきた」と自画自賛している[12]。ある意味、ドレスデン時代のプーチンは、小さな池を泳ぐ（そこそこ）大きな魚だったのかもしれない。少なくとも、東ドイツの首都ベルリンやソ連のKGB本部にいるよりは大きな魚でいられた。ウラジーミル・プーチンは自分の周辺の出来事について思案し、ベテランの同僚たちと話をするうちに、全体主義体制の崩壊について少しずつ理解を深めていったのだろう。モスクワの政治家や政府職員たちよりもさらに深く理解し、おそらく別の視点から理解することができたに違いない。『プーチン、自らを語る』で、プーチンはこの点について思いを巡らし、こう認めた。

「東ドイツには色々な意味で開眼させられた。当初、私は東欧の国、華やかなヨーロッパの中心地に行くのだと思っていた。ロシアよりも進んだ国に行くのだ、と……ところが、シュタージの人間と接するうち、彼らや東ドイツはソ連がずっと前に経験したのと同じ状況にあるのだと気づいた。そこは、ソ連と似た厳格な全体主義国家だった。ただし三〇年前の。悲劇的なのは、多くの人々が共産主義の理想を心から信じきっていることだった。そこで私はこう思った。ソ連で変革が起きたら、この国の人々にどういう影響があるのだろう？[13]」

一方、プーチンは遠い外国にいながら、ミハイル・ゴルバチョフが指揮する改革がうまく進んでいないことを知っていた。基本的には、プーチンはペレストロイカに賛成だった。ゴルバチョフがソ連の政界で出世する後ろ盾になったのは、長年ＫＧＢの議長を務めたのちに最高指導者となったアンドロポフだった。ゴルバチョフのペレストロイカは、アンドロポフ自身が唱えた改革のアイデアを前進させるためのものだった。しかし、物事はアンドロポフらの思惑や計画どおりには展開しなかった。ゴルバチョフは、ソ連国内――さらには東ドイツなどのソ連圏の国々――で自らが解き放った勢力を、途中からコントロールすることができなくなった。イデオロギーという目隠しを取り去ってしまえば、すべては一目瞭然だった。ソ連のシステムはもう機能していなかったのだ。やがてドレスデンや東ドイツ全土で政治的な大混乱が生じると、群集がプーチンの職場を襲撃してきたこともあった。が、ロシア政府は何の手立てを打つこともできなかった。プーチンはそのときのことを残念そうにこう振り返った。「ソビエト連邦が病を患っているのは明白だった。それは治癒の見込みのない〝麻痺〟という名の末期の病だった。権力の麻痺だ」[14]

このドレスデンでの個人的経験こそが、ウラジーミル・プーチンのその後の政治活動の指針を作り上げる最大の要因になったことは間違いない――ＫＧＢであれほかの組織であれ、特定のイデオロギーや政治指導者に盲目的に忠誠を誓ってはいけない。特定の統治体制ではなく、国家そのものに忠誠を誓うべきだ、と。一九八〇年代後半の東ドイツの混迷は、その一〇年近くあとの一九九六年にモスクワ政府の中心に活躍の舞台を移したプーチンにとって、完璧な肩慣らしの場を提供してくれた。東ドイツでの経験を通して、プーチンはいくつかの重要な問題に向き合うことになった。自分は誰の味方をするべきなのか？　どういう派閥があるのか？　誰にとって有利な行動なのか？　自分の活動を無駄にしないためには？　自分と価値観の合わない相手、自分が敵とみなす相手の利益にならないようにするには？　一部の集団の道具として利用されないようにするためには？　プーチンの出した答えは、何が〝真実〟なのか、何がいちばん重要なのかを自分自身で判断し、何よりもそれを優先することだったようだ。たとえ自らが深くかかわっているとしても、個々の機関、特定の思想、そして言うまでもなく特定の人間や一部の集団を完全に信頼してはならない。まずは、状況の成り行きをじっくりと見守る。その場の都合のために将来の行動の選択肢を狭めるようなことはせず、できるかぎりアウトサイダーでいつづける。

プーチンは東ドイツの崩壊を「避けられないこと」だと考えていた。しかし、ベルリンの壁をはじめ全部が崩壊したとき、彼が心から悔やんだのは「ソ連がヨーロッパでの地位を失ったこと」だった。「頭のなかでは、壁や水域で区切ることで築いた地位など永久に続くわけがないとわかってはいた。だが、私はそれに代わる別のものが生まれることを望んでいた。しかし、その別のものが提案されることはなかった。それが何よりつらいことだった」。東欧でソ連圏の国々が崩壊したとき、プーチンはモスクワのゴルバチョフ周辺のグループが「何もかも投げ出して、ただ立ち去った」ことにショックを受けた。[15] それを経験してから一〇年後、プーチンは別のもの——もっと長続きするもの、失ったロシアの地位を取り戻すためのもの——をモスクワに築きはじめることになる。

プーチンと「無知の谷」

ドレスデン駐在終盤の体験に幻滅したまま、プーチンは一九九〇年初めにソ連に帰国した。まずはレニングラード大学に勤務し、その後に博士候補論文の執筆にも取り組んだ。[16] プーチンが街を離れていたあいだ、レニングラードでは色々なことが起きていた。その期間にプーチンは東ドイツで多くのことを学んだが、彼の知らないところで、ソ連に残った人々はいくつもの人生の教訓を吸収していた。『プーチン、自らを語る』では、ウラジーミル・プーチン本人の言葉に混じって、妻のリュドミラの言葉もところどころに登場する。彼女はインタビューのなかでこう語った。「ペレストロイカをはじめ一九八六年から八八年までのすべての出来事を、ドイツにいた私たちはテレビでしか見ていません。ですから、当時のソ連の人々の熱狂ぶりや高揚感については、人の話を通してしか知らないのです」[17]

一九八〇年代末のソ連は、知的・文化的な破壊と創造の時代であり、政治的な激変の時代だった。帰国したプーチン夫妻が目の当たりにしたのは、断末魔の苦しみに喘ぐソ連であり、変革の高揚感など見る影もなかった。リュドミラ・プーチナはこう指摘する。「法執行機関も含めて、すべてが崩壊状態にありました[18]。大行列、配給カード、配給券、がら空きの棚……何もかもが昔のまま。（商品が手に入る東ドイツとはまさに正反対で）店内を歩き回るのさえとても怖く感じました。ほかの人たちは誰もがいちばん安い商品を求めて駆け回ったり、行列に並んだりしていましたが、私にはできませんでした。ただ最寄りのお店にまっすぐ向かって、必要最低限のものを買って帰ってくるだけ。とにかく最悪でした[19]」

もしプーチンが一九八五年にドレスデンへと派遣されず、モスクワでKGBの下級職員として過ごしていたら？　あるいはレニングラードにとどまるか、ロシアの別の地方に派遣されていたら？　きっと進行中の出来事について同僚や友人たちとリアルタイムの討論を重ね、まったく違う経験を積み、まったく違う印象を抱いていたに違いない。プーチンの東ドイツ勤務は、彼の世界観に対して非常に具体的できわめて否定的な影響を与えた。ソ連で勤務していたら、彼の世界観は目に見えて変わっていたかもしれない。一九八〇年代の大混乱から抜け出し、ソ連の崩壊を乗り越えた九〇年代のロシアを、もう少し肯定的に見るようになっていたかもしれない。

ソ連からアメリカに移住した学者レオン・アロンは、著書『神殿へ至る道（*Roads to the Temple*）』で、ソ連にとって分水嶺となる一九八〇年代後半から九〇年代初めにかけての重要な期間の知的・政治的歴史について詳しく解説している。そのなかでアロンは、ミハイル・ゴルバチョフが指揮した八〇年代後半にソ連が大きく変化したことを強調した[20]。グラスノスチ政策の推進によって、ソ連の政治思想やハイカルチャーは一変した。ソ連時代の無数の国家犯罪や人権侵害など、それまでタブー視されていた話題が、政府や官僚のトップによって徹底的に公表されるようになった。ごく一部の最高幹部たちが推し進めたこのプロジェクトによって、残りの国民は未踏の領域に踏み込むことになる。ソ連のイデオロギーの基準となる神話が次々と崩れていくと、新聞、雑誌、テレビ、映画のなかで驚くべき事実が連日のように暴露され、出版物の刊行数も一気に増加した。[21]

レオン・アロンの本にはこうある。「無数の人々が、わずか三年前なら違法とみなされるような内容の記事を読むようになった」。三年前といえば、プーチンがまだソ連にいたころだ。「朝六時の時点で、新聞を売るキオスクの前には大行列ができた。ブロックを一周するほどの行列ができ、一日の入荷分が二時間で売り切れることもしばしばだった」。[22] 批判的な論評を掲載する『論拠と事実（アルグメンティ・イ・ファクティ）』紙などの出版物が人気を博し、三年間で購読者数が急増した。ドレスデンに住むウラジーミル・プーチンが東ドイツの内部構造に関する機密情報や洞察を求めて、ドイツの新聞や情報源を漁っているあいだ、ソ連では二〇〇〇万人以上が『論拠と事実』を読んでいた。文芸誌、写真週刊誌、『イズヴェスチヤ』や『コムソモリスカヤ・プラウダ』などの老舗の大新聞も、何百万という新たな読者を獲得した。[23] また、ソ連の検閲によって発行が差し止められていた有名な書物や論文が公開され、広く読まれるようになった。たとえば、ミハイル・ブルガーコフの『巨匠とマルガリータ』やボリス・パステルナークの『ドクトル・ジバゴ』などだ。さらに、スターリン時代を暗に批判した、グルジア人映画監督テンギズ・アブラゼの『懺悔』などもソ連の映画館で上映されるようになった。こうした映画は西側諸国のみならず、ソ連でも絶賛された。[24]

しかし、東ドイツにいるプーチンはどんなにあがいたとしても、母国の情報公開のスピード、政治、文学、文化の激変には追いつけなかった。実際、プーチンのドレスデン駐在中、東ドイツ政府は、情報公開の象徴的雑誌である『アガニョーク』などの多くのソ連の出版物を「国家にとって危険」だと判断して流通を規制した。[25] また、東ドイツのテレビ・ラジオ番組は、情報公開後のソ連とは異なり、いまだエーリッヒ・ホーネッカー政権の検閲やプロパガンダによって内容が厳しく規制されていた。さらに、東ドイツのほとんどの住民が西ドイツのテレビ番組を視聴できたにもかかわらず、東側の国境近くに位置するドレスデンには遠すぎて電波が届かず、西ドイツのラジオ放送の一部しか受信できなかった。そのため、ドレスデンは「無知の谷」と東ドイツ国内で揶揄されていたほどだ[26]。

『プーチン、自らを語る』のウラジーミル・プーチンの証言によると、当時の諜報機関では人とは異なる考え方をしたり、一般的な市民が言わないようなことを口に出したりすることが許されていたという。しかし、プーチンがドレスデンにいるあいだにグラスノスチ政策が発表され、突然、ソ連にいる誰もが異なる考え方をするようになり、それまで許されなかったような発言が当たり前になった。レオン・アロンによると、大学や研究所はもとより、学校や工場でも討論クラブが結成され、工場労働者たちはみな予期せぬ討論の自由に当惑したという。ある金属加工職人は、「私は自由な意見交換には慣れていなかったが、今では思想の自由を自然なことだと思えるようになった」と語った[27]。ほかの評論家たちも、「ただテレビ画面の前にぼんやり座っているだけの人々までもが、想像を絶するほどオープンで、率直で、政治的情熱に溢れる番組の目撃者となった」と説明する[28]。

しかしレオン・アロンが『神殿へ至る道』内で詳述する歴史のなかでは、プーチンは主役ではないし、ほとんど出てくることもない。彼が少しだけ登場するのは、本の終盤のエピローグの部分だ。アロンはそのエピローグにおいて、一九九〇年代の帝政時代へのノスタルジアや国家の復活というテーマがグラスノスチの精神をひっくり返したことについて論じた。そのなかでプーチンは、「アンドロポフのようなKGB指導者たちの鋳像や額縁を元の位置に戻す運動を推し進める大統領」として説明されている[29]。ウラジーミル・プーチンがアロンの本にあまり登場しないのは、単に彼が一九八〇年代後半のソ連の「神殿へ至る道」にいなかったからだ。プーチンはペレストロイカのアウトサイダーであり、いかなる役割も果たすことはなく、議論にも参加しなかった。参加するどころか、そういう記事さえあまり読んだことがなかったのかもしれない。確かにウラジーミル・プーチンは東ドイツの革命を目撃したが、ロシアやソ連で多くの人が「精神の革命」と呼ぶ革命については、傍観者以下の立ち位置だったのである[30]。

レニングラードの若者集団からの孤立

ドレスデン駐在中のプーチンは、母国の変化や進展に当然ながら気づいていたものの、一般的なロシア人のように身をもって変化を体感・吸収したわけではなかった。一般のロシア人、とりわけドミートリー・メドヴェージェフのような当時二〇代前半だった若者にとっては、大衆文化の面でもさまざまな変化が起きていた。事実、メドヴェージェフが、イギリスの「ディープ・パープル」といった西側のロック・バンド好きであることは有名な話だ。一九八〇年代末から外界との文化的な壁が崩れるにしたがって、こうした大衆音楽がソ連の若者たちのあいだに一気に広まった。ロシアやソ連国内でも、独自のロック・バンド、アイドル、若者向け映画が続々と生まれ、それを指し示すための新語や流行語がいくつも編み出された。たとえば、一九八七年に公開された映画『アッサ』では、新進気鋭のバンドや若い俳優たちと、スタニスラフ・ゴヴォルーヒンなどの重鎮俳優が世代の差を超えて驚くべき共演を果たしたことで話題となり、一大センセーションを巻き起こした。ゴヴォルーヒンといえば、一九九〇年代に政治家として「合意運動」に加わることになる俳優・映画監督である。

『アッサ』には、ロック・バンド「キノー」(映画の意)のカリスマ的ボーカルであるヴィクトル・ツォイのような新時代のアーティストたちがこぞって出演した。また、キノーの代表曲「変革を待っている(ホチュー・ペレメン!)」も映画内で大々的に使用された(この曲は、プーチン体制に反対する二〇一一～一二年のデモでも繰り返し使われた)。その後もツォイは数々の過激なインディペンデント映画に主演し、ソ連時代を代表する歌手や俳優たちの人気を凌ぐほどの大活躍を続けた。しかし、一九九〇年に急死。ツォイの自動車事故死は、ロシアの若者たちにかつてないほどの悲しみをもたらす出来事になった。評論家たちは、彼の死をハリウッド俳優のジェームズ・ディーンの一九五五年の死と重ね合わせた。ディーンが『理由なき反抗』で演じた役柄も、アメリカの若者文化の新時代の幕開けを示すものだった。

一九八〇年代末、ツォイの生まれ故郷であるレニングラードでもまた、新たな大衆文化が街を席巻しようとしていた。そこは、古いソ連の習慣をおおっぴらに批判・嘲笑するカウンターカルチャーの中心地だった。ソ連の新生ロック・バンドを愛する若者たちは、独特のアレンジを加えた奇抜な西洋ファッションに身を包み、大通りを闊歩した。さらに、彼らは大規模な集団（トゥソフキ）を作って街の広場にたむろした[31]。

一九八〇年代のソ連末期から二〇〇〇年代の新たなロシアへの進展――ウラジーミル・プーチンはそのすべてを体験したわけではなかった。本来であれば仲間たちと新たな関係を築いていたはずの一時期が抜け落ち、プーチンのなかの「ロシア人のDNA」の一部が欠けていた（その状態は今でも変わらない）。ドレスデンの「無知の谷」にいたプーチンは、この失われた時間を取り戻すことができなかった。この点については、プーチンの文化的・政治的な談話にもよく表われている。一九七〇年代から八〇年代初めについて彼が語るときには、当時のソ連映画や流行した冗談の話がしょっちゅう出てくる。特によく言及されるのは、彼がまだ二〇代の一般市民だったころに観た映画やテレビ、あるいは友人たちと言い合っていた冗談についての話だ。妻のリュドミラ・プーチナも『プーチン、自らを語る』のなかでドレスデンでの社交生活を振り返り、「ワロージャ」（ウラジーミルの愛称）は人を楽しませる冗談が得意だったと語っている[32]。一方、九〇年代については、冗談のネタになることは少ないものの、当時の出来事の数々がプーチンの政治的な議論の基盤になっていることは間違いない。しかし、豊かな文化と創造性に富んだ八〇年代後半の一部――ゴルバチョフ主導の楽観主義時代――は、ぽっかりとプーチンから抜け落ちているのだった。

そのせいか、ウラジーミル・プーチンはソ連末期のゴルバチョフ時代に対して、概して否定的な印象を持っているようだ。彼がレニングラードに戻ると、ソ連という国家と体制はすぐさま断崖絶壁から谷底へと落ちていった。「KGBに入るときに私が抱いていた理想や目標はすべて崩壊した。私の人生はずたずたになった」とプーチンは自伝のなかで当時について振り返った[33]。そんな挫折のあとに待っていたのは、彼いわく、エリツィン率いる一九九〇年代ロシアの大混乱だった。レオン・アロンが著書で説明するように、八〇年代末にはそれまでとは異なる新しいロシアが生まれる兆しもあった。しかし、プーチンの見方はそうした肯定的な考えの影響をいっさい受けていない。プーチンのほかの側近たち、たとえばドミートリー・メドヴェージェフといった人々は、明らかにプーチンとは違う形で八〇年代末を体験し、違う考え方を持っているはずだ。そして、その体験こそが国家の将来的な復活に対する彼らの見方を形作ったといえるかもしれない。事実、メドヴェージェフは二〇〇八年から一二年までの大統領時代、ロシアの将来についてより多元的な国民的議論を促し、政府が新たなペレストロイカに着手する可能性までをも示唆していた[34]。一方、一九八〇年代末のソ連に対してアウトサイダーだったプーチンは、個人的に議論のテーマを定め、ペレストロイカ（改革）ではなく「ドストロイカ（完工）」の重要性を訴えた。つまり、彼が二〇〇〇年に初めて大統領になって着手した取り組みを終わらせることに専念したのである[35]。

「ワル」というアウトサイダーのペルソナ

ウラジーミル・プーチンは、ロシアの大統領に初めて就任して以来、ひたすらアウトサイダーとしての自身のルーツについて強調してきた。また、そのアウトサイダーというペルソナを形作る重要な側面を積極的に作り上げてきた。世間がプーチンに抱くのは「最高責任者」のイメージだ。常に政治の世界の外側に立ち、争いを俯瞰し、行動を観察し、事態の収拾のために自ら手を出すかどうかの判断とタイミングを見計らっている人物である。二〇一二年の大統領選挙のときに作られたドキュメンタリー映画では、プーチンがロシアの権力構造の頂点に立つ（孤独とまではいかないにせよ）一匹狼として描かれた。広大なロシアのどこにでも駆けつけて職務をまっとうし、国家のあらゆる問題をほぼ独力で管理し、ロシア国民の幸福を守る人物として[36]。

こうした描写から浮かび上がる事実が一つある。ウラジーミル・プーチンは政治を傍観する風を装いながらも、実際には状況をしっかりコントロールしているのだ。あるいは、自分のコントロール下にあるという印象を、ロシアのエリートや国民に植えつけようとしているのだろう。ロシア語の「コントロール」の意味はドイツ語やフランス語の同じ単語と似ており、「監視する」「確認する」という意味合いが強く、積極的に主導権を握って何かを起こすという英語の主な定義とは異なる。脇に立って事態を静観するという考え方は、街で喧嘩に明け暮れていたプーチンの子ども時代のエピソードにたびたび登場するものだ。たとえば、オレグ・ブロツキーによる伝記『ウラジーミル・プーチン――人生の歴史』のなかで、プーチンの（自称）同級生のヴィクトル・ボリセンコはこんな事実を強調した――子どものころでさえ、ウラジーミル・プーチンは自分が意見を言うと決めるまで、なるべく目立たないようにしていた。第4章の冒頭で紹介した、歴史の授業での印象的な発言がその好例だ[37]。

　ボリセンコによると、プーチンは子ども時代から大学までずっと、「集団の輪には加わっているものの、一歩離れた場所にいた」という。「彼はどんなことにも参加したのに、同時にいつも外から覗いていた」[38]。プーチンの人生やキャリアのさまざまな段階で彼と出会ったほかの人々も、同じ傾向に気づいていた。プーチンはまるで空気のように、その場にいるのに、その場にはいなかった。一〇代や大学時代の多くの時間を柔道に捧げたという事実もまた、この傾向に拍車をかけた。彼は集団から離れ、チームメイトとともに柔道部の練習に励むことが多かった。ほかの学生がパーティーに明け暮れるあいだ、プーチンはひたすらトレーニングに打ち込んでいた。柔道仲間と過ごす時間が楽しい瞬間であり、強い絆で結ばれた柔道チームは、心のよりどころとなる集団だった。実際、プーチンは大統領になって間もなく出版された伝記のインタビューで、「当時一緒に練習した仲間とは今でも仲が良い」と語った[39]。レニングラード大学でのプーチンは、休憩中にタバコを吸うために中庭に集まってくる色々な集団に、いつも片足だけ突っ込んでいるような男だった。柔道の練習のため、彼は友人たちとは違ってタバコを吸わなかった[40]。代わりに、彼は常に周囲を観察し、何かを考えているようだった。ウラジーミル・プーチンの周りにいた人々は、彼のことを突然ぬっと現われる男だったと語った。神出鬼没の謎めいた男「ワロージャ」[41]。ロシア政界の頂点にのぼり詰めるまで、ウラジーミル・プーチンは「二人きりでいてもいつの間にか姿を消す男」だった[42]。

ジャーナリストのマーシャ・ゲッセンは著書『そいつを黙らせろ』のなかで、若いころのプーチンの「中庭文化」に対する執着や「のけ者という立場」についてまるまる一章を割いて詳説した（章題は「ワルという自伝」）。ゲッセンが強調するのは、街の「ワル」だったという自身のイメージを、プーチン自身が国民に植えつけようとしている点だ[43]。一九九九年、プーチンがチェチェンのテロリストを「便所のなかまで追いかけて皆殺し」にすると初めて脅しをかけて以来、「ワル」「タフ・ガイ」というイメージが表向きのペルソナの核となり、モスクワのエリートたちとは一線を画す役割を果たしてきたのである。大統領および首相の任期中、ロシア国民と交流するときは必ず、プーチンは国民を代表する真のロシア男（ムジーク）というイメージを前面に押し出した。テレビでの発言や各地での演説では、「私はみなさんと同じ。モスクワの特権階級とは違う」と積極的にアピールした。実際、二〇一一年一二月の議会選挙後、続く一二年の大統領選挙中にモスクワなどの都市で起きた一連のデモを受けて、プーチンはこの点をさらに明確にした。彼は会合や集会に参加するたび、自分がモスクワのエリートとは違うことを声高に訴えたのだ。その一つが一一年一二月一五日の視聴者参加型テレビ番組の質疑応答コーナーだった[44]。

この番組内で、ニジニ・タギルにあるウラル車両工場の工場長イーゴリ・ホルマンスキフが、（肉体労働で鍛えた屈強な筋肉を利用することを示唆しつつ）モスクワの街頭デモを沈静化して「収拾をつける」ための手助けがしたいとプーチンに語った。プーチンは一般市民の問題を解決するために手を尽くしてくれた。だからせめて私と同僚にその恩返しをさせてほしい、と。プーチンは申し出に感謝しながらも丁重に断った。ところが数カ月後、そのイーゴリ・ホルマンスキフが「人民の利益を守る」ように大統領から指示を受け、ウラル連邦管区の大統領全権代表に任命された。プーチンのこの行動に、国内外の評論家たちは度肝を抜かれた。こうして、国家に不誠実なモスクワの抗議者たちが冷たい扱いを受ける一方で、ウラル連邦管区に住む忠実な人民の代表者が国じゅうからスポットライトを浴びることになった[45]。

掌握者、そして善き皇帝として

ロシアの権力中枢に足を踏み入れてから一二年も過ぎたというのに、プーチンがいまだ特権階級ではなくアウトサイダーという自己像を描こうとするのは、一見バカバカしくも思える。だとしても、いくつかの側面において、ウラジーミル・プーチンという人間がアウトサイダーとしてキャリアを始めたのは確かだ。アウトサイダーの一面があったからこそ、彼はイデオロギーという重荷を投げ捨て、他人と違う考え方をして、機が熟すのを待ち、権力の座へとのぼり詰めることができたともいえる。タフ・ガイというイメージを作り上げること――自分自身の拳、知恵、こつこつと蓄えてきた資源だけで生き抜き、外部から不意に現われて問題を解決する男という強い印象を与えること――が、二〇〇〇年代にプーチン自身の政治的ブランドを築き上げるための大きな要因となった。この点こそ、二〇一一年までのほとんどの期間において、プーチンがロシア政界の掌握者（ナハーリニク）だと呼ばれたゆえんでもある。大統領ではなく首相だった時期でも、その呼び名が変わることはなかった。

掌握者あるいはボスとしてのプーチンのもっとも有名なパフォーマンスといえば、テレビや公聴会などにおける、部下、悪徳官僚、貪欲なオリガルヒたちをこき下ろす定期的な見せしめである。こうした見せしめの儀式は、入念な計算のもとに、特定の問題に対する国民の不満が募った絶妙な場面で行なわれる。このパフォーマンスは、ボスであるプーチンが個人的に責任を持つ（「取る」ではない）こと、問題の大小にかかわらずそれを解決できることをアピールする絶好の機会となる。プーチンが決まって強調するのは、自分が個人的にずっと状況を注視し、土壇場になって必要とされたタイミングで介入を決めたということだ。政治アナリストのマリア・リップマンは、一般市民に浸透した「ボス」というイメージが、ロシア最高指導者としてのプーチンの役割を正当化し、さらに強化していると指摘した[46]。

　プーチンがそんなボス役を演じた例は枚挙にいとまがない。とりわけ有名なのが、二〇〇九年、プーチンの本拠地サンクトペテルブルク近郊のいわゆる工場城下町、ピカリョヴォで起きた事件への対応である。ロシアが世界経済危機の余波から立ち直ろうとしていた矢先、ピカリョヴォの住民が町のセメント工場から一斉に解雇された。工場を所有するのは、ロシアの巨大複合企業〈ベーシック・エレメント〉だった。住民たちは賠償を求めて大々的な抗議活動を展開。抗議者たちが主要道路をふさぐと一〇〇キロ以上の交通渋滞が発生し、町は完全な機能停止に陥った。地方当局が手をこまぬいていると、ウラジーミル・プーチンと政府の側近たちがモスクワから町に駆けつけ、名目上の工場の所有者を叱責した――有力なオリガルヒの一人、〈ベーシック・エレメント〉の会長オレグ・デリパスカだ。プーチンはデリパスカと工場責任者たちを「ゴキブリ」と罵り、セメント工場の生産を再開するように命じた。それまで連日のようにテレビや新聞を賑わしてロシアじゅうの注目を集めていた事件は、プーチンの一連のパフォーマンスによって幕を下ろすことになった。[47]

　その裏側にはプーチンの広報担当者たちの巧妙な分析があった――国民たちは、庶民と同じような言葉を使ってプーチンが「市民の敵」を叱責するところを見るのが大好き。プーチンが歴史に前例を求めるのと同じく、タフなボスを演じる彼のパフォーマンスは「善き皇帝」というロシアの伝統的な思想を巧みに利用するものである。[48] 帝政時代の皇帝は、人民に降りかかった大小さまざまな問題をいつでも迅速に解決してくれる存在とみなされていた。それを必死で阻止しようとしたのが、皇帝を取り巻く悪徳大貴族たちだった。そういった特権階級者（現代ロシアでいうオリガルヒ）、側近、役人たちは、差し迫った問題を何とか皇帝の目に触れさせまいとした。したがって、ロシアの評論家たちが口を揃えるように、「国家の指導者だけが市民の個人的問題を解決してくれるという考えは、遺伝子に刻み込まれている」ものなのかもしれない。[49]

　プーチンはパフォーマンスのなかで、悪徳貴族たちを脇に押しやって問題の核心に迫ろうとする。しかし、ロシアの『ヴェドモスチ』紙は二〇一二年四月の社説で、プーチンの外部への干渉が暴走しつつあることを示唆した。[50]社説では、ロシアの子どもたちを支援する慈善団体を起ち上げた有名女優チュルパン・ハマートヴァの悲痛な声が取り上げられた。ハマートヴァはBBCのインタビューに答え、自身の活動が幾度となく官僚的または法的なハードルにぶち当たったと訴えた。そのハードルを取り除けるのは、もはやウラジーミル・プーチンしかいないように思えた、と。

『ヴェドモスチ』紙の指摘によると、ロシアのあらゆる組織――慈善団体、警察、裁判所、選挙委員会――は、政府上層部から「立派な仕事をしろ」と刺激やプレッシャーのようなものを受けるという。ロシアの司法府と立法府は行政府と密接に結びついているため、ごく単純明快な問題であっても必ずウラジーミル・プーチンの耳に届くことになる。また、『ヴェドモスチ』紙はプーチンのPR活動についても調査を進めた。たとえば、デリパスカ本人に問題解決を迫った二〇〇九年のピカリョヴォ事件。プーチン自ら消防隊員たちを鼓舞した一〇年八月のモスクワの山火事。また、一一～一二年にかけてプーチンはロシア遠方地域を歴訪し、地方の経済的圧力を和らげるために連邦予算から資金を分配することを決めた。その調査の結果、一二年のロシアにおいて、重大な問題についての最終決定を下すことができた政治家はただ一人、〝最高責任者〟だけだと結論づけた。ウラジーミル・プーチンこそが、ロシアの唯一のフィクサーだ、と。[51]

実際、部下への見せしめ、タフなボスとしての顔、行動力をアピールするパフォーマンスは、プーチンが最高指導者になったあとに発明されたものだ。サンクトペテルブルク時代にサプチャークの側近として活躍するなど、もともとプーチンには優秀なフィクサーとしての定評があった。しかし初期の時代のエピソードの多くを見ると、より柔軟に、静かに、さりげなく、内密な方法で問題を解決していたことがわかる。首相や大統領になる前――高圧的な手法に頼るようになった時期でさえ――他人か知人かにかかわらず、プーチンは出会った人々にちょっとした恩恵（時には大きな恩恵）を施す人物として有名だった。彼はその理由を、ロシアのある有名な政敵に直接明かしたことがある。当時FSB長官だったプーチンは、その政治家の汚職スキャンダルの資料を集めるように上司から命令された。その政治家とはいっさいの個人的関係がなかったにもかかわらず、彼は上司の命令を密かに無視して相手をスキャンダルから救った。その話をあとで知った政治家は仰天した。のちにプーチンに感謝する機会が巡ってきたとき、リスクを冒してまで自分を救ってくれた理由を尋ねた。プーチンは肩をすくめてぼそっと言った。「誰があとで偉くなるかなんてわからないからね」[52]。さまざまな手段を使って相手に貸しを作る、それがプーチンのやり方なのだ。

プーチンの庶民的な言葉遣い

　レニングラード大学時代の休憩中の中庭でのエピソードは、ウラジーミル・プーチンの持つ二つの側面を如実に物語るものだ。一つ目の側面は、脇に立ってその場を支配してしまうプーチン。もう一面は、他人に恩恵を施すというプーチンの性格である。人に恩恵を施そうとする彼の態度は、ワルなイメージを作り上げるもう一つの特徴にもよく表われている――常に庶民的な言葉を使い、大衆文化を直接的に持ち出すことによって、彼は一般市民にメッセージを伝え、相手の心をつかむ。同僚や一般的なロシア人と通じ合う手段として、プーチンは言葉やジョークを巧みに利用する。ソ連時代から現代まで続くインテリゲンチャのような特権階級とのあいだに常に線を引くことによって、アウトサイダーとしての立場をはっきりさせているのだ。

　プーチンと同時期にレニングラード大学に通ったある人物は、一九七〇年代初めのウラジーミル・プーチンとの思い出について語った。彼とプーチンは違う学部だったものの、喫煙所代わりの中庭でたびたび顔を合わせることがあったという。北コーカサス地方のある共和国出身のその人物は、「神出鬼没のワロージャ」について次のように説明した。プーチンはいつも中庭の隅のほうをうろついており、グループでたむろするようなことはなかったにもかかわらず、全員と知り合いだった。ある強風の日、中庭は特に混雑していた。北コーカサス出身の学生は、タバコに火を点ける場所を見つけられずにいた。マッチを擦るための風よけになるような場所は、どこも人でごったがえしていたのだ。すると突然、声が聞こえた。ワロージャの声だ。「おい、みんな！　ここにいるジギート（乗馬の名手）のためにタバコを吸うスペースを作ってやってくれ」。すると全員が脇に何歩か移動し、タバコを吸うスペースを作ってくれた。まさかの出来事に感謝しつつも、北コーカサス出身の学生は同時に少しムッとしていた。「ジギート」というのはコーカサスの民族特有の言葉だ。どう反応を返せばいいか戸惑っていると、隣のワロージャが優しい笑みを浮かべているのに気づいた。ワロージャは彼に恩恵を施した。彼はそれを受け入れた。「そのときのことは決して忘れたことがない」と、北コーカサス出身の男性は数十年後に私たちに語ったのだった[53]。

なぜ「ジギート」なのか？　プーチンは軽率に言葉を発しない。すべての発言は計算し尽くされたものであり、彼が口にする単語、ジョーク、特定の言及は本質的に旧ソ連の文化や出来事に関連していることが多い。たとえば、ソ連時代の学校カリキュラムの一環として、プーチン世代が学んだロシア文学の名作などだ。ジギートとは、侵攻してくるロシア帝国と戦ったコーカサス山脈の馬乗りを指す言葉である。この単語は、レフ・トルストイやミハイル・レールモントフなどのロシア人有名作家による、一九世紀のコーカサス戦争を描いた作品の数々に登場する。また、ソ連の古典的な喜劇映画『コーカサスの虜、あるいはシューリクの新たな冒険』のなかにもジギートという言葉が頻繁に登場する（この映画のタイトルは、トルストイの作品の一つに想を得たもの[54]）。プーチンが一四歳だった一九六七年に公開された古い作品ではあったが、一九七〇年代にはテレビで何度となく放送された。この時期にレニングラード大学に通っていたプーチンや同世代の大学生たちにとって、ジギートと聞いて連想するのはこの映画だったに違いない。『コーカサスの虜、あるいはシューリクの新たな冒険』は、純朴で運の悪い学生シューリクが主人公として登場する三部作の後篇である。シューリクが滑稽な不運に次々と遭遇するこの映画のなかでもとりわけ有名なシーンが、アメリカのコメディ・トリオ「三ばか大将」を連想させる三人のコーカサス人とシューリクがレストランで初めて出会う場面だ。

二〇〇八年、ロシアのペルミ出身の若い風刺映像の制作者グループが、この有名なシーンを見事に吹き替え、『メドヴェージェフはどのように誕生したのか?』という傑作ユーチューブ動画を制作した[55]。この風刺映像のなかでは、シューリクがドミートリー・メドヴェージェフへと見事に変身した。吹き替えの会話では、メドヴェージェフがプーチンの後継者に選ばれたことを皮肉ったり、〇八年のロシア大統領選挙に出馬したパッとしない対抗馬の面々をあざ笑ったりするシーンが続く。三ばか大将役は、ゲンナジー・ジュガーノフ、ウラジーミル・ジリノフスキー、そして突然の立候補を決めたアンドレイ・ボグダーノフだ。メドヴェージェフの話し相手は三人目のボグダーノフを紹介しようとするものの、名前をどうしても思い出せない——これは、〇八年の大統領選の際にロシア民主党党首のボグダーノフの得票率がわずか一パーセント強だったことを皮肉ったものだろう。

レニングラード大学の中庭にいたコーカサス出身の学生だけでなく、周囲に集まる学生たちにとっても、「ジギート」は明らかに中傷的な言葉だった。とはいえ、少しバカにする程度で、シューリクの映画を知る人にとっては面白いジョークでもあった。それどころか、相手に尊敬の意を示すようなプラスの意味も少し含まれていた。トルストイやレールモントフの作品では、コーカサスのジギートたちの闘志や馬術に対して一定の敬意が示されている。また、それは民族的に中立な言葉でもあった。一九九九年のチェチェンへの対応によってプーチン自身が思い知るように、コーカサスはきわめて複雑な地域だ。大学生のワロージャは、相手の男が広大な山岳地帯のどこの出身なのか断定しようがなかった。北コーカサスの出身かもしれないし、もしかすると南コーカサス(当時ソ連の一部だったアルメニア、アゼルバイジャン、グルジア)かもしれない。プーチンが言った台詞を、アメリカの文化に置き換えるとこうなる——「おい、みんな! ここにいる〝トント〟のためにタバコを吸うスペースを作ってやってくれ」(トントは一九五〇年代の大人気テレビ・ドラマ『ローン・レンジャー』に登場する先住民族の青年)。プーチンは彼に恩恵を施すと同時に、ソ連時代の内輪ネタのジョークも言った。なぜか? そのコーカサス出身の学生と(少なくとも一定の)距離を置こうとしたのである。

ソ連時代のジョークの芸術

プーチンはロシアの指導者として、こうした庶民的な言葉やジョークを駆使して、ワルというイメージを作り上げ、モスクワのエリートとは一線を画す自らの立場を強調してきた。その一方で、そんな言葉遣いやジョーク、乱暴な言葉遣いが相手に不快感を与えることも多い。前述のとおり、チェチェンのテロリストを「便所のなかまで追いかけて皆殺し」にすると述べたことは有名だ。さらに、二〇〇八年のグルジアとの戦争中に交わされたサルコジ仏大統領との会話のなかで、グルジアのミヘイル・サアカシュヴィリ大統領の「睾丸を縛ってつるし上げてやる」とプーチンは宣した。[56] この下品な言葉遣いは、プーチンが他人の「攻撃」や「侮辱」に対して容赦なくやり返すことを示すものに間違いない。さらにいえば、こうした言葉やジョークは攻撃相手ではなく、周囲の人々に向けられたものである。相手と個人的な関係を築き、自分の言い分を強調・説明し、周りの人々を自分の意見に引きずり込むためのツールでもあるのだ。本書でものちほど触れるように、プーチンがこの戦術を学んだのはＫＧＢのケース・オフィサー時代だった。しかしながら、ソ連の大衆文化をネタにしたジョークの数々からはっきりとわかるように、プーチンの冗談がもっとも強く響くのは、彼と同じ性別や年代の人々、つまり現在五〇代から六〇代の男性である。

二〇一一年一一月のヴァルダイ会議の晩餐会の席で、ある印象的な瞬間があった。一二年の大統領選挙のあとに「新生プーチン」または「プーチン２・０」に生まれ変わるのかと質問されたプーチンは、笑いながらロシアのある下品なジョークのオチを言った。その部屋にいる全員と同じように、自身が「一人の人間」でしかないことを強調するため、プーチンは自分のことを三人称で呼んで「ウラジーミル・プーチンを二分割することはできない」と言った。彼が「二分割」を表現するために使ったロシア語 razdvoyayetsya《ラズドヴォヤイェツァ》 は、深読みさえしなければ取り立てて特徴のない単語だった。しかし、下品な民族的ジョークと関連させて考えると、コーカサスを示唆する単語でもあった。グルジア訛りまたはコーカサス訛りを真似て言うと、razdvoyayetsya《ラズドヴォヤイエツア》がraz-dva-yaytsa《ラズドヴァヤイツア》と発音されることがある。後者の単語の直訳は「一、二、卵」だが、ロシアの方言によっては「二つの睾丸」という意味にもなる。

このジョークの由来は、「チャパエフとペトカ」というソ連の有名なジョークのジャンルにある。本書には載せられないような、男女の生殖器を示すロシア語が満載の卑猥で下品な一連のジョークだ。チャパエフ（ヴァシリー・チャパエフ）は一九一七〜二二年のロシア内戦の際に赤軍司令官を務め、ソ連の文学や映画では英雄として持て囃された人物だった。その人気のため、ソ連のジョーク文化のなかでも風刺的に描かれることが多々あった。あるジョークでは、チャパエフはとある村が交通の問題を抱えていることを知る。そこで、彼は相棒のペトカを派遣して対処させる。しばらくしてチャパエフが進捗を確かめにいくと、ペトカが彼を車に乗せて村を案内する。ペトカは車を走らせながら、種々の危険を知らせるために設置した新しい道路標識を一つずつ紹介する。そのなかには、ひどく下品なシンボルが描かれた標識が含まれている。ペトカの説明によると、道の先がかなりの悪路であるという意味らしい。最後に、一見すると何の変哲もないものの、意味不明な標識が目の前に現われる――大きな丸が二つ描かれているだけ。「あれは何だ？」とチャパエフが訊く。「ああ、あれは道が二手《ふたて》に分かれるという意味ですよ。raz-dva-yaytsa……」とペトカは答える。(57)

ヴァルダイ会議の晩餐会の席でこのジョークの意味を理解できたのは、テーブルにつく年輩のロシア人たちと、周りに立つ取り巻き連中だけだった（プーチン自身が笑っていなかったら、彼らにも理解できなかったかもしれない）。そんなロシア人参加者たちは、くすくすと笑いながら互いに目を合わせた。晩餐会の会話を書き起こした正式な議事録を見ると、確かにプーチンのこの答えが含まれており、razdvoyayetsyaという単語が引用符で囲まれている。先ほどのジョークの意味を知る人のために、わざわざ関係性が強調してあるのだ。(58)ところが、PRチームにいた若いロシア人たちにとっては、それは一時代前の古いジョークだった。晩餐会のあとで認めたように、非ロシア語圏の参加者と同じく、若いロシア人たちはその冗談の意味を理解することはできなかった。

一九八〇年代末のソ連を体験しそこねたのと同じように、プーチンは権力構造の頂点に君臨しながらも、現代的なロシアのジョークも学びそこねたようだ。現代のジョークは、ソ連時代のように書物によって広がるのではなく、インターネットで伝播する傾向が強い(59)。本書の第Ⅱ部でも論じるように、この点こそ、プーチンが二〇一一～一二年に街頭で抗議活動を繰り広げた若者たちの心情を理解できなかった一つの理由といえるかもしれない。プーチンは彼らの心をつかむどころか、若者たちをバカにするように「バンダルログ」(サル人間)と呼んで侮辱することになる。バンダルログとは、ラドヤード・キップリングの小説『ジャングル・ブック』に登場する無法状態のサルの群れのことで、王を持たない集団を指す言葉である。キップリングのこの小説もまたソ連時代の学校カリキュラムでは定番の作品であり、プーチンは子どものころからこの本が好きだったとインタビューで語ったことがあった。加えて、プーチンはデモの参加者が身に付ける抗議の白リボンを「コンドーム」と呼び、若者たちとの距離をいっそう広げることになった(60)。

二〇一二年四月、首相としての最後の議会演説の最中、プーチンは質疑応答の重要な場面で古いソ連のジョークを再び持ち出し、室内を騒然とさせた。これまでと同様、そのジョークの意味は若い世代には通じなかったが、プーチンが語りかけた年輩の議員たちの心にはしっかりと届くものだった。共産党のある代表者が、国内の農業生産の状況はソ連時代よりも現政権下のほうが悪化していると主張すると、プーチンはこう反論した。「長くて、緑色で、肉の匂いがするもの。何だと思う? モスクワのエレクトリチカ(通勤電車)だ」。このジョークの意味を知るには、ソ連末期までさかのぼらなくてはいけない。当時は慢性的に肉が不足しており、ソ連の食卓には欠かせないコルバサ(ソーセージ)がなかなか手に入らなかった。限られた肉は首都モスクワに優先的に供給されたので、ほかの地域の住人たちは列車に飛び乗り、時に何時間も列に並び、地元では手に入らないソーセージなどの商品を買い求めた。こうして腕一杯に商品を抱え、再びよろよろと電車に乗り込むのが日常の光景だった。プーチンがスピーチで指摘したとおり、その時代に肉が慢性的に不足していたのは、ソ連の経済や肉の生産が機能不全に陥っていたからだ[61]。続けてプーチンは、中央計画経済のほうが市場経済より優れているという共産党が掲げるイデオロギーの偽りを暴こうとした。

最初のジョークで自身の主張を説明したあと、プーチンは聴衆をさらなる遠い過去へと誘《いざな》った。一九二〇年代のレーニンと初期のボルシェビキによる統治時代だ。ボルシェビキが提案した計画経済は結局、最後まで軌道に乗ることはなかった。「ウラジーミル・イリイチ・レーニンは市場経済を部分的に導入した。（共産主義の生みの親である）彼自身がそうしたのだ。したがって……市場経済のすべてが悪であるという主張は間違いだ。共産党さえもが、計画経済のいくつかの要素が機能しなくなると、市場経済の要素を導入したのだから。こうした市場経済の手段をすべて再び闇に葬ったのは、その後のヨシフ・ヴィッサリオノヴィチ・スターリンなのだ」。プーチンは、最終的に計画経済が「国家の最重要課題である国防や安全保障などのために国家の資源を集中させる」ことに役立ったことは認めつつも、「概して市場経済よりずっと効果が低い」と訴えた[62]。

首相としての最後の議会演説で、プーチンはこうした発言やジョークを交えながら、典型的なアウトサイダーの視点に立ち返ることを決して忘れなかった。アウトサイダーは常に現実的であり、政策やイデオロギーに対して何の既得権益も持たない。イデオロギーにまみれた体制のなかで、アウトサイダーだけがその体制の欠点を見抜くことができる。だからこそ、プーチンはソ連体制の機能（あるいは機能不全）を分析するにあたって、共産党のイデオロギーのもっとも強力な要素、つまり国有と中央計画経済の神話をばっさりと切り捨てることができた。そして、ありのままの事実や経験的証拠に基づき、私有財産、民間企業、自由市場のほうが優れていると認めることができたのである。共産党の質問者への回答のなかで、プーチンは政治的な声明を出すつもりもイデオロギーの議論をするつもりもないことをはっきりさせた。彼の発言は、現実的な考察、実際の経験、歴史の教訓に基づいたものだった。この点を聴衆に訴えるため、プーチンはさらに二つの例を挙げた。一つは、ソ連国外のドレスデンでのKGBの任務から得た、プーチン自身にとってもっとも馴染みのある例。もう一つは、ほかの誰にとっても馴染みのある現代の例だ。

> 世界でもっとも有名な歴史的な実験が二つある――東ドイツと西ドイツ、そして北朝鮮と韓国だ。つまり、誰の目にも明らかな事例が存在するということだ！　だからといって、市場経済が完璧だというわけではない。いわゆる野蛮な資本主義を導入しても、何も得はなく、有益なものは生み出されないだろう。では何を目指すのか？　単なる市場経済ではなく、社会的な市場経済である。われわれは手に手を取り合い、実用的な中庸の道を探るべきなのだ。[63]

中央計画経済を懐かしむロシアの共産主義者に対するプーチンの徹底的な反論は、彼の個人的な世界観のもう一つの特徴を物語るものに違いない。少なくとも表面的には、彼は自由市場の価値を信じているようだ。議会への答弁を含めたさまざまな場面で、プーチンは私有の概念を称え、政府による経済への過剰な干渉を批判してきた。さらに二〇〇〇年から一二年までの大統領と首相の在任中、プーチンは財務大臣アレクセイ・クドリンと密接に連携しながら、いくつかのきわめて優れた経済政策を推し進めてきた。とすると、こんな疑問が頭をもたげてくる。プーチンは実際のところ、市場経済についてどんな見方を持っているのか？　経済学の基礎知識をどこで身に付けたのか？　次章では、ロシア経済に対する彼の考え方や経済運営モデルがどのように生まれたのか、考えられる要因を探っていきたい。

第7章 自由経済主義者

プーチンが経済問題への全般的な知識を得たのは、一九七〇年代から八〇年代にかけてのようだ。七〇年代、レニングラード大学のアナトリー・サプチャークのもとで学んだプーチンは、国際貿易法をテーマとした学位論文を執筆した。また、八〇年代に通ったKGB赤旗大学では、前述のアメリカのビジネス・スクールのテキストが使われていた可能性が高い。加えて、当時の議長ユーリ・アンドロポフは、ソ連の経済システム改革をKGBの最優先課題の一つに挙げていた。

二〇一二年四月のロシア議会へ向けての発言で明らかにしたように、プーチンは東ドイツに駐在するあいだ、冷戦中の東西ドイツ両国の経済発展を比較するという〃対照実験〃を目の当たりにした。この実験の結果は、西側の資本主義経済の明らかな勝利だった。一九九六年、プーチンは帰国後の目標の一つだった「経済学」の博士候補論文を完成させる。その論文の内容の多くは、ドイツではなくソ連に関するものだった。だとすれば、ウラジーミル・プーチンが市場経済について真の理解を得たのは、論文執筆のための学習からではなく、サンクトペテルブルク副市長時代の実践からということになる。一九九〇年代、彼はロシア国内外の実体経済とかかわりながら、実践を通じて市場経済について学んだのである。

九〇年代のサンクトペテルブルクでプーチンが経験した資本主義やビジネス手法は、起業に主眼を置いたものでも、生産、経営、マーケティングといった主要な分野に根差したものでもなかった。サンクトペテルブルクの資本主義は、駆け引きがすべてだった。ビジネスを行なうにあたって重要なのは、労働者や顧客どうしの友好関係ではなく、サンクトペテルブルク市当局との個人的な人脈だった。肝心なのは、影響力のある手段を見つけ、それを活用することだったのである。[1] プーチンはそこでの経験から次のような確信を得たようだ。一つ目に、ロシアが現代世界のなかで生き残るためには、市場経済システムの導入以外に道はないということ。二つ目に、市場システムで勝利するのは、必ずしも商品やサービスを適正な価格で提供することに長けた人々ではなく、他者の弱みに付け込むのが得意な人間であるということ。その弱みとは人間の欲であり、時に法を大きく逸脱した行為である。のちほど論じるように、グローバル化する世界経済のなかで、こういった駆け引きをもとにした自由経済主義者の視点を大国の政策の土台とするのは非常に危険なことだ。

プーチン率いるロシアの経済発展

ほとんどの客観的な指標を見るかぎり、ウラジーミル・プーチンの大統領および首相在任中のロシアの経済成長率には目を見張るものがある。この点については、プーチン自身もたびたび指摘しているとおりだ。ロシア大統領の三期目の任期を迎える直前、二〇一二年四月のロシア議会での演説のなかで、世界金融危機から四年近くがたったロシアの経済情勢についてプーチンは自信たっぷりに語った。「金融危機はロシアにとっても試練だったが、われわれは多くの他国よりもずっと早く回復した。今日、われわれの経済成長率はG8(先進八カ国)のなかで最高で、世界の主要経済大国のなかでも最高水準を維持している。例を挙げると、アメリカの成長率は一・七パーセント、ユーロ圏が一・五、インドが七・四、中国が九・二、そしてロシアが四・三パーセント。主要経済大国のなかでは三位の数値である[2]」。その日のプーチンのスピーチは、似たような自慢話に満ちたものだった。一般的な政治家と同じように、当然ながらプーチンも取り上げる統計を入念に選び抜いた。だとしても、彼の主張には十分な説得力があった。

プーチンが一九九九年一二月にミレニアム・メッセージを発表してからの一〇年間のロシアの成長は、近年の世界経済史のなかでもとりわけ大きな逆転劇の一つに違いない。プーチンが初めて国家の先頭に立ったとき、ロシアは破綻状態にあり、いわば管財人の管理下にあったも同然だった。ところが、プーチンが政権を握って五年足らずで、ロシアの対外債務はほぼゼロとなり、外貨準備高も順調に増えていった。プーチンは国際通貨基金への債務を特に重く受け止め、予定より三年半も前倒しで完済した。[3] それどころか、二期にわたる大統領就任中、ロシア経済が世界経済に占める割合は急上昇した。市場為替レートでドル換算した場合、ロシアの経済規模は一九九九年の世界二三位から二〇〇八年の九位まで成長。この期間の成長率は中国の二倍におよんだ。[4]

実績だけでプーチンの経済学の理解度や経済運営能力を測るとすれば、彼がきわめて優秀な生徒であることは間違いない。しかしロシアに関していえば、「プーチン政策の成果」と「もう一つの要因の影響」をはっきり区別するのは難しい。もう一つの要因というのは、プーチンの大統領在任中に起きた原油価格の上昇である。既述のとおり、原油価格の高騰のおかげで、ロシアの富――原油と天然ガスに代表される天然資源のレント収入――は急増した。[5] プーチンの在任中、ロシアの経済的状況を示すほぼすべての指標は、原油価格と足並みを揃えて変動した。一九九九年から二〇〇八年まで着実に成長し、〇八年半ばの世界金融危機で急落し、一〇～一一年の原油価格回復とともに成長軌道に戻った。[6] とはいえ、この間の政府の経済政策がすべて効果ゼロだったという意味ではない。優れた政策がなければ、この期間に得た富をすべて浪費し、ラッキーな原油価格の高騰を活かす機会をみすみす逃していてもおかしくなかった。

では、プーチンの政策は一九九九年から二〇〇八年までの経済成長にどれほど貢献したのだろうか？ もし貢献したとすれば、彼の政策のなかで重要だった要素は？ その政策はどのようにして生まれたのか？ 決定的な役割を果たしたのは、プーチンのサバイバリストとしてのペルソナだろうか？ つまり、不測の事態に備えて十分な備蓄を蓄えることを重視してきた政策が、ここで役に立ったのか？ 基本的な自立の必要性について、プーチンがキャリアを通じて学んできた教訓が活かされたのか？ それとも、市場経済の基本的原理についてより深く理解したうえで、政府政策を策定したのだろうか？

プーチンの経済をめぐる謎

ウラジーミル・プーチンの市場経済に対する態度は、欧米の評論家たちをたびたび驚かせ、時に惑わせてきた。二〇一二年四月、プーチンが共産党議員との討論で市場経済を熱烈に擁護し、計画経済は「概して市場経済よりずっと効果が低い」と断言し、国有化体制に戻しても「何も良いことはない」と宣したことは、国際的なメディアで大きな注目を集めた。[7] プーチンが初めて大統領に就任したばかりのころ、ロシア政府は「進歩的」と評される一連の改革を断行した。たとえば、〇一年のフラット・タックス（一律課税）制度の導入は、アメリカのヘリテージ財団の自由市場支持者たちをして「世界の模範」とまで言わしめた。[8] 当初、こうした画期的な改革の数々は〝リベラル〟なプーチン像を作り上げた。しかし、それ以上の目立った改革案が出てこなくなると、いつの間にか「隠れ共産主義者」というイメージが先行するようになった。[9] そして、世界金融危機が起きるとこのイメージは再び変化した。プーチンは金融危機について公の場で話すとき、「だから言っただろ」というあからさまに上から目線の挑発的な態度を取るようになった。世界の財界リーダーが集まった〇九年初めのダボス会議に出席したプーチンについて、『ワシントン・ポスト』紙のコラムニスト、デイヴィッド・イグネイシャスはこう記した。「まるで資本主義者に生まれ変わったような話しぶりで、政府の過剰な経済統制が及ぼす害をロシアは目撃したと語った。ソ連時代の政策に戻ることはないだろう、と」。イグネイシャスはこう続けた。「かつての共産主義者は、今や自由市場原理の紛れもない信者となった」[10]

しかし、プーチンが共産主義者から資本主義者へと態度をひるがえし、それから再び国家統制の支持者へと戻ったという見方とは裏腹に、彼の経済観にかなりの一貫性が見られるのも事実である（少なくとも、当初の一二年間の大統領および首相在任中はそうだった）。プーチンは常にオーソドックスな財政政策を唱えてきた。一二年間にわたり、彼は近しい仲間であるアレクセイ・クドリンを財務大臣に任命し、彼を庇護しつづけた。クドリンは、世界でもっとも財政的に保守的な財務大臣である。さらに重要なことに、ロシアの貴重な資産を再び国有化するチャンスはいくらでもあったにもかかわらず、プーチンは一九九〇年代のロシアの民営化プロセスを逆戻りさせるようなことはしなかった。ロシアの国有財産を民間に移譲した巨大取引（第2章で説明した「ローンズ・フォー・シェアーズ」合意）は、全国民が違法とみなす不透明なものだった。オリガルヒたちへの憎悪を社会に生み出したこの合意は、エリツィン政権下で行なわれたものだ。だとすれば、プーチンとしてはこの合意を取り消すことで、政治的に巨大な報酬を得ることもできたはずだった。が、そうはしなかった。[11]

　プーチン自身の説明によると、世界金融危機の直後の二〇〇八〜〇九年にも、彼は民間事業に有利になる重要な選択を下したという。そのとき、数人のオリガルヒたちがやってきて、自身の民有財産を引き取ってほしいと懇願した。しかし、彼は断った。プーチンが「国家所有」の強硬な支持者だという定説と矛盾する一件にも思えるので、経緯については実際の発言を詳しく引用しておいたほうがいいだろう。一一年四月、有力なオリガルヒたちとの会合でプーチンは次のように語った。

……危機が深刻化した時期、今この部屋にいるみなさんのなかの数人が、自分の事業を国へと完全に移譲するべきではないかと相談してきた。そうする準備はいつでもできていると言って、勧めてさえきたのだ。

　だが、これだけは言わせてほしい。われわれはその道を選ばなかった。別の道を選んだのだ。ロシア政府は民間の起業家を支援し、あなた方をバックアップし、あなた方にローンを提供し、西の銀行からの資金調達や担保の確保を手助けした……しかし、われわれは経済の国有化という道へは進まなかった。これはロシア政府が下した根本的な選択だ。国家資本主義体制を築くつもりはない。われわれは社会的な市場経済システムの構築を目指しているし、言うまでもなく民営化という手段を用いてそうするよう励んでいる。慎重な行動は必要だが、われわれの進む道は明らかだ……

　当時、国が民営事業を引き継ぎ、奪い取るのは簡単だっただろう。しかも、格安で。だが、民営事業を維持するのはそれよりも困難な道だった[12]……

ウラジーミル・プーチンが、一九九〇年代の自由市場寄りの改革の基本を決して逆戻りさせなかったこと――それは、多くの人々にとって大きな謎である。おそらくその理由はいずれも、本書でこれまで論じてきたプーチンのペルソナに由来するものに違いない。一つ目に、ロシアとソ連の両方に詳しい歴史家であるプーチンは、ソ連の経済運営システムを失敗ととらえていた。ソ連崩壊前の一九八〇年代、KGBに所属していたころから、プーチンは経済システムこそがソ連にとって大きな弱点であることをすでに理解していた。前述の二〇一二年四月の共産党議員とのやり取りをはじめとする色々な場面において、プーチンは、スターリン時代の工業化システムに一定の歴史的根拠があったという見方ができることを認めてきた。そのシステムは、一九二〇年代末に始まり、近代ソ連の土台となったものだった。しかしその一方で（同じ共産党議員との質疑応答のなかでも）、スターリン時代のシステムがとっくの昔に改革されてしかるべきだったと訴えてきた。

二つ目に、明確なサバイバリストの視点を持つ献身的な国家主義者（ゴスダルストヴェンニク）として、プーチンはロシア国家を守ることに専念してきた。既存のシステムに対するアウトサイダーとして、イデオロギーという重荷を捨て去り、何が機能して何が機能しないのかをきちんと評価することができた。つまりウラジーミル・プーチンは、「知的現実主義」とでも呼べるような考え方に基づいて、経済政策を成功に導いてきたのである。リベラルな自由市場経済の原理にこだわる（または拒絶する）代わりに、プーチンは国家の生き残りを確保する手段としてマクロ経済や財政規律にアプローチしてきた。効率的に税金を徴収することによって国家の体制を強化し、債務を減らして備蓄を増やすことによって国家を守る――こうした目標は、決して経済的自由主義の表われとはいえない。

ロシア史上、ウラジーミル・プーチンの前に似たようなマクロ経済政策を熱烈に支持したのは、ほかでもないヨシフ・スターリンだった。一九二五年一二月の第一四回共産党大会において、スターリンが強く必要性を訴えたのは、財政を健全化させ、通貨の安定を保ち、インフレを抑え、西側諸国の融資への依存を避け、財政的な備蓄を築くことだった[13]。

プーチンが初期の税制改革政策の一環としてフラット・タックス制度を導入したことは、間違いなく画期的なことだった。しかし、実際に辣腕を振るって税金を徴収できる人物はプーチンしかいなかったという事実のほうが、はるかに重要な意味合いを持っていた。あらゆるレベルのロシア経済や国民のあいだに昔から蔓延する脱税に対処する目玉政策として、プーチンは二〇〇一年にフラット・タックス制度を導入した。しかし同時に、彼は威嚇と力を使って税金を徴収した。時には、ライフルで武装した覆面工作員を大企業の本部に送り込み、財務記録を押収したこともあった[14]。

プーチンの経済思想の起源
――ソ連からＫＧＢまで

プーチンは歴史から得た教訓をもとに、市場経済や資本主義が有効であることを理解した。アウトサイダーとしての現実主義のおかげで、イデオロギーの制約を受けることなく歴史の審判を受け入れることができたのだ。しかし問題なのは、資本主義が機能する仕組みについて、必ずしも歴史は教えてくれないという点である。プーチンはこの問題に関して公の場でたびたび触れたことがあるが、市場経済について彼がどの程度深く理解できているのかは謎のままだ。すでに説明したとおり、ウラジーミル・プーチンは過去三回にわたって学問としての経済学を学んだことがある。その体験が、彼のなかに経済理論の（少なくとも小さな）種を植えつけたことは言うに及ばない。一九七〇年から七五年にかけてレニングラード大学の法学部に在籍したプーチンは、最低でも一単位分の国際貿易法の授業を受けた。彼の卒業論文は、国際貿易における最恵国待遇制度についてのものだった。

一九八〇年代半ば、彼は再び教室に戻った。今回はＫＧＢの支援のもと、赤旗大学の学生として経済学や経営学を学んだ。そして一九九六年、サンクトペテルブルク国立鉱山大学に論文を提出し、経済学の博士候補の学位を得た。加えて、一九九六年にモスクワのロシア大統領府で働きはじめるまで、彼は二つの仕事を通じてあらゆる経験を積んできた。レニングラード、モスクワ、ドレスデンでのKGB職員としての仕事と、九〇年代のサンクトペテルブルク副市長としての仕事である。こうした個人的な経歴から得た教訓、生身の実業家と実際に触れ合う日々から得た教訓こそが、歴史的教訓の隙間を少しずつ埋めていったに違いない。権力の座にのぼり詰めるずっと前から、準備は着々と進んでいたのだ。

　プーチンが子ども時代に資本主義の概念を身に付けたとは考えにくい。ソ連以外の住民にとってはなかなか理解しがたいことだろうが、一九六〇年代や七〇年代にソ連で育った人々は、「ビジネス」や「ビジネスマン」という概念をほとんど持ち合わせていなかった。親、親戚、隣人に「ビジネス」をする人などいなかった。プーチンの父親は工場労働者で、母親は雑用係、清掃員、パン屋の手伝いなどの下っ端の仕事を転々とした。営利目的の店など一つもなかった——通りの角の食料雑貨店も、地元の精肉店も、近所の本屋もなかった。一般的なソ連の子どもや若者は、小遣い稼ぎのアルバイトをすることもなかった。新聞配達、靴磨き、草刈り、犬の散歩、ベビーシッター、ウェイターやウェイトレスとして働くことはなかったのだ（大きくなると、夏限定で働くことはあった）。当時の住人たちが起業活動とかかわる機会が唯一あるとすれば、それはいわゆる「第二経済」のなかだった。その第二経済を動かすのは、イノベーション精神豊かな紛れもない起業家だ。彼らの活動は完全なる違法行為か、良くてもグレーゾーンであることは間違いなく、リスクは付き物だった（そのため「闇経済」とも呼ばれる）。第二経済の活動のほぼすべては、国有財産を個人の利益のために使うという行為に基づくものだった。そのため、ほとんどのソ連市民が闇経済で手に入る商品やサービスを利用していたものの、堂々と闇経済を擁護する者はいなかった[15]。

　ウラジーミル・プーチンが育ったソ連では、第二経済は必要悪だった。一方、闇経済で商品やサービスを提供する人々は、卑しい人間だと市民にはみなされていた。特にプーチン一家のような低賃金労働者の家庭にしてみれば、まったく別世界の人間たちだった。しかし、闇経済のある一面が、プーチンを含むほぼ全員に大きな影響を与えたことは確かだ――「重要なのは金と価格」という教訓を誰もが身をもって知ったのだ。この教訓は、ロシアの正式な経済では成り立たなかった。なぜなら、そもそも商品自体がなかったからだ。表の世界で金よりはるかに重要なのは「時間」だった。ソ連の市民たちは、日用品を手に入れるために何時間も列に並び、テレビや冷蔵庫、自動車といった高級品を手に入れるために数カ月から数年も順番待ちをする必要があった。一方の闇経済では、表の世界では供給不足のはずの商品がすぐに手に入った――十分な金さえ払えば。すると当然の流れとして、多くの市民は闇経済で物をいう金を得ようと必死になった。若きウラジーミル・プーチンもそう考える一人だったようだ[16]。

　ミクロなレベルでいえば、プーチン本人の経済体験は、同年代の多くのソ連市民とそれほど異なるものではなかった。マクロなレベルでいえば、プーチンの若いころのソ連の国家経済は順風満帆そのものに見えた。確かに、生活必需品や贅沢品の調達に一般市民は日々苦労していたものの、一九六〇年代と七〇年代のソ連はアメリカとほぼ同等の軍事力を誇る超大国だった。経済力についても、アメリカよりはるかに劣っているとはいえ、それでも世界第二の経済大国だった[17]。第二次世界大戦直後のソ連の経済規模はアメリカのわずか三分の一程度にすぎなかったが、それ以来ずっとギャップを縮めつづけていた。当時のソ連では、この事実がプロパガンダとして盛んにアピールされた[18]。

　一九七〇年秋にレニングラード大学に入学したプーチンは、ある意味において、最大のライバル国に肉迫しつつある超大国に仕える準備を始めたことになる。大学在学中もずっと、ソ連の経済成長は続いた。一九七三年、中東に端を発する石油危機により、原油価格は七倍に跳ね上がった。その煽りを受けた西側諸国は不況に陥ったが、一方のソ連は大きな利益を得た。時を同じくして、シベリア西部の巨大油田が稼働したからだ。そして七四年、ソ連は初めてアメリカを上回る産油国となった[19]。プーチン世代の国民にとっては、こうした出来事のすべてが、「飛躍するソ連、衰退するアメリカ」という印象を強めるものだった。

一九七〇年代のウラジーミル・プーチン青年は、政府のプロパガンダのとおりにソ連経済をとらえていたのだろうか？　国家経済やソ連の経済システムの仕組みについて、彼がどんな考えの持ち主だったのかを知る手立てはない。実際のところ、当時のプーチンの頭のなかは、自分のことでいっぱいだったかもしれない。今後のキャリア、家族の未来……。経済について考えるとしても、ほかの国の多くの市民たちと同じような一般的な問題を漠然と考えていただけだろう。[20]しかし、ソ連経済に関する大きな問題について考える機会（あるいは、考えざるをえない機会）をプーチンに与えた組織が一つあったとすれば、それはKGBだ。KGBとその前身組織は、経済と深くかかわってきた長い（時に微妙な）歴史がある。ロシアの秘密警察は古くから、国の経済活動とその主役たちを監視する役目を果たしてきた。公式経済であれ第二経済であれ、経済的な犯罪、悪事、不正を暴く任務を請け負ってきたのだ。また、保安当局自体が、経済政策の立案・遂行に直接的に携わっていた時期もあった。[21]

KGBと経済の関係

一九二〇年代に経済の主な意思決定を担ったのは、ボルシェビキの秘密警察の初代トップであるフェリックス・ジェルジンスキーだった。[22]その後もスターリン政権のもと、秘密警察の先駆者たちが、「グラーグ」と呼ばれる巨大な強制労働システムの管理者として、経済の直接的で重要な担い手となった。[23]ピーク時、グラーグはソ連の総工業生産高および雇用の一五〜一八パーセントを占めるほどに成長。[24]しかし五〇年代初頭を過ぎてから、KGB指導者が経済政策の直接的な舵を握ることはなくなった。保安当局トップとして最後に経済政策を担ったのは、一九三八年から五三年にかけて断続的に秘密警察の長官を務めたラヴレンチー・ベリヤだった。当時のソ連の基準から見れば、ベリヤの経済思想は経済自由主義に近いものだった。彼は初めて脱スターリン化を推し進め、農業の脱集団化を提案した。さらに、グラーグを「非効率的」だとして解体し、西側諸国との関係改善を進めようとした。しかしスターリンの死後、ベリヤは派閥争いに敗れて処刑されてしまう。

その後、彼の名前とその政策はKGB内でタブー視されるようになった。[25]

プーチンが所属した時代のKGBは、経済問題にはそれほど目を向けていなかった。それでも、西側諸国の経済についてKGBがとりわけ着目した点が二つあった。一つ目は、西側諸国が資本主義社会であり、それゆえ原理的・イデオロギー的にソ連の経済システムと相反するという点だった。西の世界の考えは、ソ連や共産党が大切にするあらゆるものに反していた。共産党の「剣と盾」であるKGBの最大の任務は「革命的警戒心」を強固にすること、つまり西側諸国の破壊活動や思想と戦うことだった。[26]資本主義経済の原理や手法に与《くみ》すると考えられるものは何であれ、危険思想の疑惑をかけられた。KGBが二つ目に着目したのは、西側諸国の市場経済が生み出した科学的・技術的な成果だ。なかでも、軍事的に応用が利くものはとりわけ危険視された。KGBには、西側諸国のシステムが生んだ高度な製品を盗み出すための専門の部署があった。共産党のイデオロギー主義者たちは、そんな製品こそが破滅を招くものだと主張した。

プーチンがKGBに加わって数年のうちにソ連経済が新たな難問に直面すると、KGBはその関心を西側諸国の経済から別の場所に向けざるをえなくなった。一九七〇年代の石油危機によってソ連は利益を得たが、それは一時的なものでしかなく、経済システムの根本的な問題を覆い隠すという悪影響まで出てしまった。この間、国の歳入やレント収入は増えたものの、残りの産業の業績は急落した。一九七六年には年平均で約七・六パーセント成長していた石油生産が、七七年から八一年にかけては急激に落ち込んだ。[27]八一年になると、世界的な原油価格の暴落とともに、ソ連の石油生産の成長は止まり、経済計画や予測のすべてが狂うことになった。「豊富な資源や富を抱えたソ連」というイメージの裏側で、危機がひたひたと迫っていた。この時期のソ連の石油産業について書かれた、アメリカの著名なエネルギー専門家セーン・グスタフソンの著書のタイトルが、その状況を見事に言い当てている――『豊かさのなかの危機（*Crisis amid Plenty*）』。[28]

ここには、ソ連やロシアの将来の物語にとってキーポイントとなる皮肉が潜んでいる。一九七三年の石油危機はロシアに富をもたらし、当初は資本主義経済に大きな打撃を与えた。しかし長期的に見ると、石油危機は西側諸国にプラスの影響をもたらすことになった。たとえば、七九年からわずか四〜五年のうちに、アメリカは原油の輸入量を半減させた[29]。革新的テクノロジー、コンピューター化、マイクロエレクトロニクス、新素材、新しい工業プロセスへと移行することによって、西側諸国の経済は少しずつ効率化していった。ソ連は真逆だった。原油価格高騰で得た利益の大部分は、東欧の衛星国への支援、国内の軍需産業や製造業の生産力を拡大するために費やされた。にもかかわらず、工場のエネルギー効率は昔よりも悪化するばかりだった。欧米の大半の国々がスリムで強い体軀となって七〇年代の危機から立ち直った一方で、ソ連は余計な贅肉を付けてぶくぶくと太ってしまったのである。

技術機密の窃盗と無駄遣い

ソ連が技術競争で遅れを取ったという現実に直面すると、国内の大方の指導者たちは同時に二つの反応を見せた。まずは誰もが、自国の体制に潜む数々の弱点を否定した。次に、ライバルの資本主義国が発明・製作した技術をこれまで以上に盗み出すことによって、競争力を維持することを主張した。しかし、ソ連政府の上層部、とりわけ軍関係者のなかには、盗みを繰り返すだけでは問題は解決しないと気づく先進的な人々も現われるようになった。ソ連の体制そのものの変革が必要だとわかっていながらも、彼らはある根本的なジレンマに陥っていた。革新的な経済の実現のためには、個人の自由のさらなる拡大が必要になる。が、そのような自由はソ連の政治統制システムとは相容れないものだった。それこそ、ソ連の有力な軍改革者であり、参謀総長だったニコライ・オガルコフ元帥が一九八三年の時点ですでに考えていたことだった。アメリカのジャーナリストのレスリー・ゲルブは、当時のオガルコフと個人的に交わした会話について、数年後に発表した『ニューヨーク・タイムズ』の記事のなかで次のように振り返った。

その午後、防衛に必要な分をはるかに超えた軍事力を誇示するロシア政府を、私は真っ向から批判した。オガルコフは私の批判を歯牙にもかけず、ただ手を振って優しい笑みを浮かべた。彼は続けて、ソ連の役人とは思えない驚きの発言を口にした……「現代兵器という点では、経済革命が起こらないかぎり、われわれはお前さんの国には追いつけないだろう。問題は、政治革命なくして経済革命を起こせるかという点だ[30]」

ゲルブが記したように、ニコライ・オガルコフは「共産主義体制は機能していないし、機能するはずがない」と認めていた。「急進的な改革なくして、ソ連はアメリカに対抗できない」。しかし、政治革命がすぐに起きる可能性はきわめて低く、オガルコフの発言の真意を汲み取ったゲルブは次のように結論づけた。「冷戦は――最終的に西側が勝ったわけではないにしても――実質的に終結したのだ」

このような運命論、敗北主義、あきらめムードが、八〇年代前半のエリート層にどれほど広がっていたのかはわからない。もし体制全体に浸透していたとしたら、たとえ誰もその感情を表に出さなかったとしても、プーチンと同じ立場の人間の誰かが遅かれ早かれ気づいていたに違いない[31]。一方、技術泥棒の任務を課せられたKGB職員にとって、負け戦のために無駄な活動を強いられるのはきわめて苛立たしいことだった。プーチン自身も、権力の座に就いて一〇年たってからとはいえ、当時のKGB内の雰囲気について公の場で述べたことがある。二〇一〇年五月、ロシア科学アカデミーとの会合に参加したプーチンは、一九八〇年代末ごろにKGB職員たちが募らせた不満について話し出した。当時のソ連の経済システムでは、西側諸国から盗み出した技術をうまく活用することができていなかったという。

私が別の機関に勤めていたころ、つまり私がまだ一つ前のキャリアの道を歩んでいたころの話だ。われわれはある場面に遭遇した。あのときのことは、今でも脳裏に焼きついているよ。確か一九八〇年代の終わりごろだったと思う。きっと、ここにいるみなさんの多くも賛同してくれるだろう。なぜなら、みなさんも間違いなく経験しているはずだからだ。そのとき、私たちはあることに気づいた。われわれや外国に派遣された仲間たちが〝特殊な手段〟で獲得した調査結果が、実際にはソ連経済にまったく活かされていなかった。活かそうにも、活かすための手段がなかった。つまり、KGB職員の仕事に実質的な意味はなく、無駄な情報を集めているにすぎなかった。われわれの成果はどこにある? 経済のどこに活かされているのか? いや、まったく活かされてなどいなかった。われわれの成果を利用する手段自体がなかったのだから[32]。

西側諸国から技術機密を盗み出すことと並び、貿易の監視もソ連KGBの特殊任務の一つだった。国内で営業する外国企業はすべて、KGBによって厳重に監視(あるいは潜入調査)されていた。政府の外国貿易担当の当局者はみな、直接的または間接的にKGBの対外部門のために働いていた。この点はプーチンと密接に関連するので、特筆に値する事実だろう。考えてみれば、レニングラード大学で将来の上司となるアナトリー・サプチャークのもとで国際貿易法を学んだこと自体が、プーチンがすでに未来を見据えていた証拠かもしれない[33]。国際貿易に心から関心があったにせよ、卒業後の出世を見越してサプチャークの講座を受けていたにせよ、大学で国際貿易について学んだことは、結果的にKGB退職後に大きな資産として役立つことになった。一九九〇年に東ドイツからレニングラードに戻ったプーチンは、初めにレニングラード大学に、次にレニングラード市長執務室に、国際経済関係の専門家として雇われたのだ。この話題については、後章で詳しく取り上げたい。

赤旗大学時代のプーチン(八四年秋~八五年七月)

オガルコフ元帥がレスリー・ゲルブ記者に驚きの発言をした直後の一九八四年秋、ウラジーミル・プーチンはKGB赤旗大学で訓練を受けるため、レニングラードからモスクワに引っ越した。その後の一年のあいだにプーチンは、数十年先までの国家の未来を予示するような、ソ連の重大な変化を目の当たりにすることになる。プーチンがモスクワに到着したのは、ソ連の指導者が次から次へと入れ替わる時期だった（三〇カ月足らずで四人）。同時にその時期は、国内政治に対するKGBの影響力が増大しつつあるときでもあった。KGBの有力者たちが、共産党の上級機関である政治局と個人的な深いつながりを持っていたからだ。たとえば八二年一一月、直前までKGB議長だったユーリ・アンドロポフ（ソ連史上、秘密警察の議長としては最長の就任期間を誇った）が、レオニード・ブレジネフに代わってソビエト連邦共産党書記長に選任された。そして八二年一二月にKGBの新議長――プーチンの名目上の上司――となったヴィクトル・チェブリコフは、翌年に政治局員候補に選出された[34]。

プーチンが赤旗大学に入学するまでに、アンドロポフは急死し（一九八四年二月）、コンスタンティン・チェルネンコが跡を継いで最高指導者になった。しかし同時に、アンドロポフが後継者候補に考えていた政治局員のミハイル・ゴルバチョフがクレムリンの階段をのぼりつつあった。八四年一二月のゴルバチョフによる有名なスピーチの内容は、おそらくプーチンの耳にも届いたことだろう（あるいは、実際にテレビなどで見たかもしれない）。スピーチのなかでゴルバチョフは、その後に有名なキャッチフレーズとなる「ペレストロイカ」と「グラスノスチ」という概念を提唱した。加えて、ソ連のアナリストや専門家たちに対し、経営管理理論を含めた経済学や経済理論を集中的に学ぶべきだと主張した[35]。ゴルバチョフが対象とした人物のなかには、おそらくウラジーミル・プーチンのようなKGBのアナリストたちも含まれていたに違いない。

改革の実験室としての東ドイツ

赤旗大学での一年のコースを終えると、プーチンはすぐさま東ドイツに派遣された。前述のとおり、プーチンの東ドイツでの実際の任務や経験についでは、情報がほとんどない。とはいえ、外国駐在のソ連工作員として当たり前の業務――スパイ活動、西側諸国向けの工作員の獲得、技術の窃盗――に日々取り組んでいたことは想像に難くない。また、東ドイツの政治家や保安当局者を監視し、その人物の立ち位置を特定する任務もあっただろう。ペレストロイカへの賛否をめぐる東欧圏の派閥争いのなかで、どのあたりに位置する人物なのか？　この任務を果たすあいだに、プーチンが共産主義経済やソ連体制の未来について疑問を抱いたとしても、まったくおかしい話ではない。

ドレスデンに駐在したプーチンは、のちに彼自身が「前例のない歴史的実験」と表現した社会状況を間近で観察することになった。KGB職員にかぎらず、それを実際に経験したロシア人は数えるほどしかいなかった。東ドイツの経済システムは極端な失敗例だった。しかし当時の東ドイツは、ソ連にない利点をたくさん持っていた。人的資本の蓄積はずっと進んでいた。第二次世界大戦によって分断されるつい直前まで、資本主義や起業家精神の長い歴史を持っていた。ヨーロッパの中心部に位置するロケーションも大きなメリットであり、バルト海の港をはじめ、東ドイツとヨーロッパや世界市場を結ぶ輸送拠点として抜群のアクセスを誇っていた。先進的な製造業のインフラストラクチャーも残されていた。にもかかわらず、東ドイツの経済は破綻した。ドレスデンにいたプーチンは、いくつかの矛盾に気がついた。自身が指摘したように、東ドイツの事例を間近で観察したことによって彼は学んだのだ――共産主義体制下での改革が非常に困難で、大きな危険を伴うことを。

一九五三年にスターリンが死亡して以来、ソ連とその衛星国は改革と後退のサイクルを繰り返してきた。しかし東ドイツだけは、支配国であるソ連はもとより諸外国のサイクルにも同調することはなかった。たとえば、六〇年代半ばの東欧圏全体での改革運動の活発化、さらには六八年の衝撃的なプラハの春のあと、ソ連上層部は再び超保守化路線へと舵を切った。しかし東ドイツは改革計画を貫き、ソ連の反対を受けても態度を変えることはなかった。ソ連は東ドイツを経済的に圧迫し、新しい方針に従うように上層部にプレッシャーをかけた。が、その試みは裏目に出た。東ドイツ政府はかえって意固地になり、西ドイツに融資を求めたのだ。七一年、ソ連の画策によって、東ドイツの共産党指導者がヴァルター・ウルブリヒトからエーリッヒ・ホーネッカーに替わる。その後しばらくのあいだ、ホーネッカーは破壊的な経済改革路線を中断し、短期的な社会福祉や消費活動を重視するソ連の路線を忠実に守った。いわゆる「グヤーシュ共産主義」と呼ばれる経済政策だったが、ソ連からの補助金、特に石油の提供がなければとうてい維持できる政策ではなかった[36]。

一九七〇年代を通じて、ソ連は東欧圏に原油を格安で輸出した。そして、衛星国は受け取った原油をより高値の世界価格で国際市場に再び輸出した。その結果、東ドイツでは原油に大きく依存する体質ができあがった。石油による利益を頼りに、東ドイツ政府は、自国だけでは財源を調達できない水準の社会福祉を国民に提供することを約束した。しかし八〇年代に入って世界的に原油価格が下落し、ソ連による優遇価格と世界価格の差がなくなると、状況は一変[37]。プーチンがドレスデンに派遣される三年前の八二年には、東ドイツは早くも事実上の経済破綻に直面していた。早急に外貨が必要になった東ドイツ政府は、収益性よりも流動性（換金しやすさ）を優先せざるをえなくなった[38]。経済全体を解体し、輸出できるものは何でもヨーロッパ内外に損失覚悟で輸出した。八〇年代半ばにゴルバチョフがソ連共産党の新しい路線としてペレストロイカを宣言したころ、東ドイツがいちばん嫌ったのは、国家の不安定化と出費がかさむ「改革」だった。プーチンが派遣されたのは、そんな状態の東ドイツだった。当時の東ドイツは、どんな自由化改革にも反対する強硬派の巣窟だった。彼らはゴルバチョフ率いるソ連の急進的な思想が国内に伝染するのを恐れ、ただただ体制の維持だけに専心した。プーチンは、敵の領土に送られたも同然だった。

もしウラジーミル・プーチンが歴史の真剣な学び手として東ドイツの発展パターンを観察したとすれば、国内の社会と統治者の関係、あるいは東ドイツとソ連の関係がどう変化してきたのか、数多くのことを学んだに違いない。どちらのケースにおいても、明確なサイクルがあった。危機が起きる。実験的な改革が行なわれる。改革実験はたいてい失敗し、国民から抗議や不満の声が上がる。指導者は国民の声に応え、改革路線を中止する。不満を抑えるためにご機嫌取りに走り、物資の充実、社会の安定、雇用の確保を重視する政策に切り替える。すると経済が停滞し、新たな危機が起こり、再び改革が求められる……。[39] これが典型的な改革のジレンマだ。この種のジレンマは、とりわけソ連で顕著に見られた。ソ連のエリートたちは、自身の権力やコントロールを維持するために改革に着手する。しかし、改革よりもコントロール維持が最優先事項なので、経済の潜在能力を解き放つことなどできるわけがない。その結果、改革は中途半端に終わり、改革前よりもかえって状況は悪くなる。エリートや国民レベルの失望は不満へとつながり、さらに皮肉へと変わる。これまで「人員や物資の動員」と「道徳心の誘導」でしか成功を実現できなかった体制にとって、こうした皮肉な見方が蔓延することは、非常に危険な段階に入ったことを意味するものだった。

ドレスデンにいたプーチンがこうした状況をリアルタイムで察知するには、並外れた洞察力が必要だったに違いない。もしかすると、当時のプーチンはすべての状況を把握できていたわけではないかもしれない。だとしても、あとで自身の体験を客観的に振り返るなかで考えをまとめ、一定の結論を出すことはできただろう。いくら鈍かったとしても、東ドイツの安定へのこだわりが崩壊を引き起こした要因の一つであることは理解できたはずだ。当時のホーネッカー政権には柔軟性がまったくなかった（大統領就任直後、プーチンは何度もそう発言した）。ところが一九九〇年代に祖国に帰国すると、プーチンはゴルバチョフ政権とエリツィン政権にその正反対の危険を垣間見ることになる。あまりに柔軟すぎて、逆に崩壊を引き起こしかねない状態だったのだ。昔のソ連やソ連崩壊後のロシアのように体制を改革しつつ、同時に統制を維持するためには、安定性と柔軟性の絶妙なバランスが必要になる。それは決して容易《たやす》い課題ではない。

ドレスデンからサンクトペテルブルクのビジネスの仕掛け人へ

一九九〇年初め、ウラジーミル・プーチンは現役のKGB職員として故郷レニングラードに戻ってきた。その時点で、KGBの指導者たちはソ連の体制を修正することにすっかり興味を失っていた。もはや手遅れだった。彼らは、自身の立場や組織を守るだけで精一杯だった。そんな上司たちは、帰国したプーチンにぴったりの任務を与えようとしていた。

ソ連崩壊の数カ月前、ＫＧＢ議長ウラジーミル・クリュチコフによる説得に応じたミハイル・ゴルバチョフは、経済や対外貿易にかかわる幅広い権限をＫＧＢに与えた。一九九〇年五月、クリュチコフはモスクワ駐在の各国大使を呼び出し、「ＫＧＢは非常に優秀な経済専門家を多数抱えており、ソ連市場で活動する西側諸国の大企業に利益をもたらすための相談役としては打ってつけである」ことを強調した。さらに、クリュチコフは外国の大使たちにこう伝えた。ヨーロッパ市場などに試験的に進出しようとするソ連企業に対して、ＫＧＢは支援やアドバイスを提供している。ぜひ、大使たちにも理解と協力を求めたい、と。[40]

同時に、クリュチコフは自らが率いるＫＧＢを使って密かな計画を進めようとしていた。彼はＫＧＢの職員にロシアの民主化運動に潜入して相手を懐柔し、「人工的に操られた反対勢力を生み出す」ように指示したのだ。[41] ＫＧＢが興味を持った将来有望な政治家の一人が、ウラジーミル・プーチンの元指導官でレニングラード大学法学部教授のアナトリー・サプチャークだった。そのような経緯があり、ＫＧＢはプーチンにレニングラード大学の職を斡旋することになった。国際関係担当の学長補佐官となったプーチンは、サプチャークの動きを間近で見ることができた。[42] そして一九九〇年五月、クリュチコフが各国大使たちに指示を出していたころ、サプチャークはレニングラード市ソビエト議長に就任し、プーチンを自身の国際関係担当顧問に任命した。

肩書きの上では、レニングラードに戻って数カ月のうちに、プーチンはスパイから公務員へと劇的な転身を遂げた。しかし厳密には、彼はまだＫＧＢ職員だった。[43] ＫＧＢに命じられた彼の正式な職務は、ロシア市場に参入しようとする外国企業、および外国市場に乗り込もうとするロシア企業の窓口役を務めることだった。一九九〇年当時の状況下において、アナトリー・サプチャークほどの玄人であれば、プーチンの大学での仕事や企業に対する顧問としての役割がＫＧＢの職務と関係があることは十分に理解していたはずだ。[44] しかしながら、ドイツ語力、海外経験、ドイツでの人脈を持つプーチンは、ロシアではきわめて稀有な存在だと考えられていたことは間違いない。それを証明するように、プーチンはレニングラード大学において、サプチャークとともに国際貿易の論文を執筆したこともあった。

サプチャークが市長になったその瞬間から、プーチンは事実上の副市長のようなものだった。実際、プーチンはすぐに正式な副市長に任命された。サプチャーク指揮のもと、サンクトペテルブルク経済を実際に動かしたのは副市長の三人組だった――ウラジーミル・プーチン、アレクセイ・クドリン、ウラジーミル・ヤコブレフ。サプチャーク市長自身は、経済分野にほとんど関与しなかった。アレクセイ・クドリンは経済の財政面、つまり市の予算と税金を担当した。将来的にロシア国家のマクロ経済を監督することになるクドリンの歩みは、サンクトペテルブルク市のマクロ経済を監督することから始まったわけだ。ヤコブレフは、旧ソ連経済に対する取り組みに専念した。もっとも大きな相手は軍需企業だった。市の軍需産業の規模は巨大だった。当時、三〇万人以上の市民が軍需工場で働いており、この数はソ連のどの都市よりも多かった[45]。一方のプーチンは、対外関係委員会議長を務めることになった。いわば都市レベルの〝貿易大臣〟ともいえる職で、経済活動を促進することが主な仕事だった。その業務内容は、クリュチコフが大使たちに説明した計画の中身と完全に一致するものだった。サンクトペテルブルクで事業を起ち上げようとする外国企業、海外進出しようとする国内企業に対して、プーチンは窓口的な存在として活動した。もう少し現実的にいえば、プーチンは仲介役であり、フィクサーだった。事実、当時交流のあった人々は、プーチンを「フィクサー」というあだ名で呼んだという[46]。

プーチン自身も、自らの当時の役割についてのちに次のように説明した。「当時のサンクトペテルブルク市長アナトリー・アレクサンドロヴィッチ・サプチャークのもと、私はきわめて重要なポスト、あるいは重要になりそうな地位を得た。少なくとも、さまざまな事業構造に密接に関係する多くの問題や課題を解決できそうなポストだった[47]」。彼が「さまざまな事業構造に密接に関係する多くの問題や課題」の解決に手を貸したのは事実だろう。しかしプーチンは、ロシアと外国の実業家を結びつける単なる受け身の仲介役ではなかった。さらにいえば、企業がロシアの官僚機構をうまく切り抜けられるよう手助けするだけのフィクサーでもなかった。副市長として、プーチンは大きな実権を握っていた。サンクトペテルブルク市内で企業が合法的に営業できるかどうか、決定権を牛耳るのはプーチンだった。彼は何万という企業に営業許可を与えた。さらにプーチン自身、数千とはいわないまでも数百もの企業の設立をお膳立てした――サンクトペテルブルク市は共同創設者のような体《てい》で、不動産、オフィス、倉庫スペースなどを企業に斡旋していたのである。

資本主義の到来と政治的駆け引き

プーチンが対外関係委員会議長に就任して間もないころ、彼の出したある許可が一九九一年末の食糧スキャンダルへと発展した。第5章で説明したとおり、プーチンは数社の民間企業を選び、各種の鉱物や一次産品へのアクセスを認め、それを外国でサンクトペテルブルク向けの食糧と物物交換する許可を与えた。のちに、その食糧が横流しされていたことが発覚。マリーナ・サーリエ食料供給委員会議長らの政治家グループによる調査の結果を受け、一時プーチンは辞職に追い込まれそうになった。この経験が政治家（特に選挙で選ばれた議員）に対する彼の姿勢にどんな影響を与えたにせよ、このときにプーチンの資本主義観が確立したことは確かだろう。プーチンの考える資本主義とは、生産・管理・マーケティングではなく、駆け引きだ。大事なのは労働者や顧客ではなく、取締機関との個人的な関係を築くことである。さらにいえば、法の抜け穴を見つけて利用すること、その抜け穴を作り出すことが大切なのだ。もちろん、この見方が完全に間違っていると切り捨てることはできない。ただ、きわめて偏った視野の狭い見方であることは断言できる。

このようなプーチンの資本主義観は、一九九〇年代に出現したロシアの新たなビジネス界では広く浸透した考え方だった。たとえば一九九二年には、ミハイル・ホドルコフスキーとレオニード・ネヴズリン――悲惨な最後を迎えることになる石油会社、〈ユコス〉の創設者であるオリガルヒ――が『ルーブルを持つ男（*Chelovek s rublyom*）』という本を著した。この本では、金融持ち株会社〈メナテップ〉設立の目的や彼らの個人的な哲学が説明されている。その説明はいたってシンプル。「〈メナテップ〉は富を得る権利を実現したものであり、富への道そのものである」。個人的な哲学も同様にシンプルだ。「われわれの羅針盤は利益だ……私たちが経済の神と崇めるのは、崇高なる資本である」[48]。二〇一二年一月二四日付の『ガーディアン』紙に掲載されたインタビューのなかで、クレムリンの元顧問グレブ・パヴロフスキーは、資本主義や資本家に対するプーチン世代の一般的な見方を裏づける次のような証言をした。

プーチンはソ連の人間であり、資本主義の到来をソ連流に理解していた。われわれはみなこう教えられた。資本主義とは扇動家たちの王国であり、その背後には大金の山がそびえている……資本主義はマネー・ゲームであり、その背後には世界征服を企む軍事機構がある、と。これは非常に明確でシンプルな見方であり、プーチンの頭のなかにもこの見方があったと思う。正式なイデオロギーとしてではなく、ある種の常識として。彼はきっとこう考えたに違いない。われわれはバカだった。金を稼ぐべきときに、ソ連は公平な社会を作ろうとした。西の資本家たちよりも金を儲けていれば、彼らを買収できた。あるいは、彼らがまだ持っていない兵器を作れた。それだけのことだ。資本主義はゲームであり、われわれはそのゲームに負けた。なぜか？　いくつか簡単なことを怠ったからだ。われわれは独自の資本家階級を生み出さなかった。われわれ側の凶暴な資本家たちには、成長するチャンスが与えられなかった。そのため、西側の凶暴な資本家たちを倒すチャンスも失ってしまった。プーチンはそう考えていただろうし、その考えは当時（一九九〇年代）からあまり変わっていないと思う……つまり、並の資本家よりも巨大で優秀な資本家にならなければならない、というのがプーチンのモデルなのだ[49]。

サンクトペテルブルクの財政

一九九〇年から九六年の六年間にわたり、ウラジーミル・プーチンはロシア第二の都市の経済において重要な役割を果たした。しかし、彼がのちに監督したロシア経済が見事な結果を残したこととは対照的に、当時のサンクトペテルブルクの経済は著しく停滞していた。一九九〇年代にはロシア全土の都市や町の財政が逼迫していたが、だとしてもサンクトペテルブルクの凋落ぶりは目に余るものがあった。ソ連崩壊時、サンクトペテルブルクは一人当たりの経済指標でモスクワとほぼ肩を並べていた。しかしその六年後には、個人・世帯・法人所得、歳入、投資などのあらゆる指標において大きく水をあけられていた。サンクトペテルブルクの一人当たりの域内総生産（GRP）はモスクワのわずか六〇パーセント、一人当たり所得にいたってはわずか三五パーセントの水準まで落ち込んだ。サンクトペテルブルクがモスクワを上回っていたのは総じて否定的な指標ばかりだ。モスクワと比べて失業率は二三パーセント、転出率は八六パーセント、労働年齢の男性の自殺率は七〇パーセントも高かった[50]。

停滞気味のサンクトペテルブルクの経済のなかでも、ウラジーミル・プーチンが舵を取った貿易と投資の分野においては、市場経済への移行がプラスに働くと期待されていた。サンクトペテルブルクには、西ヨーロッパと地理的に近いという絶対的な利点があったからだ。しかし、プーチンの任期が終わるころの貿易と投資の分野の状況は、目も当てられないほどひどいものだった。一人当たりに換算した場合、貿易高はモスクワのわずか二六パーセント。外国からの投資は五五パーセント、外国企業参入によって設立された中小企業数は三八パーセント、外資系中小企業による雇用人数は三〇パーセントという惨憺たる状況だった[51]。

サンクトペテルブルクでの大失敗から判断するかぎり、経済政策の担い手としてのプーチンの資質は大きな疑問符が付くものだった。さらに、食糧スキャンダルの一件を踏まえると、為政者としての資質にも問題があった。にもかかわらず、一九九六年八月、プーチンはロシア大統領府に迎えられた。近くでずっと一緒に仕事をしてきた人々が、彼の無策ぶりを見てきたはずの人々が、なぜかプーチンを抜擢したのだった。サンクトペテルブルク副市長としての実績が買われたのでないとすれば、どういう基準でプーチンは選ばれたのか？　なぜプーチンは一九九六年にモスクワへと呼ばれたのだろう？

　ウラジーミル・プーチンをサンクトペテルブルクからモスクワへと呼び寄せた人々は、ビジネス開発のスペシャリストとしての彼の資質に惚れ込んだわけではなかった。ビジネス統制の専門家として彼を呼び寄せたのである。サンクトペテルブルク時代、プーチンは公には副市長や対外関係委員会議長としての役割を果たしていた。しかしその背後で、彼のもっとも重要なペルソナである「ケース・オフィサー」を演じていたのだ。当時のウラジーミル・プーチンはまさしく「工作員」だった。彼にとって、実業家はパートナーではなくターゲットだった。モスクワに異動してしばらくすると、彼は別の実業家グループをターゲットに選んだ——オリガルヒである。プーチンの目標は、ロシアの新しい資本家階級がお互いに足を引っ張り合ったり、ロシア国家を食い物にしたりしないように見張ることだった。プーチンはオリガルヒがより大きく優秀になる支えとなり——彼ら自身のためだけでなく——ロシア国家のために、さらに金を稼ぐ手助けをしようとしたのだ。

第8章 ケース・オフィサー

サンクトペテルブルク副市長時代のウラジーミル・プーチンは、驚くほど世間の注目を浴びることがなかった。しかし、モスクワに異動してからの数年間は、さらに輪をかけて注目を浴びない存在になった。一九九六年八月にモスクワにやってきたときのプーチンは、まさしく無名の人だった。モスクワでの役職に彼を強く推薦したとされる人物——サンクトペテルブルク時代の同僚であるアレクセイ・クドリン——を除くと、異動したばかりのプーチンにはほとんど人脈もなかったようだ。ところがそのわずか三年後、プーチンはボリス・エリツィンの大統領後継者に指名されることになる。まさに、彼は異例の早さで権力の座にのぼり詰めたのだ。専門家のなかには、この期間のプーチンのキャリアをいさぎよく「謎」と認め、詳しく調べようとしない者も少なくない。たとえばマーシャ・ゲッセンは、プーチンのモスクワ異動について、「見えざる手に空輸されたかのようだ」と表現した。「彼の抜擢が秘密警察の意図によるものなのか、神の導きによるものなのかはわからない……いずれにせよ、その背景はおそらく重要ではないだろう[1]」。

確かにプーチンの突然の出世には神の導きがあったのかもしれない。しかし、彼をモスクワに導いた要因は、未知でも何でもない。ウラジーミル・プーチンをモスクワに送り込んだのは、KGB秘密警察などの武力省庁のいわゆる「シロヴィキ」でもなければ、湖畔の別荘コミュニティ〈オーゼロ〉の友人や隣人たちでもない。さらには、一九九〇年代初めにアナトリー・サプチャークのもとで働くようプーチンに命じたKGBでもない。プーチンをモスクワへと呼び寄せたのは、サンクトペテルブルク出身の別の集団、エリツィン時代の自由主義経済改革者グループ内部の人々だった。プーチンが何者なのかを知る数少ない人々の一部である彼らは、プーチンのためだけの特殊な任務を用意していた。彼は、サンクトペテルブルク経済の運営者としての手腕を買われて呼ばれたわけではなかった。レニングラードやドレスデンでKGBの現役職員として培った能力——その後、サンクトペテルブルクの特殊で新しい市場経済で活用した能力——を買われ、モスクワに呼ばれたのだった[2]。

サンクトペテルブルク企業への対応に奔走した一九九〇年代の経験、食糧スキャンダルの勃発、その対応——それが良い結果を生み出す要素となった。九二年の食糧スキャンダルは、プーチンの政治的キャリアに大きな傷を付けた。しかしそれ以上に重要なのは、この事件をきっかけにプーチンが民間企業への正しいアプローチを見いだしたということだ。それこそが九六年のモスクワ異動の決め手となり、二〇〇〇年のロシア大統領就任の後押しにもなった。食糧スキャンダル発覚後、かつてKGBケース・オフィサーとしての訓練や任務で培った教訓をもとに、プーチンは二度と同じ失敗をしないよう万全の策を講じた。食糧スキャンダルは、自由経済主義者とケース・オフィサーというプーチンの二つのペルソナを結びつける端緒だったのだ。

食糧スキャンダルの再燃

一九九二年、サンクトペテルブルク市議会の食糧供給委員会の元議長で、食糧危機のあいだに供給経路の確保を担当したマリーナ・サーリエは、ウラジーミル・プーチンが市の代理人として行なった取引についての徹底的な調査を開始した。すると、すべての契約に数多くの不可解な点があることが発覚した。物物交換用の一次産品は実際に輸出されていたにもかかわらず、サンクトペテルブルクは約束の食糧を受け取っていなかった。加えて、取引を仲介した企業が巨額の手数料を手にしていたことがわかったのだ。サーリエの調査報告に基づき、市議会は検察当局にプーチンを告発するよう勧告し、サプチャーク市長にプーチン解任を要求した。サーリエはエリツィン大統領に書簡を送るだけでなく、サンクトペテルブルク出身の国会議員ユーリ・ボルドィレフに直談判した。ボルドィレフは九三年に野党〈ヤブロコ〉を創立し、のちにエリツィン政権で会計検査

大統領となったプーチンと〝恩師〟サプチャーク（1997年撮影）

院副議長を務めることになる人物である。彼はサーリエの調査結果について話し合うためにわざわざサプチャークをモスクワに呼び出し、事件のさらなる調査を着々と進めていった。しかしその後、それ以上の調査を中止する決定が下される。マリーナ・サーリエによると、それはアナトリー・サプチャーク直々の命令だったという[3]。

二〇年以上前の当時のまま、現在もこの一件の真相は闇のなかである。マリーナ・サーリエが集めた関係資料の原本はどこかに消えてしまった[4]。サーリエ自身ももうこの世にはいない。食糧スキャンダルの物語の大部分は――プーチンの人生の多くの重要な出来事や側面と同じように――具体的な証拠をもとに語り継がれる真の歴史ではなかった。ファックスのコピー、伝聞、噂によって形作られる歴史なのである。

サーリエの調査によると、プーチンが輸出許可を出した一次産品の総額は、最低でも九二〇〇万ドルにおよんだ[5]。輸出された金属や石油製品などの資源は、ロシア内部で生産されたもので、物物交換のために海外の食糧供給業者に出荷されたことになっていた。一見すると、この取引に特に不審な点はなかった。一九九〇年代のロシア国内では、さまざまな理由のもとに物物交換取引が広く行なわれていた[6]。しかし、海外との貿易での物物交換は珍しかった。一般的に、国外で需要の高いロシア製品はきわめて限られており、売り手はドルなどの強い外貨を獲得しようとした。価値の高い一次産品の所有者は、政府であれ民間企業であれ、商品を輸出して米ドル、独マルク、英ポンドを獲得し、その外貨を使って任意の業者から任意の製品を輸入するのがふつうだった。

プーチンが説明するように、さらに契約書のファックス記録が示すように、実際の展開は違った。一次産品と食糧の物物交換取引は、市役所や市議会当局者による指示ではなく、どうやら現場レベルで計画されたようだった。つまり、すべては民間企業の人間が主導したことだったのである。当時、対外関係委員会議長だったプーチンが、政府の対外経済関係大臣ピョートル・アーヴェンに送った一九九一年一二月四日付の書簡が残っている。そのなかでは、サンクトペテルブルク市から連邦政府に対して資金、食糧、天然資源の割り当てを要求するような内容はいっさい書かれていない。プーチンが書簡で訴えたのは、次のようなことだった——「ロシア国内から送られてくる予定だった食糧供給がいまだ届いておらず、九二年一～二月のあいだ、サンクトペテルブルク市は輸入品のみで食糧配給をまかなわなければならない」。そのうえで、彼は必要な食糧をリストアップした。また、一部の「企業や組織」が輸出可能な一次産品を保有していることを伝え、書簡内に記した種類と量の一次産品の輸出許可を求めた(7)。要するに、プーチンはすでに計画された取引について、連邦当局の許可をただ要求しただけなのだ。書簡を出すずっと前に、民間企業のスタッフがプーチンのもとを訪れ、保有する金属の種類や量、あるいは交換できる食糧について細かく提案していたというわけだ。

　アーヴェンへの手紙では、一次産品や食糧の出所については触れられていないし、計画の考案者が誰なのかというもっとも重要な情報も抜けている。しかし、一次産品の細かな種類はしっかり明記してあった——アルミニウム、銅、レアメタル（タンタル、ニオブ、ガドリニウム、セリウム、ジルコニウム、イットリウム、スカンジウム、イッテルビウム）。ここから判断するに、取引を持ちかけたのは、現金の獲得を渇望する旧ソ連の軍需企業だった可能性が高い。プーチンに近づいた貿易業者は、ソ連崩壊後のロシア経済の典型的な生存メカニズムを利用したのだ。

　全体の流れはこうだ。まず、国営企業（多くが軍需企業）が、貴重な金属や原材料の在庫を大量に抱えていることに気がつく（その一部は、企業が非常時や戦時に利用するための予備貯蓄や戦略物資である）。また、ロシアの新しい市場経済では完成品の発注を受けることが一気に減ったので、従業員の給与や日々の経費をまかなうための現金が不足する。そこで企業の責任者は、備蓄を売って収益を上げようとする。国内市場が完全に低迷するなか、利益を上げる方法は限られていた。確実な現金収入を確保するためには、商品を輸出して外貨を得る手段を見つける必要があった。そのためには、外国人との人脈を持ち、商品を国外に出荷するためのインフラにアクセスできる人物を探さなくてはいけない。それに加えて、取引を実行するためには、輸出許可などの法的な手続きも必要だった。当時の企業は、国際市場価格よりも大幅に安い価格で在庫を販売した。慢性的な現金不足に苦しむ各企業は、低価格でも販売できるだけで十分に満足だったのだ。

つまりプーチンが作り出そうとしたのは、資産は豊富だが市場インフラに乏しいロシア経済から利益を生み出すチャンスそのものだった。実際、ロシアは貴重な資産を山ほど抱えていた。そうした資産を持つ売り手たちは危機的状態にあったにもかかわらず、市場価値に見合った利益を上げる手段をほとんど持ち合わせていなかった。ほかの選択肢を持たない彼らは、市場価値よりはるかに安値でも嬉々として商品を売り払ったのである。また、そういった商品を国外に出荷し、輸送インフラを手配できるノウハウや人脈を持つ人間にとっては、莫大な利益を上げられるチャンスでもあった。そんな人物にとって重要になるのが、取引を実行する契約を獲得し、商品の輸出許可を得ることだった。すべてがプーチンの理想どおりに進んでいれば、〝ウィン＝ウィン＝ウィン〟の関係が生まれるはずだった。中間業者は利益を上げ、プーチンは市民により多くの食糧を届け、在庫を抱える企業は明日を生き延びるための現金を得ることができる。

当然ながら、このプロセスには穴があった。サーリエの委員会の調査結果を見るかぎり、穴ではない部分を探すほうが難しいほどだ。契約書の内容は不備だらけで、それが故意なのかどうかも不明だった。石油などの一次産品が最終的に誰のもとに届いたのかも釈然としない。いずれにしても、この複雑な取引の最終目標であるサンクトペテルブルクへの食糧の輸送は叶わなかった（一部はモスクワに届けられた）。そして何より注目すべきは、輸出許可にまつわる重大な問題だ。輸出許可は、プーチンが政府から許可発行の権限を受け取る前に、違法に出されたものだったのだ。

約一〇年後、食糧スキャンダルやサーリエの調査に関するインタビューのなかで、ウラジーミル・プーチンは「犯罪行為」があったことをきっぱりと否定し、「数社が契約の主条件を守らなかった。彼らは食糧を輸入しなかった――少なくとも全量は。彼らは市への約束を反故にしたのだ」とだけ述べた。サーリエが指摘したプーチン自身の汚職の疑いは否定しつつ、彼は「市にはもっとできることがあった」と認めた。

市は法執行機関ともっと密接に連携して、彼らが約束の食糧を届けるまで棒で叩くべきだった。しかし、彼らを裁判所に引っぱり出すのは無駄だった。行方をくらましてしまったからね……当時のことを覚えているだろう？　ねずみ講まがいの怪しい会社があちこちにできていた……まさに予想外の出来事だった……ただ、これだけは理解してほしい。われわれ（市）は貿易に関与していなかった。対外関係委員会は貿易業務自体にはかかわっていなかった。何の売り買いもしていない。貿易組織ではないからね……われわれに許可を与える権限はなかったんだ。(8)

これは実に驚きの発言だ。まずは最後の発言を見てみよう。プーチンの委員会には許可を出す権限がなかったにもかかわらず、プーチンは許可を出したことになる。この事実こそ、マリーナ・サーリエや市議会による主たる告発の一つだった。さらに重要なのは、この一件に対するプーチンの全体的な反応だ。民間企業が彼やサンクトペテルブルク市民を騙したのであって、市にはどうすることもできなかった、というのがプーチンの訴えだ。市場経済が国にもたらす恐ろしい影響について警告していた当時のロシア人の多くが、このような事件を批判の材料に利用した。ところが、プーチンの反応は民間企業を否定するものではなかった。それどころか、業者を法廷に引っ張り出すための法体制の整備を訴えたわけでもなかった。むしろ、裁判に頼ることなく、「棒」を使えるような「法執行機関ともっと密接に連携する」ことが必要だと述べた。この言葉から、彼が非公式の手段に答えを見いだしていたことがわかる。つまりプーチンが求めたのは、ＫＧＢのケース・オフィサーが使うような手段だ。事実、スキャンダル発覚後のプーチンの動きを検討してみると、それこそが彼の行動指針であったことがわかる。

　細かい部分は闇に包まれたままだが、食糧スキャンダルはプーチンのキャリアのなかでもっとも意味深い経験だったに違いない。スキャンダルを利用して金儲けした人間がいた。そして何より、プーチンの立てた計画は、危機的状態だった市に食糧を届ける約束を果たすことができなかった。それは紛れもない事実だった。もっとも好意的に見たとしても、将来のロシア大統領であるプーチンがまんまと騙されたということになる。マリーナ・サーリエらによるもっとも批判的な見方に沿うとすれば、プーチンは自身を含む仲間の利益に自らの公的立場を利用した悪党にほかならない。この食糧スキャンダルは、さまざまな側面において、かつ驚くほど短期間のうちにプーチンに多大な影響を及ぼした。そして、事情説明のためにアナトリー・サプチャークがわざわざモスクワに呼び出されたことが物語るように、市の政治にも大きな危機をもたらした。プーチンが副市長の辞任や社会的制裁を免れたのは、特定の人々による介入と手厚いサポートがあったからこそだった。プーチンは残りの政治家人生のあいだずっと、彼らに恩義を感じつづけ、彼らと深い絆を築くことになる。また、この食糧スキャンダルは、プーチンのアイデンティティの軸となる要素をさらに強化するものでもあった。

　サプチャーク市長は会計検査院副議長ユーリ・ボルドィレフに圧力をかけ、この件を深く追及させないようにした。また、サンクトペテルブルクの若き弁護士ドミートリー・メドヴェージェフ（将来のロシア大統領）は、市議会によるプーチンの汚職の告発に対抗するべく、法的な戦略を練った。[9] サンクトペテルブルク出身者でもある対外経済関係大臣ピョートル・アーヴェンは、取引に必要な貿易許可を出す権限がプーチンにあることを事後的に認める連邦政府の書簡を送った。[10] その後アーヴェンはロシア政府を去り、銀行業界で華々しいキャリアを築くことになる。彼はたちまちロシアでもっとも裕福で、もっとも顔の利く男の一人になった。[11]

さらに伝えられるところによると、当時のプーチンの背後には、サンクトペテルブルク市当局の三人の有力者がいたという。その役人たちは、サーリエの報告書やサンクトペテルブルク市が用意した資料を確認したうえで、プーチンの行動に不適切な点は見当たらなかったと結論づけた。その三人とは？保安・内務省サンクトペテルブルク市・レニングラード州局長セルゲイ・ステパーシン、副局長ヴィクトル・チェルケソフ、サンクトペテルブルク保安当局の職員だったニコライ・パトルシェフだ。一人目のステパーシンはその後、法務大臣と内務大臣を歴任。一九九九年には、エフゲニー・プリマコフ首相解任後、ウラジーミル・プーチンに引き継ぐまでごく短期間だけ首相を務めた。さらに二〇〇〇年に、ステパーシンは会計検査院議長に任命される。会計検査院といえば、一九九〇年代初頭にユーリ・ボルドィレフが所属し、プーチンの食糧スキャンダル事件について最初に調査した連邦監査機関である[12]。二人目のチェルケソフは、一九九八年にプーチンがFSB長官に就任したとき、直属の部下に抜擢された。その後、サンクトペテルブルクを含む国内最大の地域管轄区分である北西連邦管区の大統領全権代表に就任。そして二〇〇三年には、麻薬対策機関のトップに抜擢される。三人目のパトルシェフはプーチンの後任のFSB長官であり、のちにロシア連邦安全保障会議書記になった人物だ。

当時のプーチンにとって、サンクトペテルブルクの食糧危機への対応は、彼のそれまでのキャリアのなかでもっとも大きな仕事だった。この経験と同じくらい印象に残ることがあるとすれば、一九八九年のドレスデン駐在中、勤務先の建物を襲撃した暴徒と直面した出来事くらいだろう。大戦中のレニングラードでの大飢饉についての個人的・歴史的記憶を踏まえれば、サンクトペテルブルクの食糧供給の確保はきわめて重大な任務であり、プーチン自身も大きな責任を感じていたはずだ。サバイバリストたるプーチンは、ロシアの天然資源の重要性を十分に理解していた。一九九〇年代初めのロシアは金欠状態だった。戦略的備蓄も財政備蓄も底を突いていた。それでも、ロシアには常に一次産品があった——最大の難問は、その価値の実現方法を探し出すことだった。食糧スキャンダルは、この点に関してプーチンに貴重な教訓を与えた。無責任な仲介業者との取引を通して彼が学んだのは、資源が物理的に存在し、その資源にアクセスできるだけでは不十分だということだ。国家所有の資源でなければ、あるいは資源を強制的に徴発する権限が国家になければ、利益はいとも簡単に流用されてしまう。一次産品にまっとうな価値を見いだすには、行政機関による有意義な形での直接的コントロールが必要だった。重要なのは、資源の物理的な存在をコントロールすることではなく、むしろ資源の購入、輸送、販売、収益の流れをコントロールすることだったのだ。

結局のところ、食糧スキャンダルの背景にあった一次産品と食糧の物物交換取引は、プーチンが初めて民間企業と本格的にかかわることになった出来事だった。そのためこの体験が、企業やビジネスマンに対するプーチンの見方を形成することになった。KGBでの豊富な経験はあったものの、実際の企業の仲介役やフィクサーとしてプーチンはまだまだ半人前だった。彼としては、業者と直接取引することによって、すぐさま結果が出ると思い込んでいた。彼には金があった。レニングラード大学やKGB時代に学んだ貿易の知識や理論の裏づけもあった。ロシアの資源にアクセスできると謳う人物も知っていたし、（おそらくKGB時代の貿易関係の人脈を通じて）物物交換取引を行なうための国際市場の知識も持ち合わせていた。そういった市政外の知識や人脈がなければ、取引を遂行することはきわめて難しかっただろうし、そもそも不可能だったかもしれない。しかし、彼の試みはことごとく失敗した。プーチンは重大なミスを犯してしまったのだ。ドイツ人政治学者アレクサンダー・ラールによれば、食糧取引の失敗のあと、プーチンは民間企業を「信頼しすぎていた」ことに気づいたという[13]。プーチンの自己分析によると、現在でも彼は他人を「あまりにも簡単に信頼しすぎて」失敗することがあるという。二〇〇九年、ブルームバーグの記者から、自身の性格の最大の欠点について問われると、彼は「他人を信頼しすぎる傾向」と即答した[14]。

サンクトペテルブルクの政治とビジネス

プーチンが民間企業に裏切られたと感じた出来事

は、食糧取引の一件だけではなかった。もともとプーチンはサプチャーク近辺でKGB工作員として活動していたが、同時にサプチャーク自身もプーチンにさまざまな任務を課していた。そのなかには、政治的な任務も含まれていた。一九九三年の時点で、サプチャークはプーチンに色々な政治運動の管理を任せるようになった。その活動の多くは成功とはほど遠く、意図的とさえ思える失敗もあれば、必ずしも意図が結果と結びついていないこともあった。そもそも意図が何なのかさえわからないような代物ばかりだった。たとえば、サプチャークはプーチンにエゴール・ガイダルの政党〈ロシアの選択〉に加わり、九三年一二月の議会選挙のサンクトペテルブルクでの選挙運動を取り仕切るように指示した。一方、サプチャークはサプチャークで自前の政党を運営していた。つまり、同じチームの仲間のはずのプーチンとサプチャークが、二つの自由民主主義的な党に分かれて選挙運動を展開するという不可解な構図ができあがった。いったいぜんたい、サプチャークはプーチンを〈ロシアの選択〉に送り込んで何をさせようとしたのだろう？　目的が何であれ、この選挙でガイダルの政党は約二七パーセントの票を獲得したが、サプチャーク自身の政党は五パーセントの得票率ラインに届かず、比例区での議席獲得を逃す結果となった[15]。

サンクトペテルブルクにおける政治活動のリーダーとして、プーチンは失敗と成功（らしきもの）を繰り返しながら、次の大きな選挙を迎えた。一九九五年一二月の議会選挙では、サプチャークは政党〈我が家ロシア〉に加わるようプーチンに指示した。〈我が家ロシア〉は現職の首相ヴィクトル・チェルノムイルジンが率いる政党で、一部では次の政権与党になると目されていた。プーチンが〈我が家ロシア〉のサンクトペテルブルク地区代表に就くと、チェルノムイルジンは続けてプーチンを党政治局（国政評議会）メンバーに任命した。しかし議会選挙では、〈我が家ロシア〉はサンクトペテルブルク地域において、〈ヤブロコ〉と〈ロシアの選択〉に次ぐ三位に甘んじた[16]。こうして国政におけるプーチンの初期の試みは失敗に終わったものの、サプチャークがプーチンに見切りを付けることはなかった。九五年の議会選挙の興奮冷めやらぬなか、すぐに次なる選挙戦が始まった。ロシア大統領選挙と同時期の九六年六月に行なわれる、サンクトペテルブルク市長選挙だ。

サプチャーク自身の談話を含め、誰の話を聞いても、彼は市長再選に向けて意欲満々だったようだ[17]。そんな彼は、ウラジーミル・プーチンを再選委員会の代表に任命した。アレクサンダー・ラールの本によると、対立候補の準備期間を減らすために投票日を四週間前倒しするアイデアは、プーチンの考えだったという。彼はロシア政府の承認を得て、選挙日程の変更に同意するようサンクトペテルブルクの政治家たちを必死で説得した。しかし結局、選挙運動はまた失敗に終わった。プーチンとしては、ユーリ・ボルドィレフのような〝急進的〟な民主主義者がサプチャーク最大の脅威になると踏んでいた。ボルドィレフといえば、ヤブロコ党の結成に加わる前、サンクトペテルブルクの食糧スキャンダルを調査した会計検査院の元副議長だった人物である。彼は反腐敗を掲げ、サンクトペテルブルク市長選に出馬した。言うまでもなく、食糧スキャンダルの内情を知るボルドィレフが後任の市長となって綱紀粛正を進めれば、プーチン個人にとって大きなダメージになっていただろう。本当の動機が何であれ、プーチンはボルドィレフに勝つことをサプチャークの選挙活動の柱に据えた。しかし最終的に当選したのは、プーチンがまったく相手にしていなかった候補者、前サンクトペテルブルク第一副市長ウラジーミル・ヤコブレフだった[18]。

振り返ってみれば、いくらボルドィレフに脅威を感じたとはいえ、プーチンがなぜヤコブレフをまったくマークしていなかったのかは謎だ。ヤコブレフはプーチンの親しい元同僚であり、同じサプチャーク・チームの一員でもあった。彼はプーチンやアレクセイ・クドリンとともに経済の舵取りを担った優秀な人物で、市長選ではロシアの有力な政治家たちからの支援も受けていた。チェルノムイルジン首相は、一九九五年一二月の選挙応援の見返りとしてサプチャークを正式に支援したが、モスクワのほかのパワー・エリートたちはサプチャークの再選に反対していたのだ。

そのころ、クレムリン内部の三人の関係者――KGBの元将軍でボリス・エリツィンの大統領警護局長アレクサンドル・コルジャコフ、一九九六年のエリツィン大統領再選運動を率いた元第一副首相オレグ・ソスコヴェツ、当時のFSB長官ミハイル・バルスコフ——は、病気がちなエリツィンのゆくゆくの後継者を探そうともくろんでいた。自分たちが選んだ後継者を大統領選挙で勝たせるためには、モスクワだけでなく地方からの支持が必須となる。その点において、ロシア第二の都市であるサンクトペテルブルクの票の動きはきわめて重要だった。しかし三人は、サプチャークを味方に付けることはできないとわかっていた。それに実際問題として、サプチャークがサンクトペテルブルク市長に再選されれば、次の大統領の有力候補になる可能性が高い。そこで、三人はヤコブレフの応援に回ったというわけだ。コルジャコフ、ソスコヴェツ、バルスコフの三人に加えてもう一人、サプチャークの存在を煙たがる男がいた。モスクワの敏腕市長で、自らも大統領選出馬を狙うユーリ・ルシコフだ。ルシコフもまた、ヤコブレフがサンクトペテルブルク市長になったほうが大統領選に有利だと考えていた[19]。かくして、ヤコブレフはモスクワから資金と政治的支援を取りつけたのだった。

一方のサプチャーク陣営では、選挙の二カ月前にすでに資金が底を突いていた。彼らは焦った。アレクサンダー・ラールは当時の状況について、「選挙活動が進むにつれて、プーチンは目に見えてピリピリとしていった」と説明している。「そんな緊張状態のなかでの話し合いで、プーチンは恩師のサプチャークにこう約束した。〝われわれが市営企業の民営化を進めたおかげで、莫大な利益を得た実業家たちが大勢います。そういった有力な実業家の支持を取りつけます！〟」[20]。するとプーチンは実業家たちを市が所有する別荘《ダーチャ》に呼び出し、サプチャークの選挙活動への寄付を求めた。が、彼らは拒否した。市のビジネス界の大物たちからの支援が得られないとわかると、プーチンは小者へと目を向けた。すぐに中小企業の経営者たちを対象とした資金調達イベントを計画するも、こちらもあえなく大失敗。なんとサプチャークが会合の時間を忘れ、イベントをすっぽかしてしまったのだ。

その後、プーチンはさらなる屈辱を味わうことになる。彼の失敗を尻目に、サンクトペテルブルクの有名なマフィアがサプチャーク市長の資金調達に成功したのだ。そのマフィアは自身が設立した〈市長応援基金〉に一人二〇〇〇ドルを寄付するよう、中小企業の経営者たちに呼びかけた。プーチンの要求を拒んだはずの経営者たちは一転、マフィアの依頼をすんなりと受け入れた。[21]つまり、サンクトペテルブルクの一マフィアが、KGB出身の選挙対策責任者であり、市長が信頼するフィクサーであるプーチンを負かしてしまったことになる。もしかすると、サプチャークのすっぽかし事件で恥をかかされたプーチンは、資金調達を頼んでまわる気力をすでに失っていたのかもしれない。真相がどうあれ、一九九六年のサンクトペテルブルク市長選挙にまつわるすべてをプーチンは闇に葬り、伝記用のインタビューでもいっさい語ることはなかった。とはいえ、市長選の教訓は彼の心に深く刻み込まれたに違いない。次回、大物実業家たちを相手にするときは、過去の便宜への恩返しなど期待してはいけない。必要なのは影響力。それも絶大な真の影響力だ。あのマフィアのように、断れない状況を作ることが大切だ。もし断れば相応の結果が待っている、と思い知らせることが。

ズブコフの計画

このエピソードに関して一つ不可解なのは、プーチンが実際はサンクトペテルブルクの有力な実業家たちに対して相当の影響力を誇っていたという点だ。食糧スキャンダルのあと、プーチンは着々とあるシステムを築いていた。それは、将来的に民間の実業家と円滑に取引を行ない、さらには彼らの動きを掌握するためのシステムだった。そして、その手段として彼が用いたのは、企業や各実業家の金融取引や税金の支払いに関する情報を収集し、いざというときのために手元に置いておくというものだった。プーチンは副市長の権限を行使し、市内の全企業に対外関係委員会に財務状況を登録するよう命じた。そして、元副議長のヴィクトル・ズブコフ率いる現地の税務調査局の助けを借りて、プーチン自身が各企業の財務状況を堂々とチェックしたのだった。[22]プーチンとズブコフがこの計画をどの程度まで隠そうとしたかは不明だが、当然ながら隠し通せるわけはなかった。ある記録によれば、サンクトペテルブルク市議のアレクサンドル・ベリャーエフが、「秘密機関の手法」を使って市の企業を支配したとプーチンを非難したという[23]。

ここで疑問なのは、プーチンとズブコフがどのような仕組みを使って影響力を行使したのかという点だ。さまざまな証言を総合すると、どうやら恐喝まがいの手法も採られていたようだ。言うまでもなく、脱税や不正の証拠となる財務データをより多く集めるほど、強力な武器が手に入ることになる。つまり、それを使って市側の思惑どおりに民間企業と取引を進めることができるようになるということだ。やり方はいたって簡単。違法行為を証明するに足る情報を握っていることを、企業に知らせるだけでいい。

ヴィクトル・ズブコフ
（1941-　　）

そして、こちらの言うとおりにすれば、警察には黙っておいてやるとほのめかすのだ。これこそ、ベリャーエフ市議の指摘した典型的な「秘密機関の手法」である。まさに、プーチンがKGBで学び、実践していた手法だったに違いない。

ウラジーミル・プーチンと一九九〇年代のサンクトペテルブルクのビジネス界との取引には、私たちの知りえない秘密がまだまだたくさんあるのだろう。当時の事実や出来事にはあいまいな点が多々あるものの、数年後のプーチンのモスクワ異動後の行動を予示するものであることは間違いない。プーチンとズブコフによる前述の計画は、（発案されたのはもっと前かもしれないが）九三年末または九四年初めに実行に移された。ターニングポイントになったのは、ヴィクトル・ズブコフがサンクトペテルブルクの税務当局の責任者に就いたことだった。こうして、プーチンとズブコフはサンクトペテルブルクとモスクワの両方で二〇年以上にわたって非常に近しい関係を保ってきた。にもかかわらず、サンクトペテルブルクでの二人の計画の詳細については、プーチンのどの伝記にも登場しない。

二〇〇七年九月、プーチンはのちに「タンデム体制」と呼ばれることになる状態を作り上げるために、初めて公の場で動き出した。タンデム体制とは、ドミートリー・メドヴェージェフを大統領に据え、プーチン自身は首相の座に納まるというものだ。彼は自分が首相になるときのことを想定し、事前に重要な権限を大統領から首相に移そうと考えた。そこで、このデリケートな移行期間だけ首相を務めてくれる、全幅の信頼を置ける人物が必要になった。その絶大な権限をしっかりと管理してくれる人物としてプーチンが信頼できたのは、ヴィクトル・ズブコフただ一人だった。〇七年九月のヴァルダイ会議の晩餐会で、プーチンはヴィクトル・ズブコフへの称賛の言葉を惜しまず、彼を暫定的な首相に選んだ理由を長々と説明した。プーチンはズブコフの経歴を振り返りつつ、こう述べた。「彼は豊富なキャリアと人生経験を持つ男だ。言うまでもなく真のプロフェッショナルであり、善良で有能な管理者だが、同時に生産分野で豊かな経験を持つ人物でもある」。また、ヴィクトル・ズブコフは「驚くほど正直な男」だという。「その優れた人間性によって、ズブコフはこれまでさまざまな重要な役職に選ばれてきた。彼は驚くほど立派な男なのだ……特に強調したいのは、ヴィクトル・ズブコフがいちどたりとも信頼を裏切ったことがないということだ[24]」

プーチンより一回り年上のズブコフは、もともとソ連の農業部門の農場管理者として訓練を受けた。その後、彼はレニングラード地区の中央計画経済のテクノクラシーのなかで出世の階段を駆け上がっていった。一九九二年、対外関係委員会副議長としてサンクトペテルブルク市長のチームに呼び寄せられたのは、食糧危機への対応を期待されたからのようだ。民間企業による裏切り行為によって街が著しい食糧不足に陥ったとき、ズブコフはサンクトペテルブルク地域の農業部門の人脈を活かし、食糧を手に入れることに成功した(ほかにも、東ドイツから帰国したソ連赤軍の将校たちが住むための農場を手配したこともあった)。

そして一九九三年一一月、ソ連の官僚機構内で農場部門の管理者としてキャリアを積んできたヴィクトル・ズブコフが、「副市長(プーチン)に仕える副議長」という立場から、一気にサンクトペテルブルク市連邦税務調査局長および同市国家税務局副局長に出世した。言い換えれば、税務や財務に関して何の経験も持たない地方のナンバー3が、一躍サンクトペテルブルクの税務当局者のトップに躍り出たわけだ。同様に驚くべきは、まさかの抜擢にもかかわらず、ズブコフはその効率的かつ公明正大な税の徴収によって、たちまちサンクトペテルブルク内で評価を高めたことだ。彼は、実に地に足の着いた仕事ぶりで有名だった。あまりに多くの違反者を摘発したことから、「一〇〇万ルーブルを見逃さない男」というニックネームが付けられたほどだ。また、あるジャーナリストによれば、ズブコフはこんなモットーを掲げた人物として知られていた。「話は実に単純。きちんと税金を払って、夜はぐっすり眠りましょう[25]」

ヴィクトル・ズブコフの手を借りて、プーチンは企業や個人の悪事の情報を収集し、手元に保管した。結果、ウラジーミル・プーチンは実業家を税務署から守るという切り札を手にすることになった。その税務署のトップこそが、ズブコフその人だった。実業家の保護を名目にしたこの手法はプーチンの十八番となり、モスクワに異動して別の種類の実業家——オリガルヒ——と折衝する際にも同じアプローチが用いられた。プーチンと特殊な取引を結び、それを維持するうえで、最終的な法の執行者（この場合、ズブコフ）が公明正大であることは非常に重要な意味を持っていた。一九九九年八月にウラジーミル・プーチンが首相に任命されるわずか数日前、ズブコフは財務次官を務めるためモスクワに呼ばれた。プーチンが首相から大統領へと出世の階段をのぼると、ズブコフは連邦金融監視局の起ち上げを手伝うことになった。連邦金融監視局とは、もっとも機密性の高いロシア企業の財務情報を独占的に収集する国家レベルの機関である[26]。

原点回帰——「もっとも複雑な仕事」

こうしたサンクトペテルブルクでの活動のすべてに共通するのが、プーチンが大学卒業後に勤めたKGBでの仕事から獲得した一連のスキルだ。一五年間におよぶKGB時代、ウラジーミル・プーチンは時にスパイ行為や情報分析にも携わってきたが、最大の職務はそのどちらでもなかった。一九九〇年代初めにKGBの命令でサンクトペテルブルク市政に携わるまで、プーチンは主にケース・オフィサーとして活動していた。彼が身に付けた実践的なスキルは、すべてこのケース・オフィサーという職業から得たものなのだ。そのスキルについては、大統領に就任して間もないころに受けたインタビュー内で、プーチン自身が詳しく説明している。二〇〇一年六月にプーチン大統領は、モスクワに支局を構えるアメリカの報道機関のトップを集め、特別な記者会見を開いた。当時の『ニューズウィーク』誌モスクワ支局長のクリスチャン・カリルは、その記者会見で最後に質問をした人物だった。ＫＧＢでの経験に対する誇りを語ったプーチンに対して、カリルは尋ねた。ＫＧＢで受けた専門的な訓練のなかで、ロシアのリーダーを務めるためにもっとも役立ったものは何か？　プーチンは二つの重要なスキルを挙げ、次のように答えた。

> いちばん役立ったのは、人間に対処した経験だ……人間にうまく対処するためには、対話や関係づくりの能力が必要だ。結果を出したければ、パートナーに敬意を払いつつ、相手から最高のものを引き出さなくてはいけない。向こうを仲間に引き入れ、自分と相手を結びつけるもの、つまり共通の目標があると感じさせる必要がある。おそらく、それがもっとも重要なスキルだろう。もちろん、このスキルは外交においても役立つし、国内の仕事に関しては何より大事なスキルといえる……二つ目の重要スキルは、大量の情報にうまく対処する能力だ。これは分析や特殊任務を通じて養われるもので、情報の洪水からもっとも重要なものを選び出し、処理し、利用するスキルである。[27]

「人間と情報にうまく対処する」能力は、プーチンのキャリアにおいて鍵となったスキルであり、これからもそうありつづけるだろう。彼がこれらのスキルについて誇りを持って語ったのは、それが最初ではなかった。二〇〇〇年刊行の『プーチン、自らを語る』では、プーチンはＫＧＢに勤めはじめたころからの親友であるセルゲイ・ロルドゥギンのコメントを載せるよう著者に促した。インタビュアーはロルドゥギンに対し、親友であるプーチンの本当の職業を知っていたかと尋ねた。「詳しくは知らなかった」と彼は答えた。

ワロージャはKGBに勤めているとすぐに打ち明けてくれた。かなり早い時期にね。本来は良くないことなのかもしれないが。実際、ほかの人たちには警察勤務だとよく言っていた……私はワロージャに仕事のことを尋ねたことはなかった。もちろん興味はあった。いったいどんな仕事なのかってね。ただ、はっきりと覚えている出来事がある。いちどだけ、ある特殊工作について具体的な内容を聞き出そうとしたことがあった。だが、彼は一言も口を割らなかった……そこで、私はこう訊いた。「私はチェリストだ。チェロを弾く。外科医にはなれない。でも、チェリストとしての腕はまあまあある。さて、君の職業は何だ？　情報部員だというのは知っている。でも、その意味はわからない。君は何者だ？　何の専門家なんだ？」……すると彼はこう答えた。「私は人間とコミュニケーションを取る専門家だ」。それで会話は終了した。[28]

「人間とコミュニケーションを取る」または「人間に対処する」という言葉は、KGBの専門用語では二重の意味がある。一方では、人々の不満を先取りして対応するために、国民全体の感情を監視する活動を指す。この〝フォーカス・グループ〟的なアプローチは、アレクサンドル・フリストフォロヴィチ・ベンケンドルフ伯爵が、一八二〇年代に時の皇帝ニコライ一世に提言したアプローチとしても有名だ。ベンケンドルフは、帝政時代の秘密警察の創設者で、史上もっとも有名な長官である。当時の伯爵は、一八二五年のデカブリストの乱の再発を避ける手立てを模索していた。[29] そこで彼は、人民の心を読み、人民を満足させるために何が必要かを判断することが大切だと気づいたのだった。

一方、情報部員にとって、「人間に対処する」ためにもっとも重要なのは、ターゲットの心理を分析することだ。ケース・オフィサーにとっては、工作員を獲得して思惑どおり活動させるために欠かせないステップでもある。ターゲットの心を読み、弱みを見つけ、それを利用する方法を探る。プーチンや彼のKGBの指導者たち、そして一九七〇年代と八〇年代のKGB職員全員にとって、「人間に対処する」という言葉の二重の意味は大きな問題にはならなかった。なぜなら、特定の個人から一般大衆まで、誰もが工作活動のターゲットだったからだ。

アンドロポフの新生KGB
——特定の個人に対処する

「人間にうまく対処する」ことこそ、ユーリ・アンドロポフ率いるKGBの大きな特徴だった。アンドロポフが指揮したKGBにとって最大の問題は、ターゲットをただ抑圧、投獄、抹殺するのか、それとも教育して味方に引き入れるのかということだった。前者はかなり単純で、必要なのは特別な技術ではなく非情さだけ。しかしアンドロポフらにしてみれば、それは近視眼的なやり方でしかなかった。後者のアプローチのほうが見返りはずっと大きいものの、スキル、繊細さ、忍耐、そして何よりも影響力を必要とする難しい任務だった。二〇〇三年一一月、ロシアの法執行機関の若い職員との会談でプーチンはこう述べた。「人間にうまく対処するというのは、この地球上でもっとも複雑な仕事だ[30]」。

アンドロポフはKGB議長に就任して間もなく、イデオロギーおよび反体制活動に対処するまったく新しい部署〈第五局〉を創設する計画を発表した。第五局の存在は、若きプーチンが加わった一九七〇年代の新生KGBの風土を決定づけるものだった[31]。プーチン自身、キャリアのどこかの時点で第五局に所属していたかもしれない。第五局のトップに任命されたフィリップ・ボブコフは、九五年の回顧録のなかで、この新しいアプローチの背景について解説した[32]。彼によれば、KGBの活動の文脈に大きな変化が起きたきっかけは二つあった。一つは、五三年のスターリンの死後にソ連体制が自由化されたこと。そして何より、五六年のニキータ・フルシチョフの有名な演説「秘密報告」において、スターリン時代の犯罪が暴露されたこと。それを境に、純粋な抑圧は逆効果だとみなされるようになった。アンドロポフがKGB議長に就任するころには、ソ連体制の抑圧や欠陥に耐えかねて、各地で同時多発的な抗議活動が起きていた。アンドロポフには、五六年のハンガリー動乱の最中に駐ハンガリー大使を務めていた経験があった。そのため、状況がさらに深刻化して抗議の勢いが増すと、取り返しのつかない事態になることを痛いほどわかっていたのである。

アンドロポフが主導した「人間に対処する」ための積極的なアプローチは、たびたびその真価を問われることになった。ボブコフは回顧録のなかで、一九六九年にシベリアのアルタイ地方の都市ルプツォフスクで起きたある出来事について言及した。飲酒運転の容疑で逮捕されたとされるトラック運転手が、留置場で死亡した事件だ。KGB第五局のI・T・ツパーク大佐が、対応のためすぐさまルプツォフスクに派遣された。ツパークが到着したころには一万人以上の住民が街の中央広場に集まっており、一部の扇動によって暴徒と化す寸前の状態だった。ツパーク大佐は迷いなくその群集の真ん中へと進み、「あなた方の言い分を聞いてロシア政府に伝えるため、アンドロポフ議長に派遣されてやってきた」と伝えた。そうやってツパークは群集を落ち着かせることに成功した。

ボブコフは当時についてこう回想した。「現場を訪れて苦情に応えることが果たしてKGBの仕事なのか、と疑問に思う人も多いかもしれない。もちろん違う。だが、そんなことができる人間はほかに誰もいなかった。(こうした抗議活動が起きたとき)アンドロポフは慎重かつ柔軟な方策を採ることが大切だと訴えた。一方で、厳しい弾圧策を求める人々も多かった……しかしアンドロポフは、リスキーで過激な手段を採るべきではないと職員たちに言い聞かせた」[33]。ルプツォフスクの事件とツパーク大佐の介入は、二〇〇九年のピカリョヴォ事件を想起させる。サンクトペテルブルク近郊の工場城下町ピカリョヴォで起きた抗議活動に対し、プーチン自らが苦情に対応し、騒ぎを収めた例の一件である。

アンドロポフは一般大衆だけでなく、著名な人々に対しても先制措置を打った。芸術家、作家、エンジニア、ホワイトカラー労働者などのいわゆるインテリゲンチャ(知識階級)が社会に及ぼす影響はきわめて大きかった。ボブコフいわく、スターリン後の微妙な時代のソ連に必要だったのは、「人々との幅広いコミュニケーション」だった[34]。しかし、アンドロポフの〝新生〟KGBと第五局への風当たりは強く、ＫＧＢ内の強硬派だけでなく共産党上層部からも疎まれていた。ボブコフは著書のなかで、著名な亡命作家ウラジーミル・ナボコフなどの著書の発禁をめぐる、新生ＫＧＢと党上層部との衝突について触れている。アンドロポフがソ連の政治局への報告でこの話題を持ち出そうとすると、ＫＧＢの出る幕ではないと一蹴されたという。

だとしても、遅かれ早かれ対処が必要なことは重々承知していた。禁止すればするほど、インテリゲンチャの反発も激しくなるからだ。そして最終的には、間違いなく法を犯す者が現われるだろう。したがって、われわれの関与は欠かせなかったのだ。[35]

さらにボブコフは、自身が個人的にかかわった先制措置のなかでも特に大きな成果につながった事例を挙げた。反体制派の歴史学者ロイ・メドヴェージェフの一件だ。当時、共産党から除名されたメドヴェージェフは、自らの著作を反共産主義の出版社を通じて西側諸国で発表していた。ＫＧＢ職員たちが何度も彼に接触し、過剰な体制批判や国外での出版活動を控えないと大変なことになると警告した。が、まったく効果はなかった。その後、メドヴェージェフが共産党指導者やレオニード・ブレジネフ書記長を個人的に攻撃しはじめると、党はＫＧＢに対処を迫った。同時に、共産党は中傷作戦に打って出た。アンドロポフがロイ・メドヴェージェフを個人的に守っており、ブレジネフに対抗するための内部の権力争いに彼を利用している、と噂を流したのだ。そのためボブコフは、アンドロポフに代わって自らの手で問題を解決せざるをえない状況に追い込まれたという。彼はメドヴェージェフのアパートに押しかけ、紅茶を飲みながらじっくりと話をした。

（その会話を進めるうちに）相手の論理の弱点と強みの両方が見えてきた。彼の正しい部分、間違っている部分が手に取るようにわかった。それを理解できたのはこちらとしても非常に好都合で、話し合いの結果は満足の行くものだった。メドヴェージェフは（西側の）非共産党系の出版社との協力をやめ、『ポリティカル・ダイアリー（*Political Diary*）』と題したジャーナルの刊行も休止した。その後、彼は共産党系の出版社としか仕事をしなくなり、「社会主義の枠組みのなかの多元的共存」へと傾倒していった……私にとってもっとも重要だったのは、メドヴェージェフが西側の共産主義者たちと協力を始めたことだ。こうしてわれわれは、別の経路から彼の反体制活動に影響を与えることに成功したのだ。[36]

ボブコフによれば、メドヴェージェフの一件は、「人間に対処し、相手の可能性をイデオロギー活動に活かす」ことがいかに重要かを示す大きな例なのだという。[37]ボブコフがロイ・メドヴェージェフの問題に介入した前述の方法は、アンドロポフ時代のKGBのような〝先進的〟な秘密機関の活動の典型例だといえる。理論上の目標は、ターゲットを一対一の対話によって説得し、こちら側の理念に忠誠を誓ってもらうことだ。しかし現実的には、圧力をかけ、恐ろしい展開を匂わせて脅しをかけなければ、説得はまず成功しない。とはいえ、実際に威圧的な脅しに頼ることは、望ましいやり方ではなかった。企業の財務情報を密かに収集したプーチンやズブコフ、あるいはロシア連邦金融監視局のように、相手に痛手を与える情報を抱えたうえで交渉に乗り出すのが最善の方法とみなされていた。

KGBの工作員やケース・オフィサーにとって、協力者の獲得工作において理想的なのは、双方にメリットがある取引を結ぶことだった。たいてい、そういった取引は脅しのうえに成立するものだった——いざとなれば協力者を破滅に追い込むことのできるレベルの脅しだ。そのため、ケース・オフィサーは協力相手の弱みを独占的に握る必要があった。ターゲットが誰か別の相手に庇護を求めてしまえば、取引はそこで終わってしまう。ウラジーミル・プーチンはKGB時代、少なくとも一時期だけ二重スパイの獲得にかかわっていた可能性があるといわれている。言うまでもなく、二重スパイを獲得して操るのは、通常のケース・オフィサーの職務よりもずっと難しい。さらなる忍耐や繊細さが求められるのはもちろんのこと、より威圧的な態度と非情さが必要になる。[38]多くの場合、二重スパイになるような人間は、雇い主の理念に賛同することはない。そもそも相手の理念に関心がないケースもあれば、正反対の理念を持っていることも多い。仮にプーチンがこうした活動にかかわっていたとしたら、おそらく一九八五年から九〇年まで東ドイツで「ルーチ作戦」に従事していた時代だったに違いない[39]。

KGB出身は「政治家にとってプラスの経歴」

アンドロポフが率いた時代のKGBに関する資料や文献のなかには、プーチンの活動――KGB勤務時やサプチャークのチームに潜入した「現役予備役」時代――により密接に関連するものが多数ある。その一例として、ウラル山脈の麓にあるペルミ州の副知事ワレリー・アレクサンドロヴィチ・シチューキンによる二〇〇〇年のインタビュー記事を引いてみたい[40]。自身のキャリアについて語ったその記事のなかで、彼はKGBでの経験が「政治家にとってプラスの経歴」になると強調した。

　プーチンより二歳ほど年上のシチューキンは生涯KGB職員を務め、プーチンがアナトリー・サプチャークのもとで副市長を務めたのと同じく、後年は「現役予備役のKGB職員」としてペルミ州副知事を務めた。彼もまたアンドロポフ時代にKGBに加わったメンバーの一人で、プーチンと同時期に赤旗大学に通ったこともあった。シチューキンは地元ペルミの新聞『ズヴェズダ』のインタビューに答え、アンドロポフの新人採用について次のように説明した。

> 私の職歴や学歴は、〈KGBに採用される者にしては〉珍しいものだ。また、兄が長年KGBに務めていたが、私の申請書類は隅々まで調べられた。しかも、世襲を奨励するのは冶金労働者や鉱山労働者ばかりではない。すべてがアンドロポフ時代、つまり共産党の〈コムソモール〉などの若いメンバーがKGBに「召集」されていた時代に起きたという事実も重要だった。この召集の主な目的は、秘密機関を共産党よりも優位に立たせようとすることではなかった。だからこそ、十数名の〈コムソモール〉上層部の活動家たちがKGBの養成機関で私とともに

学んでいたのだ。[41]

一九九六年にペルミ州の副知事になったとき、シチューキンはまだKGBの現役職員だった。彼がその役職に選ばれたのは、KGBではなく知事自身の考えだった。KGBの上司たちはシチューキンの職位を「現役予備役」に変更して副知事職に就かせたが、彼は一年後にその予備役を退職した。『ズヴェズダ』紙は、プーチンもサンクトペテルブルク時代に一年あまり現役予備役に就いていたことを挙げ、シチューキンに「現役予備役のKGB職員」の意味を尋ねた。シチューキンはこう答えた。「現役予備役はKGBから給与はもらえないが、職員名簿には残り、作戦情報へのアクセスが可能で、昇進の資格もあり、機密命令を含む本部からの任務を遂行する義務を負う。しかし、実際に勤務する民間組織の上司に対して、その命令について通知してはいけない」[42]。

するとインタビュアーは、現役予備役というのはまるで「スパイ」みたいだと指摘した。シチューキンは、その表現は「少し雑すぎる」と答えたが、「法律的・倫理的に多くの問題がある」と認めた。一方のプーチンは、同時期に工作員とサンクトペテルブルク副市長を兼任していたという点に、とりわけ戸惑いは感じていなかったようだ。[43] 実際、プーチンはシチューキンと同じく、情報機関に勤めた経歴が人生において大きなプラスの役割を果たしたことや、政治家になるうえで良い経験になったことを繰り返し強調してきた。たとえば、シチューキンの『ズヴェズダ』紙のインタビューのわずか数カ月後、二〇〇〇年一二月に行なわれた大統領就任後のインタビューもその一例だ。カナダのテレビ局〈CBC〉と〈CTV〉、『グローブ・アンド・メール』紙、ロシアのテレビ局〈RTR〉によるインタビュー中、ある記者が尋ねた。KGB時代のケース・オフィサーの仕事について質問されるとイライラしますか？ するとプーチンはアメリカの元国務長官ヘンリー・キッシンジャーを例に挙げ、次のように答えた。

なぜ私がイライラしていると思うのかね？ 私はイライラしているなんていちども言ったことはない。この例を持ち出すのが適切かどうかは

> わからないが、私が尊敬するキッシンジャー氏に初めて会ったときのことだ。私がもともと情報部員だったことを伝えると、彼は間を置いてこう答えた。「まともな人間はみな情報機関出身だ。私も含めてね」。恥ずかしながら、私はその事実を知らなかった……でもそれがどうした？　知っていたとしても何もできることはない。諸外国のリーダーのなかには、アメリカ大統領も含めて、情報機関出身の者もいる。私も忠実に自分の国に仕えたし、何も後悔することはない。こう言うと不思議に聞こえるかもしれないが、他国の法律を犯したこともない。情報部員の仕事はとても興味深く、非常にプロフェッショナルなものだった。人生の役にも立ったし、実に面白い仕事だったのだ。[44]

　エージェントの勧誘・獲得・操作は、一対一で人目につかないところで行なわれる任務である。しかし、ウラジーミル・プーチンはロシア大統領として、ケース・オフィサーのノウハウや技術を利用して国家全体に影響を及ぼし、全ロシア国民に国家理念への忠誠を誓わせる必要があった。どうすればそんなことが可能なのか？　当然、ロシア国民全員を一人ずつ味方に引き入れることはできそうもない。国家に仕える獲得工作員、そしてケース・オフィサーとして、プーチンはさまざまな道具を自由自在に操る必要があった。前述のとおり、歴史の前例を利用することは、プーチンの道具箱のなかで強力なツールの一つとなった。また、大統領や首相として、ＰＲ活動でさまざまな偽の顔を演じるというのも大切な道具の一つだ。

　プーチンは歴史とＰＲ活動を利用し、本来は個人をターゲットとするケース・オフィサーの役割を国家レベルに拡大し、さまざまな集団を味方に付けてきた。一九九九年一二月のミレニアム・メッセージに代表される種々のスピーチや書物のなかで、プーチンはどのような集団の歴史がロシア国家としての伝説の一部となるのかを明確に打ち出してきた。同時に、彼の理念や政策に従わない集団については、ロシアの歴史の埒外に追いやると訴えてきた。そのような反社会的な集団（たとえば、二〇一二年の大統領選挙後の抗議デモ参加者）は、「われわれ（nashi《ナーシ》）」

ではなく「よそ者ども（chuzhiye《チュジーエ》）」のレッテルを貼られるリスクを負わなければいけないのだ。バイク乗り、アウトドア愛好者、消防士、そして工場城下町の労働者と膝を交える真摯な政治家――こうしたプーチンのパフォーマンスは、ロシアのさまざまな集団や社会階級を「われわれ」に迎え入れ、政治的な支持を広げる役割を果たしているのだ。

『ホットライン』を通じた人心掌握術

一般大衆に向けたプーチンのケース・オフィサー的なアプローチのなかでも、とりわけ特徴的なのは、テレビや公の場でロシア国民と一対一で対話することだろう。たとえば、長時間の記者会見やいわゆる『ホットライン』がその例である。『ホットライン』とは、毎年恒例の視聴者参加型のテレビ番組で、プーチン大統領（または首相）がロシア国民の質問に直接答えるというものだ[45]。また、年一回のヴァルダイ会議の冒頭の質疑応答コーナーも二〇〇四年からテレビ放映されており、ロシア語と英語の書き起こし原稿が公式ウェブサイトで一般公開されている。

こうしたロシア国民との対話は、ベンケンドルフ伯爵の生み出した〝フォーカス・グループ〟的なアプローチの概念にまったく新しい定義と特質を与えるものだ。フィデル・カストロのように一般大衆を前に延々とスピーチや独白を続けるのではなく、プーチンはケース・オフィサーのアプローチを採る。彼は何時間もかけて人々と直接の対話を続け、協力者を獲得する工作員のように人々との交流に臨む。プーチンにとっては、国民一人一人が生の情報源なのだ。人々の尋ねる質問は情報そのものであり、彼らの心理状態や懸念を教えてくれる。人々が提起する問題に寄り添う答えを提供し、プーチンは相手を自分の世界へと引き入れるのである。二〇〇一年六月に行なわれた『ニューズウィーク』誌のクリスチャン・カリル記者によるインタビューでは、プーチンは膨大な量の情報から重要な要素を抜き出し、それを処理・活用することが得意だと公言した[46]。

実際、プーチンは大統領に就任して間もないうちから、こうした国民との対話の大切さを強調してきた。二〇〇一年一二月の初めての『ホットライン』のなかで、彼は国民とのこうした対話が「市民とのコミュニケーション」や「情報交換」のための貴重な場であると訴えた。そのときの番組内で、電話で参加したある視聴者が『ホットライン』の形式を絶賛し、プーチンにコメントを求めた。すると彼はこう語った。

確かに、国家元首と国民がこういう形で対話するのは前代未聞かもしれない……しかし、対話を求める声は確かにあるのだから、私はこういう形の国民とのコミュニケーションがあってもいいと思うし、国家元首は国民とコミュニケーションを取り、彼らの声に耳を傾け、何らかのフィードバックをする義務があると思う。ロシアの色々な地域を訪れると、実際にそういうニーズがあるのがわかるものだ……そして、この種の対話には、質問をするみなさんだけでなく、私自身にとっても同じくらい価値があるということを言っておきたい。ロシアで何が起きているのか、人々がどう感じているのかについて、感触をつかめるからだ。そういった情報を分析してみると、優先事項が刻々と変化していることがわかる。昨日や一昨日の優先事項と今日の優先事項は異なるものだ。もちろん、すべての質問には答えられない。なんといっても、質問の数は五〇万件をゆうに超えるからね。今回のイベントが発表されると、一日に三〇万件の電話がかかってきたほどだ。だから、すべての質問に答えるのは難しい。それでも、参加してくれたみなさんには心から感謝したい。みなさんの声は、社会学的に優れた考察を与えてくれる。だから一〇〇パーセント責任を持ってきちんと検討し、われわれの活動に活かしたいと思う。[47]

プーチンはその視聴者に「今回がこのようなイベントの最後にならないよう善処する」と約束し、実際に毎年この『ホットライン』を続けている。彼が強調したように、どの回においてもイベント前に電話が殺到するという。クレムリンは膨大な数のオペレーターとアナリストを用意し、電話を受け、質問を記録・要約・分類して、人々が実際に何を考えているのかを分析する。そして、代表的な質問に生放送で答えることによって、プーチンは国のトップや国家が個人レベルや小さな集団レベルの問題に向き合っていることをアピールする。要は、プーチンや彼のチームがすべての問題を解決してくれることを暗に示そうとしているのだ。問題を解決するために国民が自分たちで何か組織を作る必要もなければ、街頭に出てかまびすしい抗議活動を繰り広げる必要もない。プーチンに電話すれば、彼が何でも解決してくれる、と。

この『ホットライン』という形式には、フィリップ・ボブコフが著書で説明する「人間に対処する」ということの二重の側面が含まれている。「人間に対処する」ことには二つの意味合いがある。一つは、一ルプツォフスクを訪れたツパーク大佐のように、一般大衆と対話するという意味合い。もう一つは、ロイ・メドヴェージェフと紅茶を飲んだボブコフのように、個人と一対一で対話するという意味合い。『ホットライン』では、プーチンはテレビ・スタジオの参加者はもちろんのこと、自宅や職場で番組を視聴する一般大衆と対話することになる。同時に、電話で質問を寄せる視聴者、さらには自宅の居間のソファーに座って紅茶か何かを飲みながらテレビを見る個々の視聴者と一対一の対話をしているのだ。

ただし、フィリップ・ボブコフの話は——プーチンの自伝に出てくる発言の多くと同じように——実際の出来事が終わってから語られた話であり、すべてが真実であるとはかぎらない。ボブコフの話す出来事が実際に起きたのかどうかもわからないし、実際の出来事だとしても、額面どおりに受け取るのは危険だ。とはいえ、KGB第五局を率いたボブコフは、一九七〇年代に入所した若いKGB職員にこうした話を伝えたことは確かだろう。そして、ウラジーミル・プーチンのような若い職員たちは、彼の話を頭のなかにしっかりインプットしたに違いない。プーチン自身の発言のあちこちにボブコフの話の痕跡が見られるのは、おそらくその証拠だろう。

ボブコフやプーチンの話に関しては、すべてが一面的なものだということも忘れてはいけない。彼らの話のなかでは、KGBの獲得工作員（ケース・オフィサー）のコミュニケーション能力や説得の技術がやけに強調される一方で、不都合な事実は明らかに無視されている。つまり、そういった技術が効果を発揮するのは、対話の相手——獲得工作のターゲット――が「黙って言うことを聞かないと大変な事態になる」と知っているからだ。ルビャンカ（KGB本部）の地下室、〈ペルミ36〉のような強制収容所、アンドロポフ時代のKGBのお気に入りだった精神病院に長いあいだ閉じ込められることになる、と[48]。

ボブコフやプーチンにとって各ケースの成否を決める評価基準となったのは、最終的な脅しにあからさまに頼ることなく目標を達成できたかどうかということだった。獲得工作の肝《きも》は、脅しの意図を遠回しに相手にうまく伝えることだ。ターゲットが工作員の意図をはっきりと読み取ったとしても、KGBのケース・オフィサーはあたかも自分が説得に成功したかのように振る舞う。これが「人間に対処する」ことの重要な要素でもあった。一対一のアプローチの利点の一つは、どのような種類のターゲットにも有効であり、さらに獲得工作のプロセスのどの段階でも有効であるという点だ。もともと友好的な人間はもちろん、貴重な情報を提供してくれる中立的な人間にも使える。また、ロイ・メドヴェージェフのような潜在的な危険分子にも使えるし、二重スパイとして活躍できそうな天敵にも使える。相手がどの種類の人間かによって工作にかける期間を変え、どのような種類の圧力が相手に有効なのかを見極めればいいだけだ。

激怒した群集への対処

ケース・オフィサーのアプローチを一般大衆のレベルへと広げ、大勢の人々に対処するために使うことには一つ大きな欠点がある。敵意剝き出しの群集に一対一のアプローチを用いるのは、非常に難しいのだ。この点からいえば、ツパークの話はきわめて例外的だろう（さらには、にわかには信じがたくもある）。脅しに基づく冷静な手法によって群集や暴徒を鎮めるのは、そう簡単なことではない。ピカリョヴォの一件においても、プーチンは群集のど真ん中にずんずん分け入って事態を収拾したわけではなかった。ピカリョヴォに到着した彼は会議室に直行し、オリガルヒのオレグ・デリパスカと工場責任者たちを叱りつけたのだ。抗議者たちの不満を解消することを狙ってその様子はテレビで公開されたが、実際には怒った群集から遠く離れた場所で行なわれたことだった。しかも、プーチンの介入は周到に準備されたパフォーマンスでしかなかった。プーチンであれば、群集レベルで「人間に対処する」こともできただろう。街に出て抗議者と対面することもできたはずだ。しかし、彼は少人数の集団にターゲットを絞った。当時の出来事について詳しく知るロシアの一部メディアやPR専門家によると、プーチンのPRチームとデリパスカ、ピカリョヴォの工場責任者、労働組合の代表のあいだで話し合いが行なわれ、公開叱責の段取りは事前に決まっていたのだという[49]。プーチン首相が町にヘリコプターで到着し、大股で機外に出て、冷徹で厳しい表情を浮かべながら会議室に向かい、デリパスカに合意書と署名用のペンを差し出す——その様子はすべてカメラに収められていた。実のところ、デリパスカは事前に合意書の内容を把握していた。すべては、ドラマティックにテレビに映るように仕組まれたことでしかなかったのだ[50]。

裏で一対一の取引を行ない、デリパスカなどの重要人物たちにうまく「対処」した結果、プーチンと彼のPRチームは理想的な首相像を描くことができた——ヘリコプターで現場に駆けつける労働者の味方。つまり、プーチンは群集レベルで「人間に対処する」ために、まず重要人物と個別に折衝して準備を整えておき、あたかもいきなり現場に現われてその場の判断で群集に対処したかのように見せかけたのだ。

もう一つ、似たような有名なエピソードがある。二〇〇八年一〇月、シベリアの中心的都市ノヴォシビルスクを訪問したプーチンは、オリガルヒのピョートル・アーヴェンが頭取を務めるアルファ銀行の支店に出向いてアーヴェン本人と面会した。翌朝、彼は政党〈統一ロシア〉の活動家たちの会合に参加。途中、地元で小さな建設会社を営むセルゲイ・アレクサンドロヴィチ・シチャポフがプーチンに近づき、会社への融資の許可が下りないことへの不満を漏らした。するとプーチンはこう応じた。「何だって？実は昨日、銀行に行ってきたところなんだ。頭取をここに呼んで、話をしてみよう」。プーチンが秘書にピョートル・アーヴェンを探すよう命じると、数分後に本人が姿を現わす。そして、プーチンはこう言う。「座りたまえ。君とはあちこちで会うね……ついこのあいだ、銀行の運営について二人で話したばかりじゃないか……さて、こちらはセルゲイ・アレクサンドロヴィチだ……彼こそ、われわれが話し合っていたことの完璧な具体例だ」。そのあと、プーチン、アーヴェン、シチャポフは、銀行による中小企業への支援の拡大について話し合う。これもまた、プーチンの介入が奏功した例の一つかもしれない[51]。

しかし、あらかじめ準備を整えておかないと、プーチンの介入がうまくいかないこともある。そのことを如実に示すあるエピソードを紹介しよう。この出来事はスマートフォンで撮影され、ロシアの公式テレビ・チャンネルではなくユーチューブで公開された[52]。夏真っ盛りの二〇一〇年七月、ロシア中部で大規模な泥炭火災と山火事が発生。当時首相だったプーチンは、特に被害の激しかったニジニ・ノヴゴロド近郊を視察した。動画の投稿者は紹介文のなかで、その時点でロシアじゅうの約二万二〇〇〇カ所で火災が発生していたことを指摘した。七月二九日の大火災では、ヴェルフニャヤ・ヴェレヤ村の三四〇戸すべての住宅が焼失し、数十人が死亡、数百人が家を失った。周囲の森では二週間近く前から火が燃えつづけ、徐々に村へと迫っていたという。村民たちは消火への支援を外部に繰り返し訴え、消火飛行機の出動を求めた。しかし、ニジニ・ノヴゴロド州知事ワレリー・シャンツェフは要請を断った。伝えられるところによると、シャンツェフは政府に対し、すべての状況はコントロールされていると報告したという。

ツパーク大佐がルプツォフスクを訪れたのと同じように、プーチンはすぐさま現場に直行した。すると、彼は激怒するヴェルフニャヤ・ヴェレヤ住民（大半が女性）に囲まれた。住民たちは、家が灰となり、家族や隣人たちが死んでいくあいだ、ただ手をこまぬいていた州政府や中央政府への怒りを爆発させた。プーチンは住民たちを落ち着かせるため、すぐに問題に対処することを誓った。私と政府が責任を持って財産を補償する、と。しかし、無駄だった。動画からは、無能な当局を代表する首相が目の前に現われたことで、住民たちの怒りが収まるどころかむしろ高まる様子が見て取れる。見るからに居心地の悪そうなプーチンは、当局の失態を非難する数人の女性に背を向け足早にその場を立ち去る。この動画の撮影者（あるいは投稿者）はこう指摘する。「プーチンのＰＲ活動はまったく通用しなかった。人々は首相の約束を信じようとしなかった。さらに、一部の住民はこう叫んだ。〝私たちを生きたまま火あぶりにしたかったんでしょう！　行政は無能だわ！　裁判にかけて、睾丸を縛ってつるし上げてやればいいのよ〟」（プーチンの決め台詞が、彼自身に投げかけられる結果となった）。また、被害が出たあとに来てもあまり意味はないと叫ぶ者もいた。「今ごろ考えても遅いわ！　もっと早く（火災のリスクについて）考えていたら、こんなことは起きなかったでしょうに[53]」

マーシャ・ゲッセンは著書『そいつを黙らせろ』のなかで、プーチンと群集が対峙した同じような事件について説明している。それは事実上、プーチンが大統領として初めて対処した危機であり、ＰＲ上の大失態になった出来事だった。それが、いわゆるクルスク事件である[54]。二〇〇〇年八月、ロシアの原子力潜水艦〈クルスク〉が爆発・炎上し、バレンツ海北部で全乗員を乗せたまま沈没した。爆発が起きたあと、一部の乗員は数日間にわたって海面下の潜水艦内部に閉じ込められたが、ロシアは国際的な救助の申し出を拒否。救助隊が潜水艦にたどり着き、内部に潜入したころには、爆発を生き延びた乗員たちも含めてすでに全員が死亡していた。ロシアや国際社会が固唾をのんでクルスク乗員の生死の行方を見守るなか、プーチンは不自然なほど姿を見せなかった。当初は休暇中だった。しかしその後も、事故現場を訪れるようにいくら周囲に説得されても、行こうとしなかった。ゲッセンは、ロシア人ジャーナリスト、アンドレイ・コレスニコフによる著書『私はプーチンを見た！（*Ya Putina videl!*）』の記述を引用しながら、当時の状況を説明する[55]。大統領府長官だったアレクサンドル・ヴォローシンらは、バレンツ海地域に行ってクルスク乗員の妻、母親、家族たちと面会するよう、懸命にプーチンを説得しつづけた。しかし、彼が重い腰を上げたのは事故発生から一〇日後のことで、しかも約束の時刻に四時間も遅れて現場に到着した[56]。人々はプーチンに「黙れ！」と怒号を浴びせ、救助が後手後手にまわった理由を問いただした[57]。「聴衆から手厳しく攻撃されたプーチンは、苦々しい気持ちで会場をあとにした。そして、二度と自分をそんな状況に置かないことを願ったのだ。その後、大統領在任中に多くの災害や事故が発生したが、プーチンは同じような状況の再燃をことごとく避けようとした[58]」

クルスク事件での大失態以降、プーチンが同じような状況に立たされた場面はほかにもあったかもしれないが、公式の記録にはほとんど残っていない。山火事に襲われたヴェルフニャヤ・ヴェレヤ村の一件は、一〇年前のクルスク事件ほど大々的ではないにせよ、感情的で敵意剝き出しの群集（主に女性）に取り囲まれるという苦々しい体験の再現だった。プーチンとPRチームが報道を制御できなかったのは、その様子がスマートフォンで撮影され、すぐさまユーチューブにアップロードされたからだった。このヴェルフニャヤ・ヴェレヤの一件で、プーチンは未知の海域を進むことの危険性を再び痛感させられたに違いない。対照的に、ピカリョヴォの工場の問題では、彼は自分好みの方法で大勢の市民と対話することができた。自分自身ですべてをコントロールし、入念に準備を整える方式のほうが、ケース・オフィサーの一対一の手法をよりうまく活かすことができるのだ。これまでの例に違わず、ウラジーミル・プーチンがこの教訓を初めて得たのは、自分自身の昔の出来事――一九八〇年代後半のドレスデン駐在時代のある出来事――からだった。当時、スパイや二重スパイの獲得の仕事に従事していた（と思われる）ケース・オフィサーのプーチンは、東ドイツが崩壊する際に、実に不運な形で暴徒化した群集に遭遇することになった。

ドレスデン時代――敵意剝き出しの暴徒との直面

すでに主張してきたとおり、ウラジーミル・プーチンがレニングラード、モスクワ、そしてドレスデンで行なったKGBの活動の詳細については、確たる情報がほとんどない。当時の具体的な仕事内容について、もっとも仲の良かった親友の一人であるセルゲイ・ロルドゥギンも含め、プーチンは誰にも語ったことはないようだ。しかしながら前述のとおり、プーチンのドレスデン駐在時代については断片的な情報が存在する。『プーチン、自らを語る』やブロツキーの伝記のインタビューのなかでプーチンは、ベルリンの壁が崩壊したころのあるエピソードを披露している。ある日、ドレスデンのシュタージ本部の周りに、暴徒と化したドイツ人の群集が押し寄せた[59]。その時、プーチンはＫＧＢの貴重な記録を建物地下の焼却炉で処分する作業を進めていた。なかにはドイツ人の情報提供者やスパイのネットワークのリストも含まれており、暴徒が「われわれのところまでやってくる」のではないかとプーチンは不安を抱いていたという[60]。その不安は的中した。

怒った群集が周囲に集まりはじめると、プーチンはボディガードを引き連れて建物の外に出た。するとドイツ人たちがプーチンを取り囲み、質問攻めにした。ドレスデンにおけるソ連文化の中心とみなされていたその建物内で、いったい何が行なわれているのか？　なぜプーチンの車にドイツのナンバー・プレートが付いているのか？　なぜそんなにドイツ語がうまいのか？　プーチンとしては、群集が侵入しようとしたら、自己防衛のために暴力も辞さない覚悟だったという。結局、その日はそれ以上の劇的な出来事は起きなかった。しかし、ＫＧＢ職員が勤める建物が群集に取り囲まれたという事実は、プーチンの心に大きな傷跡を残した。インタビューのなかでも、彼はそれを隠そうとはしなかった。プーチンは近くにあるソ連の軍事基地に応援を要請したが、モスクワの命令がなければ動くことができないと告げられた――「モスクワは何も言ってこない[61]」。彼は政府に見捨てられた気持ちになった。「われわれを守るために、指一本上げる者さえいなかったのだ[62]」。

当然ながら、プーチンはこれほどの大群集を相手に仕事をした経験もなく、どう対処するべきかもわからなかった。ペレストロイカやグラスノスチなどの改革が進むソ連では、社会のあらゆる部門で抗議活動が頻発していた。もし激動のペレストロイカ時代にロシアで暮らしていれば、群集に取り囲まれるような状況に遭遇していたに違いない。しかし、彼がいたのはドレスデンであり、さらに工作員として陰の世界で働いていた。当時の東ドイツ共産党を率いていたのは、改革に反対する共産圏最後の砦であるエーリッヒ・ホーネッカーだった。一九八九年のベルリンの壁崩壊まで、東ドイツではペレストロイカもグラスノスチも起こらなかった。プーチンが拠点とするシュタージ本部の建物の周りにデモ隊が集まったのは、彼のドレスデン駐在が終わりに差しかかろうとしていたころのことだった。

オレグ・ブロツキーの伝記のなかで、プーチンは当時の葛藤について感情的かつ詳細に語った。規則に従うべきか？ つまり、情報提供者に関する機密ファイルが保管された建物を、武装したガードマンとともに守るべきか？ あるいは、バカなまねはやめるよう群集を説得するべきか？ 上司が不在だったため、権限はプーチン自身にあった。しかし、攻撃的な群集と話をするのは、任務の規則に反する行為だった。勝手に行動を起こして失敗すれば、軍事裁判にかけられて有罪を宣告されてしまう。当時の様子について、プーチンは次のように告白した。

したがって、建物の外に出て通りの人々と対峙したとき、私は自分のキャリアだけでなく、家族の将来をも危険にさらしていることを完璧に理解していた。だが、私は頭のなかで計算した――デスク上のファイルに名前が載る人々の命、さらには建物を襲撃しようとする人々の命を守ることのほうが、私自身のキャリアよりも大切に違いない。その瞬間、私は自分のキャリアを犠牲にしようと心のなかで固く誓った。人命よりも価値あるキャリアなど存在しない。[63]

入口を出てドレスデンの群集と対面すると、プーチンは巧みな説得ではなく、露骨な嘘で相手を落ち着かせようとした。群集が見つけ出そうとしているのはシュタージの職員だった。ロシア人としてはあまりにもドイツ語がうますぎるプーチンに、群集は何者かと迫った。すると彼は「通訳」だと答えた。[64] プーチンはドレスデンでツパーク大佐を演じる代わりに、嘘でトラブルを切り抜けたのである。

ウラジーミル・プーチンは、非友好的な群集を相手にすることを得意としていない――その事実は、大衆の上に立つべき政治家としては大きな欠点になったが、その時点では大した影響はなかった。彼が大統領への階段を駆け上がるのは、まだまだ先のことだ。ＫＧＢがプーチンにサプチャークの補佐を命じたのは、彼のケース・オフィサーとしての一対一の折衝能力、貿易分野におけるKGBでの経歴、外国での勤務経験、語学力、そしてレニングラード大学でのサプチャークとのつながりを重視したからだった。その後、サンクトペテルブルク市政に携わるあいだに学んだ企業との取引ノウハウが、一九九六年のモスクワ異動を後押しする切り札になった。国政の場に舞台を移したプーチンは、政治経済の限られたスキルを無理に発揮する必要はなかった。彼の役目は政策を提言することでも、暴徒に対処することでもなかった。プーチンがモスクワに呼ばれたのは、〝潜伏工作員《スリーパー》〟のような役割を期待されたからだった。まずはクレムリンで経験を積み、最終的にはサンクトペテルブルク時代と同じように、企業や実業家たちを取り仕切ることを求められたのだった。サンクトペテルブルクで養った影響力を発揮する手法こそ、プーチンの大きな強みだった。彼はほかにも数々のツールを持っていたが、そちらのほうはモスクワで実際に頭角を現わしはじめるころになって役に立ってくる。そして、非友好的な群集の相手をするのが苦手といった弱点が問題になるのは、頂上にたどり着いてからのことだった。

プーチンのモスクワ異動

一九九〇年代のロシア国家が弱体化した最大の原因の一つは、税金の徴収能力の欠如だった。それこそが、悪循環の根源だった。すべての工場が国有だったソ連時代、大企業の責任者は半ば小さな町の町長のような権限を持っていた。一九九〇年代初めの民営化後、それまで工場が所有していた非生産資産——労働者の社会的ニーズに応えるために設けられた、託児所、クリニック、厚生施設、キャンプ場など——は、地元の地方自治体に引き継がれることになった。企業がこうしたサービスに直接的に金を支払うのではなく、企業や現地の労働者・住民が支払う税金を使って施設を運営しようというわけだ。理論上は、そのほうが旧ソ連のシステムより効率的かつ公平だった。町や市が複数の施設を一括で管理することで、運営費はずっと安くなる。加えて、巨大工場で働く労働者だけでなく全住民が施設を利用できるようになるという利点もあった。

この計画の弱点は、税収ですべてをまかなえるという甘い前提にあった。それまでのロシアには、個人や企業が税金を自治体や国に直接支払うという習慣がなかった。また、税金額を計算して徴収するための行政の枠組みもなかった。そのため、地方自治体や国が金欠に陥り、かつて企業が提供していた機能やサービスを維持することができなくなった。結果、政府からの資金提供なしで生き残るためのシステムが、住民や企業レベルで生まれることになる。言うまでもなく、脱税は日常茶飯事の光景になった。そこで、アナトリー・チュバイスを中心とするエリツィン政権の自由主義経済改革者たちは、「弱い国家ゆえに税金が徴収できず、税金が徴収できないゆえに国家が弱くなる」という悪循環を断ち切るべきだという当然の結論にたどり着いた。そのための重要なステップが、税制遵守の徹底だった。

チュバイスは政権内にいるあいだ、繰り返し税制遵守を徹底しようとした。しかし、彼の試みはことごとく失敗に終わった。なぜなら、新しく企業経営者となった富豪たちが政府の役人を買収し、彼らと共謀して税を逃れたからだ。政府の最上層部から下のレベルまで、あらゆる役人を買収した富豪たちは、税の徴収のみならず、課税に関する法律の制定にまで影響力を及ぼすようになった。一九九六年の大統領選挙をきっかけに、この問題はさらに複雑化する。エリツィン陣営は再選のための資金を確保しようと、有力な実業家たちとの悪魔の取引に手を染めてしまったのだ。その取引は、ウラジーミル・プーチンが八月にサンクトペテルブルクからモスクワへと異動するほんの数週間前に実行された。エリツィンに金銭的な支援やメディアを使ったサポートを提供した実業家たちは、その見返りとして、ロシアの天然資源分野のとりわけ価値の高い企業の所有権を求めた。かくして選挙の直後から、国有財産の分配をめぐる利権争いが始まったのである。[65]

しかし、その後の一九九六年から九九年にかけて、政府とオリガルヒの提携関係は着実に解消していった。九七年の大統領の年次教書演説で示されたとおり、チュバイスは強固な法治体制を取り戻し、公平な経済活動の場を築こうとした。九六年の大統領選挙運動時の非常事態はもはや過去のものとなり、ビジネス界との蜜月関係も終わりを迎えた。民営化の方針は継続されるが、そのプロセスはより透明で開かれたものになる。チュバイスが望んだのは、経済の新たな担い手が増えることによって、初期の民営化プロセスを台無しにした一握りの富豪たちの共謀を防ぐことだった。さらに、競争力のある資本主義の確立という大目標に向けて社会が前進することを期待した。しかし、当時のオリガルヒたちは権力の絶頂にいた。再び法治体制を強めるためには、彼らに法律を守らせる必要があった。

エリツィンが大統領に再選した数日後、チュバイスは次なるステップの枠組みを説明する機密覚書を記した。まずは、大統領選挙で敗北したロシア連邦共産党の政治勢力を殲滅する必要があった。チュバイスは、直接的な抑圧は逆効果だと考え、代わりに共産党内の分裂を促すことを推進した。また、忠誠心に疑いのある大統領府の高官たちを追放し、エリツィン大統領を中心としたより能率的で統一したチームを作ることを提案した。しかしオリガルヒたちに対処するためには、腕力が必要だった。チュバイスのチームのほとんどを占めるのは経済学者だった。彼らはまだ若く、老練のソ連時代の政治家や役人、今やロシアの富の大半を所有する非情な実業家たちと渡り合った経験はなかった。何か秘策が必要だった。そこでチュバイスが目を向けたのが、サンクトペテルブルクの元同僚、アレクセイ・クドリンだった[66]。

チュバイスの覚書には、クドリンをサンクトペテルブルクから呼び寄せるべきだと明記されていた。ウラジーミル・プーチンについては言及がないものの、プーチンがアレクセイ・クドリンとともにやってきたことは間違いない。チュバイスはクドリンを大統領府監督総局（GKU）の局長に任命した。GKUはロシア政府の金融検査機関であり、チュバイスが一九九六年の三月一六日の大統領令を通じて体制を強化した組織である。この大統領令により、GKUは大統領府資産管理部門から新たな後方支援を得ることになった。九六年八月、アレクセイ・クドリンがGKUの局長に任命されたと同時に、ウラジーミル・プーチンが次長に就任[67]。同年一一月、新たな大統領令の発令によってGKUはいっそう権力を増した。これによりクドリン率いるGKUは、ロシア全土に検査官を派遣し、政府機関や連邦機関の財務状況を精査し、腐敗、横領、流用などの違法行為について調べる大きな権限を持つようになった[68]。

一九九七年三月、ボリス・エリツィンは議会で教書演説を行ない、厳しい取り締まりと秩序再建の重要性について訴えた。それから間もなくして、財務大臣のチュバイスはクドリンを財務次官に任命した。さらに三月二六日には、クドリンの勧めに従ってプーチンをGKU局長に任命。クドリンがプーチンに手綱を預けたそのころ、ロシア人ジャーナリストのアンドレイ・コレスニコフはGKUを「威嚇的な構造」と呼んで警戒心をあらわにした[69]。九七年四月三日、さらなる大統領令の発令により、GKUは秩序の再建に必要な取り締まりを実行する中心的な責任を負うことになった――国内の金融機関や企業を監督し、財務情報をはじめとする企業情報を収集する権限が与えられた。

エリツィンの一九九七年三月の教書演説と四月の大統領令をきっかけにGKUの権力が増すと、プーチンと彼の側近たちがついに動き出した。GKUはロシア全土に職員を率先して送り込み、現地の法執行機関、税務・関税当局の高官たちを集めて特別な会合を開き、エリツィンが教書演説で求めた秩序再建のための行動を心がけるよう呼びかけた。九七年五月二〇日にサンクトペテルブルクで開かれた会合には、錚々たる顔ぶれが集まった。まず、プーチン本人が（おそらく部下のイーゴリ・セーチンを引き連れて）モスクワからやってきた。現地からの参加者には、サンクトペテルブルクの税務当局責任者ヴィクトル・ズブコフ、別荘コミュニティ〈オーゼロ〉の仲間であるウラジーミル・ヤクーニンらがいた。プーチンの推薦によってGKU地域局長に任命されたヤクーニンは、その後〈ロシア鉄道〉の社長にまでのぼり詰めることになる[70]。

不運なことに、プーチンがGKU局長として資金流用問題に取り組もうとした矢先、チュバイスの計画は頓挫してしまう。一九九七年夏、チュバイスのチームは大手電気通信会社〈スヴャジインベスト〉を競売に出し、オリガルヒを取り締まる新しい規則を施行しようとした。彼はこの民営化を利用して、透明性の高い公平なシステムを築くつもりだった。しかし、チュバイスの目算は狂ってしまった。〈スヴャジインベスト〉の民営化はオリガルヒ内の分裂へと発展し、いわゆる「銀行家の戦争」を引き起こした。さらに、チュバイスのチームも巻き添え被害を食うことになる。入札開始の直前、チームはメディアから汚職の嫌疑をかけられたのだ。[71]チュバイスの側近であり、政府の民営化推進機関の元責任者アリフレド・コフが入札に先駆けて受け取った多額のアドバンスが、〈スヴャジインベスト〉の獲得を目指すロシア輸出入銀行からの賄賂だったと指摘されたのである。[72]チュバイスはすぐさまコフの擁護に回ったが、その行動によって自身への信頼を失うことになった。結局、メディアによる中傷攻撃が成功。チュバイスは職を解かれ、彼の側近たちも追放された。残ったのはクドリン、プーチン、そしてGKUの面々だけだった。プーチンにはまだやるべきことがあった。彼にとっては運のいいことに、宣戦布告したオリガルヒたちもそのころには窮地に陥っていた。そして、彼らは事態の解決をプーチンに託すことになるのだった。[73]

オリガルヒたちのジレンマ
――プーチンの出した解決策

一九九〇年代に台頭したオリガルヒは莫大な富を有してはいたものの、常に国民からの反撃というリスクを抱えていた。国民の大半は、オリガルヒたちが名だたる大企業の経営権を手に入れたプロセスを違法とみなしていた。同時にオリガルヒたちは、仲間内からの攻撃のリスクも抱えていた。彼らは常に互いの足を引っ張り合っていたため、信頼関係は皆無だった。また、大企業を取り締まる政府の権力を弱体化させようと躍起になったせいで、オリガルヒたちは自らの財産権を保護する機関としての国家そのものを弱らせてしまうことになった。その結果、自分で自分の身を守るしか手立てがない状況に追い込まれた。彼らがもっとも知られたくないのは、財務状況やキャッシュフローに関する情報だった。[74]となると、オリガルヒが採れる唯一の自衛策は、お互いの弱みを握り合うことしかなかった。すぐに、彼らは相手の痛手となる情報を必死に探りはじめた。そうした脅し、その脅しへの対抗策が抑止力となり、双方が絶えず脅迫を続けるという悪循環ができあがった。ゲーム理論でいう「相互対立均衡」の状態である。つまり、微妙なバランスで対峙しつづけるほうが、交戦状態よりはまだましということだ。

オリガルヒたちは、本来であれば企業経営や利益の創出に使えるはずの莫大な量の労力と資源を、均衡関係の維持のために費やさなければならなかった。均衡が崩れて内紛が激化すれば、システム全体が崩壊する恐れもあった。自分たち自身のためにも、オリガルヒには外部の調停役が必要だった。完全に中立的な人物。持続可能な確たる方法で平和をもたらすことのできる、大きな権力を持つ人物。そして何より、将来的にライバル（新たなオリガルヒ）になりえない人物。オリガルヒ全員を人質に取ってでも、誰もが武器を置いて和平協定を結べる状態に持ち込める人物が必要だった。国家が法治の力によってそれを実現できないなら、「何か」あるいは「誰か」が介入しなければいけなかった[75]。

オリガルヒたち自身に「誰か」を指名する術はなかったが、その役目に打ってつけの人物がすぐそばに控えていた。GKU局長として、オリガルヒの金融・商取引に関する内部情報をこつこつと収集していたプーチンである。一九九八年五月になると、プーチンは大統領府第一副長官に就任し、GKUの監督に加えて地方行政を担当するようになった。同年にFSB長官になったプーチンは、FSBの経済犯罪部門の上層部を一掃し、側近であるニコライ・パトルシェフを新たな経済保安局の局長に任命。続けて税務警察長官を解任し、GKUの同僚で内務省出身のヴァチェスラフ・ソルタガノフを後任に据えた。

一九九九年四月までに、プーチンはありとあらゆる財務情報を把握するようになった。そして大統領就任後の二〇〇一年一一月、財務情報を監督する新しい機関であるロシア連邦金融監視局を設立し、ズブコフに局長職を任せた。ズブコフは〇七年九月まで局長を務め、その後も〇七年九月から〇八年五月まで暫定的な首相を務めた。それから一二年までプーチンのもとで第一副首相を務め、金融監視局に対して特別な権限を握りつづけた。結局のところ、金融監視局は常にプーチン直属の機関という位置づけだった。一二年五月、首相から大統領に返り咲いたプーチンは、金融監視局を組織ごとクレムリンの管理下に移行した。

一九九九年から二〇〇〇年にかけてロシア国家の頂点へと急上昇した当初、プーチンはオリガルヒの庇護者を自称し、こう約束した。財産を没収したりはしない。現在の事業資産を得るきっかけとなった、一九九六年のエリツィンとの取引の基本的な条件は認める。しかし同時に、彼らの経営権を合法と認めるロシア人は少ないという事実を思い出させた。プーチンはその事実をオリガルヒに改めて突きつけたうえで、二〇〇〇年二月、「今やすべてのロシア企業が権力から等しい距離にある」と宣言した[76]。昔のように金の力で影響力を及ぼすことも、ロシア全土での営業権を独占することも許されない。すべての大企業はゼロからスタートしなければいけない。プーチン率いるクレムリンとの良好関係は維持されるべきだが、それはオリガルヒを財産の没収から守るためであり、彼らの影響力を増すためではない[77]。

テレビ放映された二〇〇〇年七月の会合で、プーチンはオリガルヒに関する基本原則を打ち出した[78]。彼が描いたのは〝みかじめ料〟の徴収にも似た構想だった。それは、KGBのケース・オフィサーだったドレスデン時代のプーチンが、二重スパイに提示するような類《たぐい》の取引だった。内容はこうだ。オリガルヒたちはこれまでどおり事業を営み、財産を築くことができる。しかし同時に、連邦政府の財源を確保するための新しい課税制度に同意しなければいけない。また、影響力を駆使して税制を変えようとするような行動は今後いっさい許されない。万が一そういった動きがあれば、痛い目を見ることになる。さらに、国外で経済活動を行なう場合においても、(プーチン率いる政府が定める) ロシアの国益を優先的に考えなければいけない。まさに、ひも付きの民間事業を推進するというわけだ。結局のところ、彼らの財産権が守られるかどうかはクレムリンの善意次第だった。

オリガルヒの地位を奪うのではなく、手元に引き寄せる――このアプローチの理屈について、大統領補佐官ウラジスラフ・スルコフは、ロシア人ジャーナリストのエレーナ・トレグボワに次のように説明した。プーチン率いるチームは、単にオリガルヒの財産を没収し、別の実業家たちに企業を引き継がせるだけではうまくいかないことを十分に理解していた。二〇〇〇年のロシアには、有能な企業家がきわめて少なかったからだ。「実業家たちの層は非常に薄く、一人一人が貴重な存在だった……彼らは資本、知性、技術の担い手なのだ」。そのため多くの理由において、オリガルヒや彼らの資産は慎重に扱う必要があった。「石油王は石油に劣らず重要だ。国家はその両方を最大限に活かさなければいけない」とスルコフは語った。[79]

オリガルヒに対処する新しい構想は複雑なものだったが、KGBのケース・オフィサーとして訓練を積んだプーチンにはぴったりの仕事だった。しかし同時に、彼のケース・オフィサーというペルソナだけでは対処しきれないほど幅の広い仕事でもあった。KGB時代、プーチンは工作員にふさわしい人物を見きわめ、味方に付け、操る術を学び、情報源を開拓する忍耐を身に付けた。情報を収集して統合し、活用する術も学んだ。そうして得たスキルを活かすため、彼は一九九六年にモスクワへとやってきた。GKUで情報への独占的なアクセスを獲得したプーチンは、多大な権力と影響力を手に入れ、ロシア国家の頂点へと巧みにのぼり詰めた。そして、ドレスデン時代にはおそらく想像すらしていなかったほど巨大なスケールで、ケース・オフィサーのスキルを活かす時がやってきたのである。

第9章 システム

二〇〇〇年七月、テレビ放映されたオリガルヒとの会合で、プーチンは取引の条件を提示した。それは、プーチンの統治に対するスタイルやシステムを象徴する出来事だった。初めて表の世界に姿を現わし、首相から大統領代行へと出世していった一九九九〜二〇〇〇年以降、プーチンはさまざまな政策を打ち出してきた。その政策には嘘っぽいところが一つもなく、目標もすべて明確だった。その発言や行動を見ればわかるとおり、なんでもずばずば言うのがプーチン流なのだ。しかし、目標に透明性があるのとは対照的に、目標を達成する手段のほうはいつも不透明なままだ。政策をどのように実現するかという話題は、公の場ではほとんどタブー視されてきた。プーチンによる政治とその体制——掲げた目標を実現するために、ロシアをどう統治するのか——ということを、権力中枢の外部の人間は（おそらくは内部の人々の多くも）疑問視してはいけないのだ。

それでもプーチンには独自の手法、つまり一〇年以上にわたって築いてきた統治システムがある。多くの点において、それは階層的なシステムだ。いや、むしろ「玉ねぎ構造型システム」と言ったほうが正確かもしれない。まさにその構造の中心にあるのが、オリガルヒたち——天然資源を通してロシア経済の富を形成・分配する巨大企業を営む一部の特権階級——とプーチンが結んだ特別な協定だ。前章で説明したとおり、その協定はある特定の「保護」に基づいている。国家による財産没収からオリガルヒを守ることによって、彼らを内部抗争から守るというものだ。この協定を築くうえで、プーチンは「人間に対処する」スキルを活かした。汚職や不正などの違法行為に関する情報を含めた財務状況を独占的に把握することによって、オリガルヒへの強大な影響力を手に入れたのである。

統治システムの中心をなす保護計画の外側では、

プーチンはロシアという名の〝会社〟の最高経営責任者（CEO）の役割も果たしている。この会社の全財産を管理するのは、オリガルヒに加え、政府によって任命された国営企業の役員たちである。CEOの任務を果たすため、プーチンは信頼できるごく少数の人間を補佐役としてそばに置いている。いわば、社長直属の部下たちだ。この一握りの側近たちの外側に存在するのが、より巨大で広大なロシアの国家機構の世界であり、そこには連邦（中央）政府と地方政府の当局者たちがいる。プーチンの理想では、それは〝スイス時計〟のごとく機能するべき統治機構であり、本来であれば個人的なチェックが必要のない世界だ。しかし、プーチンにとっては苛立たしいことに、そううまく進まないのが現実というものだ。そして、その統治機構の円の外側に位置するのが、ロシアの一般の民衆たち。この構図だけを見れば、ロシアという名の会社や統治システムの運営に関して、民衆は何の発言権も持たないことになる。

プーチンの掲げる政治目標の中身とそれを実現する手段の乖離は、ミレニアム・メッセージの段階ですでにはっきりと見て取れるものだった（念のため繰り返すと、ミレニアム・メッセージとは、一九九九年一二月二九日にロシアの舵取りを始める際にプーチンが発表した政策声明である）。彼はミレニアム・メッセージでさまざまな目標の枠組みを説明したが、一五年以上たった現在でも同じ目標の多くが優先事項として掲げられたままであることは驚きである。メッセージは単純明快なものだったが、歴史や文化に基づく感情豊かな表現が随所にちりばめられていた。九九年一二月、プーチンは国家を再建し、ロシアの主権を守り、国内の安定や統一を維持し、国家の安全保障をさらに高めることを誓った。しかしミレニアム・メッセージでは、その具体的な手段は述べられていない。やがて、この目標と手段の乖離が、オリガルヒたちとの取引を完結するうえで重要な意味を持つことになる。プーチンは自分の目標をロシア国民に明示し、約束を必ず守ることを誓った。それこそが、彼が大統領に就任するための条件の一つだった。しかし、いったんプーチンを大統領として認めた場合には、国民の側にもある条件が課されていた——目標を達成する手段には疑問を挟まず、政策や国家運営の基本事項の決定には口を出さない、ということだ。

抑制的なシステム

二〇一二年一月、『ガーディアン』紙のインタビューに答えたクレムリンの元顧問グレブ・パヴロフスキーは、プーチンが二〇〇〇年にロシア国民と結んだ取引について次のように述べた。

私たちが話しているのは管理された民主主義のことだ。西側諸国の人々は、すでにお忘れになってしまっただろうか？　全体主義が主流だった一九五〇年代の一部のヨーロッパ諸国でも、同じ概念が広まっていたということを……たとえば、ドイツにも同じ考え方があった。ドイツ人には全体主義の傾向があり、一般市民は政治に近寄るべきではないと考えられることがあった。自由に投票する権利は与えられてしかるべきだとしても、真の政治をコントロールするのは別の人たちである。彼らは市民に屈服してはならず、したがって抑制的なシステムを作るべきである……民主主義の理論から見れば皮肉だろうか？　そうかもしれないが、少なくともこの国では皮肉には映らなかった……補足しなければいけないのは、「プーチン・コンセンサス」とでも呼ぶべきものが存在したということだ……つまり、国民とエリートのあいだのコンセンサスである……イデオロギーなど必要ない……思想ではなく、良識と一般の市民を中心とした国家が理想的なのだ。だとしても、一般大衆が権力を手にするべきではないだろう[1]。

ミレニアム・メッセージをはじめとする数多くの公の発言のなかで、プーチンが一連の基本的な約束だけを述べ、達成までの具体的な計画についていっさい説明しなかったのは、何も不思議なことではない。二〇〇〇年に初めて大統領に就任したとき、彼はそれまでの制度の在り方を一八〇度変えることを提案したわけではない。むしろ、その制度をさらに磨いていくことを約束したのだ。プーチンは昔も今も変わらず復古主義者であり、保守的な改革論者で

ドミートリー・メドヴェージェフ（1965-　）

ある。決して革命家などではない。一九九九年から二〇〇〇年代にかけて繰り返したように、プーチンの目標は社会（ロシアのエリート）の要請に従って、既存の国家機関の弱体化傾向に終止符を打つことだった。国家機関をうまく機能させること——それこそが、国家やその統治構造の権力を強化するという彼の目標の一環だったのだ。

　また、グレブ・パヴロフスキーの発言からもわかるとおり、プーチンは現実主義者であり、イデオロギー主義者ではない。統治システムを築くにあたって、彼は簡単に説明できるようなモデルには従わなかった。ここでは便宜上「システム」という言葉を用いたが、ウラジーミル・プーチンや側近たちが築いたのは、システムなどという言葉で表現できるほど単純なものではない。熟慮の末に設計された意図的なシステムのようなものでもなく、むしろバラバラで即興的であり、プーチン自身のスキルや経験によって形作られたものだった。第Ⅱ部で解説するように、それは状況に合わせて進化を繰り返してきた、具体的で個人的なシステムなのである。本書で繰り返してきたとおり、その核となるアイデアは実に流動的で柔軟なものだ。プーチンは、実に幅広い概念を積極的に採り入れてきた。自身の目標を追求するために、定着した思想やイデオロギーをねじ曲げようとはしなかった。この事実こそが、彼の理想とする統治システムの利点となってきた。

　プーチンの作り出すシステムが寄せ集めでできている一つの理由は、彼がアウトサイダーとして——特定のイデオロギーや構造に既得権益を持たない男として——モスクワで働きはじめたことにある。目的の達成に必要であれば手段は問わない。その手段を正当化する必要もない。それがプーチンの基本的な考え方だ。これには良い面もあれば、悪い面もある。たとえば、ある状況に対応するために不可欠だと感じれば、自らの裁量でどんな決断でも許されることになってしまう。つまりプーチンの気まぐれ一つで、政治体制が一八〇度ひっくり返されてしまう可能性さえあるのだ。実際、プーチンは二〇〇八年にドミートリー・メドヴェージェフとのタンデム体制を採ることを発表すると、大統領から首相へとすんなりと自らの地位を変更した。そして一一年九月には、国民の意向などおかまいなしに、大統領職に復帰することを宣言した。[2] 後述するように、プーチンによるこうした好き勝手な行動が、ロシアの政治体制や民主主義の概念に対する国民の冷ややかな見方を助長しているのは言わずもがなである。

その一方で、議会や裁判所といったロシアの正式な国家機関——一九九〇年代に活躍した、より真剣な民主主義者たちが築き上げた機関——は依然として有効なままだ。機能そのものは一〇年のあいだに変わったにせよ、機関の形式的な構造や三権分立はそのまま維持されてきた。だとすれば、少なくとも理論のうえにおいては、将来的により制度化された統治形態が復活する可能性もある。しかし残念ながら、ロシアの国家機関の機能はプーチン個人と深く癒着しているため、ほかの誰かが現状の国家機関を利用し、ロシアを別の政治体制に導くことはそう容易ではない。ドミートリー・メドヴェージェフを大統領に据えてタンデム体制を築くという実験こそが、この点を如実に物語っている。専門家の多くは、憲法が規定するロシア大統領の権限——制度的な権力そのもの——がメドヴェージェフへと移行すれば、彼が国家の統治に自ら爪痕を残すことになると予測していた。[3] 事実、大統領任期が進むにつれ、ある憶測が広まるようになった。メドヴェージェフが大統領としての特権を利用して、二期目への続投を図るのではないか。それどころか、プーチン首相とその側近を〝クビ〟にするのではないか。[4]

実際のところ、ドミートリー・メドヴェージェフ時代の大統領職のシステムは、ウラジーミル・プーチン時代のシステムとはだいぶ違っていた。メドヴェージェフのシステムはよりオープンだった。彼はプーチンの関係者で周囲を固めるのではなく、自分と関係の深い人物をクレムリンへと呼び寄せた。側近にかぎらず、多くの顔ぶれがロシアの未来に関する議論に参加した。そして、政府の「目標」だけでなく、それを達成する「手段」についても自由に意見を述べることが許された。[5] さらに、メドヴェージェフは大統領権限で高官たちを次々と解任（少なくとも排除）した。対象となったのは、より自由放任主義的だった一九九〇年代に手にした権力をかざし、クレムリンを何かと困らせつづける役人たちだった。その最たる例がモスクワ市長のユーリ・ルシコフだった。彼は「モスクワ市を動かしているのはお前たちではなく俺だ」という挑発的なメッセージを政府に送りつづけた。すると二〇一〇年、メドヴェージェフはルシコフに代えてセルゲイ・ソビャーニンをモスクワ市長に指名。元大統領府長官のソビャーニンは、石油資源の豊富なシベリアのチュメニ州知事を務めたこともある有能な政治家だった。[6]

しかし、メドヴェージェフは気づいていた。大統領になったからといって、プーチンが行使したような権力をすべて握れるわけではない。彼が大統領になれたのは、明らかにプーチンの後ろ盾があってこそのことだった。その点においてプーチンには頭が上がらなかったし、向こうの善意によって大統領でいられることもまた事実だった。グレブ・パヴロフスキーが二〇一二年一月のインタビューで明かしたところによると、〇七年から〇八年にかけて、プーチンは自身の築いた統治システムへの「コンセンサスを拡大・現代化」する実験に着手しはじめたという。「（〇八年の）大統領後継者は私と違うタイプの人物でなければならない。そうでないと政治の流れがよどんでしまう」とプーチンは決意した。[7] それでも、システムを最後まで守りきれるのは自分しかいないと考えていた。[8] そのため、首相職に移行したとき、プーチンはいくつかの重要な権限をそのまま維持できるようにした。なかでも彼が死守したのは、オリガルヒとの取引や財務情報の独占的な保持に対する権限だった。

二人の元クレムリン関係者が私たちへの極秘インタビューで語ってくれたように、メドヴェージェフは大統領職やクレムリンへの〝鍵〟を預かったものの、「すべてのドアを開ける」ことや「すべての部屋に入る」ことを許されたわけではなかった。[9] グレブ・パヴロフスキーのいう「抑制的なシステム」は、ロシア国民全般だけでなく、ドミートリー・メドヴェージェフの目の前にも立ちはだかった。とどのつまり、メドヴェージェフ大統領はいわば管理人であり、家主ではなかったのだ。この状態は、プーチンが首相になったときも、ほかの役職に就いたときも変わらなかった。プーチンは、他者にはまねできない独特の方法によってその仕事を務め上げる。仮にほかの誰かが大統領や首相になったとしても――プーチンの影響力が及ばない状況下であっても――二〇〇〇年から一四年までのプーチンと同じ業績を残すことはできないだろう。

彼は最高経営責任者《CEO》か、それとも皇帝か？

プーチンの統治システムは、きっちりと制度化されたものではない。が、彼の頭のなかに理想的なシステム像があることは、さまざまな発言から読み取れる。ＫＧＢの「人間に対処する」というモットーと同じように過度に理想化されたものではあるにしろ、ウラジーミル・プーチンが描くシステムの理想像が、彼という人間性の映し鏡になっていることは言うまでもない。その統治システムの中心には、まず自身の役割がある。プーチンはいつも、一般企業のＣＥＯと同じように、ロシアを治めるための自身の課題についてまず考察する。このＣＥＯというコンセプトを持つことによって、ごく小さな規模で「人間に対処する」という作業と、多くの人民からなる国全体を治めるという作業とのあいだに存在する明らかな矛盾を解消することができる。工場城下町のピカリョヴォに駆けつけてボス役を演じるなど、派手なパフォーマンスが目立つプーチンではあるものの、ロシア国家の機構をミクロなスケールで管理することに興味はない。民間ビジネス部門はもちろん、一億四〇〇〇万人の市民の生活をいちいち管理することも望んでいない。プーチンにしてみれば、戦略的計画を立てるのがＣＥＯの役割なのだ。彼の仕事は大まかな指針を示し、その指針が守られているかを監督・監視することである。そのようなシステムを機能させるための鍵となるのは、統治機構全体のなかで自分の介入を必要とするもっとも小さな部分を見つけ出し、その部分をしっかりと管理すること。残りの部分については、プーチンＣＥＯが定めた戦略の方向性から逸脱しないかぎり、自ずと機能するべきなのだ。

　システムがどのように機能するべきか、プーチンは自身の考え方を反映する比喩をたびたび用いてきた。一つは、国家の機構は「自動で動く」必要があるというもの。もう一つは、さらに具体的に「スイス時計」のように動く必要があるというものだ。言い換えれば、プーチンがわざわざ介入しなくてすむように、ロシア政府の全員が精密時計の歯車のように機能するべきであるということだ。似たような比喩として、「自分が常に国家機構のハンドルを握っている必要はない」「手動運転は不要」などという表現も使っている。[10] このようなシステムを作り上げるには、法の制定とその運用・適用が大切な役割を果たすことになる。法を機能させることこそ、CEOの介入が不要なシステムを築き上げるうえで不可欠であるというのがプーチンの考え方だ――これは、前述した「法治国家（プラヴォヴォーエ・ゴスダルストヴォ）」の概念と一致するものだ。法がゲームのルールを定める。法に従えば物事は計画どおり進む。それを実現させるためにも、法の一貫性を保つことが何より大切になる。

ミレニアム・メッセージのなかで、プーチンはすべての法律に一貫性を持たせ、ロシア国家の基礎を憲法に置くことが重要だと訴えた。そのプロセスを進めることで、「憲法が保障する国の安全、連邦中枢の権限、国家の一貫性」を守ることができるのだ、と。[11] 二〇〇〇年以降、プーチンはロシア議会下院の国家院と上院の連邦院で、法律制定の手続きを主導・コントロールすることによって、自身の長期的な大目標に見合った法制作りを徹底してきた。このプロセスのなかでは、強力な裁判所の存在も重要な役割を果たすことになる。強力な裁判所があることによって、エリツィン時代の混乱――無数の法令、地方との相互条約の数々、地方の立法改革――を収拾し、国家の体系化を進めることができる。そこで、プーチンはロシア全土の各裁判所に対して、連邦法と矛盾する条例、あるいは残ったままの旧ソ連法を無効にするよう指示を出した。また、裁判所は統治の階層構造の秩序を保ち、システム下部で溜まったガスを抜くバルブのような役目も果たしてくれる。たとえば、プーチンは選挙への不満を街頭デモではなく裁判所に持ち込むよう繰り返し訴えてきた。[12] さらに、ビジネスや政治の世界においても、不満は裁判所に訴えることが促された。[13]

その場合、やはり憲法が重要な意味を持つことになる。表向きには、プーチンは一九九三年制定のロシア憲法の中身に同意し、きちんと遵守しているように見える。にもかかわらず、プーチンが憲法を骨抜きにした、見せかけだけのものに変えたと訴える人は多い。しかし事実として、ロシア憲法は大統領に絶大かつ包括的な権力を与えているのだ。[14] プーチンはただ、ボリス・エリツィンが一九九〇年代に実現した大統領権力の増大を可能にするさまざまな条項を最大限に活用しているにすぎない。当時、憲法起草者だったセルゲイ・シャフライは、新憲法はロシア大統領を〝イギリス女王〟に変えたと揶揄した。しかし、プーチン自身が身をもって示してきたように、彼の崇拝する君主はイギリス女王などではなく、彼女の遠い親戚である独裁的な君主――ロシア皇帝たちだ。[15]

憲法と法律はプーチンにとって重要な意味を持つものであり、裁判所はもちろん、選挙や立法議会などの制度を軽んずることもない。一方で、憲法と法律はプーチンの行動を制限し、統治のプロセスに一定のテンポとスケジュールを与える一面も持っている。たとえば、ロシア憲法は大統領の連続三選を禁じている。そのため、プーチンは二〇〇八年に大統領を辞職して一二年五月に合法的に復帰するまで、ドミートリー・メドヴェージェフとのタンデム体制という新たな協定を生み出す必要があった。ロシアの統治の状況を分析するうえで、公式の制度やシステムを無視することはできない。だとしても、重要な本物の決断が、公式制度の枠組みの外で下されていることは疑いようのない事実である。

システムの青写真

二〇〇〇年代に入ると、ロシアを一つの会社――〈株式会社ロシア〉や〈株式会社クレムリン〉――として語るのは当たり前のことになった。しかし、時と場合によってその意味は異なる。もっとも一般的な解釈は、〈株式会社ロシア〉が一つの企業帝国であり、その核となる国家としての利害が、プーチンと個人的な関係を持つ裕福なオリガルヒ、プーチンの家族や仲間、そしてプーチン本人の商業的な利害と密接に絡み合っているというものだ。[16] また、プーチンが（必ずしも個人的な利益のためでなく）国家全体の経済を一つの超強力企業として運営し、巨大な多国籍企業に立ち向かおうとしているという考え方もある。たとえば、過去一〇年間にわたってロシア国内で積極的に事業展開してきた多国籍企業〈ゼネラル・エレクトリック（GE）〉の経営陣は、プーチン率いるロシアのことを「GEの増強版」と表現した。[17]

私たち筆者が用いる〈株式会社ロシア〉や〈企業ロシア〉の意味は、もう少し限定的なものだ。こういった言葉を使うにあたって私たちが注目したいのは、組織経営に対して、さらには組織のCEOや戦略計画者（＝ロシア大統領）の役割に対して、プーチンがどう理解しているかということだ。ほかの多くの例に違わず、プーチンが究極の戦略的計画の策定者としてのCEOという考え方に初めて出合ったのは、KGBの訓練中だった可能性が高い。

プーチンはかつて自身の論文の一セクションで戦略的計画について論じたが、それは主に一つの文献を参考に書かれたものだった――ウィリアム・キングとデイヴィッド・クレランドが著したアメリカのビジネス・スクール向けのテキストブック『戦略的計画と政策』のロシア語版だ。第5章で指摘したように、この本は、プーチンの大統領としての主軸となる考え方――不測の事態に備えて計画を立て、ロシアの戦略的な物資備蓄や財政備蓄を築くこと――に大きな影響を与えたと言っていい。[18] このテキストがロシア語に翻訳されたのは、西側諸国の経済管理の手法についての専門知識を得ようとする、八〇年代のKGBの取り組みの一環だったに違いない。当時のKGBは、崩壊間近のソ連システムを改革する方法を模索していた。また、戦略的計画という考え方は、KGBや共産党の根底をなす中央計画という概念を微調整するためにたびたび用いられてきた。たとえば八〇年代末、ウラジーミル・クリュチコフ議長を中心に、KGB内で経済や貿易に関連するさまざまな取り組みが実施された。その最中も、KGB職員はキングとクレランドのテキストを用いて専門知識を身に付け、投機的新事業の起ち上げやその際の潜入調査に利用していたようだ。[19] ウラジーミル・プーチンの論文のなかでは、『戦略的計画と政策』のもっとも重要な主張の一部が見事に要約されている。

キングとクレランドのテキストは、戦略的計画のための階層的な目標を定める大切さを説きつつ、「計画」という観点から見た理想的な企業の運営方法の青写真を提示する。企業内ではあらゆるレベルで計画が必要になるが、彼らによれば、重要なポイントは「戦略的計画」と「業務的計画」を区別することだという。[20]また、キングとクレランドは具体的なキーワードを使って、計画内のさまざまな重要なコンセプトについて解説する。たとえば、計画を遂行するうえでもっとも初歩的で根本的な概念は、組織の核となる目的を定める「ミッション」だ。ミッションとは、「その組織がどんな集団であり、何のために存在し、他の集団とどこが異なるのか」を表わすものである。何らかの計画を立てる際には、まずミッションをじっくり選び抜き、その後も継続的に精査する必要がある。いわば、ミッションはすべてを束ねる共通の糸なのである。次に大切になるコンセプトは「目的」。目的とは「包括的で絶対的な命題」を指す。ようやくその次に来るのが具体的な「目標」だ。目標は量的なものであり、時とともに変化する。キングとクレランドは、「プログラム」や「プロジェクト」を通じて目標を実行するべきだと指摘した。

組織が階層的に優先事項を定めることによって、メンバーたちが取り組むべき検討事項や活動は「戦略的」か「業務的」かに自然と二分化される。この「戦略と業務の二分化」によって、こんどは経営上の意思決定における二つのカテゴリーが定まる。組織のミッションと目的を定めるのは、前者の「戦略的計画」のほうだ。「組織の基本的な目的、追求する目標、その全般的な手段」を決めるためには、戦略的選択が必要になる。[21]対照的に、業務上の意思決定においては、目的を定義する必要はない。その時点で、目的はすでに定められているからだ。業務上の活動とは、実際に物事を前に進めることである。

ウラジーミル・プーチンが大統領に就任したとき、キングとクレランドが提示したこの企業統治（コーポレート・ガバナンス）モデルが、彼の求めるシステムにぴったりとハマったことは想像に難くない。戦略的計画をたった一人の個人（組織のトップやCEO）で担うとすれば、その人物だけで重要な決断をすべて下さなければいけない。彼または彼女が目標や戦略を定め、全体的な方向性を示す。それ以外の人々の役割は、決定事項を遂行し、そのための戦術を練ること。つまり、彼らの責任範囲は明確に定められており、組織の責任者の監視下において直属の部下として働くことになるのだ。

プーチンがこの統治システムをロシアにどう適用したかは自明の理のようなものだろう。〈株式会社ロシア〉の戦略的な意思決定を下すのは、プーチンただ一人。そして、そのシステムの中心にいるのが、天然資源を扱う巨大企業の法律上の所有者であるオリガルヒたちだ。しかしプーチンにとって、オリガルヒは管理者にすぎない。キングとクレランドのいうところの、業務管理者や部門管理者である。彼らの仕事は、事前に定められた目標を達成するための最善策を見つけ出すこと[22]。組織の全体的なミッションや目標を決めるのは、すべてプーチンの役目だ。同じことは、ロシアの行政府内の役割分担についても当てはまる。大統領の側近や内閣のトップたちは、目標を定めるために存在するわけではない。目標を定めるのはあくまでプーチンであり、彼らはそれを実行するだけなのだ。

プーチンは自らの論文内で『戦略的計画と政策』の文章を好き放題に引用した。さらに大きな問題なのは、彼の解釈が極端に歪んでいるという点だ。キングとクレランドは著書において、次のようにはっきりと指摘した。

> 一見すると、戦略と業務の二分化は、異なるスキルを持った異なるタイプの人々に対して、戦略と業務の責任を分けて与えたほうがいいことを示しているように見える。が、実際の現代的な組織はそのように機能していない。むしろ、管理者が戦略と業務の責任の両方を負うべきという原則に基づいて運営されているのだ。一人の個人が戦略的計画の責任をすべて独占してしまうと、たいてい失敗する。最高経営責任者が別にいるにしても、すべての管理者が業務的および戦略的な意思決定の両方に携わる時間と労力を割かなければいけない[23]。

その点においてウラジーミル・プーチンの解釈はキングとクレランドの考えとは違ったが、そんなプーチンなりのとらえ方がロシアなりの統治方法を形作ったことは事実である。彼は自ら〈株式会社ロシア〉の全権CEOとなり、すべての責任を一人で担ったのだ。

二〇〇八年から一二年までの首相時代、プーチンは戦略的計画と目標設定を主に担っていた。一方、大統領としてその目標を実行に移すのが、ドミートリー・メドヴェージェフの役割だった。メドヴェージェフとしては、ところどころで微調整を加えて一定の影響を及ぼすことはできたとしても、自ら国家的目標を設定することはなかった[24]。〈株式会社ロシア〉の基本的なミッションは、プーチンによる一九九九年のミレニアム・メッセージのなかですでに打ち出されていたのだ。そして、このミッション・ステートメントはさらなる進化を遂げ、プーチン首相率いる特別チームが作成した「ロシア2020」戦略のなかに再び盛り込まれることになった。プーチンの定義でいえば、大統領時代のメドヴェージェフはせいぜい最高執行責任者（COO）がいいところで、CEOや戦略的計画の策定者の役割を果たすにはいたらなかった。

プーチンの思い描く企業経営モデルを実践するうえで大切になるのは、重要なプレイヤーを少数に絞ることだ。これこそ、現代ロシアのさまざまな特色がプーチンにとって明らかに有利に働いた点である。一つ目の特色は、石油・天然ガス産業が政治経済をほぼ支配しているという点。ロシア経済における利益の圧倒的大部分は、エネルギー部門によってもたらされたものである。製造部門も含めた残りの経済は、ほとんど付加価値を生み出していない。なかには、政府からの補助金、割安なエネルギーや原料投入などの援助に依存し、トータルで見れば赤字のケースも少なくない。その結果、ロシアの経済管理は二つの重なり合う課題に直面する。一つは、石油・天然ガス産業部門によって継続的に価値を生み出しつづけること。もう一つは、ほかの部門が生き残れるよう、その価値を残りの産業と共有することだ[25]。

ロシア経済の二つ目の特色は、アメリカなどの先進工業国に比べ、石油・天然ガス部門などの大きな利益を生む重要産業に携わる企業数が極端に少ないという点。事実、わずか一〇社がロシアの石油生産量の約九割を占め、巨大企業〈ガスプロム〉が天然ガス生産の約八割を独占している[26]。

三つ目の特色は、一九九五年の「ローンズ・フォー・シェアーズ」合意により、石油および一次産品の大手業者の多くが、オリガルヒによって買収されたという点。加えて、二〇〇〇年に政府と結んだ保護取引により、オリガルヒたちはプーチンに頭が上がらない状態だ[27]。純粋な経済的観点から見れば、このような経営権の極端な集中は社会にとってデメリットになる。しかし、プーチンにとっては明らかなメリットに変わる。彼は、大統領としての自身の目標を達成するために、非公式の取引を通じて「人間に対処する」のを好むケース・オフィサーだからだ。つまり、対処・取引する相手が少なければ少ないほど、彼にとっては好都合になるのだ。

石油と輸送の重要性

ウラジーミル・プーチンは、自らの目標が何たるかを定めたときから、自身のミッションや目標にとって石油と天然ガスの存在が不可欠であることに気づいていた。第5章（サバイバリスト）と第8章（ケース・オフィサー）で論じたように、天然資源（特に石油資源）こそが、危機を生き延びるために必要なロシア固有の蓄えであることを彼は知っていた。一九九一〜九二年にプーチンが指揮した一次産品と食糧の物物交換契約でも、もっとも大きな役割を果たしたのは石油だった[28]。サンクトペテルブルクの食糧スキャンダル事件に関するマリーナ・サーリエの報告書を見ると、一件の契約だけで一〇〇万バレルを超える精製油製品（重油、軽油、ガソリン）がイギリスに輸出された例もあった。前述のとおり、サンクトペテルブルクでの物物交換取引が大失敗に終わったことで、プーチンはある教訓を学ぶことになる。天然資源そのものをコントロールすることだけでなく、購入・輸送・販売に必要なビジネスのネットワークや物理的インフラをコントロールすることも同じくらい重要だ、と[29]。

一九九〇年代初めに学んだこの教訓は、プーチンの一九九六年の論文でも（タイトルにこそ表われてはいないが）主要なテーマとして扱われ、その後の〈株式会社ロシア〉の経営手法にも大きな影響を与えた。プーチンは博士候補論文のなかで、まるまる一章分の紙幅を割いて「戦略的レベルにおけるロシアの自立的輸送の必要性」について論じた。「主要な一次産品などの商品の輸出入にとって欠かせないインフラを諸外国に依存してはならない」というのがその主旨で、石油精製・輸送のための多機能型コンプレックスの建設計画についてとりわけ詳細に説明している。[30] 輸送インフラの重要性についての議論には取り立てて目新しい点は見当たらないものの、プーチンが大統領としてこの問題を特に重要視する姿勢がそこに表われていることは疑いの余地がない。食糧スキャンダルの不運な体験を別としても、輸送の問題はサンクトペテルブルク時代のプーチンがたびたび向き合った大きなテーマだった。副市長としての彼の仕事は、サンクトペテルブルクの貿易には不可欠なバルト海の港を通じ、石油や一次産品などの商品を国際輸送する国内外の企業に対応することだった。

一九九一年にソ連が崩壊して間もなく、ロシア政府および地方自治体のリーダーたちは、ある大きな課題に直面することになる。バルト海、黒海、カスピ海にあった多くの重要港が外国の手に渡ってしまった今、ロシア沿岸で新たな港湾能力を築くにはどうすればいいのか？[31] サンクトペテルブルク市は、当初からこの港湾問題の議論に参加していた。プーチンもこの問題を独自に研究し、自らの論文のなかでさまざまな政府委員会の資料を出典や参考文献として利用した。議論が続くなか、新たな懸念も持ち上がった。ソ連時代の鉄道網や石油・天然ガスのパイプラインなしで、どうやって生産を続けられるのか？　鉄道およびパイプライン網は、ソ連（ロシア）の生産業者と国際的な一次産品市場を結んでおり、ベラルーシ、ウクライナ、バルト三国、カザフスタン、その他の中央アジア諸国といった外国の領土にまでつながっていた。プーチンが大統領として優先したのは、ロシアの鉄道網の機能向上を急ぎ、外交問題のあるウクライナなどの国々を迂回して、ヨーロッパの主な消費国に直接つながる新しいパイプラインを敷設することだった。[32]

端的にいえば、石油と天然ガスはロシアの主な収入源として重要であり、輸送インフラはその石油と天然ガスの物理的な流れをコントロールする手段として重要だった。その観点から見たとき、プーチンはどの企業を〈株式会社ロシア〉の中心に据えるべきかをすぐに判断することができた[33]。それらロシアの大企業を法的に誰が所有しているかなど、ここではほとんど意味を持たなかった。事実、国有企業は一部だけで、多くは民間企業だった。その割合がどうあれ、サバイバリストと自由経済主義者としての本能に駆られたプーチンは、関係企業を統治システムの内部に引き入れ、公式および非公式な手段を通じて自身の監視下に置いたのだった。

ここで、プーチン率いる〈株式会社ロシア〉のCEOたちの出番がやってくる。天然ガスの生産をほぼ独占する〈ガスプロム〉、国内最大手の石油会社〈ロスネフチ〉はいずれも国有企業であり、しかもプーチンの国家経営と統治システムに不可欠といわれる二人の重要人物が責任者を務めている[34]——〈ガスプロム〉の会長ヴィクトル・ズブコフと、〈ロスネフチ〉の社長兼CEOのイーゴリ・セーチンだ（二〇一二年当時[35]）。プーチンの側近のなかでも、この二人は一、二を争う古株といっていい。過去二～三〇年のプーチンのキャリアのあらゆる重要なエピソードのなかに、ほぼ必ずどちらか一方または両方が登場する。三人の関係は政治の世界だけでなく、多方面に及ぶものだ。たとえば、プーチンが論文を執筆したわずか一年後、イーゴリ・セーチンもまた、ウラジーミル・リトヴィネンコ学長率いるサンクトペテルブルク国立鉱山大学に、石油の輸送インフラという同じテーマの論文を提出した。題して「石油および石油製品の輸送に関する投資計画の経済的評価」——レニングラード州キリシにあるロシア最大の石油精製工場からフィンランド湾岸のバタレイナヤの積荷ターミナルまで、パイプラインを敷設した場合の費用便益分析を主要なテーマとした論文だった[36]。二〇〇〇年、ヴィクトル・ズブコフも同じ鉱山大学から学位を取得した。お決まりのごとく、ズブコフの論文のテーマは「鉱物資源コンプレックスの課税メカニズムの改善」だった[37]。

〈ガスプロム〉と〈ロスネフチ〉を除くほとんどの石油・天然ガス会社は民間企業だったが、その構造や関係は非常に複雑で、どこかで必ずウラジーミル・プーチンへとつながっていた。たとえば、ロシア第二の石油企業〈ルクオイル〉は民間企業ではあったものの、旧ソ連政府の石油畑の役人ヴァギト・アレクペロフ（バクー出身のアゼルバイジャン系ロシア市民〉が社長を務めていた。石油生産量で僅差の三位、埋蔵量で二位を誇る〈ＴＮＫ‐ＢＰ〉は、二〇一三年に〈ロスネフチ〉に買収されるまで、ロシアのオリガルヒ集団（アルファ銀行頭取のピョートル・アーヴェン、そのパートナーであるミハイル・フリードマンなど）と英石油大手〈ＢＰ〉が五〇％ずつ出資した合弁企業だった。また、ロシア第四の石油企業〈スルグトネフチェガス〉はもっとも不透明な企業の一つで、その経営体制の全貌は詳《つまび》らかにされていない。

　プーチンとセーチンの論文では石油・天然ガスの輸送が大きなテーマとして取り上げられたが、それを実際に担当する各企業もまた、プーチンの信頼できる仲間たちの支配下にあった。ロシアの天然ガスのパイプラインはすべて〈ガスプロム〉の所有だった。また、原油のパイプライン網は国営企業〈トランスネフチ〉が独占所有しており、その責任者ニコライ・トカレフは、一九九六年にモスクワに異動して以来、あるいはそれ以前からのプーチンの側近チームの一員だった。[38]一方、精製油製品のパイプラインはすべて、〈トランスネフチ〉の子会社〈トランスネフチェプロダクト〉の所有だ。また、原油や精製品は鉄道でも輸送される。[39]その鉄道網もすべて国有財産であり、独占企業〈ロシア鉄道〉を率いるのは、プーチンの別荘組合〈オーゼロ〉のメンバーで、ロシア正教の遺産復元の推進組織代表も務めるウラジーミル・ヤクーニンだった。[40]一九七〇年代にレニングラードの大学を卒業したヤクーニンは、八〇年代にソ連国連代表部員としてニューヨークに赴任したのち、九〇年代にはサンクトペテルブルクで民間事業の経営にかかわった。九七年に再び官界に戻ると、プーチンから大統領府監督総局（ＧＫＵ）の地域局長に任命された。[41]さらに二〇〇五年には、プーチンの命によりロシア鉄道の社長に就任した。[42]

　同様に、ロシアの主要な港やコンテナ・ターミナルもまた、プーチンの側近グループの支配下、あるいは国家の直接的な管理下にあるようだ。海上輸送もロシアの輸出にとっては重要な役割を担っており、プーチンとセーチンの論文でも大きく取り上げられたテーマだった。[43]二〇〇七年、プーチン大統領はロシアの造船能力を強化するために国営の〈統一造船会社〉を設立。[44]そして、イーゴリ・セーチンが初代会長に任命された。

主要企業・部門の所有構造はさまざまであり、国有か民営かといった法律上の所有権はプーチンにとってさして重要な問題ではない。彼にとって大切なのは、企業のオーナーであれ国から任命された経営者であれ、企業のトップと直接対話できる構造が確立されているかどうかなのである。国家のＣＥＯ（大統領）としてのプーチンの責務は、事業者の行動をチェックし、自身の定めた国益を損なわないように監督することだ。逆に言えば、プーチンが立てた戦略的計画の全般的な指針の範囲内であれば、事業者や経営者たちは自由に企業活動をすることができる。そんな彼らに課された任務は、業績を最大限に伸ばし、税金を支払うことである。同時に、たとえ経済に逆行したとしても、政治的に重要な経済部門を支援し、多くの雇用が集中する重工業分野の工場に発注することも彼らの大切な任務だ[45]。

国家機構

〈株式会社ロシア〉の外側には、プーチンの玉ねぎ構造の国家統治システムにおける次の層である国家機構、つまりロシア国家の官僚機構が存在する。多種多様な役人たちがさまざまなレベルで職務を担うその世界は、いわばスイス時計の機械部に当たる場所だ。この世界に属す人間に求められるのは、自らの立場を十分に理解し、しかるべき行動を取ることである。また、この機構のなかにも独自の階層構造が存在する。その頂点に立つのが、プーチンに指名された大臣や役人であり、彼らが実際に政府を運営する役割を果たすことになる。多くのロシア人は、国家の官僚機構を表わすソ連の古い単語 apparat《アパラート》を使い、役人たちを軽蔑して apparatchiki《アパラーッチキ》（官僚）と呼ぶ。しかし、プーチンはより歴史に根差した古い言葉を使い、誇りを込めて彼らを chinovniki《チノーヴニキ》（官吏・役人）と呼ぶ。この単語は、ピョートル一世が一七〇〇年代にロシア帝国の官僚機構における役職を制度化するために作成した「官等表（chin《チン》）」に由来するものだ。ピョートル一世のこのシステムは一九一七年のロシア革命まで続き、結果として「国家の従僕」という職業階級を生み出すことになった。

大統領後継者の指名を受けた直後の一九九九年一

一月のインタビューにおいて、プーチンも自分をchinovnik《チノーヴニク》と呼んだ。[46]もちろんこの時点まで来れば、自分が中央政府や地方自治体に仕える何万・何十万という役人と対等な立場にあると考えていたわけではないだろう。実際のところ彼はチノーヴニクではなく、わずか一カ月後にミレニアム・メッセージで宣言するように、ゴスダルストヴェンニク（国家主義者）だった。プーチンのアイデンティティを特徴づけたのは、働いていた場所ではなく、彼が掲げる国家ビジョンだった。にもかかわらずプーチンはチノーヴニクを装い、歴史的な言及や比喩を多用しながら確固たる派閥を築き、重要な後援者を引き入れようとした。彼の目的は、ロシアの巨大な官僚機構のなかで、のちに自分の部下になる膨大な数の人々と仲間意識を築くことだった。

　プーチンの統治システムでは、官等表、正式な階層構造、組織図は大して重要ではない。政府の中枢やその外側の機構で働く人々の役職は、そのポジションを誰が占めるかによって重要度が決まるのであって、役職によってその人物の重要度が上がるわけではない。その最たる例といえば、プーチンが首相の座に納まったときの「首相」という役職だ。[47]要するに、重要なのは役職ではなく、プーチン自らが選んでシステム運営を任せてきた人たちの存在そのものなのだ。大統領就任直後のインタビューでも明らかにしたように、個人的関係だけが選任の基準になることも珍しくはなかった。プーチンの出身であるＫＧＢなどの武力省庁のトップや元職員（いわゆるシロヴィキ）が選ばれることもあったが、その数は決して多くはなかった。事実、二〇〇〇年の大統領代行時代、〈ＡＢＣニュース〉のテッド・コッペルとのインタビューにおいて、プーチンはＫＧＢとのコネクションよりも「プロフェッショナルとしての資質や個人的な関係」のほうが大切だと訴えた。[48]たとえばイーゴリ・セーチンは、軍の通訳としての前職を通じて保安機関とコネを持っていた。[49]ヴィクトル・ズブコフは、ソ連共産党の機構や農業部門とつながりを持つ人物である。また、ドミートリー・メドヴェージェフは弁護士として教育を受け、母校のレニングラード大学で教鞭を執ったのち、アナトリー・サプチャークの一九九〇年の市長選挙運動に参加するという立派な経歴を持つ実力者だった。

ひとたびシステムの内部、権力中枢の中心メンバーになれば、「プロフェッショナルとしての資質」のほうが「個人的な関係」より重要になる。階層構造の頂点にとどまりたければ、与えられた役割を果たすことはもちろん、プーチンへの忠誠を一貫して示しつづけなければならない。プーチンが〈株式会社ロシア〉および国家機構の主要部分の運営責任者として選んだ人々は、任務を遂行できる高い能力を持った人間ばかりだ。[50] 彼らに課された任務は、〈株式会社ロシア〉の主要部門をスムーズに運営しつつ、高い成果を出すことである。もっとも重要な石油産業の運営を任されたのがセーチン。ズブコフの担当は財務情報の収集と保護。そして二〇〇八～一二年のメドヴェージェフは、このシステムの要となる大統領職をまっとうすることを求められた。

なかには、ほかとは少し異なる役割を果たす人々もいる——プーチン・システムの〝オンブズマン〟、つまり中間代理人のような役割だ。[51] のちのセクションで詳しく説明するとおり、彼らはＣＥＯ（大統領）、権力中枢、その他の重要グループを結びつける大切なつながりを提供する。スムーズな情報交換やフィードバックの流れを確立し、すべてが問題なく機能するように努めるのが彼らの役目だ。たとえば、副首相の一人であるイーゴリ・シュワロフは、Ｇ８やＧ20の場で「シェルパ（首脳補佐役）」として活躍した。彼は、〈株式会社ロシア〉やロシア国家と国際金融機関や国際ビジネス界をつなぐ窓口だった。[52] 大統領時代のドミートリー・メドヴェージェフもまた、世界のリーダーたちを相手に同じような役割を果たし、各国首脳らとの会談を精力的にこなした。そのあいだ、プーチン首相はＣＥＯや戦略計画者として、有効な会談相手を戦略的に選ぶことができた。[53]

大統領兼ＣＥＯに代案を提示する

システムの上層部、特に業務管理を担う権力中枢では、プーチンは権限の範囲が重ならないように万全の体制を整えている。彼は、業務管理者とその部下が対立することを望まない。ある政策問題について意思決定が行なわれる前は、お互いに対立してもかまわないし、プーチンに直接反対してもかまわない。しかし、いったん決断が下されたら（特に、はっきりとした戦略的目標の実現についての決定の場合は）、その決定に反するような行動を取ってはいけないのだ。国家のミッションに関する重要な意思決定はすべてプーチンが下すので、システム内の人間の脳裏にはこんな問題が浮かぶことになる。誰がプーチンにアクセスできるのか？　誰がアイデア、提案、メッセージをプーチンに伝えられるのか？大事なのは、誰が物事を実行するかだけではない。大きな問題の意思決定に影響を与えうる情報を、大統領兼CEOであるプーチンに誰が伝えるのかということも重要なのだ。

数多くのロシア人専門家やクレムリン関係者が指摘してきたように、相反する利害の発生が避けられないケースにおいては、プーチンは側近たちにそれぞれの主張についての意見を求めるという。あるいは、ほかの集団の立ち位置や（政府中枢とは関係のない）利害についての調査結果を提示させ、プーチンが利点と欠点を総合的に判断することもあるという。つまり裏を返せば、仲間内だけでなく、システムのかなり上層部においても、公的なレベルでの発言の自由が認められているというわけだ[54]。権力中枢内部の人間だけでなく、その外側の人々もまた、提案された政策に対して堂々と反論することができる。システム内部にとどまり、その正当性やプーチンらの能力を疑ったりせず、最終決定が下された政策に従うかぎり、誰でも代案を提示することはできるし、政策決定に貢献することもできるということだ。

そう考えれば、国家機構の上層部のあいだで意見が大きく食い違っているように見えた理由も説明が付くことになる。この一〇年ほど、政治経済の重要な諸問題についてどう見ても内部で意見が割れていると思われる場面があった。そうした意見の相違は、メディアによる報道においても、公式声明の場においても明らかなものだった。意見の食い違いがとりわけ深刻化したのは、二〇〇八年から一二年までのプーチン首相とメドヴェージェフ大統領のタンデム体制の時期だった。メドヴェージェフとプーチンのチームはそれぞれ、自分たちのアイデアや提案をなんとか目立たせようと激しく競い合った[55]。また、当時はロシアの経済危機のもっとも困難な時期とも重なったため、クレムリンは危機への対処方法について外部にも積極的に意見を求めることになった。多くの点で、これはソ連時代のいわゆる「民主集中制」の変形版といえる。プーチン率いるロシアでは、クレムリンの壁の内側だけではなく、外の世界の意見も採り入れられたのである[56]。

無責任な役人と垂直権力構造の教訓

「自分がいつ何をすべきかを全員が心得ていること」「最高権力者への説明責任を果たすこと」――それが、プーチンの統治システムの本質的な理想だ。まさに、プーチンが二〇〇〇年代に国家機構の中央集権化を推し進める際に築こうとした「垂直権力構造」の核となる要素である。最高権力者がミッションを描き、目標を定める。ロシア連邦の国家機構に属するあらゆるレベルの人々が、多かれ少なかれ、目標達成のために一定の責任を果たす。この原則は、地域レベルでも同じだ。たとえば、連邦管区を取りまとめる大統領全権代表の役目は、モスクワ外部で国家の目標が実現するよう監督することだ。つまり、担当する巨大な連邦管区内の各地域のパフォーマンスや法令遵守を監視するのが彼らの責任である。それぞれの地域の知事たちは大統領全権代表に状況を報告し、こんどは全権代表たちがロシア大統領に報告を行なう。知事たちもまた、地域に設置されたあらゆる国家機構がその機能を果たせるよう、監視する責務を担っている。

このような垂直権力構造に基づく国家機構の確立は、二〇〇四年九月以降にウラジーミル・プーチンが行なった政策改革の一環として推し進められたものである。そのきっかけとなったのが、北コーカサス地方のベスランで起きた、チェチェン人テロリストによる学校占拠事件だった。アイデア自体が生まれたのはベスラン事件以前のことで、一九九七年の年次教書演説やさまざまな文書内でも言及されていた。が、プーチンはその計画を実行に移す正当な理由や根拠が現われるのをじっと待っていた。そして、ベスラン事件が絶好の機会を提供してくれたというわけだ[57]。

学校占拠中、テロリストとの睨み合いが続くなか、率先して状況を打破しようとする現場の人間は誰もいなかった。彼らは上からの命令をただ待つか、状況に対応すること自体を拒んだのだった。そのうち、収拾がつかない事態に陥った。二〇〇〇年八月の原子力潜水艦クルスクの事件を再現するかのように、ロシア内外のメディアが現場の無策ぶりを大々的に報じた[58]。結局、プーチンは危機への介入を決め、モスクワから北コーカサスへと交渉人やテロ対策の特別機動部隊を派遣せざるをえなくなった。それから数日間、世界じゅうが恐怖の光景を目撃することになる——何百人もの子ども、親、教師たちが苦しむ姿。そして学校への強行突入によって、多くの人間の命が奪われた。こうして、プーチンは自らの手による制御を強いられたのである。

　ベスラン事件後に垂直権力構造の構築を一気に推し進めたプーチンは、スイス時計式の国家機構を完璧な自動制御の状態に戻すことを宣言した——この国家機構のなかで役職を与えられた人間は誰であれ、連邦・地域・自治体レベルを問わず、自分の責務をしっかりと理解し、その期待に応えなければならない。そのため、プーチンは地域行政を担う主要な役職のための選挙を廃止し、自らが直接任命することを発表。そうすれば地域の長たちは、自身の実績や行動についてプーチン個人に説明責任を持つことになる。この「責任」や「説明責任」に当たる otvet-《オトヴェート》stvennostʼ《ストヴェンノスチ》というロシア語は、「答え」を意味する otvet《オトヴェート》に起因する単語で、ロシアでは非常に大きな力を持つ概念である。個人的にオトヴェートストヴェンノスチを負った人物は、問題を上司に丸投げすることは許されず、全責任を取ることになる。垂直権力構造を築くうえでプーチンにとって重要だったのは、あらゆる物事に対する責任が大統領よりもずっと下のレベルにとどまることだった。

　垂直権力構造を築きはじめて以来、プーチンや側近たちはさまざまな物語を引き合いに出して、このシステムを導入した理由を説明してきた。特にたびたび登場するのは、どこかの辺鄙な町（だいたいシベリア）の「選挙で選ばれた無責任な役人の物語」だ。二〇〇四年から地域の知事や高官の公選制を廃止したプーチンは、この話を垂直権力構造の構築を正当化するための持ちネタのように披露してきた。数々のメディアのインタビューで持ち出すことはもちろん、ヴァルダイ会議の晩餐会では二回も語った。当時のサンクトペテルブルク市長ワレンチナ・マトヴィエンコや副首相イーゴリ・シュワロフも、ヴァルダイ会議の席で（独自のバリエーションを加えて）同じ話を繰り返した。その物語はたいてい、非常事態大臣のセルゲイ・ショイグがプーチンたちにある話を語ったという体で始まる[59]。

冬真っ只中の極寒のある日、シベリアの一部地域が大停電に見舞われる。住民の命すら脅かしかねない危機だ。しかし現地選出の役人は、冬の燃料不足に対処する責任をまさか自分が負っているなどと考えたことがなかった。そのため、燃料の備蓄に必要な対策を講じていない。民衆は抗議する。すぐにロシア政府に支援の要請が届き、セルゲイ・ショイグや危機対応チームが現地に派遣される。ショイグは哀れな役人に対し、抗議する群集と向き合ってきちんと対応するように言う。が、役人は決して行動を起こそうとせず、便所に行ってくると言って席を外し、そのまま姿を消す（ここでも、プーチンお得意の「便所」ネタが登場する）。話を終えたプーチンは、こう結論づける。こういった現場を取り仕切ることができるのは、私が任命し、行動を指示し、私やロシア政府に対して説明責任を負う人間だけだ。トップの期待に応えなければいけないとわかっていれば、その人物は責任を持って必要な行動を取る。しかし選挙で選ばれた役人には、住民以外のお目付け役がいないため、都合が悪くなると簡単に逃げ出してしまう[60]。

ところが、ベスラン事件以降、プーチンは自身の垂直権力構造に欠陥があることを痛感してきた。垂直権力構造によって、ボスとしての地位を確立することもできたし、一定のPR効果があることもわかった。が、彼は何度となく自分自身で行動を取らざるをえない状況に追い込まれた。モスクワから地方に誰かを派遣することもあれば、ピカリョヴォ事件や二〇一〇年の山火事のときのように、自分自身で直接介入しなければいけないケースもあった。彼の理想は、脇に立って国家機構を監視し、CEOのようにトップダウンで戦略的ビジョンを打ち出すことだ。その代わりに、プーチンの仕事はますますCEO本来のものから遠ざかり、機構を修正するためにその場で戦術変更を迫られる場面にたびたび遭遇した。彼が新たに任命した役人たちも、シベリアの現場から姿を消した無責任な公選の役人と五十歩百歩だった。政府に直接的に助けを求めることはないにせよ、彼らには上からのアドバイスや命令を待つ傾向があった。すべてが同調して動くスイス時計の機械部の一部だという自覚はないし、説明責任の意味も理解していない。プーチンはこの点について明らかに怒りを募らせており、討論会やインタビューのなかで、役人の無責任ぶりへの不満をしばしば口にしている。[61]

不信を根底としたシステム

垂直権力構造の失敗は、プーチンの思い描く企業経営モデルが国家スケールでは成立しないことを示すものだった。国家機構はあまりにも巨大で、彼の築いた統治システムには特殊な部分が多すぎた。まず、統治システム全体のなかに明確な責任系統がない。各種の国家機関は存在するものの、それがまったく組織化されていないのだ。プーチンの示した企業経営モデルは――オリガルヒをコントロールし、その活動が国家のミッションから逸脱しないことを監視するという目的に限っていえば――少なくとも二〇〇〇年代には機能していたのかもしれない。しかしそれ以外の面では、青写真どおりに計画が進むことはなかった。適切に機能する企業の場合、上から下まで全体の指揮系統に沿って、権限の範囲と責任の所在がはっきりと定められている。どのレベルにも、それに見合った報酬や価値があるものだ。ところが、プーチンの仮想企業には明確な権限系統が存在しない。なぜなら、プーチン本人から個人的に与えられる権限以外に、権限らしきものがないからだ。ごく一握りの例を除いて、経歴や実績よりもプーチンとの個人的な関係のほうが重要であり、報酬はシステムの最上層部に極端に集中してしまっている。[62]

プーチンの統治システムが、企業統治の理想と合致しえない理由は主に三つ。もっとも明白な一つ目の理由は、ロシアは国家であって企業ではないということ。プーチンの統治システムのトップに立つCEOには、説明責任を果たすべき相手がいない。プーチンはことあるごとに自分が「雇われ社長」にすぎないと主張してきたが、現実はだいぶ異なる。彼はCEOではなく、ロシアの正式な大統領だ。二〇〇〇年に行なわれた合法的な選挙で大統領に選出されたのであり、誰も彼を雇ったわけではなく、誰も彼を解雇することはできない。憲法で保障された大統領の任期を無効にして、プーチンを追放できる機関はロシアには存在しない。その結果、プーチンのシステムは二つのパラレルワールドのなかで機能することになる。一つは、一般市民や国家機構内で働く役人たちが閉じ込められたロシア国家の政治・法律・憲法に支配された環境。それと密接に絡み合うもう一つが、ウラジーミル・プーチンの生み出した非公式の私的なシステムに支配された環境である[63]。それは、プーチンが二〇〇〇年七月に取引した従来のオリガルヒたちが住む「特殊な世界」だ。この世界には、二〇〇〇年以降に頭角を現わした「取り巻きオリガルヒ」とでも呼べるような人々も住んでおり、その全員が何らかの形でプーチンとつながりを持っている。また、権力中枢でプーチンと一緒に働く側近たちのネットワークが機能するのも、この世界の内側だ[64]。この特殊な世界では、オリガルヒたちは自らが経営する企業と関連した戦略的意思決定を下すことができる。その点では、彼らが所有する経済的資産が、権力の範囲を定めているといっていい。正式な政府機構のなかでは、そんなことは決して成立しない。

いわゆる「取り巻きオリガルヒ」たちには、エリツィン時代の「ローンズ・フォー・シェアーズ」合意によって台頭した従来のオリガルヒとは大きく違う特徴がある。その違いは、プーチンの統治システムについて、あるいは説明責任の意識を生み出そうとする彼の取り組みについて、いつくかの微妙な問題を浮き彫りにするものだ。取り巻きオリガルヒたちは、前政権から受け継がれたわけではない。彼らは、プーチン大統領のもとで莫大な財を築いたのだ。取り巻きオリガルヒとプーチンの個人的なつながりが報道されているほど強くないとしても、彼らがプーチンの統治システムのなかで重要な役割を果たし、ロシア経済できわめて責任ある地位を占めていることは確かだ。彼らはみな、石油・天然ガスの貿易や輸送に深くかかわる経営者たちだ。つまり、ロシアの経済と政治を左右する石油・天然ガス部門をプーチンが掌握しつづけられるかどうか、その鍵を握るのが取り巻きオリガルヒたちなのだ。彼らは活動的で機動的で柔軟な媒介者であり、動きの鈍重な〈ガスプロム〉、〈ロスネフチ〉、〈トランスネフチ〉などの巨大企業と世界市場とを結びつける役割を果たしている。実行力のない官僚機構と、実行力と生産力を持つビジネス集団――若きオリガルヒたちの存在そのものが、その違いを生み出す源となっているのだ。

プーチンが理想とする統治システムにおいて、取り巻きオリガルヒたちはプーチン本人に対して説明責任や報告義務を負うことになる。一方、国有会社にはそもそも真の説明責任がない。なぜなら、国民に対する説明責任はとうてい説明責任と呼べる代物ではないからだ（シベリアの無責任な役人の話はその好例）。その反面、取り巻きオリガルヒは従来のオリガルヒと同じように少数精鋭の集団なので、取引するのはそう難しいものではない。さらに、取り巻きオリガルヒが個人的な財を築くことは、プーチンの目標達成にも大きな影響を与える。なぜか。石油と天然ガスを含むあらゆる取引において、統率、説明責任、予測可能性、安全、安定性を維持することこそ、プーチンの目指す目標だからだ。彼らが裕福になるとすれば、それはきちんと結果を残したからであって、単にプーチンと親しいからではない。彼らは実績を上げたからこそ、プーチンやそのシステムから報酬を受け取り、守られているのだ。[65]

プーチンのシステムが理想と合致しない二つ目と三つ目の理由は、互いに深く絡み合うものである。一つは、この特殊な世界の主要人物たちのあいだに広がる大きな不信感。もう一つは、過度にプーチン化してしまった統治システム。プーチンは他人を簡単に信用しない。それを裏づける話は、彼のインタビューやさまざまな伝記作品にもたびたび登場する。プーチン自らが信頼できる人物として明言したことがあるのは、ヴィクトル・ズブコフ、ドミートリー・メドヴェージェフ、アレクセイ・クドリン、イーゴリ・セーチンなど数えるほどしかいない。[66] 彼らがプーチンの信頼を勝ち取ったのは、長い付き合いがあったからこそだった。個人的な付き合いがなければ、どうして相手を信頼し、大切な任務を任せることができるだろう？　相手を信頼できなければ真の責任は与えられないし、説明責任を負わせることもできない。サンクトペテルブルク時代の知人の多くは、プーチンが忠誠と信頼を特に大切にする人間だと証言している。プーチンの元柔道コーチであるアナトリー・ラフリンは、『イズヴェスチヤ』紙の二〇〇七年のインタビューに答え、「プーチンがサンクトペテルブルクの柔道仲間を仕事のパートナーにするのは、彼らが純粋な目をしているからではなく、長年の真の信頼関係があるからなのだ」と強調した。[67] 数々の証拠が示すとおり、プーチンにとってミスは許せるものでも、約束の反故や個人的な裏切りはもっとも厳しい罰に値するものなのだ。[68]

不信が根底にあるとすれば、この特殊な世界——プーチンと〈株式会社ロシア〉を中心とする非公式で閉鎖的なシステム——の内側では、いつ何時でも細かい指示が必要になるということだ。相手が取り巻きオリガルヒであれ、プーチンにとってもっとも親密に思える人々であれ、相手の忠誠を維持するには何らかの仕掛けが必要になる。新たな側近グループと協定を結ぶ際も、プーチンはKGBのケース・オフィサーとしての訓練や経験を活かし、二〇〇〇年七月に従来のオリガルヒたちと結んだのと同じ協定を結んだ。プーチンが完全に信頼できるのは自分自身だけなので、彼は自分以外の全員に対して脅迫的な手法を用いることになる——基本的には、過去の罪を暴くことをちらつかせて、相手に忠誠を誓わせる。

非公式のロシアのシステムの最上層部にはびこる腐敗については、これまで大々的に報道されており、プーチンや側近たちの個人資産に関するさまざまな憶測が飛び交ってきた。[69] このシステムのなかで金銭が果たす役割は重要ではあるものの、それは多くの人が想像するようなものではない。確かに金は不可欠ではあるが、忠誠を確実なものにし、上層部を団結させるのは金ではない。むしろ、その金が非合法な活動（あるいは、非合法と思われてもおかしくない活動）から得られたものであるという事実のほうだ。プーチンの統治システムへの参加者は、古典的な意味で〝買収〟されているわけではない。弱みを握られているため、脅迫の餌食になりやすいと言ったほうがいい。つまり、特殊な世界の人々が一致団結できるのは、前向きなインセンティブのおかげではなく、潜在的な脅迫のせいなのである。プーチンはKGBのケース・オフィサー時代、脅しを巧みに用いた。その経験こそが、サンクトペテルブルク副市長時代に、ヴィクトル・ズブコフの支援で築き上げたシステムの根幹となったのだ。こちらのルールどおりに行動すれば、汚職も違法行為も見逃してやる——忠誠は恐喝によって保たれる。

プーチンのシステムのために働き、彼の定めた職務で実績を挙げた人々には、金銭や特権などの報酬が与えられる[70]。しかしプーチンがKGBで学んだように、もっと良い条件を提示する第三者が現われる可能性や、メンバーの誰かが金銭的な報酬よりも名誉や良心を守ろうとする可能性を完全に排除することはできない。したがって、忠誠を誓わせるためのメカニズムにとっては、いかなる報酬よりも何かを失うリスクが大きな意味を持つことになる。効果的な脅迫方法としてはよく知られた話だが、多くの人を怯えさせるのは、金や財産を失う恐怖ではない。名声を失うこと、家族、友人、同僚からの尊敬を失うこと、アイデンティティを失うことだ（脅迫を受けた人間は必ず本能的に、「欲しいものは何でもやるから、彼女にだけはバラさないでくれ」と懇願する）。

また、「リスク管理」という名のもとに、公の場で堂々と脅迫行為が行なわれることも少なくない。たとえば二〇〇二年、連邦金融監視局の局長だったヴィクトル・ズブコフは、脱税者にこんなメッセージを〝伝える〟ようメディアに要請した。「違法行為にかかわっている者は、ただちに手を引きなさい。われわれは犯罪者を一人残らず見つけ出し、そのツケを払わせる覚悟だ。君たちの金はすべて没収され、家族はひどい恥をかくことになるだろう」[71]。主要なオリガルヒやその他の有力者は、いったんクレムリンと取引を交わし、非公式システムでなんらかの役割を担ってしまえば、もはや足を洗うことは許されない。もし失うものが現金収入だけだとしたら、実際に彼らは「雇われ経営者」ということになる。しかし、現実はそんな甘いものではない。勝手に辞めることなど許されないのだ。過去には辞めることを許された人間が数人ばかりいたものの、堅気になったあとでも、彼らはゲームのルールに従い、クレムリンの邪魔をしないことを求められつづけた[72]。

はっきり言ってしまえば、プーチンの非公式システムをつなぎとめる接着剤は、（西側諸国の観点でいうところの）腐敗である。この特殊な世界では、全員が意図的に汚れた金をつかまされることになる。また、メディアによる腐敗についての報道は、実のところ一般市民を服従させる道具として使われるケースがある。腐敗は人々の政治的・個人的な夢をぶち壊し、近寄ったら痛い目に遭うぞと警告を与える。システム内の登場人物は誰しも汚い人間として描かれ、全員に真偽不明の悪い噂が付いて回る。誰もが弱みを握られ、無傷で帰ることのできる人などいない。この事実こそが、権力中枢の側近たちをいっそう固く団結させる接着剤となり、抜け駆けや裏切り行為の抑止力となっているのだ。ズブコフが二〇〇二年に説明したように、単に金を失うことよりも、刑事告発や家族への影響のほうが脅しとしては強力なのだ。そう考えると、オリガルヒから政府官僚まで、プーチンの統治システム中枢の多くの人々が、資産や近親者を外国に避難させているのは驚くべき話ではない。次なる指導者が現われ、財産の没収や再配分を決めたら？　彼らは、すべてを失うというリスクに今から備えておかなければいけないのだ。[73]

システムの私物化
――「ワンマン・ネットワーク」

脅しや強要によって、システムが抱える問題の一部は解決できるかもしれない。が、すべてを解決できるわけではない。二〇〇四年以降、プーチンはあるジレンマに直面した――蔓延する不信やシステムの私物化が、垂直権力構造という概念全体を傷つけることになる。そういった状況に陥ると、大切なのはその人間の仕事の中身や成果ではなく、その人間が誰なのか、どういう人脈を持っているかということに取って代わる。その事実が、垂直権力構造全体を弱体化させてきた。特に、プーチンと親しい個人的関係を持つ人間が優遇されることになるため、国家機構の内部で働くほとんどのロシア人は、非公式の特殊な世界というパラレルワールドの存在をしっかりと把握している。その世界の住人だけが特権を手に入れ、プーチンと接触できるということを知っているのだ。

プーチンは二〇一二年にドミートリー・メドヴェージェフから引き継いで大統領職に返り咲いたが、

そのプロセスが「私物化」をさらに浮き彫りにすることになった。国内の多くの専門家たちは、メドヴェージェフとプーチンの交代を「キャスリング」と揶揄し、ロシア大統領の制度や地位を台無しにするものだと批判した。ちなみに「キャスリング」とは、チェスで二つの駒を同時に動かすことのできる唯一の手であり、キングとルークの位置取りを交換するものである。[74] 話によると、二〇〇八年に大統領任期を終えたプーチンは、一九九〇年代から時間をかけて制度の立て直しに尽力してくれた大統領府の職員を褒め称えたという。同じころ、彼はロシア国家で「まともに機能する唯一の制度」を強化したことへの自負をたびたび表明した。プーチンは職員たちに対して、引きつづきメドヴェージェフ大統領に仕え、大統領という制度を強く保ちつづけるよう指示した。さらに、プーチン自身も首相として、その地位、ひいては政府や内閣の役割を強化し、クレムリンで行なってきた制度構築の取り組みをバックアップするつもりだと宣した。[75] 四年後、ウラジーミル・プーチンは大統領職に復帰したが、その地位は以前と同じものではなかった。「キャスリング」によって物理的には復職した。が、垂直権力構造の頂点にあるロシア大統領という確固たる地位を築こうとする一〇年来の努力は、すべてが報われたわけではなかった。

さらに、大統領および首相在任中、プーチンは多くの重要な制度や役職の価値を弱めてしまった。プーチンはお気に入りの側近たちにシステム上層部の役職を転々とさせ、そのほかのスタッフを下の役職に据え置いた。ここでもやはり、重要なのは「役職」ではなく「人間」のほうだった。大統領時代のドミートリー・メドヴェージェフとは異なり、普段のプーチンはシステム内の人間を簡単にクビにしたりはしない。明らかな無能ぶりをさらけ出したとしても、やり直すチャンス（または仕事の中身を変える機会）を与える。理想的な地位を求めて、あるいはプーチンに別の重要任務を任されて役職を転々とする大物たちがいる一方で、トップ以外の人々は同じ役職にとどまることが多かった。プーチンは二〇一一年一二月一五日の視聴者参加型のテレビ番組で、一部の大臣などを長年同じ役職に据え置く理由をこう説明した。

まさにその役職にふさわしい人間がいる……彼らと口論したり、その政策を非難したりするのはいいとしても、最悪なのは彼らを役職から役職へとたらい回しにすることだ……私はこの仕事をすでにある程度経験してきたから、頻繁な人事異動が何を意味し、どんな結果につながるのかを十分に承知している……人々が間違った判断をしているとしたら、われわれがすべきなのは、同じ間違いが繰り返されないようその仕事を組み直すことなのだ[76]。

KGBのケース・オフィサー時代の経験から、プーチンはスパイを「見つけ、獲得し、操る」システムを築き上げることに莫大な時間と手間がかかることを知っていた。また、二〇〇〇年にオリガルヒとの取引を進めるなかで、国際的な競争力を保ちながら大企業を運営できるロシア人経営者がきわめて少ないことを知った[77]。大臣も同じだった。大臣をクビにすれば、それまでの投資がすべて無駄になってしまう。たとえ無能で冴えないチーム・メンバーでも、自らの支配下にある忠実な人間のほうが、ゲームのルールやロシア政界の特殊な世界（パラレルワールド）の仕組みを理解していない優秀な新人よりも、よほどましなのである。だからこそ、解雇せずに手元に置いておく。どうしても厄介な人間だとわかったら、システムの隅のほうに追いやり、害のない仕事をあてがっておけばいいのだ。

その典型例がエフゲニー・ナズドラチェンコだ。彼は沿海地方の元知事で、一九九〇年代のエリツィン大統領の地方政策にとって傍迷惑な存在だった。プーチンは大統領に就任して間もなく、ロシアの各地域を手なずける政策の第一歩として、ナズドラチェンコへの対抗措置を講じた。プーチンは相手を抑圧する代わりに、ナズドラチェンコを沿海地方の州都ウラジオストクからモスクワへと慎重に呼び寄せ、国家漁業委員会の議長という高給ポジションを与えた。なぜプーチンは天敵であるナズドラチェンコにそんな生ぬるい対応をしたのか？　不思議に思ったあるジャーナリストが、アナトリー・チュバイスに疑問をぶつけた。するとチュバイスはこう返答した。

ナズドラチェンコの処遇を通して、プーチン大統領はエリートたちに新たなゲームのルールを明示した……ルールに従う者はわれわれの一員であるから、手出しはしない（ナズドラチェンコはルールに従い、沿海地方の知事を自主的に辞任することに同意した）。しかし、ルールに従おうとしない者には法律のもとに厳正に対処する。(78)

つまり、ケース・オフィサーのペルソナを持つプーチンは、簡単には〝資産〟を手放すことはできないのだ。側近たちを資産と見ているからこそ、彼のチームは常に人数が少なくなる。人材を見つけ、側近グループへと勧誘し、その動きを管理する人物は自分だけ。それがプーチンの考えだ。そのため、必然的にプーチンのチームの規模は縮小する。そもそも彼の企業モデルは、少人数のグループのうえに成り立つものなのである。結果として、〈株式会社ロシア〉は莫大な量の物資・財政のプールを抱えながらも、人材面における戦略的プールの不足という慢性的な問題を抱えることになる。新しい顔ぶれを採用してシステムを刷新する機能はないも同然だし、プーチンからの命令がなければ上層部の構成メンバーはいつまでも固定されたまま。言ってみれば、何もかもがウラジーミル・プーチンとの関係によってがんじがらめになっているのだ。(79)旧ソ連共産党ははるか前に消滅し、〈統一ロシア〉も完全に制度化された与党になることはなかった。よって、プーチンの個人的なコネクション以外に、重要な役職や責任にふさわしい人材を選ぶメカニズムは存在しない。結局のところ、ソ連とロシアの古い体制は、ウラジーミル・プーチン本人が人材獲得を一手に担うという昔ながらのワンマン・ネットワークに置き換わったにすぎないのである。(80)

〈株式会社ロシア〉の上層部の人間関係は、すべてプーチンとの関係によって成り立っている。それは、側近たちが使う言葉に注目すれば一目瞭然だ。たとえば、二〇一〇年のヴァルダイ会議に参加した政府や地域の高官たちは、プーチンと協力体制を組んで政策を進める話をするときに、「プーチンと私は（ムィ・ス・プーチノム）」という表現をしきりに使った。(81)つまり非公式のシステムのなかでさえ、プーチンとは「縦のつながり」しかなく、本物の

「横のつながり」は存在しないということだ。自身の地位、考え、立場を確固たるものにしたければ、たとえ誰であれ、プーチンに相談して顔色をうかがわなければいけない。この一方通行の最たる例が、チェチェン共和国元大統領のラムザン・カディロフとプーチンの関係だ。二人の関係は、非公式・公式の国家システムを問わず、個人的忠誠のうえに成り立つもっとも極端な例だといえる。ラムザン・カディロフは、ウラジーミル・プーチンとの個人的な絆があることを決して隠そうとはしないし、ロシア国家ではなくプーチンだけに忠誠を誓っていると明言している[82]。

プーチンに情報を伝達できるのは誰か？

統治システムの極端な個人化、非公式と公式の国家システムの共存――それが大きな問題を孕むことは、プーチンも重々承知している。実際、彼はその解決策を生み出そうとしてきた。プーチンにとって、非公式・公式のシステムという二つのパラレルワールドの溝を埋めてくれるのは、中間代理人として機能するオンブズマンたちだ。前述のとおり、オンブズマンの役割は、非公式システムの枠を超え、システム内で決まった特定の意思決定と利害関係を持つ利益団体に接触を図ること。彼らは情報を流し、外部の利害関係者たちに〈株式会社ロシア〉やプーチンへの一定のアクセスを与える。そうしたオンブズマンの権限や地位を決める要因はただ一つ、「プーチンへのアクセス」だけ――つまり、「プーチンに情報を伝達できるかどうか」がすべてを決めることになる。

クレムリンの元顧問で政治ストラテジストのグレブ・パヴロフスキーは、二〇一二年一月の『ガーディアン』紙のインタビューのなかで、与党〈統一ロシア〉が果たすオンブズマンの役割について説明した。それどころか、〈統一ロシア〉は公式な世界と非公式な世界をつなぐ伝達役を担うためだけに設計されたのだとまで述べている。上層部やプーチンを中心とする非公式の権力階層と正式な国家構造のあいだのやり取りをスムーズにすること、それが彼らの目的なのだ、と。

〈統一ロシア〉は、クレムリンから地域の機構を経て最下部までを結ぶ、一種の電話網のようなものだ。いわばシグナルの伝達役なのだ。ソ連共産党〈KPSS《カーペーエスエス》〉とは対照的に、〈統一ロシア〉に自立性はまったくなく、独自に行動することも許されていない。自発的な政治行動を起こすこともできない。一から五まで事細かな指示が必要なのだ。三と四が抜けていれば、そこで立ち止まり、次の指示を待つ。〈統一ロシア〉とソ連共産党の共通点はゼロ。ただ、システムの重要な構成要素として利用されているだけだ[83]。

イギリス人ジャーナリスト、アンガス・ロックスバラは、二〇〇〇年から一一年までのプーチンの大統領・首相時代について記した著書のなかで、大統領報道官ドミートリー・ペスコフが似たような役割を担っていたと主張した。ロックスバラは三年にわたって、PR会社〈ケッチャム〉のモスクワ支社のコンサルタントとして、ペスコフや彼のチームのメディア・広報アドバイザーを務めた人物である。報道官のペスコフはクレムリンと国際報道機関とを結ぶ窓口として、インタビューの依頼をプーチンなどの重要人物に通し、反対にさまざまな情報を報道機関に伝えた。ロックスバラ本人やケッチャム時代の同僚が説明するとおり、ペスコフはスポークスマンとして、プーチンの考えを国内の政界全体に、そして世界の重要な対話者に伝える役割を果たしていた。有力人物の誕生日には、ペスコフ自身が電話をかけて祝うこともあったという[84]。ケッチャムの社員たちは、プーチンやクレムリンに対するメディアのアクセスを拡大させようと必死に試みた。が、結局は成功しなかった。プーチンのシステム内部では、情報伝達や上層部へのアクセスが驚くほど制御されていたのだ[85]。

おそらく、この点をもっとも如実に物語るのは、「この情報はウラジーミルに伝えておく」というメドヴェージェフ大統領の有名な台詞だろう。この発言は、二〇一二年三月に韓国ソウルで行なわれたバラク・オバマ大統領との会談中、マイクが拾ったものだ[86]。オバマ大統領はメドヴェージェフにこう伝えた。「アメリカ大統領選挙中は重要な案件についてあまり進展は望めないが、再選を果たせばもう少し柔軟性を発揮できると思う」。するとメドヴェージエフは共感するようにうなずき、オバマの腕を叩いて、「この件は〝ウラジーミル〟に伝えておく」と請け合った。[87] 四年間の首相時代、ウラジーミル・プーチンは世界のリーダーたちとの面会をできるかぎり避けてきた。バラク・オバマとは二〇〇九年七月七日にいちど会ったきり。[88] ドイツのアンゲラ・メルケル首相、フランスのニコラ・サルコジ大統領、イギリスのデイヴィッド・キャメロン首相と会ったのも一回きりで、電話会談も数回だけ。[89] どうしても避けられない重要案件が持ち上がったときにかぎって、プーチンが重い腰を上げてアメリカのヒラリー・クリントン国務長官などと会談することもあったが、国家レベルでの外交はほとんどドミートリー・メドヴェージェフに任せきりだった。プーチンが何か知る必要があれば（あるいは知りたければ）、メドヴェージェフがすべて教えてくれた。つまり、〇八年から一二年までのあいだ、実質的にロシア政治を支配していた男と対話したくても、メドヴェージェフを通す以外に有効な手段はなかったことになる。

権力の中枢で長年過ごしたあと、プーチンは自身へのアクセスを制限することによって、再びアウトサイダーの立場へと戻ることができた。彼はその立場を大いに活用した。プーチンへのアクセスは、ロシアでは何より価値のある財産の一つだ。四年間の首相在任中、プーチンは国内外の誰にも思惑を明かさず、相手を攪乱しつづけた。レニングラード大学の中庭でそうしたように、プーチンは一方の端に突っ立ち、ただ黙って状況を見守った。ロシア研究者パーヴェル・バエフの言葉を借りれば、プーチンはメドヴェージェフとのタンデム体制を利用して、「一人しかいない場所でも姿を消すことができた」のである。[90] その結果、二〇〇八年から一二年まで、国際的な政府関係機関とのやり取りも含め、ロシア国家機関とのあらゆるレベルのやり取りのなかで、誰もがプーチンに情報を伝達する確実な方法を探そうと躍起になった。ウラジーミル・プーチンとの対話を望む大勢の人々にとっては、究極の〝伝達役〟であるメドヴェージェフ大統領に連絡を取ること自体も至難の業だった。するとこんどは垂直権力構造の頂点へと情報を伝えてくれることを期待して、クレムリン周辺のほかの人物の腕にしがみつくのだった。[91]

プーチン首相は各国のリーダーたちとの接触は避けたが、その一方で〈株式会社ロシア〉のCEOとして、世界じゅうのCEOたちとは積極的に面会した。特に、ロシアの核ともいうべき石油産業での動きは活発で、公式・非公式問わず、プーチンは世界の石油メジャーの有力者とたびたび会談した。[92]同じく、国際的な戦略的事業におけるアドバイザーとして活躍していた元アメリカ国務長官ヘンリー・キッシンジャーとも会談を繰り返し、そのことはマスコミでも大きく取り上げられた。こうして、戦略的計画の策定者たるCEOとして、プーチンは自分の優先事項がどこにあるのかを明確にした。彼が重要視したのは、ロシアの経済的資産を守ることであり、国際投資が引きつづき重要な部門へと流れ込むように促すことだった。政治の世界では、ドミートリー・メドヴェージェフが信頼できるオンブズマン役を果たしてくれた。一方の経済分野では、プーチン自身が世界の有力な実業家に一対一で対応した。さらにそれを補うため、数人のオンブズマンが活躍することになる。

たとえば、サンクトペテルブルク経済フォーラム開催中の二〇一二年六月に『ヴェドモスチ』紙が報じた記事は、イーゴリ・シュワロフが果たした役割の重要性について強調している。フォーラムに参加した大手国際企業の関係者たちの証言によれば、シュワロフはビジネス・投資関連のオンブズマンとして、舞台裏でいくつもの重要な問題を解決したという。世界のCEOたちは、この役職を作ったウラジーミル・プーチンを称賛した。[93]同時に、『ヴェドモスチ』紙は明らかな疑問についても指摘した――ロシアの非公式のシステムの外部で働く人間にとって「投資オンブズマン」という役職は謎であり、シュワロフの正確な役目を明らかにする情報はほとんどない。[94]シュワロフのほかに、オンブズマンの役割を果たしたもう一人の重要人物が、ドイツ人実業家マティアス・ヴァルニヒだった。ヴァルニヒとプーチンとの関係の歴史は少なくとも、一九九〇年代のサンクトペテルブルク時代までさかのぼる――ヴァルニヒがドレスナー銀行のサンクトペテルブルク支店を開業した時期だ。[95]二〇〇〇年代になると、プーチンはヴァルニヒにロシアのエネルギー輸送部門の管理・監督に関するいくつかの役職を任せるようになった。たとえば、バルト海の海底を経由してロシアとドイツを結ぶ天然ガス輸出用パイプライン「ノルド・ストリーム」の建設・運営会社の重役、〈ガスプロム〉、〈ロスネフチ〉、〈トランスネフチ〉などの企業の取締役などだ。そうしたロシアの巨大企業とのあいだを取り持つ重要な仲介役であり、プーチンと直接対話のできる人物――それが、国際的なエネルギー企業の幹部たちのヴァルニヒに対する見方である。[96]

しかしながら、ロシアの石油部門にかかわりを持つもっとも重要なオンブズマンといえば、プーチンの側近中の側近であるイーゴリ・セーチンをおいてほかにはいない。[97]二〇一二年、プーチンはセーチンのオンブズマンとしての正式な役割を改めてはっきりとさせた。燃料・エネルギー・コンプレックスに関する新たな大統領委員会（ロシア語の頭文字を取ってTEK委員会）を起ち上げ、〈ロスネフチ〉CEOのセーチンをトップに据えたのだ。[98]〈株式会社ロシア〉CEOのプーチンがこの委員会の名目上の議長ではあるものの、実質的な事務を取り仕切るのはイーゴリ・セーチンだった。

『ヴェドモスチ』紙が伝えるところによると、この委員会はプーチン首相時代に初めて設立されたものだった。この委員会の発足は、何よりロシアの石油企業の幹部たちにとって喜ばしいことだった。彼らは、定期的にプーチンとセーチンに面会し、二人への確実な接触手段を手に入れることになったのだ。二〇一二年にプーチンが大統領に就任すると、当然ながら委員会も大統領府に引き継がれるものだと誰もが考えていた。ロシアにとって石油はもっとも重要な部門であり、これまでもずっとプーチン自ら石油産業を掌握してきたのだ。そのため、石油業界の幹部たちは公式発表を我慢強く待った。一方、そのあいだにセーチンは同じ幹部をメンバーとする〈石油クラブ〉を設立。〈石油クラブ〉のメンバーは、セーチンのロスネフチのオフィスに週一回集まり、完全オフレコで非公式に会合を行なうことになった。

しかし幹部たちが驚いたことに、それまでプーチン首相が率いていた政府の委員会については、クレムリンからの発表は何もなかった。代わりに、ドミートリー・メドヴェージェフ首相の補佐官であるアルカジー・ドヴォルコーヴィチが首相直轄のＴＥＫ委員会を復活させ、自らをトップに任命し、メンバーを指名しはじめたのだった。石油企業の幹部たちは不快感をあらわにした。彼らはイーゴリ・セーチンを通じてプーチンへのアクセスを維持することを望んでいた。そこで幹部たちは正式な書簡に署名し、大統領直轄のＴＥＫ委員会を設立するようプーチンに要請した。書簡はセーチン経由でプーチンに届けられた。プーチンは首相直轄のＴＥＫ委員会を廃止するのではなく、新たな大統領委員会を設置した。プーチン首相時代の初代委員会のルールや文言はすべてそのまま受け継がれ、新たな役目もいくつか加えられた。石油企業の幹部たちはこの結果に大喜びした。これで、プーチンと直接対話できるオンブズマン組織がめでたく復活したのだった。

オンブズマンの例をもう一人だけ挙げたい。アレクセイ・クドリンだ。彼は、プーチンとメドヴェージェフがキャスリング人事によって役職を交換することを発表すると、財務相を辞任した人物である(99)。プーチンが作り上げた統治システムのなかには、彼に情報を伝えることを望む別の種類の利害関係者もいる——その情報とは、主に不満だ。二〇一一年から一二年にかけて、〈株式会社ロシア〉（ロシア国家の頂点に君臨する私有企業）はトラブルに見舞われていた。プーチンはつねづね国民のために国を治めていると主張するが、その国民の一部が国家の統治方法について発言権を要求してきたのだ。つまり彼らは、プーチンが一九九九年一二月のミレニアム・メッセージで打ち出した「手法については口を出すな」という約束を破ったことになる。二〇一一年のロシア議会選挙後に最初のデモが起きると、アレクセイ・クドリンはほぼ自主的に抗議者たちに対するオンブズマン役を買って出た。少なくとも、モスクワの抗議者の多くを占める都心部のエリートたちへの対応を率先して行なった。あるいは、プーチンからの指示だったのかもしれないが(100)。

アレクセイ・クドリンは西側諸国の経済界、特にワシントンＤＣではすこぶる評判が高い。また、財務大臣として、あるいはロシア政界きっての経済改革者として長年キャリアを積んできたことから、政界のほぼ全員と密接な関係を保っている。ロシアというシステムのなかで生きる多くの人と同じように

――いや、ほかの誰よりも――アレクセイ・クドリンにとって自身の存在を正当化する最大の根拠は、プーチンとの関係である。それはクドリン自身も認めるところだ。クドリンはプーチンの側近たちのなかでも、「プーチンは私に敬意を表してくれる」と断言できる数少ない一人である。実際、ウラジーミル・プーチンもそう証言している。プーチンの非公式のネットワークと公式の国家機構の両方において、クドリンはこれまで数々の役職を務めてきた。サンクトペテルブルク時代から数十年にわたって協力関係を築いてきた二人は、お互いを知り尽くしており、その絆はきわめて固い。前述のとおり、一九九六年にプーチンをモスクワに呼び寄せ、大統領府監督総局（GKU）局長などの重要な役職に彼を推薦したのはアレクセイ・クドリンだった。二〇一二年、クドリンは政府を去った。なぜか？　もしかすると、「プーチンへの反乱」に対処するという任務に自ら名乗りを上げたのかもしれない[101]。

補記

プーチンと博士号

プーチンは謎に満ちた男だが、その謎の一つが、一九九〇年代に彼が取得した経済学の博士候補号である。プーチンにその学位を与えたのは、彼がいちども所属したことのないサンクトペテルブルク国立鉱山大学という教育機関だった。博士候補号の論文のテーマも、それまで直接かかわった経験がないと思われる「資源」に関するものだった。プーチンはこの学位や論文について公の場で何度か軽く触れたことがあり、大統領府のウェブサイトにも正式な経歴の一部として挙げられている。しかしながら、「資源」というテーマで論文を書いた動機についてはは明かしていない。それに、サンクトペテルブルク副市長を務め、モスクワへの進出をうかがっていたとされる忙しい時期に、どのように論文を完成させたのかも謎のままだ。また、国内外のどの伝記においても、論文をめぐる状況については いまだ十分に説明されていない。それどころか、二〇〇〇年代になって、それまで一般公開されていた論文が入手できなくなったという報告が相次ぎ、〝謎〟はさらに増すのだった。

謎をいっそう深めたのが、論文の執筆にかかわった主要人物たちだ。サンクトペテルブルク国立鉱山大学のウラジーミル・リトヴィネンコ学長は、プーチンの博士候補号論文に関する研究を監督したのは自分だと主張し、論文内の盗作疑惑についても真っ向から否定した。その後、リトヴィネンコはプーチン大統領のもとで大躍進を果たす。彼は二〇〇〇年と〇四年、一二年の大統領選挙において、サンクトペテルブルクの選挙事務長を務めた。さらに一〇年には、世界最大級のリン酸肥料メーカー〈フォスアグロ〉の取締役に就任。結果、五億ドル以上にも相当する持ち株を手にすることになった。

プーチンに授与された「経済学博士候補」と

いう学位は、欧米における博士号と同等とみなされることがあるものの、このケースではMBAに近い位置づけと考えるのが妥当である。この博士候補学位は、一九九七年の論文「市場関係形成の状況下における地域の鉱物資源基盤の再生に関する戦略的計画（サンクトペテルブルクおよびレニングラード州）」に基づいて与えられたものだ。しかし、この複雑なタイトルは実際の内容をそのまま反映したものではない。確かに石油と天然ガスの分野では、資源基盤再生はきわめて重要な問題である。しかし、これらの一次産品はいずれもレニングラード地域には存在しないため、論文内では触れられていない。また、資源基盤再生のための具体的な政策についても論じられていない。どうやら、タイトルの「資源基盤再生」の部分は、論文の中身とはまったく関係ないようだ。とはいえ、「戦略的計画」という概念のほうは詳しく論じられており、前述のとおり、その内容はプーチンの大統領としての政策にも大きな影響を与えている。ところが、論文の最重要テーマといえるその箇所の議論は、キングとクレランドのテキスト『戦略的計画と政策』（一九七八）のロシア語版から引用符なしでほぼ丸写しされたものでしかない。また、論文のなかで次に重要なテーマとして扱われる「ロシアの輸出入インフラの拡大の戦略的必要性」については、なぜかタイトルにはいっさい反映されていない。論文の第3章でプーチンはこのテーマを論じ、「輸送および生産の統合型の複合港」の重要性を強く訴えている。

第Ⅱ部　工作員、始動

第10章
ステークホルダーたちの反乱

「おいおい、まだ私の葬儀の計画は進めないでくれよ！」。プーチンがそう口にしたのは、二〇一一年一一月にモスクワ近郊で開かれたヴァルダイ会議の晩餐会の席で、私たちの一人がこんな質問をぶつけたときだった――ロシアのリーダーを辞めたあと、自身の実績をどう評価してもらいたいか？　プーチンは冗談のつもりでそう答えたようだが、参加者の一部は彼の答えに別の意味で興味を抱いた。ウラジーミル・プーチンはこの質問を投げかけられたとき、自分がリーダーを辞するのは自らが死んだときだと直感的に考えたのだ。

その晩餐会からわずか数週間後、プーチン支配の終わりに関する議論は一般市民のあいだにも広がることになる。二〇一一年一二月から一二年初めまでロシア国内の大都市で続いた街頭の反政府デモは、一九九〇年代以来最大の規模にまで拡大した。このデモは、プーチン、側近たち、外部の観測筋を驚かせた。一方、西側諸国のメディアは嬉々としてデモを大々的に取り上げた。二〇一二年三月三日号の『エコノミスト』誌は、表紙に「プーチンの終わりの始まり」という見出しを掲げたほどである。[1] しかし、終わりがもうすぐやってくると期待した人々に待っていたのは、失望だった。サバイバリストたるプーチンは抗議をものともせず、一二年三月の選挙で見事ロシア大統領へと返り咲いた。一一年から一二年にかけての冬の街頭デモは、プーチンの終わりでも〝プーチニズム〟の終わりでもなかったが、彼がロシアのリーダーとして国内で直面した最大のピンチだったことは確かだ。デモ発生の経緯、プーチンのデモに対する考え方、その対応は、彼自身やそのシステムについて多くのことを私たちに教えてくれる。

前章で説明したとおり、デモが発生する前から、プーチンは明らかに〈株式会社ロシア〉内部の動きに不満を持っていた。システム全体が、思惑どおりスムーズに自動で機能するには至っていなかったのだ。彼はたびたび手動運転を試みたが、それでも期待どおりの結果には結びつかなかった。とはいえ、〈株式会社ロシア〉の内部の問題は確かに深刻ながらも、二〇一一年一二月のデモが物語るように、システム外で発生する危機と比べれば些細な問題だった。もっと広い社会的なレベルで、ロシアはプーチン個人の対応を必要としていたのだ。

2011 年に起こったロシア反政府デモ（モスクワ市街）

企業の世界には、非市場の（あるいは二次的な）「利害関係者《ステークホルダー》」という概念がある。所有者や株主そのものではないが、その企業の活動によって影響を受ける人々や集団のことだ。彼らは企業の所有者としての正式な法的権利は持たないものの、その企業の活動が自身の生活に影響を及ぼすので、利害関係があると感じている。たとえば、労働者、一般市民、企業が活動の拠点とする自治体の住人……。そういった人々は発言権をほとんど持たないので、企業に自らの意見を伝えるためには、非公式な方法、時には違法な方法に頼らざるをえなくなる。〈株式会社ロシア〉の場合、プーチンとクレムリン周辺のステークホルダーはごく少数だが、ある意味では国民全員がステークホルダーともいえる。そして、二〇一一年末にその一部が反乱を起こしたのである。

二〇一一年一二月一〇日に始まったデモの名目上のきっかけは、前週の議会選挙の結果だ。ロシアの有権者たちが下した評決は、与党〈統一ロシア〉の事実上の敗北だった。有権者の多くが共産党などの〝正式な〟野党へと投票先を変え、〈統一ロシア〉はクレムリンのアドバイザーたちが想定した数字よりも低い四九パーセントの得票率しか得られなかった。しかし多くの一般市民は、〈統一ロシア〉の得票数はさらに少ないはずだと考えていた。また、モスクワを中心として、投票の手続きや票の集計に大規模な不正が発覚。それが抗議活動の火種となった。しかも、選挙当局はもっとも悪質な不正さえも断固として認めようとしなかった。正式な選挙結果が出るかなり前から、国民はさまざまなソーシャル・メディアを使って、投票区レベルでの露骨な票操作の実例をインターネットに投稿した。するとこんどは、こうした問題を否定しようとする選挙関係者の間抜けな試みが、ソーシャル・メディアで広まることになった。

抗議活動の拡大に大きな役割を果たしたのがインターネットだった。二〇〇〇年代、ロシアは世界屈指のソーシャル・ネットワーク大国となった。フェイスブックのロシア版ともいえる「フコンタクテ(VKontakte)」(VK.comとも呼ばれる)がとりわけ人気で、ブログやユーチューブの投稿数もきわめて多い。ロシアの活発なソーシャル・メディア活動にはさまざまな側面があるが、その一つは政治的な意味合いを帯びたものだ。たとえばブログは、ロシアの市民に地域活動を呼びかける一般的な手段となった。二〇一〇年夏、モスクワや中央ロシア全域で大規模な山火事や泥炭火災が発生したとき、現地の消防当局の対応が後手後手にまわるなか、多くのロシア国民がインターネットで緊急支援を組織し、時には自分たちで消火活動に当たった。この草の根的な市民活動とは対照的に、クレムリンの取った行動は驚きのものだった。政府のお粗末な危機対応への住民の怒りを抑えるため、プーチンに消防士役をさせたのだ。一方はインターネットを用いて実のある活動をする地域のまとめ役。もう一方は「消防士プーチン」というパフォーマンス・アーティスト。なんと対照的だろう。前述のとおり、被災地を訪問するプーチンのユーチューブ動画を見れば、彼が作り出そうとしたイメージが住民たちにまったく受け入れられなかったことは明らかだ。プーチンのおかしな行動は、陳腐なパフォーマンスどころか、火事の被災者に対する侮辱とさえみなされた。そう考えると、二〇一一～一二年の冬の選挙シーズンに突入したとき、ソーシャル・メディアが国家の統制の及ばない情報空間を生み出す機会を有権者に与えたのも不思議なことではない。こうして、有権者たちはいくつもの情報源を手に入れ、政治運動や投票に関する最新情報に常に触れるようになった。クレムリンにとってはさらに厄介なことに、ソーシャル・メディアは市民たちに、プーチンやそのシステムに対する感情を表明する場を提供したのだ。

抗議デモの直接の引き金になったのは下院選挙だった。しかし、さらに前の二〇一一年九月二四日にプーチンが大統領に復帰すると宣言したときから、その傍若無人な振る舞いに対して国民の怒りは沸き上がろうとしていた。[2] プーチンの大統領復帰宣言によって、多くのロシア人は突如として未来への不安に襲われることになった。するとすぐに、プーチンを年老いたレオニード・ブレジネフに変身させた画像がインターネットで広まりはじめた。レオニード・ブレジネフといえば、一九七〇年代の政治や社会の停滞期を連想させるソビエトの老指導者である。この画像は、国民のあいだに膨らみつつある心情をよくとらえたものだった。

二〇一二年一月、ジャーナリストのマイケル・アイダヴが『ニューヨーカー』誌に「新たなデカブリストたち」と題する記事を発表した。[3] アイダヴはロシアにルーツを持つジャーナリストで、一一年一二月のモスクワのデモでプーチンに反旗を翻したロシアの若いプロフェッショナルたちの多くと親しい関係にあった。アイダヴは記事のなかで、九月二四日の大統領復帰宣言のあと、二〇代や三〇代の若者たちは未来が閉ざされたような気持ちになったと説明した。プーチンが政界を去るとき、いったい自分たちは何歳になっているのだろう？　その答えは、彼らにとって受け入れがたいものだった。その答えが彼ら自身や将来にもたらす意味、それを受け入れることなどできなかった。人生でもっとも明るく豊かな時期の六年間か一二年間を、一人の政治家による支配のもとで暮らしたくはなかった。そんなことになれば、この国ばかりか自分の人生まで停滞してしまう。[4] アイダヴの友人たちが描く未来図は別のものだった。どういう未来図なのか明確にわからなかったとしても、せめて選択肢がほしかった。これからのロシアを決めるための発言権がほしかった。うわべだけでなく、本物の政治的な選択肢が必要だった。どれだけ多くの顔や姿を装おうとも、一人の男が支配するシステムだけはほしくなかった。

忍び寄るプーチン疲れ

二〇一一年、ロシア国民の一部はプーチン・ブランドにすっかり疲弊していた。いわば〝プーチン疲れ〟だ。ロシア屈指の独立系世論調査機関〈レヴァダ・センター〉は、プーチンの一期目の大統領就任以来、毎月、彼の取り組みに対する評価や支持率を国民に尋ねてきた。一一年の結果は芳しくなかった。プーチンへの評価は、ドミートリー・メドヴェージェフとのタンデム体制を終了するという九月の発表のかなり前から悪化傾向にあった。それ以前の〇六年五月から一〇年一二月まで五六カ月連続で、プーチンの支持率は七五パーセントを上回っていた。ところが一〇年一二月から一一年三月までのあいだに、一〇ポイントも下落[5]。これほど大きな下落は前例がなかった。プーチンが大統領職に復帰すると宣言した直後には、過去六年間で最低の支持率を記録。下落した支持率の数値は、通常の民主主義体制では大して問題になる数字ではなかった。が、ロシアの政治体制は通常ではなかった。プーチンには政敵もいなければ、彼を正式に支援する政党もない。つまりプーチンの人気は、彼の大統領や首相としての過去の実績と比較して、国民が現在の実績をどう評価するかということに直接的に結びつくものだったのである。

クレムリンのアドバイザーたちは、こうした国民感情の高まりを見逃していた。少なくとも、見誤っていた。選挙シーズンへの準備を進めるなかで、現政権に対するある程度の不満があることは察知していた。しかしアドバイザーたちは、議会選挙でどんな悪い結果が出ようとも、〈統一ロシア〉をスケープゴートに使えばプーチンは問題なく生き残れると分析していた。そこでプーチン陣営は、議会選挙の前に〈統一ロシア〉から距離を置こうとした。プーチンは〈統一ロシア〉の事実上の党首であり、党の応援も受けていたものの、正式な党のメンバーではなかった。〈統一ロシア〉の選挙運動を率いたのは、ドミートリー・メドヴェージェフだった。〈統一ロシア〉から距離を置いたクレムリンは、各非政府組織からの新しい政治的アイデアの吸い上げ役を謳う市民団体〈全ロシア人民戦線〉の活動をサポートした[6]。〈全ロシア人民戦線〉は、〈統一ロシア〉という枠組みを超えてロシア国民とプーチンとを直接結びつけ、新たな支持基盤となることを目的に創設された団体だった。しかし、こうした策略は無駄だった。プーチンが与党と距離を置こうとするのは、単なるパフォーマンスだと有権者たちは気づいていた。下院選挙のあと、批判の矛先はプーチンのワンマン・システムのしかるべき場所へと向けられた——プーチン本人だ。期待を下回る〈統一ロシア〉の得票数、投票の不正、不正の責任を取ろうとしない（まして や謝罪する気など毛頭ない）選挙当局、国民のあいだに募る不安、そしてプーチンへの前代未聞の個人攻撃……。二〇一一年一二月に起きたすべての出来事が、翌一二年三月の大統領選に挑もうとするプーチンの政治的ブランドに影を落としたのである。[7]

次の一手に窮したプーチン陣営はまず何よりも、信頼を失った〈統一ロシア〉からプーチンをますます引き離そうとした。議会選挙が終わると、プーチンは無所属となった。しかしそうなると、〈統一ロシア〉の基盤を利用して大統領選挙活動を展開し、草の根レベルで支持を拡大することが難しくなる。そこでプーチン陣営は主にメディアを最大限に利用して、支持率を押し上げ、ライバルを失墜させ、有権者を投票所へと促すことに全力を尽くした。一回目の投票で五〇パーセントの得票率に届かず、決選投票に突入する——そんな最悪のシナリオだけは是が非でも避けたかった。[8] 結果は？　大量の資金を投じたにもかかわらず、加えて強力なライバルがいなかったにもかかわらず、プーチンの最終的な得票率は六四パーセント弱。[9] 一般的な選挙であれば大勝利といえる数値だが、クレムリンの期待した結果からは程遠かった。事実、ドミートリー・メドヴェージェフは二〇〇八年に七一パーセント、プーチン自身も〇四年に七二パーセントの票を獲得していた。

問題は、プーチンへの支持が全般的に低下したことだけではなかった。投票結果を地理的・社会経済的に細分化してみると、不穏な傾向があることがわかった。一部の地域で、異常とも思えるプーチン支持の数値が出たのだ。客観的な視点を持つ人であれば誰であれ、選挙全体がインチキだったのではないかと疑うほどの数字だ——ロシア国内の五つの地域で、プーチンの得票率が九〇パーセントを上回った。それらの地域は、個人的な忠誠、金、力によってクレムリンと密接に結びつく氏族構造が支配する土地であり、要求されればどんな得票数でも報告することが可能だった。たとえばチェチェン共和国では、プーチンの得票率が九九・七六パーセントだったという。一方、ロシア各地の大都市圏では、プーチンの得票率は五〇パーセント前後。ロシア最大の都市モスクワにいたっては、プーチンの得票率は全国最低の四七パーセント弱[10]。要するに、プーチンは二〇一二年三月にクレムリンの支配者に返り咲いたものの、お膝元のモスクワを含む主要都市での人気には陰りが見えつつあったということだ。

モスクワでの人気が相対的に低いことは特に重大な問題だった。皮肉なことに、ロシアのなかでプーチンがいまだアウトサイダーとみなされていた場所が、モスクワだったのだ。彼は一九九六年、外部——プーチンが「地方」と呼ぶロシア第二の都市サンクトペテルブルク——からモスクワへとやってきた。帝政ロシアの首都だったサンクトペテルブルクは、ソ連時代に首都の座を奪ったモスクワを敵対視していた。事実上の〝敵地〟へとプーチンがやってきたのは、オリガルヒの暴走を抑え、国家を復活させるという使命のためだった。そして、その敵地に彼は残った。プーチン率いるクレムリンは、ユーリ・ルシコフ市長率いるモスクワと敵対関係にあった。そして二〇一二年三月、多くのモスクワ市民がプーチンにノーを突きつけた。街頭デモの参加者や、モスクワの特権や権利意識に対するプーチンの軽蔑的な発言には、あからさまな敵意が見て取れた。ことモスクワの話となると、プーチンは冷静さを失って感情的になった。大統領三期目に挑もうとする彼にとって、モスクワはもはや力の源ではなかった。モスクワ市民はますますプーチン大統領に不信感を抱き、彼のワンマン・システムへの嫌悪感を増していったのである。

都市部の新たな中流階級

この問題の根深さを浮き彫りにするのは、二〇一一年一二月のモスクワの街頭デモ参加者の多くが、クレムリンの役人として働いてもおかしくないような人たちだったということだ。その多くは公共部門の労働者だった。たとえば、政府機関、シンクタンク、クレムリンが後援する特別チームや委員会、政府寄りのオリガルヒたちが所有する企業で働くプロフェッショナルたちだ。ドミートリー・メドヴェージェフが指摘したように、街頭デモの参加者のなかには、大統領在任中にメドヴェージェフや彼の周辺グループのために働いた人々もいた。[11] プーチン大統領時代に財務大臣を務めたアレクセイ・クドリンをはじめ、国家機構の内部で働いたことのある多くのクレムリン関係者が、自分たちの知り合いがデモに参加していたと証言した。[12] ほかの地方都市の街頭デモの参加者たちも、同じような人々だった。

反プーチン感情がロシアの大都市圏に比較的集中するということは、ある一つのテーマを浮かび上がらせるものだ。加えて、ロシアにおける抗議活動が、（たとえばほぼ同時期に起きた）西ヨーロッパでの抗議活動の性質とまったく異なることを示唆するものでもある。ロシアで起きた選挙への抗議デモは、人気のない経済政策に反対するものでも、二〇〇八年の世界金融危機の負の影響に反発するものでもなかった。どちらかといえば、ロシアの成功がもたらした結果だった。一二年三月の大統領選投票日の数日前のオンライン・インタビューのなかで、野党党首のウラジーミル・ルイシコフは、モスクワの街頭デモ参加者の特徴について説明した。彼らは、一世紀前に帝政を打ち倒した貧しい小作農民、不満を抱える軍人や船員たちに相当する人々ではなく、「プログラマー、管理職、弁護士、エンジニア、ジャーナリスト、銀行家」といった人々だった。[13]

言い換えれば、デモの参加者たちは経済的な不満を持つ恵まれない人々ではなく、むしろ経済的・社会的に比較的恵まれた人々だった。彼らは世界規模で消費活動を営み、仕事や休暇でヨーロッパの近隣諸国をたびたび訪れ、ヨーロッパ人と同じように考え、政治を含むあらゆる面においてヨーロッパ人と同じ扱いを望む人々だった。二〇〇〇年から一二年のプーチン時代の繁栄と安定の結果として出現した、新たな社会階層に属する人々だった。街頭デモの参加者たちは、経済成長によって生まれた格差に抗議する一方で、プーチン体制下での自分たちの政治的な扱いについても抗議した。インタビューのなかでルイシコフが指摘したのは、まさにこの点だった。二〇一二年のロシア人は、もはやかつての世間知らずなソ連人、自分の望みさえわからない人間ではなかった。ロシア社会は今や非常に成熟した段階に達し、ヨーロッパと同じような国になった。「しかし」と彼はつけ加えた。「ロシアの体制はいまだに秘密警察が跋扈《ばっこ》したソ連と変わらない。それこそが最大の矛盾なのだ⑭」

ルイシコフは、過去二〇年のあいだにロシアに出現した「大量の中流階級」について言及した。この社会集団のどこかから、デモ参加者が現われたのだ⑮。彼らが何者なのかを正確に特定することはできないが、「新たな」という属性がよく用いられた。新たなインテリゲンチャ（知識階級）、マイケル・アイダヴの「新たなデカブリストたち」、都市部の新たな中流階級……。この「新しさ」が、彼らをプーチンから隔て、さらに遠ざけたのだった。二〇〇〇年代に生まれた新たなエリート層は、プーチンと同種のエリートではなかった。彼がたびたびスピーチで引き合いに出す九〇年代の動乱時代は、新たなエリート層にとっては主な比較対象ではなかった。デモ参加者の多くは、九〇年代にはまだ一〇代だった。彼らには当時についての暗い想い出があるわけでもなく、プーチンとは何の接点もなかった。当然のように考え方も違うため、プーチンは彼らへの接し方に手を焼いた。アウトサイダーのペルソナについての議論のなかで述べたとおり、この点はプーチンの言葉遣いや談話に如実に表われている。ソ連時代を揶揄する下品な冗談は彼の十八番であり、プーチンと同世代の人々にはよく受けた。しかし、都市部の新たなエリートはその意味を理解できないか、あるいは理解できたとしてもむしろ不快感を抱いた。

そのため、社会の反乱分子との対話を迫られても、プーチンにはできなかった。彼は、その種のスキルを持った現代的な政治家ではなかった。プーチンは自身の政治的役職を果たすために選ばれた国家主義者（ゴスダルストヴェンニク）だった。入念にお膳立てされた場面でしか、市民レベルの組織や個々の有権者と対話したことがなかった。ロシアのトップに立つあいだずっとプーチンは、国家を復活させるという一九九九年一二月のミレニアム・メッセージで示した目標を貫きつづけた。社会の変化に合わせ、新たな政策を立てるようなことはなかったのだ。

二〇一一～一二年の議会選挙と大統領選挙の最中、

プーチンは古い筋書きにこだわり、過去の実績をやたらと強調した。二〇〇〇年以降に自分がもたらした安定や繁栄について詳しく述べ、一九九〇年代の混沌とした時代とはっきりと対比させた。[16] そして、フランクリン・デラノ・ルーズベルトのような例を挙げ、長期にわたって国を率いた世界の指導者や政治家と自分自身を重ね合わせた。ルーズベルトはアメリカ史上唯一、四選を果たした大統領で、世界恐慌から第二次世界大戦末期まで一二年にわたって超大国のトップでありつづけた。[17] また、プーチンは「英雄的な改革者」を自称することも多かった。何世紀も前から頓挫を繰り返してきた、国家レベルのさまざまな改革を完成させるべく立ち上がったのだ、と。

　ところが彼のメッセージは、多くの人々には馬の耳に念仏だった。デモに参加した都市部の新たな中流階級は、ウラジーミル・プーチンの過去の取り組みや実績を称賛する代わりに、彼の現在の行動、将来の計画に疑問を持った。彼らは、政策を正当化するためにロシアの輝かしい過去や伝統を引き合いに出す歴史家プーチンの言葉を拒絶した。[18] 確かにウラジーミル・プーチンは、国外でのロシアの評判、ロシア国家が外国に影響力を持つという自尊心（大国性）を取り戻した。しかし国内では、国民のための政策がうまく機能しているという感覚があまりなかった。プーチンはこの問題の対処方法に関して何ら新しい答えを述べず、自身が始めた「ドストロイカ（完工）」の完成を約束するだけだった。[19]

　とりわけモスクワで増加しつつある都市部のプロフェッショナルたちにとって、プーチンが大統領に復帰すると一方的に宣言したことは、「個人の尊厳」を否定するものだった。政治やメディアの操作、やらせパフォーマンス、二〇一一年一二月の議会選挙の結果の改竄《かいざん》は、近代ヨーロッパ国家の成熟した一市民として扱われたいという彼らの気持ちを踏みにじるものだった。プーチンは相手の欲求を意図的に拒絶し、彼らの考えを間違いだと決めつけた。デモ参加者たちは過激なマイノリティ集団やプロの反体制派、あるいは外国の資金提供や干渉に惑わされている人々だ、と。さらに何度か、アメリカやヒラリー・クリントン国務長官による扇動や資金提供があったと断言することもあった。これにはデモ参加者からの皮肉な反応が相次ぎ、「ヒラリー、お金はまだかい」という英語のプラカードを掲げて街頭に出る人たちもいた[20]。プーチンはそんなことを歯牙にもかけず、全国放送のテレビで「抗議者たちが襟に着けた白リボンをコンドームと見間違えた」と発言し、さらに彼らを侮辱した。侮辱していないときには、役人たちにいつも言い聞かせる言葉をただただ繰り返すばかりだった[21]。文句があるなら選挙期間中に言え。つまり、公に認められた反対活動（投票行動、野党候補者の応援、抗議）で意思を示せばいい。ただし、いったん選挙が終了して最終結果が確定したら、それで終わり。多数派の決断に従い、方針を守ってもらう。いちど方向性が定まったら、異議や逸脱は認めない。

二〇一二年四月一八日のスピーチのなかで、プーチンはこの点を特に強調した。大統領当選を記念したそのスピーチは、五月七日の就任以降の政策について論じるものだった。

この国は議会選と大統領選という緊張の時期をくぐり抜けてきた。もちろん今でも、負の感情や政治闘争の余韻は残ったままだ。しかし選挙には必ず終わりがあるし、そのあとには共同作業というずっと重要な期間が始まる。それが成熟した民主主義の定めなのだ。ロシアは一つだ。現在の高度な発展を維持すること、それが目標でなければならない。その目標こそが、建設的に力を合わせることを望む国内の政治勢力を結びつける役目を果たさなければいけない[22]。

「政治のことなど忘れて仕事に戻れ」という忠告は、デモ参加者が聞きたい言葉ではなかった。それこそ、彼らが抗議していた理由そのものだった。

二〇一二年の大統領選を乗り切ったプーチンにとって、ロシアの全体像のなかで都市部の新たな中流階級が取るに足らない存在だと考えるのはさほど難しいことではなかっただろう。クレムリンにとって彼らはマイノリティであり、それもごく小さなマイノリティにすぎなかった[23]。プーチンとしては、大統領選で国民の六四パーセントから信任を得たという自負があった。そこでプーチンは、ロシアの「サイレント・マジョリティ」のあいだに政治的な支持を広げることを決めた。たとえば、工場労働者、公共部門の従業員、年金受給者、地方の住民だ。特に、工場城下町ピカリョヴォや北コーカサスなどのように、国からの補助金（つまり、地域の代表者とプーチンとの強い個人的つながり）に大きく頼る地域の住民たちからの支持は重要だった。こうして、中流階級の抗議者たちがますます悲観的になる一方で、プーチンやサイレント・マジョリティはますます楽観的になっていくのだった。

しかし、どれだけ抗議者たちを無視しようとしても、プーチンはあるジレンマに直面することになる。彼が大統領でありつづけ、ロシアを再建・復活させる戦略的な長期計画を追求しようとするかぎり、決してなくならないジレンマだ。現代世界においてロシアの将来の成功への大きな鍵を握るのは、サイレント・マジョリティのほうではなく、都市部の新たな中流階級、いわゆる「クリエイティブ・クラス」の人々である。この概念は、アメリカの学者リチャード・フロリダが二〇〇二年の著書『クリエイティブ資本論』で提唱したもので、創造力、イノベーション、問題解決が必要な職業に就く先進国の幅広い労働者集団を指すものである。フロリダの提唱するクリエイティブ・クラスには、従来の芸術的な職業のみならず、ビジネス、科学、エンジニアリング、ハイテク産業、情報技術、医療、商業・サービス部門、教育、メディアなど、多岐にわたる職業に就く労働者が含まれる。彼の著書は〇五年にロシア語で翻訳出版されたが、クリエイティブ・クラスという概念が注目を浴びるようになったのは、一一年にプーチンのシステムに抗議する社会集団に関する議論でこの言葉が用いられるようになってからのことだった。

プーチン自身も、抗議活動が激化した最中にこの言葉を使いはじめていた。しかし彼は、クリエイティブ・クラスの定義や在るべき姿について独自の考え方を持っており、次のように明言した。「どの国でも、教師、医師、科学者、文化的な労働者は〝クリエイティブ・クラス〟の背骨であるだけではない。社会の持続的な発展を可能にし、大衆のモラルの柱となる人々でもある」[24]。プーチンのこの考えは、リチャード・フロリダの概念とは大きく異なるものだ。クリエイティブ資本論の「基本的な議論」として、フロリダは「地域の経済成長は、多様性があり寛容で新しいアイデアに開放的な場所を好むクリエイティブな人々が原動力になる」と主張する。都市、地域、国家は、「多様性・寛容性・開放性」という特殊な指標に従って評価できる、と。[25] ロシアに新たに出現したクリエイティブ・クラスに関していえば、ウラジーミル・プーチン率いるロシアがこの指数で高得点を獲得することはなかった。しかし、冬のデモのあとの彼の行動を見ればわかるように、プーチンはそんなことは気にしていないようだった。彼には、別の注目すべきスコアや評価があったのだ。

岐路に立つロシアとプーチン

二〇一二年、ロシアは岐路に立っていた。それは、既存の政治体制の改革を求める声が高まった一九七〇年代終わりから八〇年代初め、そして九〇年代半ばと似た岐路だった。[26] 七〇年代末、ソ連政府の過剰な肥大化によって、社会の不満が高まりはじめた。当時、変革を求める声が初めて噴出したのは、ユーリ・アンドロポフ率いるKGBも含めたソ連体制内部の奥深くからだった。結果として八〇年代のペレストロイカとグラスノスチ政策が生まれ、体制は一八〇度転換することになった。しかし、その計画がソ連国家の改革や復活につながることはなく、最終的に崩壊を招いてしまった。一九九〇年代、国家機構の能力や権威の復活、つまり強力な国家の再生を求める声は、クレムリンの階段を上がるプーチンの後押しになった。二〇一〇年代初め、体制寄りの人々も含め、国家の復活によって利益を得た人々の多くが民主化を求めて立ち上がった。多くの点において、彼らが求めたのは、がちがちに凝り固まった一九八〇年代のソ連体制の内部にいた人々が求めたものと同じだった——システムの多元化や開放、政治や統治への国民参加の促進。

一九八〇年代、ソ連の中心的な権力機関だったKGBの有力者たちは、国家の利益が共産党のイデオロギーの犠牲になっていることに反発した。プーチンの恩師であり後ろ盾でもあるアナトリー・サプチャークやワレリー・ゾリキンのような法学者たちは、共産党の権力を抑制することを望んだ。ソ連の知識人や若者たちは、共産党だけでなく、社会そのものが国の将来に対する発言権を持つことを求めた。二〇一一〜一二年のデモ参加者たちは、プーチンを旧ソ連共産党の現代版だととらえていた。彼らの主たる要求は、大統領職の私物化をやめさせ、再び国家や社会をプーチン個人よりも上位に位置づけることだった。プーチンの関係者だけが国家の上層部の役職を占めるのではなく、その仕事に見合った人が役職に就くことを望んだ。デモの参加者のなかには、ソ連の大衆文化のなかで若者たちのアイドル的存在だった人々も含まれていた。まさに、一九八〇年代のミハイル・ゴルバチョフのペレストロイカを支持したのと同じ顔ぶれが、その四半世紀後のデモにも参加していたのだ。

プーチンが「人間に対処する」能力を駆使して働くケース・オフィサーだったことを踏まえると、当然こんな疑問が浮かんでくるはずだ。なぜプーチンは国民の気持ちに気づかなかったのか？　ロシア社会の変容、ロシア人の仕事や政治に対する期待の変化をなぜ見逃したのか？　その答えもまた、あまりに明白かもしれない。単純に、プーチンは国内で起きていた社会の変化を個人的に経験したことがなかったからだ。デモ参加者たちの多くは、八〇年代にペレストロイカという大きな変化を体験した人々だった。その事実は、プーチンが彼らの考えを理解できなかった理由を物語るものに違いない。八〇年代は彼らの人生の形成期であり、政治に対して肯定的な想い出がある時代だった。しかし、プーチンにとっては違った。彼はソ連の外、ドレスデンにいたのだ。

抗議デモを目の当たりにしたプーチンが思い出したのは、ドレスデンのシュタージ本部の外に集まった群集や、一九九三年のボリス・エリツィンと議会との流血事件だったのだろう。東ドイツにいるあいだ、プーチンは厳格な権威主義体制を改革することの難しさを痛感した。改革を進めようとすると、それまで水面下に潜んでいた草の根勢力が世に放たれて力を付け、いずれ政治的な統制は失われてしまう。プーチンが帰国したころにはペレストロイカ体制はすでに弱体化しており、ソ連という国家はそうした草の根勢力に圧倒され、崩壊や解体の瀬戸際をさまよっていた。彼自身の経験からいえば、政治的な変革を求める抗議者たちに良い想い出はないし、利用価値など一つもなかった。グレブ・パヴロフスキーが『ガーディアン』紙のインタビューで指摘したように、プーチンはロシアの政治的変革のある一面を恐れていた――敗れた者は必ず壁際へと追い詰められ、殺される。最悪の事態を避けたとしても、シベリアの刑務所送りになって人生を棒に振るのが関の山なのだ。[27]

狭い視野

プーチンが周囲の変化に気づかなかった理由としてもう一つ考えられるのは、二〇一一～一二年、彼が自分自身の掲げるプロパガンダという狭い視野に閉じ込められていたことだ。プーチンとしては、自分自身が数年前に打ち出し、その後も磨きつづけてきた戦略的計画の実現に向けてまっすぐ順調に前進しているのだと考えていた。「変化」は「進化」であり、自分が先頭に立って突き進むことが大切だととらえていた。加えて、自分が国民から絶大な支持を得ていると心から信じていたようだ。この点について、グレブ・パヴロフスキーは『ガーディアン』紙のインタビューで次のように指摘した。一一年九月に大統領職への復帰を発表したとき、プーチンはこう考えていた。「国家を治めるのに必要なものなど何もない。自分でやればいいのだから」。それが個人化したシステムという考え方だった。しかし、その考えは間違っていた。しばらく前から、システムはもはや彼個人のものではなくなっていた。少なくとも、プーチン一人の思いどおりにはならなかった。少なくとも、タンデム体制には一種の多様性があった。国民は典型的な独裁体制へと戻ることを望んでいなかったが、プーチンはそれこそ国民が望むものだと思っていた。私は仰天した。いつものプーチンは用心深く、直感が鋭い男だからね」。[28] なぜプーチンはこれほどひどい計算違いをしたのか？　おそらく、一〇年以上も権力の座に就き、二〇〇〇年代を通じて政治的に大きな成功を収めてきたことへの慢心もあったに違いない。また、あまりにも長く政治的なパフォーマンス・アーティストを演じてきたことによって、自分の六つのペルソナの強みを活かす代わりに、表面的なPR活動に頼りすぎたことも原因だろう。[29]

実世界との接点を失うことは、権力者に思わぬ影響を及ぼすことがある。たとえば、エゴール・ガイダルはこんなエピソードをたびたび語った。一九九二年一二月、首相代行を辞任させられた彼は、一般市民となって自身の執務室を出た。廊下を歩いてエレベーターに乗ると、一階に到着するのを待った。だが、エレベーターは動かない。「どうして動かないのかと考えながら、ゆうに一分は突っ立っていたと思う。そのときハッと気づいた――それまでは、いつもガードマンがボタンを押してくれていたからね」。彼は笑みを浮かべて付け加えた。「その些細な出来事によって、地位が人間に影響を与えることを知ったよ」[30]。

エゴール・ガイダルが首相代行の地位に就いたのはわずか半年だった。しかし二〇一一年の時点で、ウラジーミル・プーチンはもう一二年以上もロシアの最高指導者として君臨しつづけていた。口には出さないとしても、プーチンもガイダルと同じことに気づいていたのだろうか？　見苦しいほどのやらせパフォーマンスや見せかけのPR活動から判断するかぎり、おそらく気づいてはいなかったのだろう。私たち自身、ヴァルダイ会議という限られた機会に数回会っただけにもかかわらず、プーチンが少しずつ別のペルソナを見せるようになったことに気がついた――特権や権利意識をまとったペルソナだ。日焼けして筋骨隆々の〝新生〟プーチンに私たちが初めて気づいたのは、二〇〇七年のソチでのことだった。その年の夏、プーチンは友人であるモナコ大公のアルベール二世とシベリアを訪れたが、その際に彼の上半身裸の写真が初めて公開された。一〇年九月にソチで再会したときには、彼の優雅さはさらに増していた。プーチンはりゅうとしたリネンスーツ姿で登場した。このうえなく美しく、信じられないほど仕立ての良いスーツだった。あまりにもさっぱりとしてリラックスした様子だったので、今しがたマッサージかサウナから戻ってきたかのように見えた[31]。

一年後の二〇一一年一一月のヴァルダイ会議では、晩餐会が催されたレストランに入ってきたときのプーチンの様子を、『ニューヨーク・タイムズ』のエレン・バリーが「皇帝にふさわしい儀式」と表現した。「ウラジーミル・V・プーチン首相は急にその場に立ち止まり、まっすぐ前を見据えたまま両腕を横に開いた。すると側近がさっと現われ、静かにプーチンのパーカーを脱がせて消えた。次に別の側近が近づき、スポーツ・ジャケットを着せた。するとプーチンは何事もなかったかのように、一言も発することなく、視線を逸らすこともなく再び歩き出した[32]」

硬直したシステム

ＫＧＢ第五局のトップだったフィリップ・ボブコフは自身の回顧録のなかで、変革や民主化の差し迫った必要性を理解できなかった共産党の上層部やレオニード・ブレジネフ時代のソ連を批判した。後知恵による評価ではあるものの（ボブコフの回顧録は共産主義崩壊の数年後に刊行）、ソ連の社会的、政治的、経済的な危機について蓄積されていた情報や分析をことごとく無視した共産党を彼は糾弾した。「彼らはその無能ぶりゆえ、社会学者、哲学者、政治学者、歴史家といったまともな学者たちが提示するデータを無視し、その後の出来事を予測することができなかった[33]」

ボブコフが実際にリアルタイムですべてに気づいていたかどうかは定かでないが、ソ連の衰退期に党が犯したいくつもの過ちをすぐ目の前で見てきたことは確かだろう。共産党や政府ソ連上層部は、ソ連を構成する民族集団の不満に首尾良く対応することができなかった[34]。また、ソ連のインテリゲンチャ（知識階級）の意見を採り入れて活かす代わりに、彼らに嫌がらせをした[35]。正教は多くのロシア国民の支柱となる存在であり、国家への主要な支持基盤だったにもかかわらず、共産党は宗教やロシア正教会を徹底的に拒絶した[36]。その状況下では、反体制派が生まれるのはもはや避けられないことだった。ボブコフはこう結論づけた。「こうなると、政敵と会い、違う世界観の持ち主と対話し、幅広い人々とコミュニケーションを取ることが重要になった[37]」

前述のとおり、プーチンがアンドロポフ主導の人材募集の一環としてＫＧＢに加わった当時、ボブコフはまだＫＧＢで第五局を率いていた。だとすればプーチンも、ＫＧＢの訓練のなかで、ボブコフの〝先進的な〟考え方に何らかの形で接触したことがあったかもしれない。そのためかプーチンは、「体制批判は正常なことであり、むしろ歓迎すべきことである」という考え方に同意するような発言をすることもあった。事実、ソ連崩壊後の政治的キャリアのなかのさまざまな場面、あるいはデモ活動が巻き起こったさなかでも、彼は表向きにはそのような考えを表明した[38]。しかし現実には、プーチンは自らの統治に反発する二〇一一～一二年の反対活動を正常とみなさず、参加者とじかにコミュニケーションを取る必要はないと判断したようだ。そういう点では、彼はボブコフの信条だけでなく、二〇〇〇年近く前の先進的な秘密警察の長い伝統まで裏切ったといえる。プーチンが敬愛する歴史上の偉人の一人、アレクサンドル・フリストフォロヴィチ・ベンケンドルフ将軍は、一八二五年の最初のデカブリストの乱のあとに皇帝官房第三部を設置した（将軍は「高等警察」と呼んだ）。KGB第五局の前身ともいえる皇帝官房第三部の任務は、反対分子になりそうな社会集団と対話して、一般大衆の感情を分析することだった。ベンケンドルフは社会の要求に真摯に向き合い、不満に対処する方法を見つけ、人々が革命に走るのを阻止する手立てを探った[39]。言うまでもなく、究極の目的は国家を守ることだった。反体制派と交流し、その不満を理解する。そして変革を促し、革命を阻止するために選択的に行動する。それこそが、目的を達する手段だったのである。

二〇一二年、プーチンは反対者たちを**あえて**遠ざけたかに見えた。しかし同時に、仲介者を通して反体制派に対する「高等警察」的なアプローチを追求していた可能性もある。一二年四月、プーチンの親しい仲間であり元財務大臣のアレクセイ・クドリンが、〈市民イニシアティブ委員会（KGI）〉を設置した。KGIの目的は、社会問題を解決する新しいアイデアを政府やクレムリンに伝えることだった[40]。クドリンは数々のスピーチやプレゼンテーションのなかで次のように明言した。抗議の声に応えるために、ロシアの新たなプロフェッショナル集団と対話する方法を模索していきたい。彼らの「発展的な潜在能力」を活かし、反体制派のさらなる過激化を阻止したい、と[41]。市民イニシアティブ委員会の創設によって、アレクセイ・クドリンはプーチンのシステムに対するもう一つのオンブズマンの地位を確立したように見えた。プーチンへの外部アドバイザー役を果たすと同時に、外界でのステークホルダーの反乱とプーチンとのあいだを取り持つ仲介役も務めることになったのだ[42]。委員会設立の前から、抗議運動や反体制運動の参加者たちはクドリンの歩み寄りに気づいていた。彼らは、クドリンがプーチンへのパイプ役となること、真剣に意見を聞こうとしていることについては疑わなかった。が、彼の動機と最終目的には大いに疑問を持った[43]。とりわけ洞察力の鋭い人々は、クドリンが反体制派にすり寄ってシステム改革の必要性を訴えることによって、実はシステムを覆すのではなく守ろうとしているに違いないと結論づけた[44]。要するに、クドリンは皇帝プーチンに対するベンケンドルフ伯爵の役割を果たしていた。クレムリン内部にいるプーチンができないことを実現するため、彼は自らシステムの外に出たというわけだ。

しかし、その時期に同じような警告を発したのはクドリンだけではなかった。硬直したシステム――重要な社会集団と対話し、相手の意見を受け入れることのできないシステム――に固執する危険性について、クレムリンと一定の距離を置く人々も警鐘を鳴らした。たとえば、ロシアの著名な社会学者オリガ・クルイシュタノフスカヤと世論調査専門家ミハイル・ドミトリエフは、二〇一〇年から一二年にかけて、エリート層の変化や新たなプロフェッショナル階級の出現について研究し、ロシア社会に生まれつつある亀裂に早急に対応する必要があることを声高に訴えた[45]。さらに、予想外の集団が強烈な批判を繰り広げた――ロシア正教会だ。イギリスのジャーナリストのジョン・ロイドによると、ロシア正教会の上層部は、フセヴォロド・チャプリン長司祭のエッセイを通じて次のように批判したという。「政府は民衆の懸念の声に応えるべきだ。でなければ、政府は〝生きたままゆっくりと食い殺される〟運命にある[46]」。ロシア正教会総主教のキリル一世も、一二年一月一二日のクリスマス・インタビュー（訳注／ロシア正教会はユリウス暦を採用しているため、クリスマスは一月七日）で同様の発言をして、一二月の議会選挙後のデモは正当な表現方法であり、政治を正しい方向に導くきっかけとなるべきだと指摘した。「もし当局が今後もデモ参加者の意見を無視しつづけるとすれば、それは非常に不吉な兆候だ……政府に修正能力がないという証だからだ。当局は下から発せられるシグナルを察知するなどして、自発的に修正するべきである」[47]

皇帝、復活す

二〇一二年三月の大統領選において、プーチン陣営はただやみくもに勝利だけを望んでいたわけではなかったはずだ。しかし、少なくとも勝利は手にした。紆余曲折はあったにせよ、彼が大統領に当選したことに対する正当性は疑いようがなかった。クレムリン関係者の言うとおり、西側諸国が反体制運動や抗議活動を操っていたかどうかはともかく、勝利したのはプーチンだった。終わってみれば、プーチン人気はほかのどの候補と比べても圧倒的で、その事実は彼を喜ばせるものだったに違いない。しかし、プーチンの不安の種は〝次回〟だった。次の選挙の時期や別の危機がやってくれば、必ず〝次回〟がある。そこで、システム内外の集団が大統領の地位を疑問視あるいは妨害することのないよう、クレムリンは先手を打った。

新たに大統領に就任したプーチンが使った合言葉は、どれも使い古されたものばかりだった。統一、一致団結、強化。彼の常套句である「統一」は、昔から続くロシア最大の強みでもあった。抗議デモのあと、プーチンは今後さらにロシア社会を一致団結させることを約束し、〝悪〟の分子を排除して、〝善〟の分子を取り込むことを宣言した。そのために、さまざまな思想、価値観、信念を打ち出して別々の集団や有権者を一つにまとめる、と。集団の結束を守るため、反体制派や不満分子を排除するというのは、昔ながらのロシアの習慣である。次章で論じるように、そのおかげでロシアの伝統的な農村共同体（ミール）は何世紀も生き延びることができたのだ[48]。

プーチンは「良い警官・悪い警官」という警察の典型的な手法を用いて、協力要請と脅しを組み合わせた。この手法はプーチンがKGB時代に学んだものだ。第五局のトップだったフィリップ・ボブコフは、「人間への対処」と「人間とのコミュニケーション」がKGBにもたらす利点について繰り返し述べた。彼が述べなかったのは、人々がKGBと協力する暗黙の動機だ——協力しなければ、悪名高いルビャンカ刑務所の地下室行きになる。ようやく抗議デモの〝煙〟が消え、大統領選の当選が確実になると、プーチンは不満を持つ知識人、政府のテクノクラート、都心部のプロフェッショナルたちに同様の取引を持ちかけた。もういちど仲間に戻らないか、と。たとえクレムリンの現在の見解とは食い違ったとしても、討論や主張を通じて説得するという形を採るかぎり、どんどん政府の政策の代案を提案してもらってかまわない。ただし、プーチンがいったん最終判断を下したら、それに従うこと。とりわけ、政治的な組織を築いたり国民を扇動したりして、クレムリンの政策を妨害しようとしてはならない。この基本原則を受け入れる者は、もういちど「われわれの仲間（nash《ナーシュ》）」になれる。しかし、受け入れない者は、「われわれの仲間ではない（ne nash《ニエ・ナーシュ》）」。最悪、「よそ者（chuzhoy《チュジョイ》）」とみなされることになる。それがプーチンの提案だった。

　仲間に戻るための一定の猶予期間を設けたあと、プーチンはいよいよ取り締まりを始めた。強硬な手段と穏健な手段のバランスを取るのはデリケートな作業だった。かつて反体制派を支持した幅広い集団に手を出すことなく、首謀者だけを排除する必要があったからだ。その背後で、ロシア経済がもたらす新たな問題が今にも露呈しようとしていた。

プーチン疲れ、再び

二〇一二年春の大統領選挙で勝利するためにクレムリンが行なった大々的な宣伝活動のおかげで、短い期間ながらもプーチンの支持率は上昇した。しかし、激しい政治的闘争を経て彼が五月に再び大統領に就任するころには、明らかな疲弊感がロシア政治に浸透していた。またしても「プーチン・ブランド」は衰えつつあった。それでも、プーチンの支持率はきわめて高く、再び首相に戻ったドミートリー・メドヴェージェフ前大統領を含め、ロシアのどの政治家よりも人気があることは確かだった。たとえば、「一週間以内に大統領選挙が行なわれるとしたら、誰に投票するか」という〈レヴァダ・センター〉の一三年九月の調査では、プーチンただ一人が一〇パーセントを超える支持率を獲得した。[49] しかし、クレムリンのアドバイザーにとってもっとも気がかりだったのは、支持率の長期的な下降傾向だった。〇八年には八七パーセントだったプーチンの支持率は、一三年末の時点で六四パーセント弱まで下落していた。ある世論調査では、回答者の実に八〇パーセントが——ほかに妥当な候補者は思いつかないとしながらも——一二〜一八年の任期終了後のプーチン再選を望まないと答えた[50]。

二〇一三年、ロシア政界のなかには脅威となりうるような反体制派はいなかったものの、プーチンとクレムリンはこうした世論調査をつぶさに観察し、深刻なトラブルの兆候を探しつづけた。大きな懸念の一つが、国外からの影響だった。一〇年前、ウクライナでオレンジ革命が起こった直後、ロシアでも大規模なデモが勃発したことがあった。当時のロシア近隣諸国ではいわゆる「色の革命」が次々と発生し、街頭デモが政権交代へとつながっていった[51]。そのさなかの〇五年一月、ロシアの年金受給者やその支持者たちが街頭デモを行ない、従来の現物支給や恩典を廃止して現金支給制を導入した政府に抗議した[52]。クレムリンはこれがロシア版の色の革命の始まりではないかと心配し、状況を注意深く見守った。一一年、アラブ世界で騒乱が続くなか、ロシアで議会選挙に対する抗議活動が巻き起こると、クレムリンは再び警戒態勢に入った。西側諸国は、民主主義の新たな波が世界に広がる兆候として一連の流れに賛同しているように見えた。アメリカとEU諸国は、エジプトなどの国でも街頭デモが政治的な変革を起こす余地があることを歓迎した。それが、プーチンのチームを非常に神経質にさせた。ロシアのデモ参加者や西側メディアは、色の革命、アラブの春、一一〜一二年のロシアの抗議活動を結びつけて情報を発信しつづけたのだ。

プーチンを悩ませたのは、ロシア都市部のプロフェッショナルたちによる反体制運動だけではなかった。一九九〇年代に政治的過激派として活動していた、民族主義や国粋主義を掲げるグループが再び姿を現わしはじめたのだ。街頭デモや暴動のなかでも、移民排斥の訴えや人種差別的な発言がみるみる増えるようになった。二〇一三年一〇月には、タジキスタン行きの列車が群集に襲撃されるという事件が発生[53]。一三年一一月のレヴァダ・センターの世論調査では、ロシア人の七三パーセントが、旧ソ連諸国からの移民の退去を望むと答えた[54]。一一〜一二年のデモを主導した有名な反体制運動家アレクセイ・ナワリヌイは、大衆に向けて「コーカサスを養うのはやめろ」という民族主義的スローガンを掲げた。彼は、ロシア政府がチェチェン共和国などの北コーカサス諸国に手厚い補助金を支給しつづけていることを批判し、〇八年に政府が独立を承認したアブハジアと南オセチアを補助金支給先の対象に加えたことに疑問を呈した[55]。弁護士でブロガーのナワリヌイは、一一年の議会選挙中に政党〈統一ロシア〉に「詐欺師と泥棒の政党」というニックネームを付けて広めた人物で、一三年九月のモスクワ市長選にも出馬。反汚職や社会的公正を訴える彼の政策、政府による移民や国内移住の対応への批判は、一部の有権者の心をつかむものだった。クレムリンにとっては腹立たしいことに、彼は市長選で二七パーセントを超える票を獲得した。ナワリヌイは右派・左派の両端近くにいる人々から支持を集めるだけの力を持っており、マーケティングの世界でいえば「幅広い層への訴求力」がある人物だと証明されたのだ。将来、彼のような人間がプーチンにとって危険人物となる可能性は十分にあった[56]。

経済の難問

ロシア経済の厳しさが増すという可能性は、プーチンやクレムリンにとって大きなリスク要因だった。プーチンはつねづね、政治の安定にとって経済がどれだけ重要かを痛感していた。二〇一一年九月にプーチンが大統領職への復帰を決断したのは、ロシア経済が危機に瀕しており、彼の安定した舵取りが求められていると強く感じるに至ったからに違いない。第5章で指摘したとおり、ロシアは〇八〜〇九年の世界金融危機によって受けた大打撃からスピード回復した。しかし一一年になると、新たな状況が醸成されつつあった。〇九年末に始まったギリシャ債務危機の余波は、一一年初めまでにアイルランド、ポルトガル、スペインに広がり、再び全世界に影響が及ぼうとしていた。一一年夏、おそらくプーチンが大統領職への復帰を決断したであろう時期、彼が経済の専門家たちから受け取った知らせは不吉なものばかりだった。一一年八月五日、〈スタンダード&プアーズ〉がアメリカの信用格付けの引き下げを決定[57]。フランスなどの各国は、自国にも同じことが起こるのではないかと心配した。IMFは、金融危機の影響がもっとも深刻な国々のソブリン債に対するリスクを抱えるヨーロッパの各銀行が、二〇〇〇億ユーロ程度の損失を被る危険性があると予測した[58]。二〇一一年晩夏には、ヨーロッパの株式市場が暴落。ドイツ株価指数までもが、プーチンが復帰を発表する前の二カ月間で三〇パーセント以上も下落した[59]。

二〇一二年の大統領選挙戦のあいだ、経済政策への大きな決定はいったん差し控えられた。しかし、プーチンは大統領復帰への準備を進めるなかで、景気刺激策を優先した今までの経済政策を見直すようになった。いわゆる「ユーロ圏の危機」を目の当たりにした彼は、こう確信したようだ——国際的な経済情勢は安定して成長するどころか、当面は危機が頻発する可能性が強い。一三年にロシアの農村部や地方都市で行なわれた世論調査では、経済状況や個人所得の伸びに対して人々の不満が募りつつあることが明らかになった。危機的な状況というほどではなかったものの、プーチンやクレムリンにとっては好ましくない傾向だった。今後、ロシアの中核地域で失業率が上がれば、一九九〇年代と同様、経済への不満が政治的緊張をさらに高めてしまうかもしれない。特に気がかりだったのは、世論調査の対象者が、政治に不満を持つクリエイティブ・クラスではなかったことだ。むしろ、デモに反対し、プーチンにとって最大の支持基盤となる人々だった。プーチンのチームとしては、次の任期中に何としても彼らの不満に対応する必要があった[60]。

そこで、大統領三期目のプーチンが経済政策においてとりわけ優先したのは、世界的な危機に立ち向かえるようにロシア国家と政権を強化するということだった。プーチンは一連の記事やスピーチのなかで、競争力を「生存」という観点でとらえるようになったと明言した。世界的な経済競争の真の勝者は、平時に急成長を遂げた国ではなく、うまく危機を乗り切って安定を保つことのできる国だ、と。しかし、それはプーチンにとって非常に厄介な問題だった。原油価格の高騰（二〇〇〇～〇八年までロシア経済が成長した本当の理由）なしで経済を成長させるのは、ロシアにとって常に難問だった[61]。停滞した世界経済のなかで成長することは、さらに輪をかけて難しくなる。一方、外部からの衝撃に強い経済を築くことばかりに重点を置けば、経済成長はほぼ不可能になる。世界経済への依存を減らすと、痛みを伴うだけでなく、効率も悪くなる。それでも、成長と生存を天秤にかけたプーチンは、GDPの成長ではなく経済の強化を最優先課題に据えたのだった[62]。

プーチンはロシアを外部からの衝撃に強くするため、いくつかのアプローチを試みた。一つは、輸入品に代わる国産商品の開発。それを実現するための強力な手段の一つが、巨大で収益率の高いロシアの消費財市場に参入しようとする（または残ろうとする）外国メーカーに対して、国内での生産量を増やすことを義務づけるという政策だ。また、プーチンは国家が資金提供する大規模なプロジェクトにも重点を置いた。なかでも、ウラルやシベリアの大都市へと資金を回すための三つの巨大な輸送インフラ・プロジェクト（二つの鉄道路線と一つの幹線道路）や軍需産業への巨額の支出計画に力を入れた。ほかにも、東シベリアや極東地域の開発計画などが進められた。しかし、もっとも重要なプロジェクトといえば、何といってもユーラシア経済連合の設立だ。その構想自体は古くからあるもので、一部はロシア、ベラルーシ、カザフスタン間の関税同盟という形で以前から機能していた[63]。ユーラシア経済連合の現在の目的は、ソ連崩壊の影響でバラバラになった地域経済を再びかつてのように統合することにあった。

ユーラシア連合プロジェクトは、ロシア経済を外部からの衝撃に対して強化するというプーチンの取り組みの中心的要素となった。国内政策と組み合わせることによって、ユーラシア連合は国内外で一般的な既存製品を売るための大きな市場を作り出してくれる。一部の評論家は、ユーラシア連合は欧州連合に対抗するためのプーチンの企みであると論じた。しかしプーチンの心のなかでは、ユーラシア連合は攻めではなく主に守りの策だった。つまり、脆弱なロシア経済を守り、政治的な安定を維持する方法だと考えたのだ。プーチン自身が二〇一一年一一月一一日のヴァルダイ会議で認めたとおり、プロジェクト全体の成功の鍵を握るのはウクライナだった[64]。四五〇〇万を超える人口、産業基盤、ロシアとの密接な関係を持つウクライナが参加しなければ、ユーラシア連合はロシア政府にとってほとんど意味を持たなくなる。そういう観点からいえば、一三年にEUとウクライナが経済連合協定の締結に向けて交渉を進めたことは、プーチンにとって、ユーラシア連合計画を頓挫させ、ロシア経済を弱体化させようとする企みにしか見えなかったのである。この点については、のちほど詳しく説明する。

プッシー・ライオット（2011 年より活動、写真は逮捕された３人）

外柔内剛

高まりつつある経済不安に駆り立てられたプーチンは、反体制運動が引き起こす政治的な難問に、計算された手際の良さと冷徹さで対処した。彼はKGBおよびモスクワ時代に磨いたケース・オフィサーのツールを駆使し、反体制運動の頭の部分を切り落としていった。ごく限られた一部の人間を厳選して仲間に引き入れ、それ以外の人々を必要に応じて脅迫・処罰した。プーチンは、ロシアの法体系を抑圧のための鈍器に変えたのだ。反汚職の急先鋒だったブロガーのナワリヌイは、政府や公務員の汚職を告発して名をなしたが、同じ罪で窮地に追い込まれてしまう。彼や仲間たちが汚職の容疑で告発され、逮捕され、裁判にかけられたのである。[65] 女性パンク・ロック・グループおよびアート集団〈プッシー・ライオット〉の若いメンバーたちは、救世主ハリストス大聖堂の祭壇でプーチンを批判する曲「パンク・プレイヤー」を歌ったあとに逮捕・勾留された。二〇一二年五月のプーチンの大統領就任前後、モスクワでデモを行なった十数人も同様の処罰を受けた。彼らはみな、メディアの強烈なスポットライトを浴びながら、ソ連方式の見世物裁判にかけられた。その後、無罪放免となって釈放された者もいれば、一四年二月のソチ冬季オリンピック開幕前に恩赦を与えられた者もいた。一方、執行猶予付きの有罪判決を受けた者もいれば、自宅軟禁の刑に処された者もいた。プッシー・ライオットの若い二人のメンバー（一人は幼い子どもの母親）には、「フーリガン行為」の罪で流刑施設での懲役刑が下された。[66] クリエイティブ・クラスだけでなく、ナワリヌイのような大衆への訴求力の高い人物もクレムリンの標的となった。たとえば、左派の反体制活動家セルゲイ・ウダリツォフとレオニード・ラズヴォズジャーエフの二人は、一一〜一二年のデモの際に「大規模な無秩序行動を組織した」として、一四年夏に厳しい判決を受けた。[67]

この取り締まりの標的となった著名人のなかに、クセーニア・サプチャークがいた。プーチンのかつての指導者で、サンクトペテルブルク時代の上司アナトリー・サプチャークの娘である。クセーニア・サプチャークは有名コメンテーターとして露メディアで人気を博し、二〇〇〇年代を代表するセックス・シンボルと評されることもあった。一一年、彼女は抗議活動の支持者としてデモに参加し、周囲を驚かせた。彼女の一家とプーチンとの関係を考えれば、なおさら驚きの行動だった。彼女はたびたび集会でマイクを握り、現在の政治体制への嫌悪感を声高に訴えた。さらには反体制派リーダーの一人と交際を始め、抗議運動との個人的なつながりをいっそう深めていった。一二年六月、プーチンの大統領就任直後、クセーニアは内務省の警察組織による強制捜査のターゲットになる。自宅金庫から推定一〇〇万ユーロと五〇万ドルの現金が見つかると、警察は脱税の罪で起訴すると彼女を脅した。間もなくして、クセーニアの母リュドミラ・ナルソワ――故アナトリー・サプチャークの妻で、プーチンの親友といわれている人物――が、ロシア議会の上院（連邦院）から突然辞職させられた。ロシア内外のほとんどの評論家は、ウラジーミル・プーチンを「裏切った」罪で罰せられたに違いないと考えた。[68]

反体制派への取り締まりが続くなか、クセーニア・サプチャークは公の場での態度を明らかに急変させた。彼女は政府批判をやめ、反体制派の恋人と別れ、九歳年上の映画監督と結婚し、二〇一二年一〇月にやっと押収された金を取り戻した。[69] システムの中枢近くの人物たちと同様、クセーニアも思い知らされたのだった。プーチンを裏切ると、厳しい罰が待っている。体制批判を続ければ、社会的な地位

クセーニア・サプチャーク
（1981-　　）

も快適な暮らしも奪われる。だから、クセーニア・サプチャークは仲間に戻ることを決めた。彼女は再びシステム内へと引き入れられ、新たな取引を持ちかけられた。集中的な取り締まりが終わると、クセーニアは小さな独立系テレビ局〈ドジュヂ（雨）〉での政治討論番組に再び出演するようになった。表向きには反体制的な姿勢を貫いたが、大統領に迷惑がかかるほど過激な発言をすることはなくなった。しかし、ドジュヂにはさらなる悲劇が待っていた。一四年、同局がレニングラード包囲戦について行なった世論調査がプーチンの歴史的逆鱗に触れ、視聴者が激減したのだ。問題になったのは、「レニングラードは市民の命を救うために降伏するべきだったか」という質問だった。プーチンのサバイバリスト的な国家観からすると、それは許しがたい質問だった。クレムリンが怒りをあらわに抗議すると、ドジュヂのスポンサーや支援者は群をなして離れていった。[70]

　クセーニア・サプチャークの一件を除けば、プーチンが大々的に抑圧すると決めた集団や社会的潮流は、必ずしも彼自身の好みや人脈に関係するものではなかった。抑圧のターゲットとなる人物は、何らかのメッセージを伝える目的のために選ばれた。たとえばプッシー・ライオットの場合、逮捕は反体制派全体への警告だった。そして裁判の判決は、クレムリンのゼロ容認の方針をはっきりと伝えるものだった。法律は法律。法律を犯した者に対して、酌量すべき情状など存在しない。若い母親であれ、純粋無垢そうな少女であれ、法律を破ってロシア国家の統一を脅かした者はみな罰せられる。このメッセージの意味を強調するように、プーチンは記者会見で個々の事例についてコメントすることを拒んだ。彼はすべての問題を警察やロシアの法体系に一任した。大統領としては、どの事件にも首を突っ込むことはなかった。法律を破った者は、プーチン以外の人間によって起訴される。被告人の有罪・無罪を判断し、量刑を決めるのはプーチンではない。それは裁判所の仕事である。[71]

二〇一三年に行なわれた世論調査では、国民がプーチンのメッセージをしっかりと受け取ったことが証明された。たとえば、レヴァダ・センターが一三年一〇月に実施した世論調査では、回答者の五五パーセントが、一二年五月に逮捕された二八人のデモ参加者の起訴は「反体制派寄りの思想を持つ国民への脅し」であると答えた。反体制派デモの再発を抑止するために、クレムリンは一般市民が抗議行動を起こすことへのハードルを引き上げた。国民はそう理解していたのだ。[72]

二〇一三年秋になると、それまで数万人をモスクワなどの大都市の街頭へと駆り立てた反体制運動はすっかり鎮圧されていた。アレクセイ・ナワリヌイが驚異の躍進を遂げた九月のモスクワ市長選さえもが、その事実を如実に物語っていた。投票率は低迷。実際に投票に行ったのはモスクワの有権者のわずか三二パーセント。つまり実際のところ、ナワリヌイを積極的に支持する人々は九パーセント程度しかいなかったということだ。[73] するとクレムリンはこう考えた。反体制運動の影響力や支持がもっとも大きいモスクワでさえ、堂々とナワリヌイに票を投じたのは有権者の一〇パーセント未満。だとすれば、プーチン体制への批判の声は収まったも同然だろう。

民族主義のカードを切るプーチン

〝生粋〟の民族主義者たちの存在もまた、プーチンにとっては厄介な問題だった。一九九〇年代のロシアでは、民族主義やポピュリズム政治が台頭していた。第3章で論じたように、ボリス・エリツィンは、ソ連崩壊とともに表面化した政治の矛盾を最後まで解決することができなかった。彼が人気を失ったとき、ロシア大統領の座を狙う有力な候補者となったのは、ヤブロコ党首のグリゴリー・ヤブリンスキーのような〝リベラル〟系の政治家ではなく、むしろアレクサンドル・レベデフ将軍のような民族主義政治家や、共産党党首のゲンナジー・ジュガーノフのような保守愛国主義者だった。一九九九年のミレニアム・メッセージにおいて、プーチンはイデオロギーの持つ破壊的な性質について警鐘を鳴らした。それでも、二〇〇〇年に大統領に就任して以来、プーチンは自分を中心にロシア国民を一致団結させるために、こうした民族主義者や愛国主義者たちとイデオロギー闘争を繰り広げてきた。彼の目標は、ロシアの国家アイデンティティという概念をクレムリンがしっかりと管理できるようにすることだった。それは、エリツィンがいつも他人任せにしていたことだった。プーチン個人は特定のイデオロギー的なアプローチにこだわっていなかったが、強いこだわりを持つ人も大勢いた。一二年以降、彼は自身の中心的な支持者たち――ポピュリズムに流されやすい人々――を団結させるために立ち上がり、過激派の芽を摘まなければならなかった。そのために、プーチンは「ロシア思想」という概念に立ち返り、民族主義者や愛国主義者の掲げる思想を排除しようとした。

一九九〇年代から二〇〇〇年代にかけて、ロシアの民族主義・愛国主義集団の枠組みや指導者は変わってきたが、核となる信条は変わらなかった――政治的・社会的な保守主義、ソ連時代への郷愁、偉大なるロシアへの愛国的な忠誠、ロシア正教会の教えや価値観の崇拝。プーチンの課題は、バラバラな政治的潮流を一つにまとめ、〝巨大なテント〟のもとに集めることだった。テントからの脱出を阻止し、ロシアの国家アイデンティティに関してクレムリンに疑問を呈することを許さず、プーチン大統領の地位に対してイデオロギー的な攻撃を仕掛けることを防ぐためには、十分に説得力のある改訂版のロシア思想が必要だった。プーチンのテントに最大の脅威を与えるのは、いつも〝生粋〟の民族主義者たちだった。彼らはロシアの少数民族への敵意を利用して、プーチンの支持者たちを扇動しようとするのだ。

プーチンは大統領に就任して以来、あらゆる政治団体の表向きの指導者と真の指導者の両方を標的に定めることによって、ロシアの民族主義者たちを抑え込んできた。時にほかの人間を指導者として祭り上げ、時に厳選した社会政策や経済政策を通じて民族主義者たちの政治的野望を抑制し、その活動を封じ込めようとした。またプーチン自身、一般労働者に向けて大衆的なアピールをすることを怠らなかった。たとえば、巨大な規模を誇るウラル車両工場の工場長イーゴリ・ホルマンスキフを、突如としてウラル連邦管区の大統領全権代表に抜擢したのもその一例だ（第6章を参照）。二〇一二～一三年まで、プーチンの「全ロシア」的、「全ロシア国民」的なアプローチは、民族主義運動を抑え込むのに効果覿《てき》面《めん》だった。クレムリンは、ドミートリー・ロゴージンやウラジーミル・ジリノフスキーのような民族主義の指導者やイデオロギー信仰者らの動きを徹底的に管理した。たとえば、ロゴージンは政府の権力中枢へと引き入れられ、軍需産業担当の副首相をはじめとする政界の上級職に任命された[74]。民族主義の指導者たちは、支持者の暴走を招かないように過激な言動を慎み、過激派を抑制・監督することを求められた。一三年一一月初め、ウラジーミル・ジリノフスキーがきわめて挑発的な発言をしたことがあった――不安定な北コーカサス地方のまわりにフェンスを設置し、ロシアの残りの地域から隔離するべきだ。すると、プーチンはすぐさま彼の手綱を締めたのだった[75]。

このようなあからさまな方法で手綱の引き締めを図るのは、プーチンやクレムリンにとってはきわめて厄介なことだった。ジリノフスキーのような民族主義の保守派が政界に登場したのは、いわば過去の〝特殊プロジェクト〟の結果だった。彼は一九九〇年代に保安当局によって作り上げられた存在だったクレムリンと密接な関係を続けるうちに、ジリノフスキーの新鮮さはみるみる失われていった。その顕著な例が一二年の大統領選だ。ジリノフスキー自身も出馬する予定だったにもかかわらず、結局、彼はプーチンの立候補を支持した[76]。プーチンは昔のKGB流のやり方を用いて、支持者の管理などの重労働を一人でこなしてくれる指導者を見つけ出すことによって、過激派をうまく抑制してきた。〇三～〇六年に政党〈祖国〉を率いたドミートリー・ロゴージンがそうだったように、民族主義の指導者たちが人気を集め、うまく機能するのは、彼らがクレムリンの権力中枢にとって完全な部外者に見えたときだ[77]。そういった理想的な支持者を一から育て上げ、陰で政治的に支えるのは重労働だった。これも、プーチンが自動運転ではなく手動運転に頼らざるをえなかった例の一つといえる。

正教の力を利用するプーチン

政治家、政党、政治運動以外に、愛国的な目的のために群集を扇動する力を持つ組織がロシアに一つあるとすれば、それはロシア正教会である。宗教的なイベントにはたいてい数十万人が集まり、その多くが民族主義的な政治課題に一定の共感を抱いている。プーチンとしては、ロシア正教会の聖職者や信者たちに、政治世界ではなく精神世界の問題に専念してもらう必要があった。ソ連時代、国やKGBは、ロシアの司祭や宗教活動家が持ちうる政治的な訴求力に大きな不安を抱いていた。イギリス人ジャーナリストのオリヴァー・ブロウは、著名な宗教活動家ドミートリー・ドゥドコ神父の人生をたどった著書『ロシア最後の男（*The Last Man in Russia*）』のなかでこう説明する。ソ連政府は常に、司祭や総主教が精神世界から政治世界へと進出してくるのを心配していた。ドゥドコ神父が自らの信徒たちを結集してアルコール中毒の問題に挑んだように、一見すると彼らの活動は無害で、社会に良い影響を与えることも多かった。だとしても政府は、こうした宗教家の活動が一般大衆をさらなる政治活動へと駆り立てるのではないかと危惧した。そのため、反体制派の司祭たちは、政治的な反体制活動家と同じようにKGBから手荒い扱いを受けたのだった[78]。

二〇一一～一二年に発生したデモを受けて、プーチンとクレムリンには、なるべく多くの人々に訴えかけることのできる統一的な思想が必要になった。その点において、ロシア正教は奥深い思想と影響力の両方を提供してくれるものだった。また、「われわれの仲間（ナーシュ）」と「よそ者（チュジョイ）」の明確な線引きとしても役立ち、グレーゾーンをなくす役割を果たしてくれた。ロシア正教などの信仰者か、そうでないかの二つに一つ。クレムリンのプッシー・ライオット狩りはそのアプローチを物語るものだった。メンバーの女性たちは「フーリガン」であり、フーリガン行為の罪を問われた。彼女らが楽曲「パンク・プレイヤー」で侮辱したのは、プーチンではなくロシア正教会だった。メンバーたちによるパフォーマンス・アートは、ロシア正教会のもっとも神聖な場所の一つである至聖所を穢《けが》した。プッシー・ライオットのメンバーは無政府主義者だったが、それより性質《たち》が悪かったのは、信仰を持たない無神論者だったことだ。彼女たちのような人々――ロシアのインテリゲンチャ（知識階級）やその理念の支持者――は「よそ者」であり、ロシアの真の共同体の一員ではなかった。この見方は、ロシアの世論調査の結果にも如実に表われていた。ロシアの市民たちは、裁判に臨む若い女性たちの苦しみにいくらか同情することはあっても、プッシー・ライオットが取った行動にはいっさい共感しなかったし、何らかの罰を受けるのは当然だと考えていた[79]。

二〇一一～一二年のデモへの対応から、プーチンは次のような結論を導き出した――デモの最中、プッシー・ライオット、インテリゲンチャ、都市部のプロフェッショナルたちは、外国からの影響に同調する「第五列」（敵への協力者）として活動していた。意図的かどうかは別として、結果として彼らが、大統領就任を阻止しようとする西側諸国の企みを仲介するパイプ役になった。それがプーチンの結論だった（詳しくは第14章で解説する）。デモのあと、彼らと同じ行動を取った者たちは同じく根こそぎ排除され、社会から締め出された。彼らはいつの間にか「われわれ」のテントの外へと追いやられ、「彼ら」のキャンプに移動させられた。プーチンは一二年一二月の国民に向けたスピーチのなかで、ロシア社会におけるこの新たな線引きについてはっきりさせた。

> 世の中には、常に国家や社会という有機体を蝕むある種の病原菌が潜んでいる。だが、その病原菌が活性化するのは、免疫力が下がり、問題が表われ、一般大衆が苦しみはじめたときだ……確かプーシキンがこんなことを言っていたと思う……「政府ではなく、ロシアに対立しようとする人々が実に多い」。残念ながら、ロシアのインテリゲンチャにもこの伝統がある。なぜか？　言うまでもなく、彼らは常に自分がいかに文明的で博識かを誇示することを望んでいるからだ。彼らは、常に最良の手本に従うことを望む。おそらく、それは一定の発展段階まで来れば避けられないことなのだろう。しかし、このような国家との一体化意識の喪失こそが、ロシア帝国やソ連の崩壊に破滅的な影響を及ぼ

したことは否定しようがない。われわれは前もってこの点を理解しなければいけない。そして、第一次世界大戦末期やソ連末期と同じような状況に国家が陥るのを、みすみす許してはならないのだ。[80]

プーチンの視点から見れば、こうした厳しい発言やプッシー・ライオットに対する処罰は、すべて自然なことでしかなかった。彼には対処すべき状況があった。対処するための強力なツールもあった――ロシア正教会とロシアの民族主義である。プーチンは一貫して、ボルシェビキがロシア正教会を破壊し、この重要なツールを使う機会を政府から奪ったことを批判してきた。一方、ロシアの民族主義については、大統領就任直後にプーチンが結論づけたように（第3章を参照）、正教と比べると危険なツールではあった。それでも、適切な注意を払えば一定の状況下では利用価値があった。二〇〇〇年代を通じて、プーチンは数々のスピーチのなかで、欧米の主張する「普遍的な価値観」はそもそもロシア社会と相容れないものだと示唆してきた。普遍的どころか、実際には欧米ならではの価値観を他国に押しつけようとしているだけ。むしろ、真の「ロシア民族性」（ルスコスチ）は正教会のなかにあるのだ、と。一二年一二月の議会に対する年次演説において、プーチンは国民にこう呼びかけた。ロシア国家を守るために、内側に目を向けよう。国際的なシステムは、ロシアにとって「ターニングポイント」となる危機的な時期に突入しようとしている。増えているのはチャンスではなく、リスクや脅威のほうだ。こうした状況下では、ロシアは世界へと手を伸ばすべきではない。代わりに、「真のロシア人」は内側に目を向けるべきだ。目を向けるどころか、「ロシア民族性」の宝庫である内陸地域へと物理的に移動するべきである。ロシア人であるならば、西洋思想ではなく愛国心に、個人主義ではなく団結に、大量消費や退廃した道徳ではなく精神性に目を向けるべきだ。[81]

一年後の二〇一三年一二月の年次演説では、プーチンは――二〇〇〇年代初めにロシア思想の輪郭を描く際には避けた言い回しを用いて（第3章を参照）――さらに踏み込んだ発言をした。今やロシアは独自路線を歩む必要がある、と彼はロシア国民に説いた。国際問題に関して、ロシアは独自のモデルを築き、政治的・社会的な保守主義の最後の砦や擁護者のような存在になるべきである。ロシアにとって、欧米は模範ではない。「より進歩的とされる欧米の発展モデルは、世界や地域の安定につながるのではなく、むしろ退廃、蛮行、流血につながりやすい」。プーチンのスピーチは、ロシア正教会の古い用語や歴史的な示唆に満ちたものだった。「国際関係の分野も含め、ロシアには価値観に基づくアプローチを擁護するという歴史的な責任がある」と彼は強調した。そして、「西側諸国の〝トップダウン〟による伝統的価値観の破壊」を非難した。伝統的価値観の破壊は、「抽象的な思想に基づき、大多数の意志に反して行なわれた」というのがプーチンの見解だった。「ますます多くの人々が、伝統的価値観を守ろうとするわれわれの立場を支持するようになった。伝統的価値観は、何千年も前から、あらゆる文明社会や国の精神的・道徳的な基礎としての役割を果たしてきた。大切な価値とは、伝統的な家族観、本物の人生、宗教的な生活の価値である。物質的な生活だけでなく、精神的な生活の価値にも目を向けなければいけない……もちろん、これは保守的な考え方である。しかし保守主義とは、前進や上昇を妨げるものではない。混沌とした暗闇への後退や下降、原始的な状態への後戻りを防ぐものなのだ[82]」

ソチ──プーチンの意志の勝利

二〇一四年は、プーチンとロシアにとって、政治的な安定の幕開けを告げる記念すべき年になる予定だった。過去二年間の大混乱を経て、一四年二月、プーチンがかねてから熱心に推進してきたプロジェクトが実現した。ソチ冬季オリンピックの開催だ。は一九八〇年のモスクワ夏季オリンピックの際には、ソ連ソ連のアフガニスタン侵攻への抗議としてアメリカを中心に多くの国が参加をボイコットしたため、ソ連は屈辱を味わうことになった。プーチンにとってソチ・オリンピックは、新生ロシアのもとで当時の屈辱を過去のものとする絶好の機会だった。ロシアの大統領として、ソチ・オリンピックはロシア国家の復活を誇示する勝利の瞬間となるものだった。ソ連は消滅したが、ロシアは復活した。世界の舞台で、ロシアは正当な歴史的地位を取り戻したのだ。
オリンピックの開催地が、北コーカサス地方の外れにあるソチということも、物語の重要な一部だった。プーチンは、チェチェン共和国の分離派に対する二度目の血みどろの戦争を背景に、初めて大統領の座にのし上がった。その後の数年間、テロ攻撃がロシア社会をたびたび揺るがし、双方で膨大な数の死者が出た。三期目の大統領に就任したプーチンは、そんなチェチェン共和国に程近いコーカサス山脈の麓で、世界一有名で大がかりなイベントを開催しようとしていた。そこは、黒海に面するロシア有数の夏のリゾート地だった。開催のタイミングにも、深い歴史的意味があった。オリンピックが開催される二〇一四年は、くしくもチェルケス人がロシア帝国のコーカサス地方からオスマン帝国に追放されてから一五〇周年となる年だった。この追放をもって、一九世紀のコーカサス戦争は事実上終結し、ロシア帝国によるコーカサスの最終的な征服が完了したのである。[83]
オリンピック開催前、プーチンのチームは西側のメディアによる容赦ない批判にさらされた。施設建設の進捗状況を憂慮する声だけでなく、亜熱帯地域であるソチの雪の状態を危惧する声も上がった。また、テロの危険性もたびたび指摘された。北コーカサスではいまだに反体制派が活動しており、ロシアの一般市民に対する自爆テロを起こすだけの組織力を誇っていた。さらに、二〇一三年のボストン・マラソンにおける一連の爆弾テロを実行したのは、チェチェン共和国と北コーカサス地方にルーツを持つ二人の若いアメリカ人兄弟だった。この事件は、ソチで同様のテロ攻撃が起こる前触れだと噂されることも多かった。[84]評論家たちはここぞとばかりに、プーチンによる反体制派への取り締まりについて指摘し、ロシア議会を通過しようとしていた〝非伝統的〟な社会集団に対する懲罰的な法律の数々に関する批判を繰り広げた。
オリンピックが近づくと、プーチンは国際的な反発を鎮めるために迅速な行動に出た。ロシア政府は大規模なテロリスト対策に乗り出し、黒海に面するソチ全体を覆うように軍隊を配置。オリンピック施設や街の周囲に巡らされた非常線の内側に、虫一匹たりとも通さないように万全の態勢を整えた。[85]そして、プーチンは善き皇帝の役割を演じた。一〇年前から流刑施設に服役していたオリガルヒのミハイル・ホドルコフスキーに恩赦を与え、釈放したのである。また、プッシー・ライオットの二人の若い女性メンバーも同様に恩赦を与えられた。さらに、ロシアによる北極の石油掘削への抗議運動に参加し、二〇一三年九月に逮捕された〈グリーンピース〉の活動家三〇人も釈放された。[86] そうやってプーチンは慈悲を示したが、同時にこれ以上の譲歩はしないこともはっきりさせた。

ソチ・オリンピックの開閉会式は、ロシアの歴史の栄光とその豊かな文化を称賛するものだった。プーチンに忠実なテレビ・ディレクターのコンスタンティン・エルンストのプロデュースによる式典は、ロシアの国際的な重要性、国力、大きな成功を文字どおり世界じゅうに知らしめるものだった。[87]『タイム』誌のジェームズ・ポニーウォジック記者は、開会式についてこう評した。「式典は……オリンピック全体と同じく、あたかもロシアが世界に語るストーリーのようだったが、その大部分は自国に向けて語られたものだった。生き生きとして、誇り高く、歴史に名高く、成長しつづける国のストーリーだ」。[88] オリンピックの締めくくりに、プーチンは次のような点を強調した。ソ連時代も含めて、ロシアのメダルおよび金メダル獲得数は、ソチで最高記録を更新。選手たちは大きな成果を残し、プーチンは批判者たちの誤りを個人的に証明した。ソ連が一九八〇年の夏季オリンピックで成し遂げようとして、西側諸国に阻まれたこと——ロシアはそれを実現してみせたのだ。

ソチ・オリンピックを通して、プーチンは世界にロシアの新しいビジョンを示した。彼は、雪の必要な冬季オリンピックを亜熱帯で開催し、西側諸国の評論家たちがほぼ確実に起きるとうそぶいていたテロ攻撃を未然に防いだ。ロシアに乗り越えられない障壁などない——ソチはそれを堂々と示す場になった。こうしてロシアは、一九九〇年代初頭の屈辱の灰のなかからようやく甦ったのだった。オリンピックの終わりに行なわれたロシアのテレビ・インタビューにおいて、プーチンはどうしても最後の一言を言いたがった。インタビュアーの一人、アレクサンドル・リュビーモフは、西側諸国のオリンピック批判についてプーチンにコメントを求めた。西側諸国の批判はスポーツに対するものというよりも、国際政治や反露プロパガンダと関係しているように見えることがあった。プーチンは批判についてこう答えた。

それはスポーツとは何の関係もないし、私はいつも冷静に受け止めている。なぜかわかるかね？　私は彼らの批判がどういうものなのか、どういう価値を持つのかきちんと理解しているし、わざわざ反論しても無駄だとわかっているからだ。われわれが何と言おうとも、どう反論しようとも、彼らには彼らなりの思惑があるから絶対に納得などしない。繰り返すが、これは国際政治の分野でのせめぎ合いにほかならない。ある意味では、地政学的な問題ともいえる。強敵が現われると、それを良く思わず、対抗しはじめる者が必ず出てくる。今回の場合、その強敵がロシアだった。しかし彼らは、ロシア社会における変化が根深く重要なものであること、それが国の性質そのものに影響を及ぼすような変化であることを理解できていない……そういう意味では、オリンピックはわれわれにとってとても重要なイベントだった。オリンピックが開いたのはロシアの扉だけでなく、ロシアの魂の扉、国民の心の扉だったと信じている。そう、心から願っている。なかにはこう理解してくれる人々もいるだろう――ロシアを恐れる必要はない、ロシアは協力する姿勢を持っている。敵意剝き出しの批評家たちにも影響を与えたかもしれない。まあ、批評するのが向こうの仕事だから仕方ないのかもしれないが、彼らの恐怖も少しは減ったかもしれない。私はそう強く願っている。もしそうだとしたら、これもオリンピックの成果の一つといえる。[89]

プーチンの眼前の現実にとって何より大きな意味を持つのは、ソチ・オリンピックによってステークホルダーの反乱にもきっぱりと終止符が打たれたということだ。国民のプーチン疲れも解消したようだった。プーチンの成功は、世論調査の結果にもありありと見て取れた。オリンピックと時期を同じくして、ロシアにとっての新たな危機がウクライナで浮上した。が、二〇一四年三月のクリミア併合によって、プーチンの国内の支持率はいっそう上昇することになる。三月末、プーチンの支持率は、レヴァダ・センターが二〇〇〇年に彼の支持率を調査しはじめて以来最大の上げ幅を記録した。前代未聞の二〇ポイントの上昇だ。それは過去最高の支持率であり、一二年の危機的な状況とは雲泥の差だった。

第11章 プーチンの世界

クレムリンという殻に閉じこもっていたプーチンは当初、二〇一一～一二年に自身の周囲で起きた出来事を見逃していた。モスクワなどの都市部の住民感情を読み違えたのだ。最終的には、ステークホルダーの反乱が国内由来のものだと気づいたが、反乱が発生した経緯やその対処方法を理解するなかで、彼は自分自身のレンズを通して問題をとらえようとした。反体制運動は西側諸国（アメリカとヨーロッパ）に扇動され、利用されたというのがプーチンの見立てだった。抗議運動は外国の資金提供者にバックアップされている、と舌鋒鋭く非難したこともあった。[1] ソ連圏で壁が崩壊して国境が開かれたとき、西側諸国はロシアの文化的・政治的な縄張りに侵入してきた――それがプーチンの考えだった。一九九一年以降、西側諸国は西欧の規範を何度もロシアに押しつけようとしてきた。そのために、彼らは自らの工作員（非政府機関や人権団体）を送り込み、ロシアの市民社会の一部を取り込もうとした。そう信じるプーチンは一一～一二年、こうした「外国エージェント」について調査し、措置を講じた。[2]

二〇〇〇年代初め以降の動きについて、プーチンは次のように考えた。まず、ウクライナなどの旧ロシア帝国の国境地帯が、西側諸国の介入の足がかりとなってきた。色の革命は、西側諸国がロシアで計画していた同様の作戦のリハーサルだった。[3] 〇四～〇五年のウクライナにおけるオレンジ革命、そしてEUとの連合協定の交渉をめぐる一三～一四年の一連の動きは、ウクライナをロシアの勢力圏から引き離そうとする西側諸国の企みの結実だった。最終的にプーチンが出した結論は、西側諸国がロシア、ウクライナ、そしてユーラシア全体の統一を邪魔しようとしているというものだった。[4] そのために、ロシア国内の問題を作り出し、社会の不満を助長させ、「第五列」や反体制運動を生み出し、国民の不安を利用しようとしている。[5] つまり、ロシアの新たな動乱時代の原因は西側諸国にある。

それこそ、プーチンや彼の保安関係の側近たちが頭に描いていたことだった。結局のところ、西側諸国は何世紀も前から同じことを繰り返してきた——ロシアの内紛を煽り、利用してきたのだ。二〇一〇年七月、ロシアを代表する軍事歴史家マフムト・ガレエフ将軍は、アメリカの安全保障専門家たちを前に行なったスピーチのなかで、ロシア政府が認識する脅威について説明した。[6] ロシア国内で起きたほとんどの暴動の裏には、外国の操作や資金提供があったとガレエフは強調。たとえば一九世紀、ロシアがコーカサスの支配を確立しようとしていたときにも、反政府勢力に対してヨーロッパからの武器提供があった。すると皇帝が腹心の使者たちをフランスに送り、武器を送るのをやめるようヨーロッパ側に忠告した。そして武器提供の流れが途絶えると、コーカサス戦争は終結した。一九九〇年代のロシアとチェチェン共和国との二度の戦争でも、外部からの資金提供が途絶えるまで内紛は続いた。周辺各国による「領土権の主張」は尽きることがなく、核兵器だけがその防波堤になったとガレエフは不満げに語った。国内で混乱が続くとき、ロシアは国内の問題だけに目を向けるのではなく、国境付近の内紛がもたらす脅威にいつでも対処できるよう備えておく必要があった。放置すればたちまち全面戦争へとエスカレートしかねないからだ。[7] ロシアは、常に敵意を持つ外界に対して身を守る必要があった。プーチンの言葉を借りるなら、「うま味のある部分をわれわれから剝がし取ろうとする」人々を払いのける必要があったわけだ。[8]

冷戦後の物語を書き直す

二〇一三〜一四年、ウクライナの将来の地政学的な行く末をめぐり、ロシアはウクライナや欧米と政治的・軍事的に対立した。その背景にはプーチン自身の見方があった。彼は、二〇〇〇年代のNATO拡大や、EUと協定を結ぼうとするウクライナの動きを明確な脅威だととらえた。こうした危機意識がプーチンを西側諸国との衝突コースへと追いやり、欧米が描く冷戦後の物語と真っ向から対立させる結果となった。欧米の国際関係専門家の多くは、一九九〇年から二〇一〇年までの期間を、事実上、大国どうしが手を結んだ画期的な時代だと考えていた。彼らの意見では、〇八年八月にロシアとグルジアとのあいだで戦争が勃発するまで、ロシアはおおむね国際システムの一部として機能していた。その国際システムというのは「一極協調」だった。つまり、アメリカが定めた交通規則を各国が受け入れ、互いのために自制し合うというシステムだ。欧米の専門家たちは、この時期のロシアや中国などの新興国はアメリカを脅威と見ていないと考えていた。確かに、一九九〇年代のNATOのバルカン紛争介入をめぐってロシアは西側諸国と対立したし、NATOの拡大にずっと不満を持っていた。だとしても、ロシア政府は「NATOがロシアを侵略するかもしれないなどと恐れてはいなかった」[9]。それが欧米での一般的な見方だった。

プーチンが思い描くソ連崩壊後の二〇年は、それとは好対照だった。クリミア併合を発表する二〇一四年三月一八日の演説で（ほかの数々の場で述べたとおり）、NATOがロシア領土にとって紛れもない脅威であることをプーチンは強調した。NATOは軍事同盟であり、侵略してくる可能性がある[10]。歴史を振り返ってみても、一九九〇年代のあいだに、アメリカやヨーロッパの同盟国が作った国際秩序の規則をロシア側が受け入れたことはない。ロシアは一連の屈辱に耐えてきただけ。ひたすら「頭を伏せ」、「目の前の状況に甘んじ」、領土や人口を失うという「侮辱に耐えてきた」。そうせざるをえなかったのは、「ロシアの状況があまりにも厳しく、現実的に自国の利益を守ることができなかった」からだ[11]。当時のロシアには別の方策を採るだけの余裕も能力も体力もなかったが、その許しがたい状況を変えるという欲求が薄れたことはない。

プーチンは初期のインタビューのなかで、ベルリンの壁の崩壊によってソ連がヨーロッパでの地位を失ったことを悔んだことがあった。しかし崩壊から二五年後、彼は個人的な勝利の瞬間を味わっていた。その二五年のあいだに、ロシアの行動力や国際的な地位は復活を遂げた。二〇一四年三月の演説で、ロシアがまったく別の国に生まれ変わったことをプーチンは強調した。さらに、クリミア併合をめぐる発言のなかで、将来的に西側諸国と協力する意志はあるものの、そのためには西側がロシアの提示する条件を飲む必要があることを明言した。

一九九〇年代、西側諸国の多くのアナリストたちは、ロシアが西欧風の自由民主主義や市場経済に移行すると予測（期待）していたが、実際はそうならなかった。ロシアは、冷戦後に欧州大西洋地域の秩序を築いた二つの大きな制度上の柱であるNATOおよびEUに参加するつもりもなければ、何らかの戦略的パートナーシップを結ぶつもりもなかった。ロシアの重心がヨーロッパにあることは確かだとしても、ロシアはそんじょそこらの並のヨーロッパ国家ではなかった。ロシアはロシアであり、それはこの先も変わらない。ロシアはもう後退することはなく、クリミア半島も取り戻した。自国の進む道は自分で決める。数カ月後、ロシアの大使たちに向けたスピーチで、プーチンは一極支配の世界、一極支配の時代はもう終わったと宣言した。あらゆる国々が今、アメリカがルールを定めた冷戦後の世界から脱却しつつある、と。[12]

「彼は別の世界に住んでいる」

ロシアのウクライナでの行動とプーチンの二〇一四年三月一八日の演説は、西側諸国の外交政策や安全保障当局に激震を走らせた。プーチンの歴史解釈、NATOや欧米への批判は、すべて露骨な修正主義行為であるとみなされた。[13]クリミア併合は衝撃的だったが、ロシアは〇八年八月にもグルジアと同じような軍事衝突を起こしていた。ロシアはグルジアの領土の奥深くに侵入して攻撃を加え、アブハジアと南オセチアの独立を承認した。ロシア・グルジア戦争の最中や前後にも、プーチンはNATOや西側諸国の脅威について似たような主張を繰り返し、アメリカ一極の世界秩序の概念を否定した。プーチンの一四年三月のクレムリンでの演説は、内容的にもトーン的にも、大統領就任当初の発言と一致するものだった。実際のところ、一九九〇年代に活躍した多くのロシア人政治家の不満を代弁するものでもあった。プーチンの数々の発言は、セルゲイ・グラジエフやゲンナジー・ジュガーノフといった保守主義・民族主義政治家たちのお気に入りのテーマも引き継いでいた。グラジエフとジュガーノフは二〇年前に〈ロシアの名のもとでの合意〉運動の中心的人物だった政治家で、そんな九〇年代に活躍した多くの仲間たちが、ウクライナ危機の最中に大きなサポート役を果たしたのだった。[14] つまり、プーチンは二〇一四年三月に新たな領土の地図を描いたわけではない。昔ながらの領土を線で囲んだにすぎないのだ。

二〇一四年のウクライナや世界全体の出来事に対するウラジーミル・プーチンの見方は、ソ連やソ連崩壊後のロシアでの個人的な経験やキャリアから生まれたものであり、近代国家ロシアを統治する彼のアプローチを色濃く反映したものである。そうした彼の考え方の起源を説明する手がかりとなるのが、本書の第I部で取り上げた彼の六つのペルソナだ。二〇〇〇年代、プーチンはロシアの国内政策の目標や優先事項を外交政策の分野にも広げた。つまり、〈株式会社ロシア〉のCEOになるために用いた手法を、外交政策にも応用したのだ。ウラジーミル・プーチンの外交政策へのアプローチ全体のなかで大きな役割を担うのが、「国家主義者」のペルソナだ。一九九九年一二月のミレニアム・メッセージ後にプーチンが一貫して目標に掲げてきたのは、大国であり世界の文明国でもあるロシアの地位を取り戻すことだった。彼はミレニアム・メッセージのなかで、再びロシアの活力を取り戻すことに全身全霊を捧げると約束した。[15] 大統領復帰後、二〇一二年のロシア議会に対する年次演説でも、再びこの目標を誓った。また、数年後にはロシアを地政学的に需要の高い国にすることも約束した。「ロシアは地政学的な需要を維持しなければならないだけではない。需要を高め、近隣諸国や同盟国から必要とされる存在にならなければならないのだ……それは、経済、文化、科学、教育、外交のみならず、ロシアの安全や独立を保障する軍事力についても当てはまる[16]」

一九九九年以来、プーチンは国内だけでなく国際的な舞台でも「歴史家」のペルソナを演じ、世界の長大な歴史のなかにロシアやロシア国民の居場所を確保しようとしてきた。時には、クリミア併合のように、ロシアと外界との関係をめぐる物語を文字どおり書き直すこともあった。彼は重要な歴史を自ら率先して管理した。重要な出来事を厳選・操作することによってロシアの国際的な地位を正当化し、その地位を守ってきたのだ。さらに、「サバイバリスト」たるプーチンは、ロシア国家が外的な脅威から身を守れるように、あらゆる蓄え、資源、そして歴史そのものまでも準備・利用してきた。「クレムリンのなかの工作員」は、「アウトサイダー」や「自由経済主義者」としての個人的な経験や洞察を活かし、「ケース・オフィサー」としての専門的なツールを用いて、自らのイメージを外国へと発信してきたのである。

『ニューヨーク・タイムズ』紙の報道によれば、二〇一四年三月、ドイツのアンゲラ・メルケル首相はバラク・オバマ大統領に対して「プーチンは別の世界に住んでいる」と語ったという。[17] もしこの発言が「プーチンが欧米の指導者とは根本的に異なる見方を持っている」という意味だとすれば、プーチン自身もおおむね同意することだろう。実際、クリミア併合を宣言する演説のなかで彼はそう明言している。プーチンはヨーロッパの近隣諸国やアメリカ、世界の当局者たちに対して、彼の世界、つまり彼の置かれている歴史的・政治的な文脈を理解するよう求めた。「ほかの国々と同様、ロシアにはロシアなりの国益があり、それは考慮・尊重されなければいけない」。[18] 個人的な歴史解釈のレンズを通して見た「プーチンの世界」では、ロシア側にまったく悪意がないときでも、「彼ら（西側諸国のリーダー）は常にロシアを追い詰めようとしてきた」という。なぜか？　「われわれはいつも独立した立場にいたし、これからもそうありつづける」からだ。

プーチンにとって、二〇一三～一四年のウクライナの状況は、まるで鏡に映すかのように世界全体の当時の様子を描き出すものだった。ウクライナの動き、そしてウクライナと新たな関係を築こうとするEUの試みは、ロシアに圧力をかけ、ロシアの重要な外交政策を妨害しようとする西側諸国の数十年来の企みの（集大成とはいわないまでも）延長だった。状況をつぶさに分析したプーチンは、「ロシアを抑え込もうとする悪名高い政策が、一八世紀、一九世紀、二〇世紀だけでなく、二一世紀にも続いていると考えるだけの十分な根拠がある」と結論づけた。ウクライナの問題の場合、ロシアと外界との関係の歴史のなかで繰り返されてきたように、今回も限界に達したのだとプーチンは主張した。ウクライナを

EUへと誘い込むことで、西側諸国（プーチンは「西側のパートナー」と呼んだ）は一線を越えてしまった。ちょうど二〇〇八年、西側諸国がウクライナとグルジアの将来的なNATO加盟を約束して、一線を超えてしまったのと同じだった。連合協定を結んだ国々にとって、EUはNATO拡大の隠れ蓑でしかなかった。こうして、ロシアは耐えがたい立場へと追いやられたのである。いつもながらのプーチンの色鮮やかな言い回しを借りるなら、ロシアは限界までぎゅっと押しつぶされたバネのようなものだった。いつか、そのバネがものすごい力で元の位置へと戻るのは必然の成り行きだった。プーチンは自らの行動の正当性について、次のように説明した。クリミア併合はまったく正当な自衛策であり[19]、西側諸国はロシアの反応を予測しておくべきだった。ウクライナやクリミア半島に何百万人ものロシア人が住むことを、「彼ら」は十分すぎるほど知っていたはずだ。そのロシア人たちが西側諸国の一部になりたいと思うはずがない。どういう結果になるかを予測できていなかったとすれば、「彼ら」は政治的な直感やバランス感覚を完全に失ってしまったとしか考えられない。

ロシアの世界

三月一八日の演説のわずか一週間後、クレムリンの別の式典で、プーチンは「国家の文化政策の基礎」に関する正式な報告書を作成するよう命令したと発表した。この報告書は、ロシアの歴史や伝統に関する公的な議論の土台となるものだという[20]。続いて、大統領顧問のウラジーミル・トルストイは報道機関に対し、報告書は「ロシアがヨーロッパではなく、〝西〟にも〝東〟にも属さない独特な文明」であることを主張するものになると語った[21]。「ロシアは残りのヨーロッパや西側諸国とは異なる独立した存在であり、常に外部から圧力を受け、ある種の攻撃の脅威にさらされている」——この揺るぎない考えは、単にプーチンや側近たちが作り上げたものではない。歴史家マーシャル・ポーが『世界史におけるロシアの時代（*The Russian Moment in World History*）』で指摘するように、「中立的に見れば論理的ではないとしても、ロシアの指導者やエリートたちにとっては、ヨーロッパ人は常にロシアを襲ってくる存在だった」のだ。[22]

ロシアと外界とのやり取りに見られる主な傾向について掘り下げたこの本のなかで、ポーはロシアを本質的に「生まれたての国家」として描いた。[23]海岸線からの途方もない距離、北部の厳しい気候、果てしなく広がる森林とステップ。ロシアという国は文明のない未開の土地に生まれた、というのがポーの説だ。西側諸国による封じ込め政策が始まったとプーチンが主張する一八世紀まで、ほとんどの時期を通じて、ロシアは文化的にも政治的にも地理的にも独特な存在だった。残りの世界から遠く離れた場所で、ロシアの政治体制と宗教は常に連携しながら発展していった。その過程において、外の世界と孤立して暮らすロシアの人々のあいだに「ロシア民族性（ルスコスチ）」という感覚、「ロシア世界（russkiy《ルスキー・》 mir《ミール》）」に住むという感覚が養われていった。

「国家（ゴスダルストヴォ）」と同様に「世界（mir《ミール》）」もまた、ロシアの人々にとって非常に特殊な意味を持つ概念である。実際、ロシア語のミールには多層的な意味がある。ミールは外界を意味し、宇宙という無限に大きな世界を指す。また、平和という意味もあり、さまざまな動詞形に変化して「講和する」「和解する」という概念を表わすこともある。同時にミールは、ロシア世界の多数の住人たちが作るミクロな世界、基礎的な村落共同体を指す単語でもある。つまり、小作農共同体だ。ロシア世界の最小集団であるルスキー・ミールは、一致団結して共同体を維持し、そのメンバーを守る必要があった。内部での食い違いや対立のあとで「和解」し、ミクロな世界を再び一つにするのは、彼らにとって一種の生存術ともいえるものだった。土地が痩せ、生育期が短く、農村が各地に分散する不毛の地ロシアでは、共同体の統一が乱れると文字どおりの大災難が起きる恐れがあった。全員が協力し合うか、全員が離ればなれになって死ぬか、二つに一つ。この協力のルールを破りつづけた者は、共同体から追放された。都市化の前、それは死罪とほぼ同じことを意味した。どれだけ屈強な人間でも、ロシアの田舎で独りきりで生き残れる可能性はきわめて低かった。

内部の結束がメンバーの保護や生存を確保するというこの共同体の概念こそ、プーチンの世界の枠組みを形成するものである。それはアンゲラ・メルケルの世界とはまるきり異なる歴史的な枠組みだ——近代ヨーロッパ国家のインフラは、ローマ帝国から受け継いだ構成要素に基づいて作られたものである。ポーなどの多くのロシア史家が指摘するように、隔離された状態にあったロシア人は、ヨーロッパ式の封建制度や独立した大都市のネットワークを築くことはなかった。代わりに、川沿いに点在する交易所が小さな町へと発展した。しかし、町の内陸側に広がる広大な土地で作られる農産物はわずかで、自然と町の規模や活動が制限された。一〇世紀になると、ヴァイキングの侵略者集団が川を南下してやってきて、拒否できない「保護取引」を住民に持ちかけ、町を占拠した[24]。侵略者であるルーシ族は、占拠した地に自分たちの名を付けた。ルーシ族やその後継者たちが築いた初期の帝国は、西ではなく東から絶えず攻撃を受けた。住人たちの財産を略奪しようと、ユーラシア・ステップから侵略者たちが次々と馬に乗ってやってきたのだ。一方、はるか遠くの古代ギリシャの都市ビザンティウムからのキリスト教採用や、遠方の地の王女たちとの政略結婚が、人民を守り、外界との取引のルールを定める手段となった[25]。

こうした歴史的文脈に照らし合わせると、ウラジーミル・プーチンが自分を中心として築き上げ、二〇一一～一二年にロシアの都市部の新たな中流階級が反発したシステムは、紛れもなくロシア的だといえる。プーチンのシステムは、KGB時代に培ったスキルを用いて少しずつ段階的に作られたものだが、彼の保護システムやワンマン・ネットワークは、過去数世紀のあいだロシア国家の発展とともに進化してきた統治構造や統治手法と一致するものでもある（第9章を参照）。有史以来、ロシアはごく少数の君主とその親しい側近たちによって統治されてきた。ハーバード大学の歴史家エドワード・キーナンは、中世から現代ロシアまで続く政治的なパターンについて記した優れた論文『モスクワ大公国の政治的習俗（*Muscovite Political Folkways*）』のなかでこう説明する。

モスクワ大公国宮廷の〝権力構造〟は、原子にたとえるのがもっともわかりやすい。一つの固定された核の周りに、いくつかの同心円がある。

その同心円を構成する粒子は、原子そのものの基本的な安定構造を保ったまま、円から円、低いエネルギー準位から高いエネルギー準位へと自由自在に動き回る。このシステムの中心でたった一人だけ不動の地位を占めるのが、大公（のちのツァーリ、皇帝など）だ。そのもっとも内側の円の周囲にいたのが、重要な役割を担う一族の指導者たち、ボヤール（大貴族）で、通常は母方のおじ、いとこ、姻戚で構成されていた[26]。

つまりプーチンのシステムの起源は、モスクワ大公国初期の歴史にさかのぼるということだ。加えて、ソ連崩壊後の一九九三年、アナトリー・サプチャークらが大統領を核に据えた新ロシア憲法を起草したときにも、先の帝政時代の思想が大きく採り入れられた（第3章を参照）。ミレニアム・メッセージで約束したように、プーチンはロシア史に見合った政治体制の基本的な輪郭を採用しようとした。その一例として、彼と大統領府副長官ウラジスラフ・スルコフは、セルゲイ・ウヴァーロフによる一九世紀の「官製国民性」を主権民主主義として制定し直した（第4章を参照）。帝政時代の専制統治は、ロシアが占める地理的空間、ロシアの支配者と住人や隣国との対立といった現実的問題に対応するために生まれたものだった。同じようにプーチンも、ロシアの環境や外界の変化に対する理解に応じて、自身のシステムの中核部分やロシアの国家機構を絶えず修正しつづけてきたのだ。

一三世紀のモンゴルによる侵攻から、前近代ロシア国家の始まりを示す一六世紀のモスクワ大公国の台頭まで、政治や行政のシステムは、人民を保護するための結果として発展してきた[27]。モンゴル人は過酷な気候の北部に定住することなく、中央アジアへと南下した。彼らはモスクワの公《こう》たちに税を徴収させ、それを自分たちに貢納させた。公たちはモンゴル人に忠実に仕え、自分たちも分け前を得ることで繁栄した。状況の変化によってモンゴルとモスクワの関係に調整が必要になると、一時的な戦争が勃発し、両者にとって外交政策の失敗のリスクが高まった。貢税の条件と量について再び同意が得られると、戦争は終結。その後、モンゴル帝国の後継者たちは自国の混乱に巻き込まれ、モスクワの公たちが優位に立った。彼らはモンゴルのみかじめ料制度を引き継ぎ、ロシアのほかの領土の長《おさ》や交易都市の住人たちに、「モスクワの保護」を受け入れるよう迫った。さらに自ら歴史の物語を記し、「ロシアの土地の収集」として記録することによって自分たちの行動を正当化した。[28]

一五世紀から一七世紀にかけて、初期のロシア国家は外の世界と独自の方法でごく限られた交流を行なった。[29]ロシア正教会は西のヨーロッパ人を異端者ととらえ、一定の距離を保つよう国に勧めた。この時期、ロシアはヨーロッパとその農業、経済、政治、文化、軍の発展から切り離されることになった。マーシャル・ポーは、一六世紀から一七世紀にかけて、北西から侵攻してきたスウェーデン人とポーランド人にロシアが打ちのめされたのは、ロシア軍が火薬を採り入れていなかったからだと指摘する。[30]これほど長いあいだ、モスクワやロシアの土地がスウェーデン、ポーランド、そしてナポレオン率いるフランスの侵略を免れてきたのは、ひとえにロシアの広大で荒涼とした土地のおかげなのだ。[31]

国を守るための近代化

二〇一四年三月一八日の演説で、プーチンはこうした侵略や戦争の数々に言及した。その一つが一八五〇年代のクリミア戦争だ。彼はクリミア戦争における歴史的事実を用いて、クリミア半島や「ロシア軍の栄光都市セヴァストポリ」の編入を正当化しようとした。歴史家たちは、ヨーロッパによる侵攻やクリミア戦争のような軍事的惨事が、システムの近代化に対するロシアのアプローチを形成したと指摘する。一九世紀後半、クリミア戦争の敗北を機に、ロシアの皇帝たちは専制政治をさらに強化し、西側諸国の圧力へのリスクを抑えるためにトップダウンで集中的な改革を行なった。[32]ロシアがヨーロッパ人に脅迫・侵攻されるたび、ロシアの支配者は軍事、経済、政治、文化の革新を推し進め、将来の侵略を防ごうとした。この時期、ロシアの国境は閉ざされていたものの、専門技術を持つ少数の外国人傭兵や専門家が招かれた。[33]しかし、ヨーロッパの文化や政治が入り込まないよう、すべての外国人とその活動は国家の厳しい監督下に置かれた。外界の知恵を借りつつも交流を制限することによって、モスクワ政府は国の保護と改革を進めていった。

要するに、プーチンが一九九九年以降に行なってきたようなトップダウン式の改革は、長い歴史的パターンの一部として理解できるということだ。そのパターンは、彼がよく引き合いに出す一九〇〇年代初頭のピョートル・ストルイピンの改革より、さらに数世紀も前に確立したものだった。歴史的に重要なすべての時期において、ロシアの指導者たちは外部からの脅威に対応するため、国家を近代化しようとしてきた。外界との接触によって、ロシア国内の世界が一新されてきたのである。その目的は、ロシアの西欧化を進めることではなく、より優秀で強力なロシアを作ることだった。集中的な改革が行なわれても、ロシア世界の基本的な特徴はおおむね変わらなかった。ソ連時代も同様、地方の小作農の世界が集団農場へと変わり、システムの中枢は皇帝とボヤールからソビエト連邦書記長と政治局に移行したが、本質が変わることはなかった。かつてのモスクワ大公国と同じように、ソ連は国境を閉ざし、外国人の移動を制限し、脅威を感じると改革を実行した。ミハイル・ゴルバチョフのペレストロイカは事実上、西側諸国との冷戦で弱体化したソ連国家と共産主義体制を守るための、昔ながらのトップダウン改革そのものだった。日露戦争の敗北後、ストルイピンがロシア帝国と帝政統治を強化・保護しようとしたのと同じだった。

一極支配の指導者

マーシャル・ポーは著書のなかで専制政治の顕著な特徴をいくつか挙げているが、その多くはプーチンのシステムと類似するものだ。もっとも重要な特徴は、専制政治が「一人による無条件支配」であるという点だろう。ただし、「絶対的支配者は独りきりではなく、ほかのエリートたちと協力して統治を行なう」ため、専制君主の側近集団が仕事を支えることになる(34)。多くの歴史家たちが指摘してきたように、帝政ロシアには寡頭政治の特徴が見られなかったことをポーも強調する。ボヤールや貴族、皇族にさえ政治的権力はなく、常に権力は皇帝に一極集中していた。経済的な権力も同じだ。貴族の土地や資産はすべて、皇帝に個人的に仕える見返りとして権利だけを仮に与えられたものだった。これこそ、リチャード・パイプスなどの著名な歴史学者たちによって事細かに分析・解説されてきた、ロシアにおける「家産国家」（人民や領土などのすべてを君主の私有物とする国家）の本質である。[35]

同じころのヨーロッパとは異なり、ロシアには私有財産という概念がなかった。私有財産は独立した地主階級を生み出し、やがて束となって皇帝を脅かし、皇帝支配の足枷となりかねないものだった。[36]皇帝は、一握りのエリート戦士や都市住民、そしてミールというごく小さな規模で団結する多くの小作農たち（つまり人民＝ナロード）の上に立つ存在だった。皇帝に仕えるエリートたちは特権、権力、富を得ていたが、皇帝の厳しい管理下に置かれ、[37]皇帝から個人的な庇護を受けた。この密接な関係が彼らの資産や社会的地位を定め、支えていた。自分の庇護者の力が強ければ強いほど、その人の地位も上がるわけだ。[38]エドワード・キーナンは、この関係が「非公式で、対個人的で、共謀的な」性質のものだと主張する。帝政時代の官僚制度がより複雑になっても、「正式な機関や国家の部局が政略を決めたり調整したりすることはなく、役職自体が賞品のようなものだった」。プーチンのシステムと同様、帝政時代のシステムにおける側近や政府内の個々の役職は、「結局のところ〝信頼〟によって、つまり皇帝の個人的な選択によって決められていた」。[39]

皇帝の存在は、ロシア正教会と政治的かつ精神的に結びついていた。皇帝自身の地位は「神の法以外には何からも制約を受けなかった」。[40]この難攻不落の皇帝の地位は、「一極的な政治的背景」を生み出した。[41]専制政治によって命令系統が統一されたおかげで、近代化という改革に対する組織的・大衆的な抵抗を乗り越えることができた。[42]帝政ロシアの代議制度は、皇帝やその側近から人民レベルにまで命令を伝達しやすくするためにトップダウンで作られたものだった。つまり、「議会ではなく幹部会議」を意図して作られたわけだ。[43]これは、ピョートル・ストルイピンの考え――第一回ドゥーマ（国会）の役割は皇帝率いる政府と直接連携して改革を実行することである、というもの――と完全に一致する。ストルイピンは、国会が代案を出すべきではなく、いかなる形でも皇帝の活動を抑制すべきではないと考えていた。代議制度は、皇帝やその側近よりもはるか下にいる人々に敬意を示す一つの手段でもあった。要は、システムの内部できちんと協議が行なわれていると印象づける名目上の制度だった。さまざまな声に耳を傾けることで、皇帝と人民とのあいだに連帯感やコンセンサスを生み出すのに役立っていたのだ。

熱心なロシア史家であるプーチンは、こうした歴史上の基本的な政治パターンを採り入れ、現代へと応用した。彼の非公式のシステムの中心にある特殊で閉鎖的なオリガルヒの世界は、皇帝とエリート従者たちとの関係そのものだといえる。現在の取り巻きオリガルヒたちも、ソ連時代の従来のオリガルヒたちも、西側諸国の意味でいえばオリガルヒではない。彼らは単独の集団でもなければ、独立した勢力基盤を持つ集団でもない。彼らはみな、プーチンのワンマン・ネットワークの一部なのだ。もちろんオリガルヒたちは、自分の意見や懸念を伝え、最終的な決断に一定の影響を及ぼすために大統領にアクセスしようとはする。しかし、プーチンと権力争いを繰り広げるつもりはない。歴史上の統治システムと同じように、彼らの地位や立場は完全にプーチンが掌握している。資産もまたしかり。オリガルヒの資産は、大統領との関係から得られる特権なのだ。大統領として、プーチンはオリガルヒや側近たちを守る。オリガルヒたちは大統領に仕え、ロシア経済の主要な部門を管理する。彼らは公式の税を支払いつつ、非公式の課税システムを通じてプーチンや国家に貢ぎ物を贈る。自分の役割を忠実に果たし、プーチンの庇護を受けることによって、オリガルヒたちは富を築くことができるのだ。

プーチンの非公式システムと公式の国家機構の世界は、どちらも統一された命令系統の上に成り立っている。プーチンは欧米諸国のルールや制度を中心とした一極支配の世界を否定したが、彼自身は紛れもなく一極支配体制を敷く大統領である。プーチン以外の人々も、政策の審議中にアイデアを提案したり、大統領を批判したりすることはできる。しかし、最終的な決定権はプーチンにある。いったん決定が下されたら、その決定がすべて。第9章で説明したとおり、彼は自分自身を〈株式会社ロシア〉のCE

のととらえており、この垂直権力構造のもとでは部下はみな業務管理者にすぎない。彼らはひたすら決定事項を実行するだけで、戦略的な方向性を定めたりはしない。

ロシア国民と協議するという点においては、さまざまなレベルにおいて儀式が存在する。世論調査、毎年恒例のテレビ番組『ホットライン』、ロシア議会といった代表機関……。普段の選挙も、国民の意志をシステム上層部に伝えるベルト・コンベヤーのような役割を果たすものだ。しかし、ステークホルダーの反乱における反体制派への措置を通じてプーチンが明らかにしたように、選挙などを通していったん国民が声を届け、結論に達したら、人民は国家統治において何の役割も持たなくなる。こういった管理民主主義や社会工学の形態は、最近発明されたものではない。ロシアでは何世紀も前から実践されてきたのである。

こうしたシステムはすべて、ロシアの法によって範囲が定められ、制限を受けている。プーチンを縛るのは皇帝の神権ではなく、一九九三年制定のロシア憲法という非宗教的な法だ。逆にいえば、ロシア憲法のみである。一方で、現代の大統領の権力基盤は非宗教的とはいえ、ロシア正教会をプーチンや国家と完全に切り離すことはできない。プーチンのシステムや制度のなかでは、神聖（スヴャターヤ）なのは大統領ではなくルーシである。「聖なるルーシ」を強調するのは、ロシア正教会および帝政時代の古い伝統があるからだ。ここでいうルーシは、ロシア国家やロシア国民という概念よりも大きなものを指し、ロシア正教会の教団全体を包括する概念である。ロシア革命以前、ロシア正教会のキリスト教徒として洗礼を受けた帝国の市民たちは、住む場所も民族的出自も関係なく、正教徒（プラヴォスラーヴヌィ）であり、すなわちロシア人（ルスキー）だとみなされた。タタール人の上流階級も、バルト・ドイツ人の貴族も、グルジアの王や王妃、その臣民たちも、みな改宗して正教徒になった。すると、たとえその人物が姓をロシア語化しなかったとしても、宗教と言語がロシア人を識別する最大の目印になった。この正教徒という包括的なアイデンティティこそが、皇帝やロシア国家への忠誠のよりどころの一つだった。『ニューヨーク・タイムズ』のモスクワ特派員ニール・マクファーカーが二〇一四年七月に行なったロシアのある信仰者へのインタビューのなかに、この思想がよく表われた一節が出てくる。その信仰者は、ロシアでもっとも重要な聖人ラドネジのセルギイの生誕七〇〇周年を記念して、彼の建設した修道院への巡礼に参加していた。巡礼者の男性はマクファーカーにこう語った。「私たちはみな一つの集団、聖なるルーシの一部です……どこに住んでいようとも、精神的にロシア人であれば、大統領や国家の庇護を受けなければいけない。その人は分かつことのできない国家の一部なのですから[44]」

プーチンとロシア正教会の総主教は、クリミア併合に関する発言のなかで「聖なるルーシ」という考えを繰り返し訴えてきた。たとえば、プーチンは二〇一四年三月一八日のクレムリンでの演説で、クリミアはロシアにとって聖なる場所に満ちた土地だと語った。クリミアには「ロシアの軍事的栄光や真の勇気を象徴する数々の場所があり」、九八八年にキリスト教を国教として導入した「聖公ウラジーミル」の洗礼の地でもある。プーチンはこの演説のなかで、ロシアでウラジーミル一世を指すときに通例として付ける「キエフ大公」という肩書きをあえて省略した（すぐさまロシアの反体制派は反発した[45]）。

ウラジーミル・プーチンは、ロシアの長大な歴史に関するマーシャル・ポーの分析や、彼のいう「ロシアとヨーロッパとの関係の厳然たる歴史的事実」については、ほぼ同意するに違いない[46]。ただ、史実の選び方や切り口に関して独自の流儀を持つ歴史家プーチンは、初期のモスクワ大公国の歴史に関するポーの再解釈に全面的には同意しないかもしれない。それでも、ロシアがこれほど過酷で不安定な気候や地政学的状況のなかで長らく生き残ってこられたのは、独自の専制政治のおかげであるという点には同意するだろう。専制システムの絶え間ない修正や命令系統の統一は、ロシアを西側諸国から守る手段になった。ロシアは「ヨーロッパの脅威に抵抗できる最初の持続可能な社会」だった[47]。そして、ロシアは形を変えつつも、この地球上で何世紀にもわたって生き残ってきた。一九九九年のミレニアム・メッセージで説明したとおり、プーチンがロシアのために掲げる目標は、歴代のロシア皇帝やソ連指導者が一〇〇〇年前から掲げてきた目標と同じである。政治的安定を維持し、外界（つまり西側諸国）に付け込まれる隙となる分裂や内紛を引き起こすことのない強力な国家を築くこと。二〇〇四年のベスラン学校占拠事件のあとにプーチンが語ったように、ロシアには分裂して弱さを露呈している余裕などない。「弱い者は打ちのめされる」のだ[48]。

西側諸国への入口、ドイツ

プーチンは二〇一四年、西側諸国はロシアにとって明確な脅威だときっぱり述べた。しかし、ロシア史に関する文献を読んで得た知識や解釈以外に、彼はどれほど西について、つまり欧米について個人的に知っているのだろうか？　スターリンからエリツィンまで続く歴代の指導者と比べると、近代ロシアの統治者たちのなかでもっとも西洋的なのはプーチンに見える。まず、彼はヨーロッパの言語であるドイツ語が流暢だ。さらに、ウラジーミル・レーニンや初期のボルシェビキ以来、外国に住んだことのある唯一のロシア指導者でもある[49]。それ以外のほとんどの指導者は、たまの公式訪問で西側諸国を訪れたことがあるにすぎない。しかし、プーチンは五年近く東ドイツで暮らした経験があった。彼は伝記のインタビューのなかで、一九八〇年代後半のドレスデン駐在が、国際問題に関する自身の姿勢に大きな影響を与えたことを認めている。ウラジーミル・プーチンにとってドイツは、西側諸国や外界につながる入口のような存在なのだ。

プーチンは、過去の個人的および仕事上の経験を、現在の行動基準や指針として大きく活かしていることをたびたび強調してきた。一九九〇年まで、プーチンの外界に関する知識は、すべてＫＧＢの職務を通して得たものだった。ＫＧＢ時代、彼は外国人を対象とする二つの局に所属していたと考えられる。プーチンの場合、「外国人」とはドイツ人やドイツ語の話者を意味した。プーチンの個人的な経験に関していえば、彼はすでに第二次世界大戦というフィルターを通してドイツと結びついていた。レニングラード包囲戦中に両親や故郷が経験した恐ろしい試練。戦時中、内務人民委員部の破壊工作部隊に所属し、敵地へと送られた父親が残した功績（第5章を参照）。戦争生存者の両親の子どもとしてレニングラードで育ったプーチンは、ナチス・ドイツとの戦いについて多くの話を聞かされたに違いない。しかし一九五〇年代とその後の数十年間、ソ連政府は人々の記憶や国家の物語を戦争の恐怖から切り離そうとした。ドイツの半分（東ドイツ）は、戦後にソ連圏の一部となった。ソ連は東ドイツをソ連軍の占領下に、そして共産党の統治下に置き、ナチスの過去からなるべく遠ざけようとしたのだ。(50)

冷戦中にソ連圏全体で結束や連帯感を生み出し、西側の資本主義諸国に対抗するには、苦しみや理念の共有という新たな物語を築く必要があった。戦時中の残虐行為――ソ連に住むロシア人、ユダヤ人、その他大勢の人々に対する集団虐殺――への批判の矛先は、アメリカが一部占領するドイツ連邦共和国（西ドイツ）に向けられた。ナチスの残党を根絶やしにし、過去の罪について西ドイツ内で長期の国民的議論を促そうとするアメリカの努力は、物語を修正しようとするソ連への追い風となった。西ドイツの人々は、戦争とナチスの犯罪の責任を負った。一方、東ドイツの人々は、西側の資本主義諸国の残虐非道な軍と戦った東欧やソ連の共産圏の人々に受け入れられた。東ベルリンや東ドイツ全土で、ソ連軍の功績や東ドイツの解放を称える博物館や記念碑が建てられ、多くのロシア人が東ドイツに駐留・移住した。なかにはドイツ人と結婚し、ロシア人とドイツ人による家庭を作り、新たな絆を強化した者もいた。ロシア語とドイツ語教育は、両国の学校制度の柱となった。

こうした背景により、ソ連の大衆文化ではドイツとのある種の「愛憎」関係が生まれた。第二次世界大戦は、ソ連の映画や文学にとって不可欠な要素だった。こうした書籍や映画のテーマは、必然的に独ソ間の戦争ということになる（西側の同盟国はめったに出てこない）。しかし作家や制作陣は、すべてのドイツ人を悪者扱いすることなく、ソ連の英雄的奮闘を描く必要に迫られた。結果、「純粋な復讐物語」と呼べるような作品はほとんど生まれなかった。言ってみれば、ロシアが東ドイツを占拠したという戦争の結果自体が復讐だった。一九四五年、ソ連軍はドイツ国内へと侵攻し、ベルリンを制圧した。現在でも、ドイツの国会議事堂《ライヒスターク》の壁には、弾痕や榴散弾の傷と一緒にロシア語の落書きが残っている。その大半はソ連兵によるもので、名前を走り書きしただけのものもあれば、復讐のカタルシスを記録したものもあった。たとえば、「レニングラードの敵討ちだ」という走り書きがある。別の数人の赤軍兵士は、「今日、外に出て瓦礫と化したベルリンを見た。最高の気分だ」と記し、ファーストネームと出身地を書き添えた。[51]

一九六〇年代と七〇年代になり、ターゲットとなる読者・観客がプーチン世代に移ると、第二次世界大戦ものの文学や映画における戦争やドイツ人の描かれ方に変化が現われるようになった。プーチンが学校でドイツ語の勉強を始めた六〇年代後半、もっとも人気があったのは、ナチスの軍事機構の核心部で働くソ連の潜入諜報部員が登場する小説だった。こうした作品の大きな特徴の一つは、高官を含めた一部のドイツ人が〝ふつう〟の人間らしい人物として描かれている点だ。このジャンルの代表作である小説『春の十七の瞬間』をもとにしたテレビ・ドラマは、一九七三年八月に二週間にわたってほぼ毎夜放映され、ソ連では史上もっとも人気を博したドラマとなった。このシリーズの主役は、ソ連の潜入工作員マクシム・イサエフ。彼はドイツの貴族マックス・オットー・フォン・シュティルリッツになりすましてナチス親衛隊に潜入し、やがて上層部にまでのぼり詰める。一九四五年春、ナチス・ドイツは敗北の瀬戸際に追い込まれていた。土壇場の勝負手として、ナチス上層部の内部関係者がアメリカと単独講和を結び、ソ連撃破だけに全力を注ぐという作戦に出ようとする。そこでシュティルリッツは、その試みを頓挫させるよう命じられる。つまり、ドイツで工作活動をしているとはいえ、シュティルリッツにとっての〝最大の敵〟はアメリカというわけだ。

当時二〇歳だったウラジーミル・プーチンは、大学卒業後にKGBに入ることをすでに決めており、ドイツ語も堪能だった。そんな彼がイサエフ／シュティルリッツと自分を重ね合わせたであろうことは想像に難くない。ドラマのなかの主人公は、流暢なドイツ語や並外れた忍耐力と粘り強さを武器に、ナチス司令部への潜入に成功したロシアの英雄だった。「アメリカの企みを阻止するために、ドイツ人を巧みに操るソ連の工作員」という主人公のイメージを、KGBに入ったプーチンはさらに自分とダブらせたに違いない[52]。事実、KGBに入って間もないころ、プーチンはレニングラードで防諜活動に就いていた。そして、ドイツ人はKGBのターゲットだった。プーチンの仕事には、レニングラードでドイツ語を話す旅行者やビジネスマンを監視し、罠にかける方法を探ることも含まれていたのだろう。たいていの場合、それはソ連の〝闇経済〟の情報提供者のネットワークを通じて行なわれた。つまり、違法な外貨取引や外貨獲得のための売春に従事する情報提供者である。

モスクワ法科大学の元上級研究員で、一九七八年にアメリカに亡命したコンスタンチン・サイミスは、ソ連の腐敗に関する八二年の傑出した著書『ソビエト　権力と腐敗――汚職社会の構図』で、外国人をターゲットにしたKGBの典型的な工作活動について次のように説明した。

KGBでは、秘密通報者、つまり外貨商人は、KGBが目をつけた外国人に接触し、外貨を売る（ソ連の法律では、重大な犯罪とされる）ように仕向けるために利用される。そして、KGBがその外国人を現行犯逮捕できるよう、取引きの時刻と場所を取り決めさせられるのだ。KGBは、この作戦によって、ねらいをつけた外国人を、スキャンダルの暴露や国外追放（外交官特権をもっている場合）、あるいは逮捕と長期の投獄でおどして、フルタイムのスパイにしてしまうか、特別の情報を提供させるのである[53]。

さらにサイミスは、一九七〇年代には「事実上、秘密通報者が牛耳る」犯罪シンジケートが、ソ連の主要都市の闇市場を支配していたと指摘する。彼らは競争相手を市場から追い出し、外国人たちの弱みを握って仲間に引き込むための体制を整えた。プーチンがKGBに加わるころには、マフィアとKGBは結託して仕事を進めるようになっていた。

この種のおとり作戦は、プーチンとドイツ人とのやり取りの骨格をなすものになった。しかし一九八五年、プーチンはKGBからドレスデンに派遣され、シュタージの諜報員と直接協力するようになる。ドイツ人は単なるターゲットではなく、同僚になった。

かくしてプーチンは、ソ連やロシアの世界からドイツの世界へと移った。が、東ドイツは西側諸国の一部ではなかった。プーチンが仕事のために移り住んだ東ドイツは、冷戦という名の政治的・物理的な障壁によって、残りのドイツやヨーロッパのルーツから完全に断絶されていた。プーチン自身、『プーチン、自らを語る』でこの点について言及している。一九八五年、彼はヨーロッパの中心にある東欧の国で暮らすことになると考えていた。ところが、いざ着いてみると、それがまったくの見当違いだったことに気がついた。東ドイツはほかのどこよりもソ連に似た場所で、政治的にはゴルバチョフ率いるソ連よりも遅れていた[54]。ドレスデンと東ドイツに存在するのは、特殊で歪んだ世界だった。当然、プーチンのドレスデン駐在時代も特殊なものになった。

プーチンはいまだに別の世界に住んでいる——二〇一四年三月にメルケル首相はそう発言したとされるが、西側諸国の私たちにとってはとうてい信じがたい話だ。KGB時代、プーチンは外界を覗き込む窓以上の何かを手に入れたに決まっている。私たちはついそう思い込んでしまう。ある出来事についてプーチンが西側と異なるとらえ方や説明をしたとき、彼が〝妄想〟に駆られているとか、意図的に事実を歪めていると私たちは決めてかかる。非道な「KGB的な目的」のために事実をでっち上げているだけだ、と[55]。メルケル首相のコメントが欧米の報道機関で最初に報じられると、「ウクライナの進展を西側諸国からの脅威と考えるプーチン大統領は正気を失っている」と示唆する記事や、それに同意する記事が次々と発表された[56]。また、二〇〇八年のロシア・グルジア戦争などの過去の対立においても、アメリカの政府高官たちはプーチンの戦争観——多くの場合、西側諸国の考え方とは食い違う戦争観——に繰り返し疑問を呈してきた[57]。

プーチンの考え方が私たちと異なるのは、そもそも彼が私たちと同じようには考えられないから——西側諸国の人々は、なかなかそう理解しようとしない。プーチンは露骨な嘘、虚偽の情報、隠蔽という武器を駆使するKGBの工作員だった。実際の記録が示すとおり、彼は大統領として、自身の政治的な目的のために何度となく物語を意図的に歪めてきた。しかし、KGBに加わってその手法を学んでいなかったとしても、ウラジーミル・プーチンは物事を欧米流にとらえられるだけの教育や実践を積んではいなかっただろう。彼は西側諸国の指導者たちとは異なる文化、経済、政治、歴史のもとで育ち、学び、暮らし、働いてきた。冷戦中、彼は壁の反対側にいた。実際のところ、ロシアのトップに立ちつづける長い期間を通じて、彼と少しでも共通の経歴を持っていたのは、二〇〇五年にドイツ首相に就任したアンゲラ・メルケルくらいだったのだ。

メルケルはプーチンの映し鏡か？

アンゲラ・メルケルはウラジーミル・プーチンのわずか二歳年下で、二人とも戦後世代の人間だ。彼女は西ドイツで生まれ、東ドイツで育った。父はルター派教会の牧師で、母は学校教師。学校でロシア語を学んだメルケルは、一九七〇年代、ドレスデンに程近いカール・マルクス大学〈現ライプツィヒ大学〉に進学した。同じころ、プーチンはレニングラード大学法学部に進学し、その後KGBでのキャリアをスタートさせた。ウラジーミル・プーチンがドレスデンに駐在していたころ、アンゲラ・メルケルは東ベルリンの科学アカデミーに研究者として勤めていた。そして八九年のベルリンの壁の崩壊後、東ドイツにおける初期の民主主義運動に加わる。ドイツの再統一後、メルケルは政治家としてのキャリアを歩みはじめ、裸一貫から〈ドイツキリスト教民主同盟〉の上層部への階段を駆け上がっていった。

メルケル首相本人やその顧問たちがインタビューで証言したとおり、メルケルがプーチンの世界を理解できるのは、彼女がプーチンと似たような経歴や経験を持ち合わせているからだ[58]。彼女の伝記を著したある作家は、「まるで鏡に映したように、二人は似たような道を歩んできた」と指摘した[59]。メルケル首相はプーチン大統領の考え方を理解し、特定の問題についてプーチンがなぜそう考えるかも理解している。だが、アンゲラ・メルケル自身の考え方はウラジーミル・プーチンのものとは違う。彼女はKGBやシュタージの世界の住人ではない。この点がいっそう明らかになったのは、二〇〇六〜〇七年、彼女がプーチンとの会談のためロシアを公式訪問したときだった。メルケル首相は一九九五年に犬に襲われたことがあるらしく、大の犬嫌いとして有名だ。それを把握したうえで、プーチンは二度いたずらをしたことがあった。ソチの家でメルケルと会談した際、プーチンは飼い犬の黒いラブラドール・レトリバー、コニーをメルケルに近づけてくんくん匂いを嗅がせ、足元に座らせた[60]。その様子を見た人々は、それがプーチンからメルケルへの脅しなのだと理解した。それはKGBの外国人対応マニュアルからそのまま引っぱり出してきたような行動だった――相手の弱点に狙いを定め、相手の弱みを突け。言うまでもなく、外交のプロが勧めるような公式の歓迎からは程遠いものだった[61]。

アンゲラ・メルケル
(1954-　　)

KGB時代を除けば、ウラジーミル・プーチンは西側諸国の社会を直接経験したことがない。しかし私たちは、ついこう考えがちだ――「プーチンは西側社会で生活した経験がある」「私たちと同じように考えるはず」「私たちの考え方を理解してくれるはず」。これは、アメリカ人学者ザカリー・ショアが二〇一四年の著書『敵の感覚――ライバルの心を読む賭け(*A Sense of the Enemy: The High-Stakes History of Reading Your Rival's Mind*)』で提唱した「シミュレーション理論」の典型例である。私たちはよく、別の人の立場だったらどうするだろうかと考える。しかし、ザカリーはこう説明する。「あいにく、それは共感を築く方法としては最悪だ。なぜなら、ほかの人々が自分と同じように考え、行動すると勝手に仮定しているからだ。だが、実際はたいてい違う[62]」。これまで指摘してきたとおり、プーチンの理解する(つまりロシアの文脈での)自由市場の機能は、欧米の視点のそれとは大きく異なる。プーチンの理解は、生まれ育ったソ連の環境、サンクトペテルブルクで副市長を務めた経験、KGBで得た知見、経済が破綻状態にあった東ドイツ・ドレスデンでの生活によって培われてきた。民主主義政治に対するプーチンの考え方――少なくとも「プーチン流の民主主義政治」に対する考え方――は東ドイツでの体験、そしてソ連崩壊後のサンクトペテルブルクとモスクワの混沌としたロシア政治での体験を通して築かれたものなのだ。

ソ連やロシアのほかの歴代指導者たちと違って、プーチンは西側諸国の社会やその政治システムの仕組みを理解することにそれほど熱心ではない。『プーチン、自らを語る』などの伝記のインタビュー中の発言によれば、彼はドレスデン駐在中、ドイツの諜報機関の同僚たちと仲良くなり、語学力を磨いたという。しかしそれを除けば、一般のドイツ人と交流することはきわめて少なく、東ドイツのほかの街を訪れたこともほとんどなかった。たとえば、ドイツの『ディー・ツァイト』紙のドレスデン支局は、局を挙げて大々的に調査を行なったにもかかわらず、プーチンが駐在中に仲良くなった一般のドレスデン住民を一人も見つけられなかった。プーチンが通ったビア・ホールや、彼を見かけたことがあるという人にはたどり着いた。しかしそれ以外、ウラジーミル・プーチンはドレスデンにほとんど自身の痕跡を残していなかった。[63]

プーチンが敬愛するドイツの長老たち

ドイツはもとより、ロシア世界の外部と接するにあたって、プーチンは〈株式会社ロシア〉の運営方法と同じアプローチを用いてきた——なるべく少人数の人とだけ接する。プーチンは公式・非公式のオンブズマンに頼って、ロシア国内のさまざまな利益集団に情報を伝え、国際企業との関係を管理しようとする。同じように、この仲介者のネットワークを西側諸国との接点として用いている。その多くは政府の高官たちである。たとえばドイツの場合、実業家のマティアス・ヴァルニヒ（第9章を参照）は別として、プーチンはアンゲラ・メルケルの前任者で、一九九八年から二〇〇五年までドイツ首相を務めたゲアハルト・シュレーダーと仲が良かったことで有名だ。プーチンとシュレーダーは、お互いに苦労した生い立ちや似たようなキャリアについて語り合ううちに絆を深めていった。さらに二人には、膨大な天然ガス産出国であるロシアとヨーロッパ最大のガス消費国であるドイツという互いの立場に基づき、両国の経済的なパートナーシップを築くという共通の目標があった。

　プーチンより一〇歳近くも年上のシュレーダーは、第二次世界大戦の終戦直前に生まれ、生後間もなくして父を失った。貧しい家庭に生まれ育った彼は、社会の底辺から必死で這い上がろうとした。西ドイツで弁護士として活動したのち、政界に進出。その後、地方政治からドイツ国家の頂点まで着々と出世の階段をのぼっていった。首相に就任したあとは、厳しい経済改革の数々を推し進め、ロシアのガスを買いつける一連の長期契約、およびパイプライン・プロジェクトの土台を築いた。エネルギー問題はシュレーダー政権の最優先事項であり、プーチン同様、当時のドイツ政府の政治顧問のほとんどはエネルギー会社と関係を持つ人々だった。シュレーダーの顧問たちは、「経歴という点ではシュレーダー首相とプーチン大統領は兄弟のようだ」と語った[64]。いや、それ以上の仲だった。シュレーダーがドイツ首相を辞任して三カ月後、プーチンは〈ガスプロム〉が株式の過半数を保有する〈ノルド・ストリーム〉の役員に彼を指名した。〈ノルド・ストリーム〉は、ロシアからバルト海を経由してドイツまでを結ぶ新たなガス・パイプラインを運営する会社だ。さらにプーチンは、シュレーダー夫妻がサンクトペテルブルクから二人の子どもを養子に迎える際のお膳立てもした。また、二〇〇四年のシュレーダー六〇歳の誕生日には、プーチンは唯一の外国人ゲストとしてハノーファーの自宅に招待された。その一〇年後の一四年四月、ウクライナ情勢をめぐってロシアとヨーロッパ各国の関係が悪化していた真っ最中、プーチンはサンクトペテルブルクでシュレーダー七〇歳の誕生日パーティーを主催した（当然、アンゲラ・メルケルは憤慨した[65]）。

　ほかにも、プーチンはドイツの著名な政治家たちと懇意にした。その一人が、一九七四年から八二年まで西ドイツ首相を務め、退任後にドイツ最有力紙『ディー・ツァイト』の共同編集者になった高齢の政治家ヘルムート・シュミットである。たとえば、プーチンは二〇一三年一二月、モスクワ郊外の自身の別荘《ダーチャ》にシュミットを招き、彼を「ヨーロッパ政治のみならず世界政治の長老」と褒めたたえた[66]。このような場をセッティングすることで、プーチンの「長老」たち、つまり地位の高い対話者たちが彼に情報を流し、ドイツや世界情勢に関する評価を伝えてくれる。彼らは、いわばプーチンにとって貴重な資産や情報源といえる。外界で何が起きているのか、プーチンのために翻訳してくれるのだ。もちろん、ケース・オフィサーたるプーチンは、外国でのサミットや公式訪問の場において、自ら情報を収集することもある。加えて、諸外国のリーダー、CEO、さまざまな代表団をロシアに招き、彼らの話に耳を傾けることもある。しかし、そこで突っ込んだ質問をしたり、議論を掘り下げたりするようなことはめったにない。そうするのは、目的——具体的な情報の収集という目的——があるときだけだ。

西側諸国の人々のなかで、プーチンがもっとも好む対話の相手がドイツ人であることは間違いないだろう。そもそも、ロシアと長く関係を維持してきた歴史を持つヨーロッパの国は少ない。かつてロシア帝国の一部だったバルト三国、フィンランド、ポーランド。幾多の領土争いを繰り広げながら、密接な交易関係を築いてきたノルウェーやスウェーデン。さらにオランダとイギリスも、数世紀前からロシアと交易関係や外交関係を続けてきた。しかし、ドイツとロシアの関係は唯一無二のものだ。ドイツの規模、ヨーロッパ内での役割、ロシアとの深いつながり、地理的な近さ——そういった要素のすべてが、ロシアにとって、ほかのヨーロッパ諸国にはない独特の地位をドイツに与えているのだ。言うまでもなく、ドイツはプーチンの個人的な経歴のなかで大きな役割を果たしてきた。さらに歴史的に見ても、一八世紀にロシアのもっとも有名な統治者の一人を生んだ地でもあった。ドイツ東部の小さな侯国の領主であるアンハルト＝ツェルプスト侯を父に持つ、エカテリーナ二世である。[67]また、現在のロシア連邦の領土には、第二次世界大戦後に分割された旧ドイツの領土の一部が含まれている。一八世紀のドイツの哲学者イマヌエル・カントの誕生の地であるケーニヒスベルクだ。終戦後にドイツ系住民が追放されると、このかつての東プロイセンの都市は名前をカリーニングラードに変えた。これが、ポーランドとリトアニアに挟まれた、バルト海沿岸にあるロシア連邦の飛び地領である。二〇〇五年七月、ウラジーミル・プーチンとゲアハルト・シュレーダーはそのカリーニングラードで会談し、都市建設七五〇周年を共同で祝った。その席において、イマヌエル・カントに敬意を表し、カリーニングラード大学（旧ケーニヒスベルク大学）の名称が〈イマヌエル・カント・バルト連邦大学〉に変更されることが発表された。

大統領に就任する前の一九九〇年代、プーチンが外交政策にかかわる機会をたびたび与えてくれたのもドイツだった。サンクトペテルブルク副市長に就任したプーチンは、一対一あるいは少人数でドイツの要人や専門家とたびたび面会した。その席には、上司のアナトリー・サプチャーク市長が加わることもあった。たとえば一九九四年、ドイツのケルバー財団が主催したサンクトペテルブルクの会議では、サプチャーク、ロシアとドイツ双方の著名な政治家や評論家たちとともにプーチンも一緒に円卓を取り囲み、ロシアと西側諸国との関係について話し合った。この会議の議事録を読むと、副市長のプーチンが議論にじっくりと耳を傾け、話し合いの流れを管理している様子がうかがえる。ある重要な問題に議論が及ぶと、彼は話に割り込んで誤りを訂正し、正しい情報を伝えた。ゴルバチョフとソ連共産党中央委員会にはソ連を解体する意図はなかった、とプーチンは説明した。彼らが目指したのは、共産党支配とともにソ連を守ることだった。しかし不運なことに、ゴルバチョフのチームは状況への対応を誤ってしまった。加えてプーチンは、二五〇〇万人のロシア民族とロシア語話者が国境外に取り残されている現状について指摘し、それがヨーロッパの安全保障にとって大きなリスクになることを強調した[68]。

クリミア半島併合を宣言する二〇一四年三月のクレムリンでの演説のなかで、プーチンは一九九〇年代のドイツ高官との対話を振り返りながら、ドイツ人やドイツに個人的に理解を求めた。「ヨーロッパの人々も、私のことを理解してくれると信じている。ドイツの人々ならなおさらだ。東西ドイツの統一をめぐる専門家レベル（非常に高いレベル）の政治協議の場では、ドイツの同盟国、あるいは同盟国と思われる国々のすべてが、統一に関して明確な支持を表明したわけではなかった。しかしわれわれの国は、国家統一に向けたドイツ人の真摯な努力、抑えきれない欲求をはっきりと支持したのだ。私はあなた方（ドイツ人）がそのことを忘れていないと信じているし、今回はドイツの市民たちが、統一を取り戻そうとするロシア人の奮闘、歴史的なロシア世界の奮闘を支持してくれると考えている」[69]。言い換えればこうなる。一九九〇年にドイツの同盟国の多くが統一に反対したが、ロシアもプーチンも反対しなかった。ゆえに、ドイツも二〇一四年のクリミア併合に反対するべきではない。

要するに、プーチンはドイツ人のことも、ドイツの高官のことも知り尽くしているというわけだ。実際、ゲアハルト・シュレーダーやヘルムート・シュミットのような元首相は、政治的なレベルでいえば国家の代表者であることは間違いない。一九六〇年代と七〇年代、ソ連の大衆文化はドイツ人（少なくとも東ドイツ人）を第二次世界大戦の敵から冷戦時代の仲間へと変えた。映画や文学のなかで、ドイツ人は温かみのある生身の人間として描かれた。プーチンがKGB職員としてドイツに住んでいたころ、シュタージのドイツ人は彼の同僚だった。しかしながら、ドレスデンでの生活やドイツ人との個人的なかかわりがあるからといって、プーチンがドイツ社会やヨーロッパ全体を深く理解したことにはならない。ドイツは、プーチンにとって西側諸国を覗き込むごくごく小さな覗き窓にすぎなかった。彼自らが繰り返し主張するように、ドイツがこれだけヨーロッパのなかで重要な位置を占めているにもかかわらず、西側諸国を牽引・支配するのはアメリカにほかならない。昔も今も変わらず、アメリカはロシアにとってもっとも重要な西側の対話相手なのだ。冷戦時代、アメリカはソ連の「最大の敵」だった。テレビシリーズ『春の十七の瞬間』が終わるころには、アメリカ人はすっかり悪人となっていた。彼らはソ連の同盟国を裏切り、ヨーロッパの東西分断を勢いづけた。そして、プーチンの実世界のシナリオのなかでは、今でもアメリカはその役を演じつづけているのである。

第12章 プーチンの「アメリカ教育」

KGB職員という前歴のせいで、アメリカの多くのメディアはウラジーミル・プーチンをこう非難する。いまだに冷戦時代の反米思想を抱き、アメリカをソ連崩壊を招いた悪の張本人ととらえているに違いない、と。しかし実際のところ、公人としての生活を始めたころのプーチンには、反米思想をうかがわせるような言動はほとんど見られなかった。一九九〇年代、アナトリー・サプチャークやサンクトペテルブルクの改革者たち（のちにプーチンをクレムリンへと呼び寄せたアレクセイ・クドリンやアナトリー・チュバイスなど）と一緒に活動していたころ、彼はまったくの主流派であり、ソ連を崩壊させたなどとアメリカを批判することはなかった。九四年のケルバー財団主催の会議でプーチンは、ソ連の崩壊を八〇年代のソ連指導者の誤算や改革のミスによるものだと指摘した。さらに彼は、ロシア指導者にとっての最重要課題は秩序を取り戻すことだというチュバイスの見方にも賛同した。この考えは、エリツィンの一九九七年の教書演説で打ち出されたものだった。プーチン自身も九九年一二月のミレニアム・メッセージのなかで、ロシアが秩序と強さを取り戻せば、国際的な地位は復活すると訴えた。では、プーチンがアメリカに否定的な感情を抱き、アメリカがロシアにもたらす脅威を強く認識するようになったのはいつなのか？　それは二〇〇〇年代に入り、ジョージ・W・ブッシュとバラク・オバマというアメリカの二人の大統領との交流や関係構築が始まってからのことだった。[1]

とはいえ、プーチンの全般的なアメリカ観はとても現実的なものに見える。大統領としての彼は、アメリカの指導者やその行動以外の面では、アメリカにことさら興味や関心を示してこなかった。アメリカの文学、音楽、映画、生活について、関心のある素振りを見せたこともほとんどない。プーチンにとってドイツは具体的でリアルな国だが、アメリカは抽象的な国だった。二〇一〇年三月、ロシア外務省の元上級儀典官から個人的に聞いた話によると、アメリカ訪問中のプーチンは、アメリカ人との非公式な交流の提案を断ったという。[2] 彼は大統領との〝自宅〟会談は受け入れたが、アメリカの社会、価値観、国内問題などについて質問することはほとんどなかった。[3] 一方、大統領在任中のドミートリー・メドヴェージェフは、アメリカ公式訪問中に非公式な会談を数多くこなし、カリフォルニアのシリコンバレーを視察した。[4] しかしプーチンは、ソ連の歴代指導者たちと同じように、正式な台本に忠実に従った。実際、ワシントンDCや東海岸に加え、アメリカを横断して中西部やカリフォルニアを訪れたソ連の指導者は、二人しかいない――一九五九年のニキータ・フルシチョフと、八七年に初訪米したミハイル・ゴルバチョフだ。[5] また、ボリス・エリツィンは人民代議員大会のモスクワ市選出議員だった八九年、アメリカの複数都市を訪問。その後、ロシア大統領になってからも訪米ツアーを楽しんだようだ。しかし、フルシチョフ、ゴルバチョフ、エリツィンのような訪米ツアーは、ウラジーミル・プーチンにとっては信じがたいものだった。

レニングラードでの青年時代、KGB時代、ドレスデン駐在時代、サンクトペテルブルク副市長時代、モスクワでの大統領時代――プーチンの人生のどの重要な時期を見ても、彼とアメリカ人との交流を示す記録もなければ、アメリカについての考えを示す具体的な資料もほとんど存在しない。一九七〇年代初め、プーチンが通ったレニングラード大学には、数名のアメリカ人交換留学生が在籍していた。しかし、プーチンは英語を専攻していなかったし、そもそも柔道の練習で忙しく、アメリカ人学生と親しく交流する機会はきわめて限られていただろう。一方、七〇年代後半~八〇年代初めまでのレニングラードでのKGB職員時代には、防諜の世界や当時の国際情勢というレンズを通して日々アメリカを眺めていた。当然、プーチンの目には、アメリカ人は危険で予測の付かない存在に映ったに違いない。

一九八〇年代初めは冷戦対立の絶頂期だった。六〇年代末から七〇年代にかけてのデタント（緊張緩和）のあと、アメリカはソ連にとって「今そこにある危機」になった。ロシア政府は、アメリカの軍事行動のあらゆる側面を分析した――国防予算、世界各地での軍事演習、ソ連の国境上空の微妙な地域でのアメリカとNATOの偵察活動、ホワイトハウスやペンタゴンの高官による発言、アフガニスタンなどにおけるCIAによる活動の活発化。そういった種々の分析を通して、クレムリン上層部はアメリカが真の軍事的脅威なのだと強く確信した。さらに一九八三年になると、核戦争が不可避と思われるような段階にまで事態は発展した[6]。

　一九八一年、KGBは厳しい警戒態勢を敷き、アメリカからソ連への先制攻撃の予兆を探るようになった。東ドイツの対外諜報機関HVAの長官だったマルクス・ヴォルフによると、当時のソ連は、共産圏の事実上の西の前線を担っていたドイツの仲間たちに対して、一連の政治的・軍事的な予兆を監視する特殊部隊を起ち上げるよう指示したという。つまり、西ドイツにあるパーシングⅡや巡航ミサイルの発射基地を監視し、アメリカによる攻撃が迫りつつある証拠を探せというわけだ[7]。「ソ連に対する核ミサイル攻撃準備の探索にかかる問題」と題する八三年二月の極秘のKGBの電信を見ると、「報復措置を採るために不可欠な〝予測期間〟」について彼らが苦慮している様子がうかがえる――「敵国による核攻撃決定の準備プロセスを察知し、核戦争に備えた対策を講じなければ、報復の時間は非常に限られてくるだろう[8]」

一九八三年の教訓

　一九八三年三月、アメリカ大統領のロナルド・レーガンが戦略防衛構想《SDI》（通称、スターウォーズ計画）の開発を発表・提案すると、全面戦争の恐怖がさらに現実のものとなった。この計画は、地上の弾道弾迎撃ミサイル・システムを用いて、アメリカをソ連の核攻撃から守るというものである。八二年末にKGB議長からソ連最高指導者になったユーリ・アンドロポフは、レーガン政権の計画を厳しく批判し、核戦争による大量殺戮への懸念を訴えた。その緊張はソ連国内だけでなく、ヨーロッパやアメリカにも伝播した。たとえばイギリスでは、ソ連の核攻撃に抗するNATOの対応能力を確かめる机上作戦演習が行なわれた。そのなかでは、宣戦布告された際にエリザベス女王が国民に向けて読み上げる「第三次世界大戦」開戦を告げるスピーチ原稿まで用意されたという。[9]その女王のスピーチは、「戦争という狂気」のなかでも結束と断固たる姿勢を忘れないよう、イギリス人に訴えかける内容だった。イギリスでその原稿が起草されたのとほぼ同じ時期の八三年三月八日、福音派キリスト教徒の総会に出席したレーガン大統領は、かの有名な「悪の帝国」スピーチを行なった。レーガン大統領は、ソ連がアメリカや市民生活にもたらす危険について指摘し、アメリカの核兵器凍結を求める西側諸国のNGOの訴えを拒絶、「道徳的な意志と信念の試練」に耐えるようアメリカ国民に訴えかけた。[10]八三年九月、ソ連の戦闘機が大韓航空の民間機をアメリカの偵察機と誤認して撃墜すると、状況はいっそう悪化した。アラスカからソウルに向けて飛行中だった大韓航空〇〇七便は、針路を外れてソ連の領空を侵犯したところを迎撃された。

核兵器を使用した第三次世界大戦が迫りつつあるという考えは、政治の世界にとどまらず、一九八三～八四年の西側諸国の大衆文化をも支配した。特に、アメリカのもっとも献身的なNATOパートナーとみなされていた、マーガレット・サッチャー政権下のイギリスなどの国々でその傾向が強かった。戦争への危機感から、アメリカでは『ザ・デイ・アフター』、イギリスでは『スレッズ』といったようなテレビ映画や連続ドラマが立てつづけに制作された。いずれも、米ソの核戦争の恐ろしい結末に向き合い、必死で生き延びようとする米英の一般市民の奮闘を描いたものだった。[11]さらにイギリスでは、映画『風と共に去りぬ』のポスターを基にした、世界規模の核戦争の危機を訴える風刺画が人気を博した――レット・バトラーがスカーレット・オハラを抱く代わりに、ロナルド・レーガンがマーガレット・サッチャーを腕に抱き、背後には立ちのぼる核爆弾のきのこ雲。極めつけはポスターのキャッチコピーだ。「すべての映画を終わらせる映画。史上もっとも爆発的な恋愛物語。風と共に去りぬ。女は地球の果てまでついていくと男に約束し、男は俺に任せろと約束した。全世界で上映中」。[12]また、イギリスやヨーロッパにあるアメリカやNATOの軍事基地周辺では、戦争に反対するピースキャンプが次々に出現した。イギリス南部のグリーナム・コモン米軍基地周辺では、巡航ミサイル配備を認めた七九年のNATOの決定に抗議するため、八二年と八三年に女性グループによる大規模な包囲活動が行なわれた。グリーナム・コモン女性平和キャンプでの活動は、その後も形を変えながら二〇〇〇年まで続いた[13]。

読まれることのなかった「女王のスピーチ」は、第二次世界大戦が勃発したときのイギリス人たちの個人的な記憶を呼び起こすものだった。一方のソ連の指導者たちは、似たような第二次世界大戦の記憶、なかでも一九四一年六月のヒトラーによる奇襲攻撃「バルバロッサ作戦」の記憶を呼び起こして、自分たちや国民に恐怖を植えつけようとした。CIAの情報研究センターのアナリストおよび学者で、当時の資料を詳しく考察したベンジャミン・フィッシャーはこう指摘する。「戦後数十年間、ソ連の指導者たちは一九四一年の教訓に固執していたようだ。ソ連で戦争や平和について考えるうえで、それは知的かつ感情的な教訓だった」。ユーリ・アンドロポフ世代の人々にとって、第二次世界大戦は「政治生活を形成する体験」だった、とフィッシャーは強調する。八〇年代初め、アンドロポフや彼の同僚たちは、第二次世界大戦中のソ連の諜報活動の失敗を教訓に、KGBに厳しい警戒態勢を敷いた。彼らは「うっすらと見えはじめた新たな難問に反応して、戦略的な警告システムを作ろうとした。この反応は幾分パニックじみてはいたが、被害妄想によるものではなかった」。フィッシャーの指摘によれば、アンドロポフの考えはロナルド・レーガンやマーガレット・サッチャーのような「敵対的な人物」だけではなく「敵対的な傾向」によっても影響を受けた。言い換えれば、「軍事力の相関関係」を悲観的に評価するソ連の傾向、「西側諸国に対するソ連の技術力の遅れがますます広がる」傾向である[14]。

西側諸国の多くの評論家は、二〇一三〜一四年のウクライナの出来事に対するプーチンの見方を不合理だととらえた。それと同じように、一九八三〜八四年当時の欧米の当局者や情報アナリストたちは(東ドイツのマルクス・ヴォルフを含む)、ソ連当局者を「現実離れしている」と考えていた[15]。しかし、フィッシャーは入手可能な当時の資料を一つ残らず確認したうえで、ソ連の指導部や国民は本心から「アメリカの攻撃に対する無力感」を抱いていたと結論づけた。一方、外部の観測筋の側から見れば、アメリカがソ連の脅威であるという考えには客観性がなかった――「レーガンはヒトラーとは違ったし、アメリカは真珠湾攻撃のようなまねはしない」。しかし外部の専門家たちが理解できていなかったのは、「ソ連側から見れば考え方はずいぶんと違ってくること」「誤解による恐怖でも真の危険を生み出す可能性があること」だった[16]。八四年八月、ロナルド・レーガンは国際政治の世界でもっとも不名誉ともいえる「マイクテスト事件」を起こし、さらなる恐怖を煽ることになった。自身が所有するカリフォルニア州の牧場で収録が行なわれたラジオ番組の生放送直前のサウンドチェックの際、〈ナショナル・パブリック・ラジオ〉の技術者に向かって彼はこんな冗談を言った。「親愛なるアメリカ国民のみなさん、喜ばしいお知らせがあります。今日、私はロシアを永久に追放する法案に署名しました。われわれは五分後に爆撃を開始します[17]」。ソ連では、このジョークを面白がる人は誰もいなかった。

一九八四年秋、プーチンはＫＧＢのレニングラード支部を離れ、モスクワのＫＧＢ赤旗大学に入校した。そのころになっても、ソ連では、核戦争およびアメリカに対する恐怖や強迫観念が収まっていなかった。当時のこの社会状況が、大学で学ぶプーチンの考え方に大きな影響を与えたことは言うまでもない。八五年三月、ミハイル・ゴルバチョフがソ連の書記長として実権を握ると、ソ連と〝最大の敵〟との関係は改善していく。八五年秋、プーチンがすでにドレスデンに派遣されたあと、ソ連とアメリカは一連の交渉を開始し、最終的には八七年の中距離核戦力全廃条約の締結へとつながる。八五年一一月、ミハイル・ゴルバチョフとロナルド・レーガンはジュネーヴで初めての首脳会談を行なった。ソ連とアメリカの指導者が会うのは実に七年ぶりのことだった。そこから、二人は八〇年代前半の緊張関係や戦争の恐怖を消し去るためのプロセスに着手したのだった[18]。

一九八五～九〇年のドレスデンでは、注目が戦争ゲームからスパイ・ゲームや防諜活動へと移り、欧米の技術を盗もうとするＫＧＢの活動が活発化した。

英語が話せないプーチンにとって、外国人のターゲットは——実際に東ドイツ内にターゲットがいたとしても——おそらく全員ドイツ人だったに違いない。彼のKGBの階級は非常に低く、アメリカ人を含むトップレベルのターゲットと接触する機会は少なかったと考えられる。それどころか、九〇年にドレスデンから帰国するまで、ウラジーミル・プーチンは個人的にアメリカ人と会ったことさえなかったかもしれない。

サンクトペテルブルク
——プーチンの敬愛するアメリカ人

プーチンのそれまでの経験とは対照的に、一九九〇年代のサンクトペテルブルクでは、対外関係担当の副市長という仕事柄、アメリカ人と交流する機会が数多くあった。雰囲気も八〇年代とはまるっきり違った。九一年一二月二五日にソ連は消滅し、アメリカはロシア連邦とまったく新しい関係を築こうとしていた。冷戦時代の危機感や対立はもはや過去のものになったように見えた。九〇年代のサンクトペテルブルクでは、アナトリー・サプチャークのチームが、まったく新しい環境のなかで市政に秩序をもたらし、市の運営方法を見いだし、市の経済力を取り戻そうとしていた。サプチャークは初めて民主的に選ばれた市長であり、ロシアの改革運動のシンボルだった。そんな彼に対し、欧米の政治家や技術専門家が続々と秋波を送ってきた。彼らの意見や提案は一見すると建設的で、サプチャークの市長としての活動を支援しようとしているように見えた。プーチンは常に地に足をつけながらも、こうした提案にうまく対応していた。

当時ドイツ、フィンランド、オランダなどのヨーロッパの民間企業の代表者とともに、アメリカの企業や実業家たちが次々にサンクトペテルブルクへとやってきた。すると、サンクトペテルブルクのアメリカ領事館が、サプチャーク市長のチームに支援を求めてきた。というのも、プーチンの当時の役割は外国とロシアのパートナーとの共同事業に許可を出し、不動産を提供することだった（第7章を参照）。西側諸国のすべての企業は、プーチン副市長と直接折衝する必要があったのだ。〈プロクター・アンド・ギャンブル〈P&G〉のロシア進出に関する著書『ロシアの潮流（*Russian Tide*）』で、元CEOのジョン・ペッパーは、P&Gがロシアに定着するうえでサンクトペテルブルク対外関係委員会が果たした役割について次のように説明している。[19] P&Gは、ソ連の解体前の一九九〇年にレニングラードで初の共同事業を起ち上げた。P&Gは当初、ドレスデンから戻ってきたプーチンの勤め先でもあるレニングラード大学の関係者たちと協力関係にあった。しかし、その後プーチンが対外関係委員会議長に就任すると、彼自身がP&Gのさまざまな共同事業の登録書類に署名する立場になった。[20]

一九九四年から九七年までサンクトペテルブルクのアメリカ領事館で総領事を務めたジョン・エヴァンスは、アメリカの投資家に対するマフィアの脅迫や、米露の企業間の契約上の紛争に対応するため、当時のプーチン副市長と頻繁に面会した。エヴァンスいわく、プーチンは常に協力的で、どんな問題にも「法律を尊重する合法的な方法」で対処したという。プーチンはすべての契約に自ら目を通すことを求め、国内・国際法を参照して問題の解決策を見つけようとした。訴訟に発展して問題が長引くこともあったが、たいていは時間とともに解決の方向に向かった。プーチンは領事館の各種レセプションにも積極的に参加し（ほとんどの時間はドイツ総領事とドイツ語で話していた）、サンクトペテルブルクの外交団への気配りも忘れなかった。サンクトペテルブルクの欧米企業のコミュニティでは、プーチンは「ビジネス寄り」と見られており、反欧米などという印象はいっさいなかったようだ。[21]

サンクトペテルブルクとP&Gの関係は、プーチンにとって非常に重要なアメリカへの入口となった。一九九二年、P&GはワシントンDCの戦略国際問題研究所（CSIS）とタッグを組み、サンクトペテルブルク国際活動委員会の設立に尽力した。[22] 国際活動委員会の副議長にはアナトリー・サプチャークとともに、ヘンリー・キッシンジャー元国務長官が任命された。かくして、プーチンはこのアメリカの有力者との運命の出会いを果たすことになる。[23] この二国間委員会の活動を通じて、プーチンとキッシンジャーのあいだにどれほどの個人的接触があったのかは不明だ。[24] しかし一つだけ確かなのは、ヘルムー

ヘンリー・キッシンジャー
（1923-　　）

ト・シュミットやゲアハルト・シュレーダーのようなドイツの〝長老〟たちと同じく、ヘンリー・キッシンジャーもまた大統領時代のプーチンのお気に入りの対話相手になったという事実だ。

プーチン自身が認めたとおり、彼がそもそも対話の相手として元国務長官に興味を持ったのは、キッシンジャーがもともと諜報関係者（第二次世界大戦中の軍事情報部員）だったからだった（第8章を参照）。さらに重要なことに、ヘルムート・シュミットと同じように、キッシンジャーもまた老練政治家、つまり長老だった。彼は国際舞台で高く評価されており、世界情勢を左右するような重要な出来事にかかわった経験を持つ人物だった。また、キッシンジャーは真の歴史家でもあった。シュミットが政治評論家だったのと同じく、キッシンジャーは高名な学者であり、学界での経験も豊富で、数々の本を出版する作家でもあった。そして、彼はただのアメリカ人ではなく、もともとはドイツ出身だった。プーチンにとって、キッシンジャーはまさに「ホワイトハウスのなかのドイツ人」だった。ドイツの世界とアメリカの世界を股にかけるヘンリー・キッシンジャーは、プーチンにしてみれば理想的なオンブズマンだったのだ。地政学に関する意見を聞いてくれる相手。欧米の世界について教えてくれる相手。自分のメッセージや情報をワシントンDCに伝えてくれる相手。そして、自分のことをほかのアメリカ人有力者たちに説明してくれる相手でもあった。

ヘンリー・キッシンジャーの個人的経歴のなかに、プーチンの心をとらえる要素がもう一つあるとすれば、それは彼がユダヤ人であり、反ユダヤ主義やナチスの迫害を逃れてドイツを出たという事実だ。プーチンはそのキャリアや生い立ちのなかで、反ユダヤ主義と興味深い関係を保ってきた。一九九八〜九九年、大統領への道のりにとってきわめて重要なこの時期、プーチンはオリガルヒたちと〝みかじめ料〟取引を結ぶために、ロシアの国民や政治に深く根差した反ユダヤ主義を巧みに利用した（ように見えた)[25]。そうやって反ユダヤ主義を政治的ツールとして積極的に利用する一方で、イスラエルやユダヤ系移住者(アメリカへの移住者も含む)との関係を、国内・外交政策の重要要素だと見てきた。プーチンはさまざまなスピーチや会談のなかで、ロシアのユダヤ人はわれわれの人民(ナーシ)、つまりキリスト教正教徒と同じロシア国家の構造の一部だと明言してきた(第5章を参照)。また、彼は個人的な経験から、数人のユダヤ人に心からの敬意を抱いていた。そのきっかけは幼少期までさかのぼる。たとえば『プーチン、自らを語る』のなかで彼は、レニングラードの公共アパートで面倒を見てくれたユダヤ人老夫婦とその中年の娘について、愛情たっぷりに語っている[26]。時には、第二次世界大戦中のロシア人の苦しみと、ナチスの手に落ちたユダヤ人の苦しみを同列に語ることもあった。

イスラエルへの歩み寄り

プーチンは対ユダヤ人政策を国内から国際分野へと広げ、イスラエルに移住した膨大な数のロシア語話者との個人的な人脈や活発な二国間交流を積極的に活用して、ユダヤ人国家であるイスラエルとまったく新しい関係を育もうとしてきた[27]。たとえば、二〇〇五年のイスラエル訪問中、プーチンは自身の高校時代のドイツ語教師と再会した。一九七三年にイスラエルに移住したその元女性教師が金銭的に苦労していることを知ると、プーチンは彼女にアパートを買い与えたという。彼女はその話をイスラエルの新聞に誇らしげに語り、のちにロシア大使館を通じてプーチン大統領から贈られた本を記者たちに見せた。記事に掲載された本の写真を見ると、プーチンの直筆で「愛を込めて」と書かれているのがわかる。彼が、これほど堂々と個人的な親愛の情をあらわにするのは実に珍しいことである[28]。

二〇一二年一一月、ロシアとイスラエルとの関係がソ連時代と比べていかに変化したかをさらに如実に物語る出来事が起きた。プーチンがイスラエル大統領のシモン・ペレスをモスクワに招き、新設されたユダヤ博物館・寛容センターのお披露目を行なったのだ[29]。式典で互いに称賛や感謝の言葉を交わすなか、プーチン大統領はいくつか驚きの発言をした。

数カ月前の一二年六月、彼はイスラエルを訪れ、ソ連の赤軍兵士たちを追悼する記念碑の除幕式に参加していた。プーチンはその出来事を引き合いに出し、「ナチズムに対する（われわれの）共通の勝利を勝ち取るため、ソ連軍は最大の犠牲を払った」と述べた[30]。「われわれソ連、ロシアの人間は、第二次世界大戦中に多大な犠牲を払った。あの戦争でもっとも多く亡くなったのは間違いなくロシアの人々だ。しかし、われわれはナチズムとの戦いでユダヤ人が払った犠牲を決して忘れない。そして、ホロコーストを決して忘れない」とプーチンは続けた。するとペレス大統領は、第二次世界大戦でナチスドイツを破ったことだけでなく、「ユダヤ人に一〇〇〇年にわたってこの地に住む可能性を与えてくれたこと、そして過去だけでなく未来までも与えてくれたこと」について、プーチンとロシアに感謝を示した[31]。

開館式のあとの記者会見において、ペレスはこう述べた。「二つの民族の関係の歴史的発展を追うという博物館は、世界でここにしかない――一つは巨大な民族であるロシア人、もう一つは小さな民族であるユダヤ人」。その共通の歴史には「暗く困難な時代」があったとしながらも、ペレスはロシア人の「魂の偉大さ」を強調した。そして、「ナチスの脅威を打ち破ろうとするロシア人の超人的な努力」に対して、全世界がロシアに大きな借りがあると訴えた[32]。

多くの点において、ウラジーミル・プーチン本人こそ、ロシア人とユダヤ人の複雑な関係の縮図のような存在だといっていい。彼のキャリアの出発点となった秘密警察は、ロシア国内の反ユダヤ主義の操り手として悪名高い存在だ[33]。一方でプーチン自身は、ソ連やロシアのユダヤ人コミュニティと個人的な人脈を築いてきた。彼に初めてドイツ語を教えたのは、今はイスラエルで暮らすソ連のユダヤ人だった。そして、アメリカに亡命したユダヤ系ドイツ人から、アメリカについての教えを受けた。そのアメリカ人は、第二次世界大戦、ホロコースト、ナチズムとの戦いに深い関係を持つ人物だった。

アメリカ的な視点に欠けるプーチン

アメリカの政治システムの仕組み、アメリカ人やそのリーダーたちの考え方についてプーチンが理解しようとしたとき、頼りにできるのはヘンリー・キッシンジャー以外にはほとんど誰もいない。大統領としてのプーチンは、アメリカのリーダーたちとの公的な交流を通じて情報を収集しようとした。しかし、そういった正式な会談の場も、二〇〇八年から一二年まではドミートリー・メドヴェージェフにほぼ任せきりだった。公式の場での情報収集に加え、ロシアの情報機関、政府省庁、大統領府が彼のために作成するさまざまな報告書も貴重な情報源になっていることは言うまでもない。二〇〇〇年代の大半の時期、そしてプーチンが三期目の大統領に就任して間もないころ、クレムリンでこうした報告書を作成したのは、主席大統領補佐官のセルゲイ・プリホチコ、部下のアレクサンドル・マンジョシン、その直属スタッフたちだった。[34]二人とも英語は話せたが、私たち著者の知るかぎりでは、アメリカでの生活や勤務の経験はない。にもかかわらず、米露両政府の関係の重要な側面を監視する役割を任されていたのは不思議な話だ。[35]彼らを除けば、ロシア政府やクレムリン内でアメリカに関するプーチンの相談役といえるのは、ニューヨーク駐在の元国連大使で流暢な英語を話すセルゲイ・ラヴロフ外務大臣と、元駐米ロシア大使ユーリー・ウシャコフ大統領補佐官くらいのものだ。ドイツの場合と同様に、これでは非常に狭い視点しか得られないだろう。

一九九〇年代以降、ロシアとアメリカのエリートどうしの交流はほとんど行なわれていなかった。英語力に乏しいプーチンは、通訳や仲介役を通さないかぎり、アメリカ人と直接交流することはできなかった。一九九四年のケルバー財団のサンクトペテルブルク会議でプーチンが本領を発揮できたのは、会議が英語ではなくドイツ語で行なわれたからかもしれない。おそらく、プーチンはドイツ人参加者とドイツ語で直接会話できる唯一のロシア人だったのだろう。第一国防次官アンドレイ・ココーシンを含むほかのロシア人参加者はみな、ソ連のアメリカ・カナダ研究所でキャリアをスタートさせた専門家ばかりで、第二言語が話せたとしてもそれは英語だった。この会議の席においては、ココーシンはロシア語で話し、それをドイツ語に通訳してもらっていた。しかし普段の会議では、彼は通訳を介さずにアメリカ人の話を理解できたし、休憩中には英語で雑談することもできた。しかしプーチンは、アメリカ関連の仕事の際にも、常にドイツ語か通訳に頼らざるをえなかった。

一九九四年のケルバー会議の参加者全員が示した最大の懸念は、ＮＡＴＯの将来についてだった。その五年後、ＮＡＴＯとその拡大にまつわる問題は、プーチンのキャリアや大統領就任への道のりにおいて重要な役割を果たすことになる。九四年までに、ソ連圏の軍事同盟だったワルシャワ条約機構はすでに崩壊していたが、ＮＡＴＯのほうはまだ絶大な力を誇っていた。バラバラになった東欧諸国は、新たな安全保障体制を求めてＮＡＴＯの扉を叩いた。九四年一月のＮＡＴＯブリュッセル・サミットでは「平和のためのパートナーシップ（ＰｆＰ）」が創設され、ＮＡＴＯ拡大のプロセスが始まった。ロシアやソ連崩壊によって誕生した新たな国家を対象に含むこのパートナーシップの目的は、機能不全に陥ったワルシャワ条約機構の旧加盟国とＮＡＴＯとのあいだで、軍事的・政治的な協力を促進するというものだった。多くのロシア人政治家は、ＰｆＰをヨーロッパに新たな排他的国境を引くためのアメリカとＮＡＴＯの策略だととらえていた。ケルバー会議に参加したアナトリー・サプチャークとサンクトペテルブルクの改革チーム、政府から派遣されたアンドレイ・ココーシンらは、ＮＡＴＯの拡大に一様に大きな懸念を示した。ロシアと西側諸国のエリートのあいだに芽生えつつある良好な関係に、ひびが入るのではないか。ＮＡＴＯの活動がロシア国民から挑発的な行為ととらえられるのではないか、と彼らは心配したのだ。

ＮＡＴＯと「冷たい平和」

アメリカの学者ジェームズ・ゴールドゲイアーとマイケル・マクフォールは、一九九一年から二〇〇一年までのアメリカの対露政策を分析した優れた著書を〇三年に上梓した。執筆の過程において彼らは、アメリカやロシアの多くの政策立案者にインタビューし、当時のＮＡＴＯの動きについての考えを尋ねた。[36] アメリカのクリントン政権の実力者たちは、ポーランドなどの国々のＮＡＴＯ加盟要求に応えるボ方法を探しながらも、「モスクワのトップであるリス・エリツィンを支援する政策」にケチを付けないよう配慮したという。[37] クリントン政権の当局者は、アナトリー・チュバイスなどのエリツィン周辺の改革者たちから、NATO拡大は大きな間違いだとたびたび非難されていた。「チュバイスのNATO拡大への抵抗は、NATOがロシアを攻撃するという不安から生じたものではない。むしろ、NATO拡大の議論が、ロシアの自由主義改革者の立場を弱めるという懸念があったからだ」。つまり、NATO拡大の議論はロシアの民族主義者や共産主義者からエリツィン・チームへの反発を生み出し、「より西側諸国寄り」の外交政策を追求しようとするロシア政府の取り組みを弱体化させた。[38] 九四年一二月にはエリツィン自身も、このままNATO拡大が続けば「冷たい平和」を生み出す危険があるとクリントン大統領に警告した。[39]

クリントン政権は、アメリカ国内の有権者からの圧力に対処する必要にも迫られた。彼らは、NATO拡大こそがヨーロッパの長期的な安全保障の鍵であると考え、将来的にロシアが強硬姿勢に転換した際のリスクに備えるために必要な手段だととらえていた。彼らから見れば、アメリカがNATO拡大に向けて前進する機会の扉が開くのは、わずかのあいだだけだった。ジョージ・H・W・ブッシュ政権の元当局者でハーバード大学教授のロバート・ブラックウィルは、一九九五年にポーランドで開かれたケルバー財団の会議でこう指摘した。「NATO拡大はロシアにとって望ましいことだ、と彼らを説得しつづけるだけでは埒《らち》が明かない。それまで拡大を先延ばししたら、ひたすら待たされるだけだ。むしろ、NATO拡大が米露関係に及ぼすダメージを最小限にとどめる戦略を練るべきだ。NATO拡大は是が非でも実行すべきなのだから」[40]

一九九四年から九六年にかけて、クリントン政権は二刀流のアプローチを追求しようとした。NATO拡大のプロセスを推し進めると同時に、ロシア政府の危機感を和らげるNATO＝ロシア間の協定を結ぶことを模索したのだ。しかし、クリントン政権は最後までロシア側の危機感を和らげることはできなかった。ゴールドゲイアーとマクフォールが強調するように、NATOは相変わらずロシア人にとって汚らしい「四文字語」でありつづけた。

プーチンがモスクワにやってきた一九九六年当時、エリツィン・チームは新たな難問に直面していた——ロシア国内の反対派に対し、NATO拡大はもはや何の脅威でもないことをどう説明すればいいのか？　NATOが軍事同盟であり、集団防衛を実現するための機構であることに変わりはない。だとすれば、誰に対する防衛なのか？　相手がロシアでないとするなら、NATOはその目的を具体的に示す必要があった。ドイツ語や英語に堪能なロシアのエリートたちであれば、八〇年代以降、西側諸国との関係が大きく変化したことを理解できたに違いない。ドイツやアメリカの有力者と定期的に生で議論するうちに、その理解をさらに深めていったはずだ。NATOの決断を良く思わないとしても、相手の目をしかと見て、その言葉が本当かどうかを判断することはできただろう。しかし、NATOやアメリカを敵と信じて育った一般のロシア人たちを説得するにはどうすればいいのか？

一九九六年のエリツィン再選後、国民への説明や説得はいっそう難しくなった。いったん選挙という足枷がなくなると、クリントン政権もNATO拡大に本腰を入れはじめ、ポーランド、ハンガリー、チェコが九九年にNATOに加盟する見込みとなった。この時点でもまだ、クリントン政権は「ロシアとNATOとの協議や共同活動」を約束しつつも、ロシア側に拒否権のない協定を結べると考えていた[41]。当初のアメリカは、ロシアの当局者と議論を重ねて得た感触から、クレムリンの強い抵抗を押し切れると踏んでいたのだ。

一九九七年初め、事実関係を確かめるために、当時の上院議員で外交委員会の有力な民主党員だったジョセフ・バイデン（のちの副大統領）が、上級顧問マイケル・ハルツェルとともにロシアを訪問した。当初、バイデン議員自身はNATO拡大に懐疑的だったが、同行したハルツェルの話によると、ロシアで会談した有力政治家やエリツィンの国家安全保障チームのメンバーたちのなかで、「NATO拡大がロシアにとって安全保障上の脅威だと考える」者は一人としていなかったという。「拡大を手放しで喜ぶロシアの有力者はいなかった」ものの、「この件で強迫観念を抱く」ような者はいなかった。「クレムリンで行なわれた夜の会談では、将来的なロシアのＮＡＴＯ加盟の可能性にまで話が及んだ」[42]。こうして、バイデン上院議員は拡大を推し進めるべきだと確信したのである。その直後の九七年三月二七日、エリツィンはパリで「ＮＡＴＯとロシアの相互関係に関する基本文書」に署名した。この基本文書は、ロシアとＮＡＴＯが連携するための基礎的な政治的枠組みを定めたものだった。しかしゴールドゲイアーとマクフォールが著書で説明するように、パリでの合意からほどなくして、不幸にも米露関係は「負のスパイラル」に陥ってしまった。九八年八月にはロシアの財政危機、九九年春にはコソボ紛争、そして九九年夏にはチェチェンで新たな戦争が始まったのだ[43]。

ＮＡＴＯの戦争

一九九九年、（当時まだユーゴスラビアの一部だった）コソボ内でのユーゴスラビア軍によるアルバニア人虐殺に介入するため、「ＮＡＴＯは史上初めて戦争に突入した[44]」。戦争が勃発したのは、ポーランド、ハンガリー、チェコがＮＡＴＯに加盟したわずか二週間後のことだった。国連安全保障理事会による軍事介入の許可が下りなかったため、あからさまなまでのアメリカ指揮のもと、軍事作戦はＮＡＴＯの名のもとに行なわれた。ＮＡＴＯの戦闘機はベオグラードを空爆。続いて、アメリカ軍率いるＮＡＴＯ軍はコソボに進攻して土地を奪還し、ユーゴスラビア軍を後退させた。このＮＡＴＯの介入は、ロシア当局を震撼させた[45]。その一五年後の二〇一四年三月一八日の演説において、ウラジーミル・プーチンは、ＮＡＴＯのユーゴスラビア攻撃はすべてのロシア人にとって信じがたい出来事だったと語った。「実際に目にしてもまだ信じられなかった。二〇世紀の終わりに、ヨーロッパの一国の首都であるベオグラードが数週間にわたってミサイル攻撃を受け、本格的な（軍事）介入が始まるなど、誰に想像できただろうか[46]」。ＮＡＴＯの決定について、アメリカからロシアへの事前の相談はなかった。するとエリツィンは、国際的なルールがすべて無視されたと嘆いた。すでに起きてしまったことに対して、ロシア政府ができることなどほとんどなかった。「ＮＡＴＯのユーゴスラビア軍事作戦によって、ロシアの国際社会での無力ぶりが痛々しいほど浮き彫りになったのだ[47]」

コソボへのNATOの軍事介入は、ロシア政府やプーチン個人にとって一つの転換点になった。NATOの意図を恐れるロシアの反対派の懸念は現実のものとなり、エリツィン・チームの前提は一八〇度ひっくり返された。ロシア当局者たちは、NATOの軍事介入を人道的な危機に対処するための取り組みなどではなく、バルカン半島諸国への影響力を拡大する手段だと解釈した。するとロシアは、NATOやそのリーダーであるアメリカとの協力の可能性に関して、それまでの結論を見直しはじめた[48]。ウラジーミル・プーチンがモスクワの中央舞台に立つことになるのは、まさにそんな時期だった。

一九九九年、プーチンはサンクトペテルブルク時代とはまったく異なる立場にいた。それまで、彼にとってのアメリカ人は、故郷の街で新規事業を起ち上げるという共通の目的のために手を取り合う仲間だった。しかし今は、「最大の敵」に戻ってしまった。ロシアの国益など関係なく、自分たちの政策を推し進めようとする敵だ。アメリカとNATOは、国連の許可もなくコソボで軍事行動を始めた。前述の二〇一四年三月一八日の演説で語ったとおり、プーチンはこの経験を機にアメリカに対して批判的な見方を持つようになったようだ。「彼らは国際法ではなく、力という法に従って現実の政治を行なっている。彼らは自分が選ばれし例外的な存在であり、世界の運命を決める権限を持ち、自分だけが常に正しいと信じている……（アメリカ人は決まって）われわれのあずかり知らないところで決断を下し、結果を事後報告するのだ[49]」

プリシュティナへの突進

一九九九年、前年にロシア連邦保安庁（FSB）長官に任命されたプーチンは、連邦安全保障会議書記へと立場を変えた。六月、コソボでロシア軍とNATO軍が一触即発の睨み合いに陥ったとき、最前線に立ってNATOやアメリカとの対応に当たったのがまさにプーチンだった。クリントン政権は、NATO作戦の次なる段階であるコソボ治安維持部隊（KFOR）の設立に参加するよう、ロシア側への説得を続けていた。数年前のボスニア・ヘルツェゴビナ紛争の際にも、ロシア政府は同じ内容の平和維持活動に同意し、ボスニアにロシア軍を駐留させた。しかし今回に関しては、ロシアはNATOから命令を受けてしか行動できないことにしびれを切らし、KFOR内でロシア側に意思決定の権限を与えるよう求めた。するとアメリカ軍の司令官たちが、（第二次世界大戦後の東ドイツのように）ロシアがコソボに「ロシア区画」を作ろうとするのではないかと懸念を抱いた。[50]そうやって米露政府間での交渉が長引くなか、ロシアのレオニード・イワショフ将軍は、ボスニアに駐留中のロシア軍部隊をコソボに配置するよう命じた。

ロシア軍はコソボの首都プリシュティナにある主要空港を占拠し、周辺に部隊を展開しようとした。ところがすぐに孤立状態となり、食糧、水、燃料が不足するという事態に陥った。ロシアは飛行機で軍に物資を補給しようとするものの、NATOの新加盟国であるハンガリーと加盟国入りを狙うブルガリアとルーマニア（いずれもソ連の元衛星国）がロシア機の自国の上空通過を拒否。アメリカ軍のヨーロッパ地域最高司令官ウェズリー・クラークはそれだけでは物足りず、コソボでNATO軍司令官を務めるイギリス軍のマイケル・ジャクソン将軍に対して、部隊を派遣して空港の滑走路を封鎖するよう命じた。ジャクソンは命令を拒否し、「お言葉ですが、あなた一人のために第三次世界大戦を始めるつもりはありません」とクラークに告げた。[51]イギリス軍は空港へと通じる道路を封鎖し、「NATOは現状を受け入れるつもりはない」とロシア側に通告したものの、包囲されたロシア軍に食糧と水を提供した。[52]結果、またもや恥をかく形となったエリツィン政権とロシア政府は、大失敗をすべて軍主導の勝手な軍事行動のせいにしようとした。しかし、多くの観測筋にとっては、そう単純には見えなかった。ロシアはプリシュティナでアメリカやNATOの機先を制そうとした。その活動の中心に立ち、ロシア連邦安全保障会議書記として最初の公的な任務を果たしていたのが、ほかならぬウラジーミル・プーチンだった。NATOのコソボ介入は、プーチンのキャリアを決定づける瞬間の一つとなった。[53]そして半年後、プーチンはロシアの大統領代行に就任したのである。

チェチェンで「われわれが行動しなければならない理由」

一九九九年夏、エリツィンはプーチンを首相に指名。NATOの空爆とコソボでの進展によって、プーチンはアメリカについて多くを学んだ。しかし首相となったプーチンの目下の悩みは、チェチェン共和国だった。ロシア当局者のなかには、NATOやアメリカによるモスクワ攻撃の不安を煽り立てようとする者もいた。外部の観測筋のほとんどは不合理な考えだと一蹴したが、西側諸国の高官たちが第二次チェチェン紛争の勃発に必要以上に注目し、猛批判を繰り広げたため、不安はくすぶりつづけた。[54] たとえばアメリカでは、ズビグネフ・ブレジンスキー(カーター政権時代の国家安全保障問題担当大統領補佐官)や、アレクサンダー・ヘイグ退役大将(レーガン政権時代の国務長官で、アメリカ軍やNATOでも高官を歴任)などの協力によって、支援グループ「チェチェンの平和のためのアメリカ委員会」が設立された。[55] 委員会のメンバーたちは戦争の外交的な解決を求め、紛争に巻き込まれた市民の保護を嘆願した。七〇~八〇年代にソ連指導部がひどく悩まされたグなどの米当局者にブレジンスキーやヘイグなどの経験から、ロシア政府はこのような集団の動きを大いに警戒した。彼らの不安は、まったくの被害妄想というわけでもなかった。実際、チェチェンの平和のためのアメリカ委員会はアメリカにチェチェン代表部を開設するお膳立てをした。紛争中のチェチェン指導者アスラン・マスハドフも、頻繁にブレジンスキーやアメリカの代表者、公式機関に接触し、具体的な支援を求めた。[56] ユーゴスラビア紛争時や戦争の恐怖が差し迫った八三年と同様、ロシアの政治家たちは脅威の先にあるものを恐れた——コソボのときと同じように、アメリカ軍やNATOが市民を守ろうとチェチェンに介入してくるのではないか? すると政治家たちはみな、その脅威を低減させる方法を何とか探し出そうとした。

プーチンが考え出した対応は、一九九九年一一月の『ニューヨーク・タイムズ』紙にアメリカ国民に向けた記事を寄稿するというものだった。それは、国際的なPR活動を展開するためのプーチンの新たな試みだった。彼は「われわれが行動しなければならない理由」と題する記事のなかで、ロシア政府がテロ行為に対抗するためにチェチェンで二度目の軍事活動を開始したことを説明し、アメリカ人と共通の目的を築こうとした。プーチンは、テロリストに対するアメリカの攻撃を称賛し、「社会の根幹をなす利益が暴力的な集団によって包囲された場合、責任あるリーダーはそれに対応しなければいけない」と訴えた。さらに、チェチェンでのロシアの行動について「国外の友人たちの理解」を求めた[57]。慎重な言葉選びによる、融和的なメッセージ——プーチンはきっと、サンクトペテルブルクでアメリカ人と協力体制にあったときの前向きな雰囲気を取り戻せるはずだと期待していたに違いない。

二〇〇一年九月の9・11テロ攻撃は、ロシアとアメリカとの交流の在り方を形作る新たな機会をプーチンに与えた。彼はすぐさまジョージ・W・ブッシュに連絡して哀悼の意を示し、テロという共通の問題と戦うための支援を惜しまないと伝えた[58]。その三カ月前の六月、プーチンとブッシュはスロベニアで初の公式首脳会談を行ない、そこそこの成果を上げていた。さらに、九月一一日の数日前にプーチンはブッシュに連絡を取り、ロシアの情報機関が入手したアフガニスタンによるテロの脅威について警告した[59]。9・11のあと、プーチンはこう確信した。アメリカ政府はロシア政府と同じ視点で物事を見るようになり、アフガニスタンのアルカイダとチェチェンのテロリストとの関連性を認めるに違いない。一〇月二日、ブリュッセルで記者会見に臨んだプーチンは、テロリズムをたちまち宿主に寄生する「バクテリア」にたとえた。「テロリストたちは、人権や市民の保護という欧米の制度や概念を自分たちのために利用した」と彼は断言し、さらにこう警鐘を鳴らした。「テロリストがそうしたのは、欧米の価値観や欧米の制度を守るためではなく、むしろそれらと戦うためだ。彼らの最終的な目標は皆殺しなのだ[60]」。すべての国がこの問題に対処するため、国内で政治的な引き締めを行ない、国外での軍事態勢を強化する必要がある。それがプーチンの考えだった。そこで彼は、アフガニスタンやチェチェンでの経験に基づき、アルカイダを根絶やしにする具体的な支援をアメリカに申し入れた[61]。そうすれば、ロシアが国内の独立運動を軍事的に抑え込んでいることについて、アメリカが抗議をやめるのではないかと期待したのだ。

ロシアとアメリカの関係が変化するというプーチンの淡い期待ははかなく散った。「そもそもアメリカとロシアの思惑は嚙み合っていなかった」ため、大半のアナリストはそれが当然の成り行きだと結論づけた[62]。その後も依然として、チェチェンはロシアとアメリカの争いの火種でありつづけた。9・11後にプーチンとクレムリンは、「反ナチ同盟と同じような国際的な反テロリスト同盟」を創設するようアメリカ政府を説得できるのではないかと期待した。それこそ、新たな多極的世界秩序のなかでロシアがアメリカと対等な発言権を得られるチャンスではないか、と[63]。ジョージタウン大学教授でアメリカ政府内にいたこともあるアンジェラ・ステントは、米露関係の二〇年間の浮き沈みを徹底分析した著書のなかで次のように指摘した。「9・11テロのような緊急事態を機に国どうしがパートナーシップを結んでも、そうした同盟はたいてい短命である。なぜなら、〝共通の敵を破る〟という具体的かつ限定的な目的でしか結びついていないからだ。結局のところ、ロシアが9・11後のパートナーシップのモデルとして挙げた戦時中の米ソ同盟も、ヒトラーを打ち破るというたった一つの目的で作られたものだった。いったんドイツの敗北が濃厚になると、戦後の利権争いによって同盟関係は崩れていった。その結果として、冷戦が始まったのだ[64]」

ジョージ・W・ブッシュもバラク・オバマも、アメリカ政府の世界的な取り組みにおいて、プーチンやロシアを対等なパートナーとして見ることはなかった。両国の利害が一致する分野や問題についてはは協力関係を望んだが、テロリストの脅威やそのほかの重大問題に関して必ずしも同じ考えを持っているわけではなかった。9・11のあと、アメリカは世界規模のテロとの戦いに巻き込まれていると考え、そう高々と宣言した。実際、アメリカは直接の攻撃を受けた。しかしアメリカから見れば、チェチェンはその世界規模の戦争の前線の一つではなかったし、直接的な脅威でもなかった。チェチェン紛争はあくまでもロシアの国内問題であり、チェチェンや北コーカサス地方に由来するテロ行為のターゲットは、ロシア政府やモスクワなどのロシア国内の都市だった。チェチェン問題はもともと民族間の政治対立にすぎなかった。しかしロシアが対応を誤ったために、アルカイダ関連のテロリストを惹きつけることになった。それがアメリカでの一般的な見解だった。[65]

アメリカへの不信

9・11のあと、プーチンはアメリカ側のこうした見方や行動に戸惑った。それまで彼は、アメリカがロシアとは異なる世界観や独自の前提に基づいて行動していることを見落としていたのだ。そして、その理由を教えてくれる信頼できるアメリカの対話者、つまり〝長老〟もいなかった。[66]アメリカについて偏った情報しか持ち合わせていないプーチンは当初、共通のテロの脅威が迫っているという警告にアメリカが何ら対応しようとしないのは、危険なほどの無能ぶりの証拠ではないかと考えた。9・11直後の一連のスピーチで、彼はこう強調した。テロ計画がアフガニスタンで着々と進んでいることをクリントン政権に警告しようとしたが、すべて無駄だった。「私はアメリカの前政権と話をし、ビン・ラディンの問題について指摘した。しかし、彼らの反応（のなさ）には驚かされたものだ」。同時多発テロから四日後の二〇〇一年九月一五日、プーチンはこう嘆いた。「今回の一件に関しては、私自身にも責任があると思う。確かに、テロの脅威についてはしっかりと伝えたが、どうやら十分ではなかったらしい。もっと強く言うべきだった。あるべき防御の体制へと（アメリカの）人々を向かわせるうまい言葉が見つからなかったのだ[67]」

一九八九年から九一年までアフガニスタンのナジブラ大統領の最高軍事顧問を務めたマフムト・ガレエフ将軍が、二〇一〇年にワシントンDCでアメリカの安全保障専門家たちに語ったところによると、ロシアの諜報部はアルカイダ指導者ウサマ・ビン・ラディンの活動を長年監視していたという。ガレエフは一九八〇年代にジャララバードでビン・ラディンに遭遇し、サウジアラビアから彼の私兵組織に巨額の資金が流れていることを知った。ガレエフいわく、アメリカ政府とCIAはアフガニスタンでソ連に対抗するために、ビン・ラディンのような人物やムジャヒディーン（過激派ゲリラ）を支援するという重大な判断ミスを犯した。こういう国境を越えた勢力には、背後に立って抑制と均衡を利かせる正式な政府が存在しない。八〇年代以降、ロシア政府はこうした勢力がやがて共通の目標を掲げ、あらゆる大国を脅かすようになると気づいていた。ロシアは繰り返しアメリカにそう警告しようとしてきたが、アメリカは聞く耳を持たなかったという[68]。

二〇〇一年一二月、アメリカ政府は一九七二年締結の弾道弾迎撃ミサイル（ＡＢＭ）制限条約から脱退し、「ならず者国家」の脅威に対抗するために新ミサイル防衛システムの構築に着手することを発表。プーチンの当初の反応こそ比較的穏やかだったものの、八〇年代のロシア政府に危機を生み出した、レーガン大統領のスターウォーズ計画への恐怖や疑念がまたふつふつと湧き上がってきた。新システムを構築するためのアメリカ側の新たな道理について、プーチンやロシア当局者は繰り返し疑問を呈した。かつてのアンドロポフと同じようにプーチンもまた、アメリカのミサイル防衛システムは、ロシアの核報復能力を抑制することに主眼を置いたものだと考えた。北朝鮮などから誤って飛んできたミサイルを迎撃することが目的ではない、と。プーチンやクレムリンの側近たちにしてみれば、アメリカ側の道理は暴論でしかなかった[69]。

二〇〇三年のイラク介入によって、アメリカが世界の舞台で悪事を企んでいることをプーチンはさらに確信することになった。自国の地政学的地位を高めるため、敵対する政権や指導者たちに介入する口実を探しているのだ、と。プーチンと情報当局者たちは、化学兵器や大量破壊兵器の保有に関するイラク指導者サダム・フセインの発言は嘘だと初めからわかっていた。実際、彼らはアメリカ当局者に何度もそう忠告してきた。たとえば〇三年二月のクレムリンでの会談において、プーチンの補佐官アレクサンドル・マンジョシンは米ブルッキングス研究所の専門家たちに対し、フセインが大量破壊兵器を保有していないことを明言した。専門家たちのなかには、クリントン政権で国家安全保障問題担当大統領副補佐官を務めたジェームズ・スタインバーグも含まれていた。「なぜフセインの言うことが虚言だとわからない？　われわれの諜報専門家はすでに把握しているのに、そちらは知らないのか？」[70]。アメリカがイラク侵攻の末に大量破壊兵器の発見に失敗すると、プーチンのものとされるある発言がヨーロッパの外交関係者のあいだで広まった。「大量破壊兵器については何とも哀れなことだ。私ならいくらか見つけていただろうに」[71]。言い換えれば、アメリカの情報当局や政府は無能ぶりをいかんなく発揮した――嘘をつくなら、最後までつきとおせるように下調べくらいしておけ、ということだ（ただし、プーチンが本当にそう発言したのか、発言したとしても本気だったのかどうかは不明）。さらに、国防大臣セルゲイ・イワノフなどのロシア当局者たちも、〇四年九月のヴァルダイ会議で似たような発言を繰り返した。アメリカは感情と過信に頼って行動した、というのが彼らの見解だった[72]。

脅威と化したアメリカ

一〇年後の二〇一三～一四年、プーチンと安全保障チームはこう結論づけた――アメリカは単に無能なのではなく、危険で悪意があり、ロシアに危害を加えようとしている。この見解は、アメリカ側の出した結論とは正反対のものだった。アメリカは少なくとも〇八年のグルジア戦争まで、「ソ連共産主義の崩壊と半民主主義的で市場志向のロシアの誕生」によって、「ユーラシアの中心にある敵対的政権が投げかける長年の大きな軍事的脅威」は消滅したと結論づけていた[73]。つまり、アメリカはロシアを脅威とはみなしていなかった。米当局者たちは、一九八〇年代と同じように、なぜロシア側がアメリカを脅威とみなすのか理解できずにいた。その結果、アメリカ政府が自国の優先事項に沿った政策決定をするたび、ロシア政府はその意図を誤解しつづけたのである[74]。

プーチンの視線の先には、常にＮＡＴＯがあった。二〇〇二年五月、ＮＡＴＯローマ・サミットで「ＮＡＴＯ・ロシア理事会」が新設され、アメリカおよびＮＡＴＯとの関係は一歩前進した。しかしその矢先、〇四年三月にＮＡＴＯが二度目の大幅な拡大を決めると、プーチンは関係の再考を迫られた。新たに加盟したのは、ブルガリア、エストニア、ラトビア、リトアニア、ルーマニア、スロバキア、スロベニアの七カ国だった。ロシア政府から見れば、ロシア帝国やソ連の一部だったエストニア、ラトビア、リトアニアの加盟がもっとも腹立たしかった[75]。同年五月には、バルト三国、チェコ共和国、ハンガリー、ポーランド、スロバキア、スロベニアがEUに加盟（ブルガリアとルーマニアは〇七年加盟）。欧州大西洋地域の二つの巨大機関はビッグバンのように拡大し、急速に合流しはじめた。そしてプーチンの見立てでは、一三年にEUはNATOと完全な融合を果たしたのだった。

色の革命の恐怖

二〇〇三年のグルジアのバラ革命と〇四～〇五年のウクライナのオレンジ革命、そして〇四年のNATO拡大は、アメリカの活動に対するプーチンの見方にいっそう暗い影を落とした。ロシア政府にとって、グルジアはエドゥアルド・シェワルナゼ大統領の手腕不足で失敗した小国にすぎないとしても、ウクライナはロシアの小型版ともいうべき重要国だった。プーチンにしてみれば、〇四年にウクライナで発生したオレンジ革命に伴うデモやその規模は、外部の手が加わったものとしか考えられなかった。選挙結果への不信、その後の大規模な暴動、政権交代を求める市民たち、アメリカなどの国際社会からの支援――このお決まりのシナリオはロシア政府を苛立たせた[76]。とりわけ、色の革命がブッシュ政権の掲げる「フリーダム・アジェンダ」（アフガニスタンとイラクにおける市民社会の発展や自由選挙の実施への支援）と概念的に結びつけられたときには、ロシア政府の苛立ちは頂点に達した。アフガニスタンとイラクは、そもそもアメリカが侵攻して占領した国ではないか、と[77]。

第14章でより詳しく論じるように、一九九〇年代と二〇〇〇年代のアメリカの民主化活動の真意について、プーチンは常に疑いの目を持っていた。アメリカはさらなる透明性や正確性を求め、選挙の監視活動を行なう国際的および各地域のNGOに資金を提供していた。プーチンは、それを冷戦時代のCIAの「積極工作」の現代版であり、アメリカと敵対するロシアのような国の政治体制を転覆させるための活動だと考えた。事実、プーチンは二〇一四年三月一八日の演説で、一一年のアラブの春を含めた色の革命を痛烈に批判した。こうした色の革命は自然に発生したものではなく、西側諸国が一連の国々や国民に押しつけたものだ、と彼は訴えた。「西側諸国は、現地の住民たちの生き方にも伝統にも文化にもまったくそぐわない基準を押しつけようとした。その結果、民主主義や自由の代わりに、混沌や暴力、そして一連の革命が生まれた。〝アラブの春〟は〝アラブの冬〟へと変わったのだ[78]」

グルジアとウクライナで色の革命が起きたあと、「フリーダム・アジェンダ」をアメリカの新たな謀略だと一蹴したプーチンとクレムリンの側近たちは、グルジアのミヘイル・サアカシュヴィリ新政権へのアメリカの支援活動に偏見の目を向けた。米政府が二〇〇八年まで外交政策の重要な柱としてグルジアにこだわりつづけたのは、ロシアへの当てつけとしか考えられなかった[79]。アメリカはグルジアをただ利用するどころか、将来的なNATO加盟の話まで持ち出してロシアを抑え込もうとしている――ロシア外務大臣のセルゲイ・ラヴロフらは、アメリカ当局者との会談でそう繰り返し批判した。このうがった見方を助長したのが、ブッシュ政権のリチャード・チェイニー副大統領による一連のスピーチの内容だった。〇六年七月のサンクトペテルブルクでのG8会議に先立ち、同年五月にリトアニアの首都ヴィリニュスとカザフスタンを訪問したチェイニーは、グルジアなどの新たな民主主義国への支援について強力な声明を出し、この件に関するロシアの立場を非難した。その一つが、ガスの価格紛争をめぐってウクライナへのエネルギー供給を遮断した一月のロシアの行動だった[80]。プーチンはすぐさま、チェイニー副大統領の的外れな発言を糾弾し、いまだに冷戦気分に浸っているようだと応酬した。NBCの情報番組「トゥデイ」のインタビューに答えたプーチンは、さらにチェイニーに数発パンチを見舞った。彼はいつもどおりの舌鋒でチェイニー副大統領の発言を「誤射」と呼び、有名な事件を遠まわしに示唆した（その年の二月、チェイニーはテキサスでのウズラ狩りの最中、友人を誤射してしまった[81]）。

プーチン、ぶちギレる

二〇〇七年になると、プーチンはついにぶちギレた。アメリカやNATOに対して、堪忍袋の緒がついに切れたことを明言したのだ。彼はドイツという窓口や〇七年二月のミュンヘン安全保障会議の場を利用して、アメリカの当局者や専門家に直接訴えかけた。怒りの矛先は、アメリカが一極支配する安全保障システム、国連という枠組みの外での軍事行動などに向けられ、そのアメリカ批判は痛烈を極めた。特に、NATO拡大に対するプーチンの考えはまったくぶれることがなかった。「NATOは前線部隊をわれわれの国境付近に配置してきた。それでも、われわれは条約義務を厳格に守り、こうした活動にも目をつぶってきた。NATOの拡大が、同盟そのものの現代化やヨーロッパの安全保障の確保と無関係であることはあまりに明らかだ。一方、お互いの信頼を貶める重大な挑発であることは間違いない。そこで訊こう。NATO拡大はいったい誰に対抗するためのものなのか?」[82]。大規模な国際会議の場で、プーチン大統領がアメリカへの不満をぶちまけたのはそれが初めてだった。この「プーチンの痛烈な批判」は、ミュンヘンの会議会場だけでなく、アメリカ政府内でも不評を買うことになる[83]。

一年後の二〇〇八年四月、ルーマニアのブカレストで開催されたNATOサミットの際にも、プーチンは報道陣に対してほとんど同じ発言を繰り返した。彼はミュンヘンでの自身の発言からさらに一歩踏み込み、NATOに対する根本的な疑問――ソ連崩壊後も活動を続け、容赦なく拡大しつづけるその姿勢から湧き上がる疑問――に立ち返り、次のように述べた。

もはやソ連も東側諸国もワルシャワ条約機構も存在しない。それは間違いない。だとすれば、NATOは誰に対抗するためにあるのか? 聞けば、今日の問題や課題を解決するためにあるという。何のことだ? どういう問題や課題なのだろう?……NATOブロックの存在自体が今日の課題や脅威の有効な解決策になるわけではない。この点には、ここにいる多くのみなさんが同意してくれると思う。それでも、NATOが今日の国際社会の要素、世界の安全保障の要素の一つだと認識しているからこそ、われわれは協力しているのだ。さきほど聞いた話によれば、NATOの拡大の目的はロシアに対抗することではないという。私はヨーロッパの歴史に大いに関心があり、その歴史を愛している。ドイツの歴史もしかりだ。ビスマルクはドイツだけでなく、ヨーロッパにとっても重要な政治指導者だった。彼は言った。こういう場合、重要なのはそうする意図があるかどうかではなく、そうする能力があるかどうかだ、と……われわれは東欧に配置していた部隊を撤退させたし、ロシアのヨーロッパ部分にあった大型の重兵器のほとんどを撤去した。それから、どうなった？　われわれが今いるルーマニアの（米軍）基地、ブルガリアの（米軍）基地、ポーランドとチェコ共和国へのアメリカのミサイル防衛システムの設置。西側の軍のインフラがすべてわれわれの国境近くへと移動しているのだ[84]。

NATOのブカレスト・サミットは、ウラジーミル・プーチンに不愉快な驚きをもたらした。NATOはこのサミットにおいて、グルジアとウクライナに加盟行動計画（MAP）を適用する予定だったが、ロシアの反対によって断念。しかし、最終的な加盟の可能性までは除外しなかった。二〇〇八年という年は、アメリカ、NATO、西側諸国との関係という点においてプーチンには厄難続きの年だった。二月、ロシアの反対もむなしく、アメリカや多くのヨーロッパ諸国がコソボを国家として承認し、ロシアの一九九九年の古傷に塩を塗ることになった。プーチンはこれを「有害で危険な先例」と批判し、コソボの独立がグルジアからの分離を主張するアブハジアと南オセチアの両共和国に与える影響について指摘した[85]。六月、ロシア大統領に就任したばかりのドミートリー・メドヴェージェフは、初となる重要な外交訪問と演説のため、ベルリンに向かった。そこで、彼はヨーロッパの新たな安全保障の体制と条約の策定を提案した。しかし、彼の提案はアメリカとその同盟国によってすぐさま拒否されてしまう[86]。八月、ロシアはグルジアと交戦状態に陥った。それは、ミヘイル・サアカシュヴィリ大統領が南オセチアの分離派への軍事作戦開始を決定したことへの報復措置だった。グルジア側の砲撃によって、南オセチアの首都ツヒンヴァリで活動していたロシア平和維持軍の兵士が死亡すると、ロシアによる全面的な軍事侵攻が始まった。当時、ロシアの大統領はメドヴェージェフであり、いちおうは彼が最高指導者ということになっていた。しかし、その裏でウラジーミル・プーチンが満を持して立ち上がったのは明々白々だった[87]。

グルジア、そして終わりの始まり

二〇〇八年のグルジア戦争は、プーチンとジョージ・W・ブッシュ政権との関係に終止符を打つことになった。ほどなくして誕生したオバマ政権は、ロシア政府との関係を見直してリセットし、NATO拡大、ミサイル防衛、グルジア紛争など各種の問題をめぐる明らかな緊張を和らげようとした[88]。プーチンはかねてから、双方にとって関心のある重要な問題についてアメリカが現実的な態度でロシアに接することを望んでおり、そう公言してきた。オバマ政権の「リセット」により、そうしたプーチンの望みが叶うかに思われた。しかしプーチンとクレムリンは再び、アメリカの「言葉」ではなく「行動」から彼らの政策の本当の意味を知ることになる。プーチンは当初、9・11の直後と同じような状況になると踏んでいた。ロシアのグルジア戦争にショックを受けたアメリカ政府が、民主化推進政策をいったん見直し、グルジアとウクライナのNATO加盟への流れについても計算し直すのではないか、と。ロシア政府は最初、「リセット」をそういう意味だと解釈していた。しかし、アメリカ政府の考えは違った。

アメリカは現代化パートナーシップを提案。二国間貿易をさらに強化し、ロシアの世界貿易機関（WTO）加入を促進することを約束した。しかしこの提案は、人権状況と市民社会の向上を目的とするための二国間大統領委員会の創設とセットになったものだった。その後、米露間の貿易に制限を課す冷戦時代のジャクソン＝ヴァニク条項が撤廃された。が、アメリカ側はすぐさま「セルゲイ・マグニツキー法」を制定し、新たにさまざまな制裁を導入した。この新法は、捏造された汚職の嫌疑で投獄されたロシア人弁護士、セルゲイ・マグニツキーの獄中死に関与した疑いのある一連のロシア当局者に対し、米国入国の拒否などの条項を盛り込んだものだった。

さらに、アラブの春の暴動後にリビアやシリアで発生した内戦への介入をめぐり、アメリカやＮＡＴＯとロシアが対立。それどころか、核開発計画に関するイランとの交渉でアメリカとロシアの足並みが乱れる事態に。この時期にプーチンを特に激怒させたのは、リビアの指導者ムアンマル・カダフィの残虐で屈辱的な死だった。リビアへのＮＡＴＯ介入後、首都トリポリから脱出中だったカダフィは、排水管に隠れていたところを反政府勢力に見つかり、その場で殺害された[89]。

プーチンの解釈によると、二〇一一～一二年のロシアの政治デモもこうした一連の動きの一部にすぎず、西側諸国の手が加わっていることは明白だった。一三年九月一一日、アメリカの同時多発テロからちょうど一二年目のその日、プーチンは一九九九年を最後に用いていなかったPR手法をまた利用した。彼は再び『ニューヨーク・タイムズ』紙に米国民へ向けた論説を寄稿し、シリアへの軍事攻撃を検討するアメリカに注意喚起した。今回の論調はまったく融和的ではなかった。言葉選びは大胆そのもので、前回のような慎重さは見当たらなかった。国際紛争に軍事介入したがるアメリカ合衆国の傾向は、世界の安全保障や国際的な法と秩序に重大なリスクをもたらしている、とプーチンは訴えた。一四年三月一八日のクリミア併合を宣言する演説でも繰り返すことになる言い回しを使い、彼はこう指摘した。「現在、アメリカが外国の内紛に軍事介入するのが当たり前のようになっているが、この状況はただごとではない。それはアメリカの長期的な利益になるだろうか？　私はそうは思わない。今では、世界じゅうの多くの人々がもはや、アメリカを民主主義のお手本だとみなさなくなってきた。代わりに、ただ暴力に頼る国、〝味方以外はみんな敵〟というスローガンを掲げて同盟国を集める国だと考えるようになった」。続けてプーチンは、アメリカがアフガニスタン、イラク、リビアへの軍事介入に失敗し、核兵器や大量破壊兵器の拡散を抑制するどころか助長していることを非難した。「ますます多くの国々が、大量破壊兵器を手に入れようとしている。それも当然だ。爆弾を持っていれば、誰からも手出しはされない。こうして、われわれは表向きには拡散防止の強化の必要性について訴えながら、現実には正反対の方向へと進んでいるのだ」。アメリカは決して「例外的」な国ではない、とプーチンは警告する。「われわれはみな異なる。しかし主の祝福を求めるなら、人間はみな神のもとに平等であることを忘れてはならない[90]」

この論説で、プーチンは自身の「アメリカ教育」が完了したことを半ば宣言した。ゲーム終了。もちろん、今後も現実的な判断のもとに、ケースバイケースでアメリカと協力することはあるだろう。たとえば、この論説のテーマの一つでもあるシリアの化学兵器廃棄問題。これは、ロシアとアメリカの双方にとって共通の悩みの種だ。しかし、それ以外のことでアメリカと幅広く協力する見込みは少なくなった。前述のジョージタウン大学教授アンジェラ・ステントは、プーチンがシリア問題をめぐってアメリカに猛抗議した直後の二〇一四年に発表した著書の最後で、次のように指摘した。「ソ連崩壊以来、これまで三人のアメリカ歴代大統領が、米露関係の改善という扉を開ける黄金の鍵を探してきた。今のところ、その鍵は見つかっていない……ロシアの世界観はアメリカと著しく食い違っており、しばらくは同じ状況が続くだろう[91]」

二〇一三年、ウクライナ危機が本格化しはじめると、プーチンの目に映る世界やアメリカの風景はみるみる曇っていった。そして一四年三月一八日の演説で、彼はこう結論づけた。「ロシアは西側諸国のパートナーたちと対話しようとしてきた。われわれは常に、重要な問題について協力を提案し、信頼を強化し、平等でオープンで誠実な関係を築こうとしている。だが、向こうに同じような動きはいっさい見られない」。アメリカとの直接的な人脈がなく、アメリカを脅威とみなすプーチンには、いつもロシアが西側諸国に拒絶され、騙されているようにしか見えなかった。そうして、「クレムリンのなかの工作員」は「国外の工作員」へと変わったのだった。

第13章 ロシア、復活

大統領に就任した当初、ウラジーミル・プーチンはロシアの外交政策について大胆な野望を掲げてはいなかった。一九九九年一二月のミレニアム・メッセージでも外交政策についての記述はすっぽり抜け落ちており、二〇〇〇年の大統領選キャンペーンの一環として刊行された伝記『プーチン、自らを語る』のなかで軽く触れられている程度である。ミレニアム・メッセージと伝記のなかのプーチンの発言の根本にあるのは、ロシアの抱える問題は自業自得であるという考えだった。よって、ロシアの人々は自ら問題を解決し、国内の秩序を回復しなければならない。秩序を回復できなければ、「ロシアは二〜三〇〇年ぶりに三流国家に落ちぶれてしまうかもしれない」とプーチンはミレニアム・メッセージで訴えた。

一九九九〜二〇〇〇年ごろのプーチンは、二〇一二年以降とは異なり、西側諸国のいう「普遍的価値観」を異質なものだと片づけることも、ましてやロシアにとって危険だと一蹴することもなかった。さらに、西側諸国の民主主義、個人の自由、私有財産という概念を拒絶することもなかった。こういった概念は、ロシアの価値観と並行して採り入れられるべきものだった。プーチンは、ソ連崩壊の責任を西側諸国の冷戦戦士たちに押しつけようとする共産主義者や民族主義者の陰謀論を否定した。当初、こうしたイデオロギー的な外交政策の枠組みを否定していたプーチンにとって、外界と接するときの軸となるのが、ロシアが自国の問題に専念できる「時間稼ぎ」をするという考え方だった。[1] ここでも、プーチンは敬愛する国家主義者、ピョートル・ストルイピンが激動の一九〇〇年代初めに提唱した考え方を採用した。「国家に二〇年間の国内および国外の平和を与えてくれれば、ロシアは見違える姿に変わるだろう」。[2] 外国の複雑な事情はいったん脇に置いておいて、国内の復興に専念するべき――それが、「時間稼ぎ」に対するプーチンの考え方だった。とはいえ、経済変革と国内の復興との密接な関係を踏まえれば、世界経済との統合を優先的に進めなければいけないのは当然のことだった。

大統領に就任した当初のプーチンは、経済政策に専念して国内の秩序を取り戻しさえすれば、ロシアは国際社会に自動的に復帰し、受け入れられると心から信じていたようだ。復活したロシアは、ほかの誰をも挑発することはないし、誰からも脅威と見られることはない。そして、誰もロシアの脅威とはならない。これは、国境の向こう側の中国で行なわれた「平和的台頭」のプーチン版だった。しかし、プーチンの「放っておいてくれ」政策が順調に進まないことは、初めから目に見えていた。

プーチンの前進とロシアの復活

第12章で説明したように、プーチンのアメリカ観、そして広い意味での西側諸国との関係に対する見方は、基本的に三つの段階を経て進化してきた。まず第一段階では、一九九〇年代のサンクトペテルブルクでアメリカ人と比較的良好な関係を築いてきた経験から、プーチンは「疑わしきは罰せず」の精神でアメリカをとらえていた。大統領に就任した当初のプーチンには、アメリカ政府を挑発しようなどという意識は毛頭なかった。それどころか二〇〇一年にはジョージ・W・ブッシュの気を惹こうと自ら奔走したほどだ。[3] しかし、すぐに第二段階に入ると、国際社会におけるアメリカの行動こそが安定を揺るがし、近隣諸国やロシア国内の利益に悪影響を及ぼしている、とプーチンは結論づけるようになった。彼にしてみれば、他国と真剣に協議せず、国連の伝統的な手続きを無視するアメリカの一方的な行動は――たとえ大統領や政権にその意図がなかったとしても――ロシアに大きなリスクをもたらすものだった。するとプーチンは、それまでとは打って変わってアメリカ大統領と距離を置くようになった。

議会や多数の政治関係者が意思決定プロセスに関与するアメリカ政治の性質からして、行政府が重要な約束を〝果たす〟能力には限界があった。二国間協議において大統領や閣僚が約束をしたように見えても、彼らがその決定を国内のステークホルダーに伝えたとたん、約束が反故にされてしまうことも珍しくない。ロシアの一極支配の政治体制やワンマン・ネットワークとは対照的に、アメリカ大統領の権限にはそうとうな抑制と均衡が働いていた。この評価に基づき、プーチンはアメリカのトップとじっくり話し合ってもあまり意味がないと考えた。(4) 二〇〇九年、バラク・オバマがアメリカの新大統領に就任。そのころ、表の世界ではドミートリー・メドヴェージェフがロシア大統領としてオバマの相手をしていたが、裏ではプーチンがアメリカの政策に対して徹底批判を繰り広げた。それでも、第二段階から第三段階へと進んだのはしばらくたってからのことだった。アメリカはロシアに敵意を持ち、ヨーロッパの同盟国とともに、ロシアの転覆や水面下で戦争を企んでいる——それが第三段階に入った現時点でのプーチンの最終的な結論だ。

この三つの段階において、具体的にどんな出来事がプーチンの反応や対応を生み出したのかを理解しておくことは重要だ。さらに重要なのは、プーチンがそういう反応を示した理由を理解することである。その反応や彼の国内・国外政策を形作ったのは、アメリカに対するプーチンの認識や誤解であり、ひいては外界の思惑に対する認識や誤解だった。プーチンにしてみれば、悪者小説《ピカレスク》のように不運な物語が次々と展開していった。タイトルを付けるとすれば『ロシア復活に向けたプーチンの行進』(5)。プーチンとロシアが国内で前に進もうとする。前に進むたび、あるいは進みかけるたび、アメリカが予期せぬ障害物を投げ込み、西側諸国が足を引っぱろうとする。それでも、彼らは抵抗して歩きつづける。こうしたやり取りを繰り返すうち、プーチンは時間稼ぎという考え方を捨てる。国内の経済問題や政治問題に専念するのをやめ、外交政策にも取り組むようになる。当初、プーチンの外交政策は受け身で守備的だった。しかし時がたつにつれ、彼は積極的で攻撃的な外交政策を採るようになった。

ロシア復活に向けたプーチンの行進の第一章は、チェチェンで始まった。国内の復興という課題に重きを置いた彼には、あらゆる面での安定が必要だった。しかし一九九九年にチェチェンとの新たな戦争が始まると、復興の取り組みそのものが危険にさらされた。プーチンと彼の安全保障チームは、国内戦線へとじわじわと忍び寄る過激派分子がもたらすリスクの高まりを肌で感じていた。脅威の源はテロとイスラム教の組み合わせであり、それはロシアが八〇年代にアフガニスタンで直面したものだった。九〇年代のアフガニスタンの無秩序は、中央アジア、そして抜け穴だらけのロシアの膨大な国境地帯へと広がった。ロシアの恐怖をとりわけ駆り立てたのは、九二〜九七年のタジキスタンの残虐な内戦だった。[6]北コーカサス地方も、今にもタジキスタンと同じ流れに巻き込まれそうだった。特に、ロシア政府が(イスラム教と関連の薄い)チェチェン分離派の民族主義分子を殺害すると、状況はさらに悪化した。九六年、第一次チェチェン紛争が終結に向かうころには、国際テロリスト監視リストに載るアルカイダ関係者たちが、北コーカサス地方の弱みを探りはじめていた。[7]

第二次世界大戦の真っ最中、スターリンはソ連の複数の民族集団を、戦略的に脆い国境地帯から内陸部へと強制移住させた。その結果、中央アジアにはチェチェン人と北コーカサスの民族が取り残されることになった。[8]その後、チェチェン人の一部が、中央アジアやアフガニスタンの過激派グループに次々と参加。プーチンから見れば、チェチェンの和平やロシア連邦との再統合は不可欠だった。彼はチェチェンの再統合を初期の大きな成果の一つと見ていたが、国外の大方の見方は「大きな後退」というものだった。

チェチェン問題は、大統領としてアメリカや西側諸国に対処しようとするプーチンにとって、初めて味わう大きな失望だった。彼は垂直権力構造を築くことによって政府機能を中央集権化し、戦争に従事する保安機関どうしの連携を改善した。プーチンとしては、西側諸国の当局者やアナリストたちは、彼のやり方の粗探しをしているとしか思えなかった。地方選挙を廃止して知事や市長を直接任命するというプーチンの決定は、西側では民主主義への逆行として描かれた。ロシアによるチェチェンでの軍事活動や反テロ活動が激化すると、欧米諸国はプーチン個人への圧力を強め、民間死者数の多さやテロ容疑者とその家族の大量拘束について批判した。プーチンはこの批判について、『プーチン、自らを語る』

のインタビューの冒頭で不満をあらわにした——チェチェン問題をめぐり、何者かがロシアに「情報戦争」をしかけている。彼は二〇〇四年九月のベスラン学校占拠事件の直後にもそう断言したし、それまでの数々の演説やインタビューにおいても、チェチェン問題でロシアにはダブル・スタンダードが適用されていると不満を漏らした。アメリカなどの国がロシアと同じ苦境に陥ったら、きっと同じような行動に出る。彼はそう確信していた[9]。一九九九年一一月、プーチンは『ニューヨーク・タイムズ』への寄稿を通してアメリカ国民や指導者たちに向けて個人的に訴えかけたが、馬の耳に念仏だった。その二年後の9・11同時多発テロのあとでさえ、プーチンの言葉に耳を傾けようとするアメリカ人はほとんどいなかった。

チェチェンのテロに対するロシア政府のアプローチについて、アメリカが（賛成はできなくても）まったく理解を示さないことは、プーチンにとって一つのターニングポイントになった。そのころから、アメリカやその国際的役割についての彼の口ぶりも変わりはじめ、「疑わしきは罰せず」の精神を捨て、アメリカに対する疑惑をはっきりと表明するようになった。ロシアの第二次世界大戦参戦から六〇年目の二〇〇一年の春と夏、プーチンはアメリカに警鐘を鳴らした。諸外国に及ぼす悪影響を考慮せずに自分たちの問題を解決しようとするアメリカの行動は、ロシアをリスクにさらすものだ、と。問題はアメリカの単独行動主義、つまり一極支配の世界だった。プーチンにとって、他国と相談もせず、あるいは国連の承認を得ずに行動するアメリカは、自己中心的で無責任だった。そのような行動は、決まって想定外の結果を生み出すことになるものだ。〇一年五月九日、戦勝記念日に行なわれた赤の広場の軍事パレードの演説のなかで、彼はこう語った。「戦後の歴史全体が私たちに教えてくれる——自分たちのためだけに安全な世界を築くことなどできない。まして や他者の犠牲のもとに築くことなどなおさら不可能だ[10]」。〇三年のアメリカのイラク侵攻によって、プーチンは反米意識をさらに強めることになる。イラクの一件で、アメリカはさらなる問題国家になった。プーチンのチームにとって、イラク侵攻の決断はあらゆる面において理解不能だった。アメリカは権力乱用という一線を越え、無責任で無能な国になったのである。

プーチンがこういう歯に衣着せぬ発言を表立ってするようになったのは、二〇〇〇年代後半になってからのことだ。たとえば、二〇〇七年のミュンヘン安全保障会議や、一四年のクリミア併合を発表する演説。それまでしばらくのあいだ、彼は舞台裏でコメントを出し、仲介役を通じて外界に伝えていた。[11] しかし、プーチンが強硬路線に転じることは、容易に予測できることだった。アメリカの経験豊富なロシア専門家、デール・ハースプリングとジェイコブ・キップは、プーチンに関する〇一年の分析（9・11前に執筆および刊行）のなかで、「ロシア大統領はいずれアメリカ政府に抵抗せざるをえなくなるだろう」と指摘した。[12] ロシア保安当局の代表者に対するインタビュー取材、プーチンの初期の大統領演説などをもとに、二人はこう結論づけた。「プーチンはあらゆる機会を利用してアメリカの影響力を弱めることを画策し、ロシアの影響力を世界じゅうに広めようとするだろう……国を良い方向へと動かしつづけるのに必要だと思うことは何でもする、というのがプーチンの考え方だ……その過程で、なるべく武力行使や人権侵害を避けたいとは考えているに違いない。なぜなら、彼は露骨に武力に頼るよりも、民主主義的な道のほうが望ましいと理解しているからだ（もちろん、ロシア流の制約だらけの民主主義だが）。とはいえ、何よりも優先されるのはロシアを再び前進させることである」[13]

ハースプリングとキップは、さらにこう続けた。「プーチンは、ロシアの問題に干渉しようとする（アメリカの）試みに徹底的に抵抗するだろう……アメリカ政府が非協力的な態度を貫けば、プーチンはとんでもない厄介者になる」[14]。しかし、ミュンヘン安全保障会議でスピーチを行なった〇七年の時点で、アメリカ政府との協力をすでに諦めていたのはプーチンのほうだった。[15] アメリカ政府は無能なだけでなく、ロシアに敵意を持っている——彼はそう結論づけると、言葉を実行に移しはじめた。プーチンは国内の復興に専念する国家主義者の仮面をかぶりつつも、「国外の工作員」へと姿を変えたのである。

鎖を解かれたロシア

プーチンの行動能力が劇的に変化したのは、二〇〇六年夏のことだった。その年、ロシア政府は主要債権国で構成される通称「パリクラブ」への最後の国際債務をようやく完済。前年の〇五年一月にはすでにIMFへの債務を完済していたものの、プーチンから見れば、本当の意味でロシア復活が始まったのは〇六年夏だった。事実上、ロシアは諸外国や国際金融機関への財務上の足枷から解放されることになった。一九九四年、アメリカ政府は債務を武器に、バルト三国からのロシア軍の完全撤退を迫った。しかし、もうアメリカや西側諸国にそのようなまねはできない。九〇年代、クリントン政権はたびたびエリツィン政府につながった鎖を引っぱり、鎖の短さをロシア側に思い知らせた。プーチンにはもうそんな鎖はなかった。彼は新たな視点から、国家運営を担うことになったのだ[16]。

二〇〇六年夏、ロシアは支払能力のある主権国家になった。財務的な支払能力は、政治的主権の必要条件だった。そして〇六年以降、ロシアは文字どおり誰にも負い目がなくなった[17]。主権という概念は、ロシアのすべての国家主義者はもちろん、プーチンにとっても核となるものだった。プーチンの考え方によると、国家には二種類あった。一つは、一握りの完全なる主権国家。歴史、文化、アイデンティティ、経済、軍事という点で、自国の利益を独立して主張できる強国である。もう一つがそれ以外の国。プーチンにとってロシアはもちろん主権国家であり、特に〇六年以降は紛れもなくそうだった。中国も間違いなく主権国家である。アメリカも明らかにそうだが、国家の主権を脅かす義務、複雑な事情、責任もあった。ロシア、中国、アメリカを除くほかの国々は、プーチンに言わせれば限定的な主権国家でしかなかった。

たとえば、ヨーロッパのビッグ3であるドイツ、フランス、イギリスは、NATOの一員として自国の安全保障をアメリカに頼るばかりか、超国家的な枠組みであるEUに主権の一部を移譲していた。アンゲラ・メルケルやドイツとの対話のなかで、プーチンはそれを思い知ることになる。メルケル首相の補佐官たちは種々のインタビューのなかで、メルケルとプーチンの二国間会談で起きたあるエピソードをよく引き合いに出した。それは二〇〇七年五月、毎年恒例のEU＝ロシア・サミットの最中にロシアの都市サマーラで行なわれた独露会談でのことだった。ドイツは〇七年上半期のEU議長国であり、サミットはその集大成ともいえるイベントだった。プーチンとメルケルはほかのEU諸国のリーダーたちとの一連の会談を終えていたが、二人が会う時点で、いくつかの議題項目が未解決だった。席に着くなり、プーチンはメルケルに向かって次のように切り出した。「さっそく本題に入って、EUの問題を片づけよう」。するとメルケルはこう応じた。「それは別の会議の問題でしょう。ドイツがEUを指揮しているわけではありません。私はヨーロッパの女王じゃないのよ。これはドイツとロシアについての会議なんですよ」。そう聞くと、プーチンは驚いたような表情を見せたという。その瞬間にドイツへのプーチンの評価が目に見えて変化した、とメルケルの補佐官たちは語った。ある補佐官によると、サマーラ会談のあと、プーチンはドイツを弱小国と見るようになったという。明らかに、彼はメルケル首相のメッセージの意味を理解できていなかった。端的にいえば、メルケルはこう伝えたかったのだろう――ドイツの力が衰えたのではなく、EUの力が強化されたのだ、と。[18]

プーチンは自身の観察から、同盟は国家を弱らせると結論づけた。同盟に加わらないほうがロシアのためだ、と彼は考えた。ロシアには独立と自由裁量が必要だった。それこそが主権の本質であり、自国の利益に相反する国際規定を拒絶する権利を手放すわけにはいかなかった。他国をロシアの軌道上に置く（またはそこにとどめる）ための制度的な取り決めが必要だとしても、その取り決めによってモスクワ政府が大きな義務を背負うことは避けなければいけない。それこそ、ロシアが近隣の旧ソ連諸国と築いた組織の本質といってもいい。たとえば、アルメニア、ベラルーシ、カザフスタン、キルギス、タジキスタンとの集団安全保障条約機構、ベラルーシおよびカザフスタンとのユーラシア関税同盟がその例である。プーチンは二〇一四年七月二二日のロシア連邦安全保障会議での演説で、このアプローチについての自らの立場をさらに明確にした。「幸いなことに、ロシアは何の同盟にも加盟していない。この点に、われわれの主権を守るための大きな鍵が潜んでいる。同盟に加盟する国は、たちまち主権の一部を譲り渡すことになるのだ[19]」

外交政策の多角化

では、同盟嫌いで主権を手放したがらないプーチンが実際に取った行動とは？　興味深いことに、二〇〇〇年代、ロシアは加盟できそうな組織、制度、クラブを見つけては次々と加盟してきた。その狙いは外交政策の多角化だった。アメリカや西側諸国との関係が悪化したことを受け、プーチンは重要な国々との関係にひびが入った場合に備えて、選択肢を増やすことに努めた。将来的な世界金融危機の衝撃に耐えられる強い経済基盤を作ると同時に、地政学的な強さを築くことに主軸を置いた。ロシアを西側諸国や国際金融機関へと縛りつける債務負担から解放されると、プーチンは二国間・多国間関係を積極的に強化していった。そうすることによって、ロシアの地位を最大化し、国内戦線を守る地理経済的・地政学的な〝壁〟を国の周囲に築こうとしたのである。国際組織や外交関係に対するプーチンの姿勢は、彼のアメリカ観と並行するように進化してきた。最初はさまざまな組織に参加しようとする程度だったが、次第にその組織や個々の関係を利用してアメリカの行動への抑制・阻止を試みるようになった。そして、最終的にはアメリカに対抗し、相手を弱体化させるための策を講じるようになったのだった。

プーチンがもっとも重視するのは国連だった。ロシアは国連安全保障理事会で特権的な地位を有しており、アメリカなどの決議に対する拒否権を持つ。安全保障理事会の一員であることはロシアの安全保障と主権にとってきわめて重要であり、この理事会がほかのあらゆる組織の範例となってきた。プーチンはロシアの地位や影響力を高める国際的な組織や制度を入念に選び抜き、そのすべてに参加した。それによって、世界規模の行動規則・規範の策定に携わり、アメリカなどの主要国（中国も含む）の行動を監視し、影響を及ぼすことができるようになった。その意味でいえば、ＷＴＯはプーチンの思惑にぴったりの組織だった。一方、ロシアが〝群集に紛れて〟しまうような組織は優先順位が低かった。ただしアジア太平洋経済協力（ＡＰＥＣ）のように、ロシアの広大な領土の一部地域の利益を保護する仕組みを提供してくれる組織は別だ。ほかにも、Ｇ20（国際金融制度について協議する主要経済諸国のフォーラム）やＢＲＩＣＳ（経済成長の著しいブラジル、ロシア、インド、中国、南アフリカの五カ国）も重要だった。これらの分類は、昔ながらの「ヨーロッパ諸国の一つ」というくくりとは異なるものだった。この新たな台頭国との結びつきは、ロシアに一定の威厳をもたらした。さらに、Ｇ20とＢＲＩＣＳ、そして上海協力機構（ロシア、中国、中央アジア諸国で創設された多国間協力組織）は、アメリカの支配下に置かれた組織ではなかった。

こうした多国間の協定のほかに、プーチンは二国間の関係も入念に選び抜きながら構築していった。プーチンは数々のスピーチにおいて、とりわけアメリカを念頭に置いたうえで「ロシアに敵はいない」と強調し、すべての国とその指導者を「パートナー」と呼んだ。その一方で、一極支配のシステムを崩し、アメリカの地域的・世界的な影響力を薄めようとする国々と連携することを優先した。国内で「人間に対処する」ときと同じく、自ら選んだ国々に対処する際、プーチンは個人的な関係を重視した。彼は世界の主要なリーダーに的を絞り、最小限の人々に対処することを望んだ。自分と相手が二人きりでスポットライトを浴びられるよう、大統領訪問や一対一の会談を優先した。さらに、アフリカ、アジア、中南米、中東における旧ソ連時代の関係を再構築しはじめた。その過程でプーチンは、アメリカの悩みの種と見られていたベネズエラのウゴ・チャベスなどの指導者たちと個人的な関係を育んでいった。それは彼らの政策に賛同したからではなく、アメリカの影響力に対する保険になると踏んだからだった。実際、プーチンはチャベスの政策には否定的だったし、ベネズエラなどの小国の指導者と肩を並べることを快く思っていなかった[20]。しかし、こうした小国こそが、それぞれの地域で重要な役割を担うことを彼は理解していたのである。

ターゲットにする国や指導者を選ぶうえで、プーチンがたびたび指針にしたのがロシアの経済的利益だった。カザフスタンやウクライナなど、もともとソ連の一部だったユーラシアの国々には、いまだロシアの重要な経済部門の生産チェーンを形成する産業やインフラがあった。[21] こうした近隣諸国はロシアにとって最優先国であり、プーチンがもっとも頻繁に訪問する国々だった。また、大きな税収やロシア国内の雇用を生み出すエネルギー部門や製造部門を担う国際企業の本社がある国々も、プーチンのリストの上位を占めた。プーチンは外交政策に関する大統領演説やロシア大使へのスピーチのなかで、優先すべき国をすべて提示し、大使たちが駐在する国々がロシアの国益全体にとってどれだけ重要かを理解させようとした。[22]

共産主義中国への接近

あらゆる二国間関係のなかで、ロシア外交政策の多角化の柱となったのが中国だった。二〇〇〇年から〇八年にかけて、ロシアの経済成長を後押ししたのが、ロシアの天然資源に対する中国の需要の増加だった。極東ロシアの国境付近では、人口統計的にも経済的にも、中国の存在感がロシアを圧倒的に上回っていた。ソ連時代、中露国境付近の緊張や武力衝突は、政府にとって大きな悩みの種だった。しかし、プーチン政権下で両国の関係が良好になると、地域の治安はたちまち向上した。[23] また、中国はプーチンの政策推進をサポートすることによって、ロシアがアメリカと釣り合いを取ろうとするのを手助けしてくれた。政治的には国連という名の戦場で、地政学的には中東や中央アジアで、中国はロシアをバックアップしたのだ。世界でもっとも勢いのある中国やその周辺地域と密接な関係を築くことによって、プーチンはロシアがヨーロッパとアジアのあいだを取り持つ地政学的な調整役であり、文明の橋渡し役であるというイメージを広めることに成功した。

同時に、中国やアジア太平洋地域との関係改善はプーチンにとって難題でもあった。彼の非公式なリーダーシップのスタイルは、集団指導体制を軸とした中国国家の形式的な構造とはうまく噛み合わなかった。そんな中国共産党とプーチンのワンマン・ネットワークの組み合わせには、必然的に限界があった。プーチンとしては、一対一で中国政府のトップを味方に付け、諸問題に対処することを望んだが、それは叶わなかった。何か重要な問題において前進を試みたければ、中国の経済、政治、安全保障システムの各部分に直接対処する方法を見つけ出す必要があった。しかし、プーチンと彼のネットワークが長期にわたって権力を握る一方で、中国の体制全体が一〇年おきに一新されるとなれば、それも容易なことではなかった[24]。

中国とアジアに関しては、プーチンにもクレムリンにも、そしてロシア外務省にも、頼りになる個人的人脈や仲介役がほとんど存在しなかった。冷戦中、ソ連の外交政策、安全保障、諜報に携わる精鋭たちが相手にするのは、アメリカ、ヨーロッパ、中東ばかりだった。こうしたソ連時代の偏った政策は、一九九〇年代のロシアにも引き継がれた。中国やアジアのエリートたちは、(ロシアは「ユーラシア「ユーロ・アジア」主義」をしきりに訴えていたにもかかわらず)一ミリたりともロシアを〝アジア〟の国とはみなしていなかったし、アジア地域の信頼できる経済的・政治的な一員ともとらえていなかった[25]。彼らはロシアをいまだにヨーロッパに根差した国、せいぜいヨーロッパから中央アジアの一部に広がる国としか見ておらず、天然資源や武器の供給を除けば、東アジアに貢献できることはほとんどないと考えていた[26]。

プーチンは、中国政府との戦略的パートナーシップの重要性を公の場で盛んに説いた。中国への接近はロシアに中短期的な利益をもたらしたが、長期的に見れば明らかなデメリットもあった。中国は海軍の活動範囲を拡大しており、太平洋から始まり、ロシアが長年領海とみなしていた海域を経て、さらには北極まで存在感を打ち出すという明確な野心を抱いていた。たとえば二〇一二年、中国の巨大砕氷船〈雪龍〉が歴史的な北極圏航海および北極横断航行を開始し、その最初の行程でロシアのサハリン沖とオホーツク海を通過した。その一年後、中国海軍の五隻の艦艇が、ロシア海軍との合同軍事演習を終えて帰国する途中、初めてオホーツク海の公海を航行。これには、ロシア政府も仰天した[27]。また、中国は中央アジアの長期的な発展に関して、ロシアとは異なる見方を持っていた。ロシア政府は旧ソ連諸国による独立した政治行動や経済行動を阻止しようとしていたが、中国政府はそうした国々の市場やエネルギー資源の獲得を狙っていた。つまり、ロシアと中国の関係は潜在的な脆さを抱えているのだ。今のところの関係は順風満帆に見えるものの、プーチンとしては、関係が悪化したときに備えて別の選択肢も残しておきたかった。一一～一二年、クレムリンへと復帰したプーチンは、中国に対する将来的なリスク回避の策として、日本との関係改善へと動き出した。

日本に保険をかけるプーチン

戦後七〇年以上がたった今でも、ロシアと日本はいまだ平和条約を締結できずにいる。ロシア政府の呼び方でいうと「クリル列島」、日本政府の呼び方でいうと「北方領土」をめぐる領土問題が原因である。[28] 一九九〇年代、ボリス・エリツィンが二〇〇〇年までにこの問題を解決し、平和条約を締結すると約束した(そして失敗した)ことは有名な話だ。一九九三年から九八年まで、数々の二国間・多国間の作業部会がさまざまな案を出して解決策を模索したものの、それ以来は交渉がずっと暗礁に乗り上げたまま。プーチンとメドヴェージェフがタンデム体制を敷いていた二〇〇九年、二人は提案を見直しはじめ、交渉の席に復帰する準備ができたことを日本政府に伝えた。二人はこの件に関する会議に積極的に参加し、スピーチでもたびたびこの問題に言及した。しかしそんな矢先、日本の麻生太郎首相が「北方領土は第二次世界大戦中にロシアが違法に占拠した」と記者会見で発言し、ロシア側の反発を買う。〇九年、プーチンは首相という一時的な肩書きで東京を訪問したものの、その後両国の関係は冷え切っていった。さらに一〇年、メドヴェージェフが北方領土をロシア大統領として初訪問し、状況はさらに悪化。一一年、ロシアは北方領土およびその周辺で一連の軍事演習を行ない、北方領土における軍の配備を増やすことを宣言。この時点で、両国の関係はすっかり袋小路に迷い込んだかに見えた。

その陰で、プーチンは密かに〝魅力攻勢〟を仕掛けていた。二〇一一年九月、大統領職への復帰の意志を発表した直後、プーチンは日本の高官たちとの会談のなかで、日本との関係改善を優先事項とする旨を伝えた。実際、ウクライナ危機が発生するまで、プーチンと日本の安倍晋三新首相は、国際的なイベントのたびに会談を重ね、個人的および外交的な絆を深めていった。[29] ロシア政府に近づくことが不確実な将来に対するリスク回避になると考えた日本政府は、プーチンの魅力攻勢を受け入れた。一三年、日本では、東シナ海の尖閣諸島をめぐる中国との軍事衝突の脅威がきわめて高まっていた。非公式ながらも、日本の高官たちは中国のことを「一九四五年以来、日本の存続にとって最大の脅威」と評した。[30] 第二次世界大戦に関連する未解決事項によって、日本は近隣諸国とさまざまな問題を抱えている。そのため日本には、アメリカとの安全保障条約だけに頼らない外交政策の選択肢が必要だった。ある意味、新たな日露関係の主な原動力となったのは中国の脅威だった。いかなる理由があったとしても、日本政府がロシアとの関係改善に乗り気だったことは確かである。

BRICSを足がかりに

大統領に復帰したプーチンは、日本だけでなく、外交政策の選択肢を増やすことを望む多くの国々の思惑を利用できるようになった。特に、BRICSに属するブラジル、ロシア、インド、中国、南アフリカは、国際問題についての全般的なスタンスは異なるとしても、共通の経済的利益を抱えていた。たとえば五カ国とも、アメリカやその一極支配のシステムに一定の反感を持っていた。そして、プーチンがとりわけ重要視したのは、これらの国々が欧州大西洋地域のシステムに属さない独立した国際社会の一員であることだった。どの国もアメリカの正式な同盟国ではなく、それぞれの地域ではリーダー的存在でもあった。[31]

BRICSはプーチンにとって理想的な枠組みだった。何といっても、優れた〝ブランド〟イメージがあった。中国のような経済成長の著しい国々に、ロシアが名を連ねることは成功の証だった。わずか五カ国という規模もちょうどよかった。そして、目標が明確。すべての国が、国際的なシステムにおける欧米諸国の経済的な影響力を抑えることを求めていた。さらに、BRICSは同盟ではないので、危険な義務ではなく、ある種の地政学的な安全網を関係国に与えてくれた。ＢＲＩＣＳを重視し、ロシアの外交政策を多角化しようとするプーチンの取り組みは、二〇一四年に大きな成果を生み出すことになる。クリミア併合の直後、一四年三月にロシアがＧ８から除外された際には、ＢＲＩＣＳが緩衝材の役割を果たしてくれた。もともとプーチンは、冬季オリンピック成功の締めくくりとして、ソチでＧ８首脳会議を主催する予定だった。六月、残りのＧ７の首脳たちが代わりにブリュッセルに集まってサミットを開催したが、プーチンには痛くも痒くもなかった。数週間後の七月、彼はＧ７の首脳たちなど無視して、ＢＲＩＣＳサミット参加、ワールドカップ決勝観戦、六日間の中南米歴訪に向けてブラジルに出発した。

ドイツへの賭け

大統領に就任して以来、プーチンは一つの外交関係に固執することは危険だと気づくようになった。そのため、リスクを常に分散させ、状況悪化に備えた有事計画や代替策を用意しておかなければならなくなった。その一環としてプーチンは、ゲアハルト・シュレーダーなどのドイツの〝長老〟たちに近づき、ゆっくりと時間をかけて個人的な人脈を築いてきた。しかし二〇一二年に大統領職に復帰して以降、プーチンのドイツへの賭けも先行きが怪しくなってきた。原因の一つは、復帰の方法にあった。一一年九月、プーチンはドミートリー・メドヴェージェフとのタンデム体制を解消することを突如として発表し、ロシア都市部のプロフェッショナルたちを失望させた。さらにそれは、大統領時代のメドヴェージェフと密接な関係を築き上げてきた西側諸国の指導者たちをも憤慨させるものだった。[32]

メドヴェージェフの切り捨て方にとりわけ眉をひそめたのが、アンゲラ・メルケルだった。特に、役職の交換は前々からの計画だったとプーチンが主張すると、彼女は不快感をあらわにした。[33] メルケル首相や各国のリーダーたちは、ロシア大統領としてのメドヴェージェフと真剣に向き合い、会談を繰り返してきた。しかし、彼の大統領就任が見せかけだけのもので、プーチンが権力の座にとどまるための手段にすぎなかったとわかると、首脳たちは侮辱された気分になった。プーチンはロシア国民だけでなく世界をも騙した、とメルケル首相は考えた。彼女の補佐官によれば、二〇一一年に行なわれた会談の最中、プーチンはタンデム体制を維持することをメルケルにほのめかしてさえいたという。それを聞いたメルケルは、自分もその体制を望むことをプーチンにはっきり伝えた。技術に精通する若いドミートリー・メドヴェージェフがトップに立ち、ロシアは着実に現代化して前進している――そうドイツ国民や国会議員に説明するほうが、メルケルとしてもずっとやりやすかった。しかし、プーチンが大統領に復帰するとなると、ロシアが前進していると説明することは難しくなる[34]。

二〇一三年、ドイツに選挙の時期がやってくると、当局者や国会議員たちは慌ただしく対ロシア戦略を見直しはじめた。彼らの懸念は、プーチンがロシアの大統領職を個人的な閑職に変えたという点だけではなかった。それまで自動車製造業などの分野のドイツ企業は、ロシア政府からの誘いを受けて組立工場のロシア移転を推し進めてきた。しかしドイツの産業界は、ロシアへの巨額投資の見返りや将来性に疑問を抱くようになっていた[35]。さらに一一年一〇月、ドイツの情報機関は、旧ソ連から続く「不法入国者《イリーガルズ》プログラム」によるスパイ活動に従事していたとして、ロシア人工作員二人を逮捕。二人はアンドレアス&ハイドルン・アンシュラークという夫婦で、プーチンのドレスデン駐在時代から二〇年以上ものあいだ、ドイツ西部のヘッセン州で暮らしながら工作活動を続けていた。この事件を機に、ソ連時代の緊張が再びドイツ国内で甦ることになった[36]。また、二人の裁判が続くさなか、ロシアの対ドイツ諜報活動に関するさまざまな事実が明らかになった。一二年末にはドイツ情報機関BNDが、ドイツやヨーロッパにおけるロシア組織犯罪の役割に関する厳しい調査報告を発表。報告書では、キプロスに深く根づく犯罪組織の存在や、クレムリン内部者と組織犯罪のつながりなどが指摘された[37]。

ドイツ外務省の当局者たちが特に不満を抱いたのは、いわゆる「メーゼベルク・イニシアティブ」の失敗についてだった。メーゼベルク・イニシアティブとは、モルドバとそこから分離した沿ドニエストル共和国との紛争解決に取り組むドイツとロシアの二国間活動として、二〇一〇年に開始された活動である。[38] 欧州安全保障協力機構（OSCE）、EU、アメリカなど、多くの組織や国がモルドバの紛争解決に深くかかわってきたが、ドイツ外務省はあえてそれらの枠組みには加わらず、ロシアと組んでメーゼベルク・イニシアティブを推し進める道を選んだ。結局、数カ月に及ぶ交渉は何の成果にも結びつかず、メーゼベルク・イニシアティブはそこで頓挫することになった。[39] 一二年末になると、ロシアへの失望は政府、ビジネス界、情報当局からさらに世論へと広がっていた。当時、ドイツ国民への世論調査で、ロシアに対する好感度が二〇年間で最低を記録。[40] メルケル率いる政党〈ドイツキリスト教民主同盟〉に所属する大物議員で、ドイツとロシアの広範な関係構築の橋渡し役を務めるアンドレアス・ショッケンホフまでもが、ロシアの政治・経済・外交政策を痛烈に批判した。[41] ショッケンホフの報告書は、前述のドイツ情報機関の報告書と並んで、ロシア政府とより慎重で冷静な新しい関係を築こうというドイツ側の決断を促すものだった。[42]

このドイツの立場の転換は、プーチン個人にとって大きな打撃だった。もともと彼は、露独関係を理想的な二国間関係ととらえていた。経済（特に貿易と投資）の面の結びつきは強く、政治の面は緩いという関係だ。さらにプーチンは、欧米諸国のなかでドイツがロシアにとって最大の理解者だと確信していた。良くも悪くも、両国の運命は密接に絡み合っていた。ドイツとロシアは、二〇世紀の二度の大戦で多くの犠牲者を出した。いったん権力や地位を失い、一から国家を復活させるのがどれほど大変なことか、両国は身をもって知っていた。また、ドイツはロシア産業界に新しい技術や手法をもたらし、同時にロシアの天然ガスを大量に購入することによって、ロシア経済の現代化に大きく貢献しつづけた。しかし、ドイツ国民の態度が変化したことで、プーチンは悟った――ドイツ政府と昔のように取引したいなら、新たな関係を構築し、別の対処方法を探るしかない。[43]

ロシアのリノベーション

プーチンは大統領就任当初から、そしてミレニアム・メッセージのなかでも、ロシアを単なるヨーロッパ諸国の一つではなく再び強国にするため、ロシアの望む形で経済を進化・現代化させたいと明言してきた。ロシア政界の定番の言い回しを借りるなら、「ロシアを第二のポーランドにはさせない」というのが大きな指針だった。ロシアから見ると、ポーランドは大国ではあったが、二流国だった。ヨーロッパの主要国ではあったが、決定権を持つ国ではなかった。しかし、ロシアは大国、一流国、決定権を持つ国でなければいけない。これこそ、プーチンの主権に対する見方や外交政策の軸となるものである。つまり、国際社会におけるロシアの地位、尊敬に値する地位を確立することがすべてなのだ。ロシア国外では気づく人は少ないようだが、欧米の高官がロシアに対して見下すような態度を取ると、ロシアの反体制派でさえ敏感に反応し、プーチンに同情するような姿勢を見せることが多い。実際、二〇一四年四月のラジオ討論で、ベテランのロシア人ジャーナリストのエフゲニア・アリバツとゲストたちは次のように強調した。

……プーチンは西側諸国を訪問するたびに言われるのです――ロシア大統領、あなたの国は第二のポーランドですから、そのつもりで話をさせてもらいます、と。もちろん彼は怒り、ロシアが第二のポーランドではないこと、ロシア大統領にそんな口の利き方は許されないことを説明しようとしました。それでも、相手はその前提で彼を扱ったのです。彼が西側諸国に憤慨したのも当然です[44]。

公正を期すために言っておくと、この問題をややこしくしたのはプーチン本人でもある。たとえば、『プーチン、自らを語る』のなかに、「われわれはヨーロッパ人」という主旨のセクションがある[45]。チェチェンに関する質問から始まるごく短いこのセクションのなかで、プーチンはロシアが特殊な発展の道を模索する必要はないと指摘している。「何も探す必要はない。すべてはすでに見つかっているからだ」。もちろんロシアは「多様な国」だが、同時に「西欧文化の一部」でもある。「そこにこそわれわれの価値観があるのであり、たとえ極東に住もうとも南部に住もうとも、われわれはみなヨーロッパ人なのだ」。ヨーロッパの人々も同じように考えていると思うかと問われると、プーチンはこう答えた。「われわれは自らの地理的・精神的な居場所を確立するために戦うつもりだ。そしてそこから排除されるようであれば、仲間を見つけ、自国を強化するしかない。ほかに方法はないのだから、それも当然の話だ」[46]。これは非常に興味深い考え方だ。つまり、プーチンはこう言いたいのだろう。ロシアはれっきとしたヨーロッパの一部であり、物理的にも文化的にもヨーロッパの一部であることは間違いない。細かい部分では少しばかり修正が必要だとしても、基本的にはすべての西欧諸国と同じレベルの国である。ロシアがヨーロッパの一部でないと主張したり、ロシアを政治的にヨーロッパから締め出そうとしたりすれば、とんでもない結果を生み出すことになるだろう。ロシアには、常にほかの選択肢があるのだから。

この考えを概念化するあるロシア語がある――家や部屋のヨーロッパ風リノベーションを意味するyevroremont《イェヴロレモント》という単語だ。ロシアでは、豪華な見かけや機能性を求めて驚くほど高額で本格的なイェヴロレモントが行なわれることがある。しかし、そうしたリノベーションは表面的な化粧直しと理解されるのが一般的だ。見かけがフランス風の瀟洒《しょうしゃ》なバロック様式に変わっても、根本的にはロシアの家のまま。キッチンやバスルームがイタリアや北欧風スタイルに改修されたとしても、ロシアの家であることに変わりはない。見かけが〝ヨーロッパ〟でも、核はロシアのまま。これこそ、プーチンが一九九九年以降にロシアに施そうとした「リノベーション」である。ロシアの人々は、家庭や国家というレベルでは、西側諸国にこんな印象を与えることを望んでいた――ロシアは、ピカピカの新しい照明、現代的な設備、高度な電化製品、美しい床を備えたヨーロッパの国だ、と。つまりプーチンやロシア国民が求めたのは、自分たちの「ロシア民族性」を保ったまま進化できるリノベーションだった[47]。ロシアを欧米のほかの一流国家と同じくらい現代的な国家にすることを目指すとしても、実際にヨーロッパの国になるつもりはなかったのだ。

ある意味、リノベーションは主権と深くかかわるものである――現代化を推し進め、状況の変化に適応していくことによって、主権を向上させる。帝政時代、スウェーデンとの戦いに敗れたあと、ロシア軍は大急ぎで火器を採用せざるをえない状況になった。同じように、現代ロシアも時代の流れや技術についていく必要があった。自由に策を講じるためには、新たな機器、新たな技術、新たな手法を絶えず採り入れていく必要があったのだ。過去から教訓を学び取り、不確実性や不測の事態、特に西側諸国がもたらす難題に備えるために労力や資源を確保すること――つまり、適応することこそがロシアにとって何より重要だったのである。

適応という生き残り術

二〇一二年三月の大統領選の数日前、プーチンはモスクワの選挙活動スタッフたちに向かって、「適応」に対する自身の考え方を示唆するジョークを放った。それは、インターネット上に広く出回るユダヤ人に関するジョークだった[48]。おそらくプーチンは、モスクワの首席ラビ（訳注／ユダヤ教の宗教指導者）であるベレル・ラザルからそのジョークを聞いたに違いない。ラザルがその冗談を言ったのは、プーチンも出席した二〇〇九年のダボス会議でのことだ。二人は頻繁に会う仲で、プーチンも面白いジョークには目がないので、もしかするとプーチンはそれ以前に直接そのジョークを聞かされていたのかもしれない。ラザルがダボスで語ったジョークは、イスラエルの『ハアレツ』紙の記者によって伝えられた。

「ラザルは、神のお告げの代弁者であるユダヤ教のラビ、キリスト教の司祭、イスラム教のイマームに関するジョークを語った。そのお告げとは、神が人間の罪にとうとう愛想を尽かし、今回ばかりは洪水で人類を全滅させようとしているというものだ。キリスト教の司祭は人民のところに行き、来るべき大洪水について告げ、最期の日くらいどんちゃん騒ぎで飲みまくり、罪を犯そうと伝える。イスラム教のイマームも同じだった。しかしユダヤ教のラビは人民のところに行き、こう言う――ユダヤの民よ、水中で暮らす術《すべ》を編み出そう[49]」

二〇一二年三月にプーチンが飛ばしたジョークも内容はまったく同じで、オチも一緒だった。「ユダヤの民よ、水中で暮らす術を編み出そう」。しかし笑いが収まると、プーチンは真顔でこう言った。「われわれロシア人はユダヤ人を見習わなければいけない。水中で暮らす術を学ぶ必要があるのだ」[50]。彼が冗談を通して伝えたかったのは、ロシアが生き残るためには適応が重要だということだった。生き残ることこそがすべてであり、そのための計画が必要だ。状況の変化に合わせて進路を変え、常に別のやり方で取り組めるようにしておかなければいけない。

実際、ロシアの政治体制のトップに君臨するあいだ、プーチンは並外れた適応能力を発揮してきた。危機から教訓を学び、国際社会におけるアメリカをはじめとする各国の行動を観察して知見を広めてきた。これは、二〇一一〜一二年のモスクワ・デモへのプーチンの対応を見てもわかることだ。一二年、(私たち自身も含め)西側諸国の多くの専門家は、もうプーチンの終わりは近いと考えていた。しかし、彼はロシアの反体制運動を制圧し、自身の政治体制を強化する方法を見つけ出した。大統領就任当初からプーチンについて積極的に報道する著名なドイツ人ジャーナリストは、一三年一一月、この点を強調するべきだと私たちに訴えた。私たち著者二人は、一三年に上梓した本書のオリジナル・バージョンの最終章で、二〇〇〜一二年にロシアが変わったように、プーチンも変われるだろうかと疑問を投げかけた。すると、それを読んだドイツ人ジャーナリストが、「彼は学ぶ人間だ」と私たちに教えてくれた。そのジャーナリストはそれまで、プーチンと一対一で何時間にもわたり、通訳を介すことなくドイツ語でインタビューを行なってきた。プーチンが変わるかどうかはわからないが、「学んだことは実行に移す人間だ」と彼は続けた。そのジャーナリストは、大統領復帰に対する抗議活動が最高潮のときにプーチンと会ったことがあった。そのとき彼は、反体制派の今後の動きが不安かどうかプーチンに尋ねた。反対運動が大きな政治運動へとつながり、最終的にあなたを失墜させる可能性は？　するとプーチンはこう言った。「ヤツらに五年与えてみようじゃないか。そうしたらまた戻ってきて、私の考えや彼らの成果について訊いてくれ」。プーチンは反体制派について詳しく調べ、すでに弱点を見つけていた。統一したリーダーシップもなければ、共通の土台もない。ただただ〝プーチン疲れ〟を訴え、政治的な自由を要求するばかり。そこで、彼は反体制派のリーダーたちを一人ずつターゲットに定め、一般大衆がデモ参加を躊躇するような状況を作ったのだ[51]。

プーチンが一九八〇年代と九〇年代にウィリアム・キングとデイヴィッド・クレランドのテキストブックを読んで学んだように、不確実性に備えることは戦略のもっとも重要な要素である。彼らのテキストブックの第三章には、有事計画や適応計画に関するセクションがある。

組織の効果的な計画には、変化する環境への適応能力が必要である。そのような適応を効率的に実現するためには、有事のための計画が必須となる……有事計画の目的は、予測するための環境上の主な仮定が成り立たなくなったり、不正確になったりした場合に、組織が取るべき行動を定めることだ。戦略的計画はその性質からして非常に主観的であり、さまざまな仮定、判断、予測に基づくものである。また、それぞれに異なるリスクや不確実性がある。その主な仮定や予測が成り立たなくなると何が起こるのか？　それをじっくりと考え抜くことが重要だ。この概念は、軍の司令官という観点で見てみると理解しやすい。司令官は作戦が予想どおりに行かなかった場合に備えて、退却の計画を用意しておくものだ。しかし、軍以外ではこの考え方が広く実践されていないのが現状である……有事計画とは、次の疑問に具体的に対処するものだ──物事が想定どおりに進まなかったら？……そうした有事計画がなければ、環境の変化は大打撃を及ぼすだけでなく、組織は苦渋の選択を強いられる状況に陥ることがある。迫り来る困難を前にして、ただ指をくわえて待っているだけなのか、プレッシャーやパニックに襲われた危機的状況下での意思決定に基づいて大胆な戦略的行動を取るか、二つに一つを選ばざるをえなくなるのだ[52]。

要するに、不測の事態はいつやってきてもおかしくないということだ。初めから決まっていることなど一つもないし、例外もない。状況はいつでも悪化しうる。予期せぬ出来事や戦略の後退は常に起こるものだ[53]。だからこそ、準備と有事計画が大切になる。どんな状況にも対応できるように視野を広げ、あらゆる選択肢を残しておかなければいけない。不可逆的なことはいっさいしてはならない。あとで抜け出すことのできない立場に自分を追いやるような意思決定や行動は避けるべきだ。その点、二〇一一～一二年はプーチンにとって厳しい時期だった。彼が大統領職に復帰すると宣言したとき、まったく予想もしていなかったことが起きた。物事は何一つ計画どおりに進まなかった。ロシア国内で開始された攻撃の背後には、西側諸国が隠れていると彼は信じていた。プーチンは新たな状況に適応し、状況を再びコントロールするために戦略を次々と修正せざるをえなかった。実際、〇八年にもグルジアで同じような事態になったことがあった。ドミートリー・メドヴェージェフの大統領時代にグルジアとの戦争が始まった際、裏で指揮を執っていたのはプーチンだった。

グルジア作戦

二〇〇八年八月のロシア・グルジア戦争（南オセチア紛争）は、プーチンにとってチェチェン紛争以来となる本格的な軍事作戦だった。しかも、今回の戦場はロシア国境の外側だった。〇八年初めに欧米諸国がコソボ独立を承認し、〇八年四月のブカレスト・サミットでNATOがウクライナとグルジアの将来的な加盟を認めたことで、戦争の機運がますます高まっていった。グルジアのミヘイル・サアカシュヴィリ大統領が南オセチアの分離主義勢力に対する報復を決定すると、ついに戦いの火ぶたが切られた。ロシア軍は即座に軍事行動を開始し、まずは南オセチアでグルジア軍と対決、さらにグルジア領内へと侵攻していった。それは、ロシア政府の権威に反抗しようとするグルジアや旧ソ連諸国に向けたメッセージだった。プーチンやクレムリンの役人たちも、グルジア当局者に対して個人的にはっきりとそう伝えた。「NATO加盟を強行し、アブハジアと南オセチアを武力によって取り戻すことのないようわれわれは警告した。だが、君たちは耳を貸さなかった。君たちの西側諸国のパートナーは君たちを守ると約束したが、約束を守らなかった。われわれは警告を無視すれば大変なことになると約束した。われわれはその約束を守ったまでだ」[54]。このメッセージはグルジアや旧ソ連諸国だけでなく、アメリカとNATOにも向けられたものだった。

グルジア戦争は、前年二月にプーチンがミュンヘンで発したメッセージを、単刀直入かつ残忍な形で繰り返したものだった——「われわれはもう我慢の限界だ!」。しかしながら、(今回はドミートリー・メドヴェージェフによって表明された)この増強版メッセージも、アメリカ政府やNATOはミュンヘンのときと同様にしか受け取らなかった[55]。グルジア戦争が勃発すると、西側諸国の政府は、ロシアの安全保障上の懸念を尊重すべきだと思い直すわけではなく、それまで以上にプーチンを被害者ではなく加害者とみなすようになった。プーチンから見れば、グルジア問題はチェチェン紛争での経験の再現だった。ロシアが自国の安全保障上の脅威を取り除こうとする。そのため、その行動や理由について説明しようとする。しかし、ほかの国々はロシア政府の説明を拒絶、あるいは無視する。そして、ロシアの行動を弱い者いじめだと決めつけ、近隣諸国のNATO圏へのさらなる取り込みを正当化するのだ[56]。プーチンにとってグルジアの一件は、ロシア側の視点を理解しようとさえしない西側諸国の姿勢の新たな好例だった。今回も、それがすべて故意によるものだとプーチンは確信していた。アメリカとNATOがグルジアに関与するのは、ロシアの近隣諸国への影響力を弱めるためだ、と[57]。

グルジア戦争は、プーチンの思惑どおりに西側諸国に警告を与えるという点では失敗だったが、西側諸国との将来的な対立にどう備えるべきかという点で決定的な役割を果たした。プーチンと彼の側近たちは、グルジア戦争のあらゆる側面を精査した。グルジア戦争はロシア軍やクレムリンにとっての参考基準となるだけでなく、外界の反応を予測するための参考基準にもなった。アメリカの反応は、プーチンのかねてからの疑念を裏づけるものだった——アメリカの行動は、必ずしもその言葉(少なくとも、プーチンの解釈した言葉)と一致しない。アメリカのある新聞記事によれば、戦争が勃発する前に米政府の高官たちは「断固としてグルジアを支援する」と公言していた[58]。しかし、いざ実際に戦争が始まると、アメリカからグルジアへの軍事的な支援はいっさいなかった。そして戦闘が終わると、国際社会から戦争に対する大きな政治的反発が起こったが、それも比較的短期間で弱まった。というのも、アメリカを含む多くの国々の政府筋のあいだでは、サアカシュヴィリが重要な局面で対露関係への対応を誤り、南オセチアで軍事活動を勝手に開始して自ら戦争を招いたという見方が強かったからだ[59]。さらにグルジア戦争についていえば、アメリカ、NATO、ヨーロッパ、国連がそれぞれ別々の反応を示したことも特徴的だった。プーチンのチームにとって、この足並みの乱れは、将来的に同じような状況になったときに利用できそうな点だった。

軍事改革の弾み

もっとも直接的な影響として、グルジア戦争はロシア軍の改革の強化に弾みをもたらした。当初、西側諸国の一部はグルジアにおけるロシアの成果を好意的に評価した。「アフガニスタンで屈辱を味わったロシア軍とは似ても似つかないし、自分たちを守るためにチェチェンを叩き潰したロシア軍とも違う」とあるペンタゴン関係者は述べた。別の関係者は「本物のロシア軍が帰ってきた。間違いなく脅威になる」と指摘した[60]。しかし実際のところ、ロシア軍はグルジアでそれほど立派な振る舞いを見せてはいなかった。ロシアは二〇〇六年以降、グルジアとの国境に程近い北コーカサス軍管区で大規模な軍事演習を行ない、不測の事態に備えて訓練をしてきたが、〇八年時点ではまだ新しい軍事作戦の準備が整っていなかった。そのため、突如として戦争が始まると、昔ながらの人海戦術に頼るしか選択肢はなかった。

戦争後にロシアの指導者たちが出した公式声明は、どれも自信に満ち溢れたものだった。戦争からわずか数カ月後、ドミートリー・メドヴェージェフ大統領は議会への年次演説に「紛争の教訓」というセクションを盛り込んだ。ロシアはグルジアで勝利を収め、ついにこの国が復活したというメッセージを届けることができた、と彼は誇らしげに語った。さらに、八月のグルジアとは違う時期または場所でロシアの新たな力を発揮する準備を進めていたことを示唆しつつ、メドヴェージェフはこう説明した。「八月の危機は〝審判の瞬間〟の到来を早めたにすぎない。現にわれわれは、グルジアの現政権の支援者たちを含めた多くの人々に対して、ロシア市民を守る力があることを証明したのだ。そして、ロシアの国益を守る力があることも[61]」

その一方で、軍の能力がまだ不十分だという見方もあった。同じ演説のなかで、メドヴェージェフは作戦上のいくつかの「大失敗」について言及し、軍の指導部に「重要な教訓」として心に刻むよう促した[62]。それは、西側諸国の専門家なら呆れてしまうような失敗だった（もちろん、ロシアの専門家もそうわかっていた[63]）。時にロシア軍は恥ずべき失態を犯した。通信が途絶えると、兵士は自分の携帯電話を使って命令を受けなければいけなかった。ロシア軍の戦車には夜間照準器が搭載されていなかった。グルジアの対戦車兵器からの攻撃に耐えるために設置された反応装甲は使い物にならなかった。カナダ人ジャーナリストのフレッド・ウィアーは、『クリスチャン・サイエンス・モニター』誌にこう記した。「南オセチアに進攻するロシア軍は、グルジア軍の大砲の位置や部隊の配置についての基本的な情報さえ持ち合わせていなかった。そのため、先頭部隊の一部が待ち伏せ攻撃に遭って大きな犠牲を払うことになった……何とか情報を得ようと、電子偵察型のツポレフTu‐22Mバックファイア爆撃機を戦場の上空に送り込んだが、撃墜されてしまった。結局、予想以上に優秀なグルジアの防空技術に阻まれ、三機のスホーイSu‐25攻撃機を含め、ロシアは計四機の航空機を失った[64]」。つまり、グルジア作戦はある種の虚勢だった。その虚勢が見破られなかったのは、ロシア側にとって幸運なことだった。

プーチンと彼の安全保障チームは、次なる軍事衝突は回避できないと考えており、すぐに準備を進めた。二〇〇八年のグルジア戦争が終結して文字どおり数日後から一三年までのあいだ、ロシアはグルジアの教訓をもとに、軍の全面的な見直しや改革に取り組んだ。改革プロセスは二つのレベルで進められた。一つは非常に表向きのレベルで進める改革で、目的は最大限の注目を集めること。もう一つは水面下のレベルで行なわれ、西側諸国の目が届かない場所で進む改革だ。クリミアとウクライナでロシア軍が力を発揮したのは、二つ目の水面下のレベルでの改革の成果だった。

表向きのレベルでの軍事改革

一九九〇年代、プーチンは軍事改革に大きな関心を寄せていた。そんな彼が本格的に改革に着手するまで、これほど長く待ったというのは実に意味深いことだといえる。[65] 世界のほかの指導者と同じように、当然ながらプーチンにとっても国防は重要な懸念事項だった。しかし、大統領に就任したばかりの最初の数年のあいだ、それは最優先すべき懸案ではなかった。プーチンは、ロシアがさまざまな面で脆弱であることを把握し、もっと急を要する分野がほかにあることに気づいていた。たとえば、ロシアの財政再建と対外債務の完済は、二〇〇〇年代初めのプーチンにとってもっとも重要な課題だった。その後、プーチンが国防分野の改革に取り組むようになったのは、軍の弱さに懸念を抱いたからという理由のほかに、軍事費の増大に歯止めをかけるという狙いもあった。

二〇〇七年二月にプーチンは、〇一年から国防大臣を務めていたセルゲイ・イワノフの後任として、アナトリー・セルジュコフを抜擢した。新大臣のセルジュコフはイワノフとは好対照だった。イワノフはKGB出身の将軍だった。しかし、セルジュコフは完全なる文民出身で、直近まで閣僚級の役職である連邦税務庁長官を務めていた人物だった。イワノフはプーチンと親交の長い仲間であり、いわゆる側近グループの一人だった。対照的に、セルジュコフはプーチンとの個人的なつながりをほとんど持っていなかった。しかし、彼の義父が重鎮のヴィクトル・ズブコフだったため、軍上層部に恐怖を植えつけるだけの権力は持っていた。[66] つまり彼もまた、秘密の財務情報を掌握するプーチンの部下の一人だったのである。

セルジュコフの当初の任務は、軍事部門の腐敗を止め、軍の財政を健全化することだった。ところが、グルジア戦争後に新たな軍事改革が始まると、その目的が変化した。それまでの改革計画と同様、二〇〇八年の軍事改革でも大げさな言葉がずらりと並んだ。その内容の大部分はアメリカにおける議論と酷似するもので、実際にロシアが詳しく研究を進めていたアメリカの軍事政策に関する文書から直接引っぱり出してきた言葉もあった。たとえば、「ネットワーク中心の戦い」「サイバー戦争」「情報戦」「統合作戦」「統合司令」といった専門用語だ。しかし最後には、過去の取り組みと同じように、改革の目的は一つの重要問題へと絞られていった——大きく膨れ上がってバランスを欠いた軍の人員問題に、どう対処するべきか。この問題を解決して初めて、時代遅れで低品質な設備の交換などのほかの重要問題に着手できるようになる。つまりセルジュコフの仕事は、数十万の人員を削減し、旧ソ連式の大量動員型の軍を、スリムで機動力のあるプロ集団へと生まれ変わらせることだった。そうして軍が小型化すれば、新たな兵器や現代的な訓練方法を導入できるようになると考えたのだ。

三年間続いたこの改革が終わると、軍の人員削減と構造改革は滞りなく完了したという安堵感がロシアの政治の世界に広がった。セルジュコフの改革中に参謀総長を務めたニコライ・マカロフは、二〇一二年一月のスピーチにおいて将校団のあいだに広がる感情を代弁し、「ようやく改革の話をやめる時がやってきた。さあ、兵器の話をしよう」と語った[67]。一二年初めのプーチンも同様だった。三期目の大統領選に向けた選挙運動中、今後は軍需産業の現代化に集中的に取り組むことになると彼は宣言[68]。一二年五月、再選したプーチンはすぐさま公約どおりの大統領令を出した。それは、軍の活動を向上させ、最新式のハイテク兵器を開発・調達するという命令だった[69]。

同時に、多くの問題も露呈することになった。二〇〇八年の軍事改革は、ロシア史上最大規模の改革だとみなされることが多かった。にもかかわらず、実際に一二年に改革が終わったとき、現代的な戦闘部隊が誕生したと一〇〇パーセント胸を張って主張できる者は、ロシア国内外に一人もいなかった。改革が始まった当初に存在した問題は、相変わらず残ったままだった。たとえば、汚職や調達関連のスキャンダル、不適切な予算管理、低品質な兵器の生産、人口統計的なバランスの欠如、質の低い訓練、労働市場の問題……。改革を終えても、グルジア作戦当時を上回る軍はできあがっていない、というのが大方の評価だった[70]。

こうした意見が劇的に変化したのが、二〇一四年三月、クリミア半島でのステルス軍事作戦のあとだった。突然、多くの記事のなかで、ロシアの〝新しい〟軍を高く評価する西側諸国の専門家の意見が取り上げられるようになった。専門家たちは、ロシア軍の能力がグルジアのときと比べて大きく進歩したと口を揃えた。今回、ロシア軍は驚くほどプロフェッショナルになった、と。こういった記事では、ロシアの新たな軍事能力だけでなく、クリミアで展開されたまったく新しい戦争の方式についても言及された。それは「特殊な戦争」「非線形の戦争」「ハイブリッド戦争」と呼ぶにふさわしいものだった。

密かな変化——攻撃は最大の防御

元ロシア大統領経済顧問のアンドレイ・イラリオノフをはじめとする一部の観測筋は、実際に戦争が起きるずっと前から、プーチンはグルジアやウクライナと戦争をするつもりだったと主張してきた[71]。毎度のことながら、プーチンが行動を取ると決めた正確な時期を断言するのは難しいし、彼の考えがいつごろ大きく変化したのかを特定するのも難しい。有事計画の重要性をしきりに訴えたプーチンは、変化する状況への対応・適応策を常に用意していた。事実、ロシア軍は北コーカサス軍管区や西部軍管区において、その後のグルジアやウクライナの戦争での出来事を彷彿とさせるシナリオを含む軍事演習を定期的に行なっていた。しかし表向きには、プーチンが新たなタイプの戦争を計画している兆候はまったく見られなかった。二〇一二年を通して、プーチンがロシアの国防政策の転換を示唆したことはなかった。たとえば、選挙運動の一環として発表された一二年二月の軍事政策に関する記事でも、五月の国防関連の二つの大統領令のなかでも、プーチンの訴えはきわめて一般的なものでしかなかった[72]。しかし同年一〇月、彼はロシア国防法の改正案を提出。それは、国防に関してより直接的な権力を大統領に与えるものだった。いわば、彼は指揮系統を統一したのである。同じころ、プーチンは国防計画に関するまったく新しい文書の策定も求めたが、その言葉はどれもあいまいなものだった[73]。

今から振り返ってみると、ターニングポイントとなったのは、プーチンが二〇一二年一一月に国防大臣のアナトリー・セルジュコフと参謀総長のニコライ・マカロフを同時に解任したことだった。プーチンは再び自身の側近に目を向け、新国防大臣にセルゲイ・ショイグを任命した。彼は軍事機関にも似た非常事態省の大臣を一一年間にわたって務めた将官である。そして何より、プーチンにとって政府内の数少ない友人の一人だった。シベリア南部のトゥヴァ共和国出身のショイグは、プーチンの夏の旅行で事実上の同行者兼ホスト役を務めた人物だった。プーチンが上半身裸で釣り、ハンティング、乗馬を楽しんだことが大きく報道された前述の旅である。一方の参謀総長には、ワレリー・ゲラシモフが任命された。彼は経験豊富な戦車指揮官で、チェチェン紛争で重要な司令塔としての役職を務めた人物だった。「プーチンの腹心の部下」であるショイグが抜擢されたのは、プーチンと国防省の官僚たちとのあいだに密接な個人的関係を築く役割を期待されてのことだと見られていた。一方のゲラシモフは、別の重要な人々——現場で働く制服組の軍人たち——への橋渡し役としての活躍が期待されたようだ。ゲラシモフ新参謀総長の任務は、のちにクリミアで展開されることになる軍事防衛・動員の新たな計画を策定・実行することだった。また、そういった新たなアプローチを公の場で発表するのも彼の役目だった。実際、一三年一月、彼は軍事関連の会議のスピーチでその役目を果たした。その際、ロシア軍は二一世紀の現実と向き合う必要があるとゲラシモフは宣言した。

現在、世界じゅうで〝新種の戦争〟が行なわれており、政治的・戦略的な目標を実現するため、非軍事的な方法がますます多用されるようになった……戦いにおける手法の重点は、政治、経済、情報、人道主義などの非軍事的な手段を大々的に駆使し、住民たちの抗議活動を利用して実行に移すという方向へとシフトしつつある。そのすべてを補うのが水面下の軍事施策だ。これには、情報戦争や特殊作戦部隊の活動が含まれる。あからさまな武力の行使は、たいてい平和維持や危機管理という大義名分のもとに、一定の段階でのみ行なわれる。主として、紛争での成功を確かなものにするために利用されることが多い。[74]

クリミア事変のあとで振り返ってみると、ゲラシモフの言葉は実に不吉だ。しかし当時、彼の発言は目新しいものではなかった。長年、軍民を問わずロシアの人々は、アメリカがこの種の戦争をロシアに仕掛けようとしていると主張し、そのさまざまな手法を非難してきた。[75] しかしスピーチの後半になると、ゲラシモフの発言はそれまでとは異なる新しいものに変わった――生き残るためには、ロシアもこの種の戦い方にシフトしなければいけない。彼の発言はまさに、「水中で暮らす術を編み出そう」というプーチンのジョークの軍事版だった。時代は変わった。状況は深刻だ。ロシアには適応が必要である。ただ指をくわえて状況を見守り、「二一世紀の新種の戦争」について愚痴を言っているだけでは済まされない、というのがゲラシモフのメッセージだった。ロシアは相手と同じ手法で応戦できるよう、軍を組織する必要があった。さらに、アメリカやその同盟国との軍事力や経済力の格差を考えれば、ロシアは相手よりも効率的かつ積極的に、より賢く戦うことを求められた。

この段階では、ロシアが実際に攻撃的な軍事行動を開始する兆しはなかった。ゲラシモフの発言は、単に「ロシアが〝領土防衛〟のために何をする必要があるか」という観点から述べられたものに思われた。しかし二〇一四年七月、イギリスの安全保障問題の専門家マーク・ガレオッティは、ゲラシモフは相手を惑わすような言葉遣いをあえて選んでいたと指摘した――「防衛」という言葉は「隠語的な意味で使われた」。ガレオッティによれば、ゲラシモフのスピーチは明らかに攻撃的な政策を主張したものだった。つまり、「軍事活動、諜報活動、情報活動の密接な連携を必要とする新たな戦争方式」を採る可能性を示したものだった。[76]

ゲラシモフのスピーチから一年後に起きたクリミア危機のあと、ガレオッティは今いちどそのスピーチを振り返って分析し、こう結論づけた――ロシア国家のシステムのあらゆる要素が、二〇一四年のクリミアとウクライナの作戦で一定の役割を果たした。

ワレリー・ゲラシモフ
（1955-　　）

まず、クリミアで先陣を切ったのはロシア連邦軍参謀本部情報総局（ＧＲＵ）だった。戦域がウクライナ東部に移ると、ＦＳＢが最前線に立って「ウクライナの保安機構に侵入し……離反を促し、ウクライナ政府の計画を監視した」。ロシア内務省が「ウクライナ当局者とのコネを利用して潜在的な工作員や情報源を見つけ出す一方で、ロシア軍は最大限の効果を得るために国境付近で大いに武力を誇示した」。ロシアのメディアや外交筋は「キエフの〝バンデラ派〟政府に違法で残虐というレッテルを貼るキャンペーンを続けた。サイバースペースも例外ではなく、〝愛国的なハッカー〟がウクライナの銀行や政府のウェブサイトを攻撃した」。ウクライナでのロシアの作戦は新たな「非線形の戦争」を見事なまでに体現化したものだった、とガレオッティは強調した。「ゲラシモフも述べるように……戦争は至るところで行なわれているのだ」(77)

軍事、諜報、情報手法を総動員させて戦争を行なう必要がある、などと発言したロシア軍のトップは、ゲラシモフが初めてだった。少なくとも表面的には、ゲラシモフは典型的な兵士のなかの兵士だった。その点こそが、かえって彼のスピーチや政策の変化の過激さを際立たせた。一介の戦車指揮官が、非軍事的な政治的手段がメインとなる包括的・戦略的な抑止策の必要性を訴える――それは革命的としかいいようがなかった。

二〇一四年に入っても、ゲラシモフはロシアの新政策について熱弁をふるいつづけた。一年前にも出席したロシア軍事科学アカデミーの会議のなかで、彼は前年と同じ考えを繰り返した――二一世紀の戦争でまず利用されるのは非軍事的な戦闘（「国際的なＮＧＯ」の支援によって繰り広げられる政治戦・情報戦）であり、軍事的な戦闘はそのあと。では、ロシアが自国を守り、敵国が軍事的な段階へと進むのを抑止するにはどうすればいいのか？　ゲラシモフはこう続けた。

軍事衝突を回避するには、国家機構全体にわたる包括的かつ戦略的な抑止策が必要だ。これを実現するために不可欠なのが、軍事、情報、その他の方策と密接に結びついた政治外交的・対外経済的な政策である。こういった戦略の主たる目的は、ロシア連邦やその同盟国にいかなる形の圧力をかけても無駄だ、と潜在的な攻撃者に知らしめることにある。[78]

軍事演習としてのウクライナ

二〇一三〜一四年のウクライナ危機では、ロシアの軍事政策のアプローチが全面展開することになった。親露派のヴィクトル・ヤヌコーヴィチ大統領が突然キエフを脱出し、ウクライナの政権が転覆し、ロシアの立場が危うくなると、(ゲラシモフの言葉どおり)プーチンは西側諸国の介入を抑止する必要に迫られた。攻撃的な作戦を通じて、ロシアが二一世紀の戦争にどれだけ強いかを示さなければいけなかったのだ。しかし、危機が広がりを見せはじめた一三年末、プーチンは問題に直面した——その時点では、ロシアに必要な戦力はまだ揃っておらず、いまだ発展途上にあった。一四年三月のクリミア併合後のプーチンのあらゆる動きを見ればわかるように、その後の紛争はロシアにとって事実上、二一世紀の戦争に向けた一つの巨大な軍事演習となった(この点についてはあとで詳しく解説する)。彼は実世界のインプットとシミュレーションのインプットを組み合わせ、ロシアの戦力を継続的に成長させたのだ。

ここでいう「インプット」とは、シナリオに沿った図上演習や軍事演習で使われる専門用語である。演習の指揮官は新たな情報(インプット)がふんだんに含まれたシナリオを参加者に示し、正しい意思決定ができるかどうか、彼らの決定が状況の変化に適応できるしっかりしたものかどうかを検証する。演習の「評価」の部分では、参加者がこうした「新たなインプット」にどう対応できたかに注目する。プーチン、ロシア軍、保安当局、政治・経済の司令チームにとっては、ウクライナ危機のあらゆる出来事や進展がシナリオの新たなインプットになった。実際の作戦であれ正式な軍事演習であれ、部隊や司令官は本番を想定して配置に就いた。そのため演習の指揮官は、実世界とシミュレーションの両方のインプットを別々に見つつも、同じ視点で評価することができた。部隊、組織、リーダー、司令官はどのように行動したか？　特定の新しいインプットにどう対応したのか？

　実際、ウクライナ危機について述べるプーチンのスピーチには、彼なりの図上演習という考えが反映されていた。二〇一四年五月一四日、軍需産業の代表者や軍指導部との会議に出席したプーチンは、半年前に開かれた同じような会議の話し合いの内容を参加者に思い出させた――国防調達計画、つまり新しい兵器システムの生産と軍への引き渡しスケジュールについてだ。ロシア軍需産業は西側諸国から制裁を受けていたため、調達計画は明らかに見直しが必要だった。「こういう場合によくある表現を使うとすれば、シナリオに新たなインプットが加わったということだ。輸入代替の問題の解決を必要たらしめる新たなインプットがね」とプーチンは言った。[79] 要するに、「よし、新たな事態が発生した。君たちのお手並み拝見といこう」と言いたかったのだろう。プーチンの部下たちも同じ言い回しを用いた。ウクライナ東部の分離派がドネツク地域の独立の是非を問う住民投票を行なうことを決めると（プーチンは表向きには住民投票を控えるよう訴えた）、一四年五月八日、プーチンの大統領報道官ドミートリー・ペスコフは、この出来事をウクライナ情勢の「新たなインプット」と呼び、「詳しい分析が必要だ」と付け加えた。[80] さらに、ウクライナ紛争に伴い、ロシア領内ではさまざまな分野で継続的な軍事演習が行なわれた――宇宙・ミサイル部隊、核部隊、特殊部隊、従来型の軍部隊、心理作戦チーム、政治工作員チーム。こうした演習には、軍や保安当局、政府指導部のあらゆる部門が参加した。そして、クレムリンがこっそりと発表したように、プーチンは、ウクライナの外からこの巨大な図上演習を「実戦モードで」監督したのだった。[81]

　プーチンが二〇一四年のウクライナを軍事演習や訓練場の一つとして扱わざるをえないのは至極当然のことだった。ゲラシモフの提唱する二一世紀の新たな戦争方式には、新しい兵器が必要だった。そうした兵器の大半は非軍事的なものだったが、開発や配備のサイクルは軍事兵器とよく似ていた。まずは研究開発に始まり、限定的な生産、テスト、配備、そしてさらなるテストへと続く開発サイクルが必要になる。次に、新たな兵器を戦争戦略に取り込み、さまざまな状況に適応させ、さらに洗練させていかなくてはいけない。そして、(〇八年のグルジア戦争時と同じように) 準備万端になる前にウクライナ戦争が始まったため、ロシアはリアルタイムで兵器の開発を進める必要に迫られた。

ロシアが二〇一四年のウクライナで取った攻撃的な行動はすべて、何らかの形で新たな戦争の軍事的、政治的、経済的な兵器の開発や配備と結びついていた。ゲラシモフの言葉を借りるなら、プーチンは「ロシア連邦やその同盟国にいかなる形の圧力をかけても無駄だ、と潜在的な攻撃者に知らしめる」ため、シミュレーションだけでなく実世界の軍事作戦を通じて、そうした兵器に磨きをかけていった。ウクライナ作戦の根底には、「攻撃は最大の防御」という前提があった。「軍事、情報、その他の方策と密接に結びついた政治外交的・対外経済的な政策」によって、西側諸国が軍事行動に出るのを抑制できると考えられていたのである。[82]

第14章 国外の工作員

セルゲイ・ショイグとワレリー・ゲラシモフの新たなチームを軍のトップに据え、指揮系統の統一を果たしたプーチンは、二一世紀の新種の戦争を開始する準備を着々と整えていった。今後は、国家の持つあらゆる手段を駆使して、あらゆる場所で戦争が行なわれることになるとプーチンは考えた。だとすれば、国民を彼の決断や行動の味方に付ける必要があった。サバイバリストのプーチンが過去に実践したように、国民、軍、経済の全部門、国家機構が一丸となって、不測の事態に備える必要があるのだ。非軍事的な兵器を配備するためには、核戦力も傘（究極の戦略的抑止策）として一定の役割を果たすことになる。(1)また、西側諸国による国際社会での制裁措置に備え、そうした活動全体をロシアやウクライナの国境の外で展開する準備も進める必要があった。クリミア編入を宣言する二〇一四年三月一八日の演説でプーチンが述べたとおり、西側諸国は過去にソ連やロシアへの制裁を繰り返してきた。そうした経済的・政治的な制裁に立ち向かうため、プーチンは西側諸国に対抗する経済的な武器を導入し、主要な国際機関での議決権を行使して、西側諸国による決議を阻止する必要があった。

ロシアが西側からの攻撃を受けており、対抗措置が必要だと判断したプーチンが最初に取り組んだのは、新しいタイプの戦争に耐えられるよう国内を強化するという課題だった。その点からすると、二〇一一〜一三年の政治的取り締まりは、プーチンにとって西側諸国との対決準備の第一段階だったといえる。大統領職復帰に反対する抗議デモを見たプーチンは、西側諸国が（ゲラシモフのいう）「政治、経済、情報、人道主義などの非軍事的な手段」を駆使し、「住民たちの抗議活動を利用して実行に移そう」としているととらえた。まずは、ロシアが抱えるこの弱点を解消する必要があったのだ。

国内の防衛強化

グルジアとウクライナの色の革命以降、プーチンは、民主化計画や選挙監視活動を使ってロシアの政治的領域を侵そうとする西側諸国の企みを警戒してきた。何か動きがあるたび、プーチンはこう考えた——欧米の組織が積極的に反体制派を扇動し、抗議活動を促し、都市部のプロフェッショナルやクリエイティブ・クラスを〝巨大なテント〟から引き抜き、プーチンのシステムに反対する第五列へと変えようとしている。ドレスデンでの経験やソ連圏の崩壊に関するプーチンの分析によると、それは欧米諸国の常套手段だった。彼らは、一九八〇年代の東欧で、そして九〇年代にはバルト三国でこの手段を巧みに利用した。NGO、民主化促進政策、現地団体への資金提供を通じて、まずは旧ソ連体制を崩壊させ、次に生まれ変わらせた。手始めに東欧諸国やバルト三国をNATOとEUに引きずり込むと、西側諸国は続けてグルジアとウクライナに目を向けた。こうして、ロシアが西側の攻撃の照準に入ることになった。実際、九〇年代以降、アメリカとその同盟国はロシアの政治体制を変革させる計画について公然と議論してきたのである。

二〇一一年九月の大統領復帰宣言に対する海外メディアの反応を見たプーチンは、西側諸国が自分の復帰を望んでいないことをはっきりと悟った。西側諸国は、プーチンが消えることを望んでいた。彼らが願うのは、ドミートリー・メドヴェージェフの続投、あるいはウラジーミル・プーチン以外の大統領就任だった。そして何より、政権交代を願っていた。プーチンはそう確信した。しかし、あきらめるつもりなどなかった。だからこそ、西側諸国の活動を阻止する必要があった。国内の第五列を抹殺し、彼自身や彼のシステムへの信頼を強化する必要があったのだ。

この問題に対するプーチンの思考を形作っていた重要な要素は、欧米との昔ながらの防諜戦だった。冷戦が終結したあとでも、アメリカもロシアも諜報ネットワークを縮小することはなかった。いまだに数多くの両国のスパイが情報を収集し、協力者を獲得し、敵国を弱体化させるあらゆる活動に従事していた。それは、一九九〇年代や二〇〇〇年代、ロシアと欧米諸国とのあいだでたびたびスパイ・スキャンダルが持ち上がったことからも明らかだろう。さらに、ロシアのスパイの一部はいわゆる不法入国者《イリーガルズ》として活動していた。彼らはターゲットとなる国で市民として暮らす秘密工作員であり、一般市民に紛れながら機密のシステムに侵入し、作戦情報をロシア政府に伝える。二〇一一年に潜伏スパイのアンシュラーク夫婦がドイツで逮捕されたことによって、ロシアの諜報機関が今でもかつてと同じ方法で活動を展開していることが明らかになった。

同じころ、アメリカの防諜機関もロシア人スパイを発見した。二〇一〇年、なんと一〇人もの潜伏スパイがアメリカで逮捕された(2)。アンシュラーク夫妻が裁判にかけられたドイツの場合とは異なり、アメリカ政府は彼らを即座にモスクワへと送り返した。プーチンは潜伏スパイたちが見つかったことを大いに喜ぶかのように、同じ情報部員としての誇りを態度ににじませながら彼らを迎えた。テレビ放映された会談では、プーチンは彼らと一緒に愛国的な歌まで歌ってみせた。その一つが、一九六八年の映画『盾と剣』のテーマ曲「祖国はどこから始まるか」だった。ナチス親衛隊に潜入したソ連のスパイが主役のこの映画は、『プーチン、自らを語る』でも言及されている(3)。プーチンは彼らの勇気、愛国心、国家への忠誠を堂々と称賛した。「想像してみてほしい。まず外国語を母語レベルになるまで習得し、その言語で考え、話さなければならない。そのうえで、自分自身や愛する者の危険と日々戦いながら、何年もかけて母国の利益のために任務をこなす。しかも、愛する者に自分の素性や本当の仕事を明かしてはいけないのだ(4)」

ロシアで活動する欧米各国の不法入国者や秘密工作員のネットワークはまだ見つかっていなかったが、プーチンは同じようなスパイが国内にもいると確信していた。KGBでの経験から、ロシアの防諜機関が本気で捜そうとしていないだけだとプーチンは考えた。冷戦後、ロシアが潜伏スパイをドイツに残し、アメリカに新たなスパイを送り込んだとすれば、アメリカもきっと同じことをしたはずだ。実際、プーチンは公的な議論のなかで、策略や陰謀についてたびたび言及してきた。たとえば、一九九〇年代に技術支援プロジェクトの一環としてロシアにやってきたアメリカ人の多くが、CIAなどの保安機関の職員だった「事実」について話したこともあった。プーチンは証拠も挙げずにそう断言したため、かつてそのプロジェクトを担当していたアナトリー・チュバイスらが肝を冷やす場面もあった。特にプーチンは、ハーバード大学とチュバイスのチームが共同で運営した大規模な（物議を醸した）プログラム——エリツィン時代の民営化プロジェクトに関連するプログラム——の関係者に、CIAの工作員がいたと言って譲らなかった。恥をかかされたチュバイスはインタビューのなかで、なぜプーチンがあんなことを言いつづけるのか見当が付かないと述べた。(5) しかし、プーチンはいわゆる「ミラーイメージの法則」をもとに、相手が自分と同じように行動するはずだと考えていたのだった。ドレスデンからの帰国後、KGBからレニングラード大学で働くよう命じられたプーチンにとって、CIAが同じように大学を使って諜報活動を行なうのは自明の理だった。だとすれば、一九九〇年代や二〇〇〇年代に設立されたNGOを隠れ蓑にして、外国人工作員がロシア国内で活動していると推測するのはごく自然なことだった。ロシア政府はアメリカに潜伏するスパイたちに対して、シンクタンク、大学、NGOに接触するよう命じた。当然、アメリカのスパイもロシアで同じことをしているとプーチンは考えたのだ。彼にしてみれば、西側諸国のNGOは諜報活動を行なうための偽装組織にすぎなかった。そういった組織に属する工作員たちは、愛国心が希薄で影響を受けやすいロシア市民、特にNGO職員やインテリゲンチャ（知識階級）に接触して第五列を獲得していたのである。

スノーデンがもたらした勝利

もしプーチンが自分の評価の正確さに一片の疑いを抱いていたとしても、その疑いはウィキリークス事件で雲散霧消した。二〇一〇年一一月、ジュリアン・アサンジと彼のチームは、大量のアメリカ政府の機密公電をウェブサイトに公表した。このとき、プーチンの考えが正しいことが証明された——アメリカはいまだあらゆる方面で情報を収集している。

そして一三年六月、アメリカ国家安全保障局（NSA）の業務請負い企業で働く若きエドワード・スノーデンが、モスクワのシェレメーチエヴォ国際空港に姿を現わした。彼はNSAの行きすぎた監視活動について内部告発することを決断すると、アメリカから香港に渡り、大量の極秘諜報データ・ファイルをアメリカやドイツのジャーナリストに手渡した。アメリカ政府が彼のパスポートを失効させると、活動への応援を申し出たウィキリークス・チームの手引きによって、スノーデンはモスクワに飛んだ。彼がジャーナリストに渡したファイルは、NSAによる悪質な国内の監視活動や、計り知れない規模で国際通信を傍受する極秘プログラムの存在を詳《つまび》らかにするものだった。実際、アメリカのスパイは至るところにいたのだ――少なくとも電子の世界には。さらに、スノーデンのファイルに関する数々の新聞記事は、アメリカの情報収集アプローチについて、ロシア諜報当局に（そしてほかの全員に）貴重な作戦情報をもたらしてくれた。

エドワード・スノーデン
（1983-　　）

スノーデンの登場は、プーチンにとって広報上および諜報上の大勝利だった。スノーデンの亡命を認め、内部告発者という彼の立場を強調することによって、プーチンは市民の自由、言論の自由、情報の透明性の庇護者というイメージを押し出そうとした。さらには、直前まで政府による反体制派の取り締まりを非難していたロシアの熱心な人権活動家さえもが、（手放しでとはいわないまでも）プーチンの行動を称賛した。[6] アメリカ政府が亡命許可の決定に猛抗議し、スノーデンの身柄の引き渡しを求めてきたときも、プーチンは相手を軽くあしらうことができた。彼の主張は次のようなものだった。NSAにしてみれば、スノーデンは不正を働いたスパイだ。しかし、仮にロシアのスパイがワシントンに突然現われたら、アメリカはその人物の亡命を認めるはずだ。まさに図星だったが、それが余計にアメリカ政府を苛つかせた。[7]

エドワード・スノーデンの存在は、多くの点においてプーチンの立場を有利にするものだった。その一つに、ロシアとドイツのあいだでこじれていた関係をもとに戻すという効果があった。スノーデン・ファイルによって、ドイツがNSAの監視プログラムの対象だったことが発覚し、さらにアンゲラ・メルケル首相の携帯電話が盗聴されていたことも明らかになった。再統一したドイツはアメリカの親密な同盟国となったにもかかわらず、米政府はベルリンの壁崩壊前の冷戦時代の諜報活動をいまだに続けていたようだった。アメリカが「同盟国に対してスパイ活動を行なっていた」という情報は、米独関係に大打撃を与え、ドイツの報道機関や政界のエリートたちを怒らせた。アメリカの説明、約束、誠意は十分だとは認められず、ドイツ国民のアメリカに対する印象は著しく悪化した。ドイツ人は怒り、幻滅した。一方、エドワード・スノーデンは英雄、自由の擁護者と持て囃され、議員たちのなかには彼をドイツに連れてこようと言い出す者もいた[8]。

ロシアに対するドイツ人の評価は依然として低いままだったが、ドイツの世論調査では突然、ロシアやプーチンがアメリカと道徳的な意味で肩を並べるようになった。スパイ活動をしていたという事実は、ロシアもアメリカも同じだった。しかしロシアについては、ドイツ人はもともとそう予想していた。プーチンは自分がスパイだったことを公言しているし、そのことに誇りも持っていた。彼は、ロシアがスパイ活動を中止したなどと一言も述べたことはなかった。一方のアメリカは、嘘を吐いていただけでなく、正式に謝罪することもなかった。ウクライナ危機が始まったばかりのころ、アメリカの欧州担当国務次官補と駐ウクライナ大使とのあいだで交わされた電話の録音テープが漏洩し、ユーチューブに公開されたことがあった。しかしその際、ドイツ政府はほとんど抗議すらしなかった[9]。ドイツ当局者は、この漏洩にロシアの情報機関が一枚嚙んでいることを認めた。では、抗議しなかったのはなぜか？　アメリカが、敵国だけでなく同盟国にまでスパイ活動を行なっていたからだ。まさに自業自得だった[10]。

第五列作戦

プーチンは、西側諸国のNGOだけでなく、数多くのロシアの組織や個人もターゲットにして取り締まりを強化してきた。しかしスノーデン事件によって、その事実から国民の目が逸れることになった。プーチンは防諜活動さながらに一部の組織や個人を厳しく弾圧したが、とりわけロシアと他国の両方に忠誠を誓っていると疑われる人々に厳しく対処した。二〇一二年七月、外国から資金提供や助成金を受けるすべての組織に対し、「外国の代理人（エージェント）」として登録を義務づける法律が議会で可決された。すると、政府の査察当局や税務当局は、数々の市民社会団体を強制捜査。そのなかには、一一年の議会選挙と一二年の大統領選挙における違反・不正行為を監視した〈ＧＯＬＯＳ《ゴーロス》〉などの組織も含まれていた。[11] 外国エージェントとして登録を怠った団体には、巨額の罰金が科された。さらに別の法律によって、人や建物に危害を与えたデモや抗議活動に参加した個人にも、多額の罰金が科されるようになった。[12]

　反体制派の政治家アレクセイ・ナワリヌイは、イエール大学で参加したプログラムを根拠に、組織的汚職を告発してロシアの名誉を失墜させようと企むアメリカのスパイだと断罪された。[13] パンク・ロック・グループ〈プッシー・ライオット〉や、ロシアの同性愛コミュニティの活動家たちは、西側諸国の堕落を代表する者というレッテルを貼られ、ロシア文化の転覆を企む第五列として描かれた。[14]〈ＧＯＬＯＳ〉のような民主主義団体や人権団体に補助金を出していたアメリカ国際開発庁（ＵＳＡＩＤ）は、二〇一二年一〇月にロシアでの活動停止を命じられた。共和党国際研究所など、ほかのアメリカの民主化推進団体も続けて活動停止を勧告された。ドイツの政党の関連財団を含め、ヨーロッパのＮＧＯも次々と強制捜査を受けた。[15] プーチンとクレムリンのメッセージは明々白々だった。政治体制の変革を求めてロシア国内で活動する外国人は、その肩書きに関係なく、みな外国政府のエージェントとみなす。ロシア市民は、面倒なことにかかわりたくなければ、外国人と距離を置け、と。[16]

政治将校

第五列や外国のエージェントをターゲットにする

過程で、プーチンは旧来の仕組みを新しい課題へと適応させ、新たな政治的ツールを築いていった。その一つがロシアのメディアだった。二〇〇〇年代、クレムリンは着々とロシアの情報空間を掌握していった。テレビ、新聞、インターネットといったメディアにおける大々的な情報操作は、プーチンのシステムの大きな特徴だった。中国とは異なり、クレムリンは当初、インターネット検閲を行なおうとはしなかった。その代わりに、政治やPRに利用できる情報空間を独自のコンテンツで満たし、新たなメディアを積極的に取り込み、さらには自ら新メディアを生み出すこともあった。クレムリンに近いオリガルヒたちの一部は、この方策を利用して世界的なソーシャル・メディア市場に進出し、世界屈指の富豪になった[17]。

プロパガンダ活動を任されたボルシェビキ時代の「政治将校」と同じように、クレムリンのメディア・チームは、重要な評論家や著名なブロガーの動向をつぶさに観察し、フォーカス・グループを召集した。その目的は、国内外の反体制派や批評家に対抗し、ロシア政府に忠実なブロガーを育成・訓練することだった。また、クレムリンはアメリカの〈ケッチャム〉といった国内外の大手PR会社に委託してヴァルダイ会議を起ち上げ、メディア戦略の向上を図った（第9章の議論を参照）。事実、プーチンは大統領に就任したころ、マスメディアのコントロールこそが国家の権威と力を取り戻すうえで不可欠な要素だと明言していた。彼は初期のスピーチのなかで、ロシアの報道の自由は無制限ではなく、国家のニーズが常に優先されることを強調した。つまり、マスメディアや報道機関は、議会などの国家機関と同じく、クレムリンの道具――国家の目標を前進させるためのツール――と常にみなされていたのだ[18]。

プーチンにとって二〇一一～一二年の抗議デモは、情報空間の力を甘く見すぎていたことを証明するものだった。彼は、新しいソーシャル・メディアに十分な注意を払っていなかった。ソーシャル・メディアはいわばトロイの木馬であり、西側諸国の政治思想やプロパガンダを運ぶベルト・コンベヤー、心理作戦の道具だった。こうしたソーシャル・メディア・ネットワークの大部分は欧米に端を発するものであり、プーチンはインターネットを「CIAプロジェクト」と呼んだ。[19] 彼にとって、ソーシャル・メディアは国内外の工作員が秘密の動員や転覆を図るための道具だった。事実、反体制派はソーシャル・メディアを利用してロシア市民を街頭デモへと連れ出した。すると、プーチンはソーシャル・メディアや旧来のメディアへの締めつけを強化するようになった。まず、法律改正によって名誉毀損や中傷が再びれっきとした犯罪とみなされることになった。[20] また、特定のウェブサイトをブラックリストに載せ、アクセスを遮断するための法律も議決された。出版、ラジオ、テレビ業界のリベラル系メディアは――それまで、あまりに大きな注目を集めたり、一般大衆を積極的に煽ったりすることがなければ大目に見られていたが――突如としてクレムリンの監視や攻撃を受けることになった。[21] 抗議デモへの対処を終えたプーチンは、すべてのマスメディアは国民を「国旗の周りに」結集させる役割を果たすべきだと考えた。ロシアの政治・社会・文化の強さをアピールし、敵国から受けた修復不能なダメージについて訴えるべきだ、と。とりわけ政府系メディアは、攻撃のための武器として利用された。彼らは、ロシアの国内政治や外交政策の目標を頓挫させようとする外国の陰謀に関するドキュメンタリーを制作し、ロシアの過去を称える映画を放映し、あらゆる問題を「ロシア対世界」の戦いとして喧伝する討論番組を放送するようになった。[22]

二〇一二年一〇月、プーチンはその一環として大統領府内に〈社会プロジェクト局〉を新設。目的の一つは「愛国教育の分野における国の政策の主たる方向性を定める、ロシア連邦大統領の憲法上の権利を実現するための情報や分析的・組織的な支援」を提供することだった。また、「ロシア社会の精神的・道徳的な土台を強化し、若者の愛国教育や、この分野の公的プロジェクトの開発・実施を向上させるための提案」を策定するという任務も担っていた。[23] 一年後の一三年一〇月、社会プロジェクト局はロシアの若い世代を刺激する「教育メカニズム」の新たなアイデアを公募した。同局は、「宗教や価値観を教育プロセスの基礎とする方法」を模索し、「国家の結束を強める力を持つ象徴的な出来事や人物」を見つけ出そうと考えた。[24] つまり、政府の公式見解に沿ってロシアの国益を高めるように価値観を提示し、歴史や出来事を位置づけることが、国策の正式な要素となったわけだ[25]。その意図は明白だった。クレムリンとプーチンは、ロシアの価値観や歴史を新たな戦争の兵器として導入したのである。

保守的な国際組織

社会プロジェクト局が提案を募集して間もない二〇一三年一二月、クレムリンはロシアの国有通信社〈ＲＩＡノーヴォスチ〉の地位を格下げした。ＲＩＡノーヴォスチは、第二次世界大戦中の一九四一年、ソ連のさまざまなニュース報道の取りまとめ役として設立された通信社だった。クレムリンの決定は、ＲＩＡノーヴォスチのスタッフに大きな衝撃を与えた。それまで、同局は国内外の話題に関する中立的な報道で高い評価を得ており、とりわけ国際ニュースの報道では称賛を浴びていたからだ[26]。ＲＩＡノーヴォスチは、放送局〈ロシア・トゥデイ〉（二〇〇一年に〈ＲＴ〉に改称）の親組織である国有の国際通信社〈今日のロシア（ロシーヤ・セヴォードニャ）〉の傘下に入ることになった。合併組織の代表には、舌鋒鋭いコメントとクレムリンとの密接な関係で知られるジャーナリスト、ドミートリー・キセリョフが任命された[27]。この決定を発表した大統領府長官のセルゲイ・イワノフは、次のように訴えた。「ロシアは独立した政策を追求し、国益をしっかりと守る。それを世界に説明するのは易しくないが、不可能ではないし、是が非でもそうしなければならない[28]」。ゲラシモフ将軍が示唆したように、情報は新時代の戦争における重要な要素だった。その武器庫のなかで、〈今日のロシア〉とＲＴは特に大切な兵器となる。ＲＴはクレムリンから潤沢な資金提供を受け、英語を含めた複数言語で情報を同時発信するための支局を有していた。さらに国際市場では、〈アル・ジャジーラ〉〈中国中央電視台〉〈ドイチェ・ヴェレ〉〈フランス24〉などの外国のニュース・ネットワークと並ぶ地位をすでに確立していた[29]。クレムリンは、ＲＴをロシア版のＢＢＣやＣＮＮとして世界にアピールしようとしたのだ[30]。

ドミートリー・キセリョフは、社会問題に関する歯に衣着せぬ発言で有名で、同性愛者などのマイノリティを厳しく非難した[31]。キセリョフとＲＴは政府と手に手を取り、ロシアを保守的な価値観の守り手として全世界にアピールし、その価値観を欧米の略奪から守ろうとした。そうしてRTの番組構成は、西側諸国の不正な活動、偽善、道徳観の欠如、退廃を指摘する方向へと大きく傾いていった。欧米のメディアがロシアによる人権侵害や国際規範への違反を訴える記事や報道を出すたび、RTはそれを批判する報道を繰り広げた[32]。さらにRTは、西側諸国の一部の学者や政治家――西側の政府や政治体制に批判的な専門家――にも接触し、彼らを〝定番〟コメンテーターとして迎え入れた。それどころか、ジュリアン・アサンジなどの反体制派が司会を務める番組を制作したこともあった[33]。

ヨーロッパにおける極右、反EU、反グローバル化政党の台頭は、プーチンとRTにとって渡りに船だった。二〇一四年五月二五日のウクライナ大統領選挙と同時期に行なわれたヨーロッパ各国の議会選挙では、「ヨーロッパの右派」政党の多くが議席を増やした。ユーロ圏の危機による各国への政治的・経済的影響が長引くなか、有権者たちは現政権の対応に大きな不満を抱いていたのだ[34]。そこでプーチンは、ヨーロッパの保守派やポピュリストたちと連携しようとした。彼は伝統的価値観を否定する西側諸国を猛批判し、このまま愚かな社会政策を続ければ「混沌とした闇」に逆戻りすると脅し、ヨーロッパの真の価値観の守り手としてのロシアのイメージを広げようとした。プーチンいわく、ロシアの保守政策こそがヨーロッパの採るべき真の政策だった。それは、多文化主義というお題目のもと、少数派やマイノリティの思想や行動に必要以上の発言権を与える寄せ集め政策ではなかった。数世紀にわたってヨーロッパを偉大な場所にしてきたのは、宗教や文化の保守的な価値観だった。EU官僚やヨーロッパ各国の無気力な政治家たちは、ここ数十年のあいだにその功績を台無しにしてしまった。ヨーロッパに誕生した「無価値」な世俗社会は、ヨーロッパ大陸を崩壊へと導きつつある。プーチンはそう主張した[35]。

RTの番組では、ポピュリズムや民族主義を掲げるヨーロッパの政治指導者たちが大きく取り上げられた（それが原因で、指導者たちは母国で政治トラブルに巻き込まれることもあった）[36]。クレムリンが支援するほかのグループも、さまざまな形でヨーロッパの保守層に接近した。たとえば、ヴァルダイ会議が拡大し、厳選されたメンバーとの小規模な会議がロシア国外で頻繁に行なわれるようになった。また、プーチンの側近ウラジーミル・ヤクーニンがスポンサーを務める国際社会フォーラム〈文明対話〉の枠組みのもとで、数々の会議やセミナーが開催された。ロシアの価値観の究極の宝庫ともいえるロシア正教会の代表者たちは、こうした会議の多くで大きな役割を果たした。特に、ほかの国際的な宗教団体の代表者が参加し、保守的価値観の信仰的な側面が主要なテーマに掲げられた場では、彼らの役割はさらに重要になった[37]。マルクスのかつてのスローガン「万国の労働者よ、団結せよ」のように、クレムリン、RT、正教会などのロシアの団体は、プーチンの保守政策のもと、「万国の保守派たちよ、団結せよ」と促したのである。

要するに、西側諸国のポピュリスト政治家、民族主義政党、世界の保守派グループは、知らず知らずのうちに、新時代の戦争の兵器として利用できるかどうかをテストされていたわけだ[38]。一連の動きを分析したドイツのある高官は、プーチンがヨーロッパの政治に重大な弱点を見いだしたと指摘した。まずは、ポピュリズム政党や民族主義政党が抱える反体制・反EU感情。加えて、マイノリティの平等な権利や自由を認める政策（同性婚の合法化など）に対する保守派や宗教団体の反発。プーチンは、いざとなればこの弱点を突こうと決めていた[39]。そっちがロシアに第五列を生み出そうとするなら、こっちもヨーロッパで同じことをしてやろう、と。社会の価値観、民族主義、宗教、言語、歴史──そのすべてが戦場になる可能性があり、実際にそうなろうとしていた。

経済戦争への防御策

プーチンの軍事改革、〝二一世紀の戦争〟を戦うための政策と戦力の構築、政治的な第五列と戦う国内の工作、国外で独自の第五列を生み出すための活動──プーチンにとっては、西側諸国の攻撃に対する防御策としてどれも欠かせない要素だった。同時に彼は、経済戦争への対抗力や抑止力を築くことも重視した。ロシアには、経済制裁の脅しに屈して一九九四年にバルト三国から撤退したという苦い想い出があった。一方で、グルジア戦争の際には、西側諸国がロシアに制裁を加えようとして失敗したという事例もあった。こうした過去の経緯を教訓に、プーチンは西側諸国からの経済的圧力を受けにくい国作りを進めた。

プーチンは二つの並行するアプローチからなる作戦を追求した。ロシアの弱点を減らしつつ、西側諸国への対抗手段を生み出すという作戦だ。この作戦を完遂させるための一つ目のステップは、言うまでもなく、ロシアの重要な経済部門が西側諸国から攻撃されるリスクを抑えることだった。二〇〇六年以降、プーチンは対外債務の完済を進め、巨額の外貨準備高を築いてきた。その意味では、ロシアはすでにかなりの前進を遂げており、さらに前に進むのは並大抵のことではなかった。プーチンは、ロシア経済の発展のためには世界経済との統合が不可避であることをよく理解していた。冷戦中のソ連のように、国家を世界経済から引き離し、経済のバリケードの後ろに身を潜めるわけにはいかない。それでも、現状を分析したプーチンは、何らかの犠牲を払う準備を整える必要があると考えた。彼が議会演説で述べたとおり、世界はますますリスキーな場所に変わりつつあった。世界的な経済危機やユーロ圏の危機は、ロシアが二〇〇〇年代に経験した幸せな高度経済成長時代に幕を下ろした。プーチンの大統領復帰の決断に対する欧米諸国の反応、ロシア国内の抗議運動への欧米の支援を踏まえれば、近い将来にロシアの地位はさらに低下してしまうかもしれない。それを防ぐためにも、経済的な守りを固める必要があったのだ。

二〇一二年五月の大統領就任の直後、プーチンは側近の議員やビジネス界の大物たちに、〝脱オフショア化〟を命じた。すべての外国資産を排除し、活動拠点をモスクワに戻せ、と。[40] なかには、すぐさま行動に出た者もいた。一二年七月、ロシアの国際ビジネスの大物で、プーチンの盟友でもあるゲンナジー・ティムチェンコは、自身の持ち株会社〈ヴォルガ・インベスト〉をスイスからモスクワへと移した。[41]（ちなみに、一四年三月、アメリカがティムチェンコを制裁対象に加える前日、彼は天然資源商社〈グンボル〉の自身の持ち株をスウェーデンのビジネス・パートナーに売却した）。

貿易分野では、プーチンはロシアの弱点を減らすためにさらに別の方策を採った。自給自足経済《アウタルキー》――外国製品をやみくもに排除し、すべてを国産品に替えること――は、ロシアを強くするどころか弱くすると彼は考えた。むしろ、ロシアと世界との経済的な関係を多角化するほうが得策に思えた。そこで、プーチンは外交政策の多角化や、中国やBRICSなどの国々とのつながりを利用し、こうしたパートナーと新たな貿易協定を結んだ。この経済の多角化アプローチは、二〇一四年に効を奏することになる。その年、ロシアのクリミア併合、その後のウクライナとの紛争を問題視したEUとアメリカが、実際に制裁を科したが、すでにプーチンは輸入代替ではなく「輸入多角化」のための関係を着々と築いていた。そのため、それまでヨーロッパから輸入していた食糧については、EUやアメリカの政策に追随しないアジアや中南米などの国々、あるいは近隣のトルコや中央アジアの旧ソ連諸国から調達することができた。[42] 貿易・投資の多角化は、プーチンの有事計画の一部だった。これによって、ロシアは長期にわたって経済の選択肢を残しつづけることができたのだ。

外国との提携には慎重に臨んだように、プーチンは経済的な束縛を生み出さないよう常に警戒した。状況の変化にいつでも適応できる状態を保つには、両手を縛るような恒久的な約束は避けなければいけない。同時に、橋を燃やすような行動もだめだ。つまり、長い時間をかけて築いてきたこれまでの関係を無駄にしないための注意が必要だった。こうした関係はさまざまな局面で重要になるので、問題の兆しが見えたからといってすぐさま切り捨ててはいけない。将来的に役立つ可能性もあるため、いつも慎重に取り扱うべきなのだ。

プーチンが用意した対抗手段

それまでの関係や投資を大切にするというプーチンの信念は、二〇一四年のウクライナ危機の真っ最中に彼が取った行動に如実に表われていた。クリミア併合を受けて欧米がロシアに制裁を科した直後、プーチンは自身が重視する部門、特に防衛分野と食糧分野において、明確な輸入代替政策を採用しはじめた。同時に、これまでロシアに投資してきた外国企業との協力体制を維持することを明言した。プーチンの言葉を借りるなら、「現在の困難な政治的状況」を前にしても、アメリカ企業との協力は続けるということだ。たとえば、一四年八月、露〈ロスネフチ〉と米〈エクソンモービル〉の共同石油掘削事業によるカラ海の初の試掘の開始式典の席で、プーチンは国際協力がロシアのエネルギー部門にとって重要なことを強調し、ウクライナ紛争には関係なく国際協力の継続を歓迎すると訴えた。

> 現実問題として、これほど大規模なハイテク・プロジェクト、世界的な規模と重要性を持つプロジェクトを、単独で実施することなどほぼ不可能だ。少なくとも、きわめて難しいことは言うまでもない。今日の商業的成功は、国際協力がうまくいくかどうかによって決まる……われわれとしては、いつでもパートナーとの協力関係を拡大したいと考えている……（そのような協力は）われわれの国家経済の利益になり、世界のエネルギー事情の改善に貢献し、間違いなく画期的な技術の開発や雇用創出へとつながるだろう。[43]

〈ロスネフチ〉と〈エクソンモービル〉の協力そのものこそ、ロシア経済を守るもう一つの戦略の例だった。外国企業との共依存関係を生み出す――これは、プーチンがサンクトペテルブルク副市長時代に編み出した手法であり、西側諸国への対抗手段の一つだった。共同事業の推進に加え、二〇〇〇年代にプーチンは外国メーカーにロシア国内での生産を呼びかけ、ロシアの原材料や資源を利用することを求めた。そうすれば、ロシア国内で新たな雇用が生まれ、上流部門《アップストリーム》におけるロシア製品への需要が生み出されることになる。さらには、国際的なビジネス活動において、外国企業が今まで以上にロシアに依存するようになる。すると、外国企業はロシアを単に儲かる市場と見るだけでは済まされなくなり、ロシア経済と直接の利害関係を持つことになる。そうすれば、政治的な緊張が高まった場合にも、国内で営業する外国企業は、ロシアとの経済協力を支持する側に回るはずだ。それがプーチンの考えだった。

このプーチンのアプローチは昔ながらの手法でもあった。一九六〇〜七〇年代、ソ連の共産党指導部は西ヨーロッパ諸国との「ガス＝パイプライン取引」でこのアプローチを大々的に利用した[44]。その数十年後の九六年、モスクワに異動してきたプーチンが加わったチームのリーダーだった市場改革者のアナトリー・チュバイスでさえ、同じような考えを採り入れて政策を進めていた。二〇〇三年、チュバイスは一連のインタビューのなかで、自身が提唱する「リベラル帝国主義」について解説した——ロシアのエネルギー・パイプライン、送電線、ロシア企業による外国の主要な経済的資産（精油所など）の購入は、ロシアが再びヨーロッパに戻り、隣国とのつながりを強化し、新たな政治的支援を得る新たな手段となるだろう[45]。

二〇〇八〜〇九年の世界金融危機は、この種の影響力を築く予想外のチャンスをロシアにもたらした。世界じゅうの企業が業績悪化に苦しむなか、プーチンはロシア有数の大企業に対し、近隣諸国、ウクライナ、西側諸国、さらにはアメリカのディストレス債権を買い漁るよう公然と促した[46]。また、問題を抱える西側諸国の大企業や組織との共同事業も奨励した。たとえば、一〇年のメキシコ湾の石油掘削施設〈ディープウォーター・ホライズン〉原油流出事故で打撃を受けたイギリスの石油メジャー〈BP〉。あるいは、巨大なサン＝ナゼール造船所の施設維持のために発注を必要としていたフランスの造船会社〈STX〉[47]。ロシアが〇九年にフランスのミストラル級強襲揚陸艦の導入を決定した背景には、ロシア軍の現代化、新しいハードウェアと技術の獲得という目的のみならず、政治的な影響力を担保するという目的もあった。この種の取引に加えて、西側諸国の元大物政治家や元高官をロシア企業の役員の高給ポストに迎え入れ、影響力を築くという手法も採られた。そこには、彼らを仲間に引き入れ、いざというときにロシア経済の味方になってもらうという思惑があった[48]。こうした一連の対策をしておくことによって、将来的に政治的な対立が起きたときには、経済的な「相互確証破壊」の状態が生まれることになる——西側諸国が経済制裁の引き金を引こうとすれば、西側の利益も大きく損なわれる。つまり、制裁は両刃の剣というわけだ。

経済的な威圧

経済的な影響力や対抗手段を生み出すという考えには、きわめて邪悪な側面もある。サンクトペテルブルク副市長時代、そして国内の反体制派に対処した時期、プーチンは経済面での威圧や脅迫といった手法を用いた。まず税務調査官を送り込み、企業や個人の悪事の情報を収集する。次に、経済犯罪の罪で告発し、相手を法廷に引っぱり出す（まれなケース）。あるいは、訴訟をちらつかせて、悪事を働かないように脅す（よくあるケース）。外交政策も同じだった。たとえば二〇〇六年と〇九年、ロシアは二度にわたってウクライナへのガス供給を停止した。一三年には、ウクライナからロシアへのチョコレートの輸入を禁止。政治的な対立が起こるたび、グルジアやモルドバのワイン、欧米の数々の製品の輸入が禁止された。また、外国企業のロシア支社に乗り込んだ調査官が、税務、環境、労働法に関する違反を徹底的に探すこともあった。または、プーチン自身が外国や外国企業に対して、そうした供給停止、輸入禁止、調査、告発、罰金を示唆して脅すこともあった。

　少なくとも西側諸国の決定に対するプーチン流の解釈というレンズを通せば、ロシア政府のこうした威圧的な行動を後押しする要因はいくつもあった。早い段階でプーチンがとりわけ深刻だと考えた要因の一つが、EUが推し進めた共通エネルギー戦略と「第三次エネルギー・パッケージ」の制定だった。二〇〇九年九月に採択されたこの政策の表向きの目標は、エネルギー供給業者の上流と下流の事業を分離し、彼らを消費者供給網から切り離すことによって、エネルギー部門での競争を促進することだった。EUは、この政策は外国企業を差別するものではなく、あくまでも外国のエネルギー会社にEU企業と同じ規則に従ってもらうための施策だと主張したが、プーチンは〈ガスプロム〉への攻撃だととらえた[49]。実際、EUから〈ガスプロム〉への圧力は強まっていった。たとえば一一年、ヨーロッパにある〈ガスプロム〉関連企業のオフィスに強制捜査が入った。一三年一〇月には、独占禁止法違反の疑いで措置を講じる可能性があるとの警告を受けた[50]。プーチンは、いずれも看過できない脅しだと断言した[51]。

プーチンの二〇一二～一三年の発言に注目すると、世界経済を戦場とみなす彼の考えがますます強まっていくのが手に取るようにわかる。プーチンは、この戦場でロシアの国益を守るために活動する首脳級の工作員だった。それを如実に物語る例の一つが、一三年のキプロス金融危機だ。古くから、キプロスはロシアの銀行や企業がこぞって利用するオフショア金融センターおよび租税回避地《タックス・ヘイヴン》だった。プーチンの目から見れば、キプロスは世界経済への重要な入口だった。何よりも重要なことに、それはロシアがコントロールできる入口でもあった。キプロスは、ロシアにとって実に理想的な租税回避地だった。ＥＵ内に位置し、ユーロ圏の一員でもある。ロシアの観光客に人気の行き先であり、在住ロシア人も多い。おまけに経済規模は小さく、ロシアが完全に支配するのも難しいことではなかった。一二年には、キプロスの銀行預金の三分の一から半分をロシア・マネーが占めるまでになっていた[52]。さらに大きな意味を持っていたのが、キプロスに対するロシアの非公式の影響力だ。キプロスの有力な実業家や政治家の利害は、ロシアの銀行や企業の利害と密接に絡み合っていた。キプロスはまさしく、財政や経済の安定をめぐるロシアの戦いにおける戦略的な〝橋頭堡《きょうとうほ》〟ともいえる存在だった。辞書の定義によれば、橋頭堡とは「作戦の足がかりとなる敵地内の拠点」だ。もちろんこの場合の「敵地」とは、ＥＵのことである。

二〇一三年、その橋頭堡が攻撃を受けた。長引くユーロ圏の危機の余波がとうとうキプロスまで到達したのだ。キプロスの銀行システムは崩壊。ヨーロッパの金融機関とＩＭＦは、預金者に重い税金を課すという条件のもと、キプロスに一〇〇億ユーロの救済を提案した。当然、この案が実行されたときにもっとも打撃を受けるのはロシアの投資家たちだった。プーチンやロシアのスポークスマンたちは、救済の条件についてはもちろん、ロシアへの事前相談なしに救済策が決められたことも激しく非難した[53]。プーチンから見れば、西側諸国のこの行為は国際金融分野におけるロシア侵略も同然だった。しかも、よりにもよってドイツが驚くほど敵対的な役割を果たしていた。ロシアの活動を糾弾するショッケンホフとＢＮＤの報告書を受け（第13章を参照）、ドイツ政府は救済措置の条件についてより強硬な路線を採った。ドイツの国会議員たちは、キプロスにおけるロシアの不正な活動はいっさい許されるべきではなく、救済措置によって恩恵を受けるようなことがあってはいけないと訴えた。ロシアをキプロスから追放するべきだ、と。しかし結果的に、危機のあともロシアはキプロスを出ていかなかった。ほかの全員が退散するなか、ロシアは投資を増額し、キプロスの銀行に資金を投じた。軍事用語でいうなら、ロシア政府は橋頭堡を守るために「特殊部隊を残した」のだ。この作戦は、一四年のクリミア併合後、西側諸国で最初のロシア制裁の議論中に効果を発揮することになった。キプロスの政府高官たちは、金融制裁を求めるドイツ、イギリス、ほかの西側諸国と足並みを揃えるつもりはないと告げた。端的にいえば、キプロスはこう言いたかったのだ。「われわれは制裁に加われない。この国はロシア人に所有されているのだから!」[54]

ユーラシア連合VS欧州連合

〈ガスプロム〉に対する独占禁止法違反訴訟やキプロス危機における一連の進展を受けて、プーチンはEUが今までとはまったく別次元の地政学的な行動主体になったと結論づけた。ヨーロッパのNGOや各種組織が二〇一一~一二年の抗議デモを扇動したというクレムリンの認識と相まって、プーチンはEUへの疑惑をますます強めていった。もしかすると、EUやその行動こそが、西側諸国からロシアへの戦争を構成する重要な一部なのではないか? プーチンにとってEUは、冷戦時代の天敵であるNATOと同じレベルまで、ロシアの利益や国際的地位を脅かす存在になっていった。この評価の変化こそが、一三年末のウクライナ危機に対する彼の見方を形作ったといえる。第10章で説明したとおり、ウクライナ危機の引き金となったのは、ウクライナをはじめとする旧ソ連経済をユーラシア連合に再び取り込もうとするプーチンの計画だった。これは、競争力に乏しいロシア製品を売る地域的な市場を確保することで、外部の経済的打撃からロシア経済を守ろうとする緊急の取り組みだった。[55] しかしその一方で、EUは四つの旧ソ連諸国——グルジア、ウクライナ、アルメニア、モルドバ――と独自の協定を結ぼうとしていた。プーチンとしては、ウクライナが自身の構想の肝だと考えていた。こうして、キエフで両者の思惑がぶつかったのだ。

ロシアとEUのパートナーシップは二〇〇七年に失効し、〇八年のグルジア戦争勃発によって新しい協定に向けた交渉も立ち消えになった。ロシア政府内でEUに対する敵対心が高まる一方、プーチンと彼の経済チームは、EUと新たな経済の「現代化パートナーシップ」を結び、EUの新エネルギー政策を覆すことができるという希望を抱きつづけた。一三年末になっても、ロシア政府とEUのあいだでは、貿易や投資の拡大、公用パスポートを持つロシア人のビザなし渡航の実現に向けた交渉が続けられていた。[56] いつものとおり、プーチンはロシア側の選択肢を残そうとした。ユーラシア連合の計画を推し進めるからといって、EUとの新たな協定の締結の可能性を排除してはいけない、というのがプーチンの持論だった。しかし彼にとっては残念なことに、提案されたEUとウクライナ等の四カ国との協定内容の範囲は、ロシア・EU間の交渉範囲よりもはるかに大規模なものだった。その核となるのが「深遠かつ包括的な自由貿易協定」だ。この協定は、前述の四カ国の経済水準をEU諸国並みに引き上げ、ヨーロッパの単一市場にアクセスできるようにするというものだった。

いったん連合協定が結ばれれば、四カ国は、EUの正式な加盟国が従うEU法の核となる条項を採用・実施する方向に動き出すことになる。そして何より、ロシアとEUが何らかの協定を結ばなければ、この連合協定によってウクライナと残りの三カ国、計六二〇〇万の消費者がロシア経済から離れることになる。EUの連合協定とプーチンのユーラシア連合協定は、基本的に相容れないものだった。つまるところ、二者択一の選択だった。プーチンにとって、EUの独り勝ちだけは受け入れられなかった。ロシア経済を守るという義務を担う彼としては、ロシアやその国益に関する規定を協定に盛り込むことは必須だった。しかし、協定にはそのような条項が含まれていなかったのである。[57]

二〇一三年一一月下旬にリトアニアの首都ヴィリニュスで行なわれた第三回東方パートナーシップ首

脳会議において、四カ国とEUとの連合協定が正式に結ばれる予定だった。ロシアは四カ国に対して調印を見送るよう圧力をかけた。結局、グルジアとモルドバは予定どおり調印したが、アルメニアは辞退してユーラシア連合への加盟に同意。一方のウクライナは、サミット数日前に最終調印の延期をEU側に求めた。ウクライナ大統領のヴィクトル・ヤヌコーヴィチは、ロシアからの圧力を中止の要因の一つとして挙げた。加えて、ウクライナ経済が危険な状態にあり、EUの財政要件を満たすことへの影響に耐えられないと訴えた。ヴィリニュス・サミットの直後の一三年一二月、ウクライナ政府はロシア側のある提案を受け入れた。それは、ロシアがウクライナ国債を購入し、さらにガスを安価で輸出するというものだった。政治的な混乱、暴力、そして一四年二月下旬のヤヌコーヴィチ追放へとつながった街頭デモは、この一連の出来事が引き金になって始まった。

ケース・オフィサー流のウクライナ対応

多くの点において、二〇〇八年のグルジア戦争から一三〜一四年のウクライナ戦争までのあらゆる出来事には直接的なつながりがあった。五年という期間を挟んで二つの戦争が起きたことで、そのつながりはなかなか見えにくい。しかし、二つの戦争が起きることは、最初から決まっていた。プーチンは〇八年、ロシアとウクライナが死活的利益を共有することを明言した。ウクライナとNATOが正式な関係を結ぼうとしただけでも、それはロシアにとって直接の脅威となる、と。〇八年四月のNATOブカレスト・サミットで、ジョージ・W・ブッシュ大統領がウクライナ問題について話し合おうとすると、プーチンは冷たくこう言い放ったという。「ジョージ、君はわかっていないね。ウクライナは国家でさえない。では何なのか？　その領土の一部は東欧に属しているが、大部分はわれわれからの贈り物なのだ[58]」

二〇〇四年のオレンジ革命の末にヴィクトル・ユシチェンコ政権が誕生し、NATO加盟やEUとの密接な関係を模索しはじめたころから、プーチンはすでにウクライナに照準を定めていた。ブカレスト・サミット、そして〇八年八月のグルジア戦争のあと、ウクライナ内外の多くの観測筋は、キエフがロシア政府の次なる攻撃の的になるのではないかと危惧するようになった[59]。しかし、ウクライナの政治的内紛、国内の混乱、エリート層の腐敗によって、NATOやEUとの連携話はいつの間にか立ち消えになったかに思われた。一〇年、ユシチェンコに替わって大統領に就任したヴィクトル・ヤヌコーヴィチは、EUが連携の条件として提示した経済・政治改革の問題に対処するよりも、ウクライナを〝ファミリー企業〟として経営することに興味を抱いた。また、彼はNATO加盟をこれ以上追求しないことを明言。代わりに、クリミア半島の港をロシア黒海艦隊の本拠地として使用させる契約を更新した[60]。

プーチンから見れば、ヤヌコーヴィチ大統領のあからさまな守銭奴ぶりは、大いに利用できる弱点であり[61]、ロシア側に多大な影響力を与えるものだった。ヤヌコーヴィチは、一九七〇年代や八〇年代、プーチンやKGBの同僚たちがレニングラードやドレスデンでターゲットにした外国人そのものだった。その強欲さと罪が、国内外で名声を失うリスクを高め、買収されやすい状況へと彼を追い込むのだ。プーチンはまさにそこを突いた——ヤヌコーヴィチの側近たちに利害のある不透明なエネルギー取引を結び、ヤヌコーヴィチやその家族と密接な関連のある産業に高利益な発注を出すようロシア企業に促した[62]。

プーチンの外交政策の基本原則はロシアの主権と自由を確保することである。さらにロシア国内の政治体制を管理する際の原則もこれに加えられる。すなわち相手（国家）への対処方法を見つけ出し、相手が自分（ロシア）に害を及ぼすことのない状況を作る。二〇一一〜一二年の抗議デモが証明したとおり、プーチンはすべての物事を細かく管理できるわけでも、全員を命令に従わせられるわけでもない。外国の人々をコントロールし、彼らに影響を及ぼすことは、国内よりもいっそう難しいことは言うまでもない。第9章で説明したように、プーチンのシステムのなかで、脅迫は相手に自制を促す有効な手段だった。脅迫を使えば、相手を自分のために働かせることができる。しかし、うまく働かせられるとはかぎらない。ウクライナの場合、ヴィクトル・ヤヌコーヴィチ大統領はまさにその典型例だった。

世界でも、ロシアの近隣諸国でも、プーチンは他国のリーダーたちから「優れた成果」を引き出すのにひどく難儀した。たとえ工作員の手法、道具、戦術を総動員したとしても容易ではなかった。モスクワ政府がウクライナなどのソ連構成国の元首を選任していたソ連時代とは異なり、プーチンがヤヌコーヴィチを指名したわけではなかった。ウクライナの国民によって選ばれたのだ。当然、彼に圧力をかけようとする要求者や有権者はプーチン以外にもいた。となると、プーチンはほかの誰よりも威圧的な影響力を及ぼすことができなければならなかった。二〇一三年、プーチンはそれに成功し、ヤヌコーヴィチがEUにすり寄るのをどうにか阻止することができた。彼はプーチンの経済的救済案を受け入れ、ヴィリニュス・サミットでのEU連合協定への署名を中止した。すると、事態が紛糾。プーチンとは違い、ヤヌコーヴィチは有事計画を用意していなかった。そんな彼は、キエフで勃発したデモへの対応に手間取ってしまう。一二年のプーチンのようにうまくは進まず、抗議者を排除する方法を見つけ出せなかったのである。

ヤヌコーヴィチがEUとの連合協定への署名を中止したことに対するデモは、最初こそ小規模だったが、やがて政府を相手にした大規模な抗議運動へと発展した。ヤヌコーヴィチの群集の取り扱い方や取り締まり方はお粗末そのものだった。かくして、手に負えない状況へと突入した。暴力はみるみるエスカレートし、さらなる抗議を生んだ。ウクライナ国民は思いとどまるどころか、がぜん奮起した。そこでロシアは仲介役となって協定を結び、事態の沈静化を図り、次の選挙までヤヌコーヴィチを大統領職につなぎとめようとした。その矢先、ヤヌコーヴィチが現場から逃げ出してしまった[63]。プーチンがその直後に総括したように、ヤヌコーヴィチは法律的にはまだウクライナの大統領だったが、「政治家としての未来がない」ことを自ら証明してしまった[64]。彼の行動は、ロシアの未来をも危険にさらすものだった。

緩衝地域を失ったロシア

プーチンはユーラシア連合の理念を具体化してい

くなかで、それを単なる経済機構ではなく、ロシアの国家アイデンティティを守る手段だと考えるようになった[65]。ユーラシア連合が政治的な次元を得れば、ヨーロッパや西側諸国から政治思想や文化的価値観が押し寄せてくるのを防ぐための、緩衝地域のような働きをするようになる。ユーラシア連合とEUとの密接な貿易関係を促す一方で、ユーラシア連合とその加盟国はヨーロッパの政治規範とは距離を置くことになる。そうした文脈に照らし合わせると、ウクライナのデモはロシアの国益にとってとりわけ危険な要素をはらんでおり、迅速な対処が必要だった。

二〇一三年を通してプーチンは、西側諸国を手本とせず、ロシアが独自の道を歩むことを正当化する物語を形作ろうとした。その過程で、彼はますますウクライナ問題やウクライナとロシアとの関係性に着目するようになった。多くの点において、それはもはや避けられない流れだった。そんな「プーチン版ロシア国家の物語」のために彼が選んだ一連の史実のなかで、クリミア自治共和国を含めたソ連崩壊後のウクライナ領土は重要な役割を担っていた。数々の演説において、プーチンはウクライナを「キエフ・ルーシ」、ロシア国家の誕生の地「聖なるルーシ」として描こうとした[66]。彼は帝政時代のロシア正教という包括的なアイデンティティを引き合いに出しながら、ウクライナ人とロシア人は単なる兄弟民族ではなく、一つの統一民族なのだと宣言した[67]。ところがウクライナ危機のあいだ、ウクライナ正教会は、プーチンやロシアの総主教の考える統一された「聖なるルーシ」という概念を拒絶するような行動に出た。事実、ウクライナ正教会の司祭たちは、デモ活動で大きな役割を果たしていた。ウクライナの教会指導者たちは、デモ参加者たちを全面的に支持し、ヨーロッパに近づきたいという自身の願望まで表明した。ヤヌコーヴィチ失踪後、ウクライナ反体制派の一部は、モスクワ総主教庁系の正教会の国内での活動の制限を新政府に要求したほどだった[68]。

プーチンはウクライナの騒乱やキエフ独立広場でのデモを、ドレスデンや東ドイツでの自身の経験というレンズを通して評価した。東ドイツの場合、反体制運動やデモ参加者が破壊したのは、ベルリンの壁や自身の国家だけではない。彼らの活動の余波は、ヨーロッパにおけるソ連の地政学的な地位までをも覆した。ベルリンの壁崩壊とともに、驚くべきスピードでソ連圏全体、さらにはソ連自体が崩壊した。抗議デモが成功し、ウクライナが再びEU寄りに態度を変えれば、ウクライナ政府に対するロシア政府の影響力は一気に低下する。ユーラシア連合は有名無実化し、ヨーロッパにおけるロシアの地位は再びデモのせいで落ちることになる。実際、ヤヌコーヴィチが姿を消すと、ウクライナの反体制派の指導者たちは、すぐさまEUとの交渉に復帰すると宣言した。[69]

さらに、西側諸国やヨーロッパのリーダーたちは、デモ参加者や反体制派と直接的な関係を築こうとした。ヨーロッパ各国の外務大臣、EUの外交問題の代表者、アメリカの高官たちが、団結を示すためキエフの独立広場に現われた。彼らはキエフで新政府が生まれることを希望し、反体制派の特定のメンバーに明確な支持を表明した。[70] プーチンにとってこの出来事は、二〇一一〜一二年のモスクワ・デモを通して確信したことを証明するものだった。西側諸国は——たとえ彼ら自身がデモの参加者を送り込んだわけではないとしても——少なくともデモ参加者たちを操作しようとしている。[71] プーチンから見れば、各国の高官たちが独立広場に勢揃いしたことは、西側諸国が〝二一世紀の戦争〟の手法を用いているというさらなる証拠だった。ウクライナにおいて、アメリカとEUの米同盟国は再び、一発も弾を撃たずして政権交代を実現したのである。[72]

ウクライナ作戦

ヤヌコーヴィチがキエフから脱出し、反体制派がウクライナとEUの連合協定の交渉に復帰したことは、プーチンが動き出すきっかけとなった。ウクライナで作戦を開始するにあたり、プーチンは新時代の戦争を戦うために築いてきた兵器を総動員した。経済的なツール、法的な手段、ロシアの民族主義や歴史、情報戦、プロパガンダ、そして従来型の軍事力。前述のとおり、プーチンはおそらくこれほど早くウクライナで行動を取ることになるとは想像していなかった。しかし二〇一三年一二月のデモの激化、一四年二月のヤヌコーヴィチの逃亡によって、プーチンは手を出さざるをえない状況に追い込まれた。

とはいえ、準備は万全に近かった。彼はすでに、重要な切り札をいくつか用意していたのだ。

天然ガス価格の高騰と供給の混乱は、かつてウクライナに絶大な効果をもたらしたことがあった。プーチンは再びそこに目を付け、ウクライナがEU連合協定に調印しないことを条件として大統領が結んだ天然ガスの値引き取引を解消した。さらに、新たなウクライナ政府指導者たちに対し、エネルギー関連の累積負債を今すぐ完済することを要求[73]。また、ウクライナの工業部門の核となる部分にも、ロシアは甚大な影響力を誇っていた。ソ連崩壊以降、ロシアはウクライナの重工業企業、軍需産業、金属メーカー、鉱業部門、電力部門への発注を通して、経済支援を続けていた。二〇一三年の時点で、ロシアからウクライナ産業界への発注額は年間五〇〜一〇〇億ドルにまでおよんでいた。ウクライナ産業界の多くの部門がロシアからの受注にほぼ完全に依存しており、すべての部門がロシアの天然ガスに頼って発電していた。また、ウクライナの軍需産業を請け負う企業は、首都キエフに加えて、ハルキウ、ドニプロペトロウシク、ムィコラーイウの三都市に集中していた。これらの都市では、労働者の実に四人に一人が軍需工場に勤務。プーチンは経済的な支援を断ち、事実上、それらの軍需工場を閉鎖に追い込んだのだった[74]。プーチンはこう読んだ。ウクライナがEUとの経済協定に加わるなら、経済は破綻する。連合のプロセスは、EUにとってもウクライナ政府にとっても大きな痛みをもたらすことになる。

経済以外の面でも、プーチンはまったく容赦しなかった。ロシア国内の反体制派を首尾よく制圧した法的な操作、脅迫、武力といった手法をさらに拡大して、キエフの新政府に戦いを挑んだ。二〇一四年三月、ヴィクトル・ヤヌコーヴィチの国外脱出後もウクライナ議会は以前とほぼ同様に機能していたが、新しい大統領代行と暫定政権のメンバーは選挙によって正当に選ばれたわけではなかった。プーチンはすぐさまウクライナの暫定政権を違法と宣言。入念に準備した一連のスピーチのなかで、彼はデモの暴力行為を非難し、過激な右翼分子の活動について強調した。著名な右派のデモ参加者が暫定政権に加わると、プーチンはウクライナの暫定当局を外国人排斥・反ユダヤ主義の過激派や悪党、クーデターを実行したテロリストの集まりだと批判した。[75]

ウクライナの暫定政府がロシア語の第二公用語としての地位を剝奪したのは、大きな判断ミスだった。プーチンは即座に、ロシアの民族主義という兵器を取り出した。ウクライナ政府はすぐに決定を覆したものの、プーチンはその混乱を逆に利用した。キエフの新政権がウクライナ内のロシア民族、ロシア語話者、宗教的少数派に脅威を及ぼそうとしていると宣言したのだ。特に、クリミア半島やロシア国境に近い東部や南部の地域では、その傾向が甚だしいとプーチンは訴えた。これらの地域は「ノヴォロシア」（新しいロシアの意）と呼ばれる、歴史的に重要な土地だった。[76] プーチンは事実上、ロシアの言語、アイデンティティ、歴史を理由にウクライナ領土の一部に対する権利を主張したのだった。そのうえで彼は、別の兵器を持ち出した――二〇世紀の二つの大戦の記念日である。

歴史という兵器――第二次世界大戦の再来

プーチンにとって、二〇一四年は記念すべきイベントが集結する年だった。第一次世界大戦勃発から一〇〇周年、第二次世界大戦勃発から七五周年。そして、レニングラード包囲戦の終結やノルマンディ上陸作戦など、第二次世界大戦の終戦につながった画期的な出来事から七〇周年……ピックアップするネタには事欠かなかった。一四年一月、プーチンは年明け早々行動に乗り出し、レニングラード包囲戦の終結を記念する式典で花輪を手向けた。彼は包囲戦との個人的なつながり（「これは私自身の家族史に刻まれた出来事だ」）やレニングラード市民（彼の両親も含む）の払った犠牲について強調した。[77] ロシアの国営テレビは、ナチスのソ連侵攻をテーマとした映画やドキュメンタリーをひっきりなしに放映した。そうした映像のなかで語られる事実の数々は、プーチンやクレムリンがキエフに誕生した「新たなファシスト」の脅威となぜ戦わなければいけないのか、その理由を説明するものだった。[78]

第二次世界大戦の記念日を利用してウクライナ作戦やクリミア併合を正当化する物語を紡ぎ出すために、プーチンは手持ちの道具をさらに磨き上げる必要があった。それまで彼は、ウクライナ人とロシア人を単一の民族としてひとくくりにしていたが、こんどは両者を引き離さなければならなかった。第二次世界大戦というレンズを通して見ると、民族としてのウクライナ人は第五列だった。つまり、彼らはロシア人やロシア国家の敵だった。クリミア併合を発表するプーチンの三月一八日の演説は、この点をきっちりと反映させたものだった——二〇一一～一二年のデモで国家を脅かしたロシア国内の第五列と、ウクライナ人を巧みな言い回しで結びつけたのだ。[79]戦時中の第五列といえば、国家の裏切り者であり、ナチスに協力したソ連の人々や民族を指す。[80]そこで、プーチンはソ連の歴史のなかでも混迷をきわめた二〇年間——ロシア革命から第二次世界大戦勃発までの時期——についてあえて言及した。当時、ウクライナ人はたびたびロシア人と対立し、ソ連支配に反対するウクライナの民族主義グループが次々と組織された。[81]その一つであるウクライナ民族主義者組織（ＯＵＮ）は、国境を越えたポーランドに拠点を置くグループだった。当初、ＯＵＮとその指導者のステパン・バンデラは、一九三九～四一年にポーランドとウクライナに侵攻したドイツ軍と協力関係にあった。彼らの心には、ドイツがウクライナ独立を支持してくれる、という（無益な）期待があった。[82]

ＯＵＮがドイツと協力関係にあったという史実を利用して、プーチンは、ステパン・バンデラをヒトラーの右腕とイメージづけようとした（実際のところ、バンデラはヒトラーに会ったこともなく、最後にはナチスとソ連の両方から迫害されることになる）。さらにプーチンは、ウクライナの新政府がステパン・バンデラの思想の流れを引くものだと印象づけようとした。[83]彼は数々のスピーチや発言のなかで、国家の生き残りとロシア世界（ルスキー・ミール）の防衛を賭けたロシアの長年の戦いについて繰り返し語り、古い物語を引っぱり出してきた。二〇一四年、ロシアの長い奮闘の最新章の一ページに立ったプーチンは、「ステパン・バンデラのウクライナ」に潜む第二次世界大戦の恐怖の再来を必死に食い止めようとしていたのだ。

一方、第二次世界大戦中のナチス・ドイツとロシアの協力については、プーチンは巧みな話術を駆使して正当化した。ドイツによるポーランド侵攻を容易にした一九三九年の独ソ不可侵条約と、スターリンとヒトラーによる秘密取引は、ロシアの生存のために必要だったとして弁護された。ところが、ステパン・バンデラとウクライナの民族主義者たちは、過激思想や反ユダヤ主義に駆られ、ナチスに仕えてウクライナのユダヤ人を虐殺したとして非難された。メディア戦略によって広められた「プーチンが語る物語」のなかでは、彼らはホロコーストの実行犯であり、ウクライナの民族主義思想を掲げてロシア人をも攻撃した危険分子だった。プーチンは訴えた。今、世界は新たなファシストの台頭に直面している。しかしアメリカや西側諸国の政府は、一九四〇年代の戦時中の同盟ではロシアと手を組んだにもかかわらず、今回はそうしようとせず、なぜかウクライナの過激派を支援・扇動しようとしている。ロシアを崩壊させたいという欲求から、アメリカとヨーロッパの米同盟国は第二次世界大戦の原則そのものを裏切っているのだ[84]。

　プーチンはそれまでの政治論争でも、こうした戦術や言葉遣いを試したことがあった。たとえば二〇〇〇年代のチェチェン紛争中には、チェチェン人の歴史が利用された。〇七年四月のタリンのソ連兵戦没者慰霊碑の撤去をめぐる論争ではエストニア人、〇八年八月のグルジア戦争中にはグルジア人の戦時中の過去がほじくり返された。これもケース・オフィサー流の脅迫の一種といっていい。いずれの場合も、プーチンはこう言っているも同然だった。「われわれはあなたたちの汚れた過去を知っている。ソ連の一部だったあいだは黙っていたが、現在のあなた方の行動を見ていると、もういちど話をしなければいけないようだ。第二次世界大戦の記念の年は、この質問を問いかける絶好の機会になる——当時、あなたたちはどちらの味方だった？　そして今、どちらの味方に付くつもりだ？[85]」

　こうした国家や個人の忠誠と裏切りの物語は、プーチンが談話のなかで好んで取り上げるテーマである[86]。第5章で説明したとおり、第二次世界大戦中、プーチンの父は内務人民委員部（ＮＫＶＤ）の破壊工作部隊に所属し、レニングラードからナチスの占領地へと送られた。あるとき、現在のエストニアに入った彼は、敵の協力者を殺し、占領軍にとって有利なものをすべて破壊することを命じられた。いわば特攻作戦だった。プーチンの父はケガを負ったが、何とか生還して故郷に戻ることができた。父親の体験を語るとき、プーチンは「戦時中にソ連を裏切ったのは誰か」という強い思いを必ず口にした。そのなかにはエストニア人とウクライナ人が含まれていた。[87] 情状酌量の余地はあるとしても、彼らの行動はプーチンにとって許しがたいものだった。ウクライナについていえば、一九三〇年代のソ連の集団農場化政策や大飢饉の被害によって、モスクワ政府に対する敵意がはぐくまれていったことは確かだった。ソ連指導者のニキータ・フルシチョフは、当時の苦痛への謝罪の意味も含めて、一九五四年にクリミアをウクライナに移管した(そのときにはもちろん、ソ連の解体など想定されていなかった)。しかしプーチンにとって、こうした歴史は二〇一三〜一四年の自身の物語とはいっさい関係がなかったのである。

「クリミアはわれわれのもの!」

歴史を武器として使うことによって、プーチンはウクライナの民族間の緊張や恐怖に薪をくべた。次に彼が訴えたのは、たとえどこに住んでいようとも、ロシア民族とロシア語話者を攻撃から守るのが国家の権利と義務であるということだった。この権利は、一九九〇年代初頭にボリス・エリツィン大統領が初めて主張したもので、のちにロシアの軍事政策へと正式に盛り込まれた。[88] プーチンはこうした義務と、意のままに操ることのできる法律の力を駆使し、二〇一四年五月二五日に予定されていたウクライナ大統領選挙に先駆けて、クリミア半島を実効支配した。プーチンがこのときに道具として用いたのは、クリミア半島へのロシア黒海艦隊の長期駐留を認めるウクライナとの二国間条約、ロシアの支援を求めるヤヌコーヴィチ大統領や地方当局の要望、ロシア議会の決議だった。[89] これらの道具は、軍や民間の建物やインフラを守る治安部隊の活動を法的に援護するものだった。そして、三月一六日に慌てて行なわれたクリミアのロシア併合に関する住民投票が、今回の行動を正当化する最後の要素となった。

表面的には、クリミア併合はロシアの民族主義者やロシア正教会への究極のプレゼントに見えた。クリミアのロシア民族性を認めることによって、プーチンは入念な計算のもと、ソ連時代の過去と決別した。聖公ウラジーミルの洗礼の場所であるクリミアは、ロシア正教会の忠実な信徒と深いつながりがある場所としても重要な意味を持っていた。また、クリミア半島がロシア連邦に再び編入されたのは、ロシアとの歴史的なつながりがあるからだけではなく、明らかな「ロシア民族の（russkiy《ルスキー》）」地だったからだ。この点は、プーチンのミレニアム・メッセージの枠組みからの大きな飛躍だった。ミレニアム・メッセージでは、彼は民族としてのロシア民族性について明確に言及しないよう細心の注意を払っていた。反対に、ロシアの多民族国家としての性質や状態をしきりに訴えていたのだ。russkiyという単語はその変化形も含め、ミレニアム・メッセージには一回も登場しない。対照的に、第5章で指摘したとおり、多民族のロシア国家やその市民を指す「ロシアの（rossiyskiy《ロシイスキー》）」という形容詞は、ロシア国民（rossiy《ロシイ》skiy narod《スキー・ナロード》）やロシア思想（rossiyskaya ideya《ロシイスカヤ・イデヤ》）など頻繁に使われている。さらにミレニアム・メッセージのなかで、プーチンはロシアの価値観（rossiys《ロシイス》kiye tsennosti《キエ・ツェンノスチ》）――ロシア民族だけが支持する価値観ではなく、全ロシア市民が共有する価値観――にまで言及している。しかし、クリミア併合時の演説において、プーチンはロシア民族を意味するルスキーをかつてないほどに連呼した。

　ウクライナ作戦では、ミレニアム・メッセージとは違う言い回しが必要だった。一九九九年から二〇〇〇年にかけてチェチェンとの戦争が再発し、ロシア連邦がバラバラになりかけると、プーチンは何とかロシアを多民族国家として維持しようとした。ロシア民族以外のロシア人、つまりチェチェン人をロシアへと引き戻す必要があった。そのためには、ロシアの民族や宗教の多様性の意義、ロシア国民の市民性の高さを説くしかなかった。プーチンとしては、国家のロシア民族的な要素やロシア正教会的な要素は二の次にせざるをえなかったのだ。

　一方で二〇一四年のプーチンは、ウクライナを何とかロシアの軌道上にとどめようとしていた。その一つの方法が、歴史的に指定されたロシア世界の土地、ロシア民族の世界、聖なるルーシの世界、正教徒全体を再統一するというものだった[90]。そのためには、以前の枠組みを、少なくとも作戦のあいだだけ一時的に放棄する必要があったのである。

russkiy へと視点を切り替えたのは、プーチンにとって計算された戦術的な動きであり、戦略的な変化ではなかった。クリミア占領を正当化するには、ロシア国内外で理解される明確なメッセージを伝える必要があった。クリミアはわれわれのもの。歴史、文化、言語——あらゆる点から見てロシアの領土である。歴史の偶然（と一部のソ連の指導者や役人の判断ミス）のせいで、ロシアから切り離されてウクライナに残っただけ。それでも、ウクライナとロシアが同じ制度的取り決めで結ばれているあいだは容認できた。しかし制度的取り決めがなくなった今、あるいはなくなりそうな今となっては、もう我慢も許容もできるはずがない。そこで、プーチンはやむにやまれず措置を講じた。プーチン、クレムリン、露メディア、外務省、ロシアの評論家たちは、ことあるごとにこのメッセージを広めようとした。実際、このメッセージはロシア人の心を打ち、クリミア併合はロシア国内ではおおむね支持された[91]。さらに、プーチンのメッセージは、ロシア国外でも、ソ連時代の古き良き安定や連帯を懐かしむ多くの人々の心を打った。一四年三月にタジキスタンの首都ドゥシャンベを訪れたある人物は、プーチンがクリミア併合の書類に署名した際、ロシア民族ではないタジク人が街頭で「クリミアはわれわれのもの！」と叫んでいるのを見て仰天したという[92]。また、国境によって分断された世界じゅうの愛国者集団からも、プーチンの行動は一定の評価を得た[93]。彼らにしてみれば、クリミア併合は過去の間違いを正し、かつての秩序を戻すための行動だったのだ。

民族主義者の抑制——再び統一へ

二〇一一～一二年のデモの直後も含め、プーチンは二〇〇〇年代を通じて、ロシアの民族主義的な過激思想を抑制しようと努力してきた。しかし、クリミア併合は国内で民族主義の暴発を招きかねない出来事だった。一四年三月のクリミアの進展に勇気づけられたロシアの民族主義者たちは、当然ながら、世界じゅうでロシア復興に向けた動きが起こることを期待した。それまでは彼らを野放しにしていたプーチンだったが、今や彼らの手綱を引き、抑制しなければいけなくなった。プーチンにとっての最重要課題は、ロシア民族だけでなく、ロシア国家の統一である。それに変わりはなかった。併合のわずか数週間後の五月九日、第二次世界大戦終結を記念する戦勝記念日に、プーチンは国民に対してスピーチを行なった。記念式典と赤の広場のパレードの両方で、彼はまた例の慎重な言葉遣いに戻り、ロシアおよびソ連の多民族・多宗教の国民が統一されたことこそ、第二次世界大戦勝利の最大の遺産だと述べた。[94]

プーチンの戦勝記念日のスピーチから間もない五月下旬、統一の大切さを印象づける出来事が意外な場所で起きた――北コーカサス地方だ。多数のチェチェン人戦士が親ロシア分離主義勢力に力を貸すため、ウクライナのドネツィク州に現われたのだ。西側諸国のジャーナリストによるインタビューを受けたチェチェン人戦士のなかには、自分がロシア国家の愛国者であり、ロシアの国益を守るためにやってきたと明言する者もいた。ゼリムハンという名のある戦士は、グロズヌイの三三人の戦士、隣国の北オセチアの一六人の戦士とともにドネツィクにやってきたことをマスコミに告げた。すると記者は、「ロシア人の戦士」も含まれているのかと尋ねた。記者のいう「ロシア人」は、明らかに「ロシア連邦のロシア民族」を意味するものだった。ゼリムハンは少しムッとした様子でこう言い返した。「俺はロシア人じゃないのか？」[95]

今やチェチェン人は、一九九〇年代や二〇〇〇年代のようにロシアと敵対するのではなく、ロシアのために戦っていた。彼らは、クリミア問題がロシアの国家的地位を揺るがす問題であることを〝証明〟した。ロシアやロシア国民にとって、これは単なる小さな民族紛争などではないのだ、と。あるロシアの評論家はこう述べた。「ロシア人のチェチェン人に対する姿勢はこの数十年で進化してきた……チェチェン紛争中、チェチェン人はロシアと戦った。しかしカディロフが権力の座に就いた今、チェチェン人はロシア人の味方とみなされている。ウクライナ東部で親ロシア分離主義者の理念を支持する人々は、チェチェン人戦士の登場に大いに喜んでいるのだ」[96]。チェチェン人の存在は、まさしく国益を守るために立ち上がって戦う「ロシア」「全ロシア市民」の統一の象徴だった。

二〇一四年八月、第一次世界大戦開戦一〇〇周年を迎えた直後、プーチンは再び、宗教や民族の枠組みを超えた全ロシア国民の統一について訴えた。彼はこの問題に関するこれまでの発言を踏襲しながら、歴史を断ち切るかのように、第一次世界大戦におけるボルシェビキの役割を批判した[97]。一四年八月二九日、トヴェリ州のセリゲル湖で開催された毎年恒例の〈ロシア青年フォーラム〉を訪問したプーチンは、ロシア国家への影響を顧みず、革命達成のために視野の狭い政治的目標を追求したボルシェビキを非難した。「ここにいる一部の聴衆、左派的思想を持つ人々にとっては耳の痛い話かもしれないが、第一次世界大戦で、ボルシェビキは祖国の敗北を望んだのだ。ロシアの英雄的な兵士や将校たちが前線で血を流すあいだ、一部の者がロシアを国内から揺るがし、そのまま国家としてのロシアは崩壊した。そして、自ら国の敗北を宣言したのだ。実にナンセンスだし、不条理だ。しかし、それが実際に起きたことなのだ！　これは、国益に対する完璧な裏切りだ[98]！」

セリゲル湖での発言やこういった問題に関する種々のスピーチを通して、プーチンはこの物語全体を確実に自分の手でコントロールしようとした。それは、国内の統一を確保するためにも、新時代の情報戦を戦うためにも欠かせないことだった。重要なのは、危機を伝えること。プーチンとしては、国内でメッセージが誤解・勘違いされないように注意を払うだけでなく、海外の敵国が繰り出す矛盾した解釈に対抗する必要もあった。ここで、あるロシア人三人が大切な役割を果たすことになる。この危機的な時期のあいだにロシアの民族主義的な視点を公に擁護した主要人物、セルゲイ・グラジエフ、アレクサンドル・ドゥーギン、アレクサンドル・プロハーノフである。彼らは二〇一四年のロシア民族主義運動の紛れもない信奉者となり、その発言、記事、出版物は国内外から注目を浴びた。たとえば国内では、彼らの意見が、ユーラシア連合、ウクライナ、クリミア、西側諸国の役割に関する議論の枠組みを形作ることになる。さらに国外でも、彼らは西側諸国のメディアで持て囃され、プーチンの「ヨーロッパの右派への接近」に関する発言とともに、多種多様な記事で取り上げられた[99]。しかし意外にも、三人はロシア民族主義者でもなければ、大勢の支持者を抱える政治指導者でもなかった。

愛国者を自称するグラジエフ、ドゥーギン、プロハーノフは、ウラジーミル・ジリノフスキーやドミートリー・ロゴージンの流れを引く論客たちだった。グラジエフは過去に独自の政党を起ち上げ、ロシア政界で大きな役割を果たしてきた（第3章を参照）。彼が常に重視したのが、国家の統一だった。グラジエフは経済学者の肩書きを持つ評判の高い著名人で、ウクライナとのつながりも深かった（母親がウクライナ人で、彼自身もウクライナの都市ザポリージャ生まれ）。そこにプーチンが目を付け、ウクライナ危機担当の大統領顧問という役割を与えたのだった。

ドゥーギンとプロハーノフは、普段はまったく注目されない平凡な知識人であり、いわゆる〝帝国主義者〟だった。しかし二人は絶妙のタイミングで動員され、表舞台に立つことになる。アレクサンドル・ドゥーギンは、一九九〇年代にロシアのユーラシア主義思想の復活において主導的な役割を果たした人物だった。彼は本質的に、全ロシア思想や統一思想の持ち主であり、「大ロシア主義」的・狂信的・愛国主義的な民族主義者ではなかった。ロシア革命後にユーラシア主義を標榜するようになった亡命者たちと同じく、ドゥーギンの理論は、民族誌学、歴史、地理、地政学を融合して、ロシア国家が広大な土地を支配することを正当化するものだった。一九九〇年代にドゥーギンがキャリアをスタートさせるきっかけとなった自著『地政学の基礎：ロシアの地政学的未来』は、イギリスの地理学者ハルフォード・マッキンダー卿の一九〇四年の有名な論文『歴史の地理学的な回転軸（*The Geographical Pivot of History*）』に部分的に想を得たものだった。[100] マッキンダーは、世界の大国が常に支配や掌握を試みる巨大な「ハートランド国家」の中心に、ロシアおよびユーラシア大陸を位置づけた。ドゥーギンは彼の理論を引っぱり出してきて、ロシアが常に外界からの侵略行為の標的にされてきた経緯と理由を説明する新たな次元を加えた。その点でいえば、ウクライナ危機についてドゥーギンの怒りをさらに駆り立てたのは、アメリカの手先となったウクライナ民族主義者たちが、ユーラシアの兄弟であるロシア、スラヴ、テュルク民族を引き裂こうとしていることだった。

彼らは、巨大なハートランド国家の一部をむしり取ろうとしていた。ロシア国家を分断し、ユーラシアのハートランドを手に入れようとする――ウクライナの行為は、西側諸国の数世紀がかりの取り組みの新たな例だったのだ。

一方、アレクサンドル・プロハーノフは偏狭なロシア民族主義者ではなく、大国主義的な帝国主義者だった。プロハーノフは米『タイム』誌のジャーナリスト、サイモン・シャスターの二〇一四年五月のインタビューに答え、自身の考え、国内外での世論形成に対して果たす自身の役割について明快に述べた[101]。また、プーチンとクレムリンがヨーロッパの右派に接近し、保守的な国際組織を取り込もうとしている理由まで説明してみせた。さらに彼は、民族主義がロシアで暴走しないように、注意しながら前進する必要があると訴えた。「(民族主義に関して)二面的なアプローチを採る必要がある……今のところ、われわれはこうした思想を新帝国主義やロシア復活の概念へと慎重に導き、国内でうまくコントロールすることができている……今、ヨーロッパで保守思想が復活しつつあることは大歓迎だ。ある意味で、この動きはわれわれにとって追い風になる。だが、内心では恐れてもいる……こうした民族主義的な傾向は広く伝染し、ロシアを苦しめる可能性もあるからだ[102]」

要するに、ドゥーギンとプロハーノフは、プーチンがウクライナで仕掛けた新時代の戦争のなかで、情報および心理作戦の道具としての役割を果たしていたのだ。国内でも国外でも、彼らは大きな戦力になった。国内では、民族主義者たちをクレムリンの味方に付けることに役立った。国外では、相手を脅して混乱させることができた。西側諸国のジャーナリストやアナリストたちは、プーチンがずっと以前から、ドゥーギンやプロハーノフが提唱するようなイデオロギーを支持していたのだと推測した。ロシアの宗教哲学者イワン・イリインに関するプーチンの発言、あるいはユーラシア主義やユーラシア連合を擁護する言葉の数々から判断するに、きっとそうに違いない、と。この解釈に従えば、ドゥーギンとプロハーノフはそれぞれ民族主義者であり、プーチンは隠れ民族主義者であり、ドゥーギンとプロハーノフはプーチンのブレーンということになる。そして二〇一四年、彼はとうとう旧ソ連時代やロシア帝国時代の領土を奪還するという、ある種の新帝国主義的、ユーラシア主義的、救世主的な計画に着手したというわけだ[103]。

しかし、一連の出来事を実際に操っていたのはドゥーギンやプロハーノフではなく、プーチンとクレムリンだった[104]。ドゥーギンとプロハーノフは国家のために投入された政治的な武器にすぎなかった。彼らが公の舞台で突如として出世または復活したタイミングは、ウクライナやクリミアの危機が起きた時期と完全に一致していた。巨大なユーラシア帝国の中心にロシア世界があるという彼らの全般的な考えは、国家主義的・愛国的な感情を持つ人々を動員するのに好都合だった。しかし、プロハーノフ自身が述べたとおり、この考えには限界とリスクもあった。ユーラシア帝国計画の地政学的な思想は、とても誤解されやすいものだった（とてつもなく複雑で、ドゥーギンは本をまるまる一冊使って説明しなければいけなかった）。また、「ロシア世界」という概念は、ロシア人をロシア連邦内のほかの民族グループと対立させ、内紛という負の連鎖を引き起こしかねないものだった。そのため、ロシア民族主義には常に何らかの「抑制」が必要だった。同時に政府としても、ドゥーギンとプロハーノフが独自の政治活動を行なうことのないよう、二人をしっかりと牽制しておく必要もあった[105]。プーチンとクレムリンは、絶妙なタイミングでドゥーギンとプロハーノフの声のボリュームを上げた。しかし作戦が終了したときには、再びボリュームを下げられるようにしておく必要があったのである。

ユダヤ人というカードを慎重に切るプーチン

プーチンはウクライナ問題に対処するにあたり、イスラエル大統領シモン・ペレスがユダヤ博物館の開館式のスピーチで言及した、危険で根深い反ユダヤ主義の歴史的潮流も利用した[106]。ウクライナについて話す際、プーチンはロシア帝政時代の「居留地」でのユダヤ人共同体に対する残虐行為（ポグロムなど）についてたびたび触れることがあった。居留地とは現代のポーランド、ウクライナ、ベラルーシ、リトアニア、モルドバ、ロシア西部にまたがる一帯であり、一九世紀を通じて皇帝がユダヤ人の定住区域と定めた地域である。プーチンは、数々の残虐行為や第二次世界大戦中のユダヤ人虐殺をウクライナ人のせいだと強調した。一方で、ユダヤ人の居留をこの一帯に制限したのがロシアの皇帝であることについては触れなかった。また、プーチンの側近と密接な関係を持つ人物も含め、ロシアの民族主義者たちのあいだに反ユダヤ主義が今でも色濃く残っていることは認めなかった。[107]

ウクライナを「帝政時代やソ連時代の反ユダヤ主義の唯一の源」、そして「現代の反ユダヤ主義の新たな源」として描くためには、ウクライナの過激派とロシアがまったく別物であることを示す必要があった。そのため、現代ロシアに反ユダヤ主義が存在する証拠はなるべく隠しておかなければいけなかった（実際には、ロシア政界の一部では反ユダヤ主義が便利な動員の道具になることもあった）。ここで、プーチンはまた別の武器を取り出した――国内のユダヤ人コミュニティ、国際的なユダヤ教指導者、そしてイスラエルとじっくり築き上げてきた個人的な関係である。ウクライナとクリミアで危機が高まると、プーチンは国内外のユダヤ教指導者たちと会談し、国境の向こう側で高まりつつある恐怖について訴えた。[108] モスクワでラビの代表団と会ったときには、ロシアのユダヤ人を最後まで守りとおすことを約束した。どの会談でも、プーチンのメッセージは明白だった。「私にはこれまでの実績がある。何としても、反ユダヤ主義と過激主義を食い止めなければいけない。キエフにいるステパン・バンデラの後継者たちを打ち倒さなくては」

プーチンがユダヤ人コミュニティとの関係を政治的ツールとして利用したことを物語る、ある事実を紹介しよう。プーチンが積極的にユダヤ教指導者たちと会談していたのと同じころ、ロシアのほかの有名政治家たちが反ユダヤ主義の伝統的なシンボルを面白おかしく使っていたにもかかわらず、クレムリンからは何のおとがめもなかったのだ。たとえば、二〇一四年一月のウクライナの抗議デモの最中、共産党党首ゲンナジー・ジュガーノフが、一連の出来事に関する公式声明を共産党ウェブサイトに公開。彼は声明のなかで、ウクライナのデモ参加者を「ポグロム主義者」「ファシスト」「ナチス」「ヒトラー主義者」「反ユダヤ主義者」といった色とりどりの言葉で呼んだ。さらに、抗議運動を指揮するのは「国際的な独裁政治」や「世界の金融資本」を操る人形遣いであり、彼らがウクライナを「奴隷的拘束」へと追いやったのだと主張した。隠語だらけのジュガーノフのメッセージが理解できない人のために、彼の声明にはわかりやすいイラストが添えてあった。「人形遣い」役として描かれていたのは、ユダヤ人の衣装をまとったアメリカの「アンクル・サム」。それは内容的にもスタイル的にも、反ユダヤ主義的な評論や出版物でよく見かけるような種類のイラストだった。[109] このイラストでは、ユダヤ人であるアンクル・サムがウクライナの反ユダヤ主義者を指揮していた。

　こうした外部の指揮や陰謀という考えは、帝政時代からロシア国家が推進するプロパガンダの主な要素だった。たとえば一八九〇年代終わりごろ、『シオン賢者の議定書』がロシア帝国秘密警察〈オフラーナ〉によって作成され、一九〇三年に出版された。これは、世界のメディアや金融市場を支配しようと企むユダヤ人の黒幕たちの陰謀を記録したとされるものだ。その後、この文書は複数の言語に翻訳され、世界じゅうに広まった。一九二〇年代に捏造だと発覚するものの、いまだ各国で出版されている。また、インターネットでも広く出回っており、さまざまな陰謀論の出所になっている。[110]『シオン賢者の議定書』が作られたのは、資金力や組織力のある共謀者集団にロシア帝国が狙われているとロシア人に思い込ませようとする秘密警察の画策によるものだった。この文書は「本物」として発表されたものの、実際には創作だった。ウクライナ作戦でも、プーチンやクレムリンが発信した物語やイメージとともに、数々の「創作作品」が人々の意見形成に同様の役割を果たしたといえる。

暗黒郷ウクライナ

一九九〇年後半から二〇〇〇年代にかけて、ディストピア（暗黒郷）小説がロシアでカルト的な人気を集めた。そのブームの火付け役となったのが、一九九七年刊行のニック・ペルモフ著『血から鉄を蒸留する（*Distill Iron from Blood*）』だった。舞台は、国連の国際平和維持軍に破壊、占領、征服されたロシア。若者たちの小集団が抵抗運動を始め、やがて残りの国民を団結させていく……。アメリカ率いる国際機関にロシアが侵略され、独立を取り戻す戦いへと進展するというテーマは、ほかのエッセイや小説にも多く見られるものである。ロシア人作家オレグ・クラーギンの〇五年の小説では、欧米諸国がロシア政府を打倒し、非ロシア人傭兵を使って国家の内側から国を分割していく。この小説のなかのロシアは、プーチンが年次演説で示唆した混沌とした暗闇に陥っていった。[111] また、ロシア最大手の出版社〈エクスモ〉は、一四年前半の五カ月のあいだに、ウクライナをロシアの将来をめぐる戦いの主戦場として描く七冊のファンタジー小説を次々と発売した。この「戦場ウクライナ」シリーズは、ウクライナで本物の戦いが展開するにつれ、ウクライナとロシアの両方の評論家によってたびたび言及されるようになった。[112] 小説のなかに広がる不穏な空間は、プーチンが一三〜一四年に進めた新時代の戦争における心理作戦のなかで一定の役割を果たしたといえる。ほかの陰謀論や策略説と同様に、こうした小説は、生き残りを懸けて西側諸国と戦うロシアやロシア世界というイメージを人々に植えつけるものだった。[113]

二〇一四年八月九日、ウラジーミル・プーチンが首相としてロシアの権力の座に初めて就いてから一五年後、クリミアのスタジアムで一〇万人の観客を集めて行なわれた豪華絢爛なショーでディストピアが実際に再現された。テレビ放映されたこのショーを制作・上演したのは、愛国心を誇示する極右バイカー集団〈ナイト・ウルブズ〉だった。[114] 規模や豪華な演出という点では、半年近く前のソチ冬季オリンピックの開閉会式に引けを取らないほど壮大なショーだった。プーチンが語ったように、開閉会式、そしてオリンピック全体は、新しいロシアの顔を世界に示すためにデザインされたものだった。一方、クリミアのショーは世界のためではなく、ロシア国民のために作られたものだ。そこに描かれるのはロシアの世界ではなく、ロシアの新しい世界観である。ディストピア小説の筋書きを地で行くように、クリミア併合へと至る一連の出来事が再現され、キエフの抗議デモを外部の黒幕が操る様子、外部勢力に国が侵攻される様子が次々と描かれていく。卐の形に隊列を組んで行進する抗議者たち、ドル記号、フリーメイソンのシンボル、アメリカを暗示するイメージの数々……。そのすべてが、抗議デモの黒幕が誰かをはっきりと示していた。途中、ロック・グループが舞台上に登場し、キエフ・ルーシやロシア世界のスローガンが歌詞にちりばめられた曲を歌い上げる。終盤になると、ロシア国旗を付けた装甲車が現われ、ロシア軍が圧倒的な力を見せつけてクリミアを救う。すると〈ナイト・ウルブズ〉のリーダーが出てきて、プーチンの名前を叫ぶ。ロシア連邦大統領の名前を叫ぶ彼の声は、会場じゅうにこだました。

グランド・フィナーレを迎えると、教会の鐘が鳴り響き、観客の頭上に花火が上がり、プーチンが理想とする融合国家のイメージがスポットライトのなかに浮かび上がる。凱旋門を模した巨大な舞台装置の上部には、翼の付いた勝利の女神像、双頭の鷲、旧ソ連の国章。オリジナルの歌詞で旧ソ連の国歌を歌うのは、黒海艦隊の合唱団。こうした演出の数々は、クリミア併合（プーチンの言葉を借りるなら「クリミア返還」）が象徴する復興の概念を表わすものだった。[115] メッセージは明白だ。国家の復興とともに、ソ連時代と帝政時代のシンボルが一つになった。新しいロシアはソ連の再来ではない。別の国だ。二つの国の良い点だけを融合した新生ロシア。それは、ウラジーミル・ナボコフの小説に出てくるコマロフ夫妻が思い描くような国である（第5章を参照）。旧ソ連の国歌やシンボルの復活を願う共産主義者であれ、革命前の帝政時代のシンボルに憧れる民族主義者であれ、このショーにはすべての人の心に響く何かがあった。[116] そしておそらく、別の視点を求める〝新しい〟ロシア人まで取り込むため、超現代的で前衛的な洒落た演出が採用されたのだろう。〈ナイト・ウルブズ〉のショーは、まさにロシアの思想やシンボルに関する一九九〇年代の議論の集大成であり、ウクライナ作戦におけるクリミア編入のステージの締めくくりを意味するものだった。

使命を背負って――プーチンの新ヤルタ協定

数日後の二〇一四年八月一四日、プーチンはもう一つの政治劇に参加した。わずか一週間前の豪華ショーとは対照的に、今回の演出は驚くほど地味だった。〈ナイト・ウルブズ〉のパフォーマンスとは異なり、テレビ放映はなし。その日、プーチンは外の世界に別のメッセージを届けた。モスクワではなく、ロシアに併合されたばかりのクリミア共和国の都市ヤルタに集まったロシア連邦議会国家院の代表者たちへの演説で、ウラジーミル・プーチンはこう宣言した。

> 世界の政治的・経済的な状況がどうあれ、今のわれわれにとってもっとも重要なのは国内問題であり、ロシアの人々、ロシア市民がわれわれに定めた目標や課題である。われわれは国家の問題や課題の解決に向けて努力しなければならない。国家行政や市民組織の高い質を保つことが大切だ。そして何より重要なのは、ロシア市民の生活の質を高めることなのだ。
> われわれの課題は、この国を穏健で誠実で効率的な発展へと導くことである。残りの世界を締め出したり、パートナーとの関係を断ったりしてはいけない。同時に、相手の見下すような態度や干渉を許してはならない。ロシア社会が一丸とならなければいけないのは、戦争や紛争、抵抗のためではない。われわれはロシアの名のもとに、ロシアのために、必死で働かなければいけないのだ。[117]

つまり、プーチンはぐるりと一周してもとの場所に戻ってきたということだ。二〇〇〇年に大統領に就任したとき、彼は「この国を穏健で誠実で効率的な発展へと導く」ため、国内情勢や国家の問題に全身全霊を捧げることを誓った。しかし、プーチンの世界観によれば、ロシア市民は国家の問題、つまり穏健な発展に集中することを許されなかった。ロシアが国内の課題に取り組み、自国の問題を解決するために「時間稼ぎ」できる猶予などなかった。プーチンから見れば、外界が示した反応は「承認」ではなく、「批判」「絶え間ない干渉」「重大な脅威」「侵略」だった。二〇一三～一四年、プーチンはその脅威と戦うために国家を一致団結させた。[118] そして一四年八月のヤルタで、プーチンはその使命の完了を宣言したのである。

プーチンがウクライナ作戦で成し遂げようとしたのは、彼に仕える最良の司令官であるゲラシモフ将軍が練り上げた「戦略的抑止」という概念だった。

プーチンの安全保障チームは、アメリカや西側諸国が「二一世紀の戦争」をロシアに仕掛けており、その抑止策が必要だと結論づけた。そして二〇一四年八月のヤルタでのプーチンの言葉が物語るように、ついにその抑止策が完成したのだ。ロシアはもはや無視できない存在になった。ロシアの反対意見に、世界が真剣に耳を傾けなければいけない状況ができあがった。プーチンはクリミアを併合し（あるいは「取り戻し」）、ウクライナでの戦争を始めた。同じような理由のもとに、ロシアはグルジアでもすでに戦争を繰り広げていた。一九九〇年代のボリス・エリツィン時代とは異なり、ロシア政府の脅しを虚勢やはったりだと簡単に片づけることはできなくなった。今後、アメリカやEUがロシアの近隣諸国で行動を起こそうとする場合、あるいは近隣諸国がアメリカやEUと協力しようとする場合、ロシア側の反応を無視することはできない。プーチンは必ず現実的な手段で対応する。アメリカやその同盟国は、自身の行動にどれだけの代償が伴うのかを常に考慮しなくてはいけないのだ。

プーチンのヤルタ・スピーチは、彼がロシアと世界との関係をどうとらえているかを示すものだった。いつもどおりの内容ではあったが、今回はその背景に炎上するウクライナがあった。われわれに口を出すな。ロシア国内にわれわれの好きな世界を作らせてくれ。こちらを脅したり、隣国に対する国益を侵害したりするな。プーチンがヤルタを選んだのには、明らかに意図があった。ヤルタは、一九四五年に第二次世界大戦終結に向けた米英ソの首脳会談が行なわれた場所として有名だ。このヤルタ会議では、連合国側の各国の勢力範囲が定められた。プーチンは今回、西側諸国に似たような合意を提案していた。当然、それは一方的な合意だった。しかしプーチンにしてみれば、一九九一年に冷戦時の秩序を一方的に破棄したのはアメリカのほうだった。ソ連崩壊後のロシアが九一年の協定に合意したのは、帝政時代後のロシアが一八年三月にブレスト＝リトフスク条約を結び、第一次世界大戦からの離脱を決めたときと同じ状況にあったからだった。レーニンにとって、ブレスト＝リトフスク条約とその厳しい条件は、当時のロシアの弱さに鑑みれば受け入れざるをえないものだった。当然、状況やロシアの国力が変化すれば、条約の中身は一八〇度変わる。実際、第二次世界大戦のときにはそうなった。ブレスト＝リトフスク条約は講和条約というよりは停戦条約であり、最終合意ではなかった。プーチンを含め多くのロシア国民は、一九九一年の出来事を同じように見ていた。戦術上避けられなかっただけで、機が熟せば覆すべきものだ、と。

国外の工作員として、プーチンはある使命に挑んでいた。それは、ロシアを守り、西側諸国（NATO、EU、アメリカ）の拡大と介入を阻止するという使命だった。この大きな使命のなかには、さまざまな戦術やツールを必要とする数多くの独立した作戦が含まれていた。二〇〇八年のグルジア戦争は避けられないことだったが、ウクライナに対する戦争は回避する余地があった。なぜなら、ウクライナ政府がいったんはNATOと距離を置こうとしたからだ。しかし一四年、ロシア政府の実質的な操り人形であるヤヌコーヴィチ大統領の追放（あるいは逃亡）によって状況が一変した。根底にある使命に変わりはないものの、ウクライナでの作戦の性質が変化した。プーチンは典型的なケース・オフィサーの戦術を中止し、実際の軍隊の利用も含めた新たな兵器の導入へと舵を切る必要があった。

プーチンは常に、自分自身の使命という観点で物事を考えた。一九九九年、彼はロシア大統領にまだ選ばれていない段階で初めて使命を掲げ、『プーチン、自らを語る』のインタビューでその内容を語った――ロシアをソ連のような崩壊から守るべく、チェチェンや北コーカサスの問題を解決すること。プーチンはそれが「私の使命、歴史的な使命」であると宣言し、政治生命を賭してでも実現すると決意した。「大げさな言葉に聞こえるが、事実そうなのだ」と彼はインタビュアーたちに語った[119]。昔も今も、プーチンにとって「使命のために行動する」というのは、（少なくとも比喩的な意味で）特攻任務も辞さないという意味である。それは、第二次世界大戦中に敵地で戦った父親と同じだった。しかし事前に計画を立て、不測の事態に備えれば、生き残れる可能性は十分にあった。

新たな正常？

プーチンは使命の一つを成し遂げ、クリミアを敵の手からもぎ取った。それを宣言するヤルタのスピーチで、彼は「ロシアの正常な状態」に戻ることを呼びかけた。これでロシア国民は再び国内の問題に専念できる。外界はロシアをそっとしておいてくれる、と。しかし、本当にそうなるだろうか？　ウクライナ作戦はロシア国内の発展や、ウクライナ、アメリカ、ヨーロッパとの関係に大ダメージをもたらした。プーチンの二〇一四年の行動は、ソ連崩壊後の数十年間のどんな行動よりも外界を遠ざけ、ロシアを別の危険な道へと追いやるものだった。〇八年のグルジア戦争とは対照的に、欧米はプーチンのワンマン・ネットワークの深部にまで影響するようなさまざまな制裁を科した。たとえば、一四年九月のNATOウェールズ・サミットでは、ロシア国境付近にまでおよぶ新たな防衛策が提案された。ウクライナの世論調査では、プーチンやロシアに対してかつてないほどの反感が強まっており、EUや西側諸国の機関との密接な連携に対する関心がさらに高まっていることが判明した[120]。

動機はどうあれ、他国への侵略行為は後世まで影響を与えるものだ。何十年と消えない怒りや新たな不満を生み出し、その後の世代の考え方や政策を決定づける。当初、プーチン自身もそのことを十分に理解し、熟慮してきた。実際、『プーチン、自らを語る』のインタビューのなかで、ソ連の一九五六年のハンガリー動乱への介入や六八年のプラハの春への介入は重大な過ちだったかと訊かれ、プーチンは「イエス」と答えている。「それから、一九五三年にわれわれが東ドイツで武力を行使したことも忘れてはいけない……私としては、それも大きな過ちだったと思う。東欧に今もなお残る反露感情は、そうした過ちがもたらした結果なのだ[121]」

ウクライナでは今、ロシア国家、政府、国民を敵対視する絶え間ないプロパガンダ攻勢が繰り広げられ、反露感情が爆発している。ロシア国内、つまりウクライナ作戦の国内戦線においてプーチンは歴史を操り、ロシアの民族主義を露骨に煽ることによって情報空間を歪めた。それはプーチンやロシアにとって〝新時代の戦争〟を戦うための武器だった。効果的で恐ろしいこの武器は、従来の武器と同じように、いったん不要になれば使われなくなる。しかし、アレクサンドル・プロハーノフが二〇一四年五月に『タイム』誌に語ったように、そこで話が終わるわけではない。民族主義やポピュリズムの思想は、物語や噂話と同じように独自のライフサイクルを持つものだ。多くの人々にとって、プロパガンダや嘘は一時的な道具では終わらず、真実に変わってしまう。それは避けられない。『シオン賢者の議定書』の歴史が物語るように、プロパガンダや嘘を心から信じる人々や彼らの思い込みを、簡単に封じ込めることはできないのだ。「クレムリンの工作員」、そして「国外の工作員」が一四年に入れたスイッチは、しばらくオフにはならないだろう。

　ウクライナ作戦では、とんでもない作り話や陰謀論がロシアに広まり、そのまま残ってしまった。こうした話は、クレムリンの情報戦の一環として広められた——西側諸国がロシアに戦争を仕掛けており、プーチンがロシアを血まみれの混沌から守ろうとしている。二〇一三～一四年のプロパガンダ攻勢を通じて、プーチンは自身がキャリアを開始した一九八〇年代へとロシア国民の心理を退行させ、脅威の認識、アメリカの攻撃に対する恐怖、そして欧州大西洋に広がる核戦争への危機感を植えつけた。欧米人の心理や政治力学を理解できなかったプーチンは、ユーリ・アンドロポフやＫＧＢの上司たちと同じように、「最悪のシナリオ」を考えた。その結果、プーチンの世界観は外部の観測筋が思いもしないほど八〇年代のソビエト世界の世界観へと近づいていった。今や、プーチンの世界、そしてロシアの世界は、西側諸国とはかけ離れた世界になってしまったのだ。

エピローグ　工作員の活動は続く

ミスター・プーチンとはいったい何者なのか？　彼を行動へと駆り立てるものは何なのか？　本書ではその答えを探ろうとしてきた。エピローグでは、ここまでの理解や洞察を吟味し、私たちのプーチン研究から得られた教訓、プーチンという人間に対処するためのヒントについて考えてみたいと思う。

　ウクライナをめぐる二〇一四年のロシアと西側諸国との対立を考察した私たちは、一部の識者がプーチンに関して非常に危険な思い違いをしていると確信するに至った。彼らはいくつかの重要な点でプーチンを過小評価し、別の点では過大評価し、プーチンの限界を見誤っている。まず、西側諸国の多くの人々はプーチンを見くびりすぎである。彼は目標実現のためならどれだけの時間や労力、汚い手段をも惜しまない人間であり、使える手段は何でも利用し、残酷になることができる。次に、西側諸国の識者は戦略家としての彼の能力を読み違えている。これまでにも数人が指摘したように、プーチンは単なる戦術家ではない。彼は戦略的な思考に長け、西側諸国のリーダーたちよりも高い実行力を持っている。その一方で多くの人々は、プーチンが私たちのことをほとんど知らないという点を見逃している。私たちの動機、考え方、価値観について、彼は危険なほど無知なのである。プーチンは西側の人間たちのことをどうとらえているのか？――それを理解しようとして初めて、彼の行動の論理、彼自身が従う論理が見えてくるだろう。ウクライナをはじめ、ヨーロッパやユーラシアで彼が何を求めているのか、彼がどこへ向かおうとしているのかがわかってくるはずだ。

　この点を念頭に置いて、プーチンが二〇一四年にウクライナで起こした戦争に関する暫定的な結論をまとめてみよう。また、プーチンがロシア近隣諸国で最終的に何を成し遂げようとしているのか、私たちなりの見解を述べてみたい。言うまでもないことだが、この原稿を書き上げたあとも、プーチンとウクライナ、ロシアと欧米との関係をめぐる物語は日々変化していることを書き添えておきたい。

まず、ウラジーミル・プーチンの言葉は常に真剣に受け止めなければならない。彼は嘘の約束や脅しはしない。彼が何かをすると言い、いったんその準備が整えば、あらゆる手を尽くして実行方法を見つけてくる。『プーチン、自らを語る』や初期のインタビューをはじめとする伝記資料のなかで、プーチンとクレムリンの面々は、「喧嘩好きな小さなストリート・ファイター」（マーシャ・ゲッセンの『そいつを黙らせろ』の表現を借りるなら「ワル」）というプーチンのイメージを国内外の読者や聞き手に与えようとした。こうした初期の資料やその派生物はすべて、第二次チェチェン紛争を意識して制作されたものだった。しかし同時に、将来の出来事を見越したものでもあった。買った喧嘩は最後まで戦い抜く——それがウラジーミル・プーチンだと強調したかったのだ。（子ども時代のように）ボコボコに打ちのめされても、（大統領時代のように）地位を失うリスクを負っても、（第二次世界大戦中の父のように）特攻作戦に参加することになっても、彼は戦いつづける。時に、ウラジーミル・プーチンにはとうてい勝ち目がなさそうに見えることもある——背は低く、相手よりひ弱に見え、一九九〇年代まで地味な二番手の役職にしか就いてこなかった。しかし、彼はこうした自身の特徴さえメリットに変えてしまう。

要するに、ウラジーミル・プーチンは戦士でありサバイバリストだ。決して諦めないし、勝つためなら汚い手も使う。子ども時代、彼はレニングラードの通りや中庭で決して諦めなかった。チェチェンでも諦めなかった。ウクライナでも、ほかの近隣諸国でも決して諦めようとはしない。ウラジーミル・プーチンの喧嘩のルールは、彼の国内政治や外交の原則と基本的には同じである。信頼を得て、有利な立場を築き、自分の主張を通すまでは絶対に引き下がらない。相手が降伏し、自分の縄張りと条件が確定したら——少なくとも、次の対決の機会がやってくるまでは——仲直りして前に進む。子ども時代の喧嘩のエピソードがすべて本当かどうかはわからないが、格闘技の練習を始めたのは、おそらく喧嘩に強くなりたいという思いもあったからに違いない。また、格闘技はプーチンの人格形成に大きな影響を与えた。プーチンは幼いころ、ロシアの荒々しい格闘技であるサンボを始め、それから柔道を習った。柔道はプーチンの戦い方に規律と礼儀をもたらした。柔道のおかげで、彼は体格や体力面での弱点を克服することができた。何でもありの喧嘩から形式的な試合の世界に飛び込むことで、自らの身を守りながら、自分よりも大きく強い相手をマットに沈める方法を見極める洞察力と技術を手に入れたのだ。

国内政策と外交政策の分野において、プーチンは絶えず敵を品定めし、肉体的・心理的な弱点を探そうとする。彼はニクソンの「狂人理論」を採り入れ、相手の弱点を暴き出し、相手の反応を評価する。向こうは私が「危険で予測できない人間」だと思っているようだ。さて、相手はそれにどう対応してくるだろう？　相手のバランスを崩し、後ずさりさせることはできただろうか？　するとプーチンは、敵の言葉の真意を確かめる。相手には最後まで戦う覚悟があるのか？　戦う覚悟がないとわかれば、プーチンは相手の虚勢を見事に見抜いて偽の仮面を剝がし、脅しをかけ、戦う意欲を奪い、勝利する。戦う覚悟があり、しかも敵のほうが体重や力で勝っていると思えば、彼は敵の守りの隙を突く意外な一手を繰り出し、作戦勝ちを収める。柔道では、はるかに強い相手にそれまで何度も負けていたとしても、最後の大きな勝負で優勢勝ちすることもあるのだ。

こうした点の多くは、プーチンが大統領に就任してからのさまざまな出来事を見ても明らかだろう。本書で示してきたとおり、国内・国外政策の両方において、相手よりも優位に立つことがプーチンの主たる戦術であることは間違いない。相手がオリガルヒであれ、国内の反体制派であれ、西側諸国のリーダーや国際機関であれ、それは変わらない。戦術的になるべく優位に立つために、プーチンやクレムリンはできるかぎり不可解で予測不能なプーチン像を作り上げようとする。プーチンへのアクセスは厳しく制限され、彼のイメージは入念にブランド化され、作り変えられていく。彼がどこに姿を現わすのか、公の場で何を話すのか——すべては入念に練り上げられ、準備される。情報は抜群のタイミングで発信され、聞き手はプーチンの一言一句に耳を傾け、彼の考えや次なる行動の手がかりを探ろうとする。クレムリンによる沈黙と情報発信の調整具合はほぼ完璧といっていい。非公式のメッセージには、決まって偽情報やデマが含まれていると考えたほうがいい。すべては、政敵（そして外部のアナリストや伝記作家）の仕事を複雑にするために画策されたものなのだ。ウラジーミル・プーチンは外部の人間にとって謎の人間であり、そうあらねばならない。言うまでもなく、その目的はすべての人を惑わせ、動揺させることにある。

本書で取り上げた多くの出来事からも、プーチンがこういった思惑を抱いていたことは間違いないといっていい。たとえば二〇〇八年のグルジアについていえば、プーチンは西側諸国の言葉にひるむことなく挑戦した――開戦直前の八月、アメリカのコンドリーザ・ライス国務長官がトビリシを訪れ、西側諸国は必ず支援するとグルジアのミヘイル・サアカシュヴィリ大統領に約束した。ブッシュ政権が外交政策でグルジアを重視していたことから、実際、アメリカは軍事行動も辞さないのではないかとプーチンは考えた。そのため、ロシア政府はNATOとの戦いを覚悟した。私たち著者が個人的に話を聞いたロシア当局者の多くが、〇八年八月にロシア政府の安全保障当局に広がった緊張について教えてくれた。アメリカやNATOが反撃してくれば、グルジア軍だけでなくNATO軍とも交戦することになるかもしれない。彼らはそう恐れていたという。結局、アメリカとNATOはいつまでたってもグルジアを軍事的に支援しようとはしなかった。フランスのニコラ・サルコジ大統領が先頭に立ってEUが慌てて停戦の仲介に入ると、ロシア政府内では安堵のため息が漏れた。もちろん、NATOは従来型の戦闘部隊という意味では強力だが、非同盟国のために――あるいは、集団防衛について定めた第五条の枠組みに収まらないパートナーのために――戦うほどの政治的な意志は持ち合わせていなかった。グルジアのように、たとえそのパートナーがアフガニスタンやイラクではNATO軍と連合を組み、並んで戦った相手だとしても関係なかった。プーチンは、アメリカの安全保障上の優先事項が別のところにあることを悟った。西側諸国は、ヨーロッパとユーラシアでなるべく金をかけずにロシアを封じ込めたいに違いない。また、アメリカ、NATO、EUは、ヨーロッパでの大規模な軍事衝突、つまり〝第三次世界大戦〟を食い止めるためなら何でもする。それがプーチンの見方だった。

　しかしプーチンは、将来的にアメリカとNATOの優先事項が変化するときが来るかもしれないと見ているようだ。だとすれば、あらゆることを最悪のシナリオの視点で考える必要が生じる。プーチンがそう考えていることは、ほぼ間違いない。なぜなら、外部の人々による一般的な評価とは違い、彼は戦略的計画の策定者だからだ。プーチンが戦略家ではなく、日和見主義者であるとか、せいぜい行き当たりばったりの政治家だと考えるのは、危険な読み違いである。プーチンは戦略的に考え、計画し、行動する。

　しかし、本書で繰り返し訴えてきたように、プーチンにとっての戦略的計画とは有事計画のことである。段階的なマニュアルのようなものがあるわけではない。存在するのは、戦略的な目的とその目的を実現するたくさんの方法だ。プーチンが目的実現のために取る行動は、状況や敵の対応に応じて変化する。

　プーチンの優先事項は、大統領に就任する直前の一九九九年一二月に打ち出した事項から何ら変わっていない。彼の大きな戦略的目標は、ロシアの国益を守ること。今ではその国益が彼自身や彼のシステムの利害と密接に絡み合い、もはや切り離すことは難しくなった。ロシア大統領として、国家主義者プーチンはロシアの地位の復活、強化、保護に心血を注いでいる。一方、〈株式会社ロシア〉CEOとしてのプーチンの役目は、自分自身がコントロールし、側近たちが管理する経済システムの中核資産を守ることだ。どちらのプーチンも、不確実な経済的・政治的状況のもとで、現在と将来に対する計画方法を見いださなければならない。予期せぬ出来事が国内・外交政策の計画を台無しにする——その可能性があること、実際にそういう事態が起きることをプーチンは知っている。予期せぬ出来事に対処するうえで重要なのは、必ずいつかは逆風が吹くという想定だ。つまり、逆風に対処するための有事計画や適応計画に着目するということだ。いつ逆風が吹いてきてもいいように、予備の計画や資源を用意しておく。過去の成功だけでなく失敗からも教訓を学び取り、将来に備えてリスクや脆弱性を減らしておく。

プーチンは一貫して、国内外の政策や戦術のミスが教訓になりうることを自ら明言してきた。自身の声明や行動のなかで、ロシア国内外の環境の変化に適応できるように活動の柔軟性を保ち、選択肢を最大限に広げることこそが重要だと訴えてきたのだ。

プーチンの戦略的なアプローチのもう一つの側面は、国内の指揮系統や外国とのやり取りを単純化し、合理化するというものだ。数少ない関係者にだけ対処するシステムを築き上げることで、細部や複雑な構造へのかかわりをなるべく回避する。彼は成果を出しつづけることのできる人材を見つけ、システム内に引き入れる。プーチンの役割は、〈株式会社ロシア〉の内部で中核チームの結束を保つためのインセンティブ、報酬、規則を定めることだ。彼自身が細かく管理するわけではなく、監視するのだ。中核チームとその下の業務レベルの全員が、自分のやるべき仕事を理解しているか——それを定期的に確かめる。物事がうまくいかず、軌道修正が必要な場合だけ口を出す。それがプーチンの役目である。

プーチンは団結やコンセンサスを強調し、自分への反対者をなるべく〝テント〟のなかに結集させる。彼らに敬意を払い、定期的に意見を聞き、システムとの利害関係を持たせる。一方、ミハイル・ホドルコフスキーやミヘイル・サアカシュヴィリのように、プーチンが定めた国内・外交政策の規則や条件に従わない者には、容赦ない罰が待ち受けている。

プーチンのこの考え方は、外交政策にも色濃く反映されている。本書で説明したように、安定を乱すアメリカの行動についてプーチンはかねてから懸念を抱いており、二〇〇七年のミュンヘン安全保障会議以前のどこかの時点で、いつかは猛抗議以上の厳しい手段を講じざるをえなくなると心に決めていた。一方のグルジアの場合、プーチンはこうわかっていた——独立を主張するアブハジア共和国と南オセチア共和国に対して、ミヘイル・サアカシュヴィリ大統領が支配権を強硬に主張しつづけ、チャンスが来れば力ずくで取り戻そうとする。サアカシュヴィリは自身の意図を隠しもしなかった。彼はたびたびアブハジアと南オセチアの奪還について外部の識者に話し、著者にも数年間で二回にわたって奪還の意図が変わっていないことを語った。また、サアカシュヴィリはＮＡＴＯ加盟を要求しつづけることも明言した。そこでプーチンは、北コーカサス軍管区で毎年夏に軍事演習を行なうなど、有事計画の準備を進めた。案の定、サアカシュヴィリは〇八年に導火線に火を点けた。グルジア戦争後、プーチンのチームは戦争を振り返り、反省点を細かく洗い出した。最初はチェチェン、次にグルジアでのロシアの大規模な軍事作戦について精査し、西側諸国の反応を分析した。その結果、次回の有事の際にはやり方を変える必要があると結論づけたのだった。

その次回というのがウクライナだった。まず、二〇一一～一二年の国内の抗議デモを見たプーチンは、それを西側諸国が攻撃の新たな戦線を切り開いたサインだととらえ、すぐさま準備が必要だと感じた。そこで一二年末、ロシアが一丸となって西側諸国と二一世紀の戦争を戦えるよう、ワレリー・ゲラシモフとセルゲイ・ショイグに指揮を任せた。プーチンにとって二つ目のサインは、一三年のEU連合協定、第三次エネルギー・パッケージを開始するというEUの決定、そして一三年三月のキプロス金融危機だった。こうした一連の動きは、EU上層部やドイツ政府内でロシアに対する見方がどれほど悪化したかを物語るものだった。プーチンは当初、守銭奴で気の弱いヴィクトル・ヤヌコーヴィチが大統領に就任したおかげで、ウクライナの状況をうまくコントロールできていると考えていた。しかし、その見込みは外れた。ヤヌコーヴィチは容易に脅しが効く代わりに、ウクライナを掌握しつづけるだけの力を持ち合わせていなかった。一三年一二月にキエフのデモは過激さを増し、一四年二月になると手に負えない状況に陥った。遅くともこのころまでには、ヤヌコーヴィチに「政治家としての未来がない」ことが明白になり、プーチンは予備の計画を用意する必要に迫られた。つまり、クリミア併合とウクライナへの宣戦布告は有事作戦だった。その作戦は前もって用意され、必要な場合にかぎって実行する準備が事前に整えられていたのだ。

また、予期せぬ突然の出来事にも対処する必要があった。二〇一四年七月、戦闘が続くウクライナで起きたマレーシア航空17便撃墜事件がその一つだ。オランダからマレーシアに向かっていた一般の旅客機がウクライナ東部でミサイル撃墜されて墜落、二九八人の乗客・乗員全員が死亡――それはプーチンの計画を進路から外す、とりわけ悲劇的な事件だった。マレーシア航空の一件が起きるまで、クリミアを併合したロシアに対する制裁にEUは二の足を踏んでいた。が、MH17便がヨーロッパの風向きを変えた。犠牲者の大半はヨーロッパ人であり、しかもロシアの密接な貿易パートナーであるオランダの市民がほとんどだった（この事件をきっかけに、プーチンの娘の一人がオランダ在住であることも話題になった）。しかしプーチンにとっては、この事件は風向きを変えるものではなかった。もちろん、新しい状況や新しい〝インプット〟に応じて戦術を調整する必要はあったものの、基本となる戦略を変えることはなかった。プーチンは制裁を受けることをすでに想定していた。〇八年のグルジア戦争のときこそ躊躇したが、制裁はアメリカが好んで使う懲罰的な外交政策ツールの一つだ。プーチンは、この必然の成り行きに対抗するための事前準備を進めていた。西側諸国に対するロシアの経済的な影響力を全体的に高めるべく、大統領に再選されるやいなや、企業の脱オフショア化や貿易の多角化を推進した。そしてこんどは――経済以外の手段も駆使して――さらなる制裁強化への対処方法を見つけ出す必要があった。マレーシア航空17便撃墜事件の場合、ロシアは独自の（非対称的な）制裁で反撃した。プロパガンダやデマをばらまいて問題を混乱させ、疑惑の種を蒔き、撃墜の犯人やその理由から注目を逸らせようとしたのだ。同時に、ウクライナ東部の軍事的な側面も強化した。そう、プーチンは一歩も引かなかったのである。

こうした対応は、本書の第Ⅰ部で説明したプーチンのペルソナを使って説明することができる。すでに述べたとおり、外交政策という点では、プーチンは国家主義者でありサバイバリストだ。彼の最優先事項はロシアとその地位を守ること。また、国外での行動に備えるときはケース・オフィサーのペルソナや手法に頼り、さまざまな形の恐喝、脅し、懲罰、あからさまな事実歪曲を駆使する。「嘘」は諜報員の正式な通貨の一部であり、「事実」はその通貨と交換できるものである。ここで、歴史家のペルソナがケース・オフィサーのペルソナと融合する。歴史は立派なツールの一つだ。ロシア史の学び手であるプーチンは、物語や象徴的な出来事を情報戦の武器として利用する術をよく心得ている。自由経済主義者のペルソナは、ケース・オフィサーおよび歴史家のペルソナとともに力を発揮する。プーチンは駆け引きを仕掛けて相手の経済的な弱みを突き、さらなる優位に立つ。国内だけでなく国外でも同じだ。フランスの造船会社、ドイツの実業家、アメリカの石油会社にひもを付け、プーチンはそれを陰で操るのである。

国内とは違って外交政策で出番が少ないのが、アウトサイダーのペルソナだ。プーチンが権力の座にのぼり詰めるときにそうだったように、アウトサイダーのペルソナが力を発揮するためには、その人物は権力中枢、エリート層、意思決定者グループの外側に立ちつつ、彼らを観察して分析できるほど近くにいなければならない。それは、欧米に対するプーチンの立ち位置とは違う。確かに、二〇一四年三月にアンゲラ・メルケルが言ったとされるように、彼は「別の世界」に住み、活動しているのだ。しかし、観察する相手とは別の世界に住むアウトサイダーは優秀とはいえない。〝インサイダー〟の考え方を理解・批評できるよう、同じ世界に住んでいなければならないのだ。欧米のインサイダーとの接触がきわめて限られているため、プーチンは西側諸国のリーダーの動機や思惑をほとんど理解できていない。彼らの政治的視点や方法論が自分とはかけ離れていることに気づくと、プーチンは自身の（そしてロシアの）昔ながらの認識を引っぱり出してくる。「ロシアが脅威にさらされている」という認識だ。そして、自らのロジックとぴったり一致する陰謀や策略の証拠をどこかから見つけてくるのだ。彼の基準から見れば、こうした陰謀論は筋が通ったものにほかならない。冷戦、ＫＧＢ、ドレスデンでの体験、そしてロシアの保守派や愛国主義者たちのあいだで主流な政治的見解というフィルターを通せば、確かに陰謀論はある種の意味をなすものである。だからといって、こうした陰謀が実際に存在するというわけでも、彼の見解が正しいというわけでもない。そういう意味では、外部とあまりにかけ離れたプーチンの別世界への視点は、強みではなくむしろ弱点を作り出しているといえる。ウラジーミル・プーチンは真実を歪め、事実を操り、嘘をもてあそぶことにキャリアの大部分を捧げてきた。それどころか、真実と虚構を見分けるための道具が不適切なことが多く、それらを見分けられないこともある。この点こそがロシアと西側諸国との関係に危険をもたらしているのだ。

欧米諸国はその外交政策において、政治や経済の変革を当然のこととして奨励している。諸外国の民主主義や自由市場を促進することが西側諸国の政治体制の本質であり、西側のリーダーや国民はそれを善ととらえる。ウラジーミル・プーチンにしてみれば、それはまったく善ではない。欧米式の民主主義や自由市場は、閉鎖的なワンマン・ネットワークや経済の〝みかじめ料〟制度の上に成り立つロシアの政治体制にとって、明らかな脅威だ。プーチンの主張とは異なり、アメリカやEUは色の革命を利用してプーチン体制を転覆させようなどとは思っていない。しかし、西側諸国の政治家やオピニオン・リーダーたちは、ロシアの政治体制が変化し、プーチンに代わって欧米的な視点を持つ大統領が生まれることを望むと明言してきた。それに、西側諸国の報道では「プーチンのいないロシアの姿」がたびたび取り上げられる。プーチン自身の考え方からして、「欧米にプーチンを排除するつもりはない」と何度言ったとしても、彼が信じるとは考えにくい。みるみるエスカレートする二〇一四年のウクライナの状況、西側諸国の一連の制裁、NATOの防衛強化、ウクライナへの軍事支援の呼びかけ——そのすべてがプーチンの欧米観にさらに影を落とし、西側に悪意があるという確信を深めたのだ。

国際問題の専門家や心理学者の多くが指摘するように、思い込みや誤解は正真正銘の事実と同じくらい強力なものである。いったん間違った認識が定着すると、反証・修正するのは難しくなる。プーチンの場合、彼の考え方は脳の奥深く根づいたものだ。西側諸国にとって、彼の考え方を変えるのは簡単なことではないだろう。プーチンには仲介者が何人かいるだけで、西側諸国に信頼できる対話の相手はいない。それに、彼は人を信用しようとしない。明らかな誤解を指摘しようとしても、何かの策略と見られるのが関の山。一定の信頼関係を取り戻すのは不可能ではないにせよ、かなり困難な作業になることは確かだろう。当面のあいだ、西側諸国はプーチンの思考の現実をしかと受け止めなくてはいけない。まず、プーチンは欧米のリーダーとは違う考え方を持っているということ。そして、西側諸国を彼自身やシステムに対する脅威だととらえているということ。

　では、プーチンが二〇一四年に引き金を引いたウクライナ紛争についてはどうだろう？　彼の望みは？　次の行動とは？　一四年八月の演説で表明したように、プーチンが求めているのは、政治や安全保障の分野における西側諸国との「新ヤルタ協定」だ。この新協定のなかで彼が定めるロシア政府の勢力範囲は、かつてロシア帝国やソ連の領土だったヨーロッパとユーラシアのあらゆる土地に及ぶ。この広大な勢力範囲の内側では、プーチンとロシアの利益が考慮されるべきであり、ほかのどの国の利益よりも優先されなくてはいけない。プーチンにとって、ロシアは近隣で唯一の主権国家である。ほかの国は真の独立国ではなく、その主権は付随的なものでしかない。プーチンにとってただ一つの問題は、真の主権国家たるロシアとアメリカのどちらが、一四年以降の新ヤルタ協定の境界決定で優位に立つかという点なのである。

　第二次世界大戦後のソ連時代の旧ヤルタ協定とは異なり、プーチンの新ヤルタ協定に経済は含まれない。プーチンはロシア経済にとって優先的な、さらには保護主義的な条項を設けることを求めているが、対立型の経済圏や自給自足経済《アウタルキー》の確立を支持してはいない。今日のグローバル経済では、そんな政策がうまくいくはずはない。プーチンは、ロシアを国際的孤立の道へと追いやりたいと思っているわけではない。ロシアに対する経済的・地政学的な「需要」を求めているのだ。ロシアが北朝鮮のようなのけ者国家にならないよう、彼は外交政策や貿易の選択肢を着々と積み上げてきた。外交政策を多角化し、欧州大西洋の枠組みの外で新たな多国間関係や二国間関係を築いてきた。その一方で、欧米とのつながりを完全に断ち切ることを願っているわけでもない。過去二〇年間の交流や融和を考えれば、そんなことは不可能であり、現実的でも望ましくもない。また、プーチンはドイツへの賭けに完全に見切りを付けたわけでもなかった。すべての関係が失われたのではなく、ウクライナ危機まで良好かつ密接だったドイツとロシアの経済的・政治的関係をもういちど取り戻せるはず——プーチンはドイツをそう説得しようとしているのだ。

要するに、二〇〇八年のグルジア戦争、一四年のウクライナ戦争に踏み切ったとはいえ、プーチンは今でも西側諸国と取引することを望んでいるということだ。政治的な意味でいえば、互いの安全保障上の利害が重なる部分では、西側と協力することも望んでいる。事実、さまざまな問題において、プーチン率いるロシアと欧米諸国には協力する余地が残っているといっていい。たとえば、イランの核兵器システムの抑制、シリアの化学兵器の処理、中東やアフガニスタンにおけるイスラム過激派の活動の阻止……。戦略的な利害が共通する問題については、協力を断ち切る必要はないというのがプーチンの見方だ。何といっても、こうした諸問題に関する国際外交上の席を一つ確保しておかなければ、ロシアの地位を守ることはできなくなる。外交関係を断ち切ることでロシアに害が及ぶとすれば、プーチンがそんなことを実行するはずはないのである。

しかしながら、プーチンがもっとも重視するのは経済だ。彼は文字どおりの意味で西側諸国との取引、つまり貿易と投資を望んでいる。いわば、対外関係担当のサンクトペテルブルク副市長時代の仕事を国家レベルでやろうとしているのだ。彼は今も変わらず自由経済主義者であり、さまざまな策を講じながらロシアの経済関係を前進させようとしている。最終的にはウクライナ戦争をいったん脇に置き、ビジネスと切り離すのがプーチンの望みだ。戦争は戦争、ビジネスはビジネス。西側諸国の政治家たちは私ウラジーミル・プーチンと戦うことを願っているが、ビジネスマンたちはロシアと取引を続けることを願っている——それがプーチンの理想形なのである。

新ヤルタ協定のようなものが結ばれるまで、しばらくロシアと西側諸国との戦いは続くだろう。軍事的・非軍事的な両方の手段が駆使される新時代の戦争は、あらゆる場所で続いていく。結局のところ、国家主義者としての自身の目標を追求するプーチンは、常に現実主義者でありつづける。この戦争に勝つ方法を模索した彼は、旧ソ連（あるいは昔のロシア）のような軍の大量動員アプローチが無意味なことにすでに気づいているのだ。今のロシアには、国益を守るのに十分な経済的・軍事的な資源がない。現代の軍事力のバランスを考えれば、大量動員アプローチではロシアに勝ち目はない。アメリカ、ＮＡ

TO加盟国、そのほかの事実上の米同盟国のGDPの合計は、ロシアのGDPを一〇倍以上も上回る額だ。通常兵力も同様である。そのためプーチンは、(たとえ小規模であれ)昔ながらの二〇世紀の戦争を避け、軍の総動員に頼らずに目標を成し遂げなければいけない。その点、二一世紀の戦争は的を絞った非軍事的な活動で占められており、ロシア経済の通常の機能に対する被害は(甚大なダメージであることは変わりないにせよ)最小限に抑えることができる。

ウクライナやロシアのほかの近隣諸国に関してプーチンが望むのは、戦争が軍事的な局面に突入する前に、西側諸国が講和を切り出すという状況だ。二〇一四年のウクライナ戦争は、いわば巨大な戦争版〝チキン・レース〟だったといっていい。グルジアでの西側の過去の行動を振り返ったプーチンは、西側諸国が戦争の大きな代償を思い浮かべてひるみ、先に目をつむるだろうと踏んでいた。彼はこれまでにも、「攻撃は最大の防御」だとはっきりと示してきた。

ウクライナの東部が焼け野原と化し、戦火はどんどん広がっていく。終戦関連の記念日だらけの二〇一四年という年に、二〇世紀の戦争が過去と同じ土地で再開する。数十年続いた冷戦のあとに待っていたのは、冷たい平和ではなく熱い戦争なのだろうか……。このチキン・レースはしばらく続くだろう。

プーチンの目標はロシア国家と彼のシステムの「安全」であり、その目標を実現する手段は「抑止」である。「安全」を意味するロシア語のベゾパースノスチは、正式には「危険や脅威が存在しない」ことを意味する。そのため、ロシアの「安全」にはっきりとした終わりはない。プーチンは脅威を認識するかぎり、策を講じつづけるだろう。何らかの形で新ヤルタ協定が締結されたとしても、新時代の戦争を放棄したりはしない。なぜなら、それが彼なりの脅威への抑止策だからだ。プーチン・チームが考える二一世紀の新たな戦争には、明確な宣戦布告はない。よって明確な和平合意もない。あるのは一時的な停戦だけ。プーチンはあらゆる選択肢を手元に残し、ロシアの戦力を強化しつづける。相手の反応や対応に応じて自身の行動を微調整し、ロシア軍は常に臨戦態勢だと相手に信じさせるのだ。ウラジーミル・

プーチンはボリス・エリツィンとは違う。プーチン率いるロシアはエリツィン時代のロシアとは似ても似つかない世界であり、そもそも基本となる運営方法がまるっきり違うのだ。

一九九〇年代、エリツィンがロシアの国益に反する問題に強硬な措置を採らなかったとき、欧米のリーダーたちは、それがエリツィンの戦略的な判断なのだと考えた。そのため、エリツィンがＮＡＴＯの拡大やユーゴスラビア介入に反対したとき、彼の抗議は形だけのものだととらえられた。エリツィンはいかなるときでも西側諸国と良好な関係を築くことを優先している。そう誰もが思っていたのだ。しかし現実問題として、エリツィン率いるロシアは西側諸国に多大な債務を負っていた。経済は火の車で、政治体制は崩壊寸前、安全保障の構造はスカスカだった。エリツィンが九〇年代に強い行動に出られなかったのは、ロシアが多くの点において拘束されていたからだ。いくらエリツィンが脅しをかけても、相手の耳に届くわけもなかった。脅しを裏づけるだけの資源も国力もなかったのだから。

その点、プーチンにそういう縛りはない。確かに制裁は大きな打撃を与えるものだが、エリツィンが感じたほどの抑止効果はなかった。プーチンには実行力があり、西側諸国の動きを食い止めようという強い意欲もある。彼は核兵器という選択肢をも検討し、西側諸国を震え上がらせる。ケース・オフィサーとしてのプーチンは知っている——戦争が軍事的な局面に移行したら、プーチンが核兵器を使うかもしれないではなく、きっと使うだろうと西側諸国に思わせることが肝要なのだ、と。これこそ究極の抑止力だ。どんなことがあっても、プーチンはロシアという国家、自分自身の大統領の地位やシステムを破壊したりはしない。いざというときに核兵器を配備するための有事計画は準備しておくだろうが、それでもやはり彼は生粋のサバイバリストである。欧米と距離を取り、ロシアの近隣諸国から彼らを締め出すことを願う一方で、自身を元首とするロシア国家が生き残ることを第一に望んでいるのだ。

ウラジーミル・プーチンの次なる行動を予測するのは、それほど難しいことではない。彼はウクライナを混乱させたまま、情報を探しまわって精査し、近隣のそのほかの場所で有事作戦に備えて準備を進めるだろう。次にプーチンが攻撃を仕掛けるときは、それがどこであれ、いつであれ、最大限の効果を得るために非対称戦争や戦術的奇襲の要素が利用されることになる。ケース・オフィサーたるプーチンとしては、ウクライナだけでなく、旧ソ連圏の東欧のすべての国に弱点があると見ているに違いない。たとえばエストニアなどのバルト海諸国は、ロシアとあやふやな国境協定を結んでいる。これらの国々は市民権のないロシア語話者をたくさん抱えており、ロシアとの経済的な関係も深い。そういったすべてのことが、ロシアにとって効果的な武器になりえる。もしかすると、NATOからの武力行使を引き起こさない範囲で、ロシアは冷戦時の手法を地域一帯で再び使うようになるかもしれない。たとえば、ロシア近海での他国の船の拿捕、近隣諸国への領空侵犯……。あるいは、兵器システムの設置場所や軍事演習の実施場所を、脆弱な陸や海の国境地帯へとどんどん近づけていくかもしれない。つい数年前の二〇一一年にドイツで潜伏スパイが活動していたとすれば、ほかにも多くのロシア人工作員が旧ソ連圏で活動し、相手を陥れるための情報をコツコツと集めているに違いない。政府を転覆させ、ロシアに敵対的な指導者たちの信用を落とし、ロシアの国益に反する活動を阻止しようと日々企んでいるのだろう。ヨーロッパの残りの地域でも、経済的な圧力が用いられたり、第五列が活動を始めたりするかもしれない。またロシア国内でも、外国人ビジネスマン、ジャーナリスト、一般市民、活動家、工作員が、不法入国などのさまざまな容疑で拘束される可能性もある。もしNATOやEUがウクライナにさらに近づき、ロシアに対してより強硬な措置を講じ、さらなる勢力拡大を検討しはじめたら、プーチンはあらゆる手法と道具を尽くして戦いに臨むかもしれない。

プーチンの戦略上の目標は今後も変わることなく、西側諸国の防御の弱点を見つけ、西側のリーダーや市民たちを脅し、その脅しが虚勢でないことを全員に知らしめることである。だとすれば、こんどは西側諸国のほうが行動する番だ。ウラジーミル・プーチンが仕掛けた二一世紀の戦争に対抗したければ、自国の防衛を強化し、経済や政治の弱点を減らし、独自の有事計画を立てなければいけないのだ。

謝辞

本書は、二〇一二年九月に執筆を終え、二〇一三年に出版された『*Mr. Putin: Operative in the Kremlin*』を改訂し、大幅に加筆した作品である。オリジナル版の原稿は、ブルッキングス研究所の同僚フィオナ・ヒルとクリフォード・G・ガディによる長年の共同研究の成果で、この研究はプーチンが大統領に就任した二〇〇〇年に始まったものである。著者の（個人および共同の）研究活動の背景については、一三年版の謝辞で詳しく説明した。その謝辞のなかでは、さまざまなアイデアを具体化し、資料探しを手伝ってくれたすべての同僚と協力者に感謝の意を伝えた。

今回の増補版では、フィオナ・ヒルが自らの研究をもとに追加部分を執筆した。オリジナル版ではロシアの国内問題に焦点を当てたが、今回は物語の枠組みを国際舞台へと移した。二〇一三年初めのオリジナル版の出版から、一四年九月までのあいだに、フィオナ・ヒルは新たな資料を収集・分析。さらに世界各地に出向き、アナリスト、政策立案者、政府高官、民間部門の代表者と追加のインタビューを行ない、本書の重要なテーマについて話を聞いた。取材旅行のなかには、外部組織の支援によって実現したものもあった——（合衆国の国家戦略的スピーカー・プログラムを通して）ベルリンのアメリカ大使館と在独アメリカ領事館、（公式の訪問者およびスピーカー・プログラムを通して）日本外務省、（国防・防衛活動プログラムを通して）カナダ国防省にご協力いただいた。そのほかの取材旅行やインタビューは、パートナー組織が主催する会議やカンファレンスを通して行なわれた——アスペン研究所、英王立国際問題研究所（チャタム・ハウス）、米伊カウンシル、ディッチリー財団、欧州外交評議会、欧州安全保障研究所、ドイツ・マーシャル基金、ハインリッヒ・ベル財団、フランス国際問題研究所（IFRI）、ケルバー財団、ロンドン・スクール・オブ・エコノミクス、ミュンヘン安全保障会議。また、ワシントンDCやヨーロッパ各地でのブルッキングス研究所主催のカンファレンス、セミナー、私的な会合に頻繁に参加することによって、米欧露の政府高官、あるいはロシアで活動する各国の実業家たちと一対一、または小規模のグループ討論をすることができた。

注釈で示したとおり、ワシントンDCにおいて各国高官たちにインタビュー取材するにあたっては、多くの国の大使館に支援をいただいた——オーストラリア、カナダ、チェコ共和国、エストニア、フィンランド、フランス、ジョージア（旧グルジア）、ドイツ、イスラエル、イタリア、日本、モルドバ、ノルウェー、ポーランド、ルーマニア、セルビア、スロバキア、スウェーデン、トルコ、ウクライナ、英国、欧州連合代表部。

クリフォード・ガディは、二つの異なる研究プロジェクトの資料を提供するとともに、新たな結論を導き出してくれた。一つは、ロシアの軍事改革と新たな軍事政策の進展について研究するマイケル・オハンロンとの共同プロジェクト。もう一つは、バリー・イキスと共同で行なわれた、ロシア経済の現状を調べるプロジェクトである。これらの資料の一部の内容は、クリフォード・ガディとバリー・イキスによる最新書『ロシアの依存：資源依存の政治経済（*Russia's Addiction: The Political Economy of Resource Dependence*）』にも反映されている。

本書は、ブルッキングス研究所のシニア研究助手ハンナ・ソーバンによる多大な協力のもと、二〇一四年六月から九月のあいだに執筆された。ハンナは本書の両バージョンにおける最大の協力者であり、ロシア語資料を細かく調べ上げ、原稿作成のあらゆる面できわめて重要な役割を果たしてくれた。

イリーナ・アンゲレスクは、原稿完成の最終段階において重要な役割を果たし、情報源のチェック、編集、概念や資料の構成について細かく確かめてくれた。また、ビリヤナ・リリー、ヤン・マラスコフスキ、キャサリン・トレイナーは、ロシア語資料の確認を手伝ってくれた。

ジル・ドアティ、マイケル・オハンロン、ロバート・オットー、アンジェラ・ステントはみな原稿を精読し、最終稿を完成するための編集、概念、構成に関する貴重な助言をくれた。さらにブルッキングス研究所では、アンドリュー・モファットが私たちの精神的な支えとなり、全体の計画を見守り、作業が円滑に進むように時間と必要な資金の配分について監督してくれた。ほかにも多くの同僚たちが情報やアイデアを共有し、内容について貴重な意見をくれた――ストローブ・タルボット、ティム・ブールスマ、チャーリー・エビンガー、カイ・アイデイ、マイケル・ドラン、エリカ・ダウンズ、ブルース・ジョーンズ、ケネス・リーバサル、タンヴィ・マダン、スザンヌ・マロニー、テッド・ピッコーネ、ナタン・サックス、ミレヤ・ソリス、ハロルド・トリンクナス、トーマス・ライト。

ブルッキングス研究所・米国欧州センターの同僚たちもみな、核となる概念について長い時間を割いてさまざまな意見を出してくれた――リカルド・アルカロ、パーヴェル・バエフ、カルロ・バスタシン、ケイトリン・デイヴィス、ユッタ・ファルケ゠イッシンガー、リチャード・カウズラリッチ、ケマル・キリシュジ、スティーヴン・パイファー、ジェレミー・シャピロ。

ブルッキングス研究所プレスのヴァレンティーナ・カルクやジャネット・ウォーカー、その他の同僚たちは、オリジナルの改訂版を出版するという考えに賛同し、初めから最後までプロジェクトを支援しつづけてくれた。また、ブルッキングス研究所プレスは、本書のために新たに編集・出版のための費用を負担する決断をした。フリー編集者のジョン・フェルトンは、最終稿をより良いものにするために編集面からサポートと助言を与えてくれた。ブルッキングス図書館のローラ・ムーニーとほかのスタッフたちは、難しい調べ物を手伝ってくれた。また、ゲイル・チャリフとティナ・トレンクナーは、この新バージョンが完成に近づきつつあるなか、広範囲にわたるアイデアを出してくれた。

この第二版のためのリサーチを進めるあいだ、オリジナル版を読んだ多くの人が手を貸してくれた。彼らは、核となるアイデアについて重要な疑問を投げかけ、ロシアおよび国際メディアの各種記事について教えてくれた。さらに、インタビューに適した人物を推薦してくれる人もいた（あるいは、自らインタビューの対象者に名乗り出てくれた）。それどころか、自分たちやほかの研究者の出版物を参考用に送ってくれる方々もいた。以下の全員に感謝したい。ハネス・アドマイト、エレン・バリー、サミュエル・ベンデット、リン・ベリー、J・D・ビンデネーガル、サミュエル・チャラップ、ウィリアム・

コートニー、イーゴリ・ダンチェンコ、ジャバ・デヴダリアニ、ウィリアム・ドロズディアク、ジョン・エヴァンス、フローレンス・フィー、カーチャ・グローガー、ポール・ゴブル、トマス・ゴマート、チャールズ・グラント、ズフラ・ハリモワ、マイケル・ハルツェル、アンドレイ・ハインケ、マーク・フイエル、兵頭慎治、伊藤庄一、岩下明裕、バーバラ・ユンゲ、アリシェル・ハミドフ、ニーナ・フルシチョワ、木村汎、トーマス・クライネ＝ブロックホフ、マーティン・クリングスト、ジョン・コーンブラム、イワン・クラステフ、ヨハン・レグナー、ボボ・ロー、ジェニー・ロー、アレクサンドル・ルーキン、ゲオルク・マスコロ、スティーヴン・リー・マイヤーズ、ジェームズ・ニクシー、レネ・ニューベリ、クレイグ・オリファント、ティム・オリヴァー、ブルース・パロット、ウィリアム・パートレット、フォルカー・ペルテス、サイモン・サラジアン、佐藤行雄、ザカリー・ショア、メアリー・スプリンガー、ホルガー・スターク、コンスタンツェ・シュテルツェンミューラー、スティーヴン・サボー、ミヒャエル・トゥマン、東郷和彦、ミハイル・トロイツキー、チャールズ・ウンデランド、デイヴィッド・デュヴィヴィエ、トーマス・デ・ワール、カイル・ウィルソン、イーゴリ・ゼヴェリョフ、ニコライ・ズロービン。

最後に、この新バージョンの執筆を始めるにあたって、親愛なる友人で同僚のクララ・オドネルが大きなインスピレーションとアイデアを与えてくれた人物だったことを書き添えたい。このプロジェクトが終わる前、二〇一四年一月にクララは逝去した。彼女は偉大な存在だった。おそらく本書のこの改訂版は、多少なりともクララの功績と記憶の証となるものに違いない。

ステファン&バーバラ・フリードマン夫妻の寛大な支援に心から感謝したい。ブルッキングス研究所・外交政策プログラムへの彼らの貢献がなければ、本書が世に出ることはなかった。この改訂版は、外交政策研究プログラムの〈カオスからの命令〉プロジェクトの一環として刊行された。本書で示した研究結果は、ブルッキングス研究所の使命に則ったものである——質の高い独立的なリサーチを行ない、その結果に基づいて政策立案者や市民のために革新的かつ実用的な提案をする。なお、ブルッキングス研究所のすべてのリサーチの結論や提案は、その著者独自の見解であり、研究所、その管理組織、所属するほかの学者たちの意見を反映させたものではない。

解説

『戦略家プーチンとどう向きあうか』

畔蒜泰助

一九九九年一二月三一日の大統領代行への就任以来、首相時代の四年間も含めれば既に一七年近くロシア連邦の最高権力者の座にあるウラジーミル・プーチン。今や、世界で最も影響力のある国家指導者の一人といっても過言ではないであろう。

プーチンとはいったいどのような思考回路・世界観の持ち主なのか、またそんな彼が率いる国家・ロシアの行動原理はどのようなものなのか。本書は、そんなプーチン・ロシアに関心を抱く全ての人々に向けて出された、ひとつの「答え」である。

米有力シンクタンクのブルッキングス研究所に所属するフィオナ・ヒルとクリフォード・G・ガディというロシア問題のエキスパート二人がコンビを組んで挑んだこの野心作は、ロシアに関わる欧米の実務家・専門家の間ではすでに必読の一冊と評されている。

ここで簡単に著者の二人を紹介しよう。現在、ブルッキングス研究所の米国・欧州センターディレクターを務めるヒルは、ブッシュ共和党政権時代の二〇〇六〜二〇〇九年、米大統領の諮問機関として主に中・長期の予測を行う国家情報会議（National Intelligence Council）のロシア・ユーラシア担当オフィサーのポストにあった。また、同センターのシニア・フェローを務めるガディは、エコノミストの視点から、ロシアの経済・外交問題を独自の切り口で分析することに定評があり、九〇年代にはロシア政府のアドバイザーを務めている。

実は、解説者はヒル本人と興味深い会話を交わしたことがある。本書でも度々言及されているヴァルダイ会議（ヴァルダイ・ディスカッション・クラブ）でのことである。

海外のロシア専門家とロシアの有識者、約一〇〇名が一堂に会し、その時々のホットトピックについて議論するヴァルダイ会議は、プーチン自身が必ず参加することでも知られている。また二〇一二年までは海外から参加した約五〇名のみがプーチンと夕食を囲みながら、彼に直接質問をぶつけられる機会が設けられていた。解説者が同会合に初参加したのは二〇一〇年のことだった。

この年、首相だったプーチンとの夕食会はソチの別荘で行われたが、現地で知らされた座席順を見て、いささか驚いた。というのも、プーチン首相の座席の左隣にフィオナ・ヒル、その隣に解説者、更にその隣にはユーリー・ウシャコフ外交問題担当首相補佐官という配置だったからだ。この時、フィオナ・ヒルは解説者に次のように囁いた。「ミスター・アビル、この席順は偶然ではないわよ。何故なら、私達の座席は必ずメディアに露出するからよ。私は前回、参加した時も全く同じ席順だったわ」と。

実際、解説者がプーチン首相とほぼ横並びの写真がロンドン・エコノミスト誌に掲載された。「日本を重視する」とのプーチンのメッセージと解説者は受け取った。

いずれにせよ、そんな些細なことにまで何らかのクレムリンの意図を読み取ろうとする姿勢が、本書では遺憾なく発揮されている。一定の仮説に基づいて点と点を結びつけて線、さらには面を浮かび上がらせる手法。そんなインテリジェンス的な思考を備えた彼女とロシア経済の分析で定評のあるガディのコンビが『MR. PUTIN』（原書名）というタイトルで世に問うたのだから面白くない筈がない。

さて原書の初版は二〇一三年一二月に出版されており、今回、翻訳出版された本書は、ウクライナ危機勃発を受けて、主にヒルが大幅加筆をして二〇一五年二月に出版された増補版である。

本書は二部構成である。第Ⅰ部では、ソ連邦崩壊後、一挙に弱体化し、混乱した国家・ロシアの中で、プーチンがいかにして中央政界に台頭していったのか、また台頭してからは、彼がいかにしてロシアの政治と経済を立て直していったのか――これらプーチンの行動および構築したシステムを俯瞰的に捉えた上で、そこから「国家主義者」「歴史家」「サバイバリスト」「アウトサイダー」「自由経済主義者」「ケース・オフィサー」という六つの特徴的キャラクターを抽出して、プーチンの実像とともに、ロシアという国がいかなる〝国家〟であるかを明らかにしている。膨大な資料と綿密な取材から生み出される説得力に加え、時には推理小説ばりのスリリングな筆致で、プーチンとロシアの復活を鮮やかに描き出している。ところが、二〇一一年末から一二年初頭にかけてロシア国内において反プーチン・デモが相次いで起こり、盤石に見えたプーチン・ロシアの政治経済システムの有効性に翳りが見え始める。ここから第Ⅱ部が始まる。

第Ⅱ部では、プーチンがこの危機にどう対処したか、第Ⅰ部のフレームワークを駆使して分析している。プーチンは治安機関を駆使して国内の反政府グループを抑えると共に、ロシア正教カードを切ることで、この危機を乗り切った。また、この過程でプーチンの世界観も、それまでの西側諸国との協調を志向するものから、反欧米的なものへと大きく変容していったという。この世界観を通して見た反プーチン・デモとは、西側諸国が仕掛けたロシア弱体化工作に他ならなかったのである。

ウクライナやグルジア（現・ジョージア）といった旧ソ連邦諸国をめぐる西側諸国との対立は、それ以前にも存在したが、今回のウクライナ危機に対するプーチンの対応は従来のそれとは明らかに違った。いわゆる「ハイブリッド戦争」の手法を駆使して、クリミア併合やウクライナ東部への事実上の軍事介入といった従来の一線を大きく踏み出したプーチンの決断は、この時期の彼の世界観の変容に深く関係しているというのが、フィオナ・ヒルたちの見立てである。

なお、解説者も今回のウクライナ危機へのプーチンの一連の対応の背景に、彼自身の世界観の変化を読み取ることに異論はない。前述の通り、本書では、二〇一一年末から二〇一二年初頭にかけての反プーチン・デモの勃発がプーチンの世界観を反欧米的なものに変容させる起点となったとしている。だが、さらに踏み込んで考えれば、二〇一一年三月にまで遡るのでは、という見方も出来る。NATO軍主導のリビア空爆である。

二〇一一年二月、一連の「アラブの春」の流れの中で、一九六九年以来、カダフィ大佐による独裁体制が続くリビアでも反政府デモが発生。これを武力で弾圧しようとするカダフィ政権と抵抗する反政府勢力との間で事実上の内戦が勃発した。そして同年三月一七日、人道目的を大義名分に提出されたリビア国内での飛行禁止区域の設定に関する国連安保理決議が採択された。当時、ロシアのメドヴェージェフ大統領は、西側諸国との協調政策を推進しており、上記の対リビア安保理決議に拒否権を行使しなかった。そして二日後の三月一九日、NATO軍主導のリビアへの空爆が開始された。

この時、首相職にあったプーチンはこのリビア空爆を激しく批判。一方のメドヴェージェフはそんなプーチンの発言に強く反発した。その結果、同年八月、首都トリポリが陥落して、カダフィ政権は事実上、崩壊。一〇月にはカダフィ自身が虐殺されるに至った。

さて、二〇一一年末から二〇一二年初頭にかけて、ロシア国内で反プーチン・デモが相次いだ背景には、二〇一一年九月、プーチンがメドヴェージェフに代わって翌年三月に予定されていた大統領選に再出馬すると発表されたことへの、モスクワやサンクトペテルブルクといった大都市を中心としたロシア国民の反発があった。彼らはメドヴェージェフ大統領に象徴されるリベラルな親欧米路線の支持者だったからだ。

実は、プーチンに大統領職への復帰を決断させたのは、この時のNATO軍主導のリビア空爆に始まるリビア・ファクターが深く関係しているとの有力な見方がある。だとすると、プーチンの世界観が反欧米的なそれに変容する起点としてより相応しいのは、この時となるだろう。

そこで、私は二〇一五年二月に訪米した際、フィオナ・ヒルにこの点について直接質問をぶつけてみた。彼女の答えは「増補版の執筆には時間的制限があり、リビア・ファクターについては、関係者への十分なインタビューが行えなかったので言及しなかった」というもので、その可能性そのものは否定しなかった。

いずれにせよ、日本の読者が本書から学び取るべき最重要ポイントは「プーチンは単なる戦術家ではない。彼は戦略的な思考に長け、西側諸国のリーダーたちよりも高い実行力を持っている」ということだろう。プーチンの大きな戦略目標はロシアの国益を守ること。戦略家プーチンは国家としてのロシアの地位の復活、強化、保護を念頭に、常に有事に備えている。

そんなプーチンにとって、日本との関係はどのように位置付けられているのだろうか。本書の中で日露関係への言及は僅かだが、重要なポイントは押さえてある。ロシアはかねてより欧米諸国に大きく依存した政治経済関係の多角化を志向し、その中心に中国との関係強化を据えている。しかし、中国はさまざまなリスクを抱えた国である。そのために「サバイバリスト」としてのプーチンは万一のリスク回避の策として、日本との関係改善を志向しており、ウクライナ危機の勃発以前には、日本の安倍晋三政権もこれに応じる姿勢を示していたというのが、その要旨である。

ところが、ウクライナ危機勃発を受けて、ロシアと米欧との関係が劇的に悪化し、双方ともに相手に経済制裁を発動。日本も米欧のそれと比較すればソフトなものながら、対ロシア制裁の輪に加わる中で、日露の関係強化の動きは停滞を余儀なくされた。そのために、ロシアは中国との関係を急速に接近させている。

ただ、ここに来て、安倍政権は再度、日露の関係改善の動きを加速化させるべく、二〇一六年五月、ロシア黒海沿岸のソチを訪問し、プーチン大統領に「八項目の対ロシア経済協力プラン」を提示するとともに、今後の平和条約交渉を「新たなアプローチ」で進めていこうと提案した。これは歴史問題や法的問題をいったん脇におき、日露両国がどんな協力が可能かを検討し、未来志向の関係を描く中で領土問題の解決の道筋を切り開こう、というものだろう。

そして、同年九月には安倍首相がロシア極東の港町ウラジオストクで開催された第二回東方経済フォーラムに参加し、プーチン大統領と再び会談。同年一二月一五日、安倍首相の地元・山口県長門市にプーチン大統領を招待し、日露首脳会談をすることが決定している。

日露関係打開の鍵は、特にロシア側が望んでいる極東シベリア開発に日本がどこまで協力できるかであろう。ロシアが二一世紀の国家の優先課題とする極東シベリア開発は、単なる経済問題だけではなく、安全保障問題とも密接にリンクしている。極東シベリア開発への過度の中国依存は潜在的リスクになるので、今のうちからヘッジしておきたい。極東シベリア開発に日本の資本や技術を取り込み、多角化することは戦略家プーチンの常に有事を想定したアプローチとも合致する。

安倍首相はウラジオストクでの東方経済フォーラムの本会合でスピーチを行い、懸案の北方領土問題も含む平和条約問題について「私たちの世代が勇気を持って責任を果たしていこう」とプーチン大統領に呼び掛けた。そんな安倍首相の呼び掛けに対して、同じ本会合において、プーチン大統領は以下の点に言及した。

- 一九五六年に締結された日ソ共同宣言はソ連と日本の双方の国会に承認されたもの。我々はこれを再検討する用意がある。
- 日露双方が負けていないと感じるような方策を探し出す必要がある。
- ただし、その為には日露双方に高いレベルの信頼関係を必要とする。
- 日本がロシアに八つの分野での協力を提案したが、これが向かうべき唯一の正しい道だと思う。

さて、プーチン大統領がここで言及している一九五六年の日ソ共同宣言だが、その第九項には次のようなことが明記されている。

日本国及びソヴィエト社会主義共和国連邦は、両国間に正常な外交関係が回復された後、平和条約の締結に関する交渉を継続することに同意する。
ソヴィエト社会主義共和国連邦は、日本国の要望にこたえかつ日本国の利益を考慮して、歯舞群島及び色丹島を日本国に引き渡すことに同意する。ただし、これらの諸島は、日本国とソヴィエト社会主義共和国連邦との間の平和条約が締結された後に現実に引き渡されるものとする。

プーチン大統領はかねてよりこの日ソ共同宣言の法的有効性に言及しており、ここでもその立場を繰り返したといえる。

なお、一九九三年の東京宣言では、択捉島、国後島、色丹島、歯舞群島の帰属を確定して平和条約を締結するとしている。プーチン大統領は二〇〇一年三月のイルクーツク声明で、日ソ共同宣言と共にこの東京宣言を再確認しており、択捉島、国後島という残りの二島の取り扱いを含め、実際の妥協点がどこになるか、まだ予断を許さない。いずれにせよ今後の北方領土問題を含む平和条約交渉は、この日ソ共同宣言を土台に、「二島＋α」の攻防となるだろう。

ただし、プーチン大統領曰く、この一九五六年の「約束」を履行するには、まだ、日露双方の信頼醸成が十分ではなく、日本側が提案する八項目の経済協力プランを具体的に実現していく必要がある。

また、経済協力と同等に重要なのは安全保障協力である。二〇一三年四月の安倍首相の訪露の際、外務・防衛閣僚による「2＋2」閣僚の立ち上げで合意。同年一一月、最初の「2＋

2」会合が実施され、翌一二月には「2＋2」で合意されたテロ・海賊対処の共同訓練が実施された。だが、日露間でこの枠組みが十分に活用されているとは言えない。

とすれば、二〇一六年一二月一五日に予定されている同大統領の訪日時に北方領土問題を含む平和条約交渉が一挙に妥結することはない。ただし、おそらく発表されるであろう共同声明の中で北方領土問題を含む平和条約交渉の妥結に向け、これまで以上に踏み込んだ方向性が示される可能性は十分にある。まさに日露関係が大きな山場に差し掛かっている今だからこそ、本書の次の指摘に注目したい。

プーチンの言葉は常に真剣に受け止めなければならない。彼は嘘の約束や脅しはしない。彼が何かをすると言い、いったんその準備が整えば、あらゆる手を尽くして実行方法を見つけてくる。

「国家主義者」「歴史家」「サバイバリスト」「アウトサイダー」「自由経済主義者」「ケース・オフィサー」六つの顔を持った戦略家プーチンを、日露関係の強化に向けて、どこまで本気にさせることが出来るか？　本書にはその為のヒントが幾つも隠されている。

あびる・たいすけ
東京財団研究員
ヴァルダイ会議メンバー

ウラジーミル・プーチン関連年表

一九五二年
一〇月七日　ウラジーミル・ウラジーミロヴィチ・プーチンがソ連のレニングラードで生まれる。

一九五三年
三月五日　ソビエト指導者ヨシフ・スターリンが死去。

一九五六年
二月　ニキータ・フルシチョフが第二〇回ソ連共産党大会で「秘密報告」を行ない、スターリン時代の犯罪を暴露する。
一〇月　ハンガリー動乱が勃発。

一九六四年
一〇月　フルシチョフが失脚。レオニード・ブレジネフが共産党第一書記に就任。

一九六七年
五月　ユーリ・アンドロポフがＫＧＢ議長に任命される。

一九七三年
一〇月　アラブ産油国による石油禁輸（オイルショック）。

一九七五年
プーチンがレニングラード大学法学部を卒業し、ＫＧＢでのキャリアをスタートさせる。

一九七九-八九年
ソ連、アフガニスタン侵攻。

一九八二年
一一月　レオニード・ブレジネフが死去。ユーリ・アンドロポフが後任の書記長に選任される。

一九八三年
七月二八日　プーチンとリュドミラ・シュクレブネワが結婚。

一九八四年
二月　アンドロポフが死去。コンスタンティン・チェルネンコが後任の書記長に選任される。
秋　プーチンがモスクワのＫＧＢ赤旗大学で一年間のコースを受講。

一九八五年
三月　チェルネンコが死去。ミハイル・ゴルバチョフが後任の書記長に選任される。
八月　プーチンが東ドイツのドレスデンに異動。

一九八七年
一一月　ゴルバチョフがグラスノスチ、ペレストロイカ、民主化を宣言。

一九八九年
七月六日　ゴルバチョフが欧州会議議会で「欧州共通の家構想」を語る。
一一月九日　ベルリンの壁崩壊。

一九九〇年
一月　プーチンがドレスデンからレニングラードに戻り、レニングラード大学の学長補佐官に就任。
——ゴルバチョフがソ連の各共和国の脱退を認める。
五月　アナトリー・サプチャークがレニングラード市ソビエト議長に就任すると、プーチンは国際関係担当顧問に任命される。
——ボリス・エリツィンがロシア共和国の最高会議（上院）議長に就任。
六月　人民代議員大会（下院）が「ロシア国家主権に関する宣言」を採択。

一九九一年
六月一二日　ボリス・エリツィンがロシア大統領に当選。
六月　サプチャークがレニングラード市長に就任。
六月　プーチンがレニングラード市の対外関係委員会議長に任命される。
八月一九-二一日　ゴルバチョフに対する「ソ連八月クーデター」が失敗。
八月二四日　ウクライナが独立を宣言。
一一月　エリツィンがエゴール・ガイダルを副首相に任命。
——チェチェンがソビエト連邦から脱退。
——ワレリー・ゾリキンがロシア連邦憲法裁判所長官に就任。
一二月　ウクライナおよびベラルーシの指導者とエリツィンがベロヴェーシ合意に署名。ソビエト連邦が崩壊し、独立国家共同体（ＣＩＳ）が創設される。

一九九一-九二年
冬　サンクトペテルブルクの食糧スキャンダルが発生、プーチンの関与が明らかになる。

一九九二年
一月　エリツィン主導のもと、エゴール・ガイダルが提唱した「ショック療法」が始まる。
二月　エリツィン大統領とアメリカ大統領ジョージ・H・W・ブッシュが、ロシアとアメリカはもはや敵国どうしではないという旨の共同声明を発表。
三月　国連の平和維持軍がボスニア・ヘルツェゴビナに介入。
五月　五年におよぶタジキスタン内戦が始まる。
六月　ガイダルがロシア連邦首相代行に任命される。
一一月　バルト三国からのロシア軍撤退を要求する国連決議が可決。
一二月　ヴィクトル・チェルノムイルジンがロシア連邦首相に就任。

一九九三年
三月　人民代議員大会によるエリツィン弾劾の動きが、あと一歩のところで失敗に終わる。
九月二一日　エリツィンが人民代議員大会と最高会議を強制解体。
一〇月四日　エリツィンがホワイトハウス（最高会議ビル）への砲撃を命令。
――ワレリー・ゾリキンが連邦憲法裁判所長官を更迭される。
一二月　議会選挙が実施される。大統領に強大な権限を与えることを定めた、新しいロシア連邦憲法が国民投票によって承認される。

一九九四年
一月　NATOが「平和のためのパートナーシップ（PfP）」を創設。
二月　ロシア連邦とタタルスタン共和国が相互条約を締結。
八月　バルト三国からロシア軍が完全撤退。
一二月　第一次チェチェン紛争が始まる。

一九九五年
三月　ロシア政府の閣議内でウラジーミル・ポターニンが「ローンズ・フォー・シェアーズ」を初めて提案。
八月　エリツィンが「ローンズ・フォー・シェアーズ」制度を許可する大統領令に署名。
一二月　ロシア下院（国家院《ドゥーマ》）選挙でロシア連邦共産党が圧勝。

一九九六年
五月　ロシア政府がチェチェン政府と停戦協定を結ぶ。
六月一六日　大統領選挙が実施される。第一回投票においてエリツィンの得票数が過半数に届かず。

六月　サプチャークがサンクトペテルブルク市長選で落選。

――大統領選の決選投票が行なわれ、エリツィンがロシア連邦共産党のゲンナジー・ジュガーノフに勝利、大統領再選を果たす。

――エリツィンがアナトリー・チュバイスを大統領府長官に任命。

――エリツィンがゲオルギー・サタロフらのグループに新たな「ロシア思想」を定めるよう指示。

八月　プーチンがモスクワに異動、資産管理部門に配属される。彼のサンクトペテルブルク時代の同僚アレクセイ・クドリンが、大統領府監督総局（ＧＫＵ）局長に指名される。

――ウラジーミル・ポターニンが第一副首相に任命される。

――第一次チェチェン紛争が終結。アレクサンドル・レベジが大統領代理として和平合意の調印に導く。

一〇月　ボリス・ベレゾフスキーがロシア安全保障会議副書記に任命される。

一一月　プーチンの別荘組合〈オーゼロ〉が正式に登記される。

――夏に行なわれた大統領選挙の一回目と二回目の投票のあいだに心臓発作を起こしたエリツィンが、心臓バイパス手術を受ける。

一九九七年

三月　回復したエリツィンが議会への教書演説を行ない、国家に秩序を取り戻すことの重要性を訴える。

――クドリンが第一財務次官に指名される。プーチンがＧＫＵ局長を引き継ぐ。

五月　モスクワにて、エリツィンとチェチェン共和国大統領が和平条約と相互合意の最終案に署名。

六月　プーチンがサンクトペテルブルク国立鉱山大学に提出した論文により、経済学の博士候補の学位を得る。

七月　ロシア政府は大手電気通信会社〈スヴャジインベスト〉の株式をウラジーミル・ポターニンに売却、「銀行家の戦争」の引き金となる。

八月　ポターニンへの〈スヴャジインベスト〉売却に絡むスキャンダルが発覚し、国家資産管理委員会議長アリフレド・コフが解任される。

一一月　チュバイス率いるチームのコフやその他のメンバーが「予約金」として賄賂を受け取ったことが告発され、チュバイス組の面々は政府の役職を追われる。

一九九八年

三月　チェルノムイルジンが首相を解任され、後任にセルゲイ・キリエンコが就く。

五月　プーチンが大統領府第一副長官に就任し、地方行政を担当。
七月　プーチンがロシア連邦保安庁（ＦＳＢ）長官に就任。
八月一七日　ロシアはソブリン債の債務不履行（デフォルト）を宣言し、ルーブルの切り下げを実施。
八月二三日　キリエンコ首相が解任される。
九月一〇日　エフゲニー・プリマコフが首相に指名される。

一九九九年
五月　プリマコフ首相が解任され、後任にセルゲイ・ステパーシンが就く。
六月　ユーゴスラビアのミロシェヴィッチ大統領がユーゴスラビア軍のコソボ撤退に同意。
――国連がコソボ治安維持部隊（ＫＦＯＲ）を設立。
――ロシア軍がコソボの首都プリシュティナにある空港を占拠し、ＮＡＴＯ軍と対立。
八月七日　チェチェン独立推進派がダゲスタン共和国に侵攻。
八月九日　ステパーシンが解任され、後任としてプーチンが首相に就任。
八月‐九月　モスクワやロシア国内のその他の地域で連続爆破事件が発生。
九月二九日　ロシア軍がチェチェンに侵攻し、第二次チェチェン紛争が始まる。
一一月一四日　プーチンが論説「われわれが行動しなければならない理由」を『ニューヨーク・タイムズ』紙に寄稿。
一二月一九日　ロシア下院（国家院《ドゥーマ》）選挙が実施され、プーチンと名目上の提携関係にある党が軒並み議席を増やす。
一二月二九日　プーチンがミレニアム・メッセージを発表。
一二月三一日　ボリス・エリツィンが大統領を辞職し、プーチンを大統領代行に指名。

二〇〇〇年
一月一日　プーチンが大統領令を発行し、エリツィンに不起訴特権を与える。
二月二〇日　アナトリー・サプチャークが心臓発作で死去。
三月二六日　大統領選挙が行なわれ、第一回投票でプーチンが当選。
五月七日　プーチンが大統領に就任。
五月一三日　ロシア全土を七つに分ける連邦管区を設置する大統領令が発令される。
五月　プーチンがクドリンを財務大臣に任命。

七月　プーチンとオリガルヒの会合がテレビで放送される。
八月　ロシアの原子力潜水艦〈クルスク〉がバレンツ海で沈没。

二〇〇一年

四月三日　〈ガスプロム〉が独立系テレビ局ＮＴＶの経営権を握る。
九月一一日　プーチンがジョージ・Ｗ・ブッシュ米大統領に電話し、９・11同時多発テロ対応への支援を申し出る。
一〇月　プーチンが民族政策省を解体。
一一月　プーチンが連邦金融監視局を設立。
一二月　視聴者参加型のテレビ討論番組『ホットライン』にプーチンが初めて登場。

二〇〇二年

四月　プーチンがチェチェンにおける軍事的勝利を宣言、反乱軍鎮圧作戦と平和維持活動に移行。
――民族主義政党の党首アレクサンドル・レベジがヘリコプター墜落事故で死亡。
一〇月二三日　チェチェン共和国の独立派武装勢力がモスクワの劇場を占拠。

二〇〇三年

二月二四日　ワレリー・ゾリキンがロシア連邦憲法裁判所長官に再選出される。
三月　アメリカがイラクに侵攻。
一〇月二五日　石油会社〈ユコス〉代表のミハイル・ホドルコフスキーがノヴォシビルスクで逮捕される。
一一月　グルジアでバラ革命が勃発。

二〇〇四年

三月一四日　プーチンが大統領に再選。
三月二九日　ＮＡＴＯに旧ソビエト構成国およびソビエト圏の七カ国が加盟。
五月一日　ＥＵに旧ソビエト構成国およびソビエト圏の八カ国が加盟。
五月　ＥＵが欧州近隣政策（ＥＮＰ）を実施。
五-九月　チェチェン共和国のアフマド・カディロフ大統領が暗殺される。その後、チェチェンの武装集団がロシアの民間航空機を攻撃、北オセチア共和国ベスラン市の小学校を占拠。
一一月　ウクライナでオレンジ革命が始まる。

二〇〇五年

一月　ロシア政府が国際通貨基金（ＩＭＦ）への債務を三年半前倒しで完済。

三月　キルギスでチューリップ革命。
――ロシア政府が主導する青少年組織〈ナーシ〉の設立集会が開かれる。
五月　ホドルコフスキーに懲役九年の実刑判決。

二〇〇六年
一月　ウクライナへの天然ガス供給を停止。
夏　ロシア政府はソビエト時代から引き継いだ国際債務を完済。
九月　ソーシャル・ネットワーク・サービス「フコンタクテ（VKontakte）」が運用開始。

二〇〇七年
一月　ルーマニアとブルガリアがEUに加盟。
二月一〇日　ミュンヘン安全保障会議でのプーチンの演説が物議を醸す。
二月　ラムザン・カディロフがチェチェン共和国大統領に指名される。
一二月一〇日　プーチンが後継者にドミートリー・メドヴェージェフを指名し、自身は首相として政府内にとどまる計画を発表。

二〇〇八年
三月二日　大統領選挙が行なわれ、第一回投票でドミートリー・メドヴェージェフが当選。
四月二－四日　ルーマニアのブカレストでNATOサミット開催。ウクライナとグルジアへの加盟行動計画（MAP）適用が見送られる。
五月　メドヴェージェフが大統領に就任。プーチンが下院で首相に選出される。
八月七－一六日　ロシア・グルジア戦争。
一二月　憲法改正により、大統領の任期が六年に延長される。

二〇〇九年
一月　料金の支払い滞納についての交渉が決裂し、ロシアがウクライナへの天然ガス供給を停止。
四月　チェチェンにおける反乱軍鎮圧作戦と平和維持活動の終結が宣言される。
五月　EUのプラハ・サミットにおいて、東方パートナーシップの設置が決まる。
九月　EUが「第三次エネルギー・パッケージ」を採択。

二〇一〇年
六－八月　ロシア全土で未曾有の規模の山火事が発生。
一二月　アラブの春が始まる。

二〇一一年
五月　〈全ロシア人民戦線〉の設立。
九月二四日　二〇一二年にプーチンが大統領職に復帰することが発表される。
――その発表を受け、アレクセイ・クドリンが財務大臣を辞任。
一二月四日　ロシア下院選挙。
一二月　選挙結果に不満を持った市民たちによるデモや抗議活動が広がる。

二〇一二年
三月四日　プーチンが第一回投票で大統領選に勝利。
四月　プーチンが政党〈統一ロシア〉の党首を辞任。
――アレクセイ・クドリンが〈市民イニシアティブ委員会（ＫＧＩ）〉を起ち上げる。
五月七日　プーチンが三期目の大統領に就任。
七月　ＮＧＯの活動を規制する「外国エージェント法」が下院を通過。
一〇月　アメリカ国際開発庁（ＵＳＡＩＤ）がロシアから追放される。
一一月　プーチンは国防大臣アナトリー・セルジュコフと参謀総長ニコライ・マカロフを解任し、後任にセルゲイ・ショイグとワレリー・ゲラシモフを任命。
一二月一四日　アメリカ政府が人権侵害の罪を犯したロシア当局者を罰する「セルゲイ・マグニツキー法」を制定。
一二月二八日　プーチンが「ジーマ・ヤコブレフ法」に署名。アメリカ人によるロシア人の子供の養子縁組を禁止。

二〇一三年
一月　ゲラシモフ参謀総長が「二一世紀の戦争」への準備をロシア国民に呼びかける。
三月　ＥＵとＩＭＦがキプロスに金融危機の救済措置として一〇〇億ユーロを融資。
六月　プーチンと妻リュドミラが離婚を発表。
――サンクトペテルブルクの経済フォーラムで、プーチンは中国やアジア太平洋地域との経済連携重視を発表。
――エドワード・スノーデンがモスクワに到着。
一一月二一日　ウクライナのヴィクトル・ヤヌコーヴィチ大統領がＥＵとの協定調印を見送り、数カ月のあいだ抗議デモが続く。
一二月二〇日　プーチンの恩赦により、ミハイル・ホドルコフスキーが釈放される。

二〇一四年
二月七日‐二三日　ソチで冬季オリンピックが開催さ

れる。
二月二二日　ウクライナのヴィクトル・ヤヌコーヴィチ大統領が国外に脱出。キエフでの抗議活動はますます過熱し、ウクライナ議会はヤヌコーヴィチの解任を決議。
二月二七-二八日　ロシア軍と思われる武装勢力がクリミアの政府庁舎と空港を占拠しはじめる。
三月一日　プーチンは議会に対し、ロシア民族とロシアの利益を守るためにウクライナでの武力行使の許可を要求。議会がそれを認める。
三月六日　アメリカによる最初の対露制裁が発表される。四月から六月にかけて、より強硬な制裁措置が科される。
三月一六日　クリミア政府が住民投票を実施。ウクライナからの独立を宣言し、ロシアへの編入を希望する旨を発表。
三月一八日　ロシアが正式にクリミアを編入。プーチンがクレムリンでの演説で高らかに編入を宣言。
三月二四日　ロシアがG8から除外される。
五月二一日　ロシアと中国が三〇年に及ぶ四〇〇〇億ドル相当の天然ガス供給契約を締結。
五月二五日　ウクライナでペトロ・ポロシェンコが新大統領に選出される。
六月二七日　グルジア、モルドバ、ウクライナがEUとの連合協定に署名。
六月　ロシアがウクライナへの天然ガス供給を停止。
七月一七日　マレーシア航空17便がウクライナ東部でミサイルにより撃墜される。
八月末　数千人規模のロシア軍兵士がウクライナ東部に進出、のちに撤退。
九月一二日　アメリカは対露経済制裁措置の範囲をさらに拡大。

注釈（抜粋）

全一〇〇一項目におよぶ本書の注釈については新潮社の特設ウェブサイト

http://www.shinchosha.co.jp/book/507011/

をご覧下さい。そのなかから本書を読むにあたって、特に重要と思われるものを一部、以下に抜粋しました。

（編集部）

第I部　工作員、現わる

第1章　プーチンとは何者なのか？

(18) ここ数年、プーチンの「多様性」はロシア国内外において新たな産業を生み出し、結果として数々のスピンオフやパロディーが作られてきた――プーチンのパフォーマンスを称賛するミュージック・ビデオ、カレンダー、テレビゲーム、「スーパー・プーチン」を主人公にした新聞連載マンガ……。また、ヴォヴァ（ウラジーミル・プーチン）とディマ（ドミートリー・メドヴェージェフ）という男の子が主人公の子供用塗り絵帳には、二人が大切な問題に「タンデム体制」で取り組む姿が描かれている。この塗り絵帳は、プーチンの二〇一一年一〇月の誕生日を記念して出版された。

第2章　ボリス・エリツィンと動乱時代

(15) エリツィンの次女タチアナ・ユマシェワは、「エリツィン・ファミリー」の中心的人物だった。彼女はロシア人実業家のアレクセイ・ディアチェンコと結婚し、その後の二〇〇一年、ファミリーの重要人物であるエリツィンの元顧問ワレンチン・ユマシェフと再婚。ユマシェフの娘は、オリガルヒのオレグ・デリパスカと結婚。ファミリーのほかの関係者としては、以下のような人物がいた。エリツィンとプーチンの両方に大統領府長官として仕えたアレクサンドル・ヴォローシン。オリガルヒのボリス・ベレゾフスキー。彼が設立した石油会社〈シブネフチ〉の重役ロマン・アブラモヴィッチ。エリツィンは回顧録『ボリス・エリツィン最後の証言』のなかで、タチアナ、ユマシェフ、ヴォローシンを「側近」と挙げている。

(18) ミハイル・ゴルバチョフ政権下において、コーカサスやバルト三国の民族主義グループは、ソビエト圏内の国境線の変更、中央政府の政策に左右されないより大きな自治権を求め、最終的には完全な独立を要求した。ソ連構成国をつなぎとめるための新連邦条約の締結を仲介するというゴルバチョフの試みは失敗し、それが一九九一年八月のクーデターを引き起こす要因の一つとなった。ソビエト政府や軍の保守派によるこのクーデターがきっかけとなり、ソ連は一九九一年一二月の崩壊へと突き進むことになった。

(20) ロシア政府がチェチェン共和国と一連の停戦協定を結んでから間もない一九九七年、ハーバード大学ケネディ・スクールで開かれたセミナー内で、アレクセイ・アルバトフ(一九九四〜二〇〇三年にロシア下院の防衛委員会の副議長を務めた、ヤブロコ党を代表する政治家)は、ロシア政府・軍関係者のなかでチェチェン戦争の終結を希望する人間は誰一人いないことを強調した。彼は、モスクワ政府がいずれ再びチェチェンを支配下に置くだろうと指摘。

第3章 国家主義者

(2) 一九九六年一二月に『ネザヴィシマヤ・ガゼータ』紙に掲載された記事では、解説者ルスタム・ナルジークロフが、エリツィン政権の全員と大勢のロシア人エリートたちが、強いロシア国家の復活という考えに取り憑かれていたと証言。ナルジークロフは記事のなかで、「改革のための強い国家復活」のアプローチを支持する政治エリートをリストアップした。そのリストには、次のような政治家が含まれていた。オリガルヒで副首相のウラジーミル・ポターニン、学者で経済相のエフゲニー・ヤシンといった経済畑の面々。さらに、ソ連崩壊後のロシアでもっとも影響力の強い政治家の一人であるモスクワ市長ユーリ・ルシコフ、首相のヴィクトル・チェルノムイルジン。「これは驚きである」とナルジークロフは記事で指摘した。「数年前まで権力を持つ機関を究極の悪だとみなしていた人々までもが、〝強い国家〟復活の考えを持つようになった。たとえば、アナトリー・チュバイスの未来を誰が予測できただろうか――彼は前例のない手段の支持者のための擁護者となり、同時に経済というゲームの規則を頑なに順守しようとする人々の擁護者にもなったのだ」

(7) 大統領に就任したころ、国家初の秘密警察の創設記念日における諜報部員を前にした有名な演説のなかで、ウラジーミル・プーチンは冗談っぽくこう言った。「君たちも気づいているだろうが、ロシア政府内に潜入した諜報員たちが、作戦の第一段階を成功裏にやり遂げた」。のちにプーチンはそれがジョークだったと強調したが、諜報部員への演説であえてこう言及したという事実は、「真の国家の下僕」が国家を引き継ぎ、国家に秩序をもたらすうえで重要な役割を果たすという考えやKGBの神話を裏づけるものだろう。

(44) 自伝『プーチン、自らを語る』のなかで、プーチンはアナトリー・サプチャークが彼にとっていかに重要な人物だったかを説明している。「彼は非の打ちどころのない評判を持つ、まっとうな男である。非常に聡明で、オープンで、才能豊かな人物だ。私たちはまったくタイプの異なる人間同士だが、私はアナトリー・アレクサンドロヴィッチが大好きだ。私は、彼のような人々を愛してやまない。彼は本物の人間だ……アナトリー・アレクサンドロヴィッチと私が非常に親しく友好的な信頼関係を築いていたことを知る人は少ない。海外にいるあいだ、私たちはよく会話したものだ。われわれ二人だけで、何日ものあいだ語り合ったこともある。まさに、彼は私のメンターといっていい」。サプチャークもまた、プーチンや二人の関係について賞賛する言葉を数多く残している。たとえば、一九九六年の市長選での落選について、サプチャークは自著で次のように述べた。「……長い選挙戦のあいだずっと、V・プーチンは最高の働きを見せてくれた。ほかの多くの人々とは違い、彼は私を裏切らなかった。さらに、プーチンは有力な権力者に支援を求める手紙を書き、私の擁護に奔走してくれた」

(52) 二〇一二年一月の『ガーディアン』のデイヴィッド・ハーストとトム・パーフィットによるインタビューのなかで、グレブ・パヴロフスキーはロシア大統領の稀有な地位について強調した。憲法では、ロシア大統領があらゆるものの上位に立つ存在だと定められている、と。「大統領が三権分立の制度の上位に立つ存在であるという考えは、われわれの憲法に明記されたものだ。大統領は、行政権とも別物の特別な力を有している……行政権の範囲は首相で終わる……皇帝のように、大統領はそのすべての上に存在する。プーチンにとって、それこそがもっとも重要な原則なのである」

第4章　歴史家

(28) たとえば二〇一二年四月一一日の首相として最後の議会演説で、プーチンは下院代議士の質問に答え、「ロシア人」を意味する包括的な考えの重要性について話した。「いいかね、これはすでに公の場でも話してきたことだ。あるとき、私は教会に残された資料を渡された。そこには、一六〇〇年過ぎのある年から私の代に至るまで、親戚全員がモスクワから一二〇キロか一八〇キロほど離れた一つの村に住んでいたことが示されていた。そして三〇〇年あまりのあいだ、親戚たちは同じ教会に通いつづけたんだ」

(31) 秩序を取り戻す取り組みの一部として、一九〇六年八月、ストルイピンは軍主導による市民のための軍法会議の設立を命じ、死刑宣告を受けた反対勢力を即座に処刑していった。一九〇六〜一一年のいわゆる「ストルイピンの反動」の時期、絞首刑のために使われた縄は「ストルイピンのネクタイ」と呼ばれた。

第5章　サバイバリスト

(3) 二〇〇三年六月二〇日、国内外メディアとのプーチンの記者会見で、プーチンはこう続けた。「この国で栽培されるジャガイモの九〇%がそういった小さな家庭菜園で育てられている。九〇%だ！　さらに、野菜の八〇%、果物の六〇%が家庭菜園で栽培されたものだ」。実際のところ、二〇一一年になると、その割合はわずかに減少した。それでも、二〇一一年にロシアの一般家庭で個人的に栽培されたジャガイモの量は、アメリカの農業部門全体でのジャガイモの収穫量の三分の一に相当した。ロシア全体での〝個人による〟ジャガイモの生産量は、一世帯につき年間五四〇キロを超える。

(43) イスラム教の民族集団と〝文化的〟あるいは伝統的にかかわりを持つロシア国民の数は、一般的に一五〇〇万～二〇〇〇万人といわれる。しかし、ロシア国内のイスラム教に詳しい学者（たとえばサンディエゴ大学のミハイル・アレクセーエフ）によると、ロシア連邦内で実際にイスラム教を信仰する人はもっと少ない一一〇〇万人前後であり、そのほとんどの住民はヴォルガ地域と北コーカサスに集中しているという。

(47) 〈ナーシ〉は、二〇〇〇年代に創設された一連のクレムリン寄りの青年団のなかで、最大規模を誇る団体である。この団体が設立されたのは、ウクライナでオレンジ革命が勃発した直後の二〇〇五年だった。オレンジ革命では、学生運動と学生団体が重要な役割を果たした。たとえば、ウクライナの学生組織〈ポラ〉は、一九九〇年代にセルビアのスロボダン・ミロシェヴィッチ大統領を失脚させる一翼を担った青年団体の先例に倣って活動していた。〈ポラ〉はウクライナ全土に支部や拠点を置き、選挙における不正を暴いて発表した。それが、二〇〇四年一一月から二〇〇五年一月にかけてのウクライナでの大規模デモを引き起こすきっかけとなり、結果として大統領選挙の結果を覆すことになった。プーチンとクレムリンは、ウクライナの〈ポラ〉のような団体の活動が国内で活発化しないように先手を打ち、ナーシに加えて〈モロダーヤ・グヴァルディヤ（若き親衛隊）〉や〈スタリ（鋼鉄）〉といった団体を起ち上げた。〈ナーシ〉は、組織的な宣伝活動のためにインターネットで大々的な活動を繰り広げ、さらに年に一度、トヴェリ州のセリゲル湖でキャンプを開催。毎年、プーチンやクレムリンの重要人物がメンバーたちと交流するためにキャンプを訪れている。また、二〇一一年一二月には、モスクワの抗議活動に対抗するため、〈ナーシ〉はプーチンを支援する集会やデモを行なった。

第6章　アウトサイダー

(8) ルーチ作戦についてドイツ語で書かれたラルフ・ゲオルク・ロイトとアンドレアス・ベンテの一九九三年の著書では、東ドイツの指導者だったエーリッヒ・ホーネッカーに対抗するための極秘計画がドレスデンを中心に進められていたこと、共産党のドレスデン地区リーダーだったハンス・モドロウが反対活動の主要人物だったことが説明されている。著者によると、ルーチ作戦は一九八五年九月から八九年一一月まで続いたという。それは、プーチンのドレスデン駐在とほぼ重なる期間である。ルーチ作戦を取り仕切ったのはモスクワのKGB上層部で、当時の第一総局長ウラジーミル・クリュチコフがとりわけ重要な役割を果たした。クリュチコフはのちにKGB議長となり、九一年のゴルバチョフに対するクーデターに加わった。しかし一九八〇年代後半、クリュチコフはミハイル・ゴルバチョフの重要な協力者だった（とはいえ、ゴルバチョフを陰で操作しようとしていたことは明らかだった）。ルーチ作戦が実際に存在し、ドレスデンがその活動の中心だったとすれば、プーチンが五年のあいだにまったく作戦にかかわらなかったと考えるほうが難しい。それに、ドレスデンに派遣されたKGBのスタッフはわずか五、六人だった。もしプーチンがルーチ作戦の一員だったとすれば、彼が政府内外の東ドイツ人に接触し、協力者に仕立て上げていたことは間違いない。その過程では、脅迫と説得という一般的な方法が使われていたことだろう。しかしプーチンとしては、『プーチン、自らを語る』のなかでルーチ作戦へのかかわりを否定している。彼は作戦が存在したこと自体はそれとなく認めたものの、「（スパイ活動ではなく）東ドイツの政治指導者たちに対する働きかけということだ」と語った。

第7章　自由経済主義者

（16）たとえば、マーシャ・ゲッセンは次のように論じる。一九七〇年代初め、プーチンの両親はめったにない幸運に恵まれ、自家用車を手に入れた。両親はそれを息子のウラジーミルに与えたが、これは驚くほど贅沢なプレゼントだった。「［当時の］ソ連では千人あたりの車の数は、やっと六〇台に達したばかりだった（合衆国は七八一台）。車は、おおざっぱに言えば別荘並みの価格である」。ゲッセンは、このプレゼントが大学時代に贅沢品を買い求めるプーチンの傾向につながったと指摘する。「遠く離れた建築現場で働き、一夏を過ごした」プーチンは贅沢を楽しんだ。たとえば、大学に入学して最初の夏休みのあと、若きウラジーミル・プーチンは「二人の級友と極北の地からソビエトの南部、グルジアの黒海沿いのガグラへの旅に直行した。そこで彼は、稼いだ金を数日間で使い果たした。翌年、建築現場の労働を終えたあと、レニングラードに戻り、かせいだ金を自分の外套と、母親に砂糖をまぶしたケーキを買うのに使った」

（33）プーチンはよく、KGBの職員になることが子どものころからの夢だったと話す。また、高校生のときにレニングラードのKGB本部を訪れ、雇ってほしいと頼んだというエピソードもたびたび引き合いに出す。その際にプーチンに対応したKGB職員が、まずは大学に進学し、法律の学位を取ることを勧めたという。

第8章　ケース・オフィサー

(3)二〇〇〇年、プーチンが初めて大統領に選出された際、マリーナ・サーリエは調査報告書と証拠書類を公表した。のちに彼女は一線を退き、プスコフ地方の田舎町で隠居生活を送った。二〇一一～一二年、議会および大統領選挙に対するデモが起きると、サーリエは活動を再開し、サンクトペテルブルクの反政府グループの主要メンバーになった。しかし二〇一二年三月、彼女は突然の心臓発作で死亡。享年七七だった。

(26)二〇〇七年九月一四日、ソチで行なわれたヴァルダイ会議の会合で、プーチンは連邦金融監視局の役割について踏み込んだ発言をした。「結局のところ、これは分析機関だ。金融・政府機関に関する、きわめて大量の情報を集める機関である……この機関を作ることを決めたとき、ロシア国内のビジネス界では繰り返しその危険性について取りざたされた。現代のロシアにおいて、一つの機関が集中的に機密情報を保持することは、ビジネスに悪影響を与えると危惧したんだ。しかし、そんなことは起こらなかった……それどころか、金融監視局は実に効果的に機能した。集められた情報によって、数千人に対する刑事訴訟の手続きが進められ、そのうち五二一人に有罪判決が下された。これは、同時期にヨーロッパの主要国で同様の疑いがかけられた人数、実際に有罪判決が下された人数にほぼ匹敵するものだ。同じ時期、アメリカでは二倍の人数が有罪判決を受けた。一方、ヨーロッパの国々で有罪判決を受けた平均人数は、五〇〇人強だった」

(67)プーチンが資産管理部門の仕事に就くことになった理由は、彼のモスクワ異動に潜む数々の謎の一つである。一つ間違いないのは、プーチンがサンクトペテルブルク時代にすでにクレムリンの資産管理部門と関係を持っていたということだ。一九九四～九七年にサンクトペテルブルクのアメリカ領事館総領事を務めたジョン・エヴァンスによると、あるとき大統領府監督総局(GKU)がプーチンに面会し、ある微妙な問題の解決の手助けを要請したという。クレムリンがサンクトペテルブルク市に求めたのは、アメリカ人やその他の外国人用住居として使われていた建物を、ロシア大統領が使用できるように用途を変更してほしいということだった。その当時、エリツィンの娘が、サンクトペテルブルクを訪問する際に使う別荘を必要としていた。すでに住人はいたものの、その外国人用住居は別荘として理想的だった。厄介な要素をはらんだこの問題を見事に解決したことによって、プーチンの評判がGKU内で上がり、将来的な異動につながった。

(74) オリガルヒたちが不安定な状況に追いやられたのは、エリツィン政権との一九九六年の「ローンズ・フォー・シェアーズ」合意に至るまでの怪しいプロセスのあいだ、およびそれ以前の彼らの財産に対する合法性が疑われていたからである(「インサイダー」に強制的に株を売却させる、という特に意地汚い方法を使うことも多かった)。この問題に目をつぶったとしても、彼らの合法的な金融情報が公になっただけでも、企業が致命的な打撃を受ける可能性があった。

(77) ここでいう「没収(disappropriation)」という言葉にはきわめて明確な意味がある。この言葉は、すでに誰かに割り当てられていた何かを取り上げ、多くの場合には別の誰かに再び割り当てるということを意味する。与えたものは取り上げることもできるという「没収」の考えは、プーチンのシステム内の核となるコンセプトを強調するものである――オリガルヒが所有する財産は、完全なる私有財産ではない。彼らはクレムリンとの取引によって財産を得た。そのため、クレムリン(あるいは国家)の代わりにその資産の管財人になったにすぎないのだ。これは、帝政ロシア時代の皇帝と貴族のあいだの取り決めの核となるものでもあった。貴族たちは独裁者への奉仕と忠誠の対価として、広大な土地の使用許可と農奴を手に入れることができた。この取り決めは――一九一七年のロシア革命が起きる以前、つまり共有財産に重きを置いた共産主義体制が導入される以前から――私有財産という考えの広まりを抑制するものだった。

第9章　システム

(2) たとえば、『ガーディアン』紙のインタビューのなかで、グレブ・パヴロフスキーはこの決定が偶発的なものだったことを強調し、プーチンとドミートリー・メドヴェージェフが二〇一二年に立場を入れ替えることを当初から決めていた、という一一年九月のプーチン自身の発言に異議を唱えた。「プーチンが大統領職に復帰することについて、彼とメドヴェージェフが何年も前に合意していたなど、完全なる都市伝説でしかない。もちろん、このことについて何百回も話し合ったに違いない。それが政治というものだ。何が正しいのか、答えは誰にもわからなかった……もちろん、[うまく行かなかったら] どんなことになるのか、二人は議論を重ねたのだろう……だとしても、正式な合意が以前からあったはずなどない」。パヴロフスキーは、メドヴェージェフとプーチンの交代(「キャスリング」)は間違いだったと述べ、一一年四月の時点ではその可能性さえも完全に否定していた――時を同じくして、彼は「ホワイトハウス [首相府] による直接の命令、つまりプーチンの個人的な命令によって」クレムリンの顧問を解任された。

(33)〈株式会社ロシア〉を構成する戦略的企業に対して、プーチンはどのようにコントロールを確立したのか――それは、この本の範疇を超える問題であり、本書の本文中と原注での記述は表面的な解説にすぎない。あえてここで付け加えるとすれば、多くの場合において、真のコントロールを確立するために、プーチン側には多大な労力と時間が必要だったということだ。ターゲットとなる会社にはそれぞれ異なる特色があり、それぞれ特別な作戦が必要だった。なかでも、〈ガスプロム〉を支配下に戻す作戦がもっとも重要であり、同時にもっとも難しく繊細だった。プーチンのシステム内の〈ガスプロム〉の役割は唯一無二のものだった。なぜなら〈ガスプロム〉は、ロシア最大のレント収入の稼ぎ頭であり、もっとも重要なレント分配者であるという二つのステイタスを合わせ持っていたからだ。プーチンにしてみれば、言うまでもなく、〈ガスプロム〉は個人的な支配下に置かなければいけない企業だった。しかし、単に正面から戦いを挑むわけにはいかなかった。そのような安易な作戦では、〈ガスプロム〉を管理下に置き、腹心の部下たちを内部に送り込むことなどできるわけもなかった。そんなことをすれば、権力争いが勃発し、もっとも重要な役割――資源レント収入を分配し、多くの国民と巨大な産業をサポートする役割――が機能しなくなってしまうかもしれない。プーチンは大統領になってから二年以上をかけ、当時の社長だったレム・ヴャヒレフを追い出し、自分の息のかかった仲間であるアレクセイ・ミレルを新たな社長に据えることに成功した。

(51)ここでいう「オンブズマン」は、もともとスカンジナビアで使われていた意味、つまり国家と外部の集団や利害関係者のあいだを取り持つ「代理人」や「信頼できる媒介者」という意味である。よって、現代で使われるような、特定の問題に取り組むために公の場で行動する独立した仲裁者や監視機関という意味ではない。

(62)アレクセイ・クドリンが長期にわたって財務相を務め、かつ優秀な仕事振りで高い評価を得つづけたのは、おそらくプーチンのシステムの最上部における個人的な関係と専門的な資質が融合したもっともわかりやすい例だろう。政府および大統領府内では、若い改革志向のテクノクラート(技術官僚)を幅広く迎え入れ、運営上の(意思決定権を持たない)主要な地位を与えるという試みが行なわれてきた。二〇〇九年二月、メドヴェージェフ大統領が政府のテクノクラート化の推進を宣言すると、クレムリンは将来有望な管理者候補「zolotaya sotnya《ゾロタヤ・ソトニャ》(金の卵一〇〇人)」を発表した。このリストには、連邦政府から三六人、地方自治体から二三人、一般企業から三一人、科学・教育・非営利団体から一〇人が管理者候補として選ばれた。クレムリンは、将来的な政府の要職への候補者を選ぶ際にこのリストを活用することを宣言。現政府内のテクノクラートや金の卵一〇〇人には以下のような人々が含まれている。ロシア中央銀行総裁のエリヴィラ・ナビウリナ――彼女はモスクワ大学経済学部を卒業し、のちに経済開発大臣を務めた。副首相のアルカディー・ドヴォルコーヴィチ――彼はモスクワ大学とモスクワの新経済スクールを卒業し、さらにアメリカのデューク大学でも経済を学んだ。ロシア中央銀行の第一副総裁クセニア・ユダエワ――彼女はロシア貯蓄銀行（スベルバンク）の元主任エコノミストで、のちに政府の主要な経済タスクフォースの責任者となった。その後に大統領府のエキスパート部門のトップに就任し、G20のシェルパも務めた。かつて、ユダエワはマサチューセッツ工科大学で経済の博士号を取得したのち、カーネギー国際平和基金モスクワセンターのシニア・アナリストをしばらく務めていた。

（68）プーチンはたびたびミハイル・ホドルコフスキーについて言及し、彼が二〇〇〇年にオリガルヒと最初に交わした約束を破り、政権批判を始めたと非難した。ホドルコフスキーの側近の一部は、それが二〇〇三年の脱税容疑での逮捕につながったと見ている。

（82）二〇〇九年、ラムザン・カディロフはロシアの新聞に次のように語ったという。「私はウラジーミル・プーチンの完全なる部下である。決してプーチンを裏切ったり、失望させたりはしない。全能の神にかけて、彼のために20回死んでもいいと誓おう」。

第Ⅱ部　工作員、始動

第10章　ステークホルダーたちの反乱

（9）プーチンの対抗馬だった四人のうち三人――〈共産党〉党首ゲンナジー・ジュガーノフ、〈自由民主党〉党首ウラジーミル・ジリノフスキー、〈公正ロシア〉のセルゲイ・ミロノフ――は、ロシアの政治シーンではお馴染みの面々であり、大統領選への出馬はもはや〝お約束〟だった。今回の新顔はオリガルヒのミハイル・プロホロフだった。正式な得票率は次のとおり：プーチンが六三・六〇％、ジュガーノフが一七・一八％、プロホロフが七・九八％、ジリノフスキーが六・二二％、ミロノフが三・八五％。

（32）そのときのヴァルダイ会議では、プーチンの皇帝らしい行動が随所に見られた。たとえば、〈いつものように〉プーチンはヴァルダイ会議の参加者との晩餐会に予定より数時間遅れて到着した。著者が二〇一〇～一二年にインタビューしてきたジャーナリスト、石油企業の幹部、欧米の政府高官、上席役人らが口を揃えるように、プーチンの遅刻は日常茶飯事のことだった。二〇一二年七月、クリミアのヤルタで開かれたウクライナのヴィクトル・ヤヌコーヴィチ大統領との会談にプーチンが遅れて現われると、この遅刻問題がマスコミで大々的に取り上げられることになった。ロシア人ジャーナリストのアンドレイ・コレスニコフは次のように述べた。「プーチンの常習的な遅刻は、別の意味にも取れるかもしれない。つまり、それこそが他者への態度を示す彼の性格や方法なのかもしれない……しかし今や、彼の上には神しか存在しない。彼がナンバー1であり、好きなだけ遅れることが許されているのだ」

(82)「混沌とした暗闇」について話したとき、プーチンは現代のロシア語で「暗闇」を意味する「temnota《テムノタ》」ではなく、古代教会スラヴ語の「t'ma《チマ》」という単語を使った。現代ロシア語では、t'ma は暗闇だけでなく、「数えきれないもの」（大群、無数、多量）を意味する。たとえば、シベリアからロシアの侯国に攻め込んできたモンゴルの大群はt'ma であり、その人数の多さはロシアに「暗闇」をもたらした。実際、t'ma はモンゴル語に由来する単語で、一万人の兵士の部隊を意味する「tumen《トゥメン》」の複数形である。プーチンは、この単語を意味なく使ったわけではない。

(5) 二〇一四年三月一八日の演説のなかで、プーチンは次のように語った。「西側の政治家のなかには、「クリミア編入に対する」制裁措置以外にも、ロシア国内の問題への干渉の強化をちらつかせて、われわれを脅そうとする者もいる。私としては、彼らの意図を知りたい。なぜ第五列のような行動、つまり国家の裏切り者の行為を助長しようとするのか？　あるいは彼らは、ロシアの社会経済的な状況を悪化させることができると考えているのだろうか？　こうすることによって、人々の不満を駆り立てることができるとでも？　われわれとしては、西側によるこの種の発言のすべてを、無責任かつ明らかな攻撃だとみなし、相応の対応を取ることになるだろう」

(6) マフムト・ガレエフ将軍は著名な軍事歴史家で、第二次世界大戦での功績に対して勲章を授与された退役軍人である。ソ連軍参謀本部の元副総長で、現在はロシア軍事科学アカデミー所長。一九八九～九一年、ガレエフはアフガニスタンのナジブラ大統領の最高軍事顧問を務めた。

(8) この台詞は、二〇〇四年のベスランの学校占拠事件後にプーチンがロシア国民に向けて行なった演説の一節。プーチンは続けてこう発言した。「ロシアの領土を引き裂こうとする人々は、常に誰かほかの人間たちの支援を受けていた。おそらく、彼らが支援を続けるのは、ロシアがいまだ世界随一の核保有国であり、彼らにとっての脅威となるからだろう。彼らにしてみれば、この脅威をすぐにでも消し去りたいに違いない。そこでテロリズムの出番となる。言うまでもなくテロは、これらの目標を達成する手段にすぎない」

(10) 二〇一四年三月一八日のクレムリンでの演説でプーチンはこう語った。「ウクライナはできるかぎり早くNATOに加入する、とキエフ政府はすでに発表していた。その動きは、クリミアとセヴァストポリ［ロシア黒海艦隊の母港］にとって何を意味するのか？　ロシア軍の栄光の街に、NATOの艦隊が現われることになっていたかもしれない。ロシア南部全体に、脅威が広がっていたかもしれない。それは、一時的な脅威などではなく、確固とした脅威である」

(15) 二〇一三年六月、妻のリュドミラ・プーチナとの別居と離婚を正式に発表したときにも、プーチンはこの不幸な出来事が、彼のロシア国家への奉仕に起因するものであることを示唆した。ロシアへの完全なる献身によって、家族のためのプライベートな時間がなかった、と。大統領であり男であるウラジーミル・プーチンは、国家と結婚したも同然だった。

第12章　プーチンの「アメリカ教育」

(27) 二〇一三年七月と一〇月、ワシントンDCのブルッキングス研究所において、著者はイスラエルの政府高官たちに個人的なインタビュー取材を行なった。そのなかで高官たちは、プーチンがイスラエルに移住したロシア系ユダヤ人たちとの個人的なつながりを深め、公式訪問中にできるかぎり彼らと面会しようとしていたことを認めた。元モスクワ駐在イスラエル大使は、ハイレベルな会合のなかでプーチンがイスラエルの長所を絶賛し、経済的・軍事的な成功を褒めたたえていたと証言した。その会話のなかで、元大使はひどく驚かされることがあったという。「わが国の利益や安全保障にとって何が最良なことなのか、プーチンはわれわれよりも詳しく知っているんですよ」

(86) 私たち著者は、メドヴェージェフ訪独と同時期に開かれたドイツ外交問題評議会主催の国際会議に参加するためにベルリンにいた。その際に話を聞いたロシアやドイツの政府高官たちは、メドヴェージェフのスピーチがドイツ側との事前調整を重ねて練られたものであることを強調した。ロシアの高官たちはその提案について、ロシアと欧州大西洋の安全保障制度の共存のための新しい形を模索する「最後の試み」だったと説明した。ミュンヘンやブカレストでは、プーチンが強固なスタンスを貫いたために失敗した。しかし今回は、クレムリンの「ニューフェイス」の登場と建設的なアプローチによって問題解決を前進させることができるのではないか、と彼らは期待したのだった。

(89) 二〇一一年一一月一一日、リビアやシリア問題などを幅広く扱ったヴァルダイ会議の席で、プーチンはカダフィの死を「無法(bezobraziye《ベゾブラジエ》)」と表現した。

第13章　ロシア、復活

(27) 中国の艦艇がオホーツク海に移動した数時間後、ロシア国防省は(当時としては)冷戦終結以来最大規模となる陸・海軍の軍事演習を東部軍管区で行なった。プーチンは中国との国境に近いロシア東部のチタにいったん飛び、さらにサハリンに移動して緊急演習を自ら視察した。二〇一三年一〇月に東京で行なった露日中関係に関する著者のインタビューのなかで、日本の軍事アナリストたちは、ロシアの関係者から直接(個人的に)聞いたという話を教えてくれた――ロシア政府が軍事訓練を開始したのは、中国政府に不快感を示すためだった。中国の船がわざわざ遠回りして帰国したことは、ロシアにとっては驚きだった。サハリンやほかの諸島沖を通過したあと、中国の艦艇はさらに日本周辺を航行し、中国の領海に戻ったという。

(39) 二〇一三年五月と一四年二月のベルリン、および一四年五月にパリで開かれた国際会議の際に行なったインタビュー取材のなかで、ドイツ外務省の高官たちは一様に悲しそうに言った――この状況では、ロシア側は沿ドニエストル地域の問題を解決する気がまったくないのだと判断せざるをえない。ロシアは、結論に達することよりも、人々が注目するヨーロッパの外交政策についてドイツと二国間で話し合うというプロセスのほうにより興味があった。ドイツと直接やり取りすれば、交渉のあいだはＥＵとアメリカをこの問題から遠ざけておける。よって、ロシア政府は主導権を握ることができるし、希望どおり少ない数の相手と交渉することができる。さらにドイツ側が気づいたのは、近隣諸国に対するロシアの外交政策にとって、沿ドニエストル地域は甚大な影響力を持つ地域であり、彼らが権利を放棄するはずなどないということだった。沿ドニエストル地域のロシア領土への編入の動きの加速と減速を繰り返すことによって、ロシアはモルドバを鎖につないだままにしておけるのだ。加えて、ＮＡＴＯからモルドバを遠ざけておくこともできる。〇八年のグルジアとの戦争後、独立派が主流を占める国がロシアの警告を無視し、ＮＡＴＯと近づこうとする傾向があることをロシアは痛感していた。そのためロシア政府は、グルジア政府やヨーロッパ諸国に明確なメッセージを出した――グルジアのＮＡＴＯ加入の動きに罰を与えるため、ロシアは南オセチアとアブハジアの独立を承認した。

(81) たとえば、二〇一四年五月二日にクレムリンのウェブサイトでこう発表された――プーチンはウクライナ南東部の軍事情勢に関する「すべての情報」を「実戦モードで(v operativnom rezhime《ヴ・オペラティヴノム・レジメ》)」受け取った。ロシア国防省は、operativny rezhim《オペラティヴヌイ・レジム》を次のように定義している――「一連の作戦上の規則、施策、規範のこと。その目的は、政治的・戦略的な軍事情勢を安定化させ、部隊の戦闘即応性を維持し、武力衝突の激化を抑制し、敵による侵略の可能性を阻止し、(必要に応じて)戦争開始に向けて準備を進め、初期攻撃を成功裏に行なうことである。危機が迫っているかどうかにかかわらず、平時に実戦モードが導入されることもある」

第14章　国外の工作員

(11) ロシアのNGO組織〈GOLOS〉(ロシア語で「投票」と「声」の両方を意味する)は、選挙の違反・不正行為について調査し、ロシア全土で選挙監視員を訓練する活動を行なっていた。この組織が運営する「違反の地図(Map of Violations)」は誰もが参加できるウェブサイトで、二〇一一年一二月の下院選挙にまつわる数々の問題を記録し、抗議運動のきっかけを作る役割も果たした。〈GOLOS〉は、クレムリンの取り締まりの最初のターゲットとなった組織の一つだった。

(16) 大統領になって間もないころのプーチンは、ロシアの民間部門に接近したロシア人アナリストやアメリカの元諜報部員を次々に逮捕・起訴することによって、市民たちに似たようなメッセージを送った。アナリストたちは、西側諸国ではまったく問題視されないような行動や接触によって逮捕された。

(45) ロシア系アメリカ人の学者ニーナ・フルシチョワはこの点について、次のように語った。「プーチンが言ったとおり、ロシアが〝かつての力を取り戻すためには〟天然資源が鍵となる。事実、ロシアの天然資源の可能性が、先進工業国のなかにロシアの特別な居場所を作り出す。だからこそ、人類は再びロシアに対する敬意と恐怖に震え上がることになる。今回は赤軍の侵攻の恐怖ではなく、〈ガスプロム〉のガス供給停止の恐怖に震え上がるのだ」

(63) 二〇一四年二月以降、著者は複数のヨーロッパ高官から次のような話を聞いた。交渉の最中、プーチンは個人的にヤヌコーヴィチに電話し、協定に署名するように迫った。高官たちの話によれば、ヤヌコーヴィチの逃亡には、プーチンもほかの全員と同じように驚いたという。この進展に対して、プーチンは完全に裏切られたと感じ、ヨーロッパ各国がこれを裏で操っているのだと疑った。一方のヨーロッパの高官たちは、プーチンがヤヌコーヴィチに見切りを付け、電話でウクライナからの逃亡を指示したのだと疑った。また、高官たちは次のような点も指摘した――ウクライナとの会談に派遣されたロシアの代理人、人権担当オンブズマンであるウラジーミル・ルキンは、合意の最終文書に実際には〝署名をしなかった〟。真実がどうあれ、ヤヌコーヴィチの逃亡は驚きの出来事であり、この危機における大きなターニングポイントになったことは間違いない。

(71) 複数のヨーロッパ高官が著者によるインタビューで明かした話によると、キエフにアメリカの高官らが現われたことについて、プーチンは激しく抗議し、アメリカとEUの両方が反政府側に資金提供していると非難したという。

(72) 二〇一四年一月のロシア・EUサミットにおいて、プーチンは次のように語った。「次に、今回の件にウクライナがどう対処し、どんな行動を取るべきかということへのアドバイスとして、こう言っておきたい――ウクライナの人々は、自分たちの力だけで答えを導くことができるはずだ。それは間違いない。いずれにせよ、ロシアとしては介入する意図はいっさいない。たとえば、ギリシャやキプロスでの危機の最中に、われわれロシアの外務大臣が反EUを打ち出した会合に姿を現わし、観衆にアピールを始めたとしたら、ヨーロッパ諸国のパートナーたちはどう反応するだろう？　私には容易に想像がつくね」。また一四年八月にセリゲル湖で開催された〈ロシア青年フォーラム〉を訪問したプーチンは、参加者へのスピーチで次のように語った。「われわれの西側のパートナーたちは、実に急進的で民族主義的傾向のある集団を支援し、クーデターを誘発させた。誰がなんと言おうと、真相は火を見るよりも明らかなはずだ。われわれのなかにそこまで愚かな者はいない。キエフ独立広場の抗議者たちをそそのかしたのが誰なのか、みな知っているはずだ。この情報および政治的な支援は何を意味するのか？　この政権交代には、アメリカとヨーロッパ各国が深く関与している。非合法な政権交代が、力ずくで行なわれたのである」

(85) 二〇一四年八月にセリゲル湖で開催された〈ロシア青年フォーラム〉での会合のなかで、プーチンはロシア人を以下の四種類に分類した。一、（絶対的な）体制支持者。二、〝公式の〟反対者――議会の政党に属する人々などで、数多くの問題においてクレムリンとは意見を異にするもの、クリミア併合を支持して愛国心を示す者。三、「組織に属さない反対者」のなかの「愛国者」。四、「組織に属さない反対者」のうち、物事に対する感じ方が一般と異なる者。プーチンは、最初の三種類は「nash《ナーシュ》」（われわれの仲間）であり、四種類目の人間は仲間ではないことを明言。四番目のカテゴリーに属する人間は事実上の裏切り者であり、「chuzhoy《チュジョイ》」（よそ者）だ、と。さらにプーチンは、ロシアの左派の政治家たち（共産主義者）に彼ら自身の「汚れた秘密」を思い出させた——ボルシェビキもまた、ロシアの裏切り者だったという事実だ。後述するように、第一次世界大戦中に彼らは国を貶めようとした。そのため、第二次世界大戦を含めたその後の時期に、どんなに共産主義者たちが善い行ないをしたとしても、彼らは罪から逃れることはできない、とプーチンは語った。

(115) 実際にプーチンは、クリミアの出来事を祝う記念コイン、ロシア軍のための記念メダルを発行することを許可した。これらのコインやメダルには、「クリミア返還」という文字と、作戦の期間を示す「二〇一三年二月二〇日〜二〇一四年三月一八日」という日付が刻まれていた。

参考文献・写真提供

参考文献

参考文献につきましては注釈と同じく、新潮社の特設ウェブサイト
http://www.shinchosha.co.jp/book/507011/
に掲載しております。併せてご覧ください。（編集部）

写真提供

第1章　ウラジーミル・プーチン〔青年期〕（SPUTNIK／時事通信フォト）
第2章　ウラジーミル・プーチン〔釣り〕（EPA＝時事）
　　　ボリス・エリツィン（SPUTNIK／時事通信フォト）
第3章　アナトリー・サプチャーク（SPUTNIK／時事通信フォト）
第4章　ピョートル・ストルイピン（SPUTNIK／時事通信フォト）
第5章　アレクセイ・クドリン（SPUTNIK／時事通信フォト）
第6章　ユーリ・アンドロポフ（Photo12）
第8章　サプチャーク&プーチン（Russian Look／アフロ）
　　　ヴィクトル・ズブコフ（SPUTNIK／時事通信フォト）
第9章　ドミートリー・メドヴェージェフ（AFP＝時事）
第10章　モスクワ・デモ（ロイター＝共同）
　　　プッシー・ライオット（タス＝共同）
　　　クセーニア・サプチャーク（SPUTNIK／時事通信フォト）
第11章　アンゲラ・メルケル（AA／時事通信フォト）
第12章　ヘンリー・キッシンジャー（Martin Lengemann/ullstein bild／時事通信フォト）
第13章　ワレリー・ゲラシモフ（SPUTNIK／時事通信フォト）
第14章　エドワード・スノーデン（ゲッティ＝共同）
表　紙　クレムリン（AP／アフロ）
前　扉　ウラジーミル・プーチン（ロイター／アフロ）

ロシア国家会議　71
『ロシア最後の男（*The Last Man in Russia*）』（書籍）　307
ロシア思想（ロシイスカヤ・イデヤ）　68-72, 79, 85-87, 127, 128, 132, 305, 309, 439, 443, 487
『ロシア思想から新しいロシアの思想へ（*Ot russkoy idei――k ideye novoy Rossii*）』（書籍）　69
ロシア自由民主党（政党）　48, 51
ロシア人共同体会議　50, 70
ロシア正教　68, 70, 71, 88, 89, 91, 92, 97, 130, 249, 292, 294, 305, 307, 309, 310, 325, 327, 329, 330, 420, 432, 438, 439, 477
ロシア青年フォーラム　442, 506
ロシア大統領府　26, 27, 41, 173, 188
ロシア帝国　20, 22, 38, 54, 69, 84, 86, 88, 89, 97, 109, 112, 121, 128, 130, 132, 133, 136, 137, 159, 250, 308, 311, 315, 326, 340, 367, 444, 447, 465
ロシア鉄道（企業）　91, 228, 249
ロシア・トゥデイ／RT（放送局）　418, 419, 420
『ロシアの家』（番組）　71, 392
ロシアの選択（政党）　48, 199
『ロシアの潮流（*Russian Tide*）』（書籍）　350
ロシア民族性　→ルスコスチ
ロシア連邦安全保障会議　63, 197, 360, 381
ロシア連邦共産党（政党）　48, 67, 227, 486, 487
ロシア連邦金融監視局　211, 230
ロシア連邦軍参謀本部情報総局／GRU　405
ロスネフチ（企業）　248, 249, 259, 270, 423
ロックスバラ、アンガス　267
ロマノフ朝　44, 83, 89
ロルドゥギン、セルゲイ　206, 222
『論拠と事実』（新聞）　148
我が家ロシア（政党）　48, 49, 199
『私はプーチンを見た！（*Ya Putina videl!*）』（書籍）　221
ワルシャワ条約機構　355, 369

ユーゴスラビア　54, 56, 58, 121, 358, 361, 468, 488
ユーラシア関税同盟　381
ユーラシア（経済）連合　130, 300, 301, 427-429, 431-433, 442, 444
ユーラシア主義　130, 385, 443-445
ユーラシア・ステップ　130, 323
ユコス（企業）　186, 489
ユシチェンコ、ヴィクトル　429, 430
『豊かさのなかの危機（*Crisis amid Plenty*）』（書籍）　176
ユダヤ　68, 133, 332, 351-353, 393, 394, 434, 437, 445-447, 503
予備基金　115

ラ、ワ

ラール、アレクサンダー　23, 132, 198, 200, 201
ライス、コンドリーザ　458
ラヴロフ、セルゲイ　354, 368
ラザル、ベレル　393
ラズヴォズジャーエフ、レオニード　302
ラドネジのセルギイ　330
ラトビア　56, 366, 367
ラフリン、アナトリー　260
リーヴェン、アナトール　132
リーヴェン、ドミニク　95
立憲主義　77
リップマン、マリア　155
リトアニア　56, 135, 340, 366-368, 428, 445
リトヴィネンコ、ウラジーミル　248, 273
リビア　372, 478, 479, 504
リャザニ（州）　96, 102
リューリク朝　44
ルイシコフ、ウラジーミル　283, 284
ルーシ（ロシア正教）　329, 330, 432, 439, 449
ルーシ族　323
ルーズベルト、フランクリン　285
ルーチ（光線）作戦　142, 212, 496, 497
『ルーブルを持つ男（*Chelovek s rublyom*）』（書籍）　186
ルクオイル（企業）　248
ルシコフ、ユーリ　201, 238, 282, 494
ルスキー（ロシア人）　126, 133, 134, 322, 329, 436, 439
ルスコスチ／ロシア民族性　70, 309, 322, 392, 438, 439
ルツコイ、アレクサンドル　46, 66, 83
ルビャンカ　218, 296
レアメタル　193
レヴァダ・センター　280, 297, 304, 314
レーガン、ロナルド　345-348, 361, 365
レーニン、ウラジーミル　91, 95, 125, 164, 331, 451
レールモント、ミハイル　159, 160
レオノフ、ニコライ　63, 71
レニングラード大学　25, 40-42, 75, 146, 153, 158-160, 166, 172, 174, 179, 184, 185, 198, 225, 251, 268, 336, 344, 350, 412, 484, 485
レニングラード包囲戦　102, 104, 107, 110, 119, 127, 303, 331, 435
レベジ、アレクサンドル　50, 52, 56, 67, 487, 489
レント／超過利潤　113, 168, 176, 500
ローマ・サミット（NATO）　366
ローンズ・フォー・シェアーズ　50, 170, 246, 258, 486, 499
ロゴヴァズ（企業）　49
ロゴージン、ドミートリー　51, 70, 71, 93, 306, 443
ロシア2020　99, 245
ロシア科学アカデミー　126, 178
ロシア憲法　26, 46, 47, 48, 52, 75, 77, 78, 133, 240, 241, 324, 329

ボルシェビキ　20, 91, 130, 133, 137, 164, 175, 309, 331, 416, 442, 507
ボルドィレフ、ユーリ　191, 196, 197, 200
ホルマンスキフ、イーゴリ　154, 305

マ

マカロフ、ニコライ　401, 403, 491
マクフォール、マイケル　355, 356, 358
マスハドフ、アスラン　117, 361
マスメディア　416, 417
マッキンダー、ハルフォード　443
マトヴィエンコ、ワレンチナ　255
マフィア　202, 334, 350
マルクス主義　65
マレーシア航空17便撃墜事件　461, 462, 492
マンジョシン、アレクサンドル　354, 365
ミール　295, 322, 327, 436
南オセチア　56, 298, 318, 370, 396, 398, 399, 460, 504
南オセチア紛争　396
南コーカサス　160
ミハルコフ、ニキータ　66, 70, 83, 86, 95, 123, 129
ミュンヘン安全保障会議　369, 379, 460, 470, 490
ミラーイメージの法則　412
ミレニアム・メッセージ　38, 61, 62, 64, 66-69, 71, 72, 74, 77-79, 85, 92-94, 100, 127, 131, 167, 214, 234, 235, 240, 245, 251, 271, 284, 304, 319, 324, 330, 343, 374, 390, 439, 488
ミロノフ、セルゲイ　91, 501
民主主義　36, 43, 48, 58, 68, 75, 76, 78, 79, 92, 94, 120, 122, 199, 200, 235, 237, 280, 286, 297, 318, 324, 329, 336, 337, 366, 368, 372, 374, 377, 379, 415, 464
民族主義　22, 48, 50, 55, 66, 70, 71, 83, 90, 93, 121, 122, 124-126, 297, 298, 304-307, 309, 318, 356, 374, 377, 419, 420, 433, 435-438, 440, 442-446, 449, 453, 454, 489, 493, 506
ムジャヒディーン　365
メーゼベルク・イニシアティブ　389, 390
メドヴェージェフ、ドミートリー　26, 78, 140, 150, 152, 160, 196, 204, 236-238, 241, 245, 251-253, 259, 262, 263, 267-271, 280, 281, 283, 296, 344, 354, 370, 371, 376, 386, 388, 389, 396-399, 410, 478, 479, 490, 493, 499, 500, 503
メドヴェージェフ、ロイ　210, 211, 217, 218
メナテップ＝ロスプロム（企業）　50, 186, 187
メルケル、アンゲラ　268, 320, 323, 335-339, 380, 381, 388-390, 414, 463
モスクワ劇場占拠事件　119, 489
モスクワ大公国　323, 324, 326, 330
『モスクワ・ニュース』（新聞）　58
モスト銀行（企業）　50
モドロウ、ハンス　143, 497
モルドバ　56, 389, 390, 425, 428, 429, 445, 471, 492, 504

ヤ

ヤクーニン、ウラジーミル　91, 92, 228, 249, 420
ヤクーニン、グレブ　48
ヤコブレフ、ウラジーミル　185, 200, 201
ヤヌコーヴィチ、ヴィクトル　21, 406, 429, 430-434, 438, 452, 461, 491, 492, 502, 505, 506
ヤブリンスキー、グリゴリー　83, 304
ヤブロコ（政党）　48, 83, 191, 199, 200, 304, 494
山火事（2010年）　157, 220, 222, 256, 278, 490
ヤルタ　450, 451, 453, 502

475, 489
『プニン』（小説）　131
フョードル一世　44
ブラックウィル、ロバート　356
フラット・タックス制度　169, 172
プラハの春　140, 181, 453
フランス24（放送局）　418
フリーダム・アジェンダ　367, 368
フリードマン、ミハイル　50, 249
プリシュティナ　359, 360, 488
プリホチコ、セルゲイ　354
プリマコフ、エフゲニー　59, 197, 488
ブルガーコフ、ミハイル　148
フルシチョフ、ニキータ　20, 208, 344, 438, 484
ブルッキングス研究所　36, 365, 470-475, 503
ブレジネフ、レオニード　180, 210, 279, 292, 484
ブレジンスキー、ズビグネフ　361
ブレスト＝リトフスク条約　451, 452
ブロツキー、オレグ　87, 116, 118, 119, 153, 223, 224
プロハーノフ、アレクサンドル　442-445, 454
フロリダ、リチャード　287, 288
ヘイグ、アレクサンダー　361
平和のためのパートナーシップ／PfP　355, 486
ベーシック・エレメント（企業）　156
ペスコフ、ドミートリー　34, 35, 88, 267, 407
ベスラン学校占拠事件　119, 254-256, 331, 378, 489, 502
別荘／ダーチャ　91, 92, 103, 108, 109, 136, 190, 201, 228, 249, 339, 476, 487, 497, 498
ペッパー、ジョン　350
ベラルーシ　135, 247, 300, 381, 445, 485
ヘリテージ財団　169
ベリヤ、ラヴレンチー　175
ベリャーエフ、アレクサンドル　203
ベルギー　89
ペルミ（州）　53, 159, 212, 213, 218
ペルミ36　218
ペルモフ、ニック　447
ベルリン　106, 144, 332, 333, 336, 370, 470, 503, 504
ベルリンの壁　138, 146, 223, 224, 317, 336, 414, 432, 433, 485
ペレス、シモン　352, 353, 445
ペレストロイカ　68, 138, 140-142, 145, 146, 149, 152, 180-182, 223, 224, 288, 289, 326, 485
ベレゾフスキー、ボリス　49, 51, 487, 493
ベンケンドルフ、アレクサンドル　207, 215, 293, 294
法治国家　74-77, 129, 240
ポー、マーシャル　321, 325, 326, 330
ホーネッカー、エーリッヒ　141-143, 148, 181, 183, 223, 496
ポーランド　44, 89, 140, 325, 340, 355-358, 367, 370, 391, 436, 445, 471
ボグダーノフ、アンドレイ　160
ポグロム　445, 446
ボスニア・ヘルツェゴビナ　54, 58, 360, 486
ポターニン、ウラジーミル　50, 51, 486, 487, 494
『ホットライン』（番組）　215-217, 329, 489
北方領土　386, 481, 482, 483
ホドルコフスキー、ミハイル　50, 51, 186, 312, 460, 489-491, 501
ポピュリスト　419, 420
ボブコフ、フィリップ　41, 84, 85, 88, 93, 208-211, 217, 218, 292, 293, 295
『ボリス・エリツィン最後の証言』（書籍）　27, 493
ボリセンコ、ヴィクトル　87, 153

ニジニ・ノヴゴロド　53, 220
二一世紀の戦争　405, 406, 420, 433, 451, 461, 467, 469, 491
日露戦争　97, 326
日本　386, 387, 470-476, 479, 480-482, 504
『ニューズウィーク』（雑誌）　206, 215
『ニューヨーク・タイムズ』（新聞）　29, 177, 291, 320, 329, 361, 372, 378, 488
ネヴズリン、レオニード　186
『ネザヴィシマヤ・ガゼータ』（新聞）　49, 125, 494
ネフスキー、アレクサンドル　97, 127
ノヴゴロドツェフ、パーヴェル　78
ノーメンクラトゥーラ　137
ノルウェー　340, 471
ノルド・ストリーム　270, 339

ハ

ハースプリング、デール　379
ハートランド　443, 444
ハーバード大学　92, 323, 356, 412, 494
『ハアレツ』（新聞）　393
バイデン、ジョセフ　357, 358
パイプライン　247-249, 270, 339, 424
パヴロフスキー、グレブ　46, 64, 81, 82, 187, 235, 236, 238, 266, 290, 495, 499
バエフ、パーヴェル　268, 472
バサエフ、シャミル　117, 119
バシコルトスタン　53
パステルナーク、ボリス　148
白系ロシア　86, 128, 129, 132
パトルシェフ、ニコライ　63, 197, 230
母なるロシア　62, 127
バブーリン、セルゲイ　71
ハマートヴァ、チュルパン　157
バラック、エフード　132
パリクラブ　380
バルカン半島　44, 55, 58, 59, 359
バルスコフ、ミハイル　201
ハルツェル、マイケル　357, 473
バルト海　53, 181, 247, 270, 339, 340, 469
バルト三国　56-59, 113, 247, 340, 367, 380, 410, 421, 486, 493
『春の十七の瞬間』（小説）　333, 342
バルバロッサ作戦　347
ハンガリー動乱　139, 209, 453, 484
バンデラ、ステパン　405, 436, 437, 446
ピオネール　116
東ドイツ　25, 40, 138, 139, 141-149, 165, 166, 179-183, 204, 212, 222-224, 289, 331, 332, 335-338, 342, 345, 347, 349, 360, 432, 453, 485, 496, 497
ピカリョヴォ　156, 157, 209, 218, 219, 222, 239, 256, 287
非常事態省　111, 403
ヒトラー　125, 347, 348, 363, 436, 437, 446
ピョートル一世　44, 91, 109, 137, 250
ファシスト　122, 125, 131, 435, 437, 446
フィクサー　42, 157, 185, 186, 198, 202
フィッシャー、ベンジャミン　347
フィンランド　136, 248, 340, 349, 471
プーシキン、アレクサンドル　308
プーチナ、リュドミラ　147, 151, 503
プーチニズム　60, 76, 83, 100, 131, 276
『プーチン、自らを語る』（書籍）　23, 30, 31, 118-120, 143, 144, 146, 149, 151, 206, 223, 335, 338, 352, 374, 377, 391, 411, 452, 453, 456, 494, 497
ブカレスト・サミット（NATO）　370, 396, 429
フコンタクテ　278, 490
ブダペスト　139, 143
プッシー・ライオット　301-303, 307-309, 312, 415
ブッシュ、ジョージ・H・W（父）　54, 356, 486
ブッシュ、ジョージ・W（息子）　92, 343, 362, 363, 367, 368, 371, 375, 429, 458,

ツパーク、I・T　209, 217, 218, 220, 224
ツヒンヴァリ　371
『ディー・ツァイト』（新聞）　338, 339
ディープウォーター・ホライズン（原油流出事故）　424
『帝国の崩壊—現代ロシアへの教訓（*Collapse of an Empire: Lessons for Modern Russia*）』（書籍）　80, 81, 104, 110, 112
ティシュコフ、ヴァレリイ　126
帝政ロシア　46, 76, 129, 282, 326, 327, 499
ティムチェンコ、ゲンナジー　421
ティモシェンコ、ユリヤ　34
デカブリスト（の乱）　44, 89, 207, 279, 284, 293
『敵の感覚—ライバルの心を読む賭け（*A Sense of the Enemy: The High-stakes History of Reading Your Rival's Mind*）』（書籍）　22, 337
テュルク　130, 443
デリパスカ、オレグ　156, 157, 218, 219, 493
デルジャヴノスチ（大国性）　62
テロ　75, 117-120, 154, 161, 254, 255, 311, 312, 331, 362-364, 372, 377, 378, 435, 483, 489, 503
転出率　188
天然ガス　113, 168, 245-249, 258, 259, 270, 274, 338, 390, 434, 490, 492
ドイチェ・ヴェレ（放送局）　418
ドイツキリスト教民主同盟（政党）　390
統一造船会社（企業）　249
統一ロシア（政党）　78, 93, 94, 122, 219, 265-267, 277, 280, 281, 298, 491
トゥヴァ　403
ドゥーギン、アレクサンドル　442-445
ドゥーマ（下院／国家院）　98, 99
ドゥーマ（帝政ロシア）　97-99, 327
『トゥデイ』（番組）　368
ドゥドコ、ドミトリー　307
ドヴォルコーヴィチ、アルカジー　270
東方パートナーシップ　428, 490
トカレフ、ニコライ　249
『ドクトル・ジバゴ』（小説）　148
ドジュヂ（放送局）　303
ドストロイカ　152, 285
ドミトリエフ、ミハイル　294
トランスネフチ（企業）　249, 259, 270
トビリシ　458
トルストイ、レフ　159, 160
トルストイ、ウラジーミル　321
トルベツコイ、ニコライ　128, 130
ドレスデン　25, 40, 135, 136, 138-151, 165, 173, 181-183, 191, 197, 222-224, 231, 232, 289, 331, 334-338, 342, 344, 348-350, 389, 410, 412, 430, 432, 463, 485, 497
ドンスコイ修道院　130

ナ

ナーシ　54, 122, 123, 214, 352, 489, 496
ナーシュ　296
ナイト・ウルブズ　448, 449
内務人民委員部／NKVD　102, 331, 437
ナゴルノ・カラバフ　56
ナジブラ、ムハンマド　364, 502
ナズドラチェンコ、エフゲニー　53, 54, 264, 265
ナチス　102, 103, 127, 332, 333, 351-353, 411, 435-437, 446
ナルソワ、リュドミラ　302
ナロード／国民、人民　89, 93, 100, 127, 133, 439
ナワリヌイ、アレクセイ　298, 301, 302, 304, 415
ニクソン、リチャード　32, 457
ニコライ二世　77, 89, 96, 98
西ドイツ　141, 142, 148, 165, 181, 332, 336, 339, 345
ニジニ・タギル　154

388, 448, 476, 480, 491, 498
『ソビエト　権力と腐敗—汚職社会の構図』（書籍）　334
ソビャーニン、セルゲイ　238
ゾリキン、ワレリー　66, 76-78, 288, 485, 486, 489
ソルタガノフ、ヴァチェスラフ　230
ソ連自由民主党（政党）　306

タ

対外債務　113, 168, 400, 421
大貴族／ボヤール　156, 324
第五局（KGB）　84, 208, 209, 217, 292, 293, 295
第五列　308, 315, 410, 412, 414, 415, 420, 436, 469, 502
第三次エネルギー・パッケージ　425, 461, 490
大統領府　26, 27, 41, 46, 59, 63, 69, 85, 92, 112, 137, 173, 188, 221, 227, 230, 238, 249, 263, 270, 272, 273, 324, 354, 417, 418, 487, 488, 493, 498, 500, 501
第二次世界大戦　52, 56, 102, 107, 112, 127, 128, 174, 181, 285, 331-333, 339, 340, 342, 347, 351-353, 360, 377, 378, 386, 387, 418, 435-437, 441, 446, 451, 452, 456, 465, 502, 507
『タイム』（雑誌）　444, 454
大ロシア主義　443
ダゲスタン　117, 488
タジキスタン　56, 297, 377, 381, 440, 486
タタルスタン　52, 53, 126, 486
『盾と剣』（映画）　411
多文化主義　419
ダボス会議　169, 393
玉ねぎ構造型システム　233
多民族　68, 94, 122, 126, 130, 133, 134, 439, 441
タンデム体制　203, 204, 237, 241, 253, 268, 280, 290, 386, 388, 389, 493
弾道弾迎撃ミサイル（ABM）制限条約　365
チェイニー、リチャード　368
チェコ　357, 358, 367, 370, 471
チェチェン　43, 51-54, 59, 75, 116-126, 130, 154, 160, 161, 254, 266, 282, 298, 311, 316, 358, 361, 362, 364, 376-378, 391, 396-398, 403, 437, 439, 441, 452, 456, 461, 485-490, 494
チェチェンの平和のためのアメリカ委員会　361
チェブリコフ、ヴィクトル　180
チェルケソフ、ヴィクトル　63, 197
チェルネンコ、コンスタンティン　180, 484, 485
チェルノムイルジン、ヴィクトル　45, 48, 199, 200, 486, 487, 494
『血から鉄を蒸留する（*Distill Iron from Blood*）』（書籍）　447
地政学　64, 70, 80, 125, 313, 316, 319, 330, 351, 365, 382, 384, 387, 427, 432, 443, 445, 465
チチェーリン、ボリス　76, 98
チャパエフとペトカ　162
チャプリン、フセヴォロド　294
チャベス、ウゴ　33, 383
中央アジア　56, 57, 127, 130, 247, 324, 377, 383-385, 422
中国　53, 59, 167, 168, 317, 375, 380, 382-387, 416, 422, 480, 481, 491, 492, 504
中国中央電視台（放送局）　418
チュッチェフ、フョードル　37
チュバイス、アナトリー　69, 72-74, 226, 264, 343, 356, 412, 424, 487, 494
チュバイス、イーゴリ　68, 69, 72
チュメニ（州）　238
ツィプコ、アレクサンドル　66
ツォイ、ヴィクトル　150

ショイグ、セルゲイ　256, 403, 409, 461, 491
食糧安全保障　103, 104
食糧スキャンダル　26, 104, 186, 188, 191, 192, 195-198, 200, 202, 246, 247, 485
ショック療法　44, 45, 54, 55, 80, 81, 98, 486
ショッケンホフ、アンドレアス　390, 426
シリア　372, 373, 466, 504
ジリノフスキー、ウラジーミル　51, 70, 71, 83, 93, 122, 124, 125, 160, 306, 443, 501
シロヴィキ　63, 139, 190, 251
新思考　141
「新千年紀を迎えるロシア」　→ミレニアム・メッセージ
『神殿へ至る道（*Roads to the Temple*）』（書籍）　147, 149
新ヤルタ協定　449, 465-467
垂直権力構造　60, 80, 254-257, 262, 263, 268, 329, 377
スウェーデン　136, 325, 340, 393, 421, 471
『ズヴェズダ』（新聞）　212, 213
スヴャジインベスト（企業）　228, 229, 487
スターリン、ヨシフ　95, 110, 112, 127, 128, 143, 148, 164, 171, 172, 175, 181, 208, 209, 331, 377, 436, 484
スタインバーグ、ジェームズ　365
スタンダード＆プアーズ（企業）　299
ステークホルダー　276, 277, 294, 313, 315, 329, 376, 501
ステパーシン、セルゲイ　197, 488
ステント、アンジェラ　363, 373, 471
ストックホルム　55
ストルイピン、ピョートル　96-100, 128, 129, 135, 139, 326, 327, 374, 495
スノーデン、エドワード　412-415, 491
スパイ　180, 184, 205, 211, 213, 218, 222, 223, 231, 264, 334, 348, 389, 410, 411-415, 469, 497
ズブコフ、ヴィクトル　106, 202-205, 211, 228, 230, 248, 251, 252, 259, 261, 262, 400
スモレンスキー、アレクサンドル　50
スラヴ　89, 90, 122, 130-132, 443, 502
スルグトネフチェガス（企業）　249
スルコフ、ウラジスラフ　85, 86, 92, 231, 232, 324
『スレッズ』（テレビ映画）　346
ズロービン、ニコライ　132, 473
スロベニア　366, 367
セヴァストポリ　56, 325, 503
セーチン、イーゴリ　228, 248, 249, 251, 252, 259, 270, 271
世界金融危機　113, 114, 167, 168, 169, 170, 283, 298, 382, 424
『世界史におけるロシアの時代（*The Russian Moment in World History*）』（書籍）　321
石油クラブ　270
セルゲイ・マグニツキー法　371
セルジュコフ、アナトリー　400, 401, 403, 491
セルビア　54
『戦略的計画と政策（*Strategic Planning and Policy*）』（書籍）　108, 242, 244, 274
戦略防衛構想／SDI、スターウォーズ計画　345, 365
全ロシア国民同盟（政党）　71
全ロシア人民戦線（市民団体）　93, 94, 280, 491
『そいつを黙らせろ』（書籍）　106, 154, 221, 456
ソーシャル・メディア　24, 278, 279, 416, 417
祖国／ローディナ（政党）　66, 306
ソスコヴェツ、オレグ　201
租税回避地／タックス・ヘイヴン　426
ソチ　20, 93-95, 132, 291, 301, 310-313, 337,

サ

サアカシュヴィリ、ミヘイル　161, 368, 370, 396, 398, 458, 460, 461
サーリエ、マリーナ　106, 186, 191, 192, 194-197, 246, 498
最高会議ビル　46, 486
サイミス、コンスタンチン　334
ザクセン王国　135
サダム・フセイン　365
サタロフ、ゲオルギー　68, 69, 71, 72, 86, 132, 487
サッチャー、マーガレット　346, 347
『ザ・デイ・アフター』（テレビ映画）　346
サハ（共和国）　53
サバイバリスト　38, 40, 102, 103, 115, 119-121, 134, 138, 168, 171, 197, 246, 248, 276, 303, 320, 409, 456, 462, 468, 477, 480, 483, 495
サハリン　385, 504
サプチャーク、アナトリー　25, 41, 42, 47, 74-76, 105, 112, 157, 166, 179, 184, 185, 190-192, 196, 200-202, 212, 225, 251, 288, 302, 324, 341, 343, 349, 350, 355, 485, 488, 494, 495
サプチャーク、クセーニア　302, 303
サラエボ　54
サルコジ、ニコラ　161, 268, 458
サンクトペテルブルク国際活動委員会　350
サンクトペテルブルク国立鉱山大学　172, 248, 273
シェフツォワ、リリヤ　119, 138, 139
ジェルジンスキー、フェリックス　175
シェワルナゼ、エドゥアルド　54, 367
『シオン賢者の議定書（*The Protocols of the Elders of Zion*）』（書籍）　447, 454
ジギート　159, 160
自給自足経済／アウタルキー　110, 422, 465
自殺率　188
市場経済　43, 44, 74, 164-172, 176, 188, 191, 193, 195, 318
支持率　22, 49, 280, 281, 296, 297, 314
シチューキン、ワレリー　212, 213
失業率　45, 114, 188, 299
シベリア　51, 53, 93, 125, 130, 174, 209, 219, 238, 255, 256, 259, 290, 291, 300, 403, 480, 481, 502
社会主義　67, 68, 77, 139, 143, 211, 482
社会プロジェクト局　417, 418
ジャクソン＝ヴァニク条項　371
ジャクソン、マイケル（英軍人）　360
シャフライ、セルゲイ　47, 83, 241
『ジャングル・ブック』（小説）　163
シャンツェフ、ワレリー　220
上海協力機構　383
自由経済主義者　38, 39, 166, 167, 191, 248, 320, 463, 466, 477, 483, 497
集団安全保障条約機構　381
柔道　25, 117, 153, 260, 344, 457
『十二人の怒れる男』（映画）　123
収容所群島　94
ジュガーノフ、ゲンナジー　49, 50, 66-68, 76, 160, 304, 318, 319, 446, 447, 487, 501
首都貯蓄銀行（企業）　50
ジュネーヴ　348
シュピグン、ゲンナジー　117
シュミット、ヘルムート　339, 342, 350, 351
シュメーマン、サージ　132
シュレーダー、ゲアハルト　338-340, 342, 351, 388
シュワロフ、イーゴリ　252, 256, 269
巡航ミサイル　345, 347
ショア、ザカリー　22, 337, 474

461, 462, 478, 492, 502, 503, 506, 507
クリュチコフ、ウラジーミル　184, 185, 242, 497
クリル列島　386
クリントン（、ビル）政権　355-357, 359, 364, 365, 380
クリントン、ヒラリー　268, 285, 286
クルイシュタノフスカヤ、オリガ　294
グルジア　56, 132, 148, 160-162, 317, 318, 321, 329, 367, 368, 370, 371, 396-402, 410, 425, 427-429, 437, 451, 458, 460, 461, 467, 471, 478, 489, 490, 492, 497, 504
グルジア戦争　318, 335, 366, 371, 396-400, 408, 421, 428, 430, 437, 452, 453, 461, 462, 466
クルスク（原子力潜水艦）　221, 222, 255, 489
クレランド、デイヴィッド　108, 109, 242-244, 274, 395
『グローブ・アンド・メール』（新聞）　213
グロズヌイ　52, 117, 118, 124, 127, 441
クロムウェル、オリヴァー　95
グンボル（企業）　421
計画経済　104, 164, 165, 169, 204
ケース・オフィサー　25, 38, 39, 42, 161, 189-191, 196, 206, 207, 211, 213-215, 217, 218, 222, 225, 231, 232, 246, 260, 264, 265, 289, 301, 320, 340, 429, 437, 452, 462, 463, 468, 469, 477, 483, 498
ケーニヒスベルク（＝カリーニングラード）　340, 341
ゲッセン、マーシャ　37, 106, 154, 190, 456
ケッチャム（企業）　267, 416
ゲラシモフ、ワレリー　403-409, 418, 450, 461, 491
原油価格　113, 114, 168, 174, 176, 177, 182, 299
合意／ソグラーシエ（政治組織）　66
ゴヴォルーヒン、スタニスラフ　66, 150
コーカサス　57, 82, 120, 122-125, 127, 298, 311, 316, 493
コーカサス戦争　124, 159, 311, 316
『コーカサスの虜、あるいはシューリクの新たな冒険』（映画）　159
ゴールドゲイアー、ジェームズ　355, 356, 358
国民福祉基金　115
ココーシン、アンドレイ　67, 354, 355
コズイレフ、アンドレイ　54, 55, 57
ゴスダルストヴェンニク／国家主義者、国家の建設者　62, 171
ゴスダルストヴォ／国家　62, 73, 75, 79, 322
コソボ治安維持部隊／KFOR　359, 360, 488
コソボ紛争　358
黒海　20, 35, 247, 311, 480, 497
黒海艦隊　20, 56, 57, 430, 438, 449, 503
国家漁業委員会　264
国家主義者　38, 40, 60, 61, 63, 65, 73, 76, 78, 80, 83, 88, 96, 97, 100, 121, 123, 128, 132, 138, 171, 251, 284, 319, 374, 379, 380, 459, 462, 466, 477, 483, 494
国家備蓄局　109, 111
ゴドゥノフ、ボリス　44
コマロフ夫妻　131, 132, 449
コムソモール　139, 140, 212
『コムソモリスカヤ・プラウダ』（新聞）　148
『コメルサント』（新聞）　78
コルジャコフ、アレクサンドル　201
ゴルバチョフ、ミハイル　54, 58, 66, 131, 138, 141, 145-147, 151, 180, 182, 183, 184, 289, 326, 335, 341, 344, 348, 485, 493, 497
コレスニコフ、アンドレイ　221, 228
コンチネント（企業）　106

家産国家　327
カストロ、フィデル　33, 215
カスピ海　247
ガスプロム（企業）　245, 248, 249, 259, 270, 339, 425, 427, 489, 500, 505
カダフィ、ムアンマル　34, 372, 478, 479, 504
カディロフ、アフマド　123, 124, 489
カディロフツィ　124
カディロフ、ラムザン　123, 124, 266, 441, 490, 501
カフカス　→コーカサス
株式会社ロシア　28, 241, 242, 244-248, 250, 252, 260, 265, 266, 269-271, 276, 277, 319, 328, 338, 459, 460
加盟行動計画／MAP　370, 490
カリーニングラード（＝ケーニヒスベルク）　53, 76, 340, 341
カルザイ、ハーミド　34, 36
ガレエフ、マフムト　316, 364, 502
カレール＝ダンコース、エレーヌ　132
ガレオッティ、マーク　404, 405
カレリア地峡　136
韓国　165, 267
関税同盟　300, 381
カント、イマヌエル　340, 341
キーナン、エドワード　323, 327
キエフ大公　→ウラジーミル一世
キセリョフ、ドミートリー　418
北コーカサス（地方）　43, 51, 53, 81, 118-120, 122-125, 130, 158-160, 254, 255, 287, 298, 306, 311, 363, 377, 398, 402, 441, 452, 461, 496
北朝鮮　165, 365, 465
キッシンジャー、ヘンリー　32, 213, 214, 269, 350, 351, 354
キップ、ジェイコブ　379
キノー（ロック・バンド）　150
キプロス　389, 426, 427, 461, 491, 506
キャスリング　263, 271, 499
キャメロン、デイヴィッド　268
救世主ハリストス大聖堂　91, 301
教書演説　72, 74, 226, 228, 254, 343, 487
狂人理論　32, 457
今日のロシア／ロシーヤ・セヴォードニャ（通信社）　418
共和党国際研究所　415
『巨匠とマルガリータ』（小説）　148
キリル一世　294
キルギス　381, 490
キング、ウィリアム　108, 109, 242-244, 274, 395
銀行家の戦争　229, 487
グシンスキー、ウラジーミル　50, 51
グスタフソン、セーン　176
クドリン、アレクセイ　112-115, 165, 169, 185, 190, 200, 227-229, 259, 271, 272, 283, 293, 294, 343, 487, 488, 491, 500
グミリョフ、レフ　128, 130, 131
グヤーシュ共産主義　182
クラーギン、オレグ　448
クラーク、ウェズリー　360
グラーグ　175
グラジエフ、セルゲイ　66, 76, 318, 319, 442, 443
グラスノスチ　141, 147, 149, 180, 223, 224, 288, 485
グラチョフ、パーヴェル　82
グリーナム・コモン　347
グリーンピース　312
クリエイティブ・クラス　287, 288, 299, 302, 410
『クリエイティブ資本論』（書籍）　287
グリゴリエフ、アレクサンドル　109, 111
クリミア　20-22, 56, 318, 321, 325, 341, 402, 403-406, 409, 422, 427, 430, 432, 435, 436, 438, 439, 440-442, 445, 446, 448-451, 453,

ウヴァーロフ、セルゲイ　88, 89, 92, 94, 324
ウヴァーロフ・ドクトリン　88-90, 92, 93
ウェールズ・サミット（NATO）　453
ヴェクセリベルク、ヴィクトル　91
『ヴェドモスチ』（新聞）　156, 157, 269, 270
ヴェルフニャヤ・ヴェレヤ（村）　220, 222
ヴォルフ、マルクス　336, 345, 347
ヴォローシン、アレクサンドル　221, 493
ウクライナ　20-23, 28, 30, 34, 40, 56, 57, 59, 93, 130, 247, 297, 300, 301, 314-316, 318-320, 321, 335, 339, 347, 367, 368, 370, 371, 373, 384, 386, 396, 399, 402, 404-410, 414, 419, 422-425, 427-456, 461, 462, 464-469, 471, 477, 478, 480, 485, 489-492, 496, 502, 503, 505, 506
ウサマ・ビン・ラディン　364
ウシャコフ、ユーリー　354, 476
ウダリツォフ、セルゲイ　302
ウラジーミル一世　330
ウラジーミル大公国　97
『ウラジーミル・プーチン―クレムリンのなかの〝ドイツ人〞（*Wladimir Putin: Der "Deutsche" im Kreml*）』（書籍））23
『ウラジーミル・プーチン――人生の歴史（*Vladimir Putin: istoriya zhizni*）』（書籍）　87, 116, 153
ウラル・インベスト（企業）　421
ウルブリヒト、ヴァルター　181
エヴァンス、ジョン　350, 473, 498
エカテリーナ二世　44, 91, 340
エカテリンブルク　53
エクスモ（出版社）　448
エクソンモービル（企業）　423
エストニア　56, 102, 366, 367, 437, 438, 469, 471
エリツィン、ボリス　26, 27, 39, 41, 43-61, 66, 68, 72-74, 77, 83, 98, 109, 118, 125-127, 151, 170, 183, 190, 191, 200, 201, 226-228, 231, 240, 241, 258, 264, 289, 304, 305, 331, 343, 344, 356-361, 380, 386, 412, 438, 451, 468, 485-488, 493, 494, 498, 499
エルンスト、コンスタンティン　312
沿海地方（プリモルスキー・クライ）　53, 54, 264, 265
沿ドニエストル　56, 57, 389, 504
オーゼロ（別荘組合）　136, 137, 190, 228, 249, 487
オガルコフ、ニコライ　177-179
オスマン帝国　89, 311
オネクシム銀行　50
オバマ、バラク　267, 268, 320, 343, 363, 371, 376
オフショア　421, 426, 462
オフラーナ　447
オホーツク海　385, 504
オランダ　340, 349, 461, 462
オリガルヒ　30, 43, 49-51, 59, 73, 81, 91, 133, 138, 155, 156, 170, 186, 189, 205, 218, 219, 226-234, 238, 241, 244, 246, 249, 257-262, 264, 282, 283, 312, 328, 351, 416, 457, 489, 493, 494, 499, 501
オリンピック　20, 301, 310-313, 388, 448, 491
オレンジ革命　297, 315, 367, 429, 489, 496

カ

『ガーディアン』（新聞）　46, 64, 81, 187, 235, 266, 290, 495, 499
カール・マルクス　65, 336, 420
外貨準備　108, 113, 168, 421
ガイダル、エゴール　45, 60, 73, 80, 81, 83, 104, 110, 112, 199, 291, 485, 486
カザフスタン　130, 247, 300, 368, 381, 384

STX（企業）　424
TEK 委員会　270, 271
USAID（アメリカ国際開発庁）　415, 491
WTO（世界貿易機関）　371, 382

ア
アーヴェン、ピョートル　50, 193, 196, 219, 220, 249
アウトサイダー　38, 39, 134-141, 146, 149, 152, 155, 158, 164, 171, 172, 236, 268, 282, 284, 320, 463, 477, 483, 496
『アガニョーク』（雑誌）　49, 148
アザドフスキー、コンスタンチン　90
アサンジ、ジュリアン　412, 419
アジア通貨危機　114
アゼルバイジャン　56, 160, 248
麻生太郎　386
『アッサ』（映画）　150
アフガニスタン　34, 36, 50, 52, 140, 310, 345, 362, 364, 367, 372, 377, 398, 458, 466, 484, 502
アブハジア　56, 298, 318, 370, 396, 460, 504
アブラゼ、テンギズ　148
安倍晋三　387, 480
アメリカ・カナダ研究所　354
アラファト、ヤセル　33
アラブの春　297, 368, 372, 478, 490
アルカイダ　362, 364, 377
アル・ジャジーラ（放送局）　418
アルタイ　209
アリバツ、エフゲニア　391
アルバニア　358
アルファ銀行（企業）　50, 219, 249
アルメニア　56, 160, 381, 428, 429
アレクサンドル二世　76, 91, 98
アレクペロフ、ヴァギト　248
アロン、レオン　147-149, 152
アンシュラーク、アンドレアス＆ハイドルン　389, 411
安全保障理事会（国連）　358, 382
アンドロポフ、ユーリ　41, 84, 139, 140, 143, 145, 149, 166, 180, 208-212, 218, 288, 292, 345, 347, 365, 454, 484
アンハルト＝ツェルプスト　340
イェール大学　415
イギリス　34, 46, 48, 62, 95, 132, 150, 241, 246, 267, 268, 294, 307, 340, 345-347, 360, 380, 404, 424, 427, 443
『イズヴェスチヤ』（新聞）　78, 105
イスラエル　132, 133, 352, 353, 393, 445, 446, 471, 503
イスラム　68, 117, 120, 121-123, 377, 393, 466, 496
イラク　59, 365-367, 372, 378, 458, 489
イラリオノフ、アンドレイ　402
イラン　59, 372, 466
イリイン、イワン　128, 129, 130, 444
イルクーツク　53, 482
色の革命　297, 315, 367, 368, 410, 464
イワショフ、レオニード　360
イワノフ、セルゲイ　63, 137, 366, 400, 418
インターネット　61, 163, 278, 279, 393, 416, 447, 496
インテリゲンチャ　65, 90, 137, 158, 209, 210, 284, 292, 308, 412
インド　59, 167, 383, 387
インフレ率　45
ヴァルダイ会議　41, 93-96, 123, 132, 161, 162, 204, 215, 255, 256, 265, 276, 291, 300, 366, 416, 420, 476, 483, 498, 501, 504
ヴァルニヒ、マティアス　269, 270, 338
ウィキリークス　412, 413
ヴィリニュス　368, 428
ヴィリニュス・サミット（東方パートナーシップ）　429, 431
ウィルソン、ウッドロウ　125

索　引

英字、数字

『55』（番組）　83, 405
9・11　362-364, 371, 378, 379
APEC（アジア太平洋経済協力）　383
BBC（放送局）　157, 418
BND（連邦情報局）　389, 426
BP（企業）　249, 424
BRICS　383, 387, 388, 422
CBC（放送局）　213
CIA（中央情報局）　345, 347, 364, 367, 412, 416
CIS（独立国家共同体）　55-57, 485
CNN（放送局）　418
CSIS（戦略国際問題研究所）　350
CTV（放送局）　213
EU（欧州連合）　21, 56, 58, 114, 297, 301, 315, 316, 318, 320, 321, 367, 380, 381, 390, 410, 419, 420, 422, 425-427, 428-434, 451-453, 458, 459, 461, 462, 464, 469, 489-492, 504, 506
EU 連合協定　431, 434, 461
EU＝ロシア・サミット　381
FSB（ロシア連邦保安庁）　26, 27, 63, 111, 117, 118, 121, 137, 139, 157, 197, 201, 230, 359, 405, 488
G7　388
G8　167, 252, 368, 388
G20　252, 383
GDP（国内総生産）　113, 114, 300, 467
GE（ゼネラル・エレクトリック／企業）　242
GKU（大統領府監督総局）　227-230, 232, 249, 272
GOLOS　415, 505
GRP（域内総生産）　188
HVA（東ドイツ対外諜報機関）　345
IMF（国際通貨基金）　113, 299, 380, 426, 489, 491
KGB（ソ連国家保安委員会）　25, 26, 28, 30, 31, 39-42, 62-64, 71, 76, 84, 88, 93, 102, 108, 109, 111, 117, 123, 131, 137, 139, 140, 142-145, 147, 149, 151, 161, 165, 166, 171-173, 175, 176, 178-181, 183, 184, 190, 191, 196, 198-200, 202, 203, 205-213, 217, 218, 222, 223-225, 231, 232, 239, 242, 251, 260, 261, 264, 288, 292, 293, 295, 301, 306, 307, 323, 331, 333-335, 337, 342-345, 347-349, 400, 411, 412, 430, 454, 463, 484, 494, 497, 498
『KGB と政権（*KGB i vlast'*）』（書籍）　84
KGB 赤旗大学　25, 30, 108, 140, 166, 172, 179, 180, 212, 348
KGI（市民イニシアティブ委員会）　293, 491
NATO（北大西洋条約機構）　56, 58, 59, 73, 316-318, 321, 345-347, 355-361, 366-372, 380, 396-398, 410, 427, 429, 430, 452, 453, 458-460, 464, 466, 468, 469, 478, 479, 486, 488-490, 503, 504
NATO・ロシア理事会　366
NGO（非政府組織）　346, 367, 405, 410, 412, 414, 415, 427, 491, 505
NSA（アメリカ国家安全保障局）　413, 414
ORT（ロシア公共テレビ／放送局）　49
OSCE（欧州安全保障協力機構）　55, 390
OUN（ウクライナ民族主義者組織）　436
P&G（プロクター・アンド・ギャンブル／企業）　349, 350
RIA ノーヴォスチ（通信社）　418
RTR（放送局）　213

〔著者略歴〕
フィオナ・ヒル　Fiona Hill
1965年生まれ。米ブルッキングス研究所／米国・欧州センター　ディレクター

クリフォード・G・ガディ　Clifford G. Gaddy
1946年生まれ。米ブルッキングス研究所／シニア・フェロー

〔訳者略歴〕
濱野大道　はまの・ひろみち
1978年生まれ。翻訳家。ロンドン大学・東洋アフリカ学院（SOAS）大学院東南アジア言語文学（タイ文学）修士課程修了。訳書にリチャード・ロイド・パリー『黒い迷宮』（早川書房）、グレン・グリーンウォルド『暴露』（新潮社・共訳）など。

千葉敏生　ちば・としお
1979年生まれ。翻訳家。早稲田大学理工学部数理科学科卒。訳書にムハマド・ユヌス『ソーシャル・ビジネス革命』、チップ＆ダン・ハース『スイッチ！』（以上早川書房）、トム＆デイヴィッド・ケリー『クリエイティブ・マインドセット』（日経BP社）など。

〔監修・解説者略歴〕
畔蒜泰助　あびる・たいすけ
1969年生まれ。早稲田大学政治経済学部卒業。モスクワ国立国際関係大学国際関係学部修士課程修了。2005年4月より東京財団研究員。2010年からヴァルダイ会議メンバー。

プーチンの世界《せかい》　「皇帝《こうてい》」になった工作員《こうさくいん》

著者

フィオナ・ヒル／クリフォード・G・ガディ

訳者

濱野大道《はまのひろみち》／千葉敏生《ちばとしお》

発行

2016年12月10日

発行者　佐藤隆信

発行所　株式会社新潮社

〒162-8711 東京都新宿区矢来町71

電話 編集部 03-3266-5411

読者係 03-3266-5111

http://www.shinchosha.co.jp

印刷所

株式会社三秀舎

製本所

加藤製本株式会社

乱丁・落丁本は、ご面倒ですが小社読者係宛お送り下さい。
送料小社負担にてお取替えいたします。
価格はカバーに表示してあります。

ISBN978-4-10-507011-3　C0031

シベリア抑留
日本人はどんな目に遭ったのか
長勢了治
拉致抑留者70万人、死亡者10万人。シベリア抑留とは何だったのか。その真相を徹底検証し、八月十五日以後の「戦争悲劇」の全貌を明らかにする決定版。
《新潮選書》

日露戦争、資金調達の戦い
高橋是清と欧米バンカーたち
板谷敏彦
二〇三高地でも日本海海戦でもなく、国際金融市場にこそ本当の戦場はあった！　国家予算を超える戦費調達に奔走した日本人たちの、もう一つの「坂の上の雲」。
《新潮選書》

現代史の中で考える
高坂正堯
天安門事件、ソ連の崩壊と続いた20世紀末の激動に際し、日本のとるべき道を同時進行形で指し示した貴重な記録。「高坂節」に乗せて語る知的興奮の書。
《新潮選書》

危機の指導者　チャーチル
冨田浩司
「国家の危機」に命運を託せる政治家の条件とは何か？　チャーチルの波乱万丈の生涯を鮮やかな筆致で追いながら、リーダーシップの本質に迫る傑作評伝。
《新潮選書》

レーガンとサッチャー
新自由主義のリーダーシップ
ニコラス・ワプショット
久保恵美子訳
冷戦期、停滞に苦しむ米英を劇的に回復させた二人の指導者。権力奪取までの道のりと、左派陣営を崩壊に追い込んだ経済政策と外交・軍事戦略のすべて。
《新潮選書》

石油と日本
苦難と挫折の資源外交史
中嶋猪久生
米国に怯え、アラブに逃げられ、中国に奪われる……石油なき日本は「資源外交」になぜ敗れ続けるのか？　緻密な経済分析と外交秘史でたどる一五〇年史。
《新潮選書》

EU騒乱
テロと右傾化の次に来るもの
広岡裕児

アメリカン・コミュニティ
国家と個人が交差する場所
渡辺靖

戦後史の解放Ⅰ
歴史認識とは何か
日露戦争からアジア太平洋戦争まで
細谷雄一

反グローバリズムの克服
世界の経済政策に学ぶ
八代尚宏

資本主義の「終わりの始まり」
ギリシャ、イタリアで起きていること
藤原章生

オリエント世界はなぜ崩壊したか
異形化する「イスラム」と忘れられた「共存」の叡智
宮田律

テロ、溢れる難民、財政破綻、右傾化――。EUの躓きは「平和」と「民主主義」の限界なのか？　EUの生い立ちと現地レポートから考察する「危機の本質」。

《新潮選書》

ロス郊外の超高級住宅街、保守を支えるアリゾナの巨大教会など、コミュニティこそがアメリカ社会を映す鏡である。変化し続けるこの国の力の源泉に迫る。

《新潮選書》

なぜ今も昔も日本の「正義」は世界で通用しないのか――世界史と日本史を融合させた視点から、日本と国際社会の「ずれ」の根源に迫る歴史シリーズ第一弾。

《新潮選書》

「輸出は得、輸入は損」という国民の思い込みが、日本経済の再生を妨げている。世界各国の構造改革の事例から、日本の国益と経済戦略のあり方を考える。

《新潮選書》

EU金融危機の本質とは、単なる財政破綻問題ではなく、現代資本主義が変容する前兆だ――。ローマを基点に、資本主義の「次の形」を模索する行動的論考。

《新潮選書》

いまだ止まないテロと戦争。絡み合う民族と宗教、領土と資源。人類に突き付けられた「最大の難題」を太古の文明から説き起こして理解する歴史大河。

《新潮選書》